丝 路 固 原

主编　马平恩

固原市地方志办公室编

陕西新华出版传媒集团

太白文艺出版社

图书在版编目（CIP）数据

丝路固原 / 马平恩著. — 2版 . — 西安：太白文
艺出版社，2017.9
ISBN 978-7-5513-1232-5

Ⅰ. ①丝… Ⅱ. ①马… Ⅲ. ①固原—地方史 Ⅳ.
①K294.33

中国版本图书馆CIP数据核字（2017）第180114号

丝路固原
SILU GUYUAN

编　　者	固原市地方志办公室	
作　　者	马平恩	
责任编辑	李　玫	
整体设计	果　然	
出版发行	陕西新华出版传媒集团	
	太白文艺出版社（西安北大街147号 710003）	
	太白文艺出版社发行：029-87277748	
经　　销	新华书店	
印　　刷	虎彩印艺股份有限公司	
开　　本	787mm×1092mm　1/16	
字　　数	800千字	
印　　张	38.5	
版　　次	2016年5月第1版	
	2017年9月第2版第1次印刷	
书　　号	ISBN 978-7-5513-1232-5	
定　　价	148.00元	

序

东风吹，战鼓擂。底气足，申遗急。
顾大局，尽全力。化长风，绕战旗。

　　放眼空宇，波诡云谲。这是一个人类生存空间和生存方式大调整的时代，这是一个人类重新估量其生存价值的时代，这是一个全人类都在焦灼地谋求出路的时代。

　　风云激荡，大势所趋。是机遇，更是挑战；是风险，更是呼唤！时不我待，"一带一路"战略应运而生。它无疑是中国改革开放大潮再次奔涌之际向世界海洋潺潺注入的一股劲流，它无疑是人类智慧海洋昂然扬起的一叶风帆。它起步维艰，仍搏浪而行；它是凤凰涅槃，有无限前景；它以两个古老而苍茫的廊道为纽带，必将开拓出一个更为广阔繁荣的发展空间。

　　互利共赢，高瞻远瞩。应着中国改革开放和世界和平共处的呼唤，"一带一路"建设的号角从东方吹起，已成为世界和平与可持续发展的时代主题。它将进一步促进人类文明，推动沿线各国的发展与繁荣。"一带一路"让世界目光在东西方的地平线上交织，慢慢地聚合在一起。"和平合作、开放包容、互学互鉴、互利共赢"的丝路精神，开启了当今世界的希望之光，将照亮未来，化为人类未来崭新世界的丰碑。面对这座丰碑，各国善良的人们会洒下感动的热泪！时下，各国领导和人民不得不重新认识世界，正视中国，审视自己。

　　路漫漫其修远兮。"一带一路"说到底就是一种珍视人类共识与合作的思想。积极为人类争取一个和谐的生存与发展的环境是"一带一路"建设的最高宗旨，也是中国的信念和追求。"一带一路"将为所有热爱和平、有所作为、谋求发展的国家和有识之士，开辟一方厚土！"路遥知马力，日久见人心。""莫愁前路无知己，天下谁人不识君。"种子播下去了，总有收获的时候。

　　长风徐徐，大潮拍岸。2013 年 9 月和 10 月，国家主席习近平在出访中亚和东南亚国家期间，先后提出共建"丝绸之路经济带"和"21 世纪海上丝绸之路"的重大倡议，得到国际社会高度关注。

国务院总理李克强参加"2013年中国—东盟博览会"时强调，铺就面向东盟的海上丝绸之路，打造带动腹地发展的战略支点，加快"一带一路"建设，有利于促进沿线各国经济繁荣与区域经济合作，加强不同文明交流互鉴，促进世界和平发展，是一项造福世界各国人民的伟大事业。为推进实施"一带一路"重大倡议，让古丝绸之路焕发新的生机活力，以新的形式使亚欧非各国联系更加紧密，互利合作迈向新的历史高度。我国政府特制定并发布《推动共建丝绸之路经济带和21世纪海上丝绸之路的愿景与行动》。提出"发挥陕西、甘肃综合经济文化和宁夏、青海民族人文优势，打造西安内陆型改革开放新高地，加快兰州、西宁开发开放，推进宁夏内陆开放型经济试验区建设，形成面向中亚、南亚、西亚国家的通道、商贸物流枢纽、重要产业和人文交流基地。"

2012年9月，时任国务院副总理的李克强在第三届中阿经贸论坛开幕式上宣布，正式批复宁夏回族自治区全境设立内陆开放型经济试验区。从此开启了宁夏"一带一路"建设的征程。宁夏响应"丝绸之路"建设的战鼓，将其擂得越来越响亮。

2015年7月27日，宁夏回族自治区党委全体会议通过了《关于主动融入"一带一路"加快开放宁夏建设的意见》，党委书记李建华的讲话和政府主席刘慧所做的《〈关于主动融入"一带一路"加快开放宁夏建设的意见〉的说明》，分类定位了宁夏各市在"一带一路"建设中的不同战略地位，确立了申遗活动要从固原做起，掀起了宁夏"一带一路"建设的人民战役。固原市委、市政府也是紧锣密鼓，领导高度重视，积极研究、解放思想、创新机制、寻找支点、科学布局、统筹协调、加强投入，各项工作顺利推进。

中央和自治区、市党委的决策部署、丰富的丝路文化元素和人民群众的主动参与是固原丝绸之路建设的底气。固原作为丝路重镇，历史久远，古迹、文物较多，风俗独特。丰富的丝路文化遗产是中国对外开放的优势，特别是向西开放的珍贵资源。加强丝路文化遗存的保护和开发利用，必将对固原经济社会科学发展、跨越发展起到强有力的助推作用。固原申遗工作已经掀起了一个有声有色的开端，还将开创一个真知真行的进程。

底气足，申遗急。联合国教科文组织总干事伊丽娜·布科娃说："世界遗产是一个和平与可持续发展的架构，她唤起民众的身份认知和自豪，是知识的源泉和力量的分享。"2007年6月18日，在乌鲁木齐市举行的丝绸之路跨国联合申遗工作会议上，经过中国丝路申遗专家们的共同讨论，初步确定丝绸之路跨国联合申遗中国段的 48 处文化遗产预备名单，宁夏有 4 处被列入，即开城遗址、固原城、固原北朝隋唐墓地和须弥山石窟。固原尽占宁夏"丝绸之路申遗" 4 处文化遗存。宁夏申遗的重头戏在固原，4 处遗址像 4 个闺女，待字深闺人不识，正在梳妆打扮。成为世界文化遗产，两三年太久，只争朝夕。

化长风，绕战旗。在中共固原市委、固原市政府的领导下，固原市地方志办公室以坚持解放思想、遵循修志准则、传播社会科学、普及历史知识、关注当地发展、为家乡立言、为事业存史为宗旨，以促进固原政治、经济、文化、科学、艺术的发展为己任，为建设开放固原、富裕固原、和谐固原、美丽固原尽全力。此刻，让我们向每一位关心方志事业的朋友亲切致意——固原方志事业将始终与固原发展息息相通，声声共鸣！当下，为了响应国家、自治区和固原"一带一路"建设战略布局，为了给固原申遗活动鼓劲与呼吁，营造文化氛围，我们在重新学习、认识、宣传和自觉挖掘丝绸之路固原段历史文化知识的同时，编修了《丝路固原》这本书。难免有不妥之处，还望同仁批评指正。

是为序。

马平恩
2016 年 1 月

目　录

丝路花雨

丝路今昔看固原

新闻媒体看丝路固原

建 置 沿 革

固原地区历代建置沿革考述

罗 丰

固原，地处黄河中下游地区，位于宁夏回族自治区南部，是一个历史悠久的地方。古人说其形势云："据八郡之肩背，绾三镇之要膂"，"左控五原，右带兰会，黄流绕北，崆峒阻南，称为形胜"。[1]自古以来是边陲要冲，塞上之咽喉，为历代兵家必争之地。周秦以来，固原地名，史不绝书。其沿革领属，犬牙交错，混乱异常，地名之故址，众说不一，稽考甚难。笔者拟在前人基础之上，对此略加考释，求教于学界师友。

一、先秦时期

黄河流域，是中华民族的重要发祥地。固原地区同样是伴随着华夏民族的进程而拉开历史活动的帷幕。大量地下考古材料表明，早在原始社会时期，我们的先民们就频繁地活动在这里，繁衍生息在这辽阔的土地上。在当今固原的属县中，发现新石器时期"马家窑文化""半山—马厂文化""常山下层文化"的遗址达上百处之多。原始居民用自己灵巧的双手，制造出种类繁多的生产工具、生活用具，创造了纹饰多样、绚丽多彩的彩陶文化。

相当于中原地区的商周之地，固原为游牧民族频繁活动的地区。《史记·匈奴列传》称："唐虞以上，有山戎、猃狁、荤粥居于北边。""北边"包括固原地区在内。

古本《竹书纪年》记载："周王季伐西落鬼戎。"据认为成书于战国中期的地理著作《山海经》，在其《西山经》中则说："……又西二百里至刚山之尾，洛水出焉，而北流注于河。"[2]后人《地理今释》在研究这一段形势后道："刚山之尾，今甘肃笄头、大方、六盘、须弥诸山，与陇州山迤逦相接，故曰尾也。洛水，今宁夏清水河，北流至灵州鸣沙堡入黄河。"根据已故著名历史学家蒙文通先生的研究成果表明，《山海经》中的"洛水"即是古本《竹书纪年》中的"西落水"，[3]证明了"戎"民族曾广泛活动于固原地区。

西周穆王时，北方"犬戎"不向周宗室纳贡，穆王便兴兵讨伐，后将一部分戎人迁居所谓的"大（音泰）原"地。《诗经》中有关太原、狎（猃）狁的诗很多，著名的有《小雅·六月》："薄伐猃狁，至于大原。"在《小雅·采薇》篇中也说："靡室靡家，猃狁之故。""不遑启居，猃狁之故。"说明由于讨伐猃狁之后矛盾加剧。《竹书纪年》载，周宣王时"尹吉甫帅师伐猃狁，至于大原"。《后汉书·西羌传》也载："夷王衰弱，荒服不朝，乃命虢公率六师伐大原之戎，不克。"一些著名的青铜器如克鼎及近年出土的多友鼎铭文中都有关于与猃狁战争的记载。《史记·周本纪》还载："宣王既亡南国之师，乃料民于大原。"据认为这是我国最早关于人口普查的记载。

对于大原之所在地，历来就有争论。很早的一些注家表示其地不清楚，宋朱熹等认为太原"今在太原曲阳县"[4]。后世一些学者则表有异提，更是众说纷纭。《嘉靖固原州志》说太原"乃雍州泾河北之大原，非冀州汾河所出之太原也"[5]。顾炎武云："求太原，当先求泾阳所在"[6]。因为，《诗经·小雅·六月》篇中说过猃狁曾"既整齐众，处于焦获，乃侵镐及方，至于泾阳"。泾阳，顾名思义，应位于泾水之阳即泾水北岸。泾水，《山海经·西山经》载："又西北五十里曰高山。其上多银，其下多青碧、雄黄，其木多棕，其草多竹，泾水出焉，而东流注于渭，其中多磐石青碧。"[7]高山，应是以后的陇山，今之六盘山脉。从泾水的出源及走向来看，也与今泾水流向完全一致，那么泾阳应是指《山海经》中所述"泾水"之阳，如是理解无误的话，"泾阳"应位于泾河流域。《汉书·地理志》载，汉时安定郡中有泾阳县，在"笄头山西，禹贡泾水所出，东南至阳阴入渭"。虽不能完全肯定汉代的泾阳县即是西周时的泾阳，但至少可以理解为两者有着密切的联系。汉之泾阳，据《元和郡县志》云"原州平凉县，汉泾阳地"[8]。搞清了这个问题，尚不难知道太原之所在地，所以顾炎武的结论是"周人抗御猃狁，必在泾阳原州之间"[9]，也就是说在今甘肃东部、宁夏南部一带[10]。这一带川原开阔，高中有平，大有争高负气之势，这就不难理解将泾水上游广大地区称之为"太原"的原因。后有人承其说认定"太原"应在今固原一带。关于这个问题目前学术界仍存在着较大分歧。

春秋时期，固原是义渠、乌氏等少数民族聚集地，"平王之末，泾之北有义渠之戎"[11]。《史记·匈奴列传》也说："岐、梁山、泾、漆之北有义渠、大荔、乌氏、朐衍之戎。"《史记正义》引《括地志》云："宁、原（今固原）、庆三州，秦北地郡，战国及春秋时，为义渠戎国地。"

战国秦惠文王时，秦王大举发兵，夺得义渠国"徒泾二十五城"[12]。秦昭襄王时，又兴兵义渠，"于是秦有陇西、北地、上郡，筑长城以拒胡"[13]。这段长城属我国早期长城，今存固原地区境内者有四百余里。秦惠文王打败了固原一带乌氏等少数民族，而沿用了乌氏部落的旧称"置乌氏县也"[14]。另，固原地有朝那这一名称，《读史方舆纪要》认为，朝那"春秋时地名也，为秦之北境"[15]。

《说文》云："安定有朝那县。"（其位置后详辨）应劭注曰："故戎那邑也。"既是戎那故地，应当与少数民族活动有密切的关系。现代语言学者在研究《说文》时指出："那"本是"髯"字的初字，篆形像两腮的胡须下垂，造字的当初可能因为某一地人喜欢蓄须，有多髯的特征，就造了这个字。[16]西北少数民族蓄须的可能性很大，以此作为其称谓，后来又成为地名，"乌氏"由部落名称转为地名的可能性是有的。

二、秦汉时期

秦始皇统一中国后，废封建，而改置郡县。按谭其骧先生《秦郡新考》说，全国分为46郡。固原地区在秦帝国版图之中，属北地郡。乌氏县有一位著名的商人叫倮，由于善同戎人贸易，在秦廷中居很高的地位。[17]

西汉时，帝国实行郡国制。汉初，固原地区仍属北地郡。武帝刘彻将全国分为十三刺史部。武帝之前七十余年间，北方少数民族匈奴不断南侵，骚扰中原地区，固原是匈奴人南下的重要通道之一。刘彻时国力强盛，对匈奴人采取了大规模的军事行动，将匈奴赶至大漠以北地区，从而解除汉朝北部边患，固原一带出现了暂时安定和平的局面。元鼎三年（前114），析北地郡西北部另置"安定郡"，其辖21县，辖境甚大，属凉州刺史部州。辖县中高平、乌氏、朝那、月（音肉）支道等县，均在今固原境内。

高平县，安定郡郡治。高平县今属何地，明代以后存较大分歧。据《明一统志·陕西布政司》率先认定汉高平城"在镇原县东"[18]，后《陕西通志》《镇原县志》《读史方舆纪要》等多附其说。其实郦道元在《水经注》中对此记载得较为清楚，高平川水（今清水河）"东北流，径高平县故城东，汉武帝元鼎三年，安定郡治也""川水又东北流出秦长城，城在县北一十五里"[19]。秦长城是战国秦昭襄王所筑长城，其里距与近年来考古工作者调查所得结论完全一致，[20]结合地下考古材料，可以证明汉代高平城是今固原县内城。

乌支，《汉书·地理志》载，有"乌水出西，北入河，都庐山在西"。固原境内河流北入黄河者仅有清水河，这里乌水似指清水河。都庐山应为六盘山。后人以为"乌水"即是《水经注·渭水注》中的"黑水"，黑水入泾河[21]，所以称《汉书·地理志》"误也"[22]。春秋战国时期，乌氏戎活动于泾北一带，以后所置乌氏县在其上游流域似无大错。《通鉴》胡三省注，乌氏"在弹筝峡口是也"。《读史方舆纪要》引《水经注》云"都庐峡内，尝有弹筝声"，故名"弹筝峡"。"弹筝峡在瓦亭东二十里，峡奇险，水声激岩如弹筝。"[23]按此推断就是现在的三关口峡。《嘉庆一统志》说，乌氏故城在平凉府西北。后有人进一步认定"乌氏故城，在今平凉西北与固原接界"[24]，三关口恰位于这个位置，诸说均十分接近。这样，《汉书·地理志》中所载乌氏位置则也无错，因为清水河与泾水河虽然分道北去南流，但其源地却十分接近，《地理志》当是关于乌氏县所在方位的最早载录，不可轻易断其有误。

朝那，《括地志》载："朝那故城，在百泉县西北七十里。"《通鉴》胡三省注："汉朝那故城，在原州花石川。"《元和郡县志》道：朝那"故在今县（唐百泉县）理西四十五里"，又据《元和郡县志》载，唐百泉县西去原州（今固原）九十里。《括地志》所载方位大体不错，按《元和志》说，汉之朝那县应位于今固原县与彭阳县之间的古城乡。近年，古城乡曾出土一西汉初年铜鼎，其上刻有三段铭文，其中一段为"第二十九。五年，朝那容二斗一升，重十二斤四两"[25]，这为进一步证实古城是汉代朝那提供了有力的佐证。

月氏道，是安置月氏降者的地方，其置今何地史无详载。但后人道："疑即在盐茶厅（今海原县）以处月氏降者。"[26]清康熙《隆德县志》也说，汉月支（氏）道在今隆德县地。但均不知其做何根据，按说在上述地带置月氏道的可能性是存在的。

西汉末年，王莽执政，天下郡县大改名，安定郡也不例外。高平改称"铺睦"，乌氏改称"乌亭"，月氏道改为"月顺"。[27]

东汉时，沿为安定郡，但辖县有减，只有七县，郡治仍在高平。汉安帝时，固原一带爆发了羌族起义，迫使安定等三郡内迁。《太平寰宇记》载，安定郡，永初五年（111）"移郡寄理今武功美阳故城"[28]，后朝廷起用皇甫规采用安抚平化政策，于顺帝永建三年（128）将羌人起义镇压，顺帝永建四年三郡才复归原治。安定郡回迁后，以临泾（今镇原县西南）为郡治。属县沿旧，有高平第一城、朝那、乌枝等县。永和四年（139）安定郡又徙扶风县界，后又还原治。东汉固原地区有近70年的混战，由于战乱，给后世地名研究造成了极大的混乱。连年混战使汉政权无力将安定郡屡迁的一些县恢复原治，所以属县情况也亦有变化，后代一些地理著作，往往也多将内迁后未复原治的名称与汉名混为一谈。

朝那县，《嘉庆一统志》平凉府条以为，汉朝那县"后汉及晋因之"，一直到后魏末才由原治"移于今灵台县界"[29]。《太平寰宇记》良原条下载：朝那，"魏大统元年自原州百泉县朝那城徙朝那县于此"[30]。大统元年是北朝西魏文帝元宝炬的年号，是公元535年，也就是说在此年朝那县由后来的百泉县地迁出。但《元和郡县图志》百泉条下则说，魏孝明帝时，于"今县西南阳晋川置黄石县"[31]。北魏孝明帝时期是公元516—528年。这样朝那县与黄石县治地十分相近，显然有矛盾之处，孝明帝置黄石县时，此地肯定无朝那县治，如有将不会另置黄石县管辖同一地区。那么又怎么可能在十多年后才将朝那这个著名的大县，从百泉县（黄石县）地境迁至良原呢？很明显朝那在迁至良原前，肯定另有一次迁徙，这次迁徙可能是于汉末迁出原州（固原）境地。所以北朝人魏收在

《魏书·地形志》中不将朝那、乌氏复归于原州条下，而将其置于安定郡条下正是出于这种原因。至于朝那迁于灵台说当是更后一次的迁徙。

乌氏县也应当在汉末同时迁入今泾川境内。所以唐人在《括地志》中才误以为"乌氏故城在泾州安定县东三十里（《史记正义》引作'四十里'）"，认为经迁徙后的乌氏县是古乌氏县地。

西汉时期，还有一种汉政权势力范围内的地方机构"属国"与固原有关。设置"属国"是当时中央政府对于归顺汉的少数民族的一种安置办法。对于归顺的部族，在指定地区安置，保留其官号、部族，不改变他们的风俗习惯与生活方式，在行政管理权上归由中央设置的属国都尉领导。[32]在今海原、固原北部、同心地置有四大属国之一的安定属国（三水属国），属国都尉驻三水县（今同心县地）。[33]

三、魏晋十六国北朝时期

三国鼎峙时，安定郡属魏雍州，只是辖县变化较大。《太平寰宇记》云："高平，自移郡（指东汉）人户稍少，至曹魏废。"[34]后沦为匈奴余部居地。献帝建安十九年（214）春，魏将夏侯渊曾"转击高平屠各，皆散走，收其粮谷牛马"[35]。三国魏齐王正始元年（240）凉州休屠（屠各）服降，郭淮奏请使居安定之高平，为民保障，后在固原北部置西川都尉。[36]后人说安定郡的范围"今甘肃盐茶厅（海原）、固原州，泾州、平凉府之平凉、华亭、隆德皆其地"[37]。

西晋时期，全国共分十九州，安定郡仍属雍州所辖。在今隆德县地增置都庐县。[38]高平晋永嘉后陷没于氐羌，所以《括地志》说："昔者高平"[39]。

西晋亡，司马氏集团南迁，建立其政权统治于江南。北方的少数民族也纷纷建立自己的政权，史称"十六国"。这时的行政区划变更异常频繁。

前后赵时期（304—350）固原置朔州，《括地志》载："刘曜复置（高平）为朔州治所。"他本人也以朔州牧之职以镇高平。

前后秦时期（351—417），固原地属雍州陇东郡，后于固原东部地置平凉郡。

匈奴铁弗部夏赫连勃勃时期（417—431），固原属梁州辖，安定郡辖有高平城。

北魏时，固原地区分属高平镇、秦州及泾州。太延二年（436）置高平镇，正光五年（524）改其为原州，治高平城，取名原州。有人说"盖取高平曰原为名"[40]是很有道理的。《尔雅·释地》云"大野曰平，广平曰原"，高平便是高原，这样又取名为原州。北魏显德时，有柔然万余户降附，被安置"居于高平、薄骨律（今银南）二镇"[41]。北魏视高平为河西要镇，称之为"国之藩屏"[42]。原州属郡有二：高平、长城。

正光五年（524）同时所置还有高平郡，杜佑在《通典》中误将高平郡为太

平郡。[43]高平郡辖县二：高平、里亭。

高平，北魏置县，西魏、北周仍沿。《周书·武帝纪》说："天和四年六月，筑原州城。"[44]后世一些地方志如《万历固原州志》《宣统固原州志》多从此说，认为固原之城始建于天和四年（569）。其实史书明确记载，在此之前已有高平城存在，这条史料可否理解为此年六月原州（高平）城得以维修，而不是始筑。

里亭，《魏书·地形志》载"高平郡下领里亭"，而《隋书·地理志》却在平凉郡下作默亭。据此有人认为"按里为默之残字"，里亭即默亭，应在"今宁夏固原县南瓦亭"[45]。

长城郡与高平郡同时所置，应取秦长城为名，属县有黄石、白池。

黄石，《元和郡县志》卷二原州百泉条下云，魏孝明帝时于县西南阳晋川置黄石县。阳晋川水按其方位应为今彭阳县境之红河，红河先名横河，今讹为红河、洪河。黄石县应位于今红河流域。黄石之名最早见于《后汉书·任延传》，李贤注"黄石，杂种号也"，似一部落名称。五胡时期"黄石屠各路松多起兵新平、扶风，聚众数千"，"秦陇氐羌多归之"，后曾"进陷安定"。[46]说明此时"黄石"已由部落名称转化为地名，有了以黄石为名的屠各。置黄石县与安置黄石部族所居应有一定的关系。

白池县其确地暂不详。但应去黄石县不远，可能在今固原与平凉之间。

北周武帝建德元年（572），析平凉郡地置平凉县。

北朝晚期曾改高平为平高。关于改名时间，《嘉庆一统志》说"后周改郡县俱曰平高"[47]，杨守敬先生也说，平高，"本汉高平地，至后魏不改，当是后周改平高也"[48]。这种推断当有误，《周书·于翼传》载：西魏恭帝中，以李穆为原州刺史，又以李贤子为平高郡守，李远子为平高令。[49]这样可以肯定在西魏末年高平郡县已俱改平高。

北周于原州设置总管府。《隋书·地理志》称，原州后周置总管府。李穆曾在建德元年出任原州总管。[50]

四、隋唐五代时期

隋朝开皇三年（583）废诸郡，而置州县。隋炀帝时，又复改州为郡。平高县，隋开皇三年以县属原州。大业三年（607）又改原州为平凉郡。固原范围内属县除平高县外尚有默亭、北朝长城郡地新置百泉、平凉等县。

百泉县，《元和郡县志》原州条说，该县西至原州（今固原）九十里，显然应是今彭阳县。

平凉县，《旧唐书·地理志》称："隋县，治阳晋川，开元五年，移治古塞城。"很明确，隋代平凉县与唐代平凉县非在一地。隋平凉县置阳晋川，阳晋川前述是今彭阳县红河，说明平凉县先置固原境内，至唐开元五年（717）才移徙今平凉地。《旧唐书·地理志》不载其建置时间。该县很有可能是北周建德年间所置平凉县，如是，那么应于同时废黄石县而置平凉县，但不一定同置一地，同位红河流域则无疑。

《元和郡县志》原州条又称，在州北一百八十里处，隋大业元年（605）曾置他楼县。《水经注·河水注》高平川水，"又西北流，径东西二太娄城"，"他楼"疑是"太娄"音转。

李唐帝国建立之后，唐"高祖受命之初，改郡为州"，在边地又"置总管府，以统军戎"[51]。武德元年（618）改平凉郡为原州。贞观元年（627）"始于山河形便"，将全国分为十道，固原地隶属关内道。贞观五年（631）置原州都督府："管原、庆、会、银、亭、达、要等七州，十年省亭、达、要三州，唯督四州。"[52]天宝元年（742），又改原州为平凉郡，乾元元年（758）又复称原州。大历年间原州为吐蕃所占，但弃之不居。大历八年（773）元载"深知河西、陇右之要害"，提议城原州，说"原州当西塞之口，接陇山之固，草肥水甘，旧垒存焉。吐蕃比毁其垣庸，弃之不居"，如筑城原州，"是谓断西戎之胫，朝廷可高枕矣"[53]，事未行而元载被诛。杨炎"建中三年二月，奏请城原州"，又因"炎以喜怒易帅，泾帅怨之故，原州竟不能城"[54]。倒是在贞元年间"吐蕃修原州城，屯据之"[55]。

贞观六年（632）在原州地增置银州（新旧《唐书》均作缘州），统突厥降户，寄治平高县界的他楼城。

"自（安）禄山之乱后，西戎犯边，洮兰秦陇尽为虏境"，至元和三年（808）移于泾州临泾置行原州。大中三年（849）泾原节度使康季荣"收复原州、石门、驿藏、木峡、制胜、六盘等六关"[56]，原州才复旧治。唐末黄巢农民大起义，这里"复陷城壁，再移原州于临泾"，时原州平高、百泉、平凉"三县落藩"[57]。除此三县，唐原州地还置有萧关县。

萧关县，《旧唐书·地理志》："高宗时于萧关置他楼县，神龙元年废他楼县，置萧关县。"《元和郡县志》则说，他楼县"神龙三年废，另立萧关县，以去州阔远，御史丞侯全德奏于白草军城置，因取萧关为名"[58]。他楼县废时二者记载不一。白草军城以白草为名，白草应是"芨芨草""席席草"，西北地区这种草分布甚广。徐松说："白草，春发新苗与诸草无异，冬枯而不萎，高三四尺，性至坚韧，以之织物，其用如竹。"[59]所谓萧关之"萧"也应与芨芨草有关，属这类草，以此为名。"萧关镇，自武德以来，尤为边陲重镇"，后因"禄山之乱陷于蕃界"，大中三年（849）收复萧关，关于"大中五年七月十四日敕赐名武州"，属邠宁道。[60]按《旧唐书·宣宗本纪》载，似在大中三年收复萧关后即赐名武州，在大中四年（850）曾两次出现"武州"之名，[61]大中五年置武州并赐

名无疑有误。广明中，武州陷于吐蕃，后又将此迁至潘原县（今平凉地）。据载，武州在原州西北约一百八十里处，由这一里程推出应为今海原县李旺乡与同心县交界处。

五代时期，固原地为吐蕃、党项部族所据有。后唐清泰三年（936）只复置过平凉县，辖安国、耀武两镇，[62]其他县未详。"萧关县周显德五年六月废入潘原县，属渭州。"[63]吐蕃曾在平凉—武威一线设置州。王溥《五代会要》申师厚奏议，吐蕃"自泾州安国至西凉府沿路三处控扼，各立州名"[64]，但于何地置何州，均不得详知。

五、宋西夏金元时期

赵宋王朝建立以后，固原便成为宋王朝与西夏国的接交处，也是两国战争中的必争之地。宋将李继隆"先是受诏送军粮赴灵州，必由旱海路，自冬至春，而刍粟始集。继隆请由古原州蔚茹河路便"，护送军粮，"太宗许焉"。至道三年（997），李继隆"遂率师以进，壁古原州，令如京使胡守登城之，是为镇戎军"[65]。明清地方志称镇戎军城为宋将曹玮所筑，有误。宋人曾巩早已说过，筑镇戎军城，"其谋出于节度李继隆"[66]。另，有人以为镇戎军建于至道元年（995），[67]也错了，《宋史·真宗本纪》十分清楚地记载：至道三年夏四月乙未癸丑置镇戎军。初隶陕西秦凤路，庆历元年（1041）将秦凤路改成泾原路。镇戎军辖领城二、堡二、寨七。

咸平六年（1003）置彭阳城。

绍圣四年（1097）筑平夏城，赐名"平夏"。平夏城筑成之后，人们认为"平夏，视诸垒最高大"[68]。咸平元年（998）置开远堡；熙宁五年（1072）置张义堡；咸平二年（999）置东山寨；乾兴元年（1022）置乾兴寨；天圣元年（1023）置天圣寨；庆历二年（1042）置高平、定川二寨；天圣八年（1030）置三川寨；熙宁元年（1068）置熙宁寨。[69]

大观二年（1108）升平夏城为怀德军，"与西安、镇戎互为声援，应接萧关，为北面之壮焉"[70]。按《宋史·地理志》所载里距推知怀德军（平夏城）故址应在今固原县黄铎堡乡旧城。怀德军辖有一堡、七寨、一关。

石门堡，元符元年（1098）置；镇羌、九羊寨元符元年置；灵平寨，旧曰好水寨，绍圣四年（1097）赐名；通远寨置期不详，下辖龙泉寨；胜羌寨置期不详；萧关，崇宁四年（1105）置，下辖临川堡、通关堡、山西堡。

元符二年（1099），在今海原县天都山南牟会新城，置西安州，折"可适请以秋苇川为寨，南牟会为州，诏名寨曰临羌，州曰西安"[71]。天都山地区是西夏的重要根据地，许多重大事件都以它为基地。西安州领堡寨二十二。按里距属今固原地者有：

元符元年（1098）赐名会通堡；元符二年置宁韦、定戎二堡；崇宁五年（1106）置努通川堡、啰没宁堡、北领上堡、山前堡、高峰堡、那罗牟堡、寺子山堡、石栅泉堡、绥戎堡；元符二年置天都寨；元符元年赐名荡羌寨；崇宁五年（1106）置宁戎寨、通安寨等。

真宗大中祥符七年（1014）始筑笼竿城。庆历三年（1043）泾原安抚使王尧臣进言称：笼竿"在六盘山外，内则为渭州蕃篱，外则为秦陇襟带，土地饶沃，出产繁多。内笼竿城，蕃汉交易，市邑富庶，全胜于近边州郡"，十分重要，"请建为军"，[72]遂有德顺军。

宋代德顺军（金之德顺州）位于今之何地，后世人说法不一。《明一统志》认为德顺军在静宁州，[73]后著述如《甘肃通志》《静宁州志》等一些地方志，均谓在静宁州，现代著作多从此说。《嘉庆一统志》曾对此提出质疑：按《九域志》，"德顺军在陇州之北，镇戎之南，东去平凉不过百余里，隆德寨在军西六十里，而今州反在隆德西几百里，则今州非庆历旧治可知"，并认为"其旧治当在今隆德界"[74]。后人将德顺军位置搞错的原因，是将笼竿城与陇干县混为一谈，其实这是两地。元祐八年（1093）于外底堡置陇干县，这才是后来的静宁州。德顺军（笼竿城）按其已知里距推算，应是今隆德县城。[75]近年来隆德县城出土的金《德顺州广济禅寺塔下安葬功德记》一碑[76]也证明了，宋、金德顺军、德顺州正是今隆德县城。怀德军所辖城、寨属今固原地者有：

天禧元年（1017）置羊牧隆城。《嘉庆一统志》引《雍大记》云："地名邪没龙川，蕃语伪为羊牧隆城。"[77]庆历三年（1043）改其为隆德寨，在今西吉县兴隆乡。天圣六年（1028）置德胜寨；另置怀远城于今西吉县偏城乡。

宋初，在今泾源县地置安化县。《太平寰宇记》卷三二云："安化县，皇朝乾德二年割秦陇三镇之地置，西北至蕃界十里。"此地"接蕃界及连崆峒山"，隶属渭州。

北宋绍兴元年（1131），固原部分地区陷于金地，天都山地仍为西夏所据。金大定二十二年（1182）升镇戎军为镇戎州，初隶凤翔路，后属庆原路。先后属县有：

东山县，宋为东山寨，今彭阳县古城乡。

三川县，宋为三川寨，今固原县彭堡乡。

前后所辖堡寨有：彭阳、乾兴、开远等三堡；天圣、飞泉、熙宁、灵平、通峡、荡羌、九羊、张义等八寨。

皇统二年（1142）升德顺军为州，贞祐四年（1216）又升为镇，军又称陇安军，隶熙秦路。下辖六县、四寨、一堡。属今固原地者有：

陇平县，原刻各本《金史·地理志》均作"陇平"，今中华书局本校勘为"陇干"，据1956年8月隆德陈家河出土的金代墓志载，上有"葬母于陇平县水

口堡之北麓"字句，[78]证明金德顺州辖一县，确为"陇平"，而中华书局本误校。

隆德县，宋隆德寨升。怀远寨，宋为怀远城。

大定七年（1167）改宋之安化县为化平县，属平凉府辖。[79]

元朝初建时，废金之镇戎州，复为原州所辖。至元年间将金东山、三川一县并入镇原州。至元九年（1272）冬，封皇子忙哥剌为安西王，"赐京兆为分地，驻兵六盘山"[80]，分治陕蜀及西域。忙哥剌"驻于六盘山，置王相府。……两府并置，在长安者曰安西路，在六盘者曰开成路"[81]，为其行都。至元十年（1273）置开成府，《元史·地理志》说：视上都，号为上路。"至治三年（1323）降府为州，隶属凤翔道。辖有开城县、广安州。

至元十年（1273），于金东山县地置广安县，至元十五年（1278）升为广安州，始为开成路辖，后直隶凤翔路。

隆德县，时属静宁州所辖。

元初，将金化平县并入华亭县，隶属巩昌帅府。

元代固原地区均属陕西等处行中书省辖。

地方行政区划"唐以前以郡领县而已，元则有路、府、州、县四等"[82]，而开成一地路、府、州、县均曾设置。

六、明清民国时期

明朝初年，固原沿属开成、广安二州，洪武二年（1369），二州皆废，唯有开成县，属平凉府。固原地区均属陕西布政司辖。

洪武年间，在固原地置巡检司，属平凉右卫辖。景泰元年（1450）"西戎犯边"[83]侵固原，掠人民财产甚多，后由陕西苑马寺长乐监监正上奏朝廷修固原城，《明史·景帝本纪》称："景泰二年（1451）五月城固原。"[84]实际上应是"景泰二年七月二十三日兴工重修固原城"[85]。"固原"之名，由此时得。景泰三年（1452）迁徙平凉卫右所于固原城，为固原守御千户所。

对于"固原"之名的来历及其含义现存两种说法。

（一）顾祖禹《读史方舆纪要》固原条以为，固原"固本作故，时以此城为故原州城，讳故为固"[86]。其实在唐代吐蕃占领原州时期，已称之为"故原州"[87]。明人杨经在《嘉靖固原州志》中说："'故原'之名始于此，今名'固原'音同字不同也。"前引宋初也有称"古原州"的说法，其目的是，以示与镇原境内的原州区别。

（二）清那彦成则认为，因"北魏以此置原州，以其地险固因名"，"是为固原"。[88]实际上这种说法也有一定的道理。

成化四年（1468）因讨伐蒙古后裔满四暴动，升固原守御千户所为固原卫，此前废开成县，置卫于固原城内。成化六年（1470）置固原兵备道。弘治十四年

（1501）设固原镇（又称陕西镇）。弘治十五年（1502）升固原卫为固原州，隶属平凉府，古东山、三川等县地均属其地。州西有甘州群牧所。

成化四年（1468）于今海原县地置海喇都城；

成化五年（1469）在原西安州地置西安守御千户所；弘治十四年在同心预望城置平虏守御千户所；

成化十二年（1476）在今海原县李旺乡置镇戎守御千户所。

隆德县，初属静宁州，嘉靖三十八年（1559）改隶平凉府。[89]

今泾源县地仍属平凉府华亭县辖。

明代固原是西北最大的军马基地，所以固原境内设有大量的马政机构，专理马政，成为一种与地方政权并存的机构。[90]另外，诸王"藩地与广宁、开成、黑水、清平等苑监咸错壤"[91]。

明中叶以前，蒙古余部鞑靼、瓦剌等不断入侵北方。明政府不得不加强防御能力，以有效地抵御他们的进犯。"终明之世，边防甚重。东起鸭绿，西抵嘉峪，绵亘万里，分地守御。"[92]在北方地区置有九个边镇，史称"九边重镇"。成化十年（1474）置延绥（榆林）、甘肃、宁夏三边总制府于固原，"总陕西三边军务"[93]，使固原成为一个在北方防务中举足轻重的军事要镇。

清代初年，固原承明制。顺治初年，在此置固原道，后置固原州，属陕西省平凉府辖。陕西三边总督仍驻固原，下辖陕西、甘肃、延绥、宁夏四巡抚。[94]康熙四年（1665）析陕西省一部另置甘肃省，固原改隶甘肃省平凉府。

海喇都城，乾隆十二年（1747）改为海城。乾隆十四年（1749）改设盐茶厅。

隆德县，仍属平凉府。

清同治回民起义后，左宗棠奏升固原州。同治十二年（1873）升固原州为固原直隶州，隶属平庆泾固化道。辖有两县、一分州、一厅。

同治十二年在今同心县地置平远县；在今海原地置海城县；在今西吉县硝河乡置硝河城分州。

同治十年在原化平县地置化平厅。同治十一年割平凉、固原、隆德、华亭四州县地，置化平直隶厅。[95]

辛亥革命初，改平凉府为泾原道，固原属其辖。民国二年（1913）废固原州，改其为县。改化平直隶厅为化平县。民国三年改海城县为海原县。海固三次农民暴动之后，1941年在沐家营另置西吉县。这一带原名席芨滩，划割固原、海原、隆德、庄浪、静宁五县地置县时，雅化为"西吉"。1940年改泾原道为陇东专员行署（陇东专区），[96]固原属其辖。

固原地区东北部曾是陕甘宁革命根据地的组成部分。1936年工农红军西征

中解放了固原东部一些地区，成立了固北县，属陕甘宁省领导，1938 年撤销。还在今同心、海原地区成立了豫海县回民自治政府（驻半个城），也属陕甘宁省领导。这是中国共产党历史上第一个县级回族自治政权。

七、新中国成立以来

新中国成立初期，固原地区隶属平凉专区，属甘肃省辖。1950 年，经政务院批准，将原化平县，以泾河发源之地而命名为泾源县。1953 年成立西海固回族自治区。1955 年改称固原回族自治州，直隶甘肃省。1955 年成立泾源回族自治县。1958 年宁夏回族自治区成立之后，将固原划归宁夏回族自治区，改固原回族自治州为固原专区，改泾源回族自治县为泾源。辖县有固原、海原、西吉、隆德、泾源五县。行政公署驻固原县。1983 年析固原县东部另置彭阳县，彭阳县仍属固原地区。

八、固原历史名称之特点

综上所述，我们可以看出，固原，是著名的北方重镇，不但是为世代兵家用武之地，自古以来也是一个民族杂居的地方，所以固原境内的历史名称，多与军事斗争及民族间斗争有着密切的关系。

作为一个军事重镇，几千年以来，这里曾发生过数百次战争（战斗）。作为一个民族杂居地，数千年来活动于该地的少数民族有猃狁（西周）、义渠、乌氏（春秋、战国）、匈奴（战国、秦汉）、羌（东汉）、氐（晋）、鲜卑（北朝）、突厥（隋）、吐蕃（唐）、党项（五代、宋）、女真（金）、蒙古（元、明）、回（明代至今）、满（清）等十几个少数民族，几乎囊括了历史上所有活动于北方的民族。军事斗争在某种意义上也可理解为民族斗争，换言之，民族斗争的表现形式主要是战争。固原历代名称，像一面镜子，历史地反映不同时代、不同民族的斗争情况。这类名称也内含着民族军事斗争的痕迹。

固原，与少数民族活动、军事行动有关的名称（地名）有乌氏（战国、秦、汉等）、朝那（战国、秦、汉等）、安定（西汉、三国）、月支道（汉）、平凉（北朝、隋）、黄石（北朝）、武州（唐）、镇戎（宋、金）、德顺（宋、金）、平夏（宋）、安化（宋）、西安（宋）、化平（金、清等）、固原等，以至在平高（高平）这类名称中也不乏人为因素。这些地名的变更演化反映出一个历代民族杂居地区政治、军事、历史变迁的缩影，也是一个历代军事要镇数千年以来统治者心理的历史写照。其名称沿革的发展、变化趋势、演变结果，无不一一显示出与"民族""战争"有关。

原载《固原师专学报》1986 年第 3 期

注释:

[1] 清顾祖禹:《读史方舆纪要》卷五九,固原州条引元代《开成志》语。

[2] 袁珂:《山海经校注》卷二,上海古籍出版社1980年版。

[3] 蒙文通:《周秦少数民族研究》龙门联合书局1958年7月版,第51页。

[4] 朱熹:《诗集传·小雅》六月篇注。

[5] 杨经:《嘉靖固原州志·创建州治》卷一,《万历平凉府志》作者赵时春也持同样的观点。

[6] 顾炎武:《日知录》卷三太原条。

[7] 此据:《百子全书》本。

[8]《元和郡县志·关内道》卷二。

[9]《日知录》卷三,太原条。

[10] 徐乾等:《嘉庆一统志·平凉府》卷一六八。

[11] [12]《后汉书·西羌传》卷八七。

[13]《史记·匈奴列传·西羌传》《后汉书·西羌传》也载:"及昭王立,义渠朝秦,遂与昭王母宣太后私通,生二子。至赧王四十二年,宣太后诱杀义渠王于甘泉宫,因起兵灭之.始有陇西、北地,上郡焉。"对于宣太后与义渠王私通一事,已故著名史学家顾颉刚认为"未必绝对可信"(见《史林杂识·秦与西戎》)。但北地等三郡置于此时,当属无疑。

[14] 贺次君:《括地志辑校》,中华书局1980年版。

[15]《读史方舆纪要》卷五八。

[16] 王显:《读〈说文〉札记》,载《语言研究》创刊号。

[17]《史记·匈奴列传》。

[18]《明一统志·陕西布政司》卷三五。

[19] 郦道元:《水经注·河水注》卷二。

[20] 宁夏博物馆、固原县文物工作站《宁夏境内战国秦汉长城遗址》,载《中国长城遗迹调查报告集》,文物出版社1980年版。

[21] 吴卓信:《汉书地理志补注》卷六一。

[22] 钱坫、徐松:《新斠注地理志集释》卷一三〇。

[23] 顾炎武:《天下郡国利病书·平凉府》卷六一。

[24] 陈澧:《汉书地理志水道图说·河水》卷三。

[25]《宁夏固原发现汉初铜鼎》,载《文物》1982年第12期。

[26] 吕调阳:《汉书地理志详释》卷三。

[27]《汉书·地理志》。

[28]《太平寰宇记·关西道》卷三二。

[29]《大清一统志·平凉府》古迹条卷一六八。

[30]《太平寰宇记·关西道》卷二三。

[31]《元和郡县志·关内道》卷二。

[32]《史记·骠骑列传》张守节《正义》及《汉书·霍去病传》颜师古注语。

［33］《后汉书·卢芳传》卷一二。

［34］《太平寰宇记·关西道》卷三二。

［35］《三国志·魏志·夏侯渊传》卷九。

［36］《三国志·魏志·郭淮传》卷二六。

［37］谢仲英：《三国疆域志补注》卷七。

［38］《晋书·地理志》卷一四。

［39］《晋书·刘曜载记》卷一〇三。

［40］《太平寰宇记·关西道》卷三二。

［41］《魏书·杨播传附椿传》卷五八。

［42］罗振玉：《芒洛冢墓遗文四编》于景墓志卷一《云窗丛刘》。

［43］《通典·州郡三》卷一七三。

［44］《周书·武帝纪》。

［45］王仲荦：《北周地理志》上册卷第1、90页。

［46］《晋书·刘曜载记》卷一〇三。

［47］《嘉庆一统志·平凉府》卷一六八。

［48］杨守敬：《隋书·地理志考证》卷一。

［49］［50］《周书·于翼传附李穆传》卷三〇。

［51］［52］《旧唐书·地理志》卷三八。

［53］《旧唐书·元载传》卷一一八。

［54］《旧唐书·杨炎传》卷一一八。

［55］《旧唐书·德宗本纪》卷一二。

［56］［61］《旧唐书·宣宗本纪》卷一八。

［57］［58］［60］［62］《太平寰宇记》卷三二、卷一五一。

［59］徐松：《汉书·西域传补注》。

［63］《旧五代史·郡县制志》卷一五〇。

［64］王溥：《五代会要》卷二九，《册府元龟·帝王部》卷一七〇亦同。

［65］曾巩：《隆平集》卷一。

［66］［69］《舆地广记》卷一五，

［67］《宋史·郭成传》卷三五〇。

［68］固原堡寨置时，多据《宋史·地理志》，东山、开远等据《元丰九域志》卷三。

［70］《东都事略·折可适传》卷一〇四。

［71］《宋会要辑稿·兵》卷二七。

［72］《明一统志·陕西布政司》卷三四。

［73］［76］《嘉庆一统志》卷一六八。

［74］鲁人勇：《北宋三军城故址考》《宁夏大学学报》1982年第3期。

［75］此碑承隆德县政协副主席李粹文先生见告，特此致谢。

［77］此碑承李粹文先生见告，原藏于隆德县文化馆，"文革"中遗失。

[78] 以上均据《金史·地理志》。

　　[79]《元史·世祖本纪》卷七。

　　[80] 柯邵忞：《新元史·世祖诸子列传》卷一一四。

　　[81]《元史·地理志》。

　　[82] 明景泰二年《创修城隍庙碑记》，此碑现藏宁夏固原博物馆。

　　[83]《明史·景帝本纪》卷一一。

　　[84] 见《景泰二年重修固原城方砖》，此砖现藏宁夏固原博物馆。

　　[85]《读史方舆纪要·陕西》卷五九。

　　[86]《旧唐书·吐蕃传（下）》卷一九六（下）。

　　[87] 那彦成：《重修固原城碑记》，此碑"文革"以前由宁夏固原县文化馆收藏，"文革"中已毁。

　　[88] 以上均据《明史·地理志》。

　　[89] 固原地区汉代即有马政机构，而唐、明最盛，详见拙文《论固原畜牧业发展的历史及其启示》，载《宁夏社会科学》1985 年第 1 期。

　　[90]《万历固原州志·地理志》卷一。

　　[91][92]《明史·兵志》卷九二。

　　[93]《清史稿·孟乔芳传》卷二三七。

　　[94]《清史稿·地理志》。

　　[95]《民国固原县志·建置志》卷五（稿本）。

　　[96] 高伯祥：《庆环分区回忆》，载《甘肃文史资料选辑》第 12 辑。

固原地区历史地理述要

王北辰

一、秦汉时期

　　据我国古典文献记载，[1] 早在公元前十几世纪的商周之际，今千河、泾河上游乃是西戎各族活动的地区，见诸记载的有"西戎""昆夷之戎""犬戎""太原之戎"和氐、羌等等，他们"所居无常，依随水草，地少五谷，以产牧为业"[2]，他们和渭河邠（今彬县）、雍（今凤翔县）以东从事农耕的周人，有经常交往但却分属不同的民族。西周的西土，大概在今千河上游的陇县一带，《史记·秦本纪》《汉书·地理志》记载，秦国先人非子曾为周孝王养马于千、渭之间。

　　公元前 5 世纪战国初期，秦、赵两国竞相向西方扩展领土，其时千渭间的诸戎族被迫"西逾千、陇（今六盘山）"，只有义渠戎族仍在泾河之北，筑城郭以

自守。[3]

战国时期，秦国日益强大，公元前272年（周赧王四十三年），秦军袭击义渠戎，取得了决定性的胜利，秦在新获得的领土上设置了陇西、北地二郡，今固原地区包在北地郡内；同时另在北边上今盐池县以东设置上郡。为加强西北边境的防御，保护新领土，修建起一条起自陇西郡、经北地郡到上郡的长城，[4] 它的一段即在今固原县城北十多里。从地理角度看，这条长城不但是秦国对西边各戎族以及北边猃狁族的防御工事，它基本也是当时渭河流域农垦区与游牧区之间的分界。

公元前221年秦统一六国，继而即发兵30万，以蒙恬为帅北伐匈奴，夺得今陕北、鄂尔多斯高原及河套平原，称其地为"新秦中"。同时沿北河设立郡县，移民开垦。在新形势下，陇西、北地郡也增加了移民，陇山两侧地区的开垦也出现了新气象。遗憾的是，史书上没有记载秦朝北地郡的人口数字。

在秦朝统治的短暂时期里，北地郡仍有戎族活动，《史记》《汉书》的货殖传里都记载，一位名为倮的乌氏县人，从事畜牧业，并且用中原产的丝织品与戎王交易，戎王十倍其偿，付给他的牲畜"至用谷量牛马"。这段记载表明，陇东仍有戎族居住，他们以大量的牲畜及畜产品与泾、千流域的秦人进行交易。

公元前3世纪末，汉王朝取代了秦王朝，于陇东仍置北地郡。汉朝建国初期，匈奴也正在兴起、强大，它频频从北边和西边向汉土掳掠。从西边入侵的主要道路，即通过今固原再分沿茹河与泾河趋向今镇原与平凉，更东则指向长安（今西安），这就是历史上著名的萧关道路。当时的北地郡，在边防上是既重要但又很不安全的。

公元前127年（元朔二年），汉军驱逐了驻在今鄂尔多斯高原的匈奴部落，收复秦时故地，称之为"河南地"。汉朝仿效秦朝的办法，于其地设朔方郡，沿河设县，移民实边。六年之后，原踞今河西走廊的匈奴浑邪王部四万多人归附汉朝，汉朝把他们安置在边郡各地，各设"属国都尉"以管理之，其中安置在北地郡的归三水县属国都尉治理。几年之后，匈奴被汉军所驱，大部退向漠北，于是汉朝争得了和平环境，乃自朔方郡沿河而上，直到今兰州一带，选在沿岸适宜各地"通渠置田官"，把朔方、北地、陇西沿河各郡的开发，推向了一个新阶段。

为了加强管理和防卫，汉朝把北地郡的一部划出，另设安定郡。安定郡分为21个县，其中的高平、三水两县大致相当今固原地区。高平县址即今固原县，三水县址很可能在今韦州。[5]

高平县城也是安定郡的治所，乃全郡的政治、经济中心，它位于高平川水（也称苦水，即今清水河）上游西岸，在两汉统治的四百多年间，是整个高平川水沿岸唯一的一个县，这表明了高平川水流域在当时乃是地广人稀之区。安定郡治选在高平县城，反映了其地理环境的优越性。就生产条件而论，高平川水上游地势较高，地形性降水量多于下游，而且沿岸地形开阔平坦，因而有利于农、牧业生产。就交通与军事地理条件而论，它南扼都卢山峡（今"三关口"峡谷），[6]过峡有大路沿泾河通向长安，古萧关就在高平东南三十多里，因而它长期以来就是关中平原的西方门户。当时高平县统治的范围大致相当今固原地，据《汉书·地理志》所记估量，全县人口在7000到10000之间，[7]这样少的人力，其所开垦的土地面积自然是很有限的。

高平城西南是陇山（六盘山）山地，山上自古即有森林，陇东西居民夙昔即以木板建房，《诗经·秦风·小戎》篇所描述吟咏的"在其板屋"即是明证。近山的居民除从事伐木外，还从事狩猎和畜牧，秦风中的《车辚》《四载》《小戎》诸篇，即歌咏其车、马、田狩诸活动。《汉书·地理志》在其分区叙论部分里也曾记："天水，陇西山多林木，民以板为屋。"

高平川水下游沿岸另无县城，但下游东岸有山，山东有三水县城。据《水经注》河水篇、高平川水条下记，县城东有温泉，更东有盐池；县城东北另有一处故城，故城北有三泉。可见三水县城近山、多泉且距盐池不远，是地理条件较好的地点。《汉书·地理志》记，三水县是"属国都尉"所治之地，它乃是安置匈奴及其他民族归附的地方。按照汉朝所设其他属国都尉之例，安定属国都尉的治地也绝非肥美，它不过是在大片干旱区中的一块稍好的地方而已。值得注意的是三水县还设有盐官，这表明三水乃是池盐产销的管理中心。盐官选驻此地，是取其交通地理位置的适中。历史事实表明，三水既是匈奴与羌族交往的必经之地，同时又是安定郡首府高平县与北地郡首府富平县（今灵武西南）交通的必经之地。三水东边盐池所产的盐，除供当地消费外，还远销高平、富平以至陇山以西。

从《水经注》河水篇高平水条的记叙看，高平川水系自古以来无大变化。其水质自古就苦不堪饮，水名又称苦水即其反映。从其两岸所收纳的支流看，上中游的支流多，而且主要者发源于陇山东麓，下游肥水以北则没有支流。这表明其上游地区的降水量多于下游，上游较湿润而下游干燥。

由于高平县扼制要冲而地广人稀，所以在西汉末年政局纷乱之际，争夺政权的军队往往企图占据高平作为基地。公元25年，政治兼军事家邓禹就曾说，安定郡"土广人稀，饶谷多畜"可以依靠。农民起义军赤眉，在失败后也曾企图退往高平以求再起。三水豪族卢劳则勾结匈奴而分割三水县。

东汉时期（25—220）仍设安定郡，但范围小于西汉时期。今固原地区在当时仍属高平县、三水县。东汉在三水县也设属国都尉，可见其地仍是少数民族集居区。东汉在安定郡设有牧师苑，管理官马牧养事务，详情缺少记载。[8]

东汉朝廷与羌族间的关系长期紧张，双方在陇山西侧多次发生战斗。公元89年，羌族的一部降附，他们被安置在安定郡各地。其后羌族东侵愈甚，东汉朝廷曾被迫几度把安定郡治向东迁移，居民也被迫迁移。汉羌间的往返争夺，当然影响了当地的经济和人口，据《后汉书·郡国志》记载估算，高平、三水两县的人口也不过八千。[9]

在汉、羌斗争过程中，高平仍是交通要冲。《后汉书》载，将军段颎攻击羌兵，从彭阳（今甘肃镇原县境）一路追至高平。将军马贤攻击羌兵，从高平一路追击到富平（今灵武境）。段颎又一次反击羌兵，远从桥门起（今陕北、靖边县境），中经灵武南境，直到陇山西侧。[10]汉军与羌军间的战争，到公元169年才基本结束，东羌大部降附了汉朝，降附者仍被安置在安定郡各地。

二、南北朝时期

东汉以后，边疆各族不断和平地移入安定郡，公元4世纪（十六国时期），地方割据政权的首领，为了政治目的还曾强制移民，以今泾川为基地的后秦主姚苌，于公元386年就曾把安定郡居民5000户强制迁去长安，翌年又把秦州（今天水地区）的豪强迁向安定郡。在割据、角逐中，从高平沿泾河东去仍是军事斗争的要路，前秦苻坚与后秦姚苌以及夏国的赫连勃勃的军队，都曾沿此路往返争夺。[11]

公元4世纪末，史书中出现了关于高平川中游他（太）楼城的记载。公元391年，驻在今兰州地区的乞伏乾归，出兵攻击鲜卑部帅没奕干，没奕干战败奔他楼城。不久没奕干投降前秦，被封为将军，后更晋升为高平公而移驻高平。高平川中游出现了这个城市，反映出中游地带的开发与人口的增长，同时也反映出他楼城乃是民族混居的一个新中心。公元四五世纪在安定郡居住的各民族有：鲜卑族的密贵、裕苟、提伦三部驻在高平，[12]没奕干部先驻他楼城后移高平，敕勒（铁勒、丁零）也集居高平。[13]

公元5世纪30年代，北魏开始统治中国北方。北魏于今固原地区设原州，改高平县名为平高县，又增设瓦亭县。[14]与此同时，前记之他楼城仍为一大城镇，而汉、晋时期的三水县却不再见于北魏的政区设置中。公元五六世纪间（南北朝时期），原州、平高县境内有汉、鲜卑、敕勒、羌等各族混居，所以农耕、畜牧、砍伐各业也在境内各地同时进行。据《周书》李贤、窦炽等传记载，大统八年（542）李贤任原州刺史，他"抚导乡里，甚得民和"。乡里乃是定居而从事工农业生产的汉族居民的组织形式，这表示当时原州境内的汉人农民是不少的。又记，窦炽在原州刺史任内，"抑挫豪右，申理幽滞，每亲巡垄亩，劝民耕桑，在州十载，甚有政绩"。这也反映出原州境内的农业生产很盛。又记，公元546年"茹茹围逼州城，驱拥畜牧……李贤率兵出击，捕虏百余人，获驼、马、牛、羊二万头，……所掠之人还得安堵"。可见平高境内的牲畜头数相当不少。

这时期的一段历史记载颇能反映当时的地理。公元446年（魏太平真君七年），北魏的薄骨律镇（今银川平原地区）镇将刁雍上书论漕运云："奉诏，平高、安定、统万及臣所守四镇，出车五千乘，运谷五十万斛，付沃野镇以供军粮，臣镇去沃野镇八百里，道多深沙，轻车往来，犹以为难，今载谷二十五斛，每至深沙，必致滞陷。……今求于牵屯山河水之次，造船二百艘，二船为一舫，一舫乘二千斛，一舫十人，计须千人，臣镇内之兵卒皆习水，一运二十万斛，方舟顺流，五日而至沃野，……从三月至九月三返，运送六十万斛，计用人工轻于车运十倍有余，不费牛力，又不废田。"魏帝嘉纳了刁雍的建议，诏曰："非但一运，自可永以为式。"[15]文中的牵屯山，指今固原西南的六盘山，沃野镇在今后套平原上的乌拉特前旗境。这件事表明，当时牵屯山富于林木，足以涵养水源，平高县与薄骨律镇都是产粮区，高平川水（苦水）水量甚大，足以航行载粮2000斛的大舫；大船从平高县可以通航到沃野镇。

三、唐朝时期

经过了十六国和南北朝时期的分裂后，公元7世纪初，唐王朝统一了全国。唐在今固原地区仍设原州，下辖四县，其中的平高、萧关、百泉三县在今固原境。平高是今固原，百泉大约在今彭阳，萧关县大约在今高崖。[16]其中萧关县的设置很值得注意。如前文所述，早在公元4世纪末，高平川中游业已出现了一个他楼城。隋统一全国后，大业元年（605）于其地设县名为他楼县。二十多年后，唐贞观六年把突厥降户安置在县境，为统治降户又于其地设置缘州，州治也在他楼城。七十多年后，神龙三年（707）撤废了他楼县和缘州，另立萧关县，县治选设原州城北180里的蔚茹水（即高平川水，唐人称为蔚茹水或葫芦河）东岸的白草军城。其城原是边防军城，设县取萧关为名，反映了县城在边防上有重要意义。大中五年（852）更升萧关县为武州。[17]隋、唐两朝在他楼城以北的州、县设置，进一步显示了蔚茹水中游沿岸各地的开发，而其最北县城则在今高崖一带。

两汉的三水县，曹魏时期改称西川县，晋因之。[18]这个县到了北魏时期已不见于政区设置之中，隋、唐都未设县。三水县在两汉时期原是各少数民族居住地，到了唐代乃改建他楼县作为突厥降户的居住地，而不恢复三水或西川县，其原因是什么尚难以推测。

安史之乱以前，唐朝在原州设有官马场，置监牧使以司其事。其都监牧使由原州刺史兼任，原州境内共有34个官马场，放养官马十多万匹。[19]在官营牧业发展的同时，农业也齐头并进，据两唐书地理志记载，原州住户有7349户，人口33146人，除去不在今固原境的平凉县外，估计其在今境的人口也有两三万。

这样多的人口，可以反映其农、工各业的发展。

安史之乱后，唐朝的统治力量大为削弱，公元8世纪中期，吐蕃军大举侵入大震关（今陕西之陇县西，千河上游关口），史称"凤翔以西，邠州以北，皆为左衽"。从那以后直到公元9世纪中期，其间百多年，原州被吐蕃武力控制，唐朝所设郡县皆废，政权机构被迫东迁。在此期间，原州的地理环境似未遭受太大的破坏。大历八年，大臣元载对原州的评论即其证明，元载熟悉原州的情况，他上书有云："原州居其中间，当陇山之口，其西皆监牧故地，草肥水美，平凉在其东，独耕一县，可给军食，故垒尚存，吐蕃弃而不居，每岁盛夏，吐蕃畜牧青海，去塞甚远，若乘间筑之，二旬可毕……"[20]

四、宋金时期

唐代而后，全国又经过了一段分裂，公元10世纪60年代宋朝统一了中国。宋朝建国当时，西北边疆上的党项族势力已强，不久，他们即以李氏为首，以今银川平原为基地建国称夏，成了宋朝在西北边的敌对国家。

宋朝为了巩固边防、对抗夏国，在故原州地区陆续建立了四个州级的军政区：公元995年（太宗至道元年）在旧原州平高县建立镇戎军；1043年（仁宗庆历三年）在渭州、陇干城建立德顺军（今隆德县城）；1099年（哲宗元符二年）于南牟会城置西安州；1108年（徽宗大观二年）在平夏城置怀德军（今黄铎堡古城）。[21]各军、州管下的城、寨、堡见于《宋史·地理志》的共有63处，远多于唐书所记的唐代原州城镇。

从城、镇、寨、堡的地理分布看，这时期也出现了一种新的局面。唐代以前，原州城镇都分布在高平川水沿岸；到了宋代，则在今六盘山东西麓和今葫芦河流域出现了若干个新城镇。

宋时的天都山乃今海原县南的南华山。山北有大片平坦可耕的土地，山上富有林木和矿藏。夏国曾于山北平地上建有南牟会城，夏国主在山中建有宫殿。南牟会地依天都山、葫芦河形胜，为夏国各部游牧、集居的中心。宋人论其形势说："介于五路之间，乃夏人啸聚之区，……故每一集兵则五路不安。"[22]夏国军队多次以天都山为基地，向蔚茹水（今清水河）沿岸或葫芦河沿岸袭击、掳掠。

为防御夏国的南侵，宋朝在今六盘山西兴建或扩建了若干城镇。曹玮先选在六盘山西侧的外底堡，兴建了陇干城，又在其西数十里兴建了羊牧隆城（今兴隆镇），在今甘肃静宁县兴建静边城，在今西吉县兴建得胜城共四城，募兵给田，使耕战自守。不久，陇干城很快就成了"蕃汉交易，市邑富庶"之处，宋朝乃于其城建置德顺军，并设陇干县，它即今隆德县的创始。德顺军下辖城堡九处，其中的得胜寨即今西吉县的最早城堡。

为防扼夏军从天都山向东南入侵，宋朝先筑了平夏城，建置怀德军，继则进攻天都山、南牟会。夺得其城后，置西安州。同时将其东四十里的洒水坪改名为天都寨，它即今海原县城的古址。[23]

从公元 10 世纪中期到 12 世纪 20 年代，在北宋统治这个地区的一个半世纪间，全地区的城、镇、寨、堡总数比前代显著地增多了，特别是西部地区出现了许多城镇，这显示了全地区特别是西部地区的垦殖开发，较前有了新发展。

史书所载，同时期本地区的户口数，则是地区开发的主观因素。宋代史书对本区各地户口的记载并不完整，兹仅以镇戎一军辖境为例，据《元丰九域志》载，镇戎军有主户（城乡有产者）1434 户，客户（城乡无产者）2696 户，总共 4130 户。若按平均每户 5 口人计，则全境居民约 2 万多人。这个数当然还要加上怀德军、德顺军与西安州的户口，[24] 然则户口总数一定超过了唐代原州的户口。随着户口的增多，其对土地利用与作用的广深程度也必然高于前代。

宋室南渡后，镇戎等军仍属宋领，公元 12 世纪 30 年代，金军夺占此区，金朝在此统治了 60 多年，其北边仍与夏国接壤，双方处于对立状态。

金朝改宋之镇戎军为镇戎州，下设二县，于东山寨（今彭阳县西之古城）置东山县，于州西 37 里之三川寨置三川县。[25] 镇戎州北部的宋旧领地则陷于夏国。

金改宋之德顺军为德顺州，下设六县，其陇干（今隆德县城）、隆（今兴隆镇）二县在今隆德县境。德顺州北方原属宋土的西安州、天都山等都陷于夏。

《金史·地理志》所记二州户数很值得注意。据记，镇戎州户数为 10447 户，德顺州户数为 35449 户。以镇戎而论，金代户数竟是宋代户数的两倍多，德顺州（大部县在今甘肃境）的户数也是宋代的两倍多。为什么在金朝统治的半个多世纪内，本地区户口会如此增长？这是有待研究的问题。

五、元明时期

公元 1226 年，蒙古军从河西来，在今中卫一带渡过黄河，以迅猛之势席卷了夏国和金领镇戎、德顺二州，同年成吉思汗驻帐于六盘山避暑。1227 年夏国灭亡。蒙古军为便利六盘山与银川平原间的联系，由豫王选在中途筑城，其城名后来讹为预旺城。蒙古骑兵的大规模迅猛攻击，破坏力很大，其对金领镇戎等州的影响是可以想象的。

蒙古得地之初，仍置原州。四十多年后，忽必烈至元十年（公元 1273 年，也即元朝迁入大都城今北京的翌年），调整了这里的行政区划，改原州为开成路（州级政区），放弃旧原州城，选在城南三十多里的旧开远堡兴建新城，作为开成路的治所，统治陇、蜀的皇子安西王即驻开城。开成路下设一州、一县，开成县与路同治开成，广安州设在旧东山县即今古城。六盘山西的隆德县则划归他州。[26]

公元 1369 年（洪武二年）明军进入本地区，击走元之安西王。明朝建国初期，以本区北部分赐予诸藩王为牧地。今下马关、韦州、同心城等地分归庆王，沐家营等地分归沐王，西安州、海剌都等地分归楚王。楚王得地后，扩建了海剌都城，改其名为海城，它就是海原县名的由来。在本区南部，进行了政区调整，把元朝的开成路（州级）降为开成县，撤废了元设的广安州。隆德县则划归平凉府。这样调整，显然是撤并行政区。

明朝建国初年对本地区的行政措施，在一定程度上反映了当地的经济地理。把相当现在西安镇、海原、七营一线以北的地方，分赐诸王为牧地，反映出其区的空旷而艰于农业生产，把现在七营以南地区的政区进行撤并或降格，反映了南部经过元朝的一百三十多年统治后，生产与人口都没有发展。都未恢复到宋金时代的水平，乃是比较萧条的地区，因而不需设置更多的政区或更高级的政权机构。

正统末年，土木堡之败（1449）以后，西北边疆出现了不安定的形势，蒙古军经常从漠北向明朝领土进攻，其进攻固原的主要路线有二：一是在今盐池县一带突破边墙，经韦州、预旺而指向固原；二是自今中卫、中宁一带过河，沿清水河南下以袭固原。出于军事防御目的，弘治年间的边防大臣如杨一清、刘天和等，相继对全地区进行了一系列的经略与规划；在北边筑起了一道西起徐斌水（今图作徐冰水），东经下马关、甜水堡，直到铁角城的"铲削边墙"，边冲要关口之一的长城关，后改名下马关。[27]

于边内，沿边设立西安（今西安镇）、平远（今预旺）、镇戎（今李旺）三个卫所，驻军屯垦，作为对蒙古军防御的第一线。在南部，升开成县为州，改其名为固原，迁回旧城。把隆德县划归固原州辖。这种调整乃出于军、政目的。

明代本区北部分属各藩牧地，南部在开成县东南设有"群牧监"以主管官马放牧，规模不详，可见当时州内的旷地面积仍是不小的。

明、清地方志书对当时的地理均有记载，万历《固原州志》记云"藩牧、军屯十居七八，租赋不给于公"，"州境山地六分，川地四分，……并无水田……更无可以开垦之处"。当时描述州北景象的诗云："原州直北荒凉地，灵武台西预旺城。路人葫芦细腰峡，苑开草莽苦泉营。"写的就是从固原向东北，经预旺城去灵武一路上的景象。又据州志记，全州居民不过 1167 户，把屯田的民兵都计在内也不过 1000 多人。康熙《隆德县志》载，明万历年间隆德县户口也只 729 户，3110 人。这些情况表明，经过元初的战火之后，固原地区人口流亡很多，生产萧条，直到明末仍未恢复到金朝统治时期的水平。

六、清朝时期

公元 17 世纪中期起，清朝统治了本地区。清朝沿袭明制，仍设固原州与隆德县，其北设下马关营与西安州营（驻军单位），其他聚落皆为村、堡。与前代相比，政区设置并无变动，但重要的是当时的客观形势与管理政策出现了新变化。在客观形势方面，蒙古各部都成为清朝的藩属，从而结束了蒙军入侵的不安定局面，使固原获得了较长期的和平与稳定，有利于生产与地区开发；在政策方面，清朝废除了北部明代藩王的牧地分割制，全部土地实行招民开垦，按亩收租，这就大大推进了本地区特别是北部的垦殖、利用。从公元17世纪50年代直到19世纪60年代末（回民起义），其间二百多年，固原地区一直处于和平环境之中，地区的开发无疑会很顺利。

同治年间，金积、固原等地的回民起义，受到了清朝的残酷镇压，战争对当地生产的破坏无疑是大的，同时，战争荼毒生灵，使多少人死于非命。清朝平定起义后，出于政治目的，同治十三年（1874）在海城设海城县（1914年改海原县），在下马关设平远县（民国初改名镇戎，后又改名预旺）。设县当时，两地都是兵火之后，户口极少，平远县城内只有17户人家，全县也只2700多户。[28]

在同治年间的动乱和政区新建后，经过30多年的恢复，到光绪末年，各地人口数达到了前所未有的水平：平远县4500多户，海城县近7000户，固原州15000多户。[29]

光绪末年（1908）各县的村、镇、市集已经很多，据有关地方志记，固原州有自然村1155处，海城县有57个堡，隆德县66个行政村。尽管志书所记的单位标准不一，但可以说明村落分布之广。关于村的大小，《固原州志》记："固原辖境辽阔，地广人稀，大寨巨堡寥寥可指，其四乡中有十余家为一村者，有三五家为一村者，甚至一家一村而彼此相隔数里、十里不等者。"《隆德县志》也记："县在万山之中……地广人稀……甚至一两家、三五家自成村落，或十余里或数十里仅见一村……"这些记载表明，当时村落分布虽广，但各村人口不多，因而其拓垦能力必然有限。可以推测，迄于20世纪初，全境的农田必多在平坦近水之地，坡度较大的高地、山地是不会被大面积开垦的。

关于农业地理面貌，《海城县志》记："查海城唯本城及西安、龙池湾、二府营四区，水甘土衍，可种膏腴；自华山以南，地高气寒，多雨则五谷不实，民颇喜旱；新堡以北，地界沙漠，辄数年不雨，民又苦旱……地多荒芜，水率咸苦，最宜牧养……"《隆德县志》记："民多食大麦荍豆诸粗种，风劲地寒，平衍可受水者少，渠政弗讲。"《固原州志》则记："州境山地六分，川地四分……并无水田……更无可以开垦之处……"凡此诸记，既描述了当时的地理面貌，也说明了封建桎梏之下的人民群众，无力改造其艰苦的自然环境。

纵观本地区两千多年的演变过程，有两项历史情况值得注意：

（一）全地区内，各地方的开发先后不一。从历史上看，大致可以西安州一海原—李旺一线为界把全区划为南、北两大部分。比较起来，南部的开发早于北部；南部又可以陇山（六盘山）为界分为陇东与陇西，陇东的开发又早于陇西。

各地开发的先后，乃是自然因素与人文因素相结合的结果。就自然因素而论，南部以陇山为脊。地形较高而年降水量较多，陇山的森林涵育了清水河源，水分条件使得南部地区宜于农、林、牧业，因而开发较早。就人文因素而论，南部处于关中平原与银川平原之间，两片平原在历史上都是富饶之区，而清水河自古就是其天然通道，区间交通是清水河中、上游地区，特别是固原地区经济发展的重要因素。在历史上，固原一直被当作关中地区对西北的门户或屏藩。

（二）居民和城镇的数量，乃是地区开发程度的一种指标。因而历史上人口、城镇的增长速度，在相当程度上可以反映地区开发的速度。

从公元前 2 世纪到公元 2 世纪，是两汉王朝统治时期。在那四百多年间，本地区的人口不过一万人，其对自然环境的作用无疑是很小的。

从公元 3 世纪初到公元 10 世纪初，其间七百多年，政权几经变更。据唐书记载，公元 8 世纪中期，原州人口最多达到了 33000 人，也即在七百年间人口增长了约三倍。这个数字只相当现在固原与隆德两个县城的人口。[30]其对自然环境的作用也是有限的。

公元 10 世纪中期到公元 13 世纪，宋、金王朝相继统治本地区。据《金史·地理志》记，仅今固原一县的人口就达到了 5 万多人。这段时期人口增长得相当快，可以推测地区开发的速度也比较快。

公元 13 世纪 20 年代，蒙古军夺取此区的破坏力很大。明代统治本区时又采取了分封制度，致使本区人口大为减少，万历年间全固原州的人口不足一万人。

清朝统治时期，除短期战争外，本区处于安定环境之中。清朝对全区实行放垦，因而到 20 世纪初，固原州人口达到了前所未有的水平。可以推测，近一二百年来，是本地区在历史上开发较快的时期，从而也是人类对环境施加作用较大的时期。

原载《宁夏史志研究》1986 年 2 期

注释：

[1] 主要据《史记·周秦本纪》《汉书·地理志》《后汉书·西羌传》等。

[2]《后汉书·西羌传》。

[3]《资治通鉴》卷二显王四十二年，卷三，赧王元年；卷六始皇帝三年各条。

[4] 宁夏回族自治区文物管理委员会编《宁夏古代文物》三、秦汉时期的文物，《中国长城遗迹调查报告集》，文物出版社 1981 年版。

[5]《水经注疏》河水二、高平水条下记："肥水又东北出峡注于高平川，水东有山，山

东有三水县故城……"依文意，其山指今韦州西面的大罗山，韦州相当于汉三水县。问题有待实地考察进一步研究。

[6]《太平寰宇记》卷三三，原州、百泉县下引《水经注》："泾水经都卢山，山路之内常有如弹筝之声，行者闻之歌舞而去。"

[7] 据《汉书·地理志》，汉安定郡下属21个县，全郡人口143294人，按平均计，每县人口不足7000，其中三水县人口可能较少而高平县则可能较多。

[8]《后汉书集解·西羌传》马贤御羌事下注，清人惠栋《引汉旧仪》："太仆牧师诸苑三十六所，共布北边、西边。"（见四部备要本）所指甚泛，当也包括安定郡。

[9] 后汉安定郡下属八个县，全郡人口29060人，按平均数估计。

[10]《后汉书·段颖传》。

[11]《资治通鉴》卷一〇九，晋孝武帝太元十一年，卷一〇七，太元十二年。

[12]《资治通鉴》卷一〇七，太元十二年："苑川王国仁帅骑三万袭鲜卑大人密贵，裕苟、提伦三部于六泉。"胡注，六泉在高平。

[13]《资治通鉴》卷一二四，元嘉二十二年，魏主发高平敕勒骑条。

[14] 王仲荦：《北周地理志》卷一，原州，平高郡，默亭县，中华书局1980年版。

[15]《元和郡县图志》卷四，灵州，回乐县下记。

[16]《元和郡县图志》卷三，原州，萧关县所记，待另考。

[17]《旧唐书·地理志》《新唐书·地理志》。

[18]《太平寰宇记》卷三二，关西道八，泾州保定县。《晋书·地理志》雍州，安定郡。

[19]《元和郡县图志》卷三，原州平高县条下记，唐代于西边共设监牧50处，其中西使所管的16监在临洮军，在原州境者则有34监。

[20]《旧唐书》《新唐书》元载传。

[21]《宋史·地理志》。

[22]《宋史·哲宗纪》《宋史·张叔夜传》。

[23]《宋史·地理志》西安州条。

[24] 参据《宋史·地理志》德顺军、镇戎军及《元丰九域志》卷三，镇戎军、德顺军条下所记。

[25]《金史·地理志》凤翔路、平凉府、镇戎州、德顺州。

[26]《元史·地理志》陕西等处行中书省，开成州，《元一统志》卷四，开成府，赵万里辑本，中华书局1966年版。

[27] 参光绪五年修《平远县志》，民国十四年修《豫旺县志》，万历四十四年修《固原州志》等。

[28] 参光绪五年修《平远县志》及光绪三十四年修《海城县志》。

[29] 参据上注所引各志书及宣统元年成书《固原州志》等。

[30] 据中华人民共和国公安部三局编《中国城镇人口资料手册》，地图出版社1985年版。

释"固原"

谢 东

《诗经·小雅》里的《六月》，记述公元前827年周宣王命尹吉甫北伐猃（音险）狁（音允）的事。诗云："薄伐猃狁，至于大原。""大原"在哪里？研究《诗经》的人，说法不一。明末清初的大学者顾炎武认为应在陕西泾阳到固原之间。清代地理学家胡渭更具体地认为"即今固原州"。胡渭的这个说法，可能是研究了明代嘉靖年间杨经编的《固原州志》后得出的，杨经说：周伐猃狁，至于大原，"原"之名始见于此，"乃雍州泾河北之大原，非冀州汾水所出之太原"。

从《后汉书·西羌传》的记载知道：猃狁，是古代居住在我国西方羌族的一个部落，后来又叫作犬戎。早在周宣王的六代祖穆王时，把住在长安以西的猃狁族，征赶到大原。至穆王的四代孙夷王时，由于猃狁的进袭，命虢公去征伐过。到了夷王的孙子宣王，猃狁的势力又发展到泾河之北，甚至到了镐京，朝廷才不得不在炎热的六月，命尹吉甫去征讨。后来，宣王还亲自到大原"料民"（编查户口）。大原，大概就地形地貌而言，泛指一个地域，不是指一个具体的地方。《说文》说："原，平高之野。"就是我们现在说的高原。

如果从汉武帝元鼎三年（前114）设安定郡，郡治高平县——宁夏建置历史上的第一个郡治；南北朝的北魏置高平镇、置原州，北周把高平改为平高县；唐初又置原州，代宗大历元年（766），原州被吐蕃（古藏族政权）占据，原州的建置迁到临泾（镇原），德宗贞元三年（787），吐蕃加筑原州城垒，定居下来——史书上为区别迁到镇原的原州，把这里叫故原州；明成化年间置故原卫，孝宗弘治十五年（1502）升卫为州时，改"故"为"固"。从此，固原这个名称就一直沿用到现在。一千六百多年间虽几经变换，总没有脱开"原"字和它的含义。

为什么改"故"为"固"？明《固原州行军舆图记》说："因套虏侵逼，讳故，改为固。"嘉靖《固原州志》说："今为固原，音同而字不同也。"清那彦成《重修固原城碑记》说："以其城险固，因名固原。"据《说文》："固，四塞也，从口，古音。"清王念孙注："四塞者无罅（音下）漏之谓。"清代以前，固原历来是个多事的边塞重镇，改"故"为"固"，意思是：这个高原重镇稳固得无一点"罅漏"。

丝 路 研 究

宁夏建设丝绸之路经济带战略支点的优势分析

叶长青

在中国历史上空前繁荣昌盛的西汉时期，雄才大略的武帝刘彻派遣郎官张骞率领使团出使西域，以寻找共同对付匈奴的战略伙伴，意外地剑走偏锋却开辟了以长安为起点，经中国西北地区，到中亚、西亚，并连接地中海各国的陆上商贸通道。据公元1世纪的欧洲人记载，中国的蚕丝"织成锦绣文绮""裁成衣服，光彩夺目"。有一次，罗马帝国的恺撒大帝，穿着中国丝绸缝成的长袍去看戏，大臣们认为那是破天荒的豪华。从此欧洲各国的王公贵族都竞相购买中国的丝绸，以显示自己的富有和荣耀，中国的丝绸也就成为他们梦寐以求的心中至宝。到了公元2世纪上半叶，有希腊商人马埃斯·蒂蒂安奴斯按捺不住对中国丝绸的望眼欲穿，便派遣了经办人东逾帕米尔贩运丝帛，这是最早见于文献的欧人东来的片段记载。[1]当时的中国因出产精美的丝织品而闻名，并因此而得名"丝国"或"绢之古国"，联结东西往来的这条商路也被后人赐予佳名——丝绸之路。当马王堆汉墓打开之时，展现在人们眼前鲜明艳丽的丝织品花色，让人目眩。后人这才明白，"丝绸之路"何以如此繁荣，是因为高超的纺织和印染技术让世界为之赞许。盛唐时代，河南、河北以及江南地区成为全国丝织业三大中心。"丝绸之路"一词，最早来自于德国地理学家费迪南·冯·李希霍芬于1877年出版的《中国——我的旅行成果》。广义的丝绸之路还应包括草原丝绸之路、海上丝绸之路和南方丝绸之路（茶马古道）。古代丝绸之路连接着世界四大文明古国（中国、印度、巴比伦、埃及）的文化交流，承载着世界三大宗教（佛教、基督教、伊斯兰教）的东向传播。

今日的丝绸之路经济带，东边牵着亚太经济圈，西边系着欧洲经济圈，被认为是"世界上最长、最具有发展潜力的经济大走廊"。这条大走廊在中国的区域范围目前包括西北五省区（陕西、甘肃、宁夏、青海、新疆）和西南四省区市（四川、云南、广西、重庆），这些省区市已经规划各自在丝绸之路经济带中的地位和作用。宁夏在丝绸之路经济带中的定位是要建成丝绸之路经济带的战略支点，其中最主要的是突出中阿（阿拉伯）合作。因为宁夏在产业、经济总量

和竞争力都不具备明显优势，但在中阿合作上具备历史、区位、人文等方面的优势，因此，我们研究宁夏在丝绸之路经济带中的地位和作用，首先要突出中阿合作这一得天独厚的资源优势。

一、历史积淀丰厚

宁夏这片土地，西依贺兰山，东临黄河，地面虽是不大，却是中华母亲河偏心滋润、一派富庶的"塞上江南"。古代丝绸之路的支线孔道在境内穿梭如织，是古来的仁者和智者常常牵挂与深深眷顾的地方。

早在远古时期，虽然人类面对着难以想象的天然艰险的挑战，但是欧亚大陆东西之间并非像许多人想象中那样地隔绝。在古埃及、两河流域、印度河流域和黄河流域之北的草原上，有着一线由许多不连贯的小规模贸易路线大体衔接而成的草原之路。这条路的沿线是广阔的草原和肥沃的山谷，对于游牧民族和商队运输的牲畜而言可以随时随地安定下来，就近补给水、食物和燃料。

西汉时期，人们把玉门关（今甘肃敦煌市西）、阳关（今甘肃敦煌市西南）以西中亚西亚乃至欧洲，统称为西域。当时这里居住着一些少数民族，一部分从事农业生产，一部分仍过着游牧生活。公元前2世纪初，匈奴贵族势力伸展到这一地区，设官监视，征收苛税，掠夺和奴役当地人民。这时，历经六十余年休养生息的西汉王朝逐渐强大，反击匈奴的能力和时机也基本具备，为了增加全胜的把握，欲联合西域的大月氏（ròu zhī）和乌孙，实施两面夹击的战略。汉武帝于建元三年（前138）派郎官张骞率领一百多人，向西进发。不幸的是他们刚走过狄道（今甘肃临洮县）不远，就被一队匈奴骑兵扣留，不由分说就将他们押送到匈奴单于王庭（今蒙古乌兰巴托西）以西的龙城囚禁了十多年。后来乘匈奴人疏忽之机，逃脱后历尽艰辛又继续西行，先后到达大宛（今乌兹别克斯坦弗尔干纳）、大月氏（今阿姆河流域）、大夏（今阿富汗北部）。这时张骞要找寻的大月氏已经强大了起来，占据了大夏的故地，那里土地肥沃，人民安居乐业，不想和匈奴再打仗了，并认为汉朝离大月氏太远，结成联盟实在困难。张骞见事不成只好回国，途中又被匈奴捉去龙城扣留了一年多。元朔三年（前126），匈奴军臣单于病死后，发生了争夺单于之位的内乱，张骞这才得以逃脱。他从龙城经过宁夏平原属于北地郡所管辖的灵武、廉县、灵州、富平等县，又循马领水（今马莲河上游）经北地郡治所马领县（今甘肃庆阳市庆城区北），回到都城长安。史书上把张骞的首次西行誉为"凿空"，即空前的探险。这是有史以来的中国派往西域的第一个使团。元狩四年（前119），随着大将军卫青、骠骑将军霍去病反击匈奴的胜利，汉武帝再次派张骞出使乌孙（今伊犁河流域），先后到达大宛、康居（今巴尔喀什湖与咸海间）、大月氏、大夏、安息（今伊朗）、身毒（今印度）等国，从此开通了丝绸之路。汉朝为了加强同中亚国家的往来，特在河西走廊设置了武威、酒泉、张掖、敦煌四个郡，派兵防守，保护商路，并设置了专门供汉朝使者和往来旅行者休息、补充生活必需品的处所，使西汉和西域各国来往的使者、商贾相望于道，络绎不绝。到了汉昭帝元凤四年（前77），西域的局势开始动荡，楼兰（今新疆若羌）、龟兹（今新疆库车）等国开始倒向匈奴，相继发生截杀汉朝使节的事件，朝廷以北地灵州（今宁夏吴忠市附近）人傅介子为使，问责楼兰、龟兹。傅介子到达西域后设计刺杀了楼兰王安归，震慑西域诸国，保障了丝绸之路的畅通。汉宣帝神爵二年（前60），设立了汉朝对西域的直接管辖机构——西域都护府。[2]以汉朝在西域设立官员为标志，丝绸之路这条东西方交流之路开始进入繁荣的时代。

两汉交替之际，又是丝绸之路上的多事之秋。新莽天凤三年（16），西域诸国断绝了与中原政权的联系，丝绸之路中断。东汉明帝永平十六年（73），班超重新打通隔绝58年的丝绸之路。汉和帝永元九年（97），西域都护定远侯班超派甘英出使大秦（罗马帝国）、条支（今伊拉克境内）至安息（今伊朗境内），临大海（波斯湾）而还。汉桓帝延熹九年（166），大秦王（罗马皇帝）安敦遣使到洛阳觐见了大汉皇帝，进献象牙、犀角、玳瑁等珍稀物品，这是中国与欧洲国家直接往来之始。[3]两汉时期中原与西域的经济联系相当密切，使西域地区的人们物质生活大有进步。西域也是中亚和南亚商人荟萃的地方，塔里木盆地出土有汉文、佉卢文的大量"汉佉二体钱"，年代约为东汉晚期，即为证明。西域商人及中亚、南亚商人沿着丝绸之路，向内地运来毛皮、毛织物、香料、珠玑等商品，交换内地盛产的丝织物和铜铁器物。内地商人也经常远到西域从事贸易。

随着中国进入繁荣的唐代，西北丝绸之路再度引起了中国封建统治者的关注。为了重开这条商业贸易之路，唐王朝借击破突厥的时机，一举控制西域各国。唐太宗贞观十四年（640）九月，唐朝置安西都护府于西州交河城（今新疆吐鲁番西交河故城遗址），管理西域地区军政事务。贞观二十二年（648），唐军进驻龟兹国以后，便将安西都护府移至龟兹国都城（今新疆库车），同时在龟兹、于阗（今新疆和田西南）、疏勒（今新疆喀什）、碎叶（今吉尔吉斯斯坦托克马克）四城修筑城堡，建置军镇，由安西都护兼统，故称安西四镇。唐王朝彻底控制西域之后，修筑玉门关，再度开放沿途各关隘，并打通了天山北路的丝路支线，将西线延伸到中亚地区。这样一来，丝绸之路的东段再度开放，新的商路支线被不断开辟，根据在宁夏南部固原市发现的波斯银币，这证明宁夏境内也随着丝路的发展成为与河西走廊同等重要的地区，加上这一时期东罗马帝国、波斯（7世纪中叶后阿拉伯帝国取代了波斯的中亚霸权）保持了相对的稳定，令这条商路再度迎来了繁荣时期。

丝绸之路上的商贸活动可谓奇货可点，令人眼花缭乱，从外奴、艺人、歌舞伎到家畜、野兽，从皮毛、植物、香料、颜料到金银、珠宝、矿石、金属，从器具、牙角，到武器、书籍、乐器，几乎应有尽有。而外来工艺、宗教、风俗等随商进入更是不胜枚举。这一切都成了唐人尤其是唐时豪门贵族的消费对象与消费时尚。相对而言，唐人的财力、物力要比其他一些朝代强得多，因此他们本身就有足够的能力去追求超级消费，而丝路商贸活动的发达无非是为他们提供了更多的机遇而已。理所当然地就有许许多多的人竭力囤奇居异，有钱人不仅购置奇珍异宝而且还尽可能在家里蓄养宠物、奴伎。帝王皇族带头，豪绅阔户效之，庶民百姓也以把玩异域奇物为能。

在丝绸之路这条充满诱惑的长路上，丝绸与同样原产中国的瓷器一样，成为当时一个东亚强盛文明的象征。各国元首及贵族曾一度以穿着用腓尼基红染过的中国丝绸，家中使用瓷器为富有荣耀的象征。此外，阿富汗的青金石也随着商队的行进不断流入欧亚各地。这种远早于丝绸的贸易品在欧亚大陆的广泛传播，为带动欧亚贸易交流做出了贡献。这种珍贵的商品曾是两河流域各国财富的象征。当青金石流传到印度后，被那里的佛教徒供奉为佛教七宝之一，令青金石增添了悠远的宗教色彩。而葡萄、核桃、胡萝卜、胡椒、胡豆、菠菜（又称为波斯菜）、黄瓜（汉时称胡瓜）、石榴等的传播，为东亚人的日常饮食增添了更多的选择。西域特产的葡萄酒经过历史的发展融入中国的传统酒文化当中。商队从中国主要运出铁器、金器、银器、镜子和其他豪华制品。

随着丝绸之路的开辟，古代中国的指南针、造纸术、印刷术、凿井技术等向西传播，而宗教则向东传播。

指南针的前身是我国春秋时代发明的司南，其形如汤勺，仿佛揭示"民以食为天"这个社会永恒的主题。有了指南针，才有了张骞通西域，才有了驼铃叮当的丝绸之路。

造纸术的全面西传来自一场战争，唐玄宗天宝年间（约750年前后），唐与阿拉伯信奉伊斯兰教的阿拔斯王朝（阿拉伯帝国，唐人称黑衣大食）在中亚的势力摩擦不断。于是，当时世界东、西方最强盛的两大帝国在怛逻斯城（今哈萨克斯坦江布尔）展开大战，结果是唐朝大将高仙芝率领的三万军队因内部成分复杂，行动不一，加之刚刚灭了石国（今乌兹别克首都塔什干）不久，骄傲轻敌，导致惨败，几乎全军覆没。阿拉伯人便将唐朝战俘沿着丝绸之路带回国都报达城（今伊拉克首都巴格达）和大马士革（今叙利亚首都），而这些战俘中就有长于造纸术的中国工匠，最终造纸术就这样传播到世界各地。

火药的发明，我们至今不知发明人和具体年代，但发明者认为，火药就是能够着火的药，治病救人的药，延续生命的药和载着长生不老希望的药。到了唐朝末年，火药的使用走向了延续生命的反面。北宋中后期，已经在战争中普遍使用的火药，成了冷兵器时代即将结束的尾光，也是血与火时代即将来临的先兆。之后，火药也随着新航路的开辟传到了世界各地。

中国古代印刷术也是沿着丝绸之路逐渐西传的技术之一。在敦煌、吐鲁番等地，已经发现了用于雕版印刷的木刻版和部分纸制品。其中唐代的《金刚经》就是精雕细琢的印刷瑰宝，其雕版残本如今仍保存于大英博物馆。这说明印刷术在唐代至少已传播至中西亚和欧洲。

西域地区沙漠密布，点缀于沙海之中的各个绿洲小国，这里的繁荣与水往往是脱不开关系的。天山与昆仑山融化的雪水是西域的主要补给水源之一。然而收集这些雪水并不是容易的事情，融化后积聚在山脚的水很短时间就会被蒸发或渗入地下。自汉朝派遣军队屯垦在西域发展农业时，流传于山区的坎儿井和井渠技术被同样需要水源的军人使用在西域，并逐步流传至更远的国家。据《史记》记载，贰师将军李广利率兵攻打大宛，利用断绝水源的方式围困城池。然"宛城中新得汉人知穿井"，使大宛人得以固守城池，坚持了很长时间。

自唐末五代西北丝绸之路错失了它发展的二百多年，使中亚和新疆地区的荒漠草原、绿洲被连年的战火所摧毁。这对一个绿洲国家的农业生产而言毫无疑问是致命的，而以农业为主的自然经济，正是古代国家立国的根本。唐代安史之乱后中国各地战火纷飞，为丝绸之路直接服务的北方地区人烟稀少，市场萧条，经济几乎到了崩溃的边缘，据史料记载，当时黄河流域的丝绸生产几乎陷于停顿。自北宋初期，党项人建立了以宁夏平原为中心的西夏政权，控制了丝绸之路东段的咽喉要道河西走廊，开始经营丝绸之路，他们把同西域各国交换来的商品，通过榷场（边贸互市）又与宋朝交易获取巨额利润，凭此富国强兵，与宋、金、蒙古等强势政权相抗衡。当成吉思汗及他的子孙们孜孜不倦地开辟着广阔的疆土时，丝绸之路已经不再是国际通道了，包括南方丝绸之路、海上丝绸之路，都已经在相当程度上成为蒙古帝国内部成吉思汗子孙们走亲访故的私家便道了。虽然蒙古帝国的统治者们并没有建立统一的、完善的中央集权体系，地方上更没有像样的基层行政体系，但蒙古帝国也摧毁了丝绸之路上大量关卡和腐朽的统治，令丝绸之路的通行比以往各个朝代都要方便顺畅一些。蒙古帝国和它在中国的权力继承者，对这些从西方前来的旅行者抱以非常欢迎的态度，元朝统治者甚至任用一些外国人，主要是基督教徒，担任地方的行政长官。不过沿着丝路前进的人们，大多是以宗教信仰及其他文化交流为使命的人们，而不再是以商人为主导的丝绸之路了。诸如马可·波罗和长春真人的游记就体现了这一点，这从侧面反映了西北丝绸之路已转化成以宗教传播为主要功能。此外，这个时期的整个亚欧大陆经济贸易与文化交流进入了逐渐衰落的阶段。明代由于西北残元势力的阻隔，西北丝绸之路基本断绝，明代的对外开放主要在海上。自郑和七次下西洋开辟了海上丝绸之路后，昔日繁忙的陆上丝绸之路渐渐被荒漠和蒿草所掩蔽。到了清末民初，这条丝绸之路又成为西方探险家的乐园，时有丝路文物被盗的事情发生，使丝路文明千疮百孔，百无遗一。除了人为因素外，当丝路的历史步入 14 世纪，这条路上的生态环境也变得十分恶劣，西域这块神奇土地的脊背上已不再适合当时的人类居住，西域各古国大多已不复存在，成为流沙之中见证丝路辉煌的遗迹。

古代丝绸之路促进了中西方的经济文化交流，对促成汉唐盛世产生了积极作用，数千年来一直是中西交往的重要通道。在中国当今的对外经济交流中，仍然发挥着重大作用。历尽劫难的西北丝绸之路虽然失去了很多有价值的文物，但留下了丰厚的精神财富，让中国这头慈善、和平的东方睡狮再次梦醒，重振雄风。时至今日，陕西、宁夏、甘肃、青海和新疆 5 个西北省区将打破行政区划分限制，共同打造陆上古丝绸之路旅游线路，以向国内外推广陆上古丝绸之路旅游品牌。丝绸之路是沟通古代中西方政治、经济、文化和思想的一条大动脉，也是原始的、遍布神秘与传奇的国际旅游"原生带"。沿途有秦始皇陵兵马俑、法门寺、须弥山石窟、敦煌莫高窟等历史文化古迹以及青海湖、罗布泊雅丹地貌、天池等壮丽多样的自然景观，吸引着大批来自海内外的游客到这里探险猎奇。

世界三大宗教就是沿着丝绸之路这条商业贸易路线传播到东方的，况且贸易之路上来往的商人正是最初的宗教传播者。据史书记载，佛教在西汉哀帝元寿元年（前2），博士弟子景庐（一作秦景宪）受大月氏使者伊存口传的浮屠经，是佛教传入中国内地的最早记载。东汉明帝曾派人去印度求法，佛教刚传入中国被当作神仙道术，中原的汉族人很少有出家为僧者。到了东汉末年以后，外国和中国西部地区去中原的僧人增多，也译出了不少佛教经典，印度的小乘佛教和大乘佛教同时被介绍到中国。北魏是佛教传播的鼎盛期，在东段北线上的须弥山石窟、百里石窟长廊和陇东双明珠——北、南二石窟寺就是铁的佐证。佛教经魏晋南北朝的发展，已在中国扎下根来，成为中国封建社会上层建筑和民族文化的一个组成部分。基督教传入中国最早的确切纪年是唐太宗贞观九年（635），叙利亚僧人阿罗本到达长安。阿罗本带来的是基督教的一个当时被认为是异端的派别，传播到中国后被称为景教（聂思脱里派）。唐武宗会昌五年（845），禁止佛教，史称"会昌灭佛"。除中国传统的道教以外，其他外来宗教均受到了毁灭性打击，至此基督教在中国终止了传播。伊斯兰教传入中国的具体时间应为唐高宗永徽二年（651），据《旧唐书·大食传》记载："永徽二年始遣使来贡。自云有国已三十四年，历三代矣。"即这一年的八月二十五日，前来中国的第一个阿拉伯使者到达长安，他是奉穆罕默德第三任哈里发欧斯曼之命，来朝见唐高宗李治，并详细介绍了大食帝国的情况和伊斯兰教的教义。到了唐玄宗天宝元年（742），伊斯兰教正式传入中国。

二、区位优势明显

古丝绸之路是一条文明交流互鉴之路，也是一条经贸繁荣、人民富裕之路。2013 年 9 月 7 日，习近平总书记在哈萨克斯坦纳扎尔巴耶夫大学演讲时说："我的家乡中国陕西省，就位于古丝绸之路的起点。站在这里回顾历史，我仿佛听到了山间回荡的声声驼铃，看到了大漠飘飞的袅袅孤烟。这一切，让我感到十分的亲切。"宁夏在 56 年前还属于甘肃省的一部分，上溯 350 年宁夏也是陕西省的一部分。相对两千多年的丝绸之路而言，总书记的家国情怀与丝路畅想也道出了生于斯、长于斯的万千赤子的心声。在宁夏这块土地上，每一缕微风都蕴藏着一曲千古绝唱，每一把泥土都能攥出一段温润的历史，随手捡起的陶片都可映射出昔日的辉煌。无论是远古时期的草原丝绸之路，还是中古时期的西北丝绸之路，都可在宁夏南北找寻到丰厚的文化积淀。在丝绸之路沿线，保存最完整、最多的遗迹就是壁画和岩画，驰名中外的贺兰山岩画就是远古草原丝绸之路留下的文图信息。

在张骞未开辟丝绸之路的西汉初期，就有通过当时七河地区[4]的乌孙至蒙古高原的记载，也就是远古时期的草原之路（又称作草原丝绸之路）。当时处于这条道上的北地郡灵州县（今宁夏吴忠市附近）设立"河奇苑"和"号非苑"[5]，是朝廷直接经营的畜牧业基地。唐时称回纥道或回鹘路，从中原正北出发越过阴山以南的朔方郡、五原郡、云中郡、定襄郡、雁门郡，进入蒙古高原、中西亚北部、南俄草原，西去欧洲的陆路商道。欧亚大陆北部的游牧民族都曾先后活跃在草原丝绸之路上。这条道在秦汉时期沿秦直道，由关内咸阳到九原郡（今内蒙古包头市附近），再通往草原各部；唐代时主要沿参天可汗道，[6]即由朔方节度使驻地灵州通往突厥、回纥牙帐（今蒙古国哈尔和林附近），往西经阿尔泰山、南俄草原等地，横跨欧亚大陆。这条道在后来特别在唐代安史之乱后，陇右道诸州陆续沦陷于吐蕃，传统丝路受吐蕃阻绝，唐朝与西域城邦不得不选择草原丝绸之路相互交流。

随着丝绸之路的开通，商贾的财产与人身安全又引起了汉武帝的高度重视，为了保障丝路安全，于元鼎三年（前 114）从北地郡析置安定郡，郡治在高平县（今宁夏固原市驻地），成为丝绸之路东段的军事和商贸重镇。丝路东段也就是由汉唐长安到阳关、玉门关的路线，有丝绸之路东段北线（以下简称北线）、丝绸之路东段中线（以下简称中线）和丝绸之路东段南线（以下简称南线）之分。但是到了甘肃河西地区以后，因为河西走廊的缘故，几条线又合而为一。

经过宁夏境内的即为丝绸之路东段的北线，也就是古代所称的乌兰路。据《史记·匈奴列传》记载："汉文帝十四年，匈奴单于十四万骑入朝那萧关，杀北地都尉孙卬，掳人民畜产甚多，遂至彭阳，使骑兵入烧回中宫，候骑至雍、甘泉。"这一段记载正是后来丝绸之路所经过的路线。经匈奴入侵的劫难之后，这条线因祸得福，赢得了西汉朝廷的高度重视，进一步加强了军事、通讯和服务设施，也为以后丝绸之路的商旅往来提供了方便。

西汉末年关中大乱，班彪欲到凉州治所陇县（今甘肃张家川回族自治县）避乱，陇县属于割据者隗嚣的势力范围。班彪从京城长安出发到安定郡治所高平县，在这段路途上写下脍炙人口的《北征赋》，详细记叙了从长安到安定郡的一番路途经历与见闻，也为后人研究这段丝绸之路记下了具体走向和地址。根据这篇赋的次序，顺蔓摸瓜就会清晰地勾勒出这段线路，今日看来也只不过是三五个小时的车程，但沿途民风淳朴、风景瑰奇，是民情民俗旅游的绝佳路线。如若我们置身于《北征赋》，即可见班彪坐着马车大清早从"山雨欲来风满楼"的长安城出发，走开远门、过中渭桥，到咸阳后走西北方向，夜宿瓠谷甘泉宫（今陕西淳化县南）。经过云阳县的云门时（今淳化县南），回首还可望见甘泉宫那高高的通天台，过云阳县城（今淳化县北），就进入了道路更加难行的郇邑县（今陕西旬邑县北）境内，出郇邑爬上董志塬南边的高坡，就到了义渠城（今甘肃宁县焦村乡西沟村），再经泥阳（今宁县东）往西到彭阳县（今甘肃镇原县东南茹河北岸），由此沿茹河北塬的战国秦长城到达朝那县（今宁夏彭阳县古城镇）。在朝那县班彪吊唁了曾抗击匈奴为国捐躯的北地郡都尉孙卬之后，即到了安定郡治所高平县。这里顺便说一下孙卬其人，他是西汉第一个奋起抗击匈奴的边将，也是今宁夏境内由正史记载的第一位历史名人。孙卬最大的贡献就是以生命迎合了汉文帝对匈奴和亲政策不满的心理，也为后来汉武帝激励将士痛击匈奴树立了榜样。

隋朝初年的一起商人被盗案就发生在这条道上的原州城。当时有个西域商人在旅店里丢了货物，疑是同宿者所为，就告到了原州总管元褒的大堂上。元褒明知此案有冤情，但一时间又难以破获，只好暂时放了被告的住店者。可是这个商人却扭住不放，又诬告元褒是受贿放了被告，一直把官司打到了隋文帝杨坚跟前，杨坚也深知元褒的为人和案件的蹊跷，可碍于外交政策只得免了元褒的官职，赔了商人的损失。由此事件可以看出，隋朝对丝绸之路贸易的重视程度。

据唐人李吉甫《元和郡县志》凉州条下记载："东北至上都取秦州路二千里，取皋兰（应作乌兰）一千六十里（应作一千六百里）。"这是一条十分重要的记载，它记载了唐代凉州（今甘肃武威市）到上都即长安的途经重镇和距离。前一句特指由凉州经秦州（今甘肃天水市）到长安的距离是二千里（古人称之为秦州路，即中线），后一句是说经由乌兰县（今甘肃景泰县五佛乡沿河村）到长安的距离是一千六百里（即北线）。

从唐代的行政区划来看，取道北线由长安到凉州，中间经过的州（郡）有邠州（今陕西彬县）、泾州（今甘肃泾川县城泾河北岸水泉寺古城）、原州（今宁夏固原市）和会州（今甘肃白银市平川区水泉乡陡城）。从地图上就可以看出，在西安市和武威市之间连一条线，中间所有经过的州（郡）治所都紧紧地依附在这条线的两侧，两市之间的直线距离约为650公里，因此在丝路东段的三条线路中，北线是最为繁忙的，距离也是最短的，比中线要短150公里左右。唐代出长安西行或北行的人一般走的是开远门，是长安城西面三门靠北的一个。自开远门西行约10公里就到了渭水边的中渭桥（还有东渭桥和西渭桥），这里是西北向行人的必经之地，它和东面的灞桥一样，也是亲朋好友为远行者折柳相送的伤心之地。过了中渭桥再西行10公里就到了咸阳，从此北行与西行的人会分道扬镳。西行者会沿着渭河北岸直向西去，而北行者则由此折向西北，经醴泉（今陕西礼泉县北）、奉天（今陕西乾县）、永寿（今陕西永寿县）到邠州（今陕西彬县）。自邠州开始，北线就进入了泾水河谷地带，行至蒲水与泾水交汇处，又可分为两条孔道到达原州（平凉郡，今宁夏固原市），一条继续沿泾水河谷向西，经泾州（今甘肃泾川县城泾河北岸水泉寺古城）、阴盘（今甘肃平凉市崆峒区四十里铺镇曹湾古城）、古塞城（今崆峒区安国镇颉河南），然后折向北经那城（今宁夏彭阳县古城镇）到原州。另一条路沿蒲水河谷行进，到北石窟寺又沿茹水河道西行经汉代彭阳县（今甘肃镇原县东）、临泾（今甘肃镇原县）、百泉（今宁夏彭阳县）到达原州。唐代安史之乱时，太子李亨北走灵武也大致走的是上述这条北线。

　　丝绸之路东段中线，就是在《元和郡县志》中所说的"秦州路"。从长安到咸阳的这段路程与北线相同，向西经岐州（今陕西凤翔县）、陇州（今陕西陇县）、秦州（今甘肃天水市）、渭州（今甘肃陇西县巩昌镇）和兰州（今甘肃兰州市），到凉州（今甘肃武威市）后与北线合而为一。丝绸之路东段南线就是由中线到达临洮后分出的一条支线，也就是古代所说的"河州路"。按照现在的行政区划来说，北线的重点路段在今宁夏南部，其沿途的重镇和交通枢纽就在今天的固原市。中线与北线是联系紧密或相通的，两者之间的某些路段也可以相互替代。而南线几乎与宁夏境内没有多大关系，只是在一些事件上有些关联。

　　宁夏除了在历史上是丝绸之路的主要通道之外，今天更是联系西北与华北地区、蒙西与西南地区的交通要道，包兰铁路、宝中铁路在中卫交会，形成一个放射性的交通网络格局。

三、人文优势独特

　　宁夏民族团结，政治稳定，是国家确定的民族团结示范区，与阿拉伯国家习俗相近、文化相通，民间交往频繁。现为全国回族最大的聚居地和唯一省级建制的回族自治区，回族人口有220万，约占自治区总人口的35%，约占全国回族人口的20%。人口总数在全国少数民族中居第三位，且分布最为广泛。早在汉唐时期，回族的祖先就踏上丝绸之路从西域而来，他们虔诚地信奉着伊斯兰教，语言中至今仍保留着一些阿拉伯语和波斯语。回族跟阿拉伯国家血脉相亲、信仰相同、习俗相近，在生活习惯和经贸方面便于沟通、便于交流，形成了宁夏的人文优势。

回族是古代中国境外的穆斯林移民群体，包括阿拉伯人、波斯人、突厥人，与中国境内的汉、蒙古、维吾尔等民族成分融合而成的一个稳定的民族共同体。回族及其先民与中国的国际贸易紧密联系，他们对中国中古时期封建社会的发展做出了重要贡献，也对回族的萌芽、形成、发展以及对伊斯兰教在中国的早期传播提供了条件。[7]回族的祖先最早使用"回回"作为自称的证据是明神宗万历四十一年（1613）的牛街礼拜寺"敕赐礼拜寺记"碑，已有400年的历史。但"回回"一词见于汉文文献的时间则可以上溯到11世纪的北宋时期。[8]在"回回"这个词出现相当长的时段中，并非是作为一种特定人群的自称而存在，而系一个汉人对当时汉族以外的部分其他人群的客位性称语。

"回回"一词在汉文文献中最早见于北宋科学家、政治家沈括所著的《梦溪笔谈》，该书卷五中引录了北宋边军吟唱的凯歌，其中有一首歌词为："旗队浑如锦绣堆，银装背嵬打回回。先教净扫安西路，待向河源饮马来。"此处的回回一般被解释为当时活动于西州一带的回纥（维吾尔族的祖先，唐德宗贞元四年将"纥"改成"鹘"），因为歌词中的安西、河源，明显是指唐代后期西迁进入西域的回纥人所居之地。以后一直到蒙古兴起之际，汉人仍然把"回回""回纥""回鹘"视为同义词。较为典型的是南宋鄱阳（今江西鄱阳县）人彭大雅在出使蒙古国回来后，将亲身见闻写了一本书叫《黑鞑事略》，叙述了蒙古立国、地理、物产、语言、风俗、赋敛、贾贩、官制、法令、骑射等事，详备简要，是研究蒙古开创历史的珍贵资料。书中提到当时蒙古国由镇海所主的行于回回的文字时说："只有二十一个字母，其余只就偏旁上凑成。"曾经有人将这种文字解释为阿拉伯文或波斯文，但字母数量远不相符。直到20世纪90年代，日本学者森安孝夫运用敦煌和新疆等地出土的回纥文字证实这里提到的回回文字实为回纥字母无疑，缘于二者字母数量完全相合。可同样在这本书中，有的地方使用"回回"又不是专指回纥（畏兀儿），如书中说察合台的兵在"回回"，这里的"回回"明显不是指回纥，因为察合台的封地应在比回纥更西的今新疆西部至中亚一带，故对于同期文献中出现的"回回"一词和指代，应具体分析，不能一而概之地去理解。

蒙古人建立元朝以后，"回回"一词的包含范围又有新的变化。我们可从

《元史》中注意到其含义有广义和狭义之分，狭义是指当时从中亚西亚进入中国境内的伊斯兰教徒（穆斯林），广义则可在一定程度上视作"西域"的代名词，因为元代汉文文献不时会把一些不信伊斯兰教的犹太人、阿速人等也说成是回回。[9]《蒙古秘史》第152节有这样一段话，王罕的兄弟诉说他年幼时，"后惧乃蛮攻杀他，又走去回回地面垂河行"。意思是后来他为了躲避乃蛮人的攻杀，就到垂河（楚河）流域回回居住的地方，当时属于西辽统治的中心地带。这里的"回回"作为地名，狭义指当时蒙古西征的对象花剌子模国，广义指整个突厥斯坦地区。作为族名，狭义上用于指代花剌子模人，广义上则指代所有中亚和西亚的穆斯林。元朝时将国内民族分成四个等级（蒙古人、色目人、汉人、南人），色目人被列为全国四等人中的第二等人，包括唐兀、乃蛮、汪古、回回、畏兀儿、康里、钦察、阿速、哈剌鲁、吐蕃等，他们作为蒙古人征服中亚和西域的归附者受到元朝的重视，待遇仅次于蒙古人。在种类繁多、名目不一的色目人中，以回回人为最多，因而有时也用回回人代称色目人。

回回人赛典赤·瞻思丁，就是元初朝中地位显赫的色目籍大臣、著名政治家，是伊斯兰教创始人穆罕默德的后裔，也是明代著名航海家郑和的六世祖。蒙古成吉思汗西征时，赛典赤·瞻思丁率领塔吉克千骑迎降，太祖以"赛典赤"称呼（阿拉伯语指贵族）。元世祖忽必烈至元十一年（1274）以赛典赤·瞻思丁为平章政事，行省云南，后来他卒于任上，被追封为咸阳王。长子纳速拉丁，历任云南省、陕西省平章政事。纳速拉丁的子孙以其名纳、速（苏）、喇（拉）、丁为姓。据《陕西通志》记载，元朝初年，贵族纳速拉丁"子孙甚多，分为纳、苏、喇、丁四姓，居留各省"。今宁夏永宁县纳家户村就是其纳姓子孙的聚居地，其他苏、喇、丁也为宁夏回族中的大姓。

实际上在宋元时期的汉文文献中把回纥人、突厥人统称"回回"，还把印度人称"黑回回"、把原居南俄草原的阿速人（阿兰）称"绿睛回回"。[10]汉族人这种宽泛的回回概念一直延续到元末明初甚至更晚的时期。

明朝建国伊始，为加强对蒙古人和色目人的同化，曾专门立律限制其内部通婚。《大明律·蒙古色目人婚姻条例》规定："凡蒙古色目人与中国人（汉族）为婚姻（务要两相情愿），不许本类自相嫁娶。其违者杖八十，男女入官为奴。其中国人不愿与回回钦察为婚姻者，听从本类自相嫁娶。"律条下的纂注作："蒙古即鞑子，色目即回回。钦察又回回中之别种……然回回钦察在色目中为最丑陋，中国人有不愿与之为婚姻者，则听其本类自相嫁娶。"以上将色目与回回等同，并以钦察为回回一种的观点应反映了明代不少汉人的共识。从明律的规定看，明朝统治者意在使回回人全部被同化为汉人，只是考虑到其中的钦察回回有与汉人联姻的现实困难，所以才特许这些人族内通婚，这就是说"回回"一词，随着时间的推移，其内涵也发生着变化，曾经作为所有色目人的代称，甚至把很多不为人了解、特别生疏的族群，也囊括在"回回"词下，原因不在于其自身，而是被他人所命名的。"回回"的含义到专指穆斯林的演进中，体现了不同的族属意识和文化特征。自明朝末年以后，随着在华穆斯林对回回名称的全面接受，回回这一名称才在汉回双方的文献中都成了伊斯兰教徒的同义语。以"回回"一词的演变及宽泛程度而言，回族与阿拉伯国家和伊斯兰地区有着天然的亲近感。

蒙古攻灭西夏以后，来了一个民族大换血，把大批信奉伊斯兰教的军队派往西夏故地，进行屯垦牧养。也就产生了"宁夏"之名，也容纳了宁夏回族的先民。元朝建立后，给予这些外来人比较高的社会地位（色目人），这样就吸引了更多的具有经商天赋的西方商人，在巨大利益的驱动下，前赴后继地踏上了丝绸之路这条用黄金铺成的大通道，这时在宁夏境内出现了人口繁多、商贾云集的繁荣景象。

宁夏境内的回族形成与聚落集中，还有一个原因就是和安西王阿难答及其所统帅的15万蒙古军队大部分成为伊斯兰教徒有关。阿难答是一位笃信伊斯兰教的蒙古贵族，元世祖忽必烈之孙、安西王忙哥剌之子。于世祖至元十七年（1280）袭封为安西王，统辖唐兀之地（今宁夏、甘肃、陕西、四川等地）。阿难答自幼就在一个穆斯林家庭长大，耳濡目染的启蒙教育当然与伊斯兰教关系密切。他不仅尊重伊斯兰教，更是一位虔诚的伊斯兰教徒，在其辖境内建立清真寺，广泛传播伊斯兰教义。经阿难答的执着和抗争，终于赢得了伊斯兰教在宁夏等地传播的合法地位，为宁夏境内伊斯兰教的传播发展和回族的形成起了很大作用。

回族来源于丝绸之路、产生于丝绸之路、服务于丝绸之路、崛起于丝绸之路，是随着丝绸之路的兴衰荣枯形成于中国境内，且吸收和融合多种民族成分而逐渐形成的。回族的族源在种族、国别、民族等方面都有所不同，但有一个共同点，就是他们都信仰伊斯兰教。

20世纪80年代，宁夏固原出土了波斯珊萨王朝的鎏金银壶和古罗马金币，成为轰动一时的考古新发现。这些文物充分证明古老的"丝绸之路"在宁夏这块土地上早就播下西方文明的种子。尤其是蒙古的兴起及三次西征，促进了中西交流，实现了民族大融合。随着蒙古大军一次次地胜利东归，总是把大批的阿拉伯人、波斯人、突厥人等，作为战利品带回中国境内，封赏给出征有功的将士，发挥其聪明才智，继续创造财富。这些中亚、西亚信仰伊斯兰教的军人、工匠、商人官吏及他们的家属，与"土生蕃客"回族先民一起，在"回回"这个充满凝聚力和亲和力的名号之下，逐渐形成了一个新的群体。在这个新组成的群体中以穆斯林为主体，为原来的被称作"老回回"的群体注入了新鲜血液，促进了回回民族群体的壮大。这个新的民族群体历经元、明两代宽松的民族政策和一系列激励措施，使这个新民族充分体现出了其聪明才智以及较其他民族更为丰富的社会阅历，在政治、经济、文化、外交等诸多方面做出了巨大贡献。特别是回回商人以他们精明娴熟的商贸技艺促进了中外经济共同发展，同时也充当了文明使者，传播了中西方的先进文化，促进了当地社会的文明进步。具有多元成分的回回民族，有其百折不挠、凝聚力极强的民族精神。多种语言素质使得回回民族与西方阿拉伯民族及穆斯林的交往便利了许多，有着极强的亲和力。

宁夏属于回族自治区域，居住在当地回族的风俗习惯在全国具有代表性。回族信仰伊斯兰教，其风俗习惯受伊斯兰教的影响很深，除教义上规定的条款以及念经、礼拜、静修等宗教仪式外，伊斯兰教的许多礼仪都已转化成回族的风俗习惯。同时，由于回族散居各地，与各兄弟民族交叉居住，在历史上不断有其他民族的成员加入回族行列，这些民族的某些风俗习惯也很自然地被带进回族之中，年长日久，逐渐演变为回族风俗习惯的一部分。

在宁夏，凡是有一定规模的村镇都有清真寺，有些小村子甚至有 2~3 座清真寺。拥有 220 万穆斯林的宁夏境内有 4200 多座清真寺，这种密集程度在伊斯兰国家也不多见。宁夏回族保留着所有穆斯林的风俗习惯，同全世界 57 个信仰伊斯兰教的国家（其中 22 个是阿拉伯国家）风俗习惯相近，宗教信仰相同，有较强的民族认同感。宁夏在丝绸之路经济带建设中，充分利用中阿博览会这个平台及人缘、地缘关系，具有得天独厚的发展前景。

四、对策建议

历览五千年华夏文明史，自古丝路畅通，国家强盛；丝路断绝，国家衰败。这是理通千古、理通万国的不争事实，只不过古代是以商品交易带来了文化交流，而现代是以文化自觉性促进经济发展。

丝绸之路经济带是在"古丝绸之路"概念基础上，建设一个约 8000 公里的商贸走廊，让近 30 亿人口从中受益。面对如此广阔的市场前景和千载难逢的战略机遇，宁夏提出建设丝绸之路经济带上的战略支点，这种"吃饭、穿衣量家底"的务实提法，目光高远，定位准确。"支点"不仅仅是物理学的名词，其潜在意义为事物的关键和中心。中国向西开放，宁夏首先西进阿拉伯世界，成为无可替代的向导，具备族源亲近的天然优势，这就是关键；丝路骄子穆斯林东来贸易，宁夏有他们宾至如归的理想驿站和宗教场所。这样西去问向导，东来找驿站，宁夏既成人流物流中心，又成信息咨询中心。宁夏具有参与丝绸之路经济带建设的先导性合作平台——中阿博览会，在政治对话、经贸合作、文化交流上已经得到了包括阿拉伯国家及穆斯林地区在内的丝绸之路经济带主要国家的广泛认同。宁夏的回族与阿拉伯国家的人民拥有相同的信仰和文化，彼此之间有着浓厚的兴趣。借助中阿博览会，宁夏可以逐步建立面向阿拉伯国家、穆斯林地区重要的清真食品、穆斯林用品生产服务基地和中阿优势特色产业对接基地，从而完成率先参与"丝绸之路经济带"建设的民族基础和现实社会条件。

建设"丝绸之路经济带"并非顺风顺水，沿线地区地缘政治形势复杂多变，存在各种各样的矛盾。宁夏要在这样曲径通幽的商贸长廊里，推进经济合作，务必要选准一条适合自己发展的路子。宁夏具有战略高地、桥梁纽带、交通枢纽和能源基地等方面的优越条件。如若借助宁夏为全国内陆开放型经济试验区的特殊优势，进一步拓展中阿博览会平台空间，在建设丝绸之路经济带中先行一步，将为国家构筑全方位对外开放格局做出积极贡献。在中共宁夏回族自治区区委十一届三次全体（扩大）会议上提出建设"开放宁夏、富裕宁夏、和谐宁夏、美丽宁夏"的科学发展思路，正是宁夏主动参与丝绸之路经济带建设的务实之举。建设"四个宁夏"符合世情、国情、区情，也符合中国儒家思想"修身、齐家、治国、平天下"的人生哲学。一言以蔽之，就是不想让一个羸弱无力的宁夏走上丝绸之路，更不想让一个举止邋遢的宁夏走进丝绸之路，要充分体现出宁夏对事业敢担当、对世界负责任的旷世情怀。因此，宁夏在丝绸之路经济带建设中，要以"四个宁夏"建设为行动纲领，努力走出一条合作、共赢、和平、文明的发展之路。

结合开放宁夏建设，走好合作之路。在着力推进开放宁夏建设中，要充分认识到宁夏目前正在成为全方位对内对外开放的热土。国家西部大开发战略的实施，尤其是宁夏内陆开放型经济试验区和银川综合保税区的设立，重点是将宁夏打造为国家向西开放的战略高地，在财税、金融、土地等方面，实行灵活的对外开放政策。宁夏处于新欧亚大陆桥国内段的中间位置，是联系西北与华北、蒙西与西南的交通要道，已建成集铁路、高速公路、航运为一体的综合交通网络，形成了东部、中部地区进入河西走廊、新疆，进而通往中亚、欧洲等国的便捷通道，在国内承东启西交通枢纽的地位进一步凸显。每年一届的中阿博览会都会成为宁夏面向世界开放发展的重大机遇和平台，以极其强大的作用力已向世界表明，宁夏是丝绸之路经济带的重要战略支点。宁夏素有"塞上江南"之称，是全国唯一省级回族自治区和全国最大的回族聚居区，地处东亚大陆和中国北部几何中心、新欧亚大陆桥中国段的重要位置，是中国与沿途各国物流的低成本通道，并与沿途各国和地区的穆斯林风俗习惯相近，合作交流源远流长，有着深厚的传统友谊。目前，已经同阿拉伯国家在清真产业、机械制造、专业服务、人才交流、观光旅游等方面有了广泛合作，并取得了骄人的合作业绩。中国与哈萨克斯坦天然气管道（西气东输二线起点）建成，中国与土库曼斯坦、乌兹别克斯坦、哈萨克斯坦的天然气管道（西气东输三线起点）正在建设之中。西气东输

四、五线也正在规划之中。加快建设丝绸之路经济带，可以发挥宁夏地处国内资源富集区域和主要消费市场中间地带的区位优势和能源加工、储备、中转优势，布局承接中东、中亚油气加工转化和储备，为我国能源安全提供保障。当此之下，丝绸之路沿线国家都处于发展经济、改善民生的关键阶段，宁夏背靠东部发达地区乃至亚太经济圈，面向西方阿拉伯世界广阔的贸易市场，具有很大的回旋余地和发展潜力。

结合富裕宁夏建设，走好共赢之路。宁夏在丝绸之路经济带建设中最大的利益是：能够让经济实力相对薄弱的宁夏走向开放前沿；能够营造良好的周边政治、国防、民族环境，促进中阿博览会深度合作；能够推进区域之间包括基础设施在内的各种互联互通，有利于推进区域合作水平；能够为宁夏的能源、农副产品、清真食品开辟广阔的市场。在着力推进富裕宁夏建设中，继续坚持以经济建设为中心和发展是硬道理的思想不动摇，高起点建设内陆开放型经济试验区，进一步完善银川综合保税区功能，健全中阿博览会办会机制，打造向西开放桥头堡。宁夏的工业应大力发展生态纺织、羊绒加工、清真食品及穆斯林用品加工等轻工业，打造国家级生态纺织示范基地、清真食品及穆斯林用品产业基地。限制电解铝、钢铁、水泥等行业过剩产能，淘汰铁合金、电石、焦炭、化肥等行业落后产能，为其他优势产业发展腾出空间。宁夏的农业发展要以现代农业为方向，推进农业生产经营体制改革创新，提高农业物质技术装备水平，走特色产业、高品质、高端市场、高效益的"一特三高"发展路子，打造出若干个在全国乃至世界上叫得响的农产品。突出发展在全国同类产品中具有品质优势的枸杞、酿酒葡萄、马铃薯、冷凉蔬菜、清真牛羊肉、中药材等产业带，进一步打响品牌战略。宁夏旅游业发展要充分利用开放平台，引进国内外大型旅游企业集团开发、建设一批核心景区，着力打造沙湖、沙坡头等全国王牌景点，深度开发六盘山地区旅游业。重点发展红色文化、回族文化、丝路文化等文化因素逐步融入旅游景点之中，探索"文化＋旅游＋商业"的模式，推进文化旅游产业融合发展。

丝绸之路自古是由众人共同走出来的一条路，当今时代仍然需要众多智慧的凝聚。宁夏率先尝试中阿合作，把富裕宁夏建设与丝绸之路经济带建设有机结合，也是一项前所未有的伟大工程，没有任何先例可循。在丝绸之路经济带这个大家庭中，各国及国内各省（区）的发展水平、发展方向、资源禀赋差异很大，只有加强政策沟通、彼此了解，才能找到利益契合点，才能最大限度地实现经济发展战略的有效对接，才能共同制订出切实可行的合作规划。交通基础设施互联互通水平、货物流通便利化程度以及金融服务水平是衡量经济发展整体环境优劣的主要因素。若要实现相互间的利益融合，打造利益共同体，就要大力推动交通、贸易、金融领域合作，在这三个领域的合作上取得进展，就会带动其他领域

的合作，最终实现整体合作水平提升、互利共赢。

结合和谐宁夏建设，走好和平之路。国之交在于民相亲，民相亲在于心相通。走和平发展之路关键在人，人与人之间的文化交流、人文交流，无疑是丝绸之路建设的社会基础和长久保障。在着力推进和谐宁夏建设中，切实创新扶贫开发模式，努力完成百万贫困人口特别是 35 万生态移民的转移安置和生活发展问题，不断探索由输血型向造血型转变发展的新路子，就是为宁夏更好地参与丝绸之路建设夯实人文基础。建设和谐宁夏是改革发展的目标和基础，要坚持以百姓之心为心，维护各民族团结，维护人民群众的根本利益，在改革中加强社会治理，及时妥善化解各种矛盾纠纷，充分调动各方面的积极因素，努力提升老百姓的安全感、公平感和幸福感。建设和谐宁夏，保障和改善民生、增进人民福祉是根本，维护民族团结、宗教和顺是基础，化解社会矛盾、促进社会公平正义是保障。

民族团结、宗教和顺是宁夏参与丝绸之路经济带建设最好的名片，既要坚持多年来行之有效的好做法好经验，也要根据新形势新任务探索新办法新路子，使全区回汉各族人民更加和睦相处、和衷共济、和谐发展。要争创全国民族团结进步模范自治区，坚持民族区域自治制度，尊重少数民族风俗习惯，加大对少数民族聚居地区政策倾斜和投入力度，坚持不懈地开展民族团结宣传教育，深入开展民族团结进步创建和"民族团结月"活动，使"两个共同"（共同奋斗、共同繁荣）"三个离不开"（汉族离不开少数民族，少数民族也离不开汉族，各少数民族之间互相离不开）的思想更加深入人心。要贯彻宗教信仰自由政策，依法加强宗教事务管理，打击非法宗教渗透活动，维护现有宗教格局。不断创新宗教工作理念，积极发挥宗教界人士在化解矛盾纠纷、帮助信教群众解决实际问题等方面的作用，引导信教群众既念"教义经"、又念"致富经"。

古丝绸之路建在驼背上，建在经贸文化交流上，建在人们的和平友善上。它既是交流通道（商品贸易、技术交流、文化交流），又是交往通道（宗教、亲情、友情）。宁夏参与建设丝绸之路经济带，就是通过拓展发展空间、促进经济繁荣，以改革发展的成果惠及宁夏回汉群众，推动西部地区社会稳定和谐、民族团结进步、边疆长治久安，为实现中华民族伟大复兴的中国梦创造良好的发展环境。

结合美丽宁夏建设，走好文明之路。在 2014 年的全国人民代表大会上，中共中央政治局常委、国务院副总理张高丽参加宁夏代表团审议时指出，宁夏"要推进重大生态工程建设，严守生态保护红线，走绿色循环低碳发展之路。要大力保障和改善民生，帮助困难群众加强脱贫致富"。让人民过上幸福美好的生活，代表广大人民群众的根本利益，是新形势下党的使命和宗旨的新要求。美丽宁夏建设就是牢固树立"让优美的生态环境成为宁夏最大优势"的理念，宁可发展的速度慢一些，也不能以牺牲环境为代价换取一时的经济增长、换取所谓的政绩。建设美丽宁夏，就是要保护天蓝、地绿、水净的生态环境，建设美丽城市、美丽乡村，塑造美丽心灵，共创美好生活。建设美丽宁夏，必须以规划为引领，一手抓节能降耗、污染治理，一手抓生态建设，既注重生态环境之美，也注重塑造人的心灵之美，努力建设绿色家园、宜居家园、精神家园。

宁夏与丝绸之路沿线国家地缘相近、人文相通，在经济、贸易等方面具有很强的互补性。特别是通过中阿博览会的合作交流，阿拉伯诸国与宁夏在经贸、文化等方面互补性明显，已成为宁夏向西开放最重要的贸易伙伴。建设丝绸之路经济带，有助于宁夏高起点、高标准培育壮大特色优势产业，在承接产业转移中提质增效，形成新的增长点，重构现代丝绸之路新优势。

注释：

[1] 参见《文史知识》1987 年第 1 期第 65 页。

[2]《汉书·西域传》：设置年代为神爵三年，但从所叙日逐王等事来看，应为本年，汉朝以郑吉为西域都护，治乌垒城（今新疆轮台东小野云沟附近）。

[3]《后汉书》卷一一八，西域传第 78，中州古籍出版社 1996 年 10 月第 1 版，第 847 页。

[4] 七河地区：指流向巴尔喀什湖的 7 条河流，包括巴尔喀什湖以南、中亚河以东，以伊塞克湖及楚河为中心的周边地区，大致包含了今天哈萨克斯坦阿拉木图州、江布尔州和吉尔吉斯斯坦以及新疆伊犁一带。在古代七河地区前后历经了七次由东向西的民族大迁徙，包括古月氏、古乌孙、北匈奴、葛逻禄、回纥、契丹及瓦剌蒙古人。1864 年的《中俄勘分西北界约记》后，除开伊犁以外的七河地区被割让给俄罗斯，成为沙俄土耳其斯坦总督区七河州的一部分。1991 年苏联解体以后苏联所属的七河地区属哈萨克斯坦。

[5]《汉书》，卷二八下，地理志第 8 下，中州古籍出版社 1996 年 10 月第 1 版，第 570 页。

[6] 参天可汗道：是唐太宗平定突厥后，少数民族首领为方便向大唐皇帝汇报辖境情况而向唐太宗申请开设的，使唐王朝中央集权更加稳固，同时方便了商旅往来，促进各民族相互交流，促进了统一多民族国家的发展。后来漠北地区各部又相继归附，在大漠南北专门开辟了一条途经灵州通往长安的通衢大道，称为"参天可汗道"。沿途设置驿站 68 处，备有马匹与食物供应往来使者。太宗表示："自古皆贵中华，贱夷、狄，朕独爱之如一，故其种落皆依朕如父母。"各少数民族也把太宗当成了自己爱戴的可汗。

[7] 参见杨怀忠：《中国回商文化》（第 1 辑），宁夏人民出版社 2009 年 7 月第 1 版第 1 页。

[8] 参见姚大力：《"回回祖国"与回族认同的历史变迁》，《中国学术》2004 年第 1 辑，商务印书馆 2004 年，第 94 ~ 95 页。

[9] 参见杨志玖：《回回一词的起源和演变》，《回族研究》1992 年第 4 期。

[10] 任崇岳：《庚申外史笺证》，中州古籍出版社，1991 年，第 63 页。

丝 路 古 道

丝绸之路在固原

仇王军　张进海　吴忠礼　薛正昌　刘天明

一、魏晋南北朝时期的丝绸之路

　　魏晋南北朝时期一般是指 220 年曹丕代汉自立到 581 年隋朝建立。这一时期东西方世界都发生了重大的变化，中国进入了一个长期分裂的时期，西方罗马帝国解体，中亚、西亚和南亚地区的各王朝兴替不断，草原游牧民族大迁徙带动了欧亚大陆政治格局的动荡，东西方文明交流和文化的融会加强。曹魏、西晋和北方的割据政权以及后来的北魏、西魏、北周都重视对西域的经营和统辖，以求丝绸之路的畅通。在这期间，丝绸之路畅阻交替，曹魏和西晋延续着东汉时期丝绸之路畅通的局面，五胡十六国时期战乱不已，丝绸之路时断时通，北魏时期中西交通往来频繁，之后又往来不畅。中西方之间的交通和贸易往来就是在纷乱复杂的情况下进行的。

　　东汉灵帝中平元年（184），在"苍天已死，黄天当立，岁在甲子，天下大吉"的口号声中爆发了黄巾起义，东汉王朝联合各地地主武装镇压了农民起义，但在镇压农民起义的过程中，豪强地主原有的私家武装由隐蔽转为公开，州郡管理者也纷纷扩充势力，加大同东汉王朝的离心力。中央政权的力量被严重削弱，各地军阀拥兵自重，全国逐渐形成许多割据区域。曹操"挟天子以令诸侯"，官渡之战击败了袁绍的主力，奠定了统一中原的基础。曹操相继占领了青、冀、幽、并四州，统一了中原。220 年，曹丕代汉自立以后消灭了河西的割据势力，在河西设立了凉州刺史，兼管中原与西域各国的政治、经济往来关系。仓慈为敦煌太守时抑制豪强大族，稳定社会秩序，对经过敦煌的胡商，用储存的内地货物与之交换，实行"过所"制度，保护其沿途的安全。仓慈的这些措施促进了中原地区和西域的丝绸贸易往来。《三国志·乌丸鲜卑东夷传》说："魏兴，西域虽不能尽至，其大国龟兹、于阗、康居、乌孙、疏勒、月氏、鄯善、车师之属，无岁不奉朝贡，略如汉氏故事。"三国时期就已经形成了从玉门关到西域的三条道路，《三国志·魏书》注引《魏略·西戎传》说：

西域诸国，汉初开其道，时有三十六，后分为五十余。从建武以来，更相吞灭，于今有二十。道从敦煌玉门关入西域，前有二道，今有三道。从玉门关西出，经婼羌转西，越葱岭，经县度，入大月氏，为南道。从玉门关西出，发都护井，回三陇沙北头，经居卢仓，从沙西井转西北，过龙堆，到故楼兰，转西诣龟兹，至葱岭，为中道。从玉门关西北出，经横坑，辟三陇沙及龙堆，出五船北，到车师界戊己校尉所治高昌，转西与中道合龟兹，为新道。

西晋时期，西域和晋朝也保持着密切的联系。西晋在西域设置戊己校尉和西域长史，积极发展与西域的关系，西晋派杨颢为使者出使大宛，中原与西域的关系密切，一度出现"西域流通，无烽燧之警"的景象。

五胡十六国时期，中国北方处于混战割据状态，中原与西域的往来受到很大的影响。但是处于关中和河西走廊地区的割据政权由于与中原和南方的发展受到阻碍，便利用其自身所处的地理优势保持同西域的联系，在战火纷飞中延续着丝绸之路的命脉。

351 年，氐族人苻坚在长安建立前秦。苻坚重用汉族人王猛治理国家，劝课农桑，提倡儒学，出现了相对安定的局面，"关陇清晏，百姓丰乐。自长安至于诸州，皆夹路树槐柳，二十里一亭，四十里一驿，旅行者取给于途，工商贸贩于道。百姓歌之曰：'长安大街，夹树杨槐。下走朱轮，上有鸾栖。英彦云集，诲我萌黎'。"中原与西域之间的交往也比较频繁，"四夷宾服，凑集关中，四方种人，皆奇貌异色"。前秦任命梁熙为河西中郎将、凉州刺史，领护西羌校尉。梁熙曾遣使到大宛。378 年，大宛曾献天马千里驹和奇珍异品五百多种。前秦政权和西域的交往活动密切，鄯善、车师前部、康居、于阗、天竺等都来前秦通使贸易。我国著名学者张星烺先生曾评价前秦和西域的关系："是时占据中原，代表中国与西域交通者，为苻秦与后魏也。苻坚为五胡之一，以能信任王猛得统一中国北部。复使吕光率兵平定西域。故东夷西戎，胡贡于秦者，六十二国。秦之为王，几比两汉矣。"382 年，车师前部王、鄯善王等要求前秦设立西域都护管理西域。西域的焉耆、龟兹等一些城邦小国与前秦关系不好，阻碍丝绸之路的畅通。就在这一年，前秦派大将吕光经营西域。吕光恩威并施，降服西域各国，保障了丝绸之路的畅通。前秦在淝水之战中败于东晋，不久前秦灭亡。吕光在河西建立后凉政权。加上先后建立政权的前凉、南凉、西凉、北凉通称为"五凉"，统治地区包括河西走廊地区和新疆、内蒙古、青海的部分地区。这些割据政权地处河西走廊，地理位置优越，保持和发展同西域国家的往来。前凉曾控制了西域，在今吐鲁番地区设置高昌郡，加强了西域同内地的联系，有利于中国同中亚的经济文化交流。吕光曾任命其子吕覆为"使持节、镇西将军、都督玉门以西诸军事、西域大都护"，驻守高昌，命大臣子弟随之，专管丝绸之路事务。西凉政权曾对丝绸之路布兵设防，保护过往的商旅。北凉曾一度尽有河西走廊，对丝绸之路实行了有效的经营。

386年，鲜卑人拓跋珪建立北魏。北魏在431年灭铁弗部的夏国，436年灭北燕，439年攻灭北凉，完成了北方的统一。北魏灭掉北凉以后，控制了中原通向西域的咽喉要地——河西走廊。北凉的残余势力向西退却，过流沙，占领了西域的鄯善和高昌。北魏太平真君六年（445），北魏太武帝拓跋焘命万度归征发凉州以西的兵士进攻鄯善。万度归到敦煌后，亲率五千轻骑兵穿越沙漠抵达鄯善，迫使鄯善国投降。太平真君九年（448），万度归又攻破了焉耆和龟兹，将西域的大部纳入北魏的统治范围内，丝绸之路得以再次畅通。

北魏前期建都平城（今山西大同市东北）。北魏太武帝拓跋焘太延元年（435），西域有使者入朝进贡。北魏派遣王恩生和许纲等人出使西域，但在途中遇到阻碍，王恩生在途中被柔然俘获，许纲在敦煌病逝。北魏又派董婉、高明等出使西域招抚西域九国。此次出使比较成功，西域十六国派遣使者随同董婉回到平城，与北魏建立了密切的关系，中西交通出现了一个新的高潮。此时从平城去河西走廊的交通线，沿着鄂尔多斯沙漠南缘进入宁夏的六盘山麓，再经过高平镇（今宁夏固原）到姑臧（今甘肃武威）。

北魏孝文帝太和十七年（493），北魏将都城迁到洛阳，北魏与西域之间的交通路线就恢复到汉代时期的情况。高平（524年改称原州）仍是中西交通线上的一个重镇，丝绸之路的北路经过高平。丝绸之路从今天的洛阳出发，到长安，再沿丝绸之路东段北道进入河西走廊地区。具体的走向是：洛阳到今天的西安，沿泾河向西北行，经过陕西的乾县、永寿、彬县和甘肃的泾川、平凉进入宁夏境内，经过三关口、瓦亭、开城到达固原，再向北经过三营、黑城，向西北沿苋麻河到海原的郑旗、贾埫，再过海原县城、西安州和干盐池，又进入甘肃境内，从甘肃靖远县东北的石门附近渡过黄河，经过景泰县抵达武威，沿河西走廊地区西行进入新疆地区或南亚、中亚地区。西域使节、商人、僧侣纷至沓来，北魏的都城洛阳更是一派繁盛景象。北魏在洛阳御道东设立了专门接待外国商人和使节的四夷馆，即金陵馆、燕然馆、扶桑馆和崦嵫馆，其中崦嵫馆是专门用来接待来自西域的商人和使节的。在御道西设立了四夷里，即归正、归德、慕化、慕义，其中慕义里是专供给来自西方的侨居者居住。来到洛阳的外国商贾，喜欢中国内地的风土人情，在洛阳购置宅院，人数非常多。杨衒之在他的《洛阳伽蓝记》中就记载了当时洛阳繁盛的景象。

（一）固原——丝绸之路文化的交汇处

丝绸之路是连接东西方文化和商贸的道路。在漫长的丝绸之路发展历程上，形成了众多的商业城市和交通枢纽城市。这些城市由于所处地理位置的特点，在丝绸之路上发挥了重要的作用，丝绸之路文化也滋润着这些城市的发展。固原正好处在丝绸之路东段北道上，也是处于北魏平城沿鄂尔多斯南缘经高平与西域往来的中心位置，是东西方交通的要道，古代少数民族文化在这里交相融汇，在历史上留下了多彩的篇章。

固原位于宁夏回族自治区南部，处于清水河上游西岸、六盘山麓东北，是古代丝绸之路东段北道上的咽喉要地，是东进关中、西去河西、北往河套的交通枢纽，是古代重要的军事要地。秦惠文王攻取乌氏戎后，在今瓦亭地区设立乌氏县。秦昭王三十五年（前272），灭义渠戎国，在今彭阳县古城地区设置了朝那县。乌氏和朝那都属北地郡。战国秦长城从西南向北绕城而过，这段长城从甘肃静宁县进入宁夏西吉县，南折后北上又转向东，绕过固原市城北十里的长城梁，经过明庄、郭庄，到达清水河西岸。到此地方，长城分为两道：一道从海堡开始，绕乔洼，到达清水河，沿河南下，到陈家沙窝；另一道也从海堡开始，向东，到达陈家沙窝与前道长城会合，然后进入固原东山，往东南下转向东北，经河川、城阳、孟塬等地，折向北，出宁夏境，进入甘肃省镇原县马渠乡城墙湾村。明末清初著名的地理学家顾祖禹曾这样评价固原的形胜，"据八郡之肩背，绾三镇之要膂"，"左控五原，右带兰会，黄河绕北，崆峒阻南，称为形胜"。在古代从关中到宁夏平原的军事运输线经过固原，古人把固原的形胜形容为"中华襟带"。

秦始皇和汉武帝都在固原留下了历史的足迹。秦始皇在统一全国后的第二年（前220）出巡西北边地，走的路线大致是：从咸阳西行到陇西郡，然后向东返回，翻越六盘山，经固原、彭阳、甘肃宁县，抵达北地郡治所（今甘肃宁县）。秦始皇的行程目前已无法详细考证。

汉武帝元鼎三年（前114），汉朝为了加强西北边防，从北地郡析出安定郡，治所高平城就在现在固原城内。安定郡管辖21县：高平、复累、安俾、抚夷、朝那、泾阳、临泾、卤、乌氏、阴密、安定、参、三水、阴盘、安武、祖厉、爰得、眴卷、彭阳、鹑阴、月氏道。这种作为郡级的行政区划建制，奠定了固原在古代行政区划中的建制和政治地位。高平城呈方形，从出土的文物可以看出其规模，这里建有象征着安定郡军权和财权的武库和太仓。出土的文物有卷云纹和青龙、白虎、朱雀、玄武四神的瓦当，绳纹板瓦，铺地花纹方砖，还出土了五角形和圆形的陶制排水管道。当时北地郡和安定郡处于与匈奴作战的前沿，汉武帝十分重视西北边防，分别在元鼎五年（前112）十月，元封四年（前107）十月、太初元年（前104）八月，太始三年（前94）十二月，征和三年（前90）正月，后元元年（前88）正月，前后六次出巡安定郡，临驾高平城。汉武帝前两次的出巡对古代固原地区的交通发展影响比较大。第一次巡视时看到北地郡沿途道路上没有设置军事亭、徼，下令将北地太守及其下属官员全部处死，触动了各地官员加强道路和军事设施建设。第二次下令修通回中道，从回中道北出萧关，过安定郡和北地郡，又向东北而行，巡视到河北的逎县（今涞水县北）后返回长安。回中道南起回中（今陕西陇县西北），经萧关（今固原县东南）北抵安定郡（治所在今固原）。古乐府诗《铙歌十八曲》中的《上之回》就是歌颂汉武帝这次巡游的：

> 上之回，所中益。
> 夏将至，行将北。
> 以承甘泉宫，寒暑德。
> 游石关，望诸国，月支臣，匈奴服，
> 令从百官疾驱驰，千秋万岁乐无极。

北部匈奴边患的解除，西域各国的臣服，道路畅通，喜悦之情难以言表。

西汉末年阶级矛盾尖锐，王莽改制失败，加剧了社会矛盾，农民暴动风起云涌，豪强地主趁势建立割据政权。天水成纪人隗嚣自称大将军，拥兵十万。更始元年（23）进兵攻取安定郡后派大将高峻重兵据守高平，又攻占了陇西、金城、武威、张掖、酒泉、敦煌诸郡，基本上控制了西北，曾在乌氏（今宁夏彭阳县境）一带攻打赤眉起义军。隗嚣在天水自称"西州上将军"。25年西汉皇族刘秀在鄗（今河北柏乡）南即皇帝位（光武帝），沿用汉的国号。不久，刘秀定都洛阳，史称东汉。刘秀称帝后，继续镇压河北农民军余部，削平各地的割据势力，于建武五年（29）统一了北方的主要地区，但隗嚣不肯归属东汉王朝，反而称臣于割据蜀中的公孙述。建武八年（32），刘秀进兵西北，准备排除隗嚣的割据势力。刘秀派大将耿弇率数万人围攻高平一年都没有攻下，可见当时高平城的坚固。刘秀最后派马援用计谋招降了高峻，夺取高平城。于是关中通向河西地区和西域的道路大开。刘秀拜高峻为"通路将军"，封关内侯。河西大将军窦融率领河西五太守——武威太守梁统、张掖太守史苞、酒泉太守竺曾、敦煌太守辛彤、金城太守厍钧及羌族、小月氏族一万兵马，辎重5000多车辆，从河西经今甘肃景泰县东渡黄河，经宁夏海原县到达固原，与汉光武帝会师于高平城，壮大了消灭隗嚣的力量。建武九年（33），东汉平定了割据陇西的隗嚣。东汉时期，安定郡治所仍在高平，东汉在安定郡设置了牧师苑，管理官马的牧养事务。

北魏建都平城后，为了抵御北方柔然的袭扰，在今河套西北到河北张北县一线设立了沃野、怀朔、武川、抚冥、柔玄、怀荒六个军镇，屏蔽平城。在太延二年（436），在现在的固原设置了军事重镇——高平镇，派重兵驻守。正光五年（524），敕勒族族长胡琛起兵反魏，自称高平王。北魏收复高平，把高平改名为原州，改高平为平高县。原州的称呼一直沿用到唐代。

胡琛死后，万俟丑奴招揽胡琛的部众。在镇压万俟丑奴的过程中，宇文泰立有战功，升为征西将军、金紫光禄大夫，加直阁将军，行原州事。这样，宇文泰就和原州有了不解之缘，宇文泰就把原州作为自己政治上立足的根本。548年、554年、556年，宇文泰三次巡视原州。563年秋天，北周武帝宇文邕巡察原州，并从原州登陇山。宇文氏父子都在努力经营原州，多次巡察原州，加强原州的军事地位，并且派李贤驻守原州。北周天和四年（569）新筑原州城，将原来的高平城的空间拓展，原来的高平城就成了新筑城的内城。从此，固原城就有了内城和外城之分的建置格局。此后又在原州设置总管府。

隋朝建立后，在全国实行郡县两级行政区划，在固原地区设立平凉郡，治所在平高县（今固原市），管辖今固原地区和甘肃省平凉市，在宁夏境内的是平高县和百泉县（今固原市东南）。

唐代宁夏全境属于关内道管辖，原州下辖四个县：平高县（今固原市）、百泉县（今固原东南）、义丰县（今彭阳县）、萧关县（今同心县东南）。唐代原州是政府的重要养马地之一，设有官马场，设置都监牧使管理牧马工作。都监牧使一般由原州刺史兼任，下设65监，其中原州境内就有34个，放养十余万匹马。《旧唐书·元载传》中说："原州当西塞之口，接陇山之固，草肥水甘。"水草丰美就为养马业的发展提供了条件。原州也是关中向北通往灵州、向西通向河西和西域的必经之地。唐代中后期，居住在青藏高原地区的吐蕃势力强盛起来，原州及其所属的七关——木峡关、石门关、驿藏关、制胜关、石峡关、木崝关、六盘关，是唐蕃争夺的要地。763年吐蕃攻陷原州。原州陷落后，唐朝将原州的州治所县迁到平凉，后来又迁到临泾（今甘肃镇原县），直到849年唐朝才收复原州，把原州的州治迁回原地。787年10月，吐蕃在故原州城屯兵驻守，唐人称其地为故原州，"故"和"固"的读音相同，这就是固原名称的由来。

北宋于至道三年（997）修葺原州故城，设立镇戎军，属陕西路，是防御西夏的重要屏障，大量迁徙人口到固原。镇戎军下辖彭阳城、东山砦、乾兴砦、天圣砦、高平砦、定川砦、熙宁砦、平夏城、镇羌砦、威川砦、飞泉砦、怀远城、德靖砦、静边砦。庆历初，北宋为了加强对西夏的军事防务，分陕西路置鄜延路、环庆路、秦凤路、泾原路，镇戎军改属秦凤路。大观二年（1108），在平夏城设置怀德军，下辖荡羌砦、灵平砦、通峡砦、镇羌砦、九羊砦、通远砦、胜羌砦、萧关。靖康元年（1126）西夏进攻怀德军。绍圣元年（1094）镇戎军的部分地区被金占领，金升镇戎军为镇戎州，直到元代初年才改回原州。但元代将行政区划做了调整，把原州改为开城路，放弃原州城，选择了离城南三十多里的旧开远堡为开城路的治所。至元九年（1272）冬十月丙戌朔，忽必烈封皇子忙哥剌为安西王，赐金印螭纽，赐京兆为分地，驻兵六盘山。置王相府，统河西、吐蕃、四川诸处，屯兵六盘山。至元十年（1273），"皇子安西王分治秦、蜀，遂立开成府，仍视上都，号为上路"，"诏安西王益封秦王，别赐金印，其府在长安者为安西，在六盘者为开成，皆听为宫邸"。在今固原南的开城修筑开成府为行宫。忙哥剌被封为秦王时所赐的印绶为金印兽纽，忙哥剌一藩二印，两府并立，可见忙哥剌在诸王中的地位之高。

明代是固原在国家军事防御上凸显重要地位的一个时期。朱元璋推翻了元朝的统治，但逃往漠北的元朝残余势力仍拥有强大的军事力量，经常侵扰明朝北部边地，对明朝的统治构成极大的威胁。明代初年在固原设置巡检司，属平凉右卫管辖。景泰元年（1450），筑固原城。景泰三年（1452）设立守御千户所。成化三年（1467），鞑靼攻破开城县，县治和千户所迁到原州（今固原城），成化四年（1468），巡抚都御使马文升奏改固原守御千户所为固原卫，设立西安、镇戎、平虏三个守御千户所。弘治十四年（1501）设固原镇。弘治十五年（1502），总制军务户部尚书秦纮上奏，把开城县改为固原州。

明朝为了加强北部的边防力量，把都城从南京迁移到北京，并在北部修筑了东起鸭绿江，西迄祁连山山麓的"边墙"，也就是人们习惯上所称的长城。明代人把长城称为"边墙"，以区别于被人诅咒的秦始皇时修的万里长城。明代把万里长城划分为九个防守区，称为九边重镇：辽东镇、蓟州镇、宣府镇、大同镇、延绥镇、山西镇、宁夏镇、固原镇、甘肃镇。固原是当时延绥、甘肃、宁夏三个边防重镇指挥部——"三边总制"府的所在地。固原镇所辖的边墙位于宁夏镇以南，东起今陕西定边县西南，经宁夏盐池县南、同心县北、海原县北、甘肃靖远县北，然后沿黄河东岸南伸，到今兰州市西、洮河注入黄河处为止，全长1000里。宁夏境内分布着不同历史时期的长城遗迹，有长城博物馆的美誉。

清代初年，固原州隶属甘肃省平凉府。顺治十年（1653），改三边总督为川陕总督，顺治十四年（1657），由固原迁到汉中。康熙四年（1665），固原总兵迁到河州。康熙十四年（1675），陕西提督迁驻固原，节制延绥、陕西、河州、汉中四镇总兵。同治十二年（1873）升固原州为直隶州，属甘肃省，领平远、海城二县。1912年废除固原直隶州，改置固原县。

固原处于军事和交通的要道，从秦汉以来就是中原通向西域地区的咽喉之地。特别在魏晋南北朝和隋唐时期，固原在中西交通和丝绸之路的发展上发挥了重要的作用。在中原和西域的交往中，由于丝绸之路经过固原的东段北道比南道短，并且路途比较平坦，所以大批的外国使节、胡商、佛教僧人在这条路上络绎不绝。中原文化、陇右文化和西域文化、北方的草原游牧文化在这里发生碰撞，生成了灿烂的丝绸之路文化。波斯狮子就是北魏时期中原经固原与波斯联系的有力证明。正光四年（523），今张北县以北的怀荒镇民趁柔然入塞掠夺的时机，杀掉镇将于景，起兵反魏，掀起了六镇、关陇、河北等地各族人民大起义的序幕。高平地区在匈奴族农民赫连恩的率领下发动起义，推举敕勒族酋长胡琛为统帅，号称"高平王"。后来胡琛被杀害，他的部将高平人万俟丑奴自称天子。当时波斯使臣送一头狮子去洛阳途经高平，被万俟丑奴扣留，取其吉祥之意，送年号为"神兽"元年。530 年，北魏调集重兵镇压了高平的起义军，把被截的狮子送回洛阳，豢养在华林园中供皇帝观赏。后来北魏皇帝认为将禽兽囚困在牢笼中违反了动物的生活习性，下令将狮子送回波斯，护送的使臣认为去波斯路途遥远，很难到达，在半路上将这头波斯狮子杀死。这也是固原历史上的一段小故事。

固原地区的须弥山石窟就是在丝绸佛教文化影响下形成的。在固原地区出土了萨珊波斯的文物、工艺品和东罗马的金币，还出土了一些带有域外风格的文物。

（二）丝路明珠——须弥山石窟

魏晋南北朝时期，战乱频繁，为佛教在中国的发展提供了条件。须弥山石窟就是在这一时代出现的。

须弥山石窟位于固原市北 55 公里处，南北长 1800 米，东西 700 米，洞窟分散开凿在山麓的东南向崖面上，现存 132 窟，占地面积 126 万平方米。1982 年被国务院公布为全国重点文物保护单位。"须弥"是梵文 Sumeru 的音译，意译"妙高""妙光""善高""善积"等，为印度神话中的山名，它把世界分为风轮、水轮、地轮，三轮之上有九山八海和铁围山，相传山高出水面 8.4 万由旬（1 由旬为 15～20 公里）。山顶为释帝天，四面山腰为四大天王所居，四周为七香山、七金山，七金山之外有铁围山围绕的咸海，咸海四周还有四大部洲。后来佛教所采用的这种对世界的分法称为"曼陀罗"，认为须弥山是世界的中心。须弥的称谓是伴随着佛教的东传而传入中国内地。许多佛教造像和绘画以此山为题材，用以表示天上的景观。在敦煌石窟题记中，就有不少关于须弥山的题刻。在北京雍和宫殿前，有一座用青铜铸造、高 1.5 米的须弥山，坐落在汉白玉雕刻的椭圆形六角莲瓣池座上。须弥山是佛教的一种象征物。在藏传佛教的活动中，有时作须弥山即曼陀罗，用以祈祷美好生活。

须弥山石窟初创于北魏孝文帝太和年间（477—499）。具有重要价值的北朝、隋唐时期的石窟艺术造像分别开凿在 5 个山峰的峭壁上。须弥山石窟开凿的确切年代已经无法考证。从石窟性质和造像风格判断，大约开凿于北朝中晚期，是我国最早开凿的石窟之一，距今已有 1500 多年的历史了。到了唐代，这里的石窟达到鼎盛时期，100 多个石窟分布在 8 个山崖上。当时，这里还有一座规模相当大的佛教寺院，称为"景云寺"，一直沿用到明朝。明正统八年（1443），有位叫绰吉汪速的高僧，上书皇帝请求赐名，于是明英宗朱祁镇赐名改称为"圆光寺"。由于石质是红色砂岩，结构比较粗松，长年的自然风化和人为的破坏，使得许多窟内的佛像和壁画遭到严重的破坏，特别是 20 世纪 20 年代的宁夏海原大地震，使须弥山受到严重的破坏。目前遗留下的历代洞窟有 130 多座，其中 70 多座窟中有造像，这些石窟主要分布在俗称大佛楼、子孙宫、圆光寺、桃花洞、相国寺的 5 座山崖上。

北朝时期是须弥山石窟发展的重要阶段，这一时期开凿的石窟造像精致、数量大、规模大。北魏时期开凿的石窟主要集中在子孙宫区的南部、西部和中部区域，保留下来的有 13 座洞窟。位于须弥山子孙宫的第 14 窟是开凿年代最早的一个，该窟的佛像，有雕刻的，有彩绘的。除了一个龛内为释迦多宝佛外，其余的龛内都是一尊佛，没有胁侍菩萨。这里的造像，造型淳厚，面形丰满，与云冈、敦煌石窟早期造像有相似之处。第 24、第 32 两座窟比 14 窟开凿稍晚，这里已是一佛二菩萨。佛身高大，盘腿中坐；菩萨矮小，侍立两边。造型特点是脸形清瘦，体态修长。佛着双领下垂的大袍，菩萨穿汉式对襟襦袖。北魏孝文帝在迁都洛阳以后，积极倡导吸收汉文化，禁止鲜卑人着"夹领小袖"的胡服，一律改穿汉服，并亲自给群臣颁赐"冠服"。佛像的造型和衣着特点，正是太和改制后南朝汉式衣冠和秀骨清相的艺术风格流传到北方的反映。

北周时期现存造像最多的第 45、第 46 两个窟，都有比真人还大的造像，共计 40 余尊。每个龛内都有立佛，一般为一佛二菩萨。每龛装饰性的雕刻，如幔帐式的佛龛、龛边的龙嘴衔口的流苏、龛额上的各种小佛像、龛座下手持各种乐器的伎乐人以及窟顶围绕塔柱翱翔的飞天等，都是未加修饰的原作，琳琅满目，十分珍贵。第 51 窟受到地震影响破坏较大，严重的塌方已损坏了原貌。此窟为枋木结构，窟后部上角保存较好，从中心柱到四壁间的顶部为坡形，上面有桁架。中心柱虽然塌毁严重，但还保留有一段八角柱身，也就是中心柱上枋木的角柱。此窟由前室、主室和左右两个耳室组成。主室面阔 13.5 米，进深 13.2 米，高 10.6 米，这样大的规模在北周石窟中是罕见的。主室为高高的方形塔柱，四面开龛，龛中为一佛二菩萨。里壁长方形的坛床上，并列盘腿端坐的 3 尊大佛，身高 6 米，气势雄浑，姿势优美，栩栩如生，是北周石窟造像中的精品，所以被称为"须弥之光"。第 67 窟虽小，雕刻简单，但枋木帐架却很精巧清晰，内部结构和第 51 窟相似。

北周至隋代洞窟现保存有造像的都有中心柱，而且北周洞窟内不全为枋木杖架结构，四壁和中心柱每面龛形为华丽的垂帐形式，与甘肃麦积山石窟上七佛阁主龛的帐式结构十分相似。

和敦煌、龙门石窟一样，唐代是须弥山石窟最繁荣的时期，在开凿数量和造型艺术上都达到了一个前所未有的水平。这一时期的窟室，除个别的仍保留方形塔柱外，大部分已由方形佛殿式代替了北朝的塔柱式。佛坛沿壁设置，室中空间扩大。造像题材更为丰富，主要是一佛二弟子二菩萨，有的还加了天王、力士、魔鬼等。其中主像有盘腿端坐的释迦牟尼、阿弥陀佛，有双腿下垂的弥勒佛，有一腿盘坐一腿下垂的地藏菩萨等。须弥山入口处的第5窟高达20.6米的释迦牟尼坐佛，头部螺髻，双耳垂肩，浓眉大眼，嘴角含笑，身着袈裟，神情端庄，十分壮观。须弥山大佛像比云冈、龙门石窟最大的佛造像还大，是全国最大的石窟造像之一，也是须弥山石窟的象征。大佛造型洗练，比例适度，与龙门石窟的卢舍那大佛相似，都有着女性温柔的特点。第54、第62、第68、第105诸窟中的几尊盛唐菩萨，头梳唐代贵族妇女的高云髻，身披长巾，胸挂璎珞，腕佩环饰，面貌端庄，姿态优美。这是佛教雕刻艺术中最现实的部分，给人以美的享受。

　　每当春天到来，石窟掩映在盛开的桃花中，流水潺潺，给人一种清新雅致的感觉。山上苍松翠柏，傲然挺立。一阵阵凉风吹来，松涛声四起，回荡在山涧，如同洪钟回荡在这佛国圣地。松涛和石窟相伴，平添了处于黄土山峦之中的须弥山的韵味，给整个景区增添了一番情趣。于是，古人把"须弥松涛"列为固原八景之一。

　　明代须弥山香火比较旺盛，游人如织。明代驻固原的兵备副使郭凤翔在嘉靖年间游须弥山后，颇有感慨，便写下了绝句《登须弥山阁》："春暮登临兴，寻幽到上方。云梯出树梢，石阁倚空苍。烽火连沙漠，河流望渺茫。冯栏思颇牧，百战将名扬。"《嘉靖固原州志》中说郭凤翔嘉靖七年（1528）任固原兵备副使，"莅事公勤，屡经荐举，十年考满，便道省亲，卒于家中"。郭凤翔登上须弥山阁，在幽静之中还不忘建功立业，报效国家。在高阁中远眺，仿佛看见边关点燃的烽火。依靠着栏杆，脑海中浮现战国时期的名将廉颇和赵牧，虽然经历了千年历史，但他们英勇善战的功绩依然为世人所称颂。须弥山的幽静和诗人波动的心情，佛国圣地和边境烽火，形成了鲜明的对比，动静结合，颇有一番诗意。

　　到了清代，游人香客更是络绎不绝。清代人李毓骧的《须弥松涛》诗，描写了"须弥松涛"对游人的吸引力和当时香火的旺盛情况："古刹巍然近石城，苍松万树自纵横。维摩有室搜灵偈，逢义题山问旧名。一幅云屏开界画，半天风铎助边声。宵深惟听龙吟曲，随在参禅百虑清。"清末战乱及以后的破坏，使得"须弥松涛"这一景观受到严重的毁坏。现在经过文物部门的恢复和保护，"须弥松涛"虽不及明清时代那么有魅力，但作为固原八景之一的一幅历史画卷，在山峦和佛像的洞窟中依然熠熠生辉，为黄土高原增添了不少色彩。

（三）固原出土的丝路文物

宁夏固原市是古代丝绸之路必经的地区之一，在历史上留下了许多珍贵的文物。

1983年9月至12月，宁夏回族自治区博物馆和固原县文物工作站联合考察队在固原县南郊乡深沟村对李贤夫妇合葬墓进行了发掘，出土了由萨珊波斯或中亚传入的几件珍贵工艺品。

李贤（502—569），字贤和，出身于陇西成纪望族，兄弟子侄多为西魏、北周统治集团中的显赫人物。李贤曾祖李富官至宁西将军、陇西郡守，大约到了李贤父亲时开始定居原州即今固原一带，成为当地的一个大族。李贤曾仕北魏、西魏、北周三个政权。李贤在北魏孝庄帝永安三年（530）出任原州主簿，后升任原州长史行原州事，536年任原州刺史，北周武帝保定二年（562）改授瓜州刺史，保定四年（564）又改授河州刺史。到北周天和四年（569）他去世时，已统领原、泾、秦、河、渭、夏、陇、成、鹵、灵10州的军事，几乎囊括了北周西北的全部领土。这些州郡都是在丝绸之路的交通线上，当时的固原是丝绸之路东段北道的重要城市，这就为李贤获得西方的工艺品提供了便利条件。

鎏金银壶　银壶通高37.5厘米，颈长5厘米，鸭嘴状流，上腹细长，下腹圆鼓，最大腹颈12.8厘米，单把高圈足座，座高8厘米。壶把两端铸成两个兽头与壶身相连接，把的上方面向壶口铸一深目高鼻的胡人头像。壶颈腹相接处焊一周13个凸起的圆珠，形成一圈联珠纹饰，可见焊接痕迹。壶腹与高圈足座相接处也焊一周11个凸起的圆珠，形成一周联珠纹饰。足座下部装饰有20个凸起的圆珠组成的联珠纹饰。壶身腹部用凸纹锤出三组男女相对的人物图像，共有6人。第一组：左侧男子眼睛大睁，鼻子高直，发束带，身着短袖衣和短裤，足穿靴，右手拿盾牌，左手持短矛；右侧女子发束带，身着衣裙，披斗篷，转身回顾男子，左手举起持一物，右手抬起，食指指向自己。第二组：右侧男子身着短袖衣和短裤，披斗篷，足穿靴，左手持一物至胸间，右手持一物举至女子面前；女子发束带，披斗篷，身着衣裙，右手在腹前持一物，左手抬起，食指指向自己。第三组为：右侧男子头戴帽子，肩披斗篷，赤身裸体，左手握住女子右腕，右手伸出二指托住女子的下颌；女子发束带，身着衣裙，似披斗篷，左手放在抬起的右膝上。三组图案人物的头、衣纹用细线刻画，线条简练流畅。衣物紧贴身上，显得极薄。人物图像之下用细线雕刻一周水波纹，水波中两只海兽相向追逐一条鱼，鱼甩尾跃出水面，雕刻形象栩栩如生。一些考古学家认为，这件鎏金银壶是波斯萨珊王朝的制品。对于银壶上图像表现的故事，多数学者认为是希腊神话中的"帕里斯裁判"，图像中间是阿芙洛狄忒向帕里斯递上金苹果；左边一组是帕里斯劫持海伦时的情景；右边的一组是特洛伊战争之后海伦回到丈夫墨涅拉俄斯身边。也有些学者认为图像内容表现的是希腊、罗马"情人送别战士出征"一类的主题,左边一组是男子裸体,女子低眉含羞的神态,似是出征前闺房恋情的场面;中间一组女子左手食指指向自己,右手持物,男子也持物面向女子,当为次晨的盟誓告别;右边一组男子已穿戴好,束好发带,手中持矛和盾,准备出发,此时女子手托象征爱情和胜利的碗(或小盒),向他祝福。无论是金苹果的故事还是情人送别战士出征的猜想,我们都只能在历史的时空中想象这把鎏金银壶的故事。

　　鎏金银壶的颈部和底部都有十几道凹槽,整个壶身的形状极似希腊建筑上的廊柱,可以看作是一个爱奥尼亚式圆柱的变化体。三圈联珠纹将整个壶身分隔成四节。带节的高圈足银器最初出现于 1 世纪的罗马帝国时期,后来应用到玻璃器皿上。四五世纪时出现了带节并以联珠纹装饰的高圈足银器。这种形制的银器从罗马经过一个过渡传到中亚,由中亚再传到中国境内。有一只在高圈足底缘装饰一匝联珠纹的罗马银器,和我国辽宁敖汉旗李家营子出土的银执壶完全相同。银壶上女子的形态带有印度雕刻的特点。安家瑶先生推断出,李贤墓出土的鎏金银壶的制作地点在中亚的两河流域以南,即萨珊以前帕提亚王国东部行省和巴克特里亚一带,时间为五六世纪。这些地区在帕提亚和贵霜时代就有浓厚的古典艺术传统,一直延续到萨珊时代。李贤墓出土的银壶就秉承了古典时代的艺术传统。

　　玻璃碗　高 8 厘米,口径 9.5 厘米,腹部最大径 9.8 厘米,腹身 6.8 厘米。碧绿色,直口,深腹,圆底,矮圈足。外壁腹部饰有凸起圆圈图案两周,凸起的球面形似吸盘,直径为 3.1 厘米。上圈 8 个,下圈 6 个,上下错位排列,从一处可以透视对面 3 个以上圆圈图案。玻璃内含有小气泡,分布均匀,直径一般不超过 0.5 毫米,不见明显的条纹、结石,透明度好。碗内壁光洁无锈,无打磨抛光痕迹。外壁有风化层,呈黄金层,主要分布在下腹部和底部。外壁有明显的磨痕,方向多是水平或垂直的。口沿也有水平磨痕。碗壁厚约 4 毫米,凸起纹饰最厚处为 7 毫米。腹部凸起的圆形纹饰不是很规整,有的是长椭圆,有的是扁椭圆,一般长 27~29 毫米,短径 25~26 毫米。圆饰基本成排,但略错落不齐,貌似吸盘。圆饰之间的距离也不完全一致。底部的圈足也是由一个直径 31 毫米的凸起凹面球面构成。整个玻璃碗重 245.6 克,比重 2.46 克/立方厘米。经过 X 荧光无损害检测,玻璃碗是钠钙玻璃制造,不含铅钡。碗壁薄厚不均,是吹制形成的厚壁碗。

　　李贤墓中出土的玻璃碗,原料纯净,熔制水平高,纹饰独特,这种类型的完整碗在我国是首次发现,其来源于伊朗高原,时间相当于波斯萨珊时期,为我国出土的萨珊玻璃的代表。宁夏固原、陕西西安、日本福冈冲之岛考古发掘的凸纹玻璃器皿,与伊朗高原一致,同属萨珊系玻璃范畴。

在中国出土的玻璃器皿中，与固原李贤墓出土的凸钉玻璃碗外部装饰物相似的有：北京西晋华芳墓出土的玻璃碗、湖北鄂城西晋墓出土的玻璃碗残片、新疆楼兰出土的玻璃杯和巴楚采集的玻璃残片。北京西晋华芳墓出土的玻璃碗为淡绿透明，腹部有 10 个椭圆形乳钉作为装饰，乳钉排列成一排；底部有 7 对凸起的刺排呈椭圆形，形成装饰性的足，使圆底得以放稳。湖北鄂城西晋墓出土的玻璃碗残片，安家瑶先生根据残片推断出完整品为圆底玻璃碗，腹部有 3 排椭圆形稍内凹的纹饰。20 世纪初，英国探险家斯坦因在我国新疆楼兰 L.K 遗址的一座 5 至 6 世纪的墓葬中盗掘了一件玻璃碗，为浅绿色透明，平底侈口，腹部有 3 排圆形纹饰，圆形面为凹球面，碗底部有 7 个圆形饰品。新疆博物馆在巴楚脱库孜萨来遗址的佛寺中采集到两块凸钉纹饰玻璃残片，上面各有两个凸起的圆形装饰。甘肃敦煌莫高窟壁画上有玻璃碗的画面，其中 18 件壁画上的碗钵上画有圈点纹，器型与李贤墓出土的玻璃碗和华芳墓出土的玻璃碗相似。

中国古代史书把玻璃称为琉璃，并且是较早生产琉璃的国家之一。中国玻璃以铅钡为主，西方玻璃以钠钙为主，这是中国玻璃与西方玻璃化学成分显著差别的特征。凸钉玻璃碗经科学检测，属于钠钙系玻璃。1 世纪左右，古希腊商人在《爱利脱利亚海周航记》中详细记载了中国的位置、物产和地中海沿岸玻璃制品东运的情况。从公元前 3 世纪到 19 世纪，欧洲一直占领着玻璃制品的领导地位。从公元前 2 世纪开始，西方的玻璃就通过贯穿欧亚大陆的丝绸之路传入中国，一直延续到五六世纪。外国玻璃制品都经过印度而输入中国。汉武帝时期身毒赠送白光琉璃鞍，能在暗室里光照十多丈。罗马时期，亚历山大里亚成为玻璃制造中心，制造的玻璃有半透明红、白色，类似萤石、蓝宝石或风信子石的，有黑曜石的黑玻璃杯、碗。透明玻璃有蓝、绿、黄、紫、棕红等颜色，其中以石英般纯白的玻璃最为尊贵。

凸钉玻璃碗外壁是由吹制技术形成的，这更增加了它由西域传入的证据。玻璃的吹制形成技术是利用玻璃材料特性创造出的一种特殊成型方法，它充分利用了玻璃高温液态下的可塑性与温度下降时的逐渐凝固特性。公元前 1 世纪，腓尼基人首先发明玻璃吹制技术，后来被罗马人吸收并广泛应用到玻璃制造技术上，它使得玻璃器皿快速批量规范化的生产成为可能。在同时代的中国，西汉制造出的碗、盘、盆、耳杯、平底钵等玻璃日用器具，铸造后需要经过很长时间的打磨抛光的工序才能成型。这样精雕细琢的器具只能为贵族富人所用，是少数贵族身份地位的象征，普通老百姓自然用不起，也就不能制造成日常器具。1987 年，洛阳东汉墓出土的缠丝玻璃瓶，平底长颈，圆锥形绿色透明瓶身外缠白色装饰丝，就是一件通过丝绸之路进入中国的 1 至 2 世纪初地中海沿岸典型的罗马造型的玻璃器皿。精美的进口吹制玻璃器皿在魏晋时期仍是珍贵的"宝器"。晋代张隐的《文士传》记载了西晋文学家"潘尼与同僚饮，主人有玻璃碗，使客赋之，尼于坐立成"，写下了《玻璃碗赋》：

览方贡之彼珍，玮兹碗之独奇。济流沙之绝险，越葱岭之峻危。其由来也阻远，其所托也幽深。据重峦之亿仞，临洪溪之万寻。接玉树与琼瑶，邻沙棠与碧林。瞻阆风之崔嵬，顾玄圃之萧参。于是游西极，望大蒙。历锤山，窥烛龙。觐王母，访仙童。取琉璃之攸华，诏旷世之良工。纂玄仪以取象，准三辰以定容。光映日耀，圆盛月盈。纤瑕罔丽，飞尘靡停。灼烁旁烛，表里相形。凝霜不足方其洁，澄水不能喻其清。刚过金石，劲励琼玉。磨之不磷，涅之不浊。举兹碗以酬宾，荣密坐之曲宴。流景炯晃以内澈，清醴瑶琰而外见。

从《玻璃碗赋》的开头几句内容可以推断出，诗中所描写的玻璃碗就是通过丝绸之路传入我国的，有可能是伊朗高原传来的玻璃制品。

在杨衒之的《洛阳伽蓝记》中也有对进口玻璃器流光溢彩的描述，精致的罗马吹制玻璃成为当时豪富们"斗富"的重要法宝。西方玻璃大批传入中国的同时，它的先进制造技术也传入中国。北魏时期，有大月氏商人把西方的玻璃吹制技术经丝绸之路传入中国，并成为中国玻璃产品成型的主要方法之一。《魏书·大月氏传》记载："世祖（424—452）时，其国人商贩京师，自云能铸石为五色琉璃，于是采矿山中，于京师铸之。既成，光泽乃美于西方来者。乃诏为行殿，容百余人，光色映彻，观者见之，莫不惊骇，以为神明所作。自此中国琉璃遂贱，人不复珍之。"其产品质量"光色映彻"，也就是透明的。

中国南方吸收了埃及玻璃品的制造技术，玻璃中含硅量增大，制造出中国的单色或多色透明玻璃碗，并且在形制、种类和装饰图案上都有改进，但是透明玻璃碗的制造在 4 世纪以后因为销路不畅而失传，直到 18 世纪乾隆年间再次由欧洲传教士传入宫廷。

金戒指 直径 2.4 厘米，重 10.5 克，圆环状，在环正中的圆形部分镶嵌有直径 0.8 厘米的蓝灰色青金石一块，石面上雕刻一人双手举一弧圈，弧圈两端各垂一囊状物。这种戒指与河北赞皇东魏李希宗夫妇墓出土的金戒指基本相似，也和西安隋李静训墓（李贤孙李敏之女）出土的金项链、戒指镶嵌的青金石的做法和石面上的雕刻纹饰很相似。根据出土的位置推断，李贤墓出土的金戒指是李贤妻子吴辉的首饰。青金石又称为天青石，是一种天然的半宝石，它的矿物是一种含钠和钙的铝硅酸盐，颜色的深浅取决于矿石中所含硫化钠成分的多少，它的价值由深蓝色到淡蓝色分成若干等级。青金石可以加工成器皿、饰品、雕像等，或者装点在其他器物上，以作为该物品贵重的标志。青金石的产地，主要有波斯（今伊朗）、西伯利亚、俾路支斯坦（今巴基斯坦西南和伊朗东南部地区）、布哈利亚（阿姆河、锡尔河流域）、阿富汗（产地主要集中在东北部的巴达克山地区）。青金石在我国古代是重要的玉石原料，但我国到现在没有发现青金石的产地，我国古代所用的青金石都来自阿富汗的巴达克山。

银装铁刀　通长 86 厘米，刀为环首，刀柄用银片包裹，单面刃，刀已经锈蚀不能拔出刀鞘。刀鞘为木质，外表涂油褐色漆，下部包银，银质双附耳，铜质刀珌。研究认为这把铁刀是目前发掘北朝墓葬中出土唯一完整的铁刀，它的佩带方法不同于中国传统的璏式佩系法，而是源于波斯萨珊时期或稍早的附耳悬系法，从此以后，双附耳佩刀法进入我国并成为重要佩刀方式，一直沿用到明清时期。

雷祖庙北魏墓出土棺板漆画和萨珊波斯银币　1981 年，固原市原州区城西约 2.5 公里处的西郊乡雷祖庙村附近发掘了一座北魏墓，出土了棺板漆画和波斯银币等珍贵文物。女棺未髹漆，男棺髹漆并绘有精美的漆画。棺盖漆画内容为东王父、西王母的故事。上端对称绘有两座帏幔悬垂的房屋，左侧屋檐上：一男子，着高冠和汉式长衣，身后左右各一侍女。屋外题榜"东王父"三字。左侧屋，右边屋内一妇人，梳高发髻，着汉式长衣，身后左侧有一侍女（右侧漆画已缺失）。屋宇之外左右两侧各立一个着高冠和汉式长衣的侍者，题榜已经模糊不清。两座屋宇房脊正中各画一正面站立的金凤，屋脊外侧各画一侧面的金凤。左侧屋宇房脊内侧画着一红色的太阳，内侧立着一只展翅欲飞的三足鸟；右侧屋宇房脊内侧画着一白色月亮，其中墨线已漫漶。两座屋宇之间绘有一条金色的长河，以波纹状从上至下贯穿整个画面。长河两侧布满缠枝卷草纹图案，中间有珍禽异兽和人面鸟身等形象。棺盖边缘是忍冬缠枝花纹。

棺前档漆画是墓主人生前的生活图，屋内一男子头戴高冠，身着窄袖胡服，右手执环，左手执尘，屈腿斜坐在榻上。室外左右各有男女侍者两人，都穿胡服。左侧放一细颈瓶。画面下方正中部分已残缺，左右两侧各画一菩萨，有头光，项戴璎珞，手臂戴钏，侧身而立。

漆棺左右两侧的漆划分为上中下三栏。上栏为孝子故事，画面为横卷式，每幅画均有题榜，并以黄色三角状火焰纹相隔，构成孝子连环画，画高约 8 厘米，内容有孝子舜和郭巨的故事；中栏为大型联珠龟背纹；下栏是一排狩猎图。三栏之间用花纹图案间隔。

学者对此北魏漆棺画进行了深入的研究，此墓年代约在北魏太和八年至十年（484—486），而且认为漆棺材画前档上的宴饮图的绘画风格受到了中亚地区萨珊贵族宴饮风尚的影响。漆棺正面、侧面的联珠纹图案是典型的波斯纹样。侧板下的狩猎图在动作形象方面与波斯王朝帝王的狩猎图有很大的一致性。这幅漆棺画表现了中原汉文化与北方草原鲜卑文化以及中亚地区的嚈哒文化相融的文化历程。通过对北魏漆棺画风格的研究，认为在北魏时期有一段从高平到平城的丝绸之路。

在此墓中出土了萨珊波斯银币一枚，直径2.7厘米，重3.5克。外轮廓不是很规则，正面有一周珠联纹，中间为萨珊卑路斯王侧面肖像，王冠上部有翼状饰物，冠顶上有一新月，新月上托一圆柱，其前部有铭文但模糊不清。背面为拜火教祭坛，坛上火焰两侧有星、月，坛两侧站立着两个做拱手对立的祭司。

萨珊波斯（224—651）是继安息之后在西亚建立的大国，处于丝绸之路的要道，在东西方交通和文明的交往中起到了中介作用，它的商品货币贸易比较发达。萨珊波斯大量铸造银币和铜币，以此来促进商品交换和流通。波斯刚建国时期，正是中国三国鼎立时期，中原通往西域的道路不是很畅通。此后五胡十六国时期，中国处于一个较长时期的分裂割据、战乱不已的局面；同时，柔然崛起于北方草原，中西交通处于停滞状态。到4世纪中叶，萨珊王朝国力强盛，势力向东扩张，接近中国新疆地区，于阗、疏勒等西域国家都与波斯发生联系。439年，北魏已经统一了北方地区，不断开展与西域各国的联系。北魏定都平城和洛阳时期，都与波斯有往来关系。西魏、北周时期，波斯曾派人来到长安。7世纪初，萨珊王朝被阿拉伯人所征服，一些波斯贵族来到唐朝，其中波斯国王卑路斯和他的儿子泥涅斯先后客死在长安。唐代有很多波斯人侨居中国，从事商业活动，有的还操纵长安珠宝、香药市场。

祆教是公元前6世纪由波斯人琐罗亚斯德创立的，伊朗称为琐罗亚斯德教。琐罗亚斯德教认为主神奥尔马兹达在创造物质时期首先创造了无限光明，从光产生火，从火产生其他一切事物，所以它崇拜火，拜占庭人称其为拜火教，传到中国以后，被称为祆教。226年波斯萨珊王朝以拜火教为国教。所以萨珊波斯银币的背面就有拜火教祭坛的图案。

在中国发现的5至6世纪的萨珊波斯银币，除了固原北魏墓中的这枚外，还发现了其他几枚：1915年，斯坦因在新疆吐鲁番阿斯塔那Ⅰ：3号墓中，发现覆盖在死者眼睛上的两枚波斯钱币；在Ⅴ：2号墓中死者口中发现波斯银币两枚，此后还有多次发现。

北周田弘夫妇墓东罗马金币　1996年，中日原州联合考古队在固原市原州区南郊乡王涝坝村发掘出土北周柱国大将军田弘夫妇合葬墓。墓葬由封土、墓道、天井、过洞、甬道、墓室组成。该墓在规模、形制上均与李贤墓有很大区别。这可能是由于田弘历经北魏、西魏、北周三朝，战功卓著，最后官职大司空少师，是北周较重要的职务。田弘墓有5个天井，早年曾被盗，但仍出土了一批器物，有墓志、陶壶、陶俑、铁铺首、水晶器、玻璃器、骨器。尤其在该墓后室棺中一次出土东罗马金币5枚，据专家考证除一枚是东罗马皇帝利奥一世时所铸

外，其余 4 枚均为东罗马皇帝查丁一世和查丁尼时所铸。

①利奥一世金币。直径 1.54 厘米，重 2.6 克，双面压花纹。正面为东罗马皇帝利奥一世（457—474 在位）半身肖像，身着铠甲，面稍侧。右肩扛短矛，枪尖露出左侧鬓角。左手持盾牌掩盖胸部和肩部。正面有铭文 DNLEOPER-PETVG。背面为女神坐像，身体稍偏向右方，右手扶一长双杆十字立柱，左侧有翼。头像周围有铭文为 VICTORI/AAVGGG/CONOB。

②查士丁一世金币。直径 1.67 厘米，重 2.9 克，双面压花纹。正面是东罗马皇帝查士丁一世（Justin Ⅰ，518—527）稍左侧半身像。右侧持标枪扛于肩上，枪尖露出左耳上侧。币面打有 3 孔，上面一孔从王冠中间打穿，其余两侧在靠近左右脸部的位置。右上侧有铭文 DNIVSI（NVSPPAV）。背面为一胜利女神站立像，右手执一长十字架，左侧有翼。铭文为 VICTORIA/AAVGGI/CON。

③查士丁和查士丁尼一世时期的金币。直径 1.62 厘米，重 2.6 克。双面压花纹。正面为查士丁与查士丁尼并坐全身像，头部有神圣光环。二帝左手各执一圆球，右手微抬起贴于胸前。二帝头部之间有一十字架。币面两侧打 4 个较为对称的圆孔。边缘有一周铭文为 DNIVS/TNVS□TNIANVSPPAVG/CONOB。金币的背面是一位带翼站立的神像，右手执一长柄十字架，左手托一圆球，球上有一十字架。铭文为 VICTORT/AAVGGGI/CONOB。

④查士丁和查士丁尼一世共治时期的金币。直径 1.62 厘米，重 3.3 克。金币正面图案是两帝并坐在王座之上，头部环绕着神圣光环，两帝头部中间有一十字架。两帝左手各持一球体，右手抬起贴于胸前。有铭文为（DNIV）STN□T-ISTNANVSPPAVG/CONOB。金币的背面是一位站立带翼的神像，右手执一长柄十字架，左手托着一个圆球，球上有一个十字架，金币背面的铭文为 VICTO（RI）AAVGGGS/CONOB。金币打有 3 孔。

⑤查士丁尼一世大帝朝金币。直径 1.65 厘米，重 2.5 克。正面为查士丁尼一世正面半身肖像，头戴王冠，两边有垂索饰物，身着铠甲，右手执一十字架。铭文为 DNIVSTNI/ANVSPPAVT。金币的背面图案是带翼的神像，右手执一长十字架，左手托一圆球。上有十字架。铭文为（VICTORI）/AAVGGGA/CONOB。

罗马帝国在丝绸之路的西端，在历史上曾经盛极一时。它的首都在罗马城，也就是现在意大利的首都所在地。330 年，君士坦丁大帝（Constantine，306—337 年在位）把都城迁到拜占庭（今天的伊斯坦布尔），改为君士坦丁堡。把基督教定位国教。君士坦丁死后，罗马帝国出现了分裂战乱。到狄奥多西为帝（379—395）时，罗马曾一度恢复统一的局面。狄奥多西死后，罗马帝国分裂成两部，即君士坦丁为首都的东罗马帝国和以罗马为都城的西罗马帝国。西罗马帝国于 476 年被日耳曼人所灭。东罗马帝国一直存在到 1453 年，最后被奥斯曼土耳其所灭，君士坦丁堡也被改为伊斯坦布尔。东罗马帝国的疆域在强盛时期曾包括小亚细亚、巴尔干半岛、叙利亚、巴勒斯坦、埃及、美索不达米亚和外高加索一部分。查士丁尼一世（Justinian I，527—565 年在位）统治时期被认为是拜占庭历史上第一个"黄金时代"。当时著名历史学家普罗科匹厄斯在他的著作《战争》和《秘史》中对查士丁尼在政治、经济和军事方面的成就都做了详细的记述。查士丁尼时期颁布了著名的《查士丁尼法典》。查士丁尼对外政府的方针是，对东方和平，对西方战争。所以，在东罗马帝国时期，拜占庭和东方的文化交流往来频繁。东罗马金币在中国的大量发现，就说明了古代中国和西方经济文化上的交流。

从北魏宣武帝（500—515）以后，中西交流形成一个高潮，拜占庭人经过丝绸之路来到中国，东罗马金币也随之传入中国。1905 年在新疆和田发现查士丁尼一世金币仿制品一枚；1907 年斯坦因在新疆叶尔羌南叶城县购得拜占庭金币两枚，分别是君士坦丁二世（337—340）和君士坦斯（337—350）时铸造的；1914 年在新疆和田地区发现了君士坦丁二世（337—340）、君士坦斯（337—350）、狄奥多西（379—395）、查士丁（518—527）不同时期的金币各一枚；1915 年斯坦因在阿斯塔那的三处墓葬中发现一枚查士丁尼一世金币和两枚查士丁尼一世金币仿制品；1953 年在陕西咸阳底张湾独孤罗墓出土查士丁二世金币一枚；1973 年在河北闾氏墓发现查士丁与查士丁尼一世共治时的金币一枚；1975 年至 1976 年，河北李希宗墓出土狄奥多西斯二世金币一枚，查士丁和查士丁尼一世共治时期的金币一枚；1978 年河北邻和公主墓出土安那斯塔修斯一世金币一枚、查士丁一世金币一枚；1984 年内蒙古武川县发现利奥一世金币一枚；2002 年，青海都兰吐谷浑墓出土提奥多西斯二世金币一枚。这些发现的拜占庭金币，如同耀眼发光的彩珠，从西向东，可以用丝绸之路这条彩带连接起来，闪耀着古代东罗马帝国和中国交往的历史斑斓。

二、唐代丝绸之路

618 年，李渊在长安称帝，建立唐朝。秦王李世民通过玄武门之变执掌了唐朝的政治大权。唐太宗在政变后妥善处理了遗留下来的问题，调整了最高决策集团，稳定政治局势。唐太宗在经济上休养生息，扶民以静，努力创造各种条件，恢复和发展生产，为国家提供充足的财富。经过几年的努力，唐朝出现了一个比较繁盛的局面，史家称为"贞观之治"。在这一过程中，唐太宗先后平定了经常侵犯边境的东突厥、吐谷浑、高昌等，统一了西北边境，打通了与西域交往的通道。

唐代以一种开放的心态与世界交往，丝绸之路空前繁荣。在唐代广德元年（763），原州被吐蕃攻占以前，丝绸之路经过宁夏的路线大致与汉魏时期的丝绸之路东段北道的路线一致。唐代在交通要道上每30里设立一个驿站，负责公文、信函的传递和各级官员、中外使节的接送，所以把有驿站的道路也称为驿道。从都城长安也就是今天的西安市出发，渡过渭河到达咸阳，往西经过陕西的礼泉县、乾县到彬县，过彬县、长武县，沿着泾河河谷到甘肃的泾川县，再向西北进入平凉市，从平凉市西行30里到达安国镇，再西行就进入宁夏境内。

从长安经原州到河西的道路经过著名的萧关，人们把这段道路称为萧关道。唐代是诗歌极大发展繁荣的时期，一些文人墨客或途经萧关，或送别经萧关而西行的友人，写下了许多美丽的诗篇。让我们暂时告别边关的忙碌和行进的疲惫，在诗歌中感受一下历史的回音吧。

初唐四杰之一的卢照邻借用汉代《铙歌十八曲》中的"上之回"为题，写下了新的《上之回》：

> 回中道路险，萧关烽候多。
> 五营屯北地，万乘出西河。
> 单于拜玉玺，天子按雕戈。
> 振旅汾川曲，秋风横大歌。

唐代原州是防御突厥的重点地区，军事地位特别重要。我们穿越历史的时空，仿佛看见萧关古道上的烽火台，在晨昏中保持着坚挺的姿态，时刻准备传递边关的信息；北方游牧民族骑兵奔驰而过掀起阵阵尘浪，边关告急，朝廷派遣大军去边地反击的士兵，在秋风中高唱凯歌班师回朝。卢照邻在诗歌中借汉武帝的故事，抒发安边定远的愿望。诗人主张让单于入朝谒见天子，以停止边境上的民族战争，让边塞各族人民都能享有和平的快乐。

> 蝉鸣空桑林，八月萧关道。
> 出塞复入塞，处处黄芦草。
> 从来幽并客，皆向沙场老。
> 莫学游侠儿，矜夸紫骝好。
>
> ——王昌龄《塞下曲》

中秋八月，南方也许正是草繁叶茂的时节，而北方边地却已到处是橘黄的芦草，山野出现一片萧瑟的景象，再加上边塞地区离战场比较近，更显得沉闷，诗人的心情如同大雁南归一般，厌恶了征战。

> 君不闻胡笳声最悲？紫髯绿眼胡人吹。
> 吹之一曲犹未了，愁杀楼兰征戍儿。

凉秋八月萧关道，北风吹断天山草。

昆仑山南月欲斜，胡人向月吹胡笳。

胡笳怨兮将送君，秦山遥望陇山云。

边城夜夜多愁梦，向月胡笳谁喜闻？

——岑参《胡笳歌送颜真卿使赴河陇》

这是唐代著名边塞诗人岑参（715—770）送别大书法家颜真卿（709—784）出使河陇，充任河西陇右军试覆屯交兵使，离开都城长安时写的。岑参曾在边塞任职多年，对边关的生活很是了解。一提到胡笳声，就让人不由得想起蔡文姬的《胡笳十八拍》，想起蔡文姬曲折的人生历程，想起她在匈奴对故乡的思念，想起她惜别稚子时的隐痛与悲怨。胡笳是我国古代北方民族的一种乐器。也许因为蔡文姬的悲惨经历，秋风乍起，胡笳声起，给人一种凄凉感觉。西域胡人对着弯月吹着胡笳，吹完一曲又一曲，在楼兰等地征战和戍守边关的勇士的心情随着乐曲声波澜起伏。大书法家西行经过八月的萧关道，已是凉风阵阵，到处是黄芦草；天山的草已经干枯，疾风吹过，断草乱飞。边城的夜是多么地寂静和漫长，没有人喜欢听那向月吹奏的胡笳，因为那只能增加戍边者思乡的愁苦之情。

诗人在诗中写到的陇山，是古代对六盘山到渭河的南北走向山脉的通称，位于关中平原西部，丝绸之路东段南道就经过陇山。传说古代戍守边疆的人西行，出了大震关登上陇山，回首向东，秦川如带，向西望去，陇坂九回，艰难险阻，征途漫漫，悲怆之情油然而生，如同歌谣中所唱："陇头流水，鸣声幽咽；遥望秦川，肝肠断绝。"大书法家西行的道路没有经过陇山，但诗人在写作手法上用历史的景象和想象的手法，写出了一个西行者远离都城长安、到异地任职的孤独心情。西地景象也许就是"黄河远上白云间，一片孤城万仞山。羌笛何须怨杨柳，春风不度玉门关"悲切的胡笳声、悠扬的笛声，都能使人情绪悲凉激动。

单车欲问边，属国过居延。

征蓬出汉塞，归雁入胡天。

大漠孤烟直，长河落日圆。

萧关逢候骑，都护在燕然。

——王维《使至塞上》

开元二十五年（737），河西节度副使战胜吐蕃，唐玄宗命王维以监察御史的身份出塞宣慰，这位被称为"诗中有画，画中有诗"的大诗人在途经萧关时写下了这首诗。其中"大漠孤烟直，长河落日圆"成了脍炙人口的经典名句。

诗圣杜甫在《喜闻盗贼蕃寇总退口号》中也写道："萧关陇水入官军，青海黄河卷塞云。北极转愁龙虎气，西戎休纵犬羊群。"萧关地处边境地区，成了战争与和平的分界线，诗人喜欢用"萧关"来指称边关及边境战事。

唐人诗词中的"萧关"给了人无限的遐想：和平时期，这里是中西交往的通道，商旅不断，驮马成队；烽烟点起，这里又是战鼓声声。

（一）昭武九姓在固原

粟特人（Sogdian）是古代中亚的一个民族，居住在泽拉夫善河流域。这块地方在琐罗亚斯德教的经典《阿维斯陀》中被称为"天下第二美好地区"，仅次于雅利安人居住的雅利安－维杰。历史上粟特地区的地理范围主要包括今天中亚乌兹别克斯坦的塔什干、撒马尔罕、布哈拉之间及其附近的地区。这个地区处于东西、南北商业贸易路线的交叉点，同时又是古代欧亚多个文明的交叉点，有"文明的十字路口"的美誉。粟特人利用其优越的地理条件从事贸易活动，在客观上也担当了古代东西方文化交流使者的角色。德国学者克林凯特说："粟特人从未建立过强大国家，自从波斯阿契门尼德王朝起，他有时附属于强大的邻国，有时分裂为许多小王国，这些小王国的处境，随着时期的不同而在完全独立与臣属国之间变化。尽管如此，粟特人很善于运用巧妙的手段，处理政治上的逆境，从各种情况中争取最有利的结果，并在文化和经济上保持很大程度的独立性。"粟特人利用在商业上的优势周旋于各个强大政权之间。

6 世纪以后，中国历史文献把居住在今中亚地区阿姆河和锡尔河之间的粟特人总称为"昭武九姓"。昭武的名称最早见于《魏书·西域传》，在讲到康国时说："其王本姓温，月氏人也。旧居祁连山北昭武城，因被匈奴所破，西逾葱岭，遂有其国。枝庶各分王，故康国左右诸国并以昭武为姓，示不忘本也。"昭武城就在今甘肃省临泽县境内。《北史·西域传》中记载昭武九姓的国家有康国、安国、钹汗国、米国、史国、何国、乌那遏国、穆国、漕国。《新唐书·西域传》中对昭武九姓国国名有新的说法："枝庶分王，曰安，曰曹，曰石，曰米，曰何，曰火寻，曰戊地，曰史，世谓'九姓'皆氏昭武。"昭武九姓在族源上不是大月氏人，而是中亚操东伊朗语族的粟特人。《新唐书》还说昭武九姓"善商贾，好利，丈夫年二十，去傍国，利所在无不至"，道出了昭武九姓人善于商贸的特点。粟特人很早就活跃在丝绸之路上，从事丝绸贸易的中转工作。粟特人的商业活动，也推动了地区文化之间的交流。在汉魏时期，大量的粟特高僧进入中原地区，为佛教的传播做出了重要贡献。

唐朝时期，粟特人大量入唐，有的还在唐朝政府和军队中任职。在中国文献中把他们称为胡商或商胡，他们在丝绸之路沿线上建立了许多移民的聚落。在敦煌发现的《沙州都督府图经》写本中提到石城镇，这个在罗布淖尔西南 160 公里若羌境内的石城镇，即古代鄯善国所在地。贞观中（627—649）康国巨商康艳典

（康染颠）来到鄯善居住，胡人跟随而来，形成聚落，初叫典合城。这座城四面都是沙漠，上元二年（675）改名为石城镇，隶属沙州管辖。康艳典还修筑了新城（弩之城）、萨毗城等。这些城镇都处在东西方交通要道上。8 至 9 世纪，河西走廊被吐蕃人控制，安西四镇相继陷于吐蕃，回纥人就成为葱岭以东丝绸贸易的最大中介商，粟特商人和回纥人就往来于庭州、弓月和碎叶之间的天山北道上，把大量的丝织品运往西方。

从北朝开始，粟特人就进入宁夏地区。昭武九姓国在 7 世纪以后都属唐的羁縻州府，在阿姆河以北以康国的势力最为强大。贞观四年（630），唐朝军队平定东突厥后，迁居在东突厥地区的部分昭武九姓牧民以部落为单位，归属唐朝，移居"河曲"地域中西部。唐朝在那里建置鲁、丽、塞、含、依、契 6 个羁縻州，以唐人为刺史，管理当地的昭武九姓牧民，当时人称为"六胡州"，在行政上划归灵州都督府监管。

唐代时期，昭武九姓中的康国多次献胡旋女于唐朝。唐代诗人白居易的《胡旋女》生动描绘了胡旋女的优美舞姿：

> 胡旋女，胡旋女。心应弦，手应鼓。
> 弦鼓一声双袖举，回雪飘飖转蓬舞。
> 左旋右转不知疲，千匝万周无已时。
> 人间物类无可比，奔车轮缓旋风迟。
> 曲终再拜谢天子，天子为之微启齿。
> 胡旋女，出康居，徒劳东来万里余。
> 中原自有胡旋者，斗妙争能尔不如。
> 天宝季年时欲变，臣妾人人学环转。
> 中有太真外禄山，二人最道能胡旋。
> ……

太真就是唐玄宗宠爱的妃子杨玉环，她善于跳胡旋舞。宫廷中的妃子喜欢跳胡旋舞，说明当时胡旋舞在社会上很流行。

宁夏南部的固原地区，是丝绸之路的重要通道，也形成了粟特人的聚落。在固原的考古材料中就有丰富的粟特人即昭武九姓人的资料。

从 1987 年到 1995 年，在固原市西南的南郊乡羊坊村、小马庄村、王涝坝村先后发现了 1 座隋墓和 8 座唐墓，这些墓葬都坐北朝南，从东向西呈一字形排开，依次为史索岩墓、史铁棒墓、87M1、史诃耽墓、史道洛墓、史射勿墓、史道德墓、82M2。其中有 6 座墓葬是昭武九姓史氏家族的墓葬。根据出土的墓志分析，史射勿、史诃耽、史道洛、史铁棒出自一系，互为子孙；史索岩和史道德属一系，是叔侄关系。在这些墓葬中出土了表现中西文化交流的重要文物，如罗马金币、萨珊银币、金覆面、蓝宝石印章等。这些史姓人物都是侨居在中国的昭武九姓中史国人及其后裔。

史国，又称为乞史或法沙，也叫羯霜那，在今撒马尔干南沙赫里夏勃兹。史姓人从北朝时期就来到原州，隋唐时期就在原州一带为官，与康国人、何国人、安国人通婚。

1987 年，考古工作者发掘了固原市原州区南郊乡小马庄村隋正议大夫史射勿墓，该墓的墓道、天井、过洞、墓室等处均绘有壁画。画面多单体人物，壁画的内容为武士、花卉、侍从等。墓道壁画上的武士浓眉、深目、高鼻，有胡须、头发向上梳、戴冠。身穿红色交领宽袖长袍，下穿宽口裤，脚穿黑色靴子，侧身而立，双手执环首刀，看起来勇猛有力。壁画中的武士形象，明显承袭了北周壁画的画法。过洞天井壁画中的武士形象和墓道壁画中的武士形象很相似。墓室西壁南侧画有一幅侍女图。

在墓中出土了一些精美的文物。

白瓷钵，造型丰满，是隋代白瓷中的精品。鎏金桃花形花饰，高 6.5 厘米，宽 5.2 厘米，外沿有两条鎏金联珠，中间有一周 30 枚圆形联珠纹饰，桃形中央装饰有菱形不规则边框。镶玻璃条形铜饰，高 9 厘米，宽 2 厘米，呈条状，顶端有花，中间镶嵌 5 颗绿色玻璃珠，一侧嵌有 16 枚呈联珠纹样，中间嵌白色珍珠；另一侧是菱形和椭圆形相间的图样，在椭圆形中间镶嵌玻璃珠。

在史射勿的墓中还出土了一枚萨珊银币仿制品，直径 2.7 厘米，重 3.3 克。从银币的图案分析，属于萨珊王朝卑路斯（Pemz Ⅲ）银币。银币正面由联珠纹组成边框，中间是萨珊王侧面肖像。王冠的顶上有翼状的装饰物，前部有一个新月托球。背面也是用联珠纹构成边框，中间是拜火教的祭坛，坛座有两级，上面立着一个圆柱，柱上有三角形的火焰。火焰的左侧是新月，右侧是五星。祭坛的左右有拱手相对而站立的祭司。铭文已经模糊不清。金币两侧打有孔。

史射勿卒于隋大业五年（609），终年 66 岁，由此上推，他生于西魏大统九年（543）。大业六年葬于平凉郡的咸阳乡贤良里。根据出土的墓志分析，史射勿字槃陀，平凉平高县人，他的祖先出自西国即粟特人的城邦国家，他的曾祖和祖父时就已经来到中国并在政府部门任职。史射勿也立下了军功，隋大业元年（605）被授右领军、骠骑将军。史射勿的墓志中还提到了他的 7 个儿子，史诃耽是其长子。

史诃耽　字说，史射勿的儿子，卒于唐总章二年（669），享年 86 岁。1986 年在固原南郊小马庄村发掘其墓，出土了六曲玻璃杯、蓝色圆宝石印章、玻璃杯、玻璃花和石门等物品。

出土的六曲玻璃杯高 1.8 厘米，口径 4 厘米，底径 2.3 厘米，直沿稍向外撇，腹壁呈瓜棱形，棱间有用鎏金铜箔贴的槽，分成 6 瓣。口沿处比较薄，底部较厚。玻璃杯表面分化层为银白色，内部分化层出现暗红色。

在史诃耽墓中发现一枚蓝色圆形宝石印章，直径 1.6 厘米，厚 0.5 厘米，一面光洁，一面凸起。凸起的一面中间为一卧狮，狮子面部清晰，鬃毛直竖，身后立 3 棵树状物，顶似花蕾。纹饰上方有一周铭文，铭文属于中古波斯文系统。铭文内容，学者林梅村先生认为要从右向左横读，根据现行中古波斯铭文转写体系转写为 z'tyh'b'tyh'tyhš，读为 āzādīhābādīhšādīh，意为"自由、繁荣、幸福"。印章图案中神兽守护生命树的主题表现的是琐罗亚斯德教中的内容。根据琐罗亚斯德教的传说，世界分为 4 个时期，每个时期 3000 年共经历 12000 年。在第二个时期，用泥土塑造的"原人"伽玉玛特受到安格拉·曼纽及其僚神的攻击死去，但伽玉玛特的种子被保存下来。40 年后，种子生出人类最早的一对伴侣，这对伴侣像大黄树一样紧紧拥抱在一起，这就是人类的始祖。印章中雄狮守护的那棵树是祆教中的生命树。这枚印章的出土，为了解祆教在中国的传播提供了重要的考古学证据。印章中的图案艺术主题来自于萨珊波斯艺术。所刻图案是 7 至 8 世纪金银器中常见的图案。根据林梅村先生的研究，有 3 件西亚或中亚器具上的图案和固原发现的波斯铭文印章上的图案十分相似。一是彼得格勒艾米塔什博物馆收藏的虎纹鎏金银盘；二是瑞典卡尔·肯佩的收集品——洛阳出土的十二曲银碗；三是乌兹别克斯坦卡马河流域苏德亚卡尔村出土的狮纹八曲银杯。7 世纪中叶，穆斯林逐渐崛起，统治波斯、占有中亚后，使得大批琐罗亚斯德教教徒向东迁徙，在流亡东方的时候把萨珊波斯的艺术品带到中国，留在固原。

史诃耽夫妇合葬墓出土了拜占庭金币仿制品，直径 1.9 厘米，重 0.8 克。外边缘较宽，单面压花纹，有一周旋纹形成边框，中间为东罗马皇帝肖像。

出土的石门内容十分丰富。石门由门楣、门额、门框、门槛、门砧和门扇 6 部分组成。门楣呈半圆形，长 90 厘米，中高 29.5 厘米，厚 12 厘米。门楣正面刻有两只朱雀，朱雀上面是卷云纹，下面是山峦，山峦间装饰以团花。门额是长条形，正面由珠联纹构成环形边框，中间装饰有图案。图案中间是一只怪兽，口露利齿，面目狰狞，两侧是天马、荷花、朱雀。门框长 110 厘米，宽 20 厘米，表面磨光，减地线刻桃形连续花结图案。门槛长 77.7 厘米，高 17 厘米，两面磨光，上面减地线刻两方连续忍冬纹样图案组成的一条纹带。门砧长 53 厘米，宽 24 厘米，高 21 厘米，三面抛光，素面，铆孔呈长方形。门扇两个，左门扇被盗墓者砸毁成两段。左右门扇上的图案基本呈对称图案。门扇边缘是连续忍冬纹的装饰带，中间站立一人，头戴双扇小冠，上插楔形簪，蚕形眉，柳叶眼，直鼻，留有胡须。身穿宽袖交领长袍，束有腰带，足穿云头靴子。人物后面刻有卷云

纹。忍冬图案也出现在固原出土的北魏漆棺画上。

还出土了一合青石墓志，题为"唐故游击将军、虢州刺史、直中书省史公墓志铭并序"，墓志内容叙说了史诃耽的生平事迹。在史诃耽父亲史射勿的墓志中说史射勿是"平凉平高县人，其先出自西国"。而在史诃耽的墓志中就直接说"原州平高县人，史国王子苗裔也"，再次有力地证明了史氏家族的族源是昭武九姓史国人的后裔。

史道洛　在"大唐故左亲卫史公之墓志铭"中说史道洛是原州平高人，祖父多悉多，是北周时期鄯州刺史，父亲"射勿槃陀"，说明他是史射勿的儿子。史道洛一生中只任过左亲卫官职，以后"退静闲居在家"，永徽六年（655）正月廿八日卒于劝善里，终年65岁。他的夫人康氏在贞观二十年（646）二月十二日卒于家中，终年55岁。唐显庆三年（658）十二月二十四日合葬在原州百达原，即现在的墓地。

1995年，中日原州联合考古队对位于固原南郊小马庄村的史道洛墓进行了发掘，出土了彩绘描金镇墓武士俑和镇墓兽各两件，还出土了东罗马金币等珍贵文物。史道洛墓中出土的彩绘大型镇墓武士俑、镇墓兽在宁夏地区属首次发现，是唐墓出土陶俑中的精品。

镇墓武士俑分为张口和闭口两种类型。张口镇墓武士俑通高86厘米，身高76厘米，泥质灰陶，站立在岩形的底座上，双腿分开，右脚稍向前迈，腰部以上半身转向右侧。脸部偏向右侧，浓眉大眼，目光斜视上方，口微张开，留有胡须，面部涂成红色，眉目和胡须用墨线勾勒。头戴护耳头盔，护耳向上卷起，彩绘描金。身着明光铠甲，下着战裙，战裙上彩绘花纹图案，双臂向前弯曲，双拳紧握，握拳中有孔，可能原来握有武器。整座武士俑孔武有力。闭口武士俑的造型和张口武士俑的造型很相近，只是腰部以上转向左侧，脸部偏向左侧，口呈一字形紧闭。在高度上比张口武士俑稍低一点。

人面镇墓兽　通高55厘米，兽身高46厘米，泥质灰陶。人面兽身，蹲坐在岩形的底座上，后腿弯曲，前腿伸直，腰向下弯。脸部朝向前方，高鼻，有须，闭口，头戴兜鍪，左右两肩上长有翅膀，有四根爪趾。整个镇墓兽彩绘描金。

兽面镇墓兽　通高52厘米，兽身高43厘米，泥质灰陶。狮面，大嘴张开，利齿外露，耳朵向上竖起，双目圆瞪，面目很是狰狞，左右肩部到颈部长有翅膀。兽面镇墓兽的姿势与人面镇墓兽的姿势相似。

东罗马金币　直径2.1厘米，重4.6克。查士丁尼二世金币。正面是东罗马帝国皇帝查士丁尼二世（565—578年在位）的正面肖像，肖像头戴皇冠，两耳侧垂珠饰，铭文为 DNIVSTNVSPPAVG。在肖像的上下边缘各打有一圆孔，孔径有2毫米。背面是阿波罗神的站立像，铭文为 VICTORIAAVCCG，底部铭文为

CONOB。

　　史铁棒　字善集。史铁棒的墓中出土的文物比较少。在"大唐故司驭寺右十七监史君墓志铭并序"中记载了他的生平事迹。史铁棒是原州平高县人，他的祖父是史槃陀，曾任右领军、骠骑将军；父亲是史大兴，曾任上骑都尉、左卫安化府军头。从这些记载可以看出史铁棒出自史射勿之系。史铁棒在显庆三年（658）任司驭右十七监的官职，负责养马。墓志中说他善于养马，"牧养妙尽其方，服习不违其性"，善于把握马匹的生长习性。史铁棒于乾封元年（666）八月十三日因病卒于原州平高县劝善里，终年44岁。咸亨元年（670）十二月十三日迁到史氏家族墓地。

　　史铁棒墓中出土了东罗马金币仿制品一枚，直径2厘米，重7克，单面压花纹，顶部有一小穿孔，穿孔口有打磨过的痕迹。正面为阿尔达希三世的侧面肖像，头戴王冠，脑后飘发，眼睛较大，鼻高，身着铠甲，颈部有项圈。周边有中古波斯文铭文"Ardashir"，意为坚强、意志力。

　　史索岩　字元贞。墓志中说史索岩是建康飞桥人。明末清初著名历史地理学家顾祖禹在《读史方舆纪要》中说："建康城，在甘州镇西二百里。"史索岩的曾祖时期就已经来到中国并在朝廷任职。他的曾祖史罗，在北魏时期任宁远将军、西平郡公。他的祖父史嗣任镇远将军、通直散骑常侍，袭爵西平公，鄯、廓二州诸军事，鄯州刺史。父亲史多，在北周任三命上士、旷野将军、殿中司马、左卫掌设府骠骑将军。祖上三代在朝廷任职，可谓门第显赫。史索岩本人在隋朝曾为晋王杨广的库真，仁寿四年（604）升任大都督、长上宿卫，大业元年（605）官拜左御卫安丘府鹰扬郎将，大业九年（613）被授平凉郡都尉。隋朝灭亡后，史索岩投诚唐朝，在唐高祖李渊时期，曾被任命为朝请大夫，兼授右一军头，后来又任左屯卫、立功府骠骑将军。贞观元年，史索岩因病上疏请求还乡，显庆元年（656）五月十三日卒于原州万福里家中，享年78岁，葬于高平之原，即现在所发掘的墓葬之地。史索岩的夫人安娘是安国人，出土的安娘墓志记载了她的生平事迹。安国，一名捕喝，又作布豁，在今天中亚的布哈拉。

　　1985年8月至11月，考古工作者在固原南郊乡羊坊村对史索岩夫妇的合葬墓地进行了发掘。出土了朱雀图壁画、罗马金币仿制品、白瓷豆、四系白瓷罐、玉钗、石门等文物。

　　朱雀图壁画　高112厘米，宽114厘米，下部是一幅蔓枝莲花，中间是一花叶组成的莲花台，朱雀就位于莲花台上面，双目圆睁，长嘴下垂，脖子比较细，挺胸抬头，双翼对称，向上张开呈半环状。

　　四系白瓷罐的肩部与口沿处均匀分布着四个提耳，提耳呈现两瓣重合状。瓷罐圆鼓腹，腹以下逐渐向内收敛，到底部向外展开，有假圈足。瓷罐的外壁涂有

白釉，下部的釉流成滴泪状，底部露出白胎，有冰裂状的开片。

出土的石门由门楣、门额、门框、门槛、门扇和门砧6部分组成。石门上的各个部分都有花纹图案装饰。门楣正面刻有两只侧身而立做欲飞状的朱雀，中有缠枝蔓草和卷云纹装饰。门额表面磨光，正面图案是以桃形缠枝双结花纹为主，中间加饰卷云纹或如意纹，下侧边框中所刻花纹为两方连续卷草图案，中间加饰卷云纹。门框表面磨光，正面及门框内侧减地线刻桃形缠枝双结花纹，中间加饰卷云纹。门槛上面中央减地线刻一团花，左右对称连续卷草纹。侧面中央为缠枝双结，左右也是对称连续卷草纹。门砧上有长方形榫眼，边角削圆，三面线刻狰狞凶猛的兽面，门扇的边框用连续忍冬纹样装饰，分为上、中、下三层。上层是站立的朱雀，中层是做行进状的青龙，下层是做行进状的怪兽。

出土了一枚东罗马帝国金币仿制品，直径2.4厘米，重7克。这枚金币已被剪过边，单面花纹，上下均有一个穿孔。正面为东罗马皇帝半身肖像，头戴由联珠纹组成的头盔，身着铠甲，右手执短矛，矛尖露于左耳下，耳边有飘带。

史道德　字万安，祖籍建康飞桥。史道德的曾祖史度，任职河、渭、鄯三州诸军事；祖父史多，也就是史索岩的父亲，任隋朝开府仪同、左卫安化府骠骑将军；其父在唐朝任正议大夫，平凉县开国侯。史道德和史索岩出自同一史氏家族，是史索岩的侄子。史道德以东宫左勋卫起家，龙朔三年（663），任兰池监。总章二年（669）任给事郎，后又任玉亭监。玉亭监是负责牧马的，兰池监是管理马政的。前文中提到的史铁棒在显庆三年任"司驭右十七监"的官职，也是负责养马的，看来昭武九姓的人在养马业上有一定的特长。史道德于唐仪凤三年（678）三月十九日因病卒于原州平高县招远里家中，享年66岁。同年十一月八日葬于原州百达原史氏家族墓地。

1982年10月至11月考古工作者在固原南郊王涝坝村史道德的墓地发掘出动物纹圆形金饰、兽面金饰、素面小铜镜、东罗马金币和金覆面等随葬品。其中出土的金覆面比较特别。它是由11件金质构件组成，护额饰1件，下部是一长条形金片，长5厘米，宽1.2厘米，其上为一半月托一圆形。护眉饰两件，是用鎏金铜片打造而成的，形似飞燕，两尖端上各有一孔。护鼻饰1件，长6.3厘米，形状像人的鼻子一样，中部起脊，侧面凹下，下端有两个孔。护唇两件，合起来像人的上下嘴唇，两端稍尖，有孔。护领饰1件，两侧为长条形，长17.3厘米，宽14厘米，由叶片状铆接而成，中部为椭圆形。护鬓饰两件，形制相同，下为长条形扁片，上部焊接一长方形片饰，一角削去，上面锤打凸起叶状纹饰。这件金覆面出土时已经移位，护鬓饰也有可能是护耳饰。

动物纹圆形金饰由打压而成，单面花纹。外缘有一周花纹，有4个孔，向内有一周联珠纹，正中是一动物，头和前腿向前伸，动物周围有6个孔，以品字状排列。从打孔的情况来看，这件动物纹圆形金饰原缀在墓主人的衣物上。史道德的墓中还出土了兽面金饰，制作比较特别。单面花纹，打压而成，形状很像一个兽面，从上向下收缩，头的上部两端有左右对称的耳朵。中间是一个穿孔，下面是呈对称状的眼睛、眉毛，眼睛是涡纹状，鼻子桃形，下颌比较尖，有一穿孔。

墓中出土了东罗马帝国金币仿制品1枚，直径2厘米，重4克。双面打压图案，顶部有孔。正面中央为东罗马皇帝的侧面肖像，头戴用联珠纹组成的头盔，身着也用小联珠纹组成的铠甲，肩扛短矛或标枪。背面为一胜利女神像。金币的正反两面文字大多已模糊不清，无法辨识。

除了在固原发现昭武九姓人的墓葬外，1986年在宁夏盐池县苏步井乡窨子梁也发现了一处何国人家族的墓地。何国又称为屈霜你迦，在今天撒马尔干西北30里。在何姓墓群6号墓中出土了一合石门，上面有优美的"胡旋舞"图案。

隋唐时期，昭武九姓人来到原州地区，在这里生活。原州的山水养育了这些西域来的"胡人"，他们在中原王朝的政府中任有一定的官职，在当时的封建国家政权的运转中发挥了一定的作用。他们聚族而居，在接受中原文化的同时还保持着一些本民族的风俗习惯。在婚姻上多与昭武九姓人内部通婚，史索岩夫人安娘就是安国人，墓志中说她是"安息王之苗裔"；史诃耽的夫人康氏是甘州张掖人。史道德墓中出土的金覆面的葬俗，与波斯和中亚的覆面葬俗有一定的联系；头部放置钱币和口中含钱币的葬俗表现了昭武九姓人祖上在中亚的埋葬习俗。出土的动物纹圆形金饰和兽面金饰等器物表现出中亚、西亚的风格。史氏家族墓中的联珠纹和怪兽装饰图案起源于萨珊波斯。史射勿墓中出土的金戒指中镶嵌的宝石是从中亚、西亚地区传入的。这些表现多元文化风格的文物，展现了固原在古代丝绸之路上的多彩故事。来华的史氏家族把原州当作自己的故乡，死后都埋葬在原州。随着岁月的流逝，坟上长满了蒿草，在北风吹过的时候，隐约闪现着历史的回音。

(二)　安史之乱与丝绸之路

一提起"安史之乱"，人们自然会想起杜牧《过华清宫》："长安回望绣城堆，山顶千门次第开。一骑红尘妃子笑，无人知是荔枝来。"还会想起洪昇《长生殿》中杨玉环和李隆基两人之间缠绵的爱情故事，想到马嵬驿美人杨玉环凄惨地死去。

6世纪中叶，吐蕃赞普松赞干布（629—650年在位）完成了统一西藏高原的事业，并创制了文字，制定了成文法典《十善法律》。松赞干布几次向唐请婚。贞观十五年（641）唐太宗把文成公主嫁给松赞干布，唐蕃之间经济文化交流不断。松赞干布死后，吐蕃不断向外发动战争，征服了邻近的不少民族。后吐蕃向唐的统治区域发动了进攻。咸亨元年（670），侵扰龟兹，进而攻陷西域"白州等一十八州，又与于阗合兵，袭龟兹拨换城，陷之。罢安西四镇"。垂拱二年（686），吐蕃占领安西四镇，控制了唐朝通向西域的道路。直到长寿元年（692），唐军在王孝杰的统领指挥下，击败吐蕃军，收回了安西四镇。唐王朝再置安西都护府于龟兹，从内地和附近地区发兵前往驻守。此外，唐朝还要对付突厥、回纥、契丹等对边境的侵扰。唐朝忙于应付边患，国内兵力虚弱，这就给安禄山发动叛乱提供了机会。

安禄山是营州柳城（今辽宁锦州）胡人，在唐朝对东北的战争中立下军功，受到唐玄宗的赏识，一人兼领范阳、平卢、河东三镇节度使，控制了河北和河东地区。《旧唐书·安禄山传》中说安禄山晚年肥胖臃肿，"腹垂过膝，重三百三十斤，每行以肩膊左右抬挽其身，方能移步"。但他为了讨好唐玄宗，还是不顾自己肥胖的身躯，"至玄宗前，作胡旋舞，疾如风焉"。他不断招兵买马，任用胡人为将领。天宝十二年（753），安禄山诱降了被回纥攻破的突厥西叶护阿布思的残部，加强了自己的兵力，并利用唐朝国内兵力空虚、人民痛恨宰相杨国忠的机会，于天宝十四年（755）冬，从范阳起兵，带领所部及同罗、奚、契丹和室韦人组成的15万大军南下，很快就渡过黄河，直逼洛阳。安禄山在武牢关和洛阳城下打败封常清带领的唐军，占领洛阳。天宝十五年（756）正月，安禄山在洛阳称帝，国号燕。唐朝派20万大军在潼关一带和安禄山相持了半年。唐玄宗命哥舒翰东出潼关收复陕洛。叛军击败唐军，乘胜攻入潼关，威震长安。唐玄宗和杨国忠等向成都逃去。在马嵬驿（今陕西兴平西），跟随唐玄宗的军队请求唐玄宗杀掉杨国忠，赐死杨玉环。此时，长安被叛军占领。叛军内部也是矛盾重重，为了利益，争夺得你死我活。安禄山被他的儿子安庆绪杀死。

太子李亨率军从马嵬驿北上，在灵武（今宁夏灵武西北）即位，任用李光弼和郭子仪为将，并得到回纥的援助，于至德二年（757）收复长安和洛阳。安庆绪退到邺郡（今河南南阳）。乾元元年（758），唐军攻邺数月不下。乾元二年（759）三月，曾投降唐的史思明再次叛唐，从范阳带兵救邺，打败唐军。史思明杀掉安庆绪，在范阳称帝。同年秋天，占领洛阳。后来史思明被自己的儿子史朝义杀死。宝应元年（762），唐代宗李豫借回纥之兵收复洛阳，叛军的主要将领相继投降唐。宝应二年（763），史朝义自杀。整个安史之乱持续了八年，历三朝，对唐朝的经济产生了极大的冲击，是唐朝历史发展的转折点。从此，唐朝逐渐走上衰落的道路。

安史之乱期间，唐朝为了抵御安禄山和史思明的进攻，把在河西、陇右的军队大批调到前线，造成西北边防的空虚。吐蕃乘机攻占了陇右各州的土地。唐代宗广德元年（763），吐蕃攻陷了长安。不久又退出长安。唐朝陇右十余州处于吐蕃的控制之下。吐蕃在攻取长安的过程中，攻陷了原州、秦州、安乐州和石门等

7关，这些地区从此被吐蕃控制长达80年之久。

吐蕃在占领了长安15天后就撤出长安，退守原州、渭州、会州等地。唐和吐蕃在宁夏地区进行了一系列的战争，各有胜负。到唐德宗时期，对吐蕃采取了以和谈为主的策略。建中四年（783），双方在清水（今甘肃清水）会盟，重新划定唐与吐蕃之间的界线。泾州西至弹筝峡（今甘肃平凉西北泾水口）西口，陇州（今陕西陇县）西至清水县，凤州（今陕西凤县）西至同谷县（今甘肃成县），暨剑南西山、大渡河东，为唐朝边境。吐蕃防守兰州、会州、渭州、原州等地，西至临洮，东到成州及大渡河以西。即大致从今六盘山中段南至陇山南端，然后再向南穿西汉水、白龙江，循岷江上游到大渡河，再循南下。此线之东为唐朝境地，以西为吐蕃统治区域，中间有双方不能侵占的"闲田"。双方约定，黄河以北，从故新泉军，北至大碛，南至贺兰山骆驼岭为界，中间都为闲田，作为双方缓冲地带。但是盟约没有维持多久，吐蕃便毁约进犯唐境，唐分朔方兵屯守邠、宁、庆州，并在险要之地设置烽燧，确保环庆路的安全。吐蕃在宁夏北部攻灵州不下，只好绕过灵州，攻下盐州和夏州，并在灵州西南约50公里的鸣沙屯有大军。唐朝用重兵做后盾，利用20多天的时间筑了盐州城，加强了和吐蕃对峙的实力。吐蕃和唐朝在争夺和对峙中消耗着各自的力量。唐军在剑南、盐州、维州等地重创吐蕃，在原州、夏州、长乐州等地的战斗也取得胜利。元和十四年（819），唐军击溃了包围盐州的吐蕃15万大军，迫使吐蕃走上了和谈的道路。长庆元年（821）九月，吐蕃派出礼部尚书论纳罗到长安和唐举行"长庆会盟"，盟约重新确认清水会盟时划定的守界。到唐大中三年（849）一月，吐蕃发生内乱，宰相论恐热愿将秦州、原州、安乐州和石门关等7关归还唐。同年六月，泾原节度使康季荣接管原州和石门、驿藏、木峡、制胜、六盘、石峡等6关；邠宁节度使张君绪接管萧关；灵武节度使朱叔明接管长乐州，李钦接管安乐州。这样，今宁夏全境就归还唐朝管辖。

同年七月，"三州七关军人百姓，皆河、陇遗黎，数千人见于阙下。上御延喜门抚慰，令其解辫，赐之冠带，共赐绢十五万匹"。

在吐蕃不断进犯唐朝边境和占领原州地区以后，从长安经秦州、原州到敦煌的丝绸之路东段南北两道都受到阻隔，并且河西地区也被吐蕃占领。从长安到西域的道路起先走的是回纥道，《旧唐书·李德裕传》中说："承平时，向西路自河西、陇右出玉门关，迤逦是国家州县，所在皆有重兵。其安西、北庭要兵，便于侧近征发。自艰难已后，河、陇尽陷吐蕃，若通安西、北庭，须取回纥路去。"即从长安向北到天德军（今内蒙古乌加河东岸），经"参天可汗道"到回纥牙帐（在内蒙古鄂尔浑河上游），再沿杭爱山、阿尔泰山的南麓到西域。但是这条道路路途遥远，环境恶劣。直到原州等地复归唐朝，大中年间（847—859）张义潮收复被吐蕃占领的河西走廊地区以后，从长安经河西到西域的传统道路才得以畅通。但从长安经今宁夏境向西道路不再过原州，而是向北经过灵州再向西域，形成一条"灵州—西域道"。

"灵州—西域道"作为丝绸之路的线路，一直使用到北宋初年。这条道路的大致走向是：从长安出发，向西沿着溢河抵达邠州（今陕西彬县），再沿着马岭水（今环江）继续北上，经宁州（今甘肃宁县）、庆州（今甘肃庆城）、方渠（今甘肃环县）到灵州。再从灵州向西进入河西走廊地区，有三条路线：南线由今天的青铜峡渡过黄河，沿着黄河外侧经中卫市到甘肃武威；北线从灵武向北经过今银川市，再向西翻越贺兰山，穿过内蒙古阿拉善左旗到居延海，再向西进入河西走廊地区的肃州（今甘肃酒泉）；中线是从灵武到青铜峡，渡过黄河，进入阿拉善左旗，向西穿越腾格里沙漠到凉州。在这三条路线中，北线主要是用作军事，中线是河西、西域回纥人入贡中原的必经路线，南线则是使臣、商人、僧侣的行经路线。

大中五年（851）沙州张义潮归唐后，他的使节也是绕过凉州到达灵州，再到长安的。《新唐书·回纥传下》中记载："大中十年，宣宗务绥柔荒远，遣使者抵灵州省其酋长，回纥因遣人随使者来京师。"唐宣宗派去安西的使者在灵州与回纥派来的使臣相遇，没有再西行，而是一起回到长安。

中国古代正史和出土文献都记载了经灵州到西域的路线。《新五代史·四夷附录》中记载了后晋天福三年（938）彰武军节度判官高居诲跟随供奉官张匡邺西去于阗册封于阗王李圣天为"大宝于阗王"沿途的见闻。高居诲说：

自灵州过黄河，行三十里，始涉入党项界，曰细腰沙、神点沙。至三公沙，宿月氏都督帐。自此沙行四百余里，至黑堡沙，沙尤广，遂登沙岭。沙岭，党项牙也，其首曰捻崖天子。渡白亭河至凉州，自凉州西行五百里至甘州。甘州，回纥牙也。其南，山百余里，汉小月氏之故地也，有别族号鹿角山沙陀，云朱耶氏之遗族也。自甘州西，始涉碛。碛无水，载水以行。甘州人教晋使者作马蹄木涩，木涩四窍，马蹄亦凿四窍而缀之，驼蹄则包以牦皮乃可行。西北五百里至肃州，渡金河，西百里出天门关，又西百里出玉门关，经吐蕃界……西至瓜州、沙州，二州多中国人，闻晋使者来，其刺史曹元深等郊迎，问使者天子起居。瓜州南十里鸣沙山，云冬夏殷殷有声如雷，云《禹贡》流沙也。又东南十里三危山，云三苗之所窜也。其西，渡都乡河曰阳关。沙州西曰仲云，其牙帐居胡卢碛。云仲云者，小月氏之遗种也，其人勇而好战，瓜、沙之人皆惮之。胡卢碛，汉明帝时征匈奴，屯田于吾卢，盖其地也，地无水而尝寒多雪，每天暖雪消，乃得水。匡邺等西行入仲云界，至大屯城，仲云遣宰相四人、都督三十七人候晋使昔，匡郯等以诏书慰谕之，皆东向拜。自仲云界西，始涉醶碛，无水，掘地得湿沙，人置之胸以止渴。又西，渡陷河，伐柽置水中乃渡，不然则陷。又西，至绀州。绀州，于阗所置也，在沙州西南，云去京师九千五百里矣。又行二日至安军州，遂至于阗。

俄国人钢和泰在中国获得的出土于阗文书《使河西记》中，记载了于阗使臣经甘州（张掖）、凉州（武威）到灵州的行程。被斯坦因盗走的敦煌文书《西天路竟》，记录了五代时期内地僧人前往天竺取经的行程，反映了经灵州的中西交通路线："东京至灵州四千里地。灵州西行二十日至甘州，是汗王。又西行五日至肃州，又西行一日至玉门关……"一时间灵州—西域道成为丝绸之路的重要通道，西域各国的特产和中国内地出产的丝绸、茶叶等成为道路上的重要运送物品。灵州—西域道路沿线都是产马区，当时的各个政权为了加强自己的军事实力，极为重视马匹交易，马匹是灵州—西域道的重要交易商品。这条道路一直延续到北宋太平兴国七年（982）党项首领李继迁反宋以后，才逐渐被阻隔。北宋时期，中国的北方和西方崛起了辽、金、西夏三个少数民族政权。到南宋时期，宋朝到西域的道路被金、西夏阻隔，因而海上丝绸之路逐步兴起。传统的丝绸之路便逐渐失去它原来的贸易主渠道的地位，但继续发挥着作用。从中国内地到西域的丝绸之路的商品特点也发生了转变，马绢贸易、茶马互市成了丝绸之路的一个新的交易类型，并且经历元、明、清三代而不衰。

当时的灵州—西域道还是一条佛教文化传播之路。西去天竺、于阗的中原僧人，东来长安、五台山的西域僧人都频繁地活动在灵州道上。敦煌出土文书S.529《定州开元寺僧归文启》就记载了后唐同光二年（924），定州开元寺僧人归文前往天竺取经途中到达灵州。归文"兼将缘身衣物，买得驼两头，准备西登碛路"，说明经过灵州到西域的道路要穿越戈壁沙漠。文书P.3973《往五台山行记》中记载了一个僧人戊寅年从沙州出发前往五台山，辛卯年十一月回到沙州。有研究者认为在唐末五代时期，有一条从沙州到五台山的佛教传播路线，即经瓜州、肃州、甘州、凉州、灵州，然后向北经过丰州、胜州、朔州、代州、忻州到达五台山。这条道路把印度和五台山两大佛教中心连接了起来。

灵州作为军事重镇和丝绸之路的一个中转站，在历史上发挥了重要的作用。

选自《丝绸之路在宁夏》，标题是编者所加

一段鲜为人知的丝路
——评鲁人勇《塞上丝路》

徐 庄

举世闻名的丝绸之路，经我国西北至中亚、西亚而达欧洲，这是大家知道的。学者们对丝路从长安出发，经甘肃、新疆的中线，介绍得较多，人们对此也比较了解，而对经过宁夏的路线，则很少介绍，即使提到也是一笔带过，语焉不详，以致人们对这段丝路颇为陌生，甚至不知道丝绸之路也从宁夏通过。其实，这段丝路极为重要，在这里发生过许多重要事件和有趣的故事。汉武帝六次出巡都到达丝路重镇原州（今宁夏固原）。这里还出土了堪称中西交通见证的多件珍贵文物，如波斯萨珊王朝的鎏金银壶等。唐太宗李世民则曾经在丝路的另一重镇灵州（今宁夏吴忠市北）会见西北少数民族首领，并题诗勒石立碑。鲁人勇同志所著《塞上丝路》一书，就是用翔实、生动的史料，向读者介绍这一段鲜为人知的丝路的。

学术界把丝绸之路的起点长安到达新疆的这一段称为丝绸之路东段。对东段的走向，一般认为有南、中、北三条路线。南路从长安出发沿渭水西行，于陕、甘边境翻越陇山（南北走向，从宁夏南部延伸到陕、甘边境，今宁夏境内称六盘山，南段称陇山，古代统称陇山），不经过宁夏，不在本书论述的范围。中路从长安出发，沿泾河西北行，经平凉，至宁夏隆德县东北翻越六盘山，大体是今天西兰公路的路线。这条路线大致在元代以后才较多地采用。对这条路线的走向，史料记载较多，较具体，因此也比较清楚，没有什么分歧，本书对此也做了论述，本文不做重点介绍。

问题主要在北路。北路是元代以前丝路东段的主要通道。秦皇、汉武北巡，均走过此道。其走向，一般研究者都笼统地讲，从长安出发，沿泾河西北行（也有说沿渭河西行），越陇山，到达祖厉河，然后渡黄河西行。但这条道到达宁夏境内后，到底如何走向，从何处越过陇山，都没有具体涉及。本书作者翻阅了大量史料，并运用了众多考古发掘的资料，对此进行了考证，提出了较全面的看法。他认为，随着时代的变迁，这条道有不同的走向，最重要的路线有三条：

一是"鸡头道"。其具体走向，大体是从秦的都城咸阳出发（今陕西咸阳市东）或汉都长安出发，经北地郡治所（今甘肃宁县北），上鸡头山（今宁夏泾源县泾河源附近），在今泾源县附近翻越陇山，可到达陇西郡（今甘肃临洮）；或是从咸阳或长安出发，沿渭河西行，经汧县（今陕西陇县）北上，到达鸡头山，也从泾源县附近翻越陇山。秦始皇"巡陇西、北地，出鸡头山，过回中"，大体就是走的这条路线。这条道是秦及汉初采用的。也有一种意见认为，《穆天子传》记载的周穆王西巡经过的"钘山"，即鸡头山。如果是这样，则这条道采用的时期就更早了。

第二条是经过高平（今宁夏固原）越陇山的路线。汉武帝时，析北地郡置安定郡，郡治在高平。武帝还修通了回中道（一说在今陕西陇县西北，鲁人勇同志考证在今甘肃泾川县的西北），可以北通萧关（高平东南），到达高平。据史书记载，汉武帝曾六次到达安定郡。有一次，月氏国王还遣使到安定，向汉武帝进贡珍稀猛兽一头。可见，这时安定郡治所高平已成为汉代西北要塞和丝路重镇了。从此以后，直至隋、唐，平高（即汉高平，为隋、唐时原州治所）都是中原王朝的西北重镇和丝路北道经过之地。因此，这条丝路的走向，在陕西境内和鸡头道大体相同，即从长安出发沿泾河西北行，但进入宁夏后，不再是西越陇山，而是沿陇山东麓经瓦亭（东汉时即有此关，在今固原南约 35 公里处），出萧关，到达高平（或平高）。至于到达高平后，由何处翻越陇山，经作者考证，有数道可以上陇。一从平高西南行，经木峡关（北朝即有此关，唐时为原州七关之一，在今固原红庄附近）翻越陇山；或从平高北行，经石门口（唐代在此设石门关，今宁夏固原西北须弥山寺口子），翻越陇山。而最重要的一条驿道是，从平高向北，经石门关城（唐代石门关关城，在今宁夏固原黄铎堡附近），从陇山北陲的苋麻河谷（今宁夏固原黑城西），翻越陇山，经河池（唐代地名，属会州，今宁夏海原西干盐池）到达会宁县（唐代地名，属会州，今甘肃靖远县）附近渡黄河。这条道比其他道较为平坦。鲁人勇同志翻阅多种史料考证，认为这是丝绸之路东段北道经宁夏的主要路线。

丝路东段北道在宁夏境内除以上两条路线外，还有一条重要驿道，就是在唐末和宋初经常采用的灵州道。唐末，原州一带不时为吐蕃攻占，经过平高的路线不畅通，灵州（今宁夏吴忠西北）就成为丝路的主要通道了。这条道，一般研究者很少提到，经鲁人勇同志考证，其具体路线有几种走向，但最主要的一条是从长安出发，经邠州、庆阳到灵州，渡黄河后，沿河外侧和腾格里沙漠南缘，经平安（今宁夏中宁县境内）到凉州（甘肃武威）。五代时，高居诲出使于阗，就是走的这条道。一份敦煌写本《西天路竟》记述了宋代行勤等 157 名僧众去印度取经，走的也是灵州道。

这样，作者通过《塞上丝路》一书，把丝绸之路东段经过宁夏的四条主要路线（即北道三条路线，中道一条路线）清楚地呈现在我们面前了。

作者在考证这段丝路走向的同时，还记述了发生在这里的有关中西交通的重大事件和有趣的故事，使人读来饶有兴味。例如，北魏时，嚈哒国（今阿富汗北部）或说是波斯（今伊朗）胡王，曾为进贡一头狮子和其他物品，循丝路到达高平，被反抗北魏的少数民族首领万俟丑奴截获，并因此立年号为"神兽"。后来起事失败，这头狮子才被送到北魏首都洛阳。当时的洛阳，"胡商贩客，日奔塞下"，城内建有"四夷馆"，居住各国使节。中西交通，景象繁荣。还建有"白象坊""狮子坊"，似是皇家动物园。这头波斯狮子可能就居住在"狮子坊"内。北魏皇帝还曾几次前去观赏。这一段中西交通史上的逸事，在书中有生动的描写。又如1983年在固原县南郊发掘了一座北周天和四年（569）李贤夫妇的合葬墓。墓主李贤在北魏、北周两朝为官，担任过高平令、原州刺史等职，墓中出土了鎏金银壶、玻璃碗等物，据专家考证，均为波斯萨珊王朝（226—651）时的制品。书中对这些作为中西交通见证的珍贵文物以及它们可能是怎样来到中国的，都做了介绍。再如，回族的形成及宁夏如何成为回族聚居区，与丝绸之路有密切关系。书中介绍了元代时，信仰伊斯兰教的阿拉伯人和中亚各族人，随着元代统治者沿着丝绸之路来到宁夏以及全国，促进了中阿文化交流及回族的形成。其他诸如唐太宗勒石灵州，唐肃宗在灵武登基，北魏至唐在丝路之侧开凿须弥山石窟，五代高居诲出使于阗，宋代高僧王继业、行勤去印度取经，元代皇帝驻跸六盘山并开通丝路东段中路等发生在丝路宁夏段上的大事，书中均做了详细生动的描述，使读者对经过宁夏的这段丝路的走向和重要性，有了更为形象的了解。

原载《西北史地》1989年6期

丝路之道

薛正昌

历史上的丝绸之路，是伴随着地理环境的变化、中原与边地间的战争、宗教形势的变化而变迁的。新的丝绸之路被开通，旧有的丝路便被废弃。丝绸之路长安—凉州北道的衰落，就是因为安史之乱发生后吐蕃与中原的战争。唐代原州（今宁夏固原）陷吐蕃后，致命的打击是中断了丝绸之路东段北道，都城长安通往西域的长安—凉州北道，已失去了昔日中西商贾、使节、僧徒熙攘往来的繁荣景象，经济文化的交流处于中断状态。迂回运动，也是特殊背景下的一种形式。长安—凉州北道受阻，必然要有新的道路取代，这就是途经宁夏北部灵州的长安—灵州道。灵州道自开通以来就是一条朝贡之路、贸易之路、文化之路，在特殊时期承担着特殊使命。丝绸之路灵州道近300年的畅通时间，经历了许许多多重大历史事件，积淀了不少中西文化交融的精粹。

灵州，是宋代初年以前宁夏北部的政治、经济、文化中心，地处黄河东岸，是关中北出塞外的北部重镇，地理位置非常重要，尤其是军事地理位置。灵州西通河西凉州，南向原州（今宁夏固原）通往长安的大道，北通漠北草原丝绸之路，东连太原一线，体现了交通枢纽的作用和军事重镇的位置。战国时齐桓公西征大夏时，可能走的就是经过灵州的这条道。即由山西北境西行，经陕西北部至宁夏渡黄河，过"卑耳山"（贺兰山），经"流沙"，即今贺兰山西北的腾格里沙漠。若此说无误，灵州道的"诞生"或可提前至战国时期。

　　唐代的灵州，是北魏薄骨律镇、隋代灵武郡的延伸。唐代初年的灵州，已置有总管府，公元 624 年改都督府，属关内道，除管有数州县之外，还设有管理突厥、回纥等少数民族的若干个羁縻州。整体上，覆盖宁夏中北部地区。天宝元年，改称为灵州都督府。安史之乱发生后，唐玄宗仓皇离开长安逃往西川，太子李亨北上，途经固原至灵州。公元 756 年 7 月 12 日，李亨在灵州即皇帝位，在灵州城南楼诏告天下，并升灵武郡为灵州大都督府。李亨即位灵武，灵武大都督府兼朔方节度使驻地，是当时黄河中部军政建置最高、管辖范围最大的都督府。灵武大都督府存在的时间虽然不是很长，但对灵州政治地位的提升，丝绸之路灵州道的开通与奠定都起了一定的作用。

　　李亨即位灵州，在特定的历史时期这里成了全国的政治中枢。灵州始终没有陷入吐蕃，这就从地理环境方面为长安—凉州北道的畅通提供了条件；再加上灵州升为大都督府，从政治、经济、文化的方面保证了灵州道的畅通。长安—凉州北道因吐蕃而被隔阻，就是灵州道之所以畅通的见证。

　　通常意义上的灵州道，即指晚唐、五代到宋初这一历史时段以灵州为中心，连接西域与中原朝贡、贸易往来的主要通道。长安—灵州道，是唐代中后期对长安—凉州北道（固原）的取代，也是对长安—凉州北道的延伸，依旧是丝绸贸易之路。尽管其走向发生了变化，但丝绸之路本身所承载的历史使命没有改变。"唐末五代，由于民族战争和政治形势的变化，从灵州经回纥境而入西域的路线便起着沟通东西的作用"，这一时期灵州道的历史意义已经得到了显现。

灵州道与凉州道

　　丝绸之路东段北道的走向是：长安—原州（固原）—会州（甘肃靖远）—凉州。灵州往返于丝绸之路的走向，是沿清水河谷地南下，在原州以北的石门—关界（固原北）入丝绸之路的。《史记·秦本纪》载："秦惠文王后五年，王游至北河。"这里的河即黄河。史念海先生认为，秦惠文王所观的黄河，当在唐代灵州。所走的路线是沿着固原清水河谷地到黄河岸边。据此可见，原州到灵州自古就有一条通道。当吐蕃兵锋直达关中，原州成为吐蕃铁蹄践踏的疆场后，灵州南抵原州后再达凉州的道路自然是阻绝不通。因此，灵州南下原州再往凉州的丝

绸之路的畅通与否，与丝绸之路东段北道的畅通与否可谓唇齿关系。

在宁夏境内的丝绸之路走向，唐以前的和平时期是原州萧关道，宋以后战时是灵州道；萧关道通则灵州道畅，原州失陷则灵州道就受阻。当然，灵州向北与草原道也是相通的，但和平年代走丝绸之路长安—凉州北道，既快捷又基本穿行在绿洲，条件大好于北方草原道。

根据史料和从研究进展看，灵州道的走向应该是两条线：一条是灵州—凉州道，属捷径；一条是灵州—甘州道，走草原丝路。

灵州道怎么走

灵州—凉州道，是凉州畅通时的捷径。灵州—凉州道捷径的走向，古人已有记载。高居诲在他的《使于阗记》里说："自灵州过黄河行三十里，始涉入党项界，曰细腰沙、神点沙。至三公沙宿月氏都督帐。自此沙行四百余里……渡白亭河至凉州，自凉州西行五百里至甘州。"对这条线路，历史学家陈守忠先生做过实地考察，认为自灵州渡过黄河，出贺兰山西北行，经阿拉善左旗折向西南行百余里，即达白亭海至白亭河（今石洋河）；渡白亭海可达凉州。从地图上看是向北绕了一个弯子，实际上这是出贺兰山越腾格里沙漠最好走的一条路。五代、宋初，中原使节、商旅及僧侣往返皆走此道。灵州—凉州道，凉州—灵州—长安，实际上是"安史之乱"前灵州—原州—凉州道的另一种走向。

灵州—甘州道的走向是甘州—居延海（内蒙古额济纳旗）—灵州—长安，大致走向是草原路。唐代大中年间吐蕃据凉州时，使者、商人等皆绕道漠北，循回纥旧路或由甘州北趋居延海，然后南下灵州而至长安。当凉州被吐蕃占据而未复时，往来于丝绸之路的各色人只能是由长安至灵州，再穿越沙碛至额济纳旗，再绕至甘州。当凉州收复后，灵州—凉州道畅通。

无论是灵州—凉州道，还是灵州—甘州道，都是不同历史阶段的产物，总体上我们都称为灵州道。自晚唐灵州道开通，历五代、宋初，灵州道承担着陆上丝绸之路贸易和中西文化交流的主要任务，是北方南下至长安的重要通道，是中西交通的主要干线。据敦煌文书称，曹氏归义军时期，灵州道空前活跃，朔方节度使（灵武节度）担负着朝贡使节的人身和财产安全，并确保灵州丝绸之路畅通无阻的神圣职责。无论是晚唐张氏归义军时期，还是曹氏归义军时期，灵州道都扮演着极为重要的角色，这期间使节、商旅之往来，民族之迁徙、文化之流变，特定的历史背景绘就了一幅幅瀚海与草原并举的丝绸之路的历史画卷，对晚唐、五代与宋初的历史产生过深远影响。

晚唐五代宋初的灵州道，向西可通达西域；向东是通往长安、洛阳与开封的通道。大致走向：由长安北上至邠州（陕西彬县），循马岭河而上经庆州（甘肃庆阳）至朔方节度使治所灵州。自灵州渡过黄河，出贺兰山口（三关口）西行，穿腾格里沙漠，抵今甘肃民勤县，沿白亭河谷南行，渡白亭河至凉州，与河西走廊古丝绸之路会合。

灵州道始末

晚唐、五代至宋初，中原与西域、天竺之间的商贸十分频繁。虽然此时海上丝路也在通行，但主要还是在陆路。陆路的通道灵州是必经之地，因为长安—凉州道受阻后，长安—灵州道有其地域上的联系和绝对优势。自西域和天竺东行的各色人进入河西凉州后，接着沿白亭河流域北行直达甘肃民勤县附近，然后东行至灵州，再由此南折达北宋内地北端的环州（今甘肃环县），再入长安。灵州道的走向，就是上述自然地理条件的折射。五代时期的后晋，曾遣供奉官张匡邺、鄜武军节度判官高居诲等一行赴于阗册封其王李圣天为大宝于阗国王，于公元938 年 12 月自灵州出发，走的就是这条道。高居诲记载了沿途的路线和行踪。

在日本研究者的眼中，经过晚唐、五代的发展，宋初时的灵州，已经成为国际交通都市。作为中转和集散地或交通枢纽，灵州与河西及中原之间有着密切的交通与承载关系。在灵州道上主要的文化交流和蕃汉交易一是来自于北方、西域、天竺、河西等方面的各国朝贡使及其随从；二是天竺僧人及其他西域僧人东来宋朝；三是宋朝西去求佛经者；四是回纥人经灵州往宋朝内地的商贸活动，包括回纥人在灵州的商贸活动；五是灵州周围的蕃部在灵州的马匹交易，宋朝在灵州马市买马运回内地，西凉府六谷蕃部在灵州的马市最为繁忙；六是军事需求，这在灵州同样重要。由此，可见日本人前田正名所说的灵州的国际交通都市的地位非虚。

然而，与宋、辽鼎立的西夏突然控制了已成为国际性的贸易都市灵州之后，切断了北部、西部与灵州方面的往来。灵州道的停滞，对于甘州的商人来说，无疑是丧失了到中国贩卖西域宝货所获取厚利的通道；对于凉州商人来说，则丧失了灵州马市的通道，土特产没有了销路。商贸活动没有了，其他的文化交流与传播更是无从谈起。

西夏占据灵州后，在灵州道上不断劫掠往来商旅及文化使者，北宋与西域的交通随即断绝。从此，由东面子午岭（陕西与甘肃的界山）到西边宁夏六盘山一线都成了宋夏鏖兵的战场。为争夺灵州，宋夏两军在这里的攻防战持续了近百年。

公元 1020 年，夏王李德明迁都兴州。这一年是宋真宗天禧四年。也就是在这一年，宋朝正式诏告西凉府回纥，此后向宋朝的贡奉改由秦州路（今甘肃天水），兴盛了数百年的灵州道完成了它的历史使命。

原载 2009 年 9 月 2 日《新消息报》

古代固原的驿道驿站

佘贵孝

驿道是我国古代的交通大道，是为传车、驿马通行所开辟的大路。沿途设置驿站，专供传递文书的驿传或来往官员途中歇宿换马之用。

固原，是古丝绸之路东段北线上的重要城镇，是西去兰州，东往西安，北抵银川，南去汉中的交通枢纽。《读史方舆纪要》称固原是"左控五原，右带兰会，黄流绕北，崆峒阻南""据八郡之肩背，绾三镇之要膂"的咽喉要地。故驿道开辟较早，早自汉代就置驿站。

一、秦汉时期

1980 年 10 月，固原县中河乡出土了西周早期的奴隶主墓葬及车马坑，殉葬的马匹仅剩骸骨，马车的木质车厢及车轮已经腐朽，但其轮辐尺度、形制仍清晰可辨。用青铜制作的马车部件、马匹饰具完好无损，摇动銮铃，仍能发出清脆的响声。这一考古发现，证明了在西周时固原就已有大车道，供畜力大车驶行。

先秦时，中西交通线也经过固原地区。成书于战国时代的《穆天子传》卷一说："戊寅，天子北征，乃绝漳水……至于𨥉山之下……北循滹沱之阳……乃绝隃之隥……至于焉居禺知之平……"有人认为，穆天子由长安出发，过秦汉时的长水（漳水），历𨥉山（今泾源县东南）、泾水，经过隃（今固原县南部）、焉居（今甘肃武威以东地区），最后抵达中亚的吉尔吉斯。[1]这条路线与汉代的丝绸之路相吻合，

秦始皇于秦王政二十七年（前 220），下令在全国修筑驰道，要求"广五十步，三丈而树，厚筑其外，隐以金锥，树以青松"[2]。同年，"始皇巡陇西，北地，至鸡头山，过回中焉"[3]。其巡行路线：由咸阳向北，至北地郡治所（今甘肃宁县），然后向西，由今鸡头山（泾源县境）越陇（六盘山），抵达陇西郡（今甘肃临洮）。[4]可见，这条驰道经过了固原地区。这里有六盘山横亘，驰道当然不会有"五十步"[5]宽，但起码应能通行"大驾"，以供帝王巡行。

秦末汉初，匈奴从河套地区南渡黄河。西汉前元十四年（前 166），匈奴单于率领 14 万骑兵越过朝那、萧关（均在固原县东南），至彭阳，并派骑兵烧了回中宫。公元前 112 年至前 88 年，汉武帝刘彻曾先后 6 次北出萧关巡视，经六盘山区，猎于新秦中，其随从达数万骑。尤其是首次巡视，发现北地郡所辖"新秦中"千里无亭徼，怒不可遏，下令将北地太守及其下属官员全部处死。这里的"亭"，就是职掌治安、警卫、兼管停留旅客及治理民事的行政机构。亭设亭长，

多以服兵役期满之人充任，十里设一亭，十亭为一乡。可见汉武帝对驿道极为重视。

东汉，直通长安和河西走廊的车马大道仍经过固原。东汉初年，割据天水的隗嚣势力曾占据固原，以高峻为守将。建武八年（32），刘秀决定亲统大军征隗嚣，从雒阳（今河南洛阳）至高平（今固原）。时任凉州（今甘肃武威）牧窦融率河西走廊五郡及羌族、小月氏兵数万，携辎重车 5000 多辆，到高平拜见刘秀。时天水附近 16 县均被隗嚣占据，由兰州沿渭河流域东进之道不能使用，窦融只好取道北线，由今甘肃景泰县东渡黄河，经宁夏海原县抵达固原。此道一次能通过数万军队及 5000 多辆辎重车，无疑是一条宽阔的车马大道。在隗嚣未叛时，窦融驻凉州与朝廷书信往来皆用此驿道，且经高平城。建武六年（30）五月，隗嚣叛汉，窦融不知，十二月派其弟窦发到洛阳送信，途经高平受险，只好返回凉州。窦融只得另派人从"间道"（其他小道）去洛阳。这条大道既然系信使往来所行，说明是一条驿道。沿途驿站，不可能是在东汉初年的战乱年代新设，至少应为西汉中、后期设置。西汉元鼎三年（前 114），汉武帝在交通枢纽高平设置安定郡，也一定会在高平设置驿站，接待中亚商队、国家使节、僧侣、文化人、艺术家以及往来驿传。况且汉武帝先后 6 次到安定郡巡视，且不说汉武帝驻跸歇宿，倒是他极可能要下发谕旨，由驿传递达各地。这样，高平没有驿站是不可能的。

二、魏晋南北朝时期

三国及两晋时期，鲜卑、匈奴、羌、敕勒等族逐水草而牧，清水河流域和六盘山周围的阴湿地区，当然是他们的理想牧场。

十六国时期，前赵、后赵、前秦、后秦、大夏 5 个政权先后占据固原。南北朝时期（420—589），北魏、西魏、北周政权又先后统治固原地区。北魏太延二年（436），置高平镇。正光五年（524），又改高平镇为原州，辖高平、长城（治黄石县，今宁夏彭阳县境）两郡，州治高平城。由此看出，固原地区的军事和行政地位都在提高。

公元 524 年，在"六镇起义"的同时，高平镇人民无法忍受北魏统治者的压迫、剥削，爆发了声势浩大的高平起义。当时，秦州（今甘肃天水）起义军北上攻破高平城，有力地支援了高平起义。而高平起义军的足迹，也在两三年间南至关中的岐州、邠州，北至灵州。这说明南北道路已完全开通，早在东汉灵帝建宁初（168—170），汉护羌校尉段颎镇压羌族起义，率骑兵 5000 人，步兵万人，车 3000 辆，快速从彭阳（今甘肃镇原西）直扑高平，进军灵武谷（今青铜峡境），又折回南战高平，即行军此路。这条道路由镇原经固原，沿清水河河谷，经同心、中宁、鸣沙，越牛首山至灵州（今吴忠附近）。由固原向南，即是丝绸之路古道，经开城，沿蔚茹河河谷之古城、彭阳、城阳，进入甘肃镇原县。向西南，出叠叠沟（即唐木峡关），经西吉偏城、将台、甘肃静宁、庄浪、秦安至秦州。北魏建明元年（530），骠骑大将军尔朱天光由原州进军水洛城（今甘肃庄浪），攻王庆云和万俟道洛；永熙三年（534），宇文泰攻侯莫陈悦，皆走此路。这说明在南北朝时期，以原州为中枢的交通网已四面开通，驿道也相应四通八达。

三、隋、唐、宋、金时期

隋文帝仁寿二年（602），蜀王杨秀镇益州（今四川成都）。朝廷知其怀有异心，为防范生变，特拜原州总管独孤楷为益州总管，"驰传代之"。[6]

唐代，邮驿制度较前更为完备，中央设有驾部，置郎中、员外郎，其职责就是掌管交通及驿传；还有监察御史，也监管驿传之事；凡设节度使之地，都设馆驿巡官四人；县令，也通管驿传；最基层才是驿站的驿丞。这样，从中央到地方，形成了一套完善的邮驿管理机构。

唐代的原州，雄关固镇，是京畿的西北门户。贞观五年（631），朝廷在这里置都督府，督管原、庆、会、宁等7州。广德年间，原州被吐蕃攻取，成为吐蕃南进关中的跳板。大历八年（773），宰相元载在《城原州议》中说："原州当西塞之口，接陇山之固，草肥水甘……其西则监牧故地，皆有长壕巨堑，重复深固……"[7]太和五年（831），宰相牛僧孺在朝议中说，占领原州的吐蕃军，"养马蔚茹川（今清水河），一旦万骑南下，不三日至咸阳桥"[8]。此语明白反映了原州在军事、交通上的重要地位。唐朝廷在原州设有石门、驿藏、制胜、石峡、木靖、六盘、木峡、陇山、瓦亭等关，其中陇山关位于中西交通线上，控扼由原州南入关中的驿道，被列为全国6个上关之一。作为"上关"的条件必须是在京城（关中）四面，如不在京城四面，则应通驿道。木峡关虽不在京城四面，却控制着沿秦长城西越六盘山的古道，又有原州至临洮军（今甘肃岷县）的驿道通过。原州被吐蕃攻取之前，由唐都城向西北有一条四通八达的驿道。它横贯我国西北部，通达当时的西域各国，跨越欧亚两大洲。原州正好处于长安至凉州的东段北道：从长安出发，循泾水至瓦亭关，再循蔚茹水（今清水河）经原州至石门关（唐、宋均设有石门驿），沿苋麻河经贾塪（今属海原县，北宋时设有秋苇驿）、西安州（今属海原县，北宋时设有南牟驿）、干盐池（唐代称"河池"），又经会州、会宁关、乌兰县至凉州。这条驿道在今固原地区境内共385里。唐末五代时，这条驿道全被吐蕃控制，中西交通改用灵州道。

宋驿制度大致因袭唐代，但也有明显变化：一是以军卒代替民役，有马递铺；二是增设了一种日夜兼程的"急递铺""唯军兴以用之"，这是一种特设的军邮。

北宋朝廷在这里设置了军政合一的镇戎军（今固原县城）、德顺军（今隆德县城）、怀德军（今固原县黄锋堡乡）。固原是宋与西夏的交界地带，战事频繁，中央驻镇戎军的军政大臣要及时把西夏军队的活动情况和宋夏的交战情况汇报朝廷，并得到朝廷的指示，这种"马递铺"或"急递铺"的军邮在固原肯定有之。宋仁宗庆历元年（1041）二月，西夏进攻渭州，宋陕西经略副使韩琦得到信息，便疾驰镇戎军调兵遣将，进行阻击，说明军邮在固原确实有之。元符二年（1099），宋收复西夏的南牟会新城建为西安州（今海原县西安乡），便于镇戎军至西安州新辟驿道一条，沿途设有石门、秋苇、南牟3个驿站，长约200里。另外，唐朝设在固原城内的在城驿和瓦亭驿继续保留。

宋之所以在收复西安州后急忙开辟镇戎军至西安州的驿道，主要是从西安州的军事地理位置考虑的。在西安州的正西偏北有座天都山，西夏的第一代皇帝元昊曾在这里营造宫殿，与其宠妃居住，并设有巨大的府库，屯驻重兵，设有监军司，是西夏军事行动的指挥中心。宋人称天都山"介五路间，羌人入寇，必经彼点集，然后议其所向"[9]，所以，只要西夏军在天都山一点集，宋朝便五路报警。宋收复西安州后，对西安州的重视程度是可想而知的。再则，宋朝在陕西营建有四座大型军用仓，其中一座就在西安州，命名为裕边仓，其余三座也在今固原县境，在镇戎军的叫裕国仓，在平夏城（即怀德军）的叫裕财仓，在通峡寨（今固原县七营稍南）的叫裕民仓，储粮达500万石。

宋真宗咸平四年（1001），镇戎军知事李继和言："镇戎军为泾、原、仪、渭北面捍蔽，又为环、庆、原、渭、仪、秦熟户所依，正当回纥、西凉、六谷、咩逋、贼遇、马臧、梁家诸族之路。"[10]进而指出，镇戎军往内地道路有数条，"若自陇山下南去，则由三白堡入仪州制胜关；自瓦亭路南去，则由弹筝峡入渭州安国镇；自青石岭东南去，则由小卢、大卢、潘谷与潘原县。若至潘原，西则入渭州，东则入泾州；若自青石岭东公主泉南去，则由东山寨故彭阳城西，并入原州。"李继和之语，明确地阐述了由陇山下南去，入仪州制胜关道，即由今固原南下，经泾源县（唐制胜关在此）至华亭的通道；自瓦亭路南去，由弹筝峡入渭州道，即由今固原南下至瓦亭折向东南，循泾河河谷经蒿店、安国镇至平凉的大道，自青石岭东南去，由小卢、大卢、潘谷入潘原县路，即由今固原南下至开城南之青石嘴，折向东南，循泾水的两大支流大路河、小路河（即大卢、小卢），均可通至今平凉东四十里铺；自青石岭东公主泉南去，经东山寨、彭阳城入原州的路，即由今青石嘴向南，循蔚茹河河谷，经彭阳、城阳、开边堡至镇原县城（即宋代原州）。三条道路均以镇戎军为起点。

金代，张中彦凿通六盘山路，将六盘山木材运往开封。这条新开的车道，经六盘山西侧向南至水洛城，然后再向东南连接去长安的故道。显然，陕甘大道已

经翻越六盘山，再不经过固原城。

四、元代的站赤

元制站赤者，驿传之译名也。

对于驿站的管理，元代也有一套完善的机构和制度。每个驿站一般都设有驿令、驿丞；再上为提领，管辖站户多者两三千，少者数百。各路总管府在城驿，设专管驿传的官吏 2 人；州县所在的驿站，则设头目 2 人。各州、县官均分管驿传，最上则由通政院或兵部统管。

固原在盛唐以前曾是丝绸之路东段北道的重要城镇。至蒙古汗国和元初，成吉思汗、元宪宗、元世祖三个皇帝在六盘山或避暑，或驻跸。安西王在开城（今固原县开城乡）设立王府后，就废弃固原城，在开城设路、州，置开城路总管府，使金代张中彦开通的六盘山路直通固原县城。形成了由原来的北线经固原行至瓦亭后，即西越六盘山，然后经隆德县及甘肃的会宁、定西至兰州（或西宁）驿道。也使长安至兰州的驿道再不经过固原。当时这条驿道上，固原地区境内设有瓦亭驿和德顺州（今隆德）驿，瓦亭驿站有马 114 匹。[11]

元代还在今彭阳县古城乡境设广安州。按照元代的邮传制度，各路总管府设在城驿，州设驿站。那么，开城路、州、广安州也该有驿站。此外，元代曾在宁夏建行省，作为行省首府（今银川市）不能不通驿道。如果宋代建立的固原至灵州驿道继续存在，那么从固原到灵州也一定有驿站设置。

由于元代曾废止沿渭水西去河西走廊的驿道，将驿马移到经六盘山的驿道使用，且六盘山山高路陡，险阻难行，驿户"昼夜未尝少息，常见铺马不敷"，再加上州县官吏催逼，驿户"鬻产破家、卖及子女"[12]，可见驿户之苦。因为，元代的驿站所担负的任务不仅是"通达边情，布宣号令"[13]，而且各国使臣往来、各级官吏因公差遣要乘驿，王公大臣及其私用货物也要乘驿，甚至僧人也由驿传接送。况且，每当夏季安西王从长安到开城王府避暑时，定有各国使臣、朝廷要员拜见安西王，驿传繁忙的情景更是可想而知了。

五、明清时期

元代，陕西行中书省废弃固原城，而在开城新建城池，设开城路、开城州。明洪武二年（1369），降开城州为县，隶平凉府。因鞑靼、瓦剌诸部大肆南掠，构成对明朝北方边境的严重威胁。景泰元年（1450）五月，明朝为部署平凉一带的防御，重筑故原州城，改称固原。景泰三年，开设固原守御千户所。天顺（1457—1564）中，游牧河套的孛来、毛里孩诸部数度寇掠固原等地，尤其是成化三年（1467）九月，诸部攻破开城县城。明廷闻报大为震动，遂徙开城县治于墙坚池深的固原城，弘治十五年（1502），升开城县为固原州，并在州城内开设三边总制府，寻建为镇，划固原卫、靖虏卫、兰州卫、甘州中护卫归其统辖。固原镇防区辽远，东接环庆，西迄兰州西固城，南八岷、洮河。正德元年（1506），三边总制节制延绥、甘肃、宁夏、固原四大军镇。可见，固原的地位随着防御鞑靼的南下而再趋重要，由一个隶属于平凉府的小县，擢升于节制三边的军事重镇。并且，固原州、镇同时存在，所以，这里既有翻越六盘山的陕甘驿道，又有宁夏镇通往陕西的驿道。在陕甘驿道上，有瓦亭、永宁（在固原县城）、隆城（在隆德县城）三个驿站及瓦亭、隆德、神林三个递运所，这条驿道因是西北地区东部的交通干线，连接关陇，规模大，运输工具又以车为主，明陕西巡抚李汶路过，曾作《甲申防秋有怀》诗道："萧关倚剑又年华，鹿鹿川原走过车。"[14]

　　明代的驿站、递运所本归地方行政，由各布政使司之下的按察司主管，并以民力充役。而宁夏镇、固原镇却由都察院主管，全部用军卒充役，也说明了固原的驿道和驿站的重要程度。

　　清代的固原，除了清初和同治年间多战事外，基本处于和平时期，固原镇的军事作用便逐渐降低，乃至消亡。而固原州的行政地位却相应突出，从普通州升为直隶州即是明证。翻越六盘山的陕甘大道和北通宁夏府的大道仍然经过固原地区。因此，以固原州城为辐射网的驿道有三条："查固原本城名曰永宁驿，额设马十四、夫五名，南距瓦亭驿九十里，北距三营驿七十五里。南路名曰瓦亭驿，额设马四十五匹、夫二十二名半，新增马二十五匹、夫一十二名半，北距永宁驿九十里，东通平凉安国驿五十里，西通隆德隆城驿五十里。北路名曰三营驿，额设马十四、夫三名，南距永宁驿七十三里，西通海城郑旗驿六十里，北通海城李旺驿九十里。"[15]从上述资料可以看出，从固原州城向北，有三营驿、李旺驿等，直通宁夏府。向南，经瓦亭驿，翻越六盘山，到隆城驿，然后入甘肃境。境内驿道上又设有瓦亭、隆德、神林三处递运所。由永宁驿向北经三营驿，折向西到郑旗驿，到海城县的海喇都驿。以上三条驿道共有驿站7个，递运所3个，盐批验所1个（设在固原州城内）。驿夫、驿马数字时有变化。乾隆九年（1744）八月以前，共有驿夫202名，驿马144匹，为维持这些驿站、递运所，每年耗银5498.4两。到了宣统年间，有驿夫190名，驿马330匹，岁支银12523.6两。宣统年间还额设铺司，仅固原州有铺司12处：在城铺、十里铺、二十里铺、三十里铺、四十里铺、平泉铺、鸣阳铺、瓦亭铺、红沙铺、蒿店铺、清桥铺、和尚铺。有夫65名，连同硝河城（今西吉县）、海城（今海原县）、隆德（今隆德县）、化平（今泾源县）等县，共有夫202名，岁支银875.3两。[16]

　　此外，清代还在战时专设军塘，以传递军事机密文书。同治年间，西北回民起义，金积堡成为起义指挥中心。清廷派遣左宗棠率兵镇压，便在固原至金积一线设军塘。

清朝末年，驿传被迅速兴起的邮电事业和现代交通工具取代。光绪十五年（1889），兰州设电报总局。次年，设固原电报局，由固原出北门390里至宁安堡（今中宁县），设报房一处。清光绪三十年（1904），隆德县设邮政代办所，归属汉口邮界，以汉口邮界为中心，组成西安至平凉、隆德至兰州邮路，为西北邮运主干道。光绪三十二年（1906），创设固原州邮政局，开办民间函件邮寄业务，较原驿站方便、经济，深受各界欢迎。中华民国二年（1913），撒瓦亭、永宁、三营、李旺、郑旗、海喇都、隆城等驿站，所负使命由邮局包办，驿传制度方告结束。

注释：

[1] [4]《宁夏交通史》第一章《先秦至南北朝的古道开拓》，宁夏人民出版社1988年版。

[2]《汉书·贾山传》。

[3]《资治通鉴》卷七。

[5] 秦以六尺为一步，一尺约合今0.23米，"广五十步"，是指路宽有300尺，合今69米。

[6]《隋书·独孤楷传》。

[7]《新唐书·元载传》。

[8]《资治通鉴·唐纪六十》。

[9]《宋史·张叔夜传》。

[10]《续资治通鉴长编》卷五〇，真宗咸平四年十二月乙卯条。

[11]《永乐大典》卷一九四二三，至顾元年全国各站赤。

[12]《永乐大典·站赤》卷一九四一七。

[13]《元史·兵四·站赤》。

[14] 万历《固原州志·艺文志》。

[15] 宣统《固原州志·地舆志·驿站》。

[16]《宁夏交通史》第四章。

丝绸之路上的"六盘鸟道"

周佩妮

六盘山区是中华文明多元文化形成的源头之一。早在3万年至2.7万前的旧石器时代晚期，这里就孕育了早期的人类文明，彭阳岭儿沟、刘河旧石器时代遗存的发现，便是见证。新石器时代，六盘山区成为黄河中上游人类活动的重要区域，留下了丰富的文化遗存。以清水河、泾河上游为分布中心，兴盛着一支农牧并重、崇尚简朴、蓝纹素陶、自成体系的原始土著文化，"菜园遗存"是这一文化的典型代表。传说的"三皇五帝"时代，居三皇之首的伏羲氏，被尊崇为中华民族的人文始祖。他通过仰观俯察，了解自然万物，所演八卦进行占卜吉凶，奠定了后世《周易》的思想基础。他的出生地与他的部落活动均在六盘山区。"五帝"之一的帝喾高辛氏，他的部落主要生活在古朝那（今彭阳古城镇）一带，汉代的固原称为高平与之相关。伴随着人类进步的历史，彰显人类文明成果之一的交通道路也随之发展起来。本文就六盘山区丝绸之路开通前的道路发展与丝绸之路上的"六盘鸟道"试做探讨。

一、丝绸之路开通前的道路发展状况

在张骞"凿空"、丝绸之路开通前，六盘山区的道路建设就比较发达，丝路开通后，东段北道的全线贯通是其发达的重要见证。商周之际，牵涉这里道路发展的历史事实就是周人、秦人对戎人的征战和"穆天子西巡"。当时，六盘山区是戎人生活的重要区域，犬戎活动中心就在汉代朝那，即今宁夏彭阳县古城镇。周人和秦人在兴起之时，与戎人进行了长期争夺地盘的战争，周戎之战的古战场主要位于今宁夏泾源县境内六盘山支脉鸡头山与瓦亭一带和彭阳县茹河流域的古朝那（今古城镇）以及高平（今固原）一带。[1]周王朝建立后，周穆王于公元前989年进行了著名的"西巡"活动，行进路线按照著名历史学家岑仲勉先生研究认为：自镐京（今西安）出发，溯泾水，沿彬县、平凉，经过宁夏固原越六盘山，西北行沿河西走廊到张掖，再沿黑河、弱水到达居延海。[2]《穆天子传》卷一记载，"天子北征于犬戎，犬戎胡觞天子于当水之阳"，并将部分戎人迁往"大原"之地。"大原"之地即今固原周围川塬开阔的地带，实际上穆王迫使被征服的犬戎向更远的西北方退居。因为，殷周之际犬戎活动中心就在汉代朝那，即今宁夏彭阳县古城镇。[3]在固原中河孙家庄发现了西周成、康王时期的墓葬，墓主人可能是周王朝设在该区域长期管理戎人的长官，即"死司戎"[4]。春秋战国时，秦人兴起，且与戎人杂居。秦人为了扩展生存空间，与戎人发生了长时间的战争，并在不断征伐戎人的过程中逐步走向强大。秦穆公时，"用由余谋，伐戎王，益国十二，辟地千里，遂霸西戎"[5]。春秋末至战国初，诸戎基本已被秦人征服，至惠文王时，秦人在新占领的戎人土地上设立义渠县（前327）与乌氏县（前324），其中乌氏县在今宁夏南部固原，是固原历史上最早的县级建制。至昭襄王时（前272），秦灭义渠国，"于是秦有陇西、北地、上郡，筑长城以拒胡"[6]。这段长城的建设沿陇西（今甘肃东部）、北地（今甘肃东北部和宁夏东南部）、上郡（今陕西北部）的外围边缘走向，主要是为了防御义渠等西走的戎人部落。戎人完全迁到了秦昭襄王长城以西以北的区域。应该说，这个区域的道路建设随着秦人地域的扩展得到了延伸，从关中通达到了秦昭襄王长城[7]附近的固原。

秦汉时期，六盘山区道路的记载逐渐明晰，并形成了几段著名的交通线路，

如鸡头道、回中道、萧关道、茹河道等，丝路东段北道的雏形萧关道也基本形成。鸡头道的形成，据《史记·秦本纪》记载："始皇二十七年（前220），曾巡陇西、北地、出鸡头山，过回中。"一般认为，秦始皇巡视路线由咸阳向北，至北地郡（今甘肃宁县西北），然后到达陇西郡（今甘肃临洮南），期间出鸡头山（今六盘山脉泾源县境内）。后人就把经过今六盘山脉泾源县境内的这段道路称为鸡头道。回中道的路线，秦文献载之甚简，汉史籍多有记载。"汉文帝十四年（前166），匈奴单于率十四万骑入朝那萧关，杀北地都尉卬，遂至彭阳，使骑兵入烧回中宫，候骑至雍、甘泉。"[8]《汉书·武帝纪》载，元鼎五年（前112），"冬十月，上祠畤，遂逾陇，西登崆峒，于是上北出萧关。"元封四年（前107），"冬十月，上行幸雍，祠五畤，通回中道，遂北出萧关。"表明回中道是自回中宫经由陇山到达萧关。目前学术界较为一致的观点，回中宫大致位于今陕西陇县北峡口河谷地一带，萧关位于宁夏固原东南，从地形地貌看，峡口河谷相当开阔，利于交通，溯流北去，翻越陇山后，经今甘肃华亭，到达今宁夏固原地区。该道在西汉中后期丝路东段北道贯通后，地位与作用下降，史料记载很少，《后汉书·来歙传》记：建武八年（32）来歙率军偷袭略阳"伐山开道，从番须、回中，径至略阳"。衰势可见一斑。

萧关道作为历史上丝绸之路长（安）凉（州）古道北路经过宁夏境内的线路，长达190多公里，因著名关隘衍生而得名，其雏形在丝路开通前业已形成。丝路北线走向从长安临皋（今西安市西北）出发，在咸阳渡渭河，向西北行经醴泉、奉天（今乾县东），沿泾河到邠州治所新平县（今彬县），过长武，到甘肃的泾川、平凉。进入宁夏境内的萧关道，即入弹筝峡（三关口），过瓦亭关、开城、到达原州（固原），沿清水河谷，再向北经三营过石门关（须弥山沟谷）到达海原，或到黑城沿苋麻河过郑旗、贾埫到达海原县城，再向西过西安州、干盐池。然后抵黄河东岸的甘肃靖远，西渡黄河，经景泰县到达河西凉州（武威）。有专家指出，从关中中部的咸阳、长安出发，经宁夏固原的萧关道，到武威的丝绸之路北线，开辟于战国，到汉宣帝地节二年（前68）全线贯通。[9]萧关道的贯通，对六盘山区的交通建设起到了里程碑的作用。不仅为丝绸之路长凉古道北路的全线贯通奠定了基础，且成为新开辟的河西四郡（敦煌、酒泉、张掖、武威）到首都长安的必经之路，是关中通向河西的交通要道。在魏晋南北朝至隋唐前期，由于这条线路距离较短，行走便捷，商贾、贡使、僧侣往来频繁，络绎不绝，是关中通往河西走廊的主干道。

茹河道开辟于何时，史料不见记载，但从历史发展的角度分析，应该在春秋战国时期，到丝路开通前已形成。因为茹河流域是戎人活动的中心区域，当时的战争与长城的修建促成道路的开通，加之考古材料的佐证。近年来的考古材料可以佐证，20 世纪 80 年代以来，在茹河流域彭阳县山谷间的刘塬、交岔、崾岘、古城、沟口、姚河、川口、新集、草庙张街等乡镇和固原彭堡、杨郎等地发现了大量春秋战国时期的青铜文化墓葬，出土了数以万计、区域特色鲜明的各类器物，一般认为，该文化的创造者为戎人。[10] 始见于史料记载的此道为两汉之交时，班彪为躲避关中愈演愈烈的战乱，携家人自长安出发，前往姑藏（今甘肃武威），沿途所见有感而作《北征赋》"朝发轫于长都兮，夕宿瓠谷之玄宫，历云门而反顾，望通天之崇崇，乘陵岗以登降，息郇邠之邑乡。慕公刘之遗德。……登赤须之长坂，入义渠之旧城……指安定以为期……过泥阳而太息，北祖庙之不修，释余马之彭阳兮。……越安定以容与兮，遵长城之漫漫。……登障隧而遥望兮，……吊尉卬于朝那。……隮高平而周览，望山谷之嵯峨。……"该文虽抑郁伤感，却将这条路线完整记述下来，即从长安一路北上，经谷口（今陕西礼泉西北）、云阳（陕西淳化）、旬邑（陕西旬邑北）、泥阳（今甘肃宁县一带）、义渠（甘肃正宁县境）、彭阳（今甘肃镇原东南）、安定（甘肃镇原境内），沿秦长城至朝那（宁夏彭阳县古城镇），到高平（宁夏固原）。

二、"六盘鸟道"的发展史

"六盘鸟道"是对翻越六盘山崎岖险峻一段道路的称呼，这条道路形成于何时，史料记载不详，应该在秦汉时期就有之。在丝绸之路东段北道畅通时，从关中到达河西走廊通常走萧关道越过六盘山，是主干道，但同时翻越六盘山的辅助道路还有鸡头道与瓦亭道。鸡头道主要是从平凉由崆峒山东峡入泾源，穿制胜关西出六盘山，抵达陇西郡；瓦亭道是沿萧关古道北上至瓦亭，然后到六盘山下，再沿山上小道翻越六盘山，西至隆德、静宁、定西、榆中到兰州。

隋唐时期，突厥、吐蕃等北方少数民族不断进犯，唐代前期原州（今宁夏固原）成为重灾区，萧关道成为突厥进犯的主要通道，六盘鸟道也是犯边的道路之一。唐王朝为了有效抗击吐蕃的大力进犯，曾在原州设七关，置官屯兵、以守其险，其中六盘关就设在六盘山脚下，以扼六盘古道。后来，吐蕃占领并控制了六盘山区，原州内迁。唐蕃双方通过盟约，划定了边界，其中六盘山区"泾州西至弹筝峡西口（三关口）"为唐北界，吐蕃的实际控制线向东推到了六盘山、陇山一线，此时六盘鸟道得到了发展。宋代，六盘山区成为宋夏交战争夺的主要地区，军事防御实力加强，在六盘山东西设置了德顺军（治所在今宁夏隆德）与镇戎军（治所在今宁夏固原），两军形成掎角之势，互为拱卫，此时的六盘鸟道应该依据形势的需要得以拓展。

蒙元时期，"六盘鸟道"最终形成并畅通，成为丝绸之路翻越六盘山的主干道。在蒙元政权早期，成吉思汗、蒙哥、忽必烈三位最高统治者驻跸六盘山，对这里进行经营。《元史》记载：成吉思汗"二十二年丁亥春，帝留兵攻夏主城，自率师渡河，攻积石州。二月，破临洮府。三月，破洮、河、西宁三州（原文为二州）。夏四月，帝次龙（隆）德，拔德顺州，德顺节度使爱申、进士马肩龙死焉。五月，遣唐庆等使金。闰月，避暑六盘山"[11]。即于 1227 年 4 月亲率大军攻占金之德顺州（今宁夏隆德县），然后建立六盘山行宫，"即山避暑"，并殒命行宫。之后，蒙哥、忽必烈等相继驻跸。据《元史》记载：宪宗蒙哥曾"屯六盘山，控制秦陇，为伐蜀之计"。蒙哥汗率军进攻四川时，"由东胜渡河，夏四月，驻跸六盘山，诸郡县守令来觐，秋七月，留出卑可敦及辎重于六盘山，率兵由宝鸡攻重贵山"[12]。同时，让浑都海率二万精骑驻守六盘。不久，出卑可敦病死于六盘。[13]《元朝名臣事略》载："先帝征蜀，尝留大将浑都海以骑兵四万屯驻六盘，及征南诸军尚散处秦、蜀。"[14] 蒙哥汗在进攻四川的途中亡后，其麾下大将哈剌不花率领大军撤回六盘山营地。六盘山还是忽必烈屯驻避暑、议事决策、重点经营的地区。他在远征云南班师回归后，"夏五月庚子，驻六盘山"。后来，属下大将乌兰哈达率兵自云南返回时也屯驻六盘。忽必烈与阿里不哥争夺汗位时，廉希宪对蒙古官八春讲："六盘兵精，勿与争锋，但张声势，使不得东，则大事济矣。"[15] 忽必烈另一谋臣赵良弼讲："浑都海屯军六盘，士马精强，咸思北归。"[16] 忽必烈还在这里迎请藏传佛教高僧一呈，会见了后来被尊为国师的八思巴，并请求八思巴给他们夫妇传授萨迦派的喜金刚灌顶，与八思巴结成了亲密关系。忽必烈正式建国号大元后，于至元九年封三子忙哥剌为安西王，驻守六盘山。"至元九年十月封安西王，赐螭纽金印，以京兆路为分地，驻于六盘山"。至元十年，册立皇太子，"诏安西王益封秦王，别赐兽纽金印，其府在长安者曰安西，在六盘者为开城，皆听为宫邸"。"至元十年，皇子安西王分治秦蜀，遂立开城府，仍视上都，号为上路"[17]。他一藩二印，两府并立，冬夏分驻，冬居京兆，夏徙六盘，岁以为常。"至元十四年，加镇国上将军、安西王相。王府冬居京兆，夏徙六盘山，岁以为常。王既北伐，六盘守者构乱，炳自京兆率兵往捕，甫及再旬，元恶授首。"[18]《蒙兀儿史记》卷七十六《安西王忙哥剌》："六盘隆秦陇之吭，俯瞰全蜀。成吉思汗晚年征西夏，尝置老营，即山避暑。蒙哥汗车驾入蜀，亦留出卑可敦及辎重于山上，命大将浑都海领重兵戍之，固王师后路。乃是忙哥剌以忽必烈汗爱子开藩于此，为西土重镇焉。"可见，六盘山区得到快速发展。从六盘山行宫到安西王开城府的设立，不仅对于元代攻金伐宋、统一中国发挥了重要的政治军事作用，而且也为丝绸之路宁夏段晚期的畅通提供了政治保障，拓展与确保了"六盘鸟道"的通畅，形成了长安至兰州的一条便捷大道。自成吉思汗攻占德顺州（今隆德县）翻越六盘山在开城建立避暑行宫开始，六盘鸟道就成为蒙古大军通行的道路了，同时，丝绸之路翻越六盘山不再以绕行固原的萧关道为主，而是使用翻越六盘鸟道的捷径，形成长安—平凉—六盘山—隆德—静宁—兰州的道路，比原萧关道节省里程近 200 公里。"六盘鸟道"遂成为元代以后丝路东段北道翻越六盘山的必经之路。这条道路的拓展开通，便利了关陇地区的交通，意义重大。

明清之时，"六盘鸟道"虽然成为通行的大道，但是由于其特殊的地理位置，道路艰险难行仍闻名天下，成为清代固原八景之一。《宣统固原州志》在六盘鸟道图说中说："六盘……而山雨欲来，必先作云；即晴亦多雾，是以轮声鞭影，从云雾中出，亦风尘景色也。谓为鸟道，识奇耳。"诸多仁人志士经过时留下了喟叹，清代西北史地之学的奠基人祁韵士在 1805 年谪贬伊犁时将旅行见闻著成《万里行程记》，其中有一段过六盘山的记述："余晨兴到此，微雨初零，土人以泥滑阻余莫前，仆者恃其勇不听，遂登。路曲折陡峻如壁，盘磴而上，愈上愈高，始犹土石相错，虽泞尚可行。至山半，俗称猫儿坪，有帝君庙，甚巍焕。新凿之路，皆土覆石上，遇雨淖甚，已而雨愈大，泥益深，胶粘阻辄，色紫黑，雨忽变为雪，济之以风，烈甚。仆马阻峻坂下，屡起屡仆，寸步不能前。余乃舍车而骑，鼓勇直上，雪花大如掌，……身在风雪中，若腾云雾而起，……望山巅有旧驿亭，驰往避。及下马入，亭朽，……乃复乘马陡下千丈坡，踏冰雪凿凿有声。迤逦至杨家店，路稍平，……回视山头，皆白气缭绕，不复辨。计此程五十里，上山下山只二十里耳，而仓皇狼狈，一至于此。"雨雪天山路难行可见一斑。清代将领方士淦于 1828 年从伊犁返回西安时路过六盘山，他的《东归日记》中记载简略，一天行程即过六盘山、瓦亭、峡口，住蒿店山下。1842 年，林则徐贬谪新疆经过六盘山，他的《荷戈纪程》记述："丙寅，晴，……其时朝曦未出，西风忽来，寒如冬令，……山峻路曲，盘旋而上，五里始至半山，曰庙儿坪，……又旋行而上，其沙土皆紫色，……五里至山巅，……顶上有兵房数椽，问其兵数，人三，成众而已。阅鹤皋（祁韵士）先生日记，过此遇雨，狼狈万状。此次幸大晴。"清末变法志士谭嗣同在《六盘山转饷谣》中记叙了一个雨雪交加的日子，自己在六盘山道上看见的一幅凄惨的雪地运粮图景："马足蹩，车轴折，人蹉跌，山岌嶪，朔雁一声天雨雪。"形象地描摹了运输粮饷的士卒和民夫的艰难、辛苦以及六盘鸟道的坎坷、崎岖与难行。《宣统固原州志》载清末湖南湘乡人金希声咏六盘鸟道："虎牙龙脊自嶙峋，绝巘排空扼陇秦。堑道崎岖通一线，征车迢递转双轮。云封远隔蚕丛月，风劲横飞马足尘。汉史络盘搜旧迹，东冲锁钥镇兰岷。"至现代，毛泽东的一首《清平乐·六盘山》，气势磅礴，"不到长城非好汉"，豪情万丈，当属留在六盘鸟道上的千古绝唱。

原载《宁夏师范学院学报》2010 年第 4 期

注释：

[1] 林梅村：《汉唐西域与中国文明》，北京：文物出版社，1998：第16～22页。

[2] 李崇新：《〈穆天子传〉西行路线研究》，《西北史地》，1995，（2）：第41～52页。

[3] 林梅村：《汉唐西域与中国文明》，北京：文物出版社，1998：第20～21页。

[4] 韩孔乐等：《宁夏固原县西周墓清理简报》，《考古》，1983，（1）；段连勤：《北狄族与中山国》，南宁：广西师范大学出版社，2007：第6～9页。

[5]《史记·秦本纪》。

[6][8]《史记·匈奴列传》。

[7] 公元前272年，秦昭襄王灭义渠国，沿陇西（今甘肃东部）、北地（今甘肃东北部和宁夏东南部）上郡（今陕西北部）的外围边缘筑长城以拒胡，主要为了抵御义渠等西部的戎族，史称"秦昭襄王长城"，其西距固原城15里。总体走向西起今甘肃临洮县，经渭源至陇西县，再经通渭至静宁县进入宁夏（固原市）西吉县境，越陇山（今六盘山）山脉入原州区境，绕固原城西北过清水河斜向东南，入彭阳县境，再东北行进入甘肃镇原，过环县，进入陕北。

[9] 李健超：《丝绸之路之陕西、甘肃中东部线路的形成与发展》，《丝绸之路》，2009，（6）：第3～32页。

[10] 马建军：《二十世纪固原文物考古发现与研究》，银川：宁夏人民出版社，2004：第30～36页。

[11]《元史·太祖纪》。

[12]《元史·宪宗纪》。

[13]《元史·后妃表》。

[14] 苏天爵：《元朝名臣事略》（卷七）平章廉文正王，北京：中华书局，1996。

[15]《元史·廉希宪传》。

[16]《元史·赵良弼传》。

[17]《元史·地理志》。

[18]《元史·赵炳传》。

丝绸之路上的萧关道

马建军

丝绸之路的"沙漠绿洲路"是指从长安（今西安）出发，经甘肃、宁夏、青海、新疆，过中亚、西亚，到达地中海沿岸各国与非洲北部的陆上通道，是人类历史上最重要的线路之一。其基本走向形成于两汉时期，全程分东、中、西三段，东段从长安到玉门关或阳关，中段在今天的新疆境内，新疆以西为西段。东段长安到凉州（今甘肃武威）称长凉古道，这条路线有南、中、北三条道路可以通行，并形成了许多著名的古道，诸如陇关道、萧关道、回中道等。其中萧关道是经过今宁夏固原境内的一段驰名线路，因萧关而得名。战国、秦汉以来，尤其是丝路开通后，成为关中通往北方与河西的政治、经济、军事、文化要道，在中西、南北文化交流，商业贸易往来，民族迁徙融合等诸多方面发挥了极其重要的作用，致使古往今来的文人墨客洒下了满怀情愫。

一、萧关道的形成

萧关，位于今宁夏固原境内三关口峡谷之瓦亭，历史上是关中的北塞，高诱在《战国策·秦策》注中引徐广说：关中"东函谷、南武关、西散关、北萧关"，以四塞为固，称为关中。明人张自烈《正字通》记："今陕西，东有函谷关，南有峣关、武关，西有散关，北有萧关，居四关之中，故曰关中。"也是丝绸之路东段北道上的著名关隘，因此衍生出了萧关道。萧关道作为历史上丝绸之路长凉古道北路经过宁夏境内的线路，长达190多公里。北路从长安临皋（今西安市西北）出发，在咸阳渡渭河，向西北行经醴泉（今礼泉县）、奉天（今乾县东），沿泾河到邠州治所新平县（今彬县），过长武，到甘肃的泾川、平凉。进入宁夏境内的萧关道，即入弹筝峡（三关口），过瓦亭关、开城、到达原州（固原），沿清水河谷，再向北经三营过石门关（须弥山沟谷）到达海原，或到黑城沿苋麻河过郑旗、贾塙到达海原县城，再向西过西安州、干盐池，然后抵黄河东岸的甘肃靖远，西渡黄河，经景泰县到达河西凉州（武威）。在魏晋南北朝至隋唐前期，由于这条线路距离较短，行走便捷，商贾、贡使、僧侣往来频繁，络绎不绝，是关中通往河西走廊的主干道。另外，还有经过今泾源县过六盘山的鸡头道和经过今彭阳县到固原的茹河道作为萧关道的辅助线路。

萧关道的开辟始于商周之际。商末，周人用兵西土扩展势力，对戎人进行征战，成为此道开通的肇始。有专家依据甲骨文"小臣墙刻辞"与"多友鼎"的记述结合文献史料考证后指出，周戎之战的古战场主要位于今宁夏泾源县境内六盘山支脉鸡头山与瓦亭一带和彭阳县茹河流域的古朝那（今古城镇）以及高平（今固原）一带。[1]

周王朝建立后，公元前993年十月，周穆王驾八骏之乘，率六师之人，历一年零八个多月进行了著名的"穆天子西巡"，行进路线经过了萧关道。著名历史学家岑仲勉先生研究认为：穆王西行的路线自镐京（今西安）出发，溯泾水，沿彬县、平凉，经过宁夏固原越六盘山，西北行沿河西走廊到张掖，再沿黑河、弱水到达居延海。[2]《穆天子传》卷一记载："天子北征于犬戎，犬戎胡觞天子于当水之阳。"并将部分戎人迁往"大原"之地，"大原"之地即今固原周围川塬开阔的地带，实际上穆王迫使被征服的犬戎向更远的西北方退居。因为，殷周之际犬戎活动中心就在汉代朝那，即今宁夏彭阳县古城乡。[3]近年来的考古材料可以佐证，20世纪80年代以来，在彭阳县山谷间的刘塬、交岔、崾岘、古城、沟口、姚河、川口、新集、草庙张街等乡镇和固原彭堡、杨郎等地发现了大量春秋战国时期的青铜文化墓葬，出土了数以万计、区域特色鲜明的各类器物，一般认为，该文化的创造者为戎人。[4]在固原中河孙家庄发现的西周成、康王时期的墓葬，墓主人可能是周王朝设在该区域长期管理戎人的长官，即"死司戎"[5]。

　　春秋战国时，秦人兴起，且与戎人杂居。东周平王时，封秦襄公为诸侯，赐之岐以西之地，曰："'戎无道，侵夺我岐、丰之地，秦能攻逐戎，即有其地。'襄公于是始国。"[6]自此秦人为了扩展生存空间，与戎人发生了长时间的战争，并在不断征伐戎人的过程中逐步走向强大。秦穆公时，"用由余谋，伐戎王，益国十二，辟地千里，遂霸西戎"[7]。春秋末至战国初，诸戎基本已被秦人征服，至惠文王时，秦人在新占领的戎人土地上设立义渠县（前327）与乌氏县（前324），其中乌氏县在今宁夏南部固原，是固原历史上最早的县级建制。至昭襄王时（前272），秦灭义渠国，"于是秦有陇西、北地、上郡，筑长城以拒胡"[8]。这段长城的建设沿陇西（今甘肃东部）、北地（今甘肃东北部和宁夏东南部）上郡（今陕西北部）的外围边缘走向，主要是为了防御义渠等西走的戎人部落。戎人完全迁到了秦昭襄王长城以西以北的区域。萧关道也随着秦人地域的扩展得到了延伸，通达了秦昭襄王长城[9]附近的固原。近年来在该长城之西开阔地带发掘了春秋末至战国晚期的于家庄墓地和杨郎墓地，发掘墓葬80多座，出土了近5000件各类质地的器物，一般认为是戎人文化的典型代表，[10]也实证了当时这里是戎人的生活区域。

　　秦汉时期，萧关道的记载逐渐明晰，据《史记·秦本纪》记载："始皇二十七年（前220），曾巡陇西、北地，出鸡头山，过回中。"西汉初，北方匈奴势力日渐强大，"汉文帝十四年（前166），匈奴单于率十四万骑入朝那萧关，杀北地都尉卬，遂至彭阳，使骑兵入烧回中宫"[11]。兵锋直达关中，京城长安震惊，成为汉初振聋发聩的事件，匈奴大军正是由清水河谷的萧关道进入。汉武帝时，随着国力的逐步强盛，抗击匈奴取得了初步胜利，于元鼎三年（前114）以北地郡西北部析置安定郡，郡治高平（即今固原城）。安定郡的设置，奠定了萧关道的历史地位，使其成为抗击匈奴向西北运兵的重要通道。且汉武帝六次途经萧关道巡视安定郡，《汉书·武帝纪》做了记载：元鼎五年（前112），"冬十月，上祠五畤，遂逾陇，西登崆峒，于是上北出萧关。"元封四年（前107），"冬十月，上行幸雍，祠五畤，通回中道，遂北出萧关。"师古曰："回中在安定高平，有险阻，萧关在其北，此盖自回中道以出萧关。"太初元年（前104），"秋，八月，上行幸安定。"太始四年（前93），"十二月，上行幸雍，祠五畤，西至安定、北地。"征和三年（前90），"春，正月，行幸雍，至安定、北地。"后元元年（前88），"春，正月，行幸甘泉，郊泰畤，遂幸安定。"从公元前112年到公元前88年先后6次到达安定郡，不仅巡视边陲，检阅军队，向匈奴炫耀军威，显示威力，且对安定郡的交通创造了有利条件，修通了长安到达安定郡的回中道和萧关道，对六盘山区的交通建设起到了里程碑的作用。萧关道业已形成，为丝绸之路长（安）凉（州）古道北路的基本贯通奠定了基础，且成为新开辟的河西四郡（敦煌、酒泉、张掖、武威）到首都长安的必经之路，是关中通向河西的交通要道。《居延新简》破城子 E·P·T59·582 号简，对汉代经过萧关道的国家驿道线路记载详细清楚，其中一段为萧关道，即"月氏至乌氏五十里，乌氏至泾阳五十里，泾阳至平林置六十里，平林置至高平八十里"[12]。有专家指出：从关中中部的咸阳、长安出发，经宁夏固原的萧关道，到武威的丝绸之路北线，开辟于战国，到汉宣帝地节二年（前68）全线贯通。[13]

二、萧关道上的中西文化交流

萧关道在开拓与形成的过程中，不仅有周人、秦人、戎人等各部族的互融，而且各部族间的文化交流随之展开，加之其处在周人与秦人拓展疆土的西部边缘，中西文化交流随即发生。当时，有些戎人的部落名称和居住之地明显带有西域胡风，其中"犬戎"来自先秦文献中大夏即隋唐间吐火罗语中的"狗"，"义渠"来自吐火罗语中的"马"。犬戎活动中心朝那之地，朝那一词是吐火罗语楼兰方言"犬"的汉语音译。还有"薄落谷"即今宁夏清水河发源地，"薄落"来自吐火罗人对"水"的称谓。先秦时期还有一种西域之舞流行中原，名曰"株离之舞"，实乃"朝那之舞"。《左传·襄公十四年》记戎人之言："我诸戎饮食衣服不与华同，贽币不通，言语不达。"凡此表明，犬戎所居中心朝那之地即今宁夏固原附近还曾是先秦时期吐火罗人的一个活动中心。[14]从考古材料看，中国北方系青铜器带有管銎的斧等器型受到伊朗高原公元前2300年至前2100年普遍流行的管銎啄影响而形成的。北方系青铜短剑和周初流行的柳叶形青铜剑受到西亚青铜文化的影响，并经伊朗高原传播到中亚、南西伯利亚和蒙古高原。出现时间约在公元前3100年至前2900年，是当时普遍使用的短兵器。[15]宁夏固原地区近年来出土了众多含有该文化因素的器物，充分说明了早期文化交流的存在，实证了"中西文化与西域文化的最初接触应该就在这一个地区"[16]。

萧关道在汉代开通以后，不仅是丝绸之路上非常重要的一段线路，而且是中西文化交流的通道，诸多中西文化交流的事实就发生在这里，而且兴起了中西亚文明之风。大量的考古材料就是见证，固原九龙山的汉墓中，出土的金饰件，上下两边做成由小圆圈组成的阳文几何图案，中间用弧线与小圆圈做成桃形图案，镶有红绿相间的松石,制作工艺精巧,采用了西亚金属加工的锤揲工艺。[17]魏晋南北朝时期,宁夏固原称原州,是著名的北方重镇之一,被视为"国之藩屏"。北周时,原州设置总管府,并成为北周政权的"霸业所基"。萧关道作为丝绸之路东段北道的咽喉孔道,把我国北方地区与地中海、伊朗高原、中亚、蒙古高原、朝鲜半岛、日本海岛紧密联系起来,成为贡使、商贾、僧侣频繁往来的要道,同时也是中西文化交流最繁忙的道路之一。

北朝丝路遗存大量发现,其中北魏时期的典型墓葬5座,分别为固原北魏漆棺画墓、彭阳县新集北魏墓、固原三营镇和寨科乡北魏墓。[18]北周时期的大型墓葬3座,分属于李贤、田弘、宇文猛三位高官,还有一些小型墓葬。[19]从中出土的漆棺画、戎装甲胄、佩刀、金银玻璃器、萨珊金银币等遗物,既显现出了诸多民族的文化因素,又见证了中西文化交流的事实。一是鲜卑族的文化风格。鲜卑族的乞伏部和秃发部在十六国时期分别建立了西秦与南凉政权。后来,拓跋部建立北魏政权,北魏政权分裂为东、西魏后,鲜卑宇文部的势力得到发展,取西魏而代之,建立了北周政权。这些政权统治范围覆盖了萧关道。北朝时期的墓葬中出土了数以千计的文物,部分具有明显的鲜卑民族风格。北魏墓出土的漆棺,其形状前高宽、后低窄,与内蒙古鲜卑墓葬出土的棺木形状相同。漆画内容和风格笼罩着浓厚的鲜卑色彩。漆棺前档画面内容为墓主人生前饮宴图,屋内男子,一派鲜卑贵族的装束。棺木侧档上的孝悌故事画,也保留了夹领小袖的鲜卑人服饰。但棺盖画面则是褒衣博带式的服饰,这种胡、汉杂混现象,体现了中国北方草原文化和中原文化初步融合的时代气息。还有三营和寨科北魏墓出土的嵌石金耳环、金项圈具有鲜明的北方游牧民族器物的风格。依据出土墓志,北魏充、岐、泾三州刺史贠标,北周权臣柱国大将军、原州刺史李贤,也可能是鲜卑人。二是嚈哒人的文化风格。5至6世纪时,嚈哒是中亚的游牧大国,活动在阿姆河和锡尔河流域的索格底亚那及巴克特利亚一带。5世纪70年代,消灭贵霜王朝,与萨珊王朝抗衡。领有康居、粟特、大夏、吐火罗、富楼沙等地,控制着中国通往西方的国际通道。嚈哒与北魏通好,往来频繁,从5世纪中叶到6世纪中叶,嚈哒派使臣向北魏朝贡近30次之多。[20]北魏漆棺画前档宴饮图墓主人饮酒时的坐姿,具有明显的中亚风格,主人着鲜卑装、脚掌相对而坐于榻上,右手执耳杯,小指跷起,左手握尘尾,表现出一派嚈哒人的作风。漆棺画绘制于孝文帝太和年间,此时正值嚈哒强盛时期。[21]孝昌三年(527),波斯嚈哒使者向北魏进献雄狮,路过萧关道上的重镇高平(今固原),恰逢高平起义,雄狮被起义首领万俟丑奴劫留,并因此改其政权年号为"神兽"。这事件说明固原与嚈哒有联系,漆棺画出现嚈哒人的风格就不难理解了。但也有专家指出,图中的宴饮场面表现的是中亚、西亚地区萨珊贵族的宴饮风俗,脚掌相对的坐姿是中亚地区的流行姿势，并保持了很长时间。还出土有表面饰有中亚胡腾舞的绿釉扁壶。三是波斯萨珊王朝的文化风格。出土的器物中，有诸多文物是来自波斯萨珊王朝的舶来品。漆棺画中的装饰纹样忍冬纹和联珠纹是来自于波斯或受波斯影响的纹样。银耳杯是由萨珊式舟形杯改造而成，舟形杯是萨珊王朝上层贵族宴饮时的常用品。北周李贤夫妇墓中有四件器物是来自中西亚的。第一件是鎏金银壶，壶把上端铸造有一位高鼻深目、头戴软冠的胡人头像，这个形象与波斯萨珊人形象不同，属中亚巴克特利亚人。腹部图像所展现的内容虽然来自古希腊神话传说，其上的联珠纹装饰也流行于萨珊王朝时期，但这是一件具有萨珊风格的中亚巴克特利亚制品，是希腊对该地区影响的产物。第二件是凸钉玻璃碗，是典型的萨珊朝制品，其上凸起的凹球面装饰，在帕提亚、萨珊时期的伊朗高原上一度很流行。类似的玻璃器皿在伊朗高原、我国的楼兰等地、朝鲜的庆州、日本的福冈等处均有发现，但是这件纪年明确，对确定同类制品的年代具有标尺作用。第三件是镶宝石金戒指，戒面蓝色宝石裸体人物微雕，其母题来自萨珊，它的原产地是萨珊或中亚某地。第四件是银装铁刀，在刀鞘一侧上下纵装有一双附耳，耳上有凸圆钉，先固定在较细较短的刀带上，再将刀带系在腰带上，使刀斜悬于腰带之下。这种佩系方法约在6世纪传到我国，并逐步取代传统的璏式佩系法，成为中国刀剑佩系的主要方法。后又经过中国传入日本。[22]另外，彭阳新集北魏墓、固原北周李贤、宇文猛、田弘等墓中出土的具装甲骑俑和武士俑、吹奏乐俑的伎乐壁画，均反映出来自波斯文化风格的影响。四是外来的金银币。北魏漆棺画墓中出土萨珊卑路斯银币一枚，北周田弘墓中出土的东罗马金币5枚，一座墓中出土如此众多的金币，在中国尚属首例。萨珊卑路斯（459—484）银币：直径为2.7厘米，重3.5克。正面有联珠纹组成的边框，中为萨珊王卑路斯的侧面头像，在头像前部有自下向上用古波斯帕勒维文（又译钵罗婆文）草写而成的半周铭文，一般译作主上、卑路斯、王。银币背面中央为拜火教祭坛，祭坛两边有两个面对的祭司，左侧祭司背后有一行帕勒维文铭文，是铸币地点的缩写，为阿巴尔沙尔，是萨珊东部呼罗珊省的四府之一，在今伊朗东北境的尼沙普尔。右侧祭司后有铸币年代。田弘墓中的5枚东罗马金币[23]：分别为利奥一世（Leo I, the thracian, 457—474年在位）、查士丁一世（Justin I, 518—527年在位）、查士丁尼一世摄政期（Justinian I, the Great, Co‐regent, 527）的查士丁‐查士丁尼金币两枚、查士丁尼一世大帝期（Justinian I, the Great, 527—565年在位）。利奥一世、查士丁尼一世大帝期的金币属首次在我国出土。

隋唐时期，萧关道时盛时衰，后期随着突厥和吐蕃的侵扰与占领，道路的畅通一度受到了影响，但是文化交流仍在继续延伸，是诸多少数民族和外国侨民频繁活动、徙入居住的重要通道。诸多中亚粟特人墓葬群[24]以及其他墓葬的发现，[25]是宁夏隋唐考古最有影响的成果之一，令学术界和考古界耳目一新。出土的一批珍贵的文物，尤其是中西文化交流的遗物，如罗马金币、萨珊银币、金覆面、蓝宝石印章等，对研究中西文化交流提供了极为重要的实物资料。出土的大量壁画，对研究当时的社会生活状况有极高的价值。出土的墓志，具有极高的史料价值。其中记载墓葬的主人史氏属中亚粟特侨民，即"昭武九姓"之一的史姓，为研究史系家族在中国的生活状况提供了极其可贵的史料。还出土了六具白种人骨架，显现出了浓厚的中、西亚文化风格。出土镶有宝石的金戒指据认为是中亚、西亚传入的；蓝色宝石印章，一面抛光、一面中央雕刻卧狮与生命树，四边有一周铭文。在蓝色宝石上雕刻图案的做法，流行于传入中国的西方文物，其上的铭文属古波斯的帕勒维文，[26]是萨珊王朝的一种祈祷文。也有学者认为铭文是中古波斯文。[27]墓中石门门额刻有联珠纹，内填怪兽，联珠纹是起源于萨珊，在中亚地区流行后渐传入我国的，在我国流行的时间有限，初唐以后即衰落。金覆面、兽面金饰、动物纹圆形金饰等器物均表现出了西亚、中亚风格。覆面的葬俗与波斯和中亚的覆面习俗有着千丝万缕的联系，其中额饰上半月形间托一圆形，圆形或表示太阳，与西亚、中亚崇拜日月的习俗有关。还出土了六枚波斯银币和东罗马金币，东罗马金币及其仿制品的流入，说明萧关道上商业贸易的发达与中外交往频繁。墓中发现口含金币的葬俗与中亚地区有着密切联系。口含金币的埋葬习俗与古希腊神话有着联系，传说人去世后要到遥远的地狱世界，灵魂要由赫尔墨斯领至冥界的门口，再由卡戎用渡船运过斯蒂克斯河，人们要付给卡戎摆渡钱，而希腊人把这种钱置于死者的口中，后来罗马人沿袭了这一习俗。20世纪后半期在中亚地区发掘的从公元1世纪至8世纪的许多墓葬中，都见到有死者口含或手握金银币的现象，而在古希腊墓中发现含币的习俗比中亚地区要早得多，约从公元前5至4世纪开始。固原的这种葬俗，无疑是他们保留祖上在中亚的埋葬习俗。不难看出，从北朝至隋唐间，随着中西文化交流的发达，萧关道上商贾络绎不绝，各种西亚、中亚的习俗、器物源源不断流传到中国。

唐朝中后期，吐蕃的实力向东推进到了六盘山、陇山一线，原州陷入吐蕃控制，萧关古道亦随即受阻而隔断，古道进入了衰落期，昔日商贾、官吏、使节、僧侣熙攘往来的繁荣景象不复再现，沟通西域的通道由灵州—西域道取代。历经五代到宋、西夏时期，固原或为吐蕃据有，或为宋与西夏交战的前沿之地，但是在灵州道被西夏阻绝后，宋朝通往河西的道路仍然沿用以镇戎军为枢纽的萧关道。元明时期更重要的是显示了其军事意义，元代初年原州复名，蒙元帝国早期的几位大汗都曾驻跸六盘山东麓的开城。萧关古道成为蒙古军队南下的要道，显得更繁忙和重要，同时开拓了翻越六盘山的"鸟道"。明初，萧关道成为蒙古军队南下攻袭固原等地的通道。清代以后，萧关古道逐步成为东西南北道路交通网络的有效组成部分，仍延续着千余年来的军事、经济和文化的重要作用。

三、萧关道上的文人情愫

中央电视台30集大型专题片《走遍关中》曰："萧关是一种地名，萧关是一种形态，萧关是一种情结，萧关是一个变数，萧关是一个随着朝代的变化和防御对象的变化而变化的战争防御带。"因其以古代边关要塞的悲怆史遗留在了历史的深刻记忆中，由其衍生的萧关道，是"将军和征夫的路，是商人和僧侣的路，也是游牧民族兵锋所指的路"，更是因沟通中西丝路的功绩而闻名，古道上的丝路驼鸣、瓦亭烟岚、须弥松涛、六盘鸟道[28]等景观显现出了繁杂缤纷的人文情结，从先秦开始到民国年间，古往今来的文人墨客洒下了满怀情愫。

我国"五经"之一的《诗经·小雅》记"薄伐猃狁，至于大原。……来归自镐，我行永久""出车彭彭，旐旟央央"。诗人美大其功，描述征伐今固原一带戎人的战况，是萧关道上的第一首战争诗。秦始皇西巡陇西与北地郡，登鸡头山（今六盘山），首巡天下。西汉武帝六次驱马击剑出萧关，巡边地、察疆域、祭山拜岳，平添了萧关古道的人文气息。汉代乐府诗《汉铙十八曲》中的《上之回》，就描述和颂扬了武帝的北巡盛事。东汉著名的史学家、文学家班彪以他"开东汉抒情小赋之先声"的《北征赋》为中国文学史留下了一朵奇葩，他以行程为线索，记述从长安出发到达高平（今固原）沿途所经之地的史事抒怀咏叹的悲怆感慨，"游子悲其故乡，心怆恨以伤悲。抚长剑而慨息，泣涟落而沾衣。揽余涕以于邑兮，哀生民之多故"是萧关道上的绝唱。南北朝时，王褒和张正见的《饮马长城窟行》，借"秦昭襄王长城"吟咏征战将士屯戍陇坂之地的艰辛。

隋唐前期，萧关道随着丝路的昌盛而繁荣。后期，蕃夷部落不断入侵，唐王朝不得不加强边防，一方面应付战事，另一方面也有乘胜扩张领土的意图。开元、天宝年间，有很多诗人参加了守边高级将帅的幕府，做他们的参军、判官，诗人们把在边塞的所见所闻写成诗歌，形成了文学史上反映边塞风光和军中生活新题材的"边塞诗"。萧关和萧关道因其卓著的边关声名成为文人墨客反复吟诵、抒发情愫的借题。仅唐代，就有著名诗人王维、高适、岑参、王昌龄、陶翰、卢纶、杜甫、储光羲、卢照邻、李昌符、贾岛、刘云等20多人写下相关的诗作近40首。其中不乏脍炙人口的千古名句，传世篇章，如王维："萧关逢候骑，都护在燕然。""遥知汉使萧关外，愁见孤城落日边。"陶翰："驱马击长剑，行役至萧关。"卢纶："今来部曲尽，白首过萧关。"岑参："凉秋八月萧关道，北风吹断天山草。"刘云："登楼望君处，蔼蔼萧关道。"贾岛："萧关分碛路，嘶马背寒鸿。"这些诗句描述了萧关和萧关道的荒凉，征戍的艰辛和满怀的惆怅。在诸多抒写萧关和萧关道的"边塞诗"中，至今吟诵不已、令人难以忘怀的如王昌龄的《塞下曲》："蝉鸣空桑林，八月萧关道。出塞复入塞，处处黄芦草。从

来幽并客，皆向沙场老。莫学游侠儿，矜夸紫骝好。"诗中以自然环境的荒落寒冷来渲染军士们的吃苦耐劳，形成苍凉慷慨的格调。王维《使至塞上》："单车欲问边，属国过居延。征蓬出汉塞，归雁入胡天。大漠孤烟直，长河落日圆。萧关逢候骑，都护在燕然。"这首唐诗中最著名的佳作，是开元二十五年（737）王维以监察御史的身份出使边塞时所作，其中"大漠孤烟直，长河落日圆"成为经典名句。描写了到达边塞时所见萧关道一带的雄浑而又独特的景色，进而歌颂当时西域领土的广大。还有岑参《胡笳歌送颜真卿使河陇》、贾岛《送李骑曹》、陶翰《出萧关怀古》、储光羲《使过弹筝峡》、张玭《过萧关》等杰作，是为萧关和萧关道在历史的记忆中留下的难以忘怀的文人情愫。之后，尤其是明清时期，萧关道上的怀古诗则不胜枚举。蔼蔼萧关道，悠悠千年史，唯有文人墨客的吟诵永无止境。

注释：

[1] 林梅村：《汉唐西域与中国文明》，北京：文物出版社，1998：第16～22页。

[2] 李崇新：《〈穆天子传〉西行路线研究》，《西北史地》，1995年第2期：第41～52页。

[3] 林梅村：《汉唐西域与中国文明》，北京：文物出版社，1998：第20～21页。

[4] 马建军：《二十世纪固原文物考古发现与研究》，银川：宁夏人民出版社，2004：第23～45页。

[5] 韩孔乐等：《宁夏固原县西周墓清理简报》，《考古》，1983年第11期；段连勤《北狄族与中山国》，南宁：广西师范大学出版社，2007：第6～9页。

[6][7]《史记》卷五《秦本纪》。

[8][11]《史记》卷一一〇《匈奴列传》。

[9] 公元前272年，秦昭襄王灭义渠国，沿陇西（今甘肃东部）、北地（今甘肃东北部和宁夏东南部）上郡（今陕西北部）的外围边缘筑长城以拒胡，主要为了抵御义渠等西部的戎族，史称"秦昭襄王长城"，其西距固原城15里。总体走向西起今甘肃临洮县，经渭源至陇西县，再经通渭至静宁县进入宁夏（固原市）西吉县境，越陇山（今六盘山）山脉入原州区境，绕固原城西北过清水河斜向东南，入彭阳县境，再东北行进入甘肃镇原，过环县，进入陕北。

[10] 马建军：《二十世纪固原文物考古发现与研究》，银川：宁夏人民出版社，2004：第30～36页。

[12] 甘肃省考古所：《居延新简》，北京：文物出版社，1990：第395～396页。

[13] 李健超：《丝绸之路之陕西、甘肃中东部线路的形成与发展》，《丝绸之路》，2009年第6期：第31～32页。

[14] 林梅村：《汉唐西域与中国文明》，北京：文物出版社，1998：第27～32页。

[15] 卢连成：《草原丝绸之路——中国同域外青铜文化的交流》，载《史念海先生八十

寿辰学术文集》，西安：陕西师范大学出版社，1996：第 718~719 页。

[16] 林梅村：《汉唐西域与中国文明》，北京：文物出版社，1998：第 31~32 页。

[17] 马建军：《二十世纪固原文物考古发现与研究》，银川：宁夏人民出版社，2004：第 68~69 页。

[18] 马建军：《二十世纪固原文物考古发现与研究》，银川：宁夏人民出版社，2004：第 79~82 页。

[19] 马建军：《二十世纪固原文物考古发现与研究》，银川：宁夏人民出版社，2004：第 82~90 页。

[20] 苏北海：《嚈哒在中亚的扩张》，《西北史地》，1985 年第 3 期。

[21] 孙机：《固原北魏墓漆棺画研究》，《文物》，1989 年第 9 期：第 38~44 页。

[22] 杨泓：《略论北周李贤墓的陶俑和铁刀》，《宁夏文物》，1989 年总第 3 期：第 10~16 页。

[23] 原州联合考古队编：《北周田弘墓》，东京：日本勉诚出版社，2000 年；原州联合考古队编，《北周田弘墓》，北京：文物出版社，2009。

[24] 罗丰：《固原南郊隋唐墓地》，北京：文物出版社，1996。

[25] 宁夏文物考古研究所：《固原南塬汉唐墓地》，北京：文物出版社，2009。

[26] 罗丰：《史诃耽墓出土的宝石印章》，《固原南郊隋唐墓地》，北京：文物出版社，1996：第 240~247 页。

[27] 林梅村：《固原粟特墓所出中古波斯文印章及其相关问题》，《考古与文物》，1997 年第 1 期：第 50~54 页。

[28] 明清时期，固原有八处令人称颂的人文景观，其中这四处是因丝绸之路萧关道的畅通而形成的著名人文景观。

固原三关口考察记

佘贵孝

三关口，地处六盘山西侧，泾水蜿蜒东去，翠峰环绕，深谷险阻，易守难攻，是关中通往塞外的重要军事屏障。庚寅端午前夕，我们考察了三关口遗址。

一、三关口丝路古道

在三关口我们找到一位熟悉当地情况的村民，由他领着我们从三关口公路隧道的东端紧靠三关口关帝庙的山梁爬上，实际是一条古道。随着山势的增高，这条古道愈来愈明显，有 5 米多宽。是削山垫路，最高处的崖壁有六七米高。前行约千米，下到三关口公路隧道的西端出口处四五十米处与公路衔接。这条古道刚好避开了三关口的最狭窄处。村民讲：听老人说，古时三关口是一条很窄的峡谷，水流湍急，河水往往淹没路面（河道比路面略低），行人无法通行。就在关帝庙后面的南山坡辟山筑路，供东来西往的行人通行。

据固原博物馆藏清魏光焘《增修三关口车路记》："岨矣巇，斯关口也！峭壁夹流，石径崎险，驿传经焉。夏秋雨潦，奔吼汹涌；冬春冰凌凝泮，车骑往往冲淹倾陷，行者苦之。乙亥（1875 年，即光绪元年）春，余捐廉庀具，督勇鸠工。自安国镇南岸西上，凿石辟山，陁者坦修，陉者曲续，蜿蜒建关口三十里。频堰水道，踵修至瓦亭而至，凡四阅月落成。……"三关口这段路是怎么修的呢？魏光焘在碑文中又说："因於关口导流，巡北傍南，辟峡垠，展砌为路，剔袪沙砾，掏浚及底。甃石胶灰，层垒坚筑，除成康庄。……路长二百寻，高及二寻（中国一寻 = 八尺，与'步'接近，周代以八尺为步，秦代以六尺为步，旧制以营造尺五尺为步）。缭以护垣，根深三尺余，面容两辙裕如也。"吴大澂《三关口修路碑记》则说的更清楚："三关口为古金佛峡，山石犖确，杂以潢流，夏潦冬霤，行者苦之。坡南旧通小道，西出瓦亭驿，乱石塞路，车骑弗前。庆、泾、平、固观察使邵阳魏公，始以光绪元年二月开通此路，为道廿余里。凿隘就广，改高即平。……"以上两篇碑文说的是一件事，魏光焘当年修筑了从安国镇到瓦亭的道路。到三关口时，峡谷很窄，不利行人通往，就把原来的"坡南旧通小道""巡北傍南，辟峡垠，展砌为路，剔袪沙砾，掏浚及底。甃石胶灰，层垒坚筑，除成康庄。"亦即拓宽了丝绸之路。因此，我们今天看到的这段路就是古丝绸之路。

史籍载，丝绸之路东段北道的走向是：从长安临皋（今西安市西北）经咸阳县驿出发西北行，经醴泉（今礼泉县）、奉天（今乾县东），到邠州治所新平县（今彬县），沿泾水河谷北进，过长武、泾川、平凉，入固原南境弹筝峡（三关口），过瓦亭关，北上原州（固原）；沿清水河谷，再向北经石门关（须弥山沟谷）折向西北经海原，抵黄河东岸的靖远，渡黄河即乌兰关（景泰县东），由景泰直抵河西武威（凉州）。这是丝绸之路东段南、中、北三道中，由长安抵河西凉州（武威）最便捷的丝路干道。有人统计，丝路北道与丝路南道相比，路途要缩短近 100 公里。东汉时刘秀亲征高平（固原），河西太守窦融与五郡太守车驾会高平，浩浩荡荡的大军与战车走的就是这条道。

三关口史称"弹筝峡"，又名"金佛峡"。也即今天的瓦亭峡，或者称瓦亭河谷。此地，两山绝壁，谷地狭窄，中通泾水（由西向东流过）。据郦道元《水经注·河水注》云："泾水经都卢山，山路之内常有如弹筝之声，行者闻之歌舞而去。又云：弦歌之山峡口，水流风吹滴崖，响如弹筝之韵，因名之。"唐代诗人储光羲在《使过弹筝峡》诗文中写道："鸟雀知天雪，群飞复群鸣。原田无余粟，日暮满空城。达士忧世务，鄙夫年征程。晨过弹筝峡，马足凌兢行。双壁隐灵曜，莫能知晦明。皑皑坚冰白，漫漫阴云平。始信古人言，苦节不可贞。"明代诗文家赵时春曾有赞美弹筝峡的诗篇："筝峡唐时道，萧关汉代名。连山接玉塞，列戍控金城。形胜双流合，乾坤一壑平。凭高瞻斗柄，东北是神京。"直到20世纪40年代叶超先生总纂的《民国固原县志》中，仍将弹筝峡列为"绝景"。

二、三关口古城

在当地村民的指引下，我们找到了三关口古城墙的遗址。当地人把这座城称为"连山城"。依靠瓦亭峡谷，古人在这里依山就势，南北两面利用高山做墙体，只筑了东西两道城墙，墙体到北面瓦亭河止。东城墙长约七八十米，西城墙长约二三十米，东墙与西墙间距百余米，城中面积5000多平方米。开有东、西二门。城墙在民国末年逐渐塌毁。

据当地村民讲，民国末年时城内只有几户人家，规模最大的是关帝庙，香火很盛。

前面说到的丝绸之路古道正好与古城的东、西墙的南端相连，形成一个古道城中行的格局。说明三关口道路不通时，行人走的是丝路古道。

三关口正是控扼丝绸之路的一个要塞，起着关隘作用。唐朝，唐与吐蕃的战争，相持二百余年而不能决。代宗即位初年，外患最烈者，首推吐蕃。当安史之乱时，边兵精锐，皆征发入援，故数年之间，河西、陇右之地渐为吐蕃所蚕食殆尽。代宗广明元年，吐蕃攻陷唐都长安，于是陇山（今六盘山）、贺兰山以西，泾州（今甘肃泾川）以北，皆陷于吐蕃。唐德宗时承认吐蕃在河西、陇右的既得利益和地位，将大片土地割让给吐蕃，以求得暂时的安定。建中四年（783）一月，唐与吐蕃正式签订"盟约"。这个"盟约"规定："泾州西至弹筝峡西口，陇州西至清水县，凤州西至同谷县，暨剑南西山大渡河东，为汉界。蕃国守镇在兰、渭、原、会，西至临洮，东至成州，抵剑南西界磨些诸蛮，大渡水西南，为蕃界。"又规定，"盟文有所不载者，蕃有兵马处蕃守，汉有兵马处汉守，并依见守，不得侵越。"（《旧唐书》卷一六九下《吐蕃下》）从"盟约"可以看出，吐蕃占据弹筝峡西口后，丝绸之路在这里受阻。

1949年，中国人民解放军十九兵团解放西北时，马鸿逵利用三关口这个天然险要关隘，令其精锐之一二八军在这里拒守阻止我军北上。十九兵团六十五军一举攻克敌之防线，翻越六盘山，挺进兰州（同时，十九兵团六十四军与马鸿逵十一军在任山河的战斗打响）。

三关口古为山关口，专指控扼平凉到原州的弹筝峡古道。隋唐时期，原州四周设关。唐时，三关口地西越六盘，必经六盘关；北出塞外，须过驿藏（瓦亭）关；南逾陇山，可达制胜关。据此为三关东进关中之口，被俗称为"三关口"。亦为古丝绸之路东段北道的必经之地。唐代以后，更是长安西过平凉北出塞外以

及通往河西走廊之交通要道。

三、三关口石碑和摩崖碑

在三关口还有石碑和摩崖碑。清代庆、泾、平、固观察使魏光焘在驻固期间，率兵拓宽了平凉安国镇到瓦亭间的峡谷道路，魏光焘撰写了《增修三关口车路记》，碑文 1 块。督学使者吴大澂也写了《三关口修路碑记》，碑文 4 块，共 5 块石碑，立在关帝庙对面河堤上，20 世纪 70 年代被固原县文管所收藏，现存固原博物馆。

据清《宣统固原州志·三关口摩崖碑》记有七处，今可看到三处："山水清音""峭壁奔流""山光水韵"。在《宣统固原州志》刊印的 1909 年时，《三关口摩崖碑》详细记载了七处碑刻："按碑一曰'峭壁奔流'无年月可考，惟下款有'晋江明题'四字。一曰'泾汭分流'，下刊'丙子季秋，晋江'六字。一曰'山光水韵'无年月可考，下刊'龙光氏'三字。一曰'萧关锁钥'，无年月姓氏可考，仅存'锁钥'二字，土人云，早年见之，知为'萧关锁钥'。一曰'控扼陇东'道光二十二年，壬寅首夏，知固原州山东钮大绅题。一曰'山水清音'道光二十九年，岁次己酉，仲春，知平凉县事归安沈启曾题。一曰'山明水秀'。"尽管上述摩崖碑刻除"泾汭分流"为丙子季秋（光绪二年，1876 年），"控扼陇东"为道光二十二年（1842），"山水清音"为道光二十九年（1849）等 3 幅有明确纪年的落款外。其余均无明确纪年落款，但可以肯定一点，清宣统元年（1909）前这 7 处题刻已经形成，但因百余年来自然风雨侵蚀而毁坏。

四、三关口关帝庙

在三关口建有关帝庙。据清《宣统固原州志·祠宇》记："关帝庙，在三关口，其像铜身铁甲，前明天启时筑。"可见此庙最迟应在明天启年间（1621—1627）建成。村民说，宋朝，杨六郎把守三关口有功，故在关帝正殿两侧建杨六郎祠和杨七郎祠。但是魏光焘在《重修三关口关帝庙记》中说："尝考之宋史矣。杨琼知安国军，战功最伟，故垒犹存。吴涪王麾将杨政战于瓦亭，父子同殉，适当其地。所谓两杨将军者，当琼与政之属，其他未易臆度也。土人殆未能质其名迹而实之。然此关帝庙也，浩气攸归，百灵效命，使两将军者冥承帝君。英威潜昭临察，正者扶之，邪者黜之，亦天地福善祸淫之道。上帝无私，视所简在。若能捍大患，御大灾，数著灵异，固于世道人心，大有补救，尤亟宜崇祀也。又何必凿求其解，致疑为无名之欲格耶？"魏光焘言之有理。杨六郎（杨延景）把守的三关口在金锁关（在今陕西省铜川市印台区金锁乡人民政府附近），并非瓦亭之三关口。

丝 路 之 驿

贺璐璐　薛正昌

　　丝绸之路，也称大丝道。从地域区位看，它东起长安，西至东罗马首都君士坦丁堡，横跨欧亚大陆。它曾经把古老的黄河流域文化、印度河恒河流域文化同著名的阿拉伯波斯文化、希腊文化联结起来，从而成为东西文化交流的历史见证。在数千年积淀而成的这条中西贸易与文化的古道上，我国古代的许多王朝、许多民族都被卷入，他们都为丝绸之路的开通、维护及发展做出了巨大贡献，影响和推动了人类历史的发展，紧密地联结着中国古代各民族的历史命运。固原地域虽小，但丝绸之路负载的商业贸易与文化交流依旧在固原显示了它的宏阔与远大。就是在这条穿越固原境内的古丝绸之路上，中西文化在这里荟萃；有不少中原与北方少数民族在这里先后交融，汉、戎族、匈奴、月氏、羌、氐、鲜卑、吐蕃、铁勒、柔然、高车、突厥、回纥、昭武九姓、党项、蒙古、回等多民族在这里繁衍生息，迁徙组合，建立了各种政权组织，生成各种文化艺术、民族风俗、宗教信仰。数千年间，历史的风风雨雨，构成了源远流长、交融聚汇的固原历史文化多元一体的格局。

一、丝绸之路缘何过宁夏

　　宁夏所处的地理位置，正当丝绸之路必经之地。南部固原，北部灵武，纵贯宁夏全境。按照 20 世纪末丝绸之路研究的新归属，依地域和走向将丝绸之路分为：绿洲（沙漠）丝绸之路、草原丝绸之路、海上丝绸之路、西南丝绸之路。草原丝绸之路，是横跨欧亚大陆的北方草原地带的陆路；绿洲丝绸之路，是穿越中亚沙漠与绿洲相伴地带的陆路；海上丝绸之路，是经过东南亚，到达波斯湾、红海的海路；西南丝绸之路，是穿越四川、贵州、云南、西藏到达印度、东南亚的陆路。在这四条丝绸之路中，穿越宁夏境内的有两条：绿洲丝绸之路、草原丝绸之路，但主要是绿洲丝绸之路。丝绸之路自南往北，贯穿宁夏全境，后人们就走在这条丝绸古道上。

　　按照目前学术界通行的提法，如果以中国境内为界，把绿洲丝绸之路划分为三段：即长安—凉州，为东段；凉州—敦煌、玉门关、阳关，为中段；玉门—阳关—葱岭，为西段。根据地理走向与地域文化特点，通常又将玉门关、阳关以东的东中两段称为河陇道，即长安至敦煌这一段，长约 1800 公里。宁夏的地理位置，正处在丝绸之路东段；而东段又分为南、中、北三道。固原的地理位置，正处在东段北道的交通要道上。

东段北道的走向是：从长安临皋（今西安市西北）经咸阳县驿出发西北行，经醴泉（今礼泉）、奉天（今乾县东），到邠州治所新平县（今彬县），沿泾水河谷北进，过长武、泾川、平凉，入固原南境弹筝峡（三关口），过瓦亭关，北上原州（固原）；沿清水河谷，再向北经石门关（须弥山沟谷）折向西北经海原，抵黄河东岸的靖远，渡黄河即乌兰关（景泰县东），由景泰直抵河西武威（凉州）。这是丝绸之路东段南、中、北三道中，由长安抵河西凉州（武威）最便捷的丝路干道。有人统计，丝路北道与丝路南道相比，路途要缩短近100公里。东汉时刘秀亲征高平（固原），河西太守窦融与五郡太守车驾会高平，浩浩荡荡的大军与战车走的就是这条道。从区域讲，这实质上走的是萧关古道。

另外的两条道以北道为主线。一条是由长安西行陇州后，不再翻越大震关，而是沿陇山东麓过甘肃境内华亭县，至固原市泾源县，穿越制胜关（秦汉时的鸡头道）过六盘山，即可抵达陇西郡。过鸡头道向西北行，也可沿祖厉河而下，在甘肃靖远北石门川黄河东岸或鹯阴口渡河，进入河西。或者沿泾河至平凉，由崆峒山东峡进入泾源，走鸡头道。公元前110年冬10月，汉武帝巡狩西北，"西临祖厉河而还"，也是走这条道。一条是由咸阳至北地郡治所宁州（今甘肃宁县），沿茹河进入固原。汉代班彪前往安定（固原），就是走这条道。

丝绸之路东段逾越陇山的南、中、北三道。在固原境内主要有两条线。除北道外，中道也在固原境内，但随着历史的发展也发生变迁。泾源附近的鸡头道，可抵陇西郡，是早期的中道。大致到了元代，这条线路向北稍移，由六盘山进，大体是今天西兰公路的走向。

东段南线，是从长安出发沿渭河，翻越陇山（六盘山南）西行，在永靖炳灵寺附近过黄河，至张掖。或者从长安出发越陇山至临洮后，向北经阿干河谷至兰州，再沿庄浪河谷至武威（凉州）。

可见，丝绸之路东段数条线路，它的归宿都在河西张掖、武威；途经固原的丝绸之路中、北两条线，渡过黄河后，都在河西重镇武威收拢，再沿河西走廊进入敦煌。

二、丝绸之路与萧关古道

丝绸之路在我国境内东段有几条道路，说得比较多的是洛阳—西安（渭河谷地）—兰州—河西走廊—新疆这一线，也就是丝绸之路东段中道。另外一条是北道，自西安出来向西北，经过彬县到固原，过石门关，到会宁直至武威，这条道实际上就是萧关道。也是丝绸之路穿过宁夏境内的主要通道。

为什么丝绸之路会选择萧关道？

萧关，是秦汉时的著名关隘，是关中四塞的北面屏障。萧关的位置在哪里？古今有不同的说法，但大部分学者的观点认为在固原东南瓦亭峡至三关口一带，相对准确一些。有了泾河与清水河，有了萧关，便衍生出萧关古道。萧关古道，就是关中西出北上塞外的丝绸之路东段通道。伴随着萧关古道历史地理环境的变迁和发展，出现了固原历史上的政权建置，一次次多民族驻足、融汇的历史画面。萧关道上有战火硝烟，也有和平时期的商贾、僧侣、使者和驼队。伴随着丝绸之路的兴盛和繁荣，在中华文明形成的历史长河中，萧关古道曾闪烁过耀眼的光芒。

宁夏大学资源环境学院教授、中国地理学会首批资深会员汪一鸣先生从地理环境角度分析了其必然性之所在：丝绸之路穿越渭河谷地的这条道古时就存在很多问题，因为渭河上、中游区域间的地质、地形比较复杂，山体构造很不稳定，地壳运动比较活跃，一遇到大雨或暴雨，很容易发生山崩、塌方、滑坡、泥石流等地质灾害，道路阻断，人马不得通行。而这段区域每年夏秋季节降水较多，道路中断的现象时有发生。

面对这个无法回避的困难，古人只有另外寻觅一条好路，萧关道便成为丝绸之路新的主角。从西安向西北进发到彬县至六盘山地区再到会宁，萧关道的路况很好，没有什么自然灾害，相对比较稳定。而更突出的一点是这条道的距离要比经过渭河谷地的中道更短，大大缩短了商队行进时间。从地图上看，这条道路自西安到武威几乎是一条直线，古人之智慧可见一斑。唐代繁盛时期，丝绸之路主要的通道是萧关道，到唐代末期以后，因为原州被吐蕃占领，萧关道无法使用，出现了灵州道。

汪一鸣先生介绍，国际上对于丝绸之路的研究较为重视汉代到唐代这一时期，其中萧关道和渭河道是研究的主线，此次申遗宁夏候选的四个遗产点都是萧关道上的遗存。

除了地理原因之外，固原和萧关道之所以成为丝绸之路重要的中转站的衔接道路，和当时的气候环境有着密不可分的关系。

战国至秦汉时期，中国的气候属于温暖湿润性气候，在这一时期，固原处于半湿润与半干旱气候的过渡地带，由于气候条件很好，六盘山地区草木繁茂，野生动、植物一派欣欣向荣。这一时期，关中平原的气温高于固原六盘山地区，帝国的统治者每到夏天就会到较为凉爽的区域避暑，六盘山地区尤其是泾源等地是秦汉两代皇帝夏季喜欢活动的区域，是帝王们重要的避暑胜地。汉武帝六出萧关，很重要的目的是避暑和狩猎。我国在经过南北朝时期的低温期后，到隋唐时，气候又进入温暖期，原州一带作为丝绸之路北段的中心，不仅具有交通的区位优势，而且生存环境非常优越，这一地区再次成为各民族聚居、共耕、共牧的繁盛地。因为优良的生态环境，这里从秦汉时就适宜养育良马，东汉时"饶谷多畜"，及至西汉昭、宣时期更是"人民炽盛，牛马布野"。唐代前期，原州是全

国养马业的中心，都监牧使由原州刺史兼任，天宝十三载（754），这里的马匹饲养量达到了近33万匹。

绝佳的气候与生态条件，加之"九塞咽喉""七关襟带"的地理位置，使固原和萧关道成为丝绸之路上无可替代的重镇和通衢大道。

三、多元文化并生共存

丝路文化的宽泛性和开放性，孕育和滋养了固原地区历史文化的多元化特征。秦汉时期，特别是安定郡设立之后，交通畅达，已成为中原在边地的重镇，奠定了固原的历史地位。同时，也显示了多种文化的融汇：有匈奴等西北少数民族"安逐水草，习射猎"的游牧狩猎文化；有"城郭之可守，墟书之为利，田土之可耕，赋税之可纳，婚姻仕进之可荣"的城邦农业文化；还有介于两者之间的多元混合体。魏晋南北朝时期，丝绸之路的繁荣成为西北乃至中亚民族融汇与进入中原的历史舞台，特别是西域和中亚文化沿丝绸之路在固原留下了令世人震惊和关注的文化遗存。隋唐至元明时期，与中原密切相关的许多重大历史事件都与固原有缘。

历史上的固原地处中原与西北边地的交融之处，古代印度、希腊、罗马等几大文化的影响通过西域源源不断进入中原，而固原就是这多元文化的融汇和过渡地带。20世纪80年代以来，固原相继发掘出土了一批北魏至隋唐时期的墓葬，先后出土的历史文物足以证明这一结论。1981年出土于固原县城郊雷祖庙北魏墓的描金彩绘漆棺，棺画的人物及图案明显地表现出草原文化与中原文化并而未合、汇而未融的文化内涵。同时，还出土了一枚来自波斯的萨珊银币，再现了丝绸之路东段北道的畅通和固原丝绸贸易之繁荣。1983年在固原县南郊发掘的北周大将军李贤墓出土的鎏金银壶、波斯萨珊时期的工艺品等，是中西文化交流和研究的重要实物依据。1996年中日联合发掘的北朝重臣田弘墓，出土东罗马金币及玉钗、玉环、玉璜等珍贵文物，四枚金币中距今最早的一枚属拜占庭帝国利奥一世（457—474）时期，生动地再现了东西文化交流在固原的璀璨历史，体现了中西文化合璧的历史特点。尤其是数百枚玻璃珠、玻璃残片对研究萨珊玻璃器传入中国有重大意义。同时还相继发掘了七座史姓墓葬群，墓主人为"昭武九姓"的后代，粟特人的后裔。他们以族聚的形式出现在固原历史上，再现了当时中西文化交流过程中固原的历史地位，也反映了在中西文化交流过程中西域人的汉化程度，或者说已经汉化。在这些西域民族的墓葬中，同时出土带有强烈中亚甚至西方文化色彩的文物，其中普遍有罗马金币、波斯银币等。

固原作为丝绸之路要冲，它所体现出的积极的交流作用和广泛的文化意义，已经超越了地域文化的范畴，它所记录的是中西文化交流史上永久的辉煌。

原载2009年9月2日《新消息报》

丝 路 文 化

丝 路 之 遗

剡文鑫

　　丝绸之路是多条贸易路线总的称谓，它不仅仅将丝绸、香料等货物输送到西方世界，而且也将玻璃、金器等精美的罗马器具带到东方上流社会。作为连接东西方的第一条道路，丝绸之路还被赋予极大的精神认同性：通过丝绸之路，技术得到了传播，思想得到了交融，东西方之间第一次如此大范围地进行交流，增进了彼此间的友谊。

　　将中亚、中国以及中亚以西的国家中，与丝绸之路相关的文物古迹整合在一起，作为跨国界线形式遗产联合申报世界遗产，这一思路的可能性已经讨论了多年。早在1988年，联合国教科文组织就启动了"对话之路：丝绸之路整体性研究"项目。项目旨在关注起源于东西方交往，并有助于形成亚欧民族的多元认同和丰富的共同遗产的复杂的文化互动，在世界范围重新激发人们对丝绸之路的兴趣。

　　在对丝绸之路重新发现研究的热潮尚未降温的2006年8月，中国与中亚四国联合申报丝绸之路世界文化遗产正式启动。在宁夏境内，被列入丝绸之路遗产提名的是：固原城、须弥山石窟、安西王府、固原北朝和隋唐墓地。丝绸之路跨国申遗自起始至今已时过三年，围绕申遗而产生的诸多疑问再次成为人们关注的热点。

　　8月26日，在丝绸之路国际研讨会落幕之际，记者采访了固原丝绸之路申遗工作的具体执行者之一——原州区文管所所长王金铎，掀开了申遗冰山一角。

一、申遗：是一次新的发掘，新的研究

　　丝绸之路穿越2000年时空、横跨亚欧15国，全长8000多公里，在中国境内有4400多公里，促成了亚、欧、非不同文明、不同民族之间的联系与往来，成为东西方交流的大通道。德国探险家和地理学家巴龙·费迪南·冯·李希霍芬（BaronFerdinandVonRichthofen）1877年首次在他的《中国——我的旅行成果》一书中使用了"丝绸之路"这个概念。此后，阿尔巴特·赫尔曼在他的《中国与叙利亚之间的古代丝绸之路》一书中，沿用了李希霍芬的丝绸之路概念，并且

把这条路向西延伸到了地中海和小亚细亚。

因为丝绸之路非同一般的融合性与包容性特征，联合国教科文组织世界遗产委员会早在 21 年前就将对丝绸之路的研究作为整体的计划，鼓励超越国界的丝绸之路保护与申遗。世界遗产中心通过采取一系列联合行动，推进中国与中亚国家的丝绸之路申报，形成了丝绸之路联合申遗概念文件。该文件提出，鉴于丝绸之路线路漫长，涉及国家众多，首先由中国和中亚国家联合推进沙漠丝绸之路申报工作，并拟将其列入 2010 年审议项目。

二、申遗：不是简单的事

丝绸之路灿若星辰数不胜数的文化遗产，对于申遗而言却成了"麻烦"。

其实，我国境内丝绸之路相关文化遗产的申遗准备工作启动较早，但由于我国境内丝绸之路分布地域广阔，延续时间长，遗址众多，其复杂性和艰巨性不言而喻。考虑到沿线众多文化遗产保护管理的难度，当年我国曾选择丝绸之路上条件比较成熟的文化遗产点，如敦煌莫高窟、洛阳龙门石窟进行单独申报并已成功列入《世界遗产名单》。20 世纪 80 年代末，联合国教科文组织开始关注丝绸之路沿线文化遗产的价值认定，并于 20 世纪 90 年代初组织了三次大规模的丝绸之路文化遗产考察。

进入 21 世纪，世界遗产中心加快了推进丝绸之路研究、考察的步伐，2003 年至 2004 年组织两个专家考察团对我国段丝绸之路进行考察，为实质性推进中国和中亚国家联合申报丝绸之路工作奠定了基础。2005 年 11 月，世界遗产中心召集中亚四国（哈萨克斯坦、吉尔吉斯斯坦、塔吉克斯坦和乌兹别克斯坦）有关人士在哈萨克斯坦旧都、丝绸之路上的历史名镇阿拉木图召开中亚国家协商会议，就中亚国家丝绸之路联合申遗进行探讨。2006 年 8 月，联合国教科文组织世界遗产中心和国家文物局，在新疆召开丝绸之路跨国联合申报世界文化遗产国际协商会议，形成了丝绸之路跨国申报世界遗产的初步行动计划，标志着丝绸之路跨国申报世界遗产工作正式启动。

2006 年 10 月，中亚四国、中国、意大利、世界遗产中心和国际遗址理事会（ICOMOS）的代表约 40 人在乌兹别克斯坦的撒马尔罕召开国际协商会，确定了对丝绸之路联合申遗具有重要指导意义的纲领性文件的起草方式；随后举行的杜尚别会议上，讨论了各国预备申报的清单，其中中国申报文化遗产共 48 处，中亚五国一共 54 处，形成了丝绸之路申遗地图。

三、我区申遗点为何选在固原

2007 年 9 月，在中国世界文化遗产专家委员会考察评估，形成推荐意见的基础上，国家文物局确定了丝绸之路联合申报世界遗产国内遗产选点推荐名单，全国48项文化遗产中我区段有4处，且均在固原，分别为固原古城、固原北朝和隋唐墓地、开城安西王府遗址、须弥山石窟。

这4处遗址，均为丝绸之路千年历史和深厚文化的重要见证，也是弥足珍贵的文化遗产。固原古城曾经是丝绸之路东段北道上咽喉重镇。丝绸之路以西安为起点，沿着泾河、渭河河谷向西，经过固原，然后穿河西走廊，西出阳关，进入中亚，当时固原是丝绸之路上的中转站。

隋唐时期，固原仍为丝路重镇。固原南郊隋唐墓地从1982年开始发掘至2004年，先后发掘大中小墓葬50余座，其中具有墓志确切记载的大型墓葬7座，6座墓葬属中亚粟特人史姓。这些墓志具有极高的史料价值，记载了隋唐期间活动于中亚索格底亚那得粟特人即"昭武九姓"人中的史氏流寓固原的史实。尤其发现了6具白人尸体，此外出土大量精美的壁画、石门、金覆面等，反映中西文化交流与民族迁徙融合，证实了固原在隋唐期间国际商业贸易中有着举足轻重的作用。

四、申遗：面临世界性的大难题

王金铎介绍，申遗的主要工作有四个方面。第一是各种文本规划、法规等文献资料。编制各个遗址点的文本，然后各省汇集文本提交国家文物局，国家文物局再汇集编制成申遗文本，目前我区四个点的文本已经完成并提交国家文物局。此外还要求当地政府制定文物管理规划，包括时间上的规划、空间规划；制定文物保护有关法律法规；针对各种自然、人为因素损害文物的保护规划；制定文物保护范围；通过这些文献确保文物的真实性和完整性。

其二是文物本体保护。通过对文物本体保护，确保文物的完整性。王金铎说，保护文物本体至今是世界性难题。丝绸之路沿线相关文化遗产种类丰富，有古建筑、古墓葬、古遗址、石窟寺、文化景观等。由于岁月久远、自然侵蚀、人为破坏、发展压力等因素，文物本体保护任务十分艰巨。目前石窟寺普遍存在壁画空鼓、起甲、脱落等病害，石质文物风化严重；古墓葬的壁画、画像砖等存在着受潮褪色、画面损毁等问题。作为申报遗产点，固原古城、须弥山石窟等大型古代土遗址面临着气候变化带来自然力破坏加剧的威胁。

王金铎介绍，文物本体保护不仅仅是我国文物保护遇到的难题，至今也没有任何国家发明或发现行之有效的保护办法。我区丝绸之路申报世界文化遗产的4个点都在固原市原州区，文物本体保护所需资金巨大，加上文物本体保存状况较差，特别是固原古城，原固原古城外城6000米、内城4000米，由于大部分在20世纪六七十年代损毁较为严重，现在仅剩下800米。

除此之外，作为申遗的硬件要求，环境整治问题也涉及国土、规划、城建、环保等多个部门，仅依靠文物主管部门难以完成。

丝路 固原

申遗中最重要的一项审核是文物展示。对公众展示文化遗产是申报的基本要求之一。要求展示文物最原始的状态，申遗遗址不能添加半点人造因素，文物展示必须是原址展示，且要展示文物的原有风貌。在列入申报名单的文化遗产中，除了一部分古建筑、古城址、石窟寺以外，大部分遗产，尤其是古遗址、古墓葬尚不具备对公众开放的条件，如开城安西王府遗址、北朝和隋唐墓等，即使已经对公众开放的遗产地，其展示水平也比较低下。为此，固原市决定在博物馆另建一处展示厅，专用于隋唐墓地展示，而开城安西王府有可能通过挖掘部分进行展示。

五、申遗：关乎软实力

我国沙漠丝绸之路涉及河南、陕西、甘肃、宁夏、青海和新疆6省（自治区），在48个申报项目中，有的项目又包括多个遗产点，涉及的申报范围很广，而且包括不同类型的文化遗产，申报工作的难度是前所未有的。

据王金铎介绍，虽然有的国家有过文化线路项目成功申报的先例，但我国还没有申报丝绸之路这类大型文化遗产方面的经验，还处在摸索阶段，加之世界遗产委员会实行全球平衡战略，对我国这样遗产数量已经很多的国家，申报的要求越来越严格。

根据今年8月专家现场考察评估的情况看，丝绸之路沿线相关遗产的基础工作仍普遍薄弱，已列入国内选点推荐名单的48个申报项目都还存在基础研究不够深入、遗产价值评估不够准确等明显问题。

我区4个申遗点于去年6月编制完成申遗文本初稿，经自治区文物局审查后报国家文物局。自治区文物局委托中国建筑设计研究院、建筑历史研究所编制开城遗址、固原古城、西南郊墓地、须弥山石窟文物管理规划。原州区编制的丝绸之路宁夏段基础性保护项目已经国家发改委立项。

专家分析，作为一次世界性的文化大事件，丝绸之路跨国申遗是提升我区文化软实力一次极好的机会，同时将对我区经济和社会发展起到积极的促进作用。作为一项旷日持久的工程，随着它的每一步推进，都会提高和深化公众对文化遗产的认知，促进人们认识丝绸之路、了解丝绸之路、体味宁夏厚重的历史文化底蕴。

原载 2009 年 9 月 2 日《新消息报》

丝绸之路与固原文化

佘贵孝

　　丝绸之路是一个专用名词，是指西汉时，由张骞出使西域开辟的以长安（今西安）为起点，经甘肃、新疆，到中亚、西亚，并连接地中海各国的陆上通道，所以这条道路也被称为"西北丝绸之路"。因为由这条路西运的货物中以丝绸制品的影响最大，故得此名。陆地丝绸之路最兴盛时期是汉唐时期。宋代以后，海上丝绸之路的通畅，既便捷，又好走，陆地丝绸之路渐渐走的人少了。

　　西北的丝绸之路与南方的茶马古道在历史上是齐名的。

一、对丝绸之路文化带的认识

　　2013 年 9 月 7 日上午，中国国家主席习近平在哈萨克斯坦纳扎尔巴耶夫大学做重要演讲，提出共同建设"丝绸之路经济带"的问题。

　　2000 多年前，东起长安（今西安）、西达罗马的"古丝绸之路"曾是连接中国与亚欧各国的贸易通道。在这条具有历史意义的国际通道上，五彩丝绸、中国瓷器和香料络绎于途，为古代东西方之间经济、文化交流做出了重要贡献。作为经济全球化的早期版本，这条贸易通道被誉为全球最重要的商贸大动脉。

　　经过岁月变迁，21 世纪初，贸易和投资在古丝绸之路上再度活跃。中亚各国希望与中国扩展合作领域，在交通、邮电、纺织、食品、制药、化工、农产品加工、消费品生产、机械制造等行业对其进行投资，并在农业、沙漠治埋、太阳能、环境保护等方面进行合作。

　　习近平主席提出的"丝绸之路经济带"横跨亚、非、欧三大洲，涵盖 30 多亿人口，其形成与繁荣必将深刻影响世界政治、经济的格局，成为全球和平与发展的重要基石。

　　无论从历史还是现实看，丝绸之路都不仅仅是一条经济之路，更是文化之路。以 2100 年前张骞出使西域为标志，中国人与各国人民一道，建立起连接亚、非、欧的大陆通道。此路向西直至北非、欧洲，向东则越过大海，通达日本，是古代世界人类主要文明之间相互交流的核心纽带，深远地影响了人类文明的面貌。

　　那么，通过丝绸之路向中国传递了哪些文化信息呢？

　　一是丝绸之路首先为佛教的传播提供了基础。至少在公元前 2 世纪，佛教就通过丝绸之路传入西域，公元前 1 世纪则进入中国内地。在长达千年的历史长河中，无数僧侣与信仰者沿着丝绸之路传播着佛法，其中也有像玄奘一样西天取经

的人物。最终佛教融入了中国乃至整个东亚文化，成为东亚文化的有机组成部分。一种世界性宗教平和地植入异种文化，相得益彰，佛教的这一文化实践堪称人类宗教史的奇迹。沿着丝绸之路，自日本奈良，至敦煌佛窟，至阿富汗巴米扬大佛，形成了一条亘古至今的佛教文化带。

二是丝绸之路还是伊斯兰教东传之路。公元7世纪伊斯兰教形成，大约30年后即传入中国，其重要原因就是有通畅的丝绸之路。大唐帝国与阿拉伯帝国并驾齐驱，阿拉伯文明与中国文明在丝绸之路上相遇。来自中亚的穆斯林商人受到唐人的礼遇，娶妻生子，修清真寺，乐不思蜀，最终形成了独特的中国穆斯林——回族。而广大的西域地区，则逐渐归化伊斯兰教，成为今天穆斯林聚居的地区。今日的丝绸之路，很大一部分已经是伊斯兰文化之路。

三是通过丝绸之路，基督教两次进入中国，一在唐代，一在元代。这两次传播虽然没有使基督教在中国一脉相承下来，但还是丰富了中国文化的内涵，也为后来基督教在中国的扎根打下了基础。在丝绸之路上，还曾经有波斯的祆教等宗教，虽然今天已经不彰，但也如春风化雨，渗透到丝绸之路民众的生活习俗中。

丝绸之路的开通，不仅使中西方的经济交流日益繁盛，而且使中西方的文化交流也日益繁盛。来自西方异域的文化在中原大地呈现、展示，深刻地影响着中原文化。通过对西方文化的包容和吸收，中原文化更加博大精深，而西方文化也因中国文化的传入更加异彩纷呈。

二、丝绸之路上的固原

处在丝绸之路的东段北道上的固原，是连接欧亚大陆的交通枢纽。为什么把经过固原的一段路称之为东段北道呢？丝绸之路分为北线、中线、南线三条线路。三条线路均从长安出发，到武威、张掖会合，再到敦煌，出中国国境。

北线：由长安沿渭河至宝鸡，过陇县，越六盘山，沿祖厉河，在靖远渡黄河至武威。路程较短，沿途供给条件差。后来改为从长安到泾川、固原、靖远至武威。

南线：由长安沿渭河过陇关、天水、临洮、河州，由永靖渡黄河，穿西宁、偏都口，至张掖。这条道路路途漫长。后来改为从长安到凤翔、天水、陇西、临夏、乐都、西宁至张掖。

中线：中线与南线在天水分道，至兰州，渡黄河，溯庄浪河，穿乌鞘岭至武威。后来改为从长安到泾川，转往平凉、会宁、兰州至武威。

丝绸之路一般可分为三段，而每一段都可分为南北中三条线路。东段从长安到玉门关、阳关，东段各线路的选择，多考虑翻越六盘山以及渡黄河的安全性与便捷性。

中段指从玉门关、阳关以西至葱岭。

西段是从葱岭往西经过中亚、西亚直到欧洲。

丝绸之路作为东西方经济文化交流的重要通道，有着非同凡响的作用和意义。丝绸之路把东方世界和西方世界紧紧地联系在一起，推动了东西方全方位、多层次的接触、碰撞、激荡、交流与融合，对彼此的社会历史都产生了深远的影响。

（一）丝绸之路的畅通

丝绸之路，东起长安（或洛阳），西至东罗马帝国首都君士坦丁堡，横跨欧亚大陆，在我国境内有 1700 公里以上。目前学术界将这条丝路划为三段：即东段——关陇河西道；中段——西域道；西段——中国境外段。东段又分为南、中、北三道。固原的地理位置，正处在东段北道的交通要道上。

由于历史背景的不同，可以把固原的丝绸之路归纳为：

唐中叶以前的长安—凉州的北道。其大致走向是：由西安沿泾河向西北行，经陕西的咸阳、礼泉、乾县、永寿、彬县、长武及甘肃的泾川、平凉进入宁夏固原境；过三关口，再由瓦亭折而向北，经青石嘴至开城抵达固原城；沿清水河向北行，再经三营、黑城，沿苋麻河谷至海原的郑旗、贾塬，过海原县城、西安州、干盐池，再次进入甘肃；从甘肃靖远县东北的石门附近渡黄河，经景泰县抵凉州（今甘肃武威）。

这段道路沿途平坦，多数地段沿泾水、清水河而行，而后又有苋麻河谷可循，山不险峻路不陡，大车可通行无阻。东汉时刘秀亲征高平，河西太守窦融与五郡太守驾车会高平，浩浩荡荡的大军与战车就是走这条道。

汉朝政府通过丝绸之路，把内地的丝和丝织品、钢铁及冶炼技术以及精美的手工艺品如漆器、铜镜、陶器等著名特产，传入天山南北和中亚，并经中亚远播欧洲。后来，中国四大发明中的造纸法、印刷术、火药，也是经由这条道路传入西方的。西方的葡萄、苜蓿、胡桃（核桃）、胡麻、胡豆（蚕豆）、胡瓜（黄瓜）、石榴等也随着丝绸之路的繁荣和畅通而传入中国，极大地丰富了中国人民的物质生活和精神文化生活。

唐末五代时，由于固原被吐蕃占据，中西交通改用他线。到北宋初年，全线复为通途。从日本栗棘庵所藏的宋代地理图刻石拓本上仍能清晰地分辨出这条大道的走向。从长安到固原的道路如前所述，到固原后向北走，至三营折而向西，经黄铎堡唐石门关，宋平夏城出寺口子，至红羊房，折而向北，经海原县的树台、西安州，在西安州分为两路，一路由西安州到兴仁，再到靖远；另一路由西安州到打拉池，入靖远县。

元代以后，丝绸之路改由六盘山至兰州新线。它的走向是：由西安到平凉，再到固原的瓦亭，在和尚铺西越六盘山，过隆德，再经甘肃的会宁、定西、榆中抵兰州，由兰州过黄河进入河西走廊。整个线路，大致与今天的西安—兰州公路线相同。显而易见这条线路比前两条要近便得多。

以北道为主轴，还有两条道。一条是由长安西行陇州后，不再翻越大震关，而是沿陇山东麓过华亭县，至泾源，穿制胜关秦汉时的鸡头道，过六盘山，即可抵达陇西郡。秦始皇二十七年（前220）出巡陇西即走此道。过鸡头道向西北行，也可沿祖厉河而下，在靖远北石门川黄河东岸或颤阴口渡河，进入河西。或者沿泾河至平凉，由崆峒山东峡进入泾源，走鸡头道。公元前110年冬十月，汉武帝巡狩西北，"西临祖厉河而还"，也是走这条道。另一条是由咸阳至北地郡治所宁州（今宁县），沿茹河进入固原。汉代班彪前往安定固原，就是走这条道。

历史上的固原，自秦汉以来就是通往西域的要道，控扼着丝绸之路。南北朝时期，随着中西政治、经济、文化交流的不断发展，大批外国使节、胡客商贩、佛教信徒往来于这条通道上，促进了中西文化的传播与交流。作为中西经济文化交流的大动脉，时至今天仍在发挥着它古老而年轻的不可估量的作用。

（二）中西文化交流

魏晋时期，虽然我国历史处于纷乱之中，但割据和战乱，并没有完全阻断中西交往。当时有不少使者、商人是经由高平（今原州区）前往洛阳的。北魏建义元年（528），波斯使者进贡狮子一头给北魏，途经高平时正值高平起义发生，义军首领万俟丑奴将之截留。高平起义被镇压后，波斯使者再将狮子送往洛阳。频繁往来于东西方的使者、商旅们，把西方文化和奇宝异珍带到了原州（今原州区）一带。在原州区南郊的北魏墓葬中，出土有一枚波斯萨珊朝卑路斯王时（459—484）铸造的银币。银币上面穿有孔，说明墓主人生前将之作为珍品佩戴。李贤夫妇合葬墓中，出土有玻璃碗、金戒指和鎏金银壶等3件波斯珍品。玻璃碗质薄透明，呈碧玉色，碗外饰两圈突起的圆钉。这是我国已发现的玻璃碗中最完整的一件，据专家鉴定，此属伊朗北部吉兰地区的产品。金戒指上镶一青金石，石上微雕一双手上举跳花绳的人像。青金石产于伊朗和阿富汗交界地区，说明金戒指来自西亚。鎏金银壶，高37厘米，鸭嘴流，细长颈，鼓腹，高圈足座，单把。在壶的颈腹间和圈足底盘边缘及足座上部与壶身连接处，分别圈饰突起的乳钉联珠纹。壶腹是突起的三对男女图案，表现英俊战士得到女子爱慕的情景。壶把两端分别铸有羊头与壶身连接，把上方雕铸一深目高鼻人的头像。银壶是典型的波斯萨珊王朝时期的手工艺制品，是中国境内发现的最好的一件。上述珍贵文物，是当时中国与西域、中亚友好往来的极好物证，从而也说明了固原在中西交通史上的重要地位。

（三）佛教的传播与石窟文化

佛教传入中国主要是通过丝绸之路而来，丝绸之路与佛教文化结下了不解之缘，其中尤以石窟造像得天独厚。沿着丝绸之路，自西向东，从天山南北到河西走廊，再到关陇地区，大大小小的石窟寺弥山跨谷，星罗棋布，惟妙惟肖地展现了内涵丰富的丝绸之路文化。佛教石窟寺构成了丝绸之路的风景轮廓线，是丝绸之路上至关重要的历史文化遗产。

佛教自汉代传入中国，魏晋南北朝时期，又得到了广泛的传播，到了隋唐时期，随着中国封建社会进入鼎盛时期，佛教也得到了极大发展。佛教的兴盛，石窟寺院也随之发展起来。固原地区现存的石窟就有 16 处之多，大都开凿在依山傍水、风景秀丽的山崖上。目前，保存最完好的，也是建造最早的、最大的石窟是须弥山石窟。从北魏起始，历朝历代整修，它吸取了印度佛教艺术的精华，继承并发展了秦汉时代的艺术传统，以匠心独具的构思，精湛的艺术风格反映了不同时代的不同艺术风格，是我国各族人民创造的不曾多见的艺术珍品。火石寨石窟群有代表性的是扫竹岭石窟、石寺山石窟、禅佛寺石窟和石城石窟，都是历史的产物，是丝绸之路长期中西文化交流、友好往来的结晶。其他石窟，虽然规模不大，但从佛像的雕凿和壁画艺术的精美来看，也不失劳动人民的智慧和创造，他们都是固原历史文化宝库中的瑰宝。

重点说一下须弥山石窟。中国石窟的开凿与佛教的传入有着密切的关系。佛教自东汉时期传入中国，到了南北朝时期，已经成为各地争相崇信的"国教"，全国范围内开凿石窟蔚然成风，须弥山石窟也就是在这个时期应运而生的。须弥山石窟所处的位置自古以来就是中原通往河西走廊、大漠南北的交通枢纽和战略要地。丝绸之路开通后这里又成为丝绸之路东段北道的必经之地，是由长安到西域的最短的必经之地。是丝绸之路西出长安后第一座著名的佛教石窟圣地。那么，须弥山石窟的开凿，就有着深刻的历史根源。有研究者认为，一方面是为了丝绸之路的畅通以及中西文化的融汇，另一方面是源于北魏时期统治阶层的信仰及其崇佛浓郁的政治环境，再加上北周政权奠基人宇文泰对原州的着意经营，使得原州固原在唐代无论从政治、军事，还是经济、文化等方面都有了进一步的繁荣和发展。

据史料记载，须弥山石窟初创于北魏孝文帝太和年间（477—499），兴盛于北周和唐代，是中国开凿最早的十大石窟之一，也是古代丝绸之路沿线著名的佛教石窟之一，其开凿规模、造像风格、艺术成就可与大同云冈、洛阳龙门等大型石窟媲美。历经西魏、北周、隋唐续凿及宋元明清各代修葺经营，成为中国古代长安至关外之间规模最大的一处佛寺禅院，历时已有 1500 多年。

须弥山石窟是宁夏境内最大的石窟群，1982 年被国务院公布为国家重点文物保护单位。现存洞窟 162 座，保存有各代造像雕刻品、彩绘、壁画、石刻题记的洞窟 70 余座，造像 350 多尊，汉藏文刻记 12 处，碑刻 3 方，残碑 11 块，尤其以北周和隋唐开凿的大型庙窟的石雕造像最为精美。这些大大小小的石窟，依山附势，错落有致地分布在 7 座崖面上，迂回曲折，绵延近两公里，场面甚是壮观。

有研究者认为，这种石窟造像艺术手法的更替和定型，是在须弥山完成的，它为云冈石窟、龙门石窟以后的石窟造像奠定了基础。

大佛是须弥山最著名的造像，就是通常被称为第 5 窟的大佛楼大佛造像。这是一尊高 20.6 米的露天弥勒佛坐像，大佛身披袈裟，头梳螺髻；脸如满月，双耳垂肩，仪态端庄而安详，气宇轩昂。比云冈石窟中最大的十九窟坐佛和龙门石窟的奉先寺卢舍那佛还高，是全国最大的造像之一。它高坐于唐代大中三年（849）开凿的一个马蹄形石窟内，十分壮观。佛像占整座山头的上半部分，光一只耳朵就两人高，一只眼睛足有一人长。这尊高耸的大佛造像虽是砂崖雕凿，但造型和雕凿的刀法却给人以泥塑一样的温柔。

这座大佛是一块完整的罕见巨石雕琢出来的，充分显示了中国古代工匠的高超技艺和雄伟气魄。唐代统治者提倡佛教，武则天曾下令全国各州建大佛寺，造大佛像。有学者推测，这等大佛可能是在武则天掀起的崇佛的浪潮中建造的。

就其造像的艺术特点看，须弥山大佛造像特征与龙门奉先寺卢舍那大佛极为相似，有着女性温柔的共同特征，这自然与武则天有关，体现了当时造像艺术的背景和审美时尚。唐代禅宗理论的兴起，将人性与佛性融在了一起。表现在佛教造像特点上，就是体态健康丰满，鼻低脸圆耳大，表情温和。有研究者认为，在造型艺术表现方面，须弥山大佛是当时审美时尚的最真实体现。

须弥山从北魏到隋唐历代开凿的各个石窟，反映了不同的时代风格。北朝的石窟佛像鼻梁高隆，保留着印度佛教的风貌。有些造像，脸瘦肩溜，宽袍大袖，与东晋画家顾恺之《洛神赋》画卷上的艺术形象酷似。隋代佛像则是上身长、下肢短，方面短颈，形象质朴拙重。唐代佛像造型趋向完美，它的体态丰满，服饰华贵绚丽，表现出唐代艺术的非凡气质。

据日本人传说，日本的佛教最早是从须弥山东传，经朝鲜半岛，而传入日本岛根县的。进入 20 世纪 80 年代，日本佛教徒十分感兴趣来须弥山寻根。

下面再简单介绍一下火石寨石窟。在火石寨方圆百里之内，分布着许多大大小小的兀立山峰，其中著名的有扫竹岭、石寺山、照壁山等，尤以天然石城最为奇特。火石寨不但有令人神迷的自然景观，还有 10 多处石窟建筑，它是和须弥山石窟一脉相承的。位于西吉县火寨乡蝉窑村的禅佛寺石窟，因其与固原县须弥山相连，又称"须弥山禅佛寺"，为唐朝佛教禅宗派流传圣地。石窟凿造在一座尖顶宝塔式的石峰上，石峰高约 120 米，犹如长矛刺天，四壁悬空，奇特异常。若攀上峰顶，云雾则脚下缭绕。石峰东西现存石窟 10 孔，残存壁画、石雕须弥座等。其中最大石窟在距峰顶 15 米处，呈长方平顶式，当地居民供泥塑神像三尊。在石峰下半部有一石窟，深 15 米，宽 4 米，高 5 米，洞内能容纳百余人。石窟主峰四周奇峰怪石或崛起凌空，或沉落幽谷，形态各异。

隆德县城西南的石窑寺石窟，相传是广成子最初修道处，每日静坐看红日升起，与山顶相摩。一日忽听洞后有风火声，回头见洞开一穴，循穴遂至崆峒。广成子临走时以掌断山，斩断仙脉。而今断沟犹在，掌迹尚存，故有"先有龙凤，后有崆峒"之说。

泾源县新民乡的石窑湾石窟，又名延龄寺。相传济公和尚曾在此修行。1991年 3 月 23 日，济公和尚第十三代传人台湾佛教人士冯敏堂，持图溯源来此拜佛祖。1992 年 6 月 5 日，由台湾济公派系后裔毛国雄率领的佛教朝拜团一行 37 人又在石窑湾石窟举行了第二次佛事活动。1993 年 6 月 24 日，台湾朝拜团又来这里举行朝拜活动。石窑湾石窟建立了固原与台湾的联系。

（四）伊斯兰教和基督教的传入

伊斯兰教的传入可追溯到唐朝，那时已有大食穆斯林商人沿着丝绸之路在固原路过或逗留经商。元朝统一中国后，驻留固原的回族军士、屯田户、商人等入籍为民，居住固原。

基督教的传入稍晚。1923 年，固原县福音教堂牧师宋一千在居民区设立教会学校，此为今宁夏境内第一所教会学校。

（五）髹漆工艺与绘画艺术

北魏以及西魏、北周时期，民族间交往的加强，使来自中原和西域的工艺、绘画艺术，与本地鲜卑族的文化交相融汇，焕发出瑰丽的色彩。

原州区发现的北魏夫妇合葬墓中，男主人的棺木上绘有漆棺画。髹漆是我国的传统工艺。早在 6000 年前的河姆渡原始文化遗存里，就曾发现有漆器。商周到秦汉，漆器工艺盛行于中原地区，被广泛运用于各类容器、祭器、兵器、生活用品以及墓棺的制作。原州区北魏漆棺画的发现，说明在魏晋南北朝民族文化大融合的浪潮中，髹漆工艺已为边远的固原人所掌握。

原州区北魏漆棺的制作，是先在木棺上贴敷织物并做好灰底子，然后髹漆绘画。漆画以红色为底色，用彩色或墨线在底色上勾描出图案轮廓，再用铁朱（褐色）、石青、石绿、黄色等调漆绘制。绘画中还大面积使用贴金工艺。整个漆棺的盖、左右侧及前后档，均绘有精美的装饰图案和儒、佛以及世俗生活题材的图画。其内容之丰，技艺之高，令人叹为观止。其中分布在棺左右侧的孝子故事尤具特色。左右侧共绘有舜、郭巨、蔡顺、丁兰、伊伯奇 5 个孝子的故事。孝子舜的故事保存较完整，共有 8 幅，每幅之间均以形制相同的三角火焰纹相隔；各幅画面内容繁简相宜，其面积大小相等；一幅画面表现故事的一个情节，并附题记说明画面的内容；数幅画面连贯起来，构成一个完整的故事。这是我国早期连环画的初次发现，在我国连环画史上占有重要地位。

漆棺上绘的孝子故事，均为汉族传统故事，但人物形象都是鲜卑族。他们面有长须，着夹袍，窄袖长袍，脚蹬乌靴；男戴高冠，女作高髻。漆画将汉族传统故事用鲜卑族形象表现，是多民族文化艺术融合的绝好体现。而装饰图案中的联珠纹，则是中西文化交流的具体反映。

北周李贤夫妇合葬墓的墓道、过洞、天井、甬道以及墓室等处的数 10 幅壁画，是我国极罕见的北周绘画艺术珍品，其内容有武士、侍女和伎乐女工等。武士们形体健壮，头戴高冠，身着明甲，形态各异。有的双手捧刀于腹前；有的一手执刀、一手屈于腹前；有的则一手握刀、一手拿刀穗。侍女面容丰润，神情自若，或手执团扇，或手捧拂尘。伎乐女工则身着宽袖衫，腰系腰鼓，尽情弹奏。北周壁画的技法是以墨线勾出轮廓，再施以红色晕漆，浓淡适宜，用笔简洁、质朴，线条豁达流畅，既继承了魏晋绘画线条简练、色泽明快、构图活泼而奔放飞动的艺术传统，又开创了形象秀丽、活泼流畅的新风，对我国隋唐绘画艺术有重大影响。

（六）固原出土的各类陶俑

固原是中西文化在丝绸之路上的荟萃之地。近 30 年间，出土的陶俑较多，主要有彭阳县北魏新集墓、北周宇文猛墓和李贤墓及唐代史道洛墓。按其象征意义可分为镇墓俑、出行仪仗俑、侍仆俑等三大类。按其组合大致分又为四组。第一组是保护墓主人安全的镇墓俑。由镇墓兽、镇墓武士组成。第二组为墓主人出行而安排的仪仗俑，包括以牛车为中心，甲骑具装俑、武官俑、文吏俑、笼冠俑、风帽俑、胡俑、骑马俑等。第三组是服侍墓主人的侍仆俑，包括生产劳作俑、家内侍役俑、乐舞俑等。第四组是表示墓主人财产、家居生活、物品和六畜兴旺的动物俑与庖厨用具，包括有鸡、狗、马、驴、骆驼及灶、碓、磨、井、鸡舍等。其中镇墓俑最具特色。从时间上来说，隋唐时期是中国封建社会高度发达时期，伴随着社会的安定与繁荣，俑的雕塑艺术再度繁荣。文官俑、武士俑、仕女俑、牵驼俑、牵马俑、骑俑、戏弄俑、胡俑成为这一时代的常见种类。到了五代，俑风大变，社会动荡让镇墓神怪俑再次受到重视。宋以后民间葬俗转变，焚烧纸冥器在丧葬活动中盛行，俑的使用骤减，开始使用纸扎人、纸马。丧葬礼俗制度也发生了较大的变化。元代纸冥器迅速流行，俑的制作也大为减少。至清初遂告绝迹。

（七）鎏金银壶、玻璃碗及金银币

1983 年，在原州区开城镇深沟村北周李贤夫妇合葬墓出土了国宝级文物鎏金银壶和凸钉玻璃碗。据考证银壶为波斯萨珊王朝通过丝绸之路传入中国的手工艺制品。壶身上的人物故事取材于古希腊神话，以制作精美、质地贵重和传世稀少而闻名。鎏金银壶是中外历史文化交流的见证，是丝绸之路商贸繁荣的缩影。不但在中国仅此一件，在全世界现存的萨珊文物中亦属罕见的珍品。

凸钉玻璃碗原料纯净，熔制水平较高。采用冷加工的磨琢工艺，纹饰独特，器形完整，色泽光亮，纪年明确，不愧是萨珊系统玻璃器中的精品。它对确定类似玻璃制品的年代有标尺作用，是中西文化交流中重要的实物资料。

在北朝至隋唐丝绸之路最繁荣时期，固原在这条国际商道上的地位日趋重要。因此中亚、西亚的各种物品源源不断地运来，众多的遗物也就留在固原这个丝绸之路要塞上。在固原北朝、隋唐墓葬中共出土金银币 11 枚，其中银币 2 枚，金币 9 枚。这些是中西商贸的见证。

（八）军旅诗词文化

边塞诗最初起源于反映西北边境战争的诗歌作品。周秦汉魏是它的初步形成时期；六朝至初唐是它逐步发展并走向成熟的阶段；到了盛唐，它的艺术成就则达到了顶峰。边塞诗虽起源于反映战争，但通过历代诗人的努力，它逐渐拓展到了描写边疆的各种题材，如边塞风光、乡土习俗、民族风情以及社会生活的方方面面。这些诗尽入边塞诗中，可谓异彩纷呈、蔚为壮观。边塞诗随着时代的发展变化而演进，自唐代至现在，已发生了巨大变化，边塞诗的主旋律却没有变，它始终是意气风发、高亢激昂的，并与爱国主义精神紧密结合在一起。由于固原地处祖国西北边地，自古至今，有许许多多的诗人在这块土地上留下了他们的作品，为固原艺苑增添了光彩。

固原，在历史上有着十分重要的政治、军事和文化地位。早在 2800 多年前，周宣王派大臣尹吉甫领军北伐猃狁部族就到过当时称之为"大原"的固原一带。《诗经·小雅·六月》对此有记载："薄伐猃狁，至于大原。文武吉甫，万邦为宪。"在此后漫长的历史岁月中，秦皇汉武或出边地，或祭山拜岳，都曾过萧关、登六盘、临固原。

盛唐时的丝绸之路已发展为驿道，也就是国道。而经过固原的这一段道路，也称萧关道。萧关道在唐代非常著名，好多诗人都曾经诗咏萧关、萧关道、陇山。

在唐边塞诗中，萧关诗多达数 10 首，而作者队伍亦称可观。其中有虞世南那样德行、忠直、博学、文辞、书翰"五绝"兼备，而边塞诗更以刚健质朴而闻名的饱学之士；有卢照邻那样开风气之先的"初唐四杰"；有王维那样兼具诗画才艺、擅写田园山水和边塞诗的多面手；有王昌龄那样享誉诗坛的"诗中天子""七绝圣手"；有杜甫那样关心国家命运、反映人民疾苦，其诗作"浑涵汪茫，千汇万状"而被称为"诗圣"的伟大现实主义爱国诗人；有岑参那样擅写七言歌行，表现边塞风光和战争景象，气势豪迈的著名边塞诗人；有卢纶那样以慷慨雄健之笔夺帜文坛的"大历十才子""诗家射雕手"；有贾岛那样苦吟成癖"一日不作诗，心源如废井""两句三年得，一吟双泪流"的诗苑奇才；有李昌符那样以沉郁苍凉之音著称的"咸通十哲"以及王驾妻陈玉兰那样以临风怀远之情感发人意的红颜女史……此外，还有宋之问、令狐楚、张籍、姚合、许浑、皇甫冉、司空图等诸大家名辈，一时人才辈出，可谓边塞诗长卷中一大奇观。他们都写下有关边塞的不朽的诗篇，有的甚至成为千古绝唱。王昌龄《塞下曲》："蝉鸣空桑林，八月萧关道。出塞复入塞，处处黄芦草。从来幽并客，皆向沙场老。莫学游侠儿，矜夸紫骝好。"岑参《胡笳歌送颜真卿使赴河陇》："凉秋八月萧关道，北风吹断天山草。昆仑山南月欲斜，胡人向月吹胡笳。"贾岛《送李骑曹》："归骑双旌远，欢生此别中。萧关分碛路，嘶马背寒鸿。朔色晴天北，河源落日东。贺兰山顶草，时动卷帆风。"此外，王维的《使至塞上》："单车欲问边，属国过居延。征蓬出汉塞，归雁入胡天。大漠孤烟直，长河落日圆。萧关逢候骑，都护在燕然。"卢纶的"今来部曲尽，白首过萧关"，以及陶翰的《出萧关怀古》、储光羲的《使过弹筝峡作》等，皆不失为佳作。至于明清萧关怀古诗则不胜枚举。

写萧关的诗，实质都是与军旅生活相关的。军旅诗一般以现实主义为主的艺术方法来描写军旅生活中的艰辛困苦、边塞风光，以浪漫主义为主的艺术方式来抒发军人情志。岑参曾两度从军在安西、武威、北庭和轮台，充安西节度使府掌书记及安西、北庭节度判官。他从军多年，对边塞生活有深刻的体验，对出使西域所经沿途地域风光、民俗人情多有了解。王维在737年以监察御史的身份奉命赴凉州慰问攻袭吐蕃的官兵，途经萧关时作《使至塞上》，集中记叙了出使塞上的沿途所见，描绘了塞外的壮丽风光。诸如此类的军旅生活诗，在描写征战疆场的艰苦环境、边关塞外的冷漠荒凉时，也同时描绘了边塞雄奇壮美的风光。由于边塞所具有的自然地貌特征、气候特征和军旅诗歌常常与具有勇武扬威的英雄气概、深沉凝重的思想风度、粗犷强悍的男儿品格相联系，故军旅诗歌中的写景多是大笔挥洒，酣畅淋漓地描绘惊险奇丽、浩瀚苍凉的宏大景象。描写萧关道的诗歌都体现了这些艺术表现手法和特点。

明朝为抵御蒙古贵族的侵扰，建国伊始即把重点放在北方，修筑和加固东起鸭绿江、西至嘉峪关的长城，并在沿长城一线先后建立起辽东、宣府、大同、延绥（后迁榆林）、宁夏、甘肃、蓟州、太原、固原九镇，称为九边。成化十年（1474）春始设陕西三边总制（后改总督），开府于固原州城，寻建为重镇。三边总制官概由朝廷选派兵部尚书、侍郎等文职京官出任，一般均加有都察院左都御史或右都御史头衔，以监督、弹劾管区内的各级军政官员。这些人都是文化人，他们在固原不仅写诗词，还兴教育、建公园、修城墙、劝农桑，做了很多有益于人民的事。

固原古老而悠久的历史在历代边塞诗词中都有比较集中的反映。据地方史料记载，除去《诗经·小雅·六月》比较早地提到固原之外，从汉至民国2000多年间，历代有名有姓的诗人词客留下的有关固原的诗词就达120多首。包容了古代民族、朝代、人物、地名、关隘、战争、风情、民俗等诸多方面的内容。固原以南50公里是古代著名的萧关要道和六盘屏障，是北方通往长安必经之险关要隘，城北5公里处是战国秦昭襄王修筑的用于"拒胡"的秦长城。固原地处边陲，有着十分重要的军事地位，是历代边塞诗人们创作和吟诵的主要题材，这与当时边患频仍的战争环境是紧密相关的。当然也说明了固原作为历代王朝边关重镇和临近黄河流域历史文化名城地位的不可替代性，这也为诗人们的创作提供了天然的和必需的外部条件。但其中关于固原的大部分诗作都是描写边地的悲怆与荒凉、战争的残酷与血腥。新中国成立以后，有关固原新边塞诗词的创作在前人的基础上有所突破和发展。

在现代边塞诗词的创作中具有划时代意义的，是1935年10月红军长征翻越了最后一座高山——固原境内的六盘山，毛泽东满怀北上抗日的革命豪情，面对郁郁葱葱的崇山峻岭，寄景抒情，构思了气势磅礴、雄浑豪迈的《清平乐·六盘山》这首光辉词篇。现在重温《清平乐·六盘山》一词，意义更加深远。语境开阔，寓意深远，全无一丝古代边塞诗词中的凄凉悲壮的气息，为现代边塞诗词的创作开辟了更加广阔的道路。毋庸讳言，《清平乐·六盘山》一词极大地提高了固原的知名度和美誉度。有许多人就是因六盘山而知固原的，可见一首著名诗词的作用是非常大的。

固原历史文化探微

佘贵孝

固原历史文化，亦可称之为六盘山文化，是多元一体的中华文化不可或缺的有机组成部分。从史籍资料和出土文物考证，六盘山文化是历史文明的积淀，也是极具民族性的文化，反映了民族精神、民族特性的价值观念、思维方式、人格追求、伦理情趣等思想文化的本质特征。在漫长的历史长河中，六盘山地区由于地理位置的重要，各民族在历史舞台上驰骋，使六盘山文化积淀丰厚，民族特色鲜明，人文资源、文化资源以及民俗文化更具多样性。这里又是伏羲生活过的地方，也是古老民族繁衍生息之地，戎族驰骋、羌人游弋、鲜卑游牧、匈奴逐鹿、

吐蕃争雄、党项称霸、蒙古族逞强、回族定居，历史的变迁使这里成了少数民族的发祥地之一，当然也是孕育六盘山文化的历史故地。几千年积淀下来的文化遗存遗风，是鲜明淳朴的民俗风情以及所蕴藏的民族精神的集中体现。所以，这里的历史文化既有农耕文化的传承，又有游牧文化的演变。

一、历史地域文化厚重

六盘山地区，是黄河流域人类活动最早的地区之一。早在 3 万年前的旧石器时代，就有人类在这块黄土地上繁衍生息。在距彭阳县城南约 3 公里的岭儿、刘河等地发现了旧石器时代遗址，有大量的刮削器、砍砸器、尖状器等生产、生活工具和古生物化石。专家们根据地层、并对出土文物进行大量深入考证后，推断此地为32000 年至 27000 年左右旧石器时期晚期人类生活遗址。进入新石器时代，据考古发现，六盘山东西，清水河、葫芦河、泾河流域等地都有古人类活动的足迹，共发现新石器时代文化遗存 240 多处。隆德县胜利、页河子、周家嘴遗址，海原县曹洼、菜园遗址，西吉县兴隆、三滴水遗址等，反映了"仰韶文化北首岭类型""马家窑文化石岭下类型""马家窑文化店子河—菜园类型"和"齐家文化类型"的不同特征。西吉县兴隆镇采集的单耳罐、单耳瓶均为红色，陶器表面除磨光外已基本成为装饰的附加堆纹相当发达，有锥刺或"指甲"的印纹，篮纹都是横向的，绳纹酷似仰韶文化庙底沟类型的同类纹饰，可见兴隆遗址是目前能推知齐家文化较早的源头，引起了国际、国内的热切关注。上述从旧石器文化到新石器文化，为研究固原历史文化提供了非常重要的实证价值。

夏、商时期，本地属鬼方，为北狄、猃狁等古部落游牧地。西周属雍州大原，为义渠戎方国。战国秦惠文王时（前337—前311），首先在乌氏戎族居住较多的地带设置乌氏县，驻以重兵，防守漠北匈奴民族的南侵。乌氏县，是固原境内最早的县一级行政建置，为本地区行政建制之始。秦始皇时属北地郡，境内仍有乌氏县。随后设置朝那县（朝那部族生活驻地）。西汉元鼎三年（前114），从北地郡析置安定郡，郡治高平（今固原市原州区），并设立萧关。从此，本地就是州郡级建置地。从安定郡到原州，再到镇戎军（州），明代定名固原州，向来是与中原政治、经济、文化联系的通道。丝绸之路的凿通，更让本地成为西北军事重镇。正由于这种特殊重要的军事地理位置，黄帝西征到过六盘山，秦始皇西巡曾到鸡头山（即六盘山），汉武帝六巡安定郡，唐太宗、唐肃宗在原州观马牧，成吉思汗、窝阔台、蒙哥汗、忽必烈等亲临固原，指挥灭夏伐宋的战争。明代，固原又成为鞑靼族南侵的重要途径，国家在北部沿线设有九个军事重镇，称为"九边"，固原成为九个军事重镇之一，为西北"三边重镇"，设有三边总督府，驻有三边总督。清朝时为祖国腹心之地，驻以重兵。直至中华民国仍驻有军队，成为拱卫中原的又一道防线。这些，足以说明固原军事地位的重要性。

二、传说文化比较丰富

六盘山，古称陇山，陇山实为龙山的转音。相传龙山就是中国第一龙飞升的地方。近年来有学者认为中国的龙文化是由伏羲开创的。伏羲，生活在距今约7000年前，位居三皇之首，在五德帝系中占据"木德而王"的地位，被称为"苍精之君""东方之帝"。伏羲还被当作职司春季的农神。伏羲曾经生活在朝那湫一带。

在今固原市就有东朝那湫（东海子）、西朝那湫（西海子）和北联池（隆德境）不同指位。这并不奇怪，因为伏羲时代，人类社会尚处于原始农牧业的经济阶段。人们往往会选择一些坡度小、林木稀疏（主要是灌木林）、雨水充足、土壤较好的地方开山伐林，刀耕火种。在同一个地方连续种植几年之后，因肥力下降就要转移，另择山林从头做起。至于畜牧业，更是狩猎为主，圈养为辅。为了生计，人们需要大范围转移迁徙。部落所选择的落脚地方，当然都要有适合聚居生活的水源，所以才有不同地方湫渊的出现。但有一点不容置疑，这些湫渊都位于六盘山及其周边不远的地方。古陇山即今六盘山地区，都是伏羲部落生活过的地区，各地湫渊是他们迁徙生活中所留下的一个个足迹。

在北联池附近流传着伏羲诞生的神话。上古时期，这里有一个女子，她不怕水，也不怕狼虫虎豹，经常与野兽为伍。四山环抱中有一个池子，她经常在那里洗澡。有一次，洗完澡后她在岸上睡着了，睡梦中她觉得肚子里像有块冰，凉透全身，几道彩虹缠绕着她的身体。惊醒后，才发现自己躺在一个大脚印上。12年后，这个女子生下了一个人首龙身的孩子，取名为"伏羲"。那女子就是华胥氏。隆德北联池稍北有一条峡谷称"伏生峡"，峡内曾建有人祖庙，还有一孔石洞，石洞中有石桌、石炕。北联池向北1000米处有伏羲崖，崖上有伏羲洞，也有人叫先人洞。洞门口有一个蓄满清水的石缸。这里是伏羲住宿处。伏羲崖对面有龟丘，伏羲因龟背而顿悟，画出了八卦。

正是六盘山这块土地，孕育了中华民族的人文始祖，成为人类文明的发祥地之一。

正因为伏羲生活在朝那湫，朝那湫便成为祭祀龙神、伏羲帝君的圣地。所以，朝那湫在历史上曾与黄河、汉水、长江并列，作为当时全国的四大名川之一。《史记·封禅书》记载："自华山以西，名山七，名川四……水曰河，祠临晋；沔，祠汉中；湫渊，祠朝那；江水，祠蜀。……长水、沣、涝、泾、渭皆非大川……"在远古时期，无论规模还是名气，朝那湫都超过了泾河与渭河。《汉书·郊祀志》仍然把朝那湫与黄河、汉水、长江并列为当时全国的四大川。《汉书·地理志·安定郡》记载："朝那，有端旬祠十五所，胡巫祝；又有湫渊祠。"

朝那湫，因为是孕育了中华民族先祖伏羲的地方，便成为华夏文明史上最重

要的祭祀地之一，历代王朝都把朝那湫作为祭祀龙神、伏羲帝君的圣地。每年春秋两季，官府设立祭坛，举行盛大的"龙祭"（或"农祭"）仪式，酬谢神灵广施润泽、风调雨顺、关爱生灵的厚德。

明嘉靖《固原州志·重修朝那湫龙神庙记》："春秋时，秦人诅楚之文，投是湫也。"春秋战国时期，朝那湫因为"近天子之都"而祀祠有加。秦惠文王更元十三年（前312），楚国发兵攻打秦国，两国在丹阳交战，楚国战败后，就出动全国的军队再次攻打秦国。在这种危急形势下，秦王命宰相张仪作了《诅楚文》，投入朝那湫，祈求神灵降罪于楚国，保佑秦国。

三、丝路文化比较充实

丝绸之路作为东西方经济文化交流的重要通道，有着非同凡响的作用和意义。丝绸之路把东方世界和西方世界紧紧地联系在一起，推动了东西方全方位、多层次的接触、碰撞、激荡、交流与融合，对彼此的社会历史都产生了深远的影响。

汉朝政府通过丝绸之路，把内地的丝和丝织品、钢铁及冶炼技术，精美的手工艺品如漆器、铜镜、陶器等著名特产，传入天山南北和中亚，并经中亚远播欧洲。后来，中国四大发明中的造纸法、印刷术、火药，也是经由这条道路传入西方的。西方的葡萄、苜蓿、胡桃（核桃）、胡麻、胡豆（蚕豆）、胡瓜（黄瓜）、石榴等也随着丝绸之路的繁荣和畅通而传入中国，极大地丰富了中国人民的物质生活和精神文化生活。

四、城池堡寨文化古朴

固原境内保存较好的战国时期秦国长城，修筑于战国秦昭襄王三十五年（前272），是第五批国家级保护文物。秦长城宛如一条巨龙，起自甘肃省定西地区临洮县的洮河谷地，途经渭源、陇西、通渭县，进入平凉市之静宁县，顺葫芦河东岸经北峡口从闫庙进入宁夏西吉县，经原州区、彭阳县后出境，又进入甘肃省庆阳市镇原县的孟家原，全长200公里。在明庄西北，便分为两道，形成"内城"和"外城"。内城从明庄过公路，爬上原州城西北5公里的一道顺向小丘陵上，经郭庄、十里铺过清水河后至沙窝。外城向西北形成一个不规则的弓背状，经乔洼过清水河，过河后再折向东南至沙窝与内城合二为一。内城与外城遗迹形成极为鲜明的对比。内城城墩城墙高大、宽厚、完整，笔直如画，气势雄伟巍峨。城墩、城障保存较完好。

在本地境内还有数十座古城堡寨。固原古城是古代丝绸之路东段北道上的重镇，是一座历史文化名城。从汉武帝元鼎三年（前114）开始，历朝历代都在这里置郡设州，控扼西北边陲，史称"高平第一城"，古人形象地评价其地理位置说："据八郡之肩背，绾三镇之要膂""左控五原，右带兰会，黄流绕北，崆峒阻南"。这一形胜要地，自古就是关中通往塞外西域的咽喉要道上的关隘和军事重镇。内城周围九里三分，高三丈五尺；外城周围十三里七分，高三丈六尺。民国《固原县志》在写到固原城的形胜时说："治城形势如磐石，东岳辅于左，西坪翊于右，九龙槟于前，北塬拓于后，清水河襟带于东南，饮马河纤纼于西北。"就地势来讲，东门与南门都修建在斜坡漫道上，重关巍峨，居高临下，一夫当关，万夫莫开；北门与西门外都是一马平川，可防可攻。因此，固原城是一座能出击运兵，能藏兵防御的边关型古城。固原城地势西北高、东南低，东依清水河，民间传说称固原城头伏东南清水河，尾展于西北，犹如"金龟吸水"。这种西北高、东南低的地势极易排水，每逢暴雨，迅速从东南方向注入清水河，地面无积水。

在固原境内还有瓦亭城、北嘴城、大营城、黄铎堡城（即宋代平夏城）及大小不等的数十个明清时期的堡寨。

五、生态文化颇具特色

六盘山是西北地区重要的水源涵养林基地和自治区级风景名胜区。生物资源丰富多样，形成了一座巨大的"基因库"。茂盛的植被和生物多样性使六盘山成为休闲旅游、消夏避暑、森林探险、科考科普的理想场所。显著的水资源涵养效应和湿润的气候使之成为西北干旱地区的生态"绿岛"和"湿岛"。丰富的动物资源，使之成为"动物王国"。在如此优美的自然景观中，镶嵌着一颗颗耀眼的明珠，最为有名的有神奇迷人的老龙潭，山秀水碧的二龙河，曲径幽谷的凉殿峡，山叠水荡的秋千架，济公修身的延龄寺，神秘静谧的鬼门关，风光独秀的野荷谷，险峻磅礴的美高山，地震奇迹的堰塞湖，奇峰突起的"丹霞"地貌，激流清澈的泾河、清水河，牛羊成群的南华山牧场，无不掩映在松林华盖、流水涓涓、芳草茵茵、竹丛潇潇的迷人风景之中，吸引着众多游人流连忘返，使人心旷神怡。老龙潭、二龙河、鬼门关、凉殿峡、野荷谷、白云山6大景区的70多个景点，奇特的峡谷地貌、流泉瀑布和特有的植物资源在群峰环抱中显放异彩，形成一处纯自然美的旅游胜地，山光水色雄、奇、峻、秀，汇集了北国风光之雄浑，江南水乡之靓丽，景色随季而新，各有独特意境。一处处神奇美丽的自然景区，构成了一幅幅别有韵味的风景画卷。

在西吉县还有10多个堰塞湖，这是1920年12月海原8.5级大地震的产物。其中最大的堰塞湖是党家岔堰塞湖，水域面积186.6万平方米。堰内生长鲫鱼、鲤鱼、草鱼等，最大的鱼在10公斤以上。堰边浅水处生长着大片人工栽种的芦苇。

六、民间文化传承发扬

由于固原在历史上是经济重地、交通枢纽和军事重镇，又是丝绸之路东段北道必经之地，处在中原农耕文化和北方游牧文化的结合部。天地之造化，历史之沿革，使固原民间文化底蕴丰厚，种类繁多，内容广泛，诸如民间故事（传说）、楹联、灯谜、剪纸、社火、花儿等，为群众所喜爱。民间故事种类齐全，思想深刻，内容丰富，风格多样，千百年来陶冶、净化着固原人民的心灵，给予人们生活和斗争的勇气。在农村，奶奶为了哄小孙子，给孙子讲毛野人、蛤蟆精的故事。幼儿园里，讲故事是老师的基本功之一。到了晚上，孩子听故事意犹未尽，还要缠着妈妈讲故事。可见，故事是启迪、教育幼小心灵的主要方法。故事还能形成一种民俗。如孟姜女的传说，千百年来一直在彭阳等地广为流传。彭阳县孟塬乡和甘肃省镇原县武沟乡孟庄接壤，每年的农历十月初一，长城内孟家塬的人家特别注重祭奠亡人，谓之"送寒衣"，如果不给故人"送寒衣"，天气无论多么寒冷，健在的人不能提前穿棉衣。但和该村相邻的河沟、王山等村却没有"送寒衣"的习俗，因为这些村在长城外。

楹联从它产生就与人类的生活密切相关，它源于生活而高于生活，以简朴而明快的语言反映人们的志趣，陶冶人们的情操。过春节要贴春联，那红彤彤的春联向人们昭示祖国的繁荣，家庭的幸福；结婚生子要贴喜联，那红艳艳的喜联显示社会的和谐，新人的幸福；开业时要贴贺联，那红火火的贺联预示开业大吉，生意兴隆；祝寿时送寿联，祝福老人福如东海、寿比南山；住新房时送上贺联，祝福新居乔迁新喜，平安吉祥；在中堂挂一副名人对联，显示出主人的文雅品味；在书房挂一副友人对联，展示出主人的文雅情调；在卧室挂一副寓意深刻的对联，又昭示出主人的文人胸怀。老人寿终正寝，那白纸黑字对联，表达了后辈对先辈的哀思；名胜古迹的楹联，又会大大提高古迹的知名度。可以说，楹联无处不在，无人不用。爱好楹联，既是一种生活方式，又是一种精神寄托。所以，楹联具有群众性、实用性、鉴赏性，久盛不衰。其特点是短小精悍，意蕴丰富，或抒发人们的喜怒哀乐，或记录社会的风雨变迁，或讴歌人类的伟大创造，或赞美自然的神奇变化，或讽喻世情的冷暖炎凉，其以小见大，奇巧峻拔，是人民群众喜闻乐见的一种文学形式。因此，固原人爱好楹联，创作楹联。

七、民俗文化前景广阔

一个民族、一个地区，都有自己的风俗。固原，是一个多民族聚居的地区，有汉、回、东乡、蒙古等10多个民族，仅回族就占全市总人口的48.8%。这里世代居住的少数民族有其自己悠久的历史、灿烂的文化和独特的民俗风情，各民族在文艺、语言、信仰、服饰、饮食、居住、娱乐、节庆、礼仪、婚丧嫁娶及生产生活方式等方面所特有的文化内涵，正是六盘山文化的民族瑰宝。泾源县回族中保存下来的民间武术踏脚，已被改编为踏脚舞，以古朴而鲜活的形态展示了回族人民的勤劳、勇敢和智慧，富有浓郁的泥土气息、独特的民族特色和地方文化特色。

历史的原因，这里既有农耕文化的传承，又有游牧文化的演变。六盘山花儿别有风味，有的委婉动听，有的情意绵绵，有的高亢激越，有的欢乐悠扬，各具特色。还有各民族间盛行的群众性文艺活动，如宴席曲、戏剧、曲艺、社火秧歌、元宵灯会、刺绣、剪纸艺术，回族的各种饮食以及古朴、典雅的农民住宅建筑等。毡袄、毡靴、毡帽，是游牧民族的服饰遗传，炒面、手抓羊肉、羊羔美酒，又是游牧民族的饮食文化。流传至今的"大块吃肉，大碗喝酒"，更加显示了游牧民族的豪爽。这些，都展现出多姿多彩的民族民俗风情。

八、红色文化庄谐并重

1935 年 8 月和 10 月，中国工农红军第二十五军和中央红军（即红一方面军）长征先后经过六盘山回民聚居地区。中央红军长征，从 10 月 5 日下午进入今固原市西吉县境，到 10 月 9 日下午离开彭阳县孟家湾，在固原地区历时五天四夜。途经西吉、原州区（原固原县）、彭阳 3 县和 50 多个乡、镇、村庄，与国民党正规部队进行大小战斗 5 次。在彭阳县境内击溃卢业广民团，攻克刘家堡子，俘虏大土豪刘杰（押至环县洪德城处决）。在三岔，红军为民除害，消灭了称霸一方、作恶多端的地主武装高家湾民团，处决和镇压了民愤极大的地主恶霸，同时，大力宣传党和红军的抗日主张和民族宗教政策，模范地执行了三大纪律八项注意，给当地群众中留下了深刻的印象。

1936 年下半年，红军西征在固原境内活动半年之久。10 月 22 日，一、二方面军在将台堡胜利会师。

1985 年为纪念红军长征胜利 50 周年，在红军当年走过的六盘山顶修建了"长征纪念亭"，名字由时任中共中央总书记的胡耀邦题写。2005 年，又改扩建为红军长征纪念馆。1996 年 10 月，在纪念红军三大主力会师暨纪念红军长征胜利 60 周年之际，经宁夏区党委、区政府报请中共中央宣传部批准，在将台堡修建了红军长征会师纪念碑。9 月 1 日，时任中共中央总书记、中华人民共和国主席、中央军委主席江泽民题写了"中国工农红军长征将台堡会师纪念碑"碑名。

九、宗教文化源远流长

宗教文化是传统文化的有机组成部分，且有自身的特点，历史上一直影响着人们的精神生活。在固原漫长的历史长河中，构成宗教文化的有佛教文化、道教文化、伊斯兰教文化、基督教文化。

佛教 六盘山地区地处"丝绸之路"东段北道上,因而中原文明、印度文明、阿拉伯文明在这里形成一个独特的交汇点。丝绸之路的畅通,加强了中国和中亚、西亚、南亚,以及欧洲各国的经济、文化联系,增进了中国人民和世界各国人民的友谊和相互了解,佛教开始传入中国。佛教的兴盛,石窟寺院也随之发展起来。固原地区现存的石窟就有 16 处,大都开凿在依山傍水、风景秀丽的山崖上。目前,保存最完好的,也是建造最早的、最大的石窟是开凿于北魏孝文帝时期的须弥山石窟。从北魏起,历朝历代都整修过此石窟,它吸取了印度佛教文化的精华,继承并发展了秦汉时代的艺术传统,以匠心独具的构思,精湛的艺术风格反映了不同时代的不同艺术风格,是我国各族人民共同创造的不多见的艺术珍品。须弥山石窟为中国十大石窟之一,位列第七,也是宁夏最大规模的佛窟寺院,1982 年被国务院公布为全国重点文物保护单位。火石寨石窟群有代表性的是扫竹岭石窟、石寺山石窟、禅佛寺石窟和石城石窟。这些石窟都是历史的产物,是丝绸之路长期中西文化交流、友好往来的结晶。其他石窟,虽然规模不大,但从佛像的雕凿技巧和壁画艺术的精美来看,也充分体现了劳动人民的智慧和创造力,他们都是固原历史文化宝库中的瑰宝。固原境内的石窟,大多以佛教为主,且伴有道教,最典型的是须弥山石窟。很多大型庙宇群也以"下佛上道"为主,如东岳山庙宇群就是这样的布局。

道教 固原境内大多数庙宇以道教为主,如九龙山、清凉山、西华山。固原人在宗教信仰上既信佛教,又信道教,见神就拜,就说明了这一点。境内还有诸如东岳山、九龙山等大型庙宇群。东岳山庙宇到清代中期,已是"九台十八院,七十二座大殿"的宏大建筑群,闻名西北。2006 年,又在山门后建成孔子文化馆,形成十台建筑群。另有魁星楼、财神楼等明清建筑物。

伊斯兰教 回族信仰的宗教。凡是有回民居住的地方就有清真寺,有"念、礼、斋、课、朝"五功,认真恪守,从不懈怠。在饮食、服饰、建筑、禁忌、节日、婚姻、丧葬等方面都有自己的特点。元代,伊斯兰教传入本地后,星罗棋布的清真寺遍布六盘山地区的每一个回民村庄。清真寺一般为中国宫殿式的建筑,也有尖塔圆顶式,主要由大殿、望月楼、宣礼楼、经堂教育讲堂、浴室等组成。固原地区的清真寺,多采用中国古老宫殿的建筑形式,殿脊隆起,飞檐四出,雄伟古朴,庄严肃穆。也有阿拉伯风格的建筑。有的清真寺庭院数进,宽敞明净,曲栏环绕,松柏碑亭;有的清真寺外形古老雄伟,殿内富丽堂皇,雕梁画栋、吊灯成群,大殿深处,拱门顶上,饰以古体金字《古兰经》文浮雕,显得分外肃穆庄严;有的清真寺大殿奠基很高,礼拜时拾级而上,殿内阳光充足、空气流畅,给礼拜者一种清新宁静之感;有的清真寺建于万绿丛中,殿堂隆起,殿上飞檐四出,角亭对立成群;有的清真寺拱门成排,圆顶尖塔辉映相峙;有的清真寺塔楼突起，独树一帜；有的清真寺角亭高大，独具一格，矗立殿后；有的清真寺小巧玲珑、精美别致，挺拔秀丽的望月楼，屹立在大殿之上；有的清真寺建筑独具风格，高大的拱门前耸立着更高的烛形尖塔，显得气势雄伟，格外别致壮观；有的清真寺则修建在环境优美的县城郊区，四合庭院，有花有木，古色古香。礼拜大殿一般都要建筑在寺院的中轴线上，其建筑方向坐东面西，朝着麦加圣地——克尔白。大殿正面后墙墙壁正中有壁龛背向麦加，以示跪拜的朝向。四面墙壁素洁淡雅，形象景物一概皆无，而代之一些阿拉伯文艺术字体，即《古兰经》文和几何构成的图案装饰，有的还彩绘镀金，别具一格。可以说，具有浓郁地方特色的清真寺，也是六盘山文化中极具鲜明特色的人文景观，如单家集清真寺、北武家清真寺、原州区上坊陕西寺、沙沟拱北、韭菜坪拱北、二十里铺拱北等，其建筑风格和宗教文化都有着丰富的文化内涵。

基督教。1923年，固原县福音教堂牧师宋一千在居民区设立教会学校，此为今宁夏境内第一所教会学校。

十、地名文化传承久远

地名文化源远流长，它既是历史上人类向大自然拓荒足迹的反映，又是战乱、迁徙、民族融合的写照。随着疆域的易主、国家的兴衰、王朝的更迭，地名也在不断变化之中。考察研究固原的地名，有助于我们更进一步了解固原军事、政治、经济、文化等方面的发展变化过程。地名大概有如下类型：

古城堡寨命名的有：西吉县的将台，固原的古城、黑城、瓦亭、牛营，海原县的西安，彭阳县的长城塬等。

少数民族地名至今流传的有：西吉县火家集在宋朝称羊牧隆城，海原县城在元明清时称海喇都城，海原县西华山、南华山在宋与西夏时称天都山，原州区有元代蒙古人住过的地方斡耳朵。

用人名命名村庄的有：黄铎堡、满四堡、李俊堡、李旺堡、杨芳堡、马建堡、陈靳、王民等。纯粹以姓氏命名的地名有韩府、马家老庄、高庄、李庄、海堡、郭庄、郑磨、乔洼、铁家庄等。

把原住地搬迁到新住地地名在泾源县较为普遍。据《同治年间陕西回民起义历史调查记录》记载，余羊村原在同州西乡王阁村的附近。十里滩村，沿用同州（今陕西大荔）沙苑十里滩村名。九社村，沿用渭南凉天坡一带六村九社。白吉村，用陕西白吉原地名。冶家台村，沿用同州王阁村冶家。秦家村，沿用渭南秦家滩。王阁村，沿用同州王阁村。

屯田命名 元代有：军屯、民屯。到了明代，如南屯、北屯地名至今留存等。

以牧马地命名 唐朝以后，固原是国家的军马场，很多地名也与"马"字

有关。如马场、马厂、马营、哨马营、黑马营、马西坡。还有大营、头营、二营、三营、四营、五营、六营、七营、八营等，反映出那段历史并显示兵营的方位。

以地形命名的有"山、河、沟、墕、塬、岔、洼、峁、川、梁"等及其近义词和相关字词命名的地名最为常见，如上岔、下岔、中岔、小岔、交岔、石岔等。高台、树台、峰台、惠台等地名因居于高而平坦的台地上而得名；高崖、红崖、白崖地名则说明当地有沟谷深切形成的崖壁，而且有高度和土色方面的特征。塬、梁、峁是黄土高原上广泛分布的地貌类型，刘塬、上梁、孟塬等地名毫无疑义地指示了黄土丘陵地貌。此外，像太阳洼、曹洼、王洼、后洼、山河、杨沟、马莲川这样的地名，则记载着与塬、梁、峁、台地相对应的负向地形特征，大量的有"河、谷、川"字样的地名的存在，则反映着此类地形的普遍性。

以生态命名的地名有硝口、干盐池、蓆芨滩、蒿子川、马莲川、白草滩、蒿店、水泉、五原、萧关等。

历史的长河，先祖的业绩，铸造出固原地区独特的人文胜迹，再现了固原昔日的繁荣昌盛，它是固原人民勤劳、勇敢和智慧的结晶，是历代固原人民推动历史前进的足迹，也是中华民族灿烂文化的重要篇章。

2013 年 7 月宁夏历史学会年会暨固原历史与文化学术研讨会交流发言文章

论固原边塞文化

佘贵孝　郭勤华

固原，在我国历史上属于北部沿边地带、军事要塞，战略地位曾十分显要。北扼漠北，南控关中，西通河西走廊，东连庆（阳）环（县）地区，明代论者曾指出"固原居中而执其枢，左顾则赴援绥、灵，右顾则迎应甘、凉。击常山之蛇以合左右之节，逐中野之鹿以成掎角之形，固原实有焉。"[1]《读史方舆纪要》称固原是"左控五原，右带兰会，黄流绕北，崆峒阻南""据八郡之肩背，绾三镇之要脊"的咽喉要地。千百年来，中原统治集团与大漠以北的游牧民族在此兵戎相见，争城割地，有时甚至是很惨烈的。

一、固原是关中的北边门户

早在商至战国时期，鬼方、戎族、猃狁、匈奴等少数民族就在固原活动、征战，这是中原农耕民族与北方草原游牧民族，在此两种文化交会地带摩擦冲突开始激化的时期。秦汉时期，固原为中原王朝的边疆地区，是抵御匈奴的前沿。高诱在《战国策·秦策》中说"东函谷，南武关，西散关，北萧关"。这四关之中的地域空间就是关中，是指今河南灵宝县及陕西关中盆地和丹江流域，并包括今甘肃陇山以东、宁夏固原以南地区。而萧关就是关中北面的门户。虽然有这样众多的行政设置和军事防御设施，匈奴族还是在汉文帝十四年（前166）冬，沿清水河通道破长城大举南下，与驻守在萧关的北地郡都尉孙卬（北地郡最高军事长官）大战一场，孙卬阵亡。匈奴趁势焚烧回中宫，前锋部队到距长安仅300里的甘泉宫附近。汉文帝急忙调骑兵10万人屯驻长安周围，以备匈奴进犯长安；另外，又调兵反击，匈奴抢掠月余后退回。这次萧关之战，朝野震惊。司马迁在他的《史记》里多次提到孙卬，并将孙卬的独特功绩当作重大历史事件记载。西汉末年，历史学家、文学家班彪北游安定郡时，专程凭吊了孙卬殉职的萧关。

魏晋南北朝时期，汉族、匈奴、鲜卑、氐、羌、羯为建立自己的统治，在固原刀戈相向。东晋十六国时，曾有前赵、后赵对峙高平，前秦、后秦高平之战，更有赫连勃勃在固原创立大夏政权。公元407年6月，赫连勃勃在高平拥兵自立，自称大夏天王、大单于，置百官，改年号为龙升，立国名为大夏。十月，勃勃又出兵吞并鲜卑叱干部数万人。当时勃勃部下劝他在地势险固、山川沃饶的高平定都。勃勃说："吾大业草创，众旅未多，姚兴亦一时之雄，关中未可图也。且其诸镇用命，我若专固一城，彼必并力于我，众非其敌，亡可立待。吾以云骑风驰，出其不意，救前则击其后，救后则击其前，使彼疲于奔命，我则游食自若，不及十年，岭北、河东尽我有也。待姚兴死后，徐取长安。"[2]

隋末至唐，突厥、吐蕃先后侵犯原州（即今固原市原州区）。唐德宗承认吐蕃在河西、陇右的既得利益和地位，将大片土地割让给吐蕃，以求得暂时的安定。建中四年（783）一月，陇右节度使张镒和吐蕃相尚结赞在清水县正式签订了盟约。这个盟约将原州正式划给了吐蕃。盟约规定："泾州西至弹筝峡西口，陇州西至清水县，凤州西至同谷县，暨剑南西山、大渡河东，为汉界。蕃国守镇在兰、渭、原、会，西至临洮，又东至成州，抵剑南西界磨些诸蛮、大渡水西南，为蕃界。"又规定"盟文有所不载者，蕃有兵马处蕃守，汉有兵马处汉守，并依见守，不得侵越"[3]。但这对吐蕃只是一纸空文。贞元二年（786）吐蕃越界分别扰掠泾、陇、邠、宁等州，唐将领不得不奋起反击。吐蕃又数次派遣使者，请求重新缔结盟约。贞元三年（787）五月，唐以侍中浑瑊为会盟使，兵部尚书崔汉衡为副使。闰五月，浑瑊等与尚结赞会盟于平凉。吐蕃突然袭击会所，唐会盟副使崔汉衡以下60余名官员被吐蕃所擒拿，唐军死者数以千计。代宗广明元年，吐蕃攻陷唐都长安，于是陇山（今六盘山）、贺兰山以西，泾州（今甘肃泾川）以北，皆陷于吐蕃。唐司空图在《河湟有感》中感慨道："一自萧关起战尘，河湟隔断异乡春。"这就是吐蕃占据原州以后的写照。

西夏立国后，固原成为宋夏交锋的主战场。北宋与西夏的好水川之战、定川寨之战、三川寨之战，使宋朝损兵折将，连丧数十员大将和数万名士兵。宋高宗南渡后，这里又为金政权所有。爱国将领吴玠、吴璘多次与金发生战事。

蒙古太祖二十二年（1227），成吉思汗除留兵继续围攻西夏国都中兴府（即兴庆府，今宁夏银川）外，自率师渡过黄河，由西道攻克临洮，进入金境。当时，六盘山区所属州县，都在金政权的版图之内。夏四月，进入六盘山地区，拔德顺州（今隆德县城）。闰五月，避暑六盘山。《金史·爱申传》记载了蒙古军队攻克德顺州的战况："正大四年春，大军西来，拟以德顺为坐夏之所。德顺无军，人甚危之，爱申识凤翔马肩龙舜卿者可与谋事，乃遣书召之……既至，数日受围，城中共有义军乡兵八九千人，大军举天下之势攻之。爱申假舜卿凤翔总管府判官、守卫一与共之，凡攻百二十昼夜，力尽乃破。"在这场恶战中，德顺州节度使爱申、进士马肩龙等人被俘后宁死不屈，刚烈自缢。成吉思汗军队占据固原后，宪宗蒙哥汗、忽必烈先后驻跸固原。

明代，固原为九边重镇之一，是明王朝北部边疆防御鞑靼入侵的重心和社稷安危所系。当时这里屯军十余万，数次抗击着蒙古铁骑。清时，固原成为祖国的腹心地区，不见烽火硝烟，并出现了回汉共垦的民族相融局面。在经历了长期的诸戎侵扰、政权更迭、胡汉杂处、相互濡染以后，固原边塞众多的民族在血与火的冶炼中逐渐融合。

纵观固原的历史，自商周始的中原统治集团和边远方国之间的频繁征战，自秦汉至明清的中央封建王朝与地方割据和北方民族的冲突与融合，使固原的历史文化凸显出一种边塞特色的文化特征。

二、边塞文化

（一）边塞各民族生活、争战的遗留物

固原自商周始就是中原统治集团的北部边陲，有许多北方游牧民族在此生息活动，争夺厮杀。这一史实除了一些史书典籍的记载以外，大量明显带有草原文化风格的出土文物也证实了这一点。春秋战国时期，固原是北方游牧文化和中原农耕文化的交会之处，生活着史书上记载的"西戎八国"中的义渠戎等。他们创造了发达的青铜文化。1960年，在西吉白崖乡半子沟村率先发现青铜文化遗存，是嚆矢，开了先河。到20世纪末，在固原地区各县辖境内发现分布地点50处左右，发掘和清理各种青铜文化墓葬百余座。以固原杨郎马庄墓地和彭堡于家庄墓地为代表，出土了数以万计的陶、铜、铁、金、银、骨、石等各类质地的器物，其特征具备"北方系青铜器"的一般特征。陪葬品有数量不等的马、牛、羊的头、蹄骨，多者五十几具，少者几具。出土的有些器物在中国北方其他地区鲜见，属地方性器类，如触角式短剑，长胡、中胡多穿戈，柱状缨珥的当卢，椭圆形口、饰品字形镂空的大型车铃，饰以各种动物纹样图案的精美带饰和透雕动物形饰牌如虎噬鹿、虎抱鹿、翼马纹、奔牛纹、怪兽纹、子母豹、狮子扣饰、人驼纹饰牌等，还有铜柄铁剑。这些与众不同的器类，许多学者认为，应当命名一种新的考古学文化——西戎文化。

魏晋南北朝遗存　出土了北魏漆棺画、鎏金银壶、凸钉装饰玻璃碗3件国宝级文物。漆棺画乃北朝画迹的重大发现，精美漆画上的宴饮图、狩猎图和装饰联珠纹等，展示的文化内涵颇具波斯风格。墓葬中的其他随葬品，有些是通过丝绸之路流入的中亚和波斯或受其文化影响的器物。李贤夫妇墓中有4件器物是来自中西亚的。一是鎏金银壶，二是凸钉装饰玻璃碗，三是镶宝石金戒指，四是银装铁刀，另外，墓葬中出土的具装甲骑俑和武士俑、吹奏乐俑及伎乐壁画，反映出来自中西亚乐舞与戎装甲胄的影响。出土的东罗马金银币是中西文化交流的重要实物见证。其中北魏漆棺画墓中出土萨珊卑路斯银币1枚，北周田弘墓中出土金币5枚，分别为利奥一世（457—474年在位）金币1枚、查士丁一世（518—527在位）金币1枚、查士丁尼一世摄政期（527）的查士丁—查士丁尼金币2枚、查士丁尼一世（527—565在位）金币1枚。以数量而言，单座墓中出土如此多的金币，在中国尚属首例，特别是其中的两枚即利奥一世、查士丁尼一世的金币在我国境内属首次出土。这些绚丽多彩的器物代表着中西文化交流在丝路东段北道上的见证。

隋唐时期是丝绸之路的繁荣昌盛时期，固原仍为丝路重镇。这一时期对南郊隋唐墓地的发掘，令人瞩目。从1982年到2004年共发掘大、中、小型墓葬50余座，其中具有墓志确切记载的大型墓葬7座，6座墓葬属中亚粟特人史姓，即史射勿墓、史索岩与夫人安娘合葬墓、史诃耽墓、史铁棒墓、史道洛墓、史道德墓，出土了一批反映中西文化交流与民族迁徙融合的文物，如精美的壁画、石门、石棺床、金覆面、小玻璃器、蓝宝石印章、金花饰、镇墓武士俑、人面兽身镇墓兽等，还有数枚波斯银币和东罗马金币，证实固原在隋唐时中西文化交流和国际商业贸易中有着举足轻重的作用。尤其是出土的6合史氏与安氏墓志，即《隋正议大夫右领军骠骑将军史射勿墓志》《唐故左亲卫史道洛墓志》《唐故朝请大夫平凉郡都尉史索岩夫妇墓志》《唐游击将军虢州刺史直中书省史诃耽墓志》《唐司驭寺右十七监史铁棒墓志》《唐给事郎兰池正监史道德墓志》，显现了丝绸之路上的民族迁徙与融合。这些墓志具有极高的史料价值，记载了隋唐时活动于中亚索格底亚那的粟特人即"昭武九姓"人中的史氏流寓原州的事实。这些墓葬是中国境内发掘的规模最大的中亚粟特人墓葬群，证明了固原在隋唐间是丝绸之路沿线粟特人在中国境内的重要聚居点，也为丝绸之路沿线粟特人汉化和民族交流提供了实物资料。2003年发掘的唐M29中出土的两具人骨架，经鉴定，头

骨的颅面形态具有白种人的因素。史籍中记述粟特人面貌有欧罗巴人种特征，从而进一步确定了粟特人在固原生活的事实。墓葬中流行口含或手握金银币及使用金覆面的葬俗，体现了其祖上在中亚的埋葬习俗，而这种习俗是他们沿丝绸之路带入中国的，并传至其后裔。该墓地的发掘，不啻为粟特人创造的文明和已经消亡的粟特人提供了特殊见证。

（二）胡汉相交的边塞民俗在历史的长河中，固原是汉族与北方众多民族融合的典型地区，胡汉民族在这里长期杂居，在衣食住行及语言等方面形成了一种我中有你，你中有我的特殊风俗

服饰　在20世纪60年代以前，固原农村汉族男子头扎白羊肚手巾，身着光板老羊皮袄和大裆裤。有的头戴毡帽、脚穿毡靴。这些均体现出历史上各游牧民族、农耕民族服饰文化的相互影响与继承。《汉书·匈奴传》载，匈奴服饰："自君王以下，盛食畜肉，衣其皮革，被旃裘。"《旧唐书·党项传》载党项服饰："男女并衣裘褐、仍披大毡。"显然，大裆裤、裹腿、头上扎羊肚手巾是由游牧民族服饰演化而来。

饮食　固原人的饮食习惯以熬煮为主，但也有手抓羊肉、羊肉涮锅、炒面（一种莜麦熟面），与蒙古族习惯相同。固原人还喜欢用生葱、蒜、姜、韭菜调味，这与契丹、女真及满族的饮食习惯传入有关。

地名　在宋元明时有羊牧隆城（今西吉火家集）、海喇都（今海原县城）等地名，至今人们不知其意。元朝，蒙古人住固原，今天仍有斡耳朵地名。明朝，为给战争提供军马，在固原修筑大营城、头营、二营，直至八营共九座城池，既是马政的管理机构，也是牧马人的住宿之地。其名至今沿用。

方言　固原的边塞战略位置，决定了固原是一个多民族聚居的地方。历史上，猃狁、义渠戎、乌氏戎、匈奴、羌、羯、鲜卑、柔然、突厥、党项、女贞、蒙、鞑靼、回等民族都曾在此征战、生活过。此地除语言"渐染胡语"以外，历史上多次大规模的移民和朝廷派往这里驻守的各地文官武将及大批外籍士兵所携的多方语言在此交融、演变，使这里的方言丰富、杂乱。或受北方民族语言影响，或带一点京腔，甚至有一些南方方言也可以在这里听到。如固原人把中间有圆圈的油饼叫圞圞（kulue），古代蒙语圞圞（kulue）就是圈子。把"今天""明天"说成"今儿""明儿"（如北京话儿化韵）。把"闲（xián）"说成"闲（hán）"（客家话、粤音和闽南话读音hán），再如把"眉（méi）"说成"眉（mí）"（赣语、客家话、闽东话音mí），把"街"说成"该"，等等。

（三）风格独特的边塞文学艺术

边塞诗词　历代的文人墨客对战火连绵的固原多有诗词歌赋，反映刀戈相向的战争场面。

固原，在历史上有着十分重要的政治、军事和文化地位。早在2800多年前，周宣王派大臣尹吉甫领军北伐猃狁部族就到过当时称之为"大原"的固原一带。《诗经·小雅·六月》对此有记载："薄伐猃狁，至于大原。文武吉甫，万邦为宪。"在此后漫长的历史岁月中，秦皇汉武或出边地，或祭山拜岳，都曾过萧关、登六盘、临固原。

历代有名有姓的诗人词客留下的有关固原的诗词就达120多首。包括了古代民族、朝代、人物、地名、关隘、战争、风情、民俗等诸多方面的内容。固原以南50公里是古代著名的萧关要道和六盘屏障，是北方通往长安必经之险关要隘，城北5公里是战国秦昭襄王修筑的用于"拒胡"的秦长城。固原地处边陲，军事地位十分重要，也是历代边塞诗人们创作和吟诵的主要题材，这与当时边患频发的战争环境是紧密相关的。当然也说明了固原作为历代王朝边关重镇和临近黄河流域历史文化名城地位的不可替代性，这也为诗人们的创作提供了天然的和必须的外部条件。但其中关于固原的大部分诗作描写都是边地的悲怆与荒凉，战争的残酷与血腥。新中国成立以后，有关固原新边塞诗词的创作在前人的基础上有所突破和发展。

盛唐时的丝绸之路已发展为驿道，也就是国道。而经过固原的这一段道路，也称萧关道。

明朝为抵御蒙古贵族的侵扰，建国伊始即把重点放在北方，修筑和加固东起鸭绿江、西至嘉峪关的长城，并在沿长城一线先后建立起辽东、宣府、大同、延绥（后迁榆林）、宁夏、甘肃、蓟州、太原、固原九镇，称为九边。成化十年（1474）春始设陕西三边总制（后改总督），开府于固原州城，寻建为重镇。三边总制官概由朝廷选派兵部尚书、侍郎等文职京官出任，一般均加有都察院左都御史或右都御史头衔，以监督、弹劾管区内的各级军政官员。这些人都是文化人，他们在固原不仅写诗词，还兴教育、建公园、修城墙、劝农桑，做了很多有益于人民的事。

民族音乐　固原的音乐艺术中，有许多民族、地区的音乐艺术在固原边塞地区融合、演变的例证。如唢呐是固原人在节日、婚丧、祭祀时的一种最主要的乐器。唢呐是据突厥语"唢尔奈依"译的，固原有些地方把吹唢呐的艺人又叫"龟兹"，这与汉代龟兹人内附、隋唐时突厥人在今固原一带长期居住生活有关。这一游牧民族乐器在固原民族融合过程中，逐渐流传并改进、承传了下来。

民间舞蹈、社火　在固原地区的民间舞蹈、社火中，有一些北方民族的扮相。如社火中的"害婆娘"，手拿一把笤帚，见人就扫一下。这个"害婆娘"极有可能是鞑靼舞蹈文化的遗存。在社火中还有一种比高跷低的称"寸跷"，与满族的寸跷舞蹈基本相似。新中国成立前，有些人以相面、占卜、乞讨、流浪为

生，乡民俗称"蛮子"，极有可能是羌人遗民。

书法绘画　固原遗留有许多反映塞上战事和各民族和睦共处的书法绘画。有些人家中保存的书法作品就有"蒙汉一家""中外一统""华夷天垒""威震九边"等表达边塞人民保卫疆域、期望团结美好的愿望。在出土的墓葬中有一些壁画或陶器是农耕图、狩猎图、胡人牵驼图等，都是当时固原边塞地区亦农亦牧生活和各民族在此进行贸易和文化往来的实证。

（四）众多的边塞历史文化遗迹

固原地区现遗存的大量历史文化遗迹，是当年该地区民族争战、边地贸易等边塞历史的见证物。

长城　战国秦昭襄王时修筑的长城，在固原地区有200多公里，至今有些地段保存完好。

古城址　在固原地区有大小不等的古城堡寨百余座。将台堡城是战国秦长城的障城。秦汉时期的朝那城（今彭阳县古城镇）、固原城、瓦亭城，唐代的彭阳城，宋代修筑的火家集城、平夏城、大营城、北嘴城、西安州城、安化县城、德顺军城（今隆德县城）。元、明、清时对城堡维修，继续利用。同时修筑了很多堡寨。

古墓葬　中原王朝和北方少数民族曾在固原边塞长期征战，难免损兵折将，还有一些名人将士屈死边疆。这些名人、大将的墓葬有：柱国大将军、北周开国勋臣李贤之墓；宋代坚决抗金、不甘偏安、遭遇可歌可泣的曲端之墓；血溅北疆、绘像紫光阁的豆斌之墓；参与廊坊"庚子之役第一恶战"和东交民巷使馆区激战的甘肃提督董福祥之墓；在抗击日本侵略者战斗中光荣献身的陈良璧、单兴忠之墓。

古道　固原的古道有秦直道、丝绸之路、驿道等，这些历史上帝王巡边、官商行旅、军队进攻、迅速传递军事消息的交通动脉与设施，对于促进当时固原边塞地区的经济、文化发展与繁荣发挥过重要的作用。

（五）特殊的边塞史事

移民实边　从汉朝开始，朝廷为发展边塞地区的经济建设，多次将内地居民迁徙到本地。至今在民间还流传着"大槐树"的故事。元代，为了发展军屯，至元十五年（1278）十二月，设开城路屯田总管府，专管屯田事宜，并陆续拨军屯田。当年就令武毅将军李进率军2000人移屯六盘山。次年又拨西川蒙古军7000、新附军3000归皇子安西王统辖，到这里屯田。至元十八年十月，又命安西王府协济户及南山隘口军分别于安西、延安、凤翔、六盘等处屯田。至元二十一年二月，又从别速带所部挑军700余人交付安西王屯田。至元二十四年十月，再次征调驻守四川的军队5000人于六盘山屯田。翌年四月，令陕西行省督巩昌兵 5000 于六盘山屯田。至元二十九年三月，恢复延安等三路 3100 人为军籍，令其至六盘山屯田。至元三十一年，元成宗令在德顺州立屯耕种，屯户 2600 余户，耕地 800 余顷。元贞二年（1296）二月，元成宗令置军万人于六盘山至黄河间屯田。当时民屯也有很大发展，至元三十年时，仅安西王就有民屯 424 户、田 467 顷。先后有 3 万余军民来到六盘山屯田。

马政　固原历代为朝廷牧马之地，提供军马，以作战时之用。西汉时国家为了发展畜牧业，设立了 6 个畜牧业管理机构"牧师苑"，其中有 5 个就靠近今固原地区。东汉时已出现"牛马衔尾，群羊塞道"的繁荣局面。隋代，在原州设羊牧、驼牛牧，分别设置总监、太都监、尉，以主管其事。唐朝，固原已成为西北养马中心，以原州（今固原市原州区）刺史为监牧使，以管四使。除南使和西使在其他州县，北使和东使都在原州城内。明永乐四年（1406），即置陕西苑马寺于固原，因管理不善，马政衰退。弘治十五年（1502），杨一清擢都察院左副都御使，专职管理陕西马政。杨一清到固原后，增修城堡，各牧场设置马厩，修筑房屋供牧军居住，恢复群牧司的工作。固原头营、二营、三营、四营、五营、六营、七营、八营各城堡原是驻军营房，因年久失修，坍塌不堪，遂修葺一新，作为牧军歇息住所。十七年，奏请太仆，要求增添苑马寺员；十八年又奏请添设专员。为大力发展养马业，杨一清获准支取太仆马价银 42000 两，于平、庆、临、巩等地买种马 7000 匹，以振西北马政。同时，马市交易继续进行。早在唐朝以前，封建王朝以绢帛向西北各少数民族易马，唐以后逐渐以茶易马。至宋代出现了专门管理马政交易的茶马司等机构，明代则继续了这种交易制度。明朝以茶叶易马以资军用。杨一清督理马政 4 年，"易马九千余匹，而茶尚余四十余万斛。灵州、盐池增得五万九千，贮庆阳、固原库，以买马给边"。不仅足用边备，且有库储。

匈奴等民族内附　秦汉以来，固原地区经常作为安置内徙各族的"缘边六郡"之一。公元前 127 至公元前 121 年，汉武帝令卫青、霍去病和公孙敖等率兵一举将匈奴逐出塞外。汉武帝徙内地 70 余万灾民到地广人稀的西北边郡屯耕。为了鼓励他们垦荒种田，由政府供给口粮、衣物、种子和耕牛。并令百姓在边郡各县发展畜牧业，由政府贷给母马以繁息马匹，三年后，"息什一，以除告缗"[4]。

《后汉书·西羌传》记安定郡的西羌，最初是永平二年（59），大豪滇吾降汉，入居陇西塞内，至永元元年（89），其孙东号率部民又降，始徙安定郡。当时，有一个称为先零别种的滇零部落，也住在陇山（六盘山）一带。

魏晋时期，固原地区不仅有汉族居住，还有鲜卑族、羌族、氐族、羯族、匈奴等少数民族居住。鲜卑鹿结部 7 万余户屯聚高平川（今固原清水河），与西部的祐邻部相攻劫。鹿结部退至略阳（今甘肃秦安），祐邻尽并其众，入居高平川。祐邻死，其子结权立，徙居牵屯山（今六盘山）。在此前，乞伏鲜卑一直活动在高平川、牵屯山一带，另外，活动在高平川一带的还有破多罗部（又作破多兰部）。《魏书·高车传》有"而牵屯山鲜卑别种破多兰部世传主部落，至木易于（又作木奕于、没奕于）有武力壮勇，劫掠左右，西及金城（治今甘肃兰州附近），东侵安定（今甘肃泾川北），数年间诸种患之"。北魏天兴四年（401）被魏讨灭，余部在木易于率领下仍居高平，臣属后秦。

唐元和三年（808）六月，西突厥沙陀酋长朱邪尽忠与其子朱邪执宜为吐蕃所逼，率其众 30000 余降唐。途中与吐蕃屡战，自洮水转战至石门（今须弥山口），诣灵州降。

这些羌民和匈奴族及汉族在经济文化上互相交流，共同发展着固原的历史。

羁縻州县　秦惠文王时（前337—前311），将降附的月氏族安置在今隆德县境内，设置月氏道（道相当于县级政权，是中央政府专为安置少数民族设置的管理机构）管理月氏族的生产和生活。也就是在这个时候，秦国还在彭阳县古城镇设置朝那县（有人考证朝那也是一个少数民族）。

《旧唐书·地理志》载：贞观六年（632）"置缘州，领突厥降户，寄治平高县界他楼城。"降附唐朝的突厥首领，多数被任命为将领。

明朝，未撤离的蒙古人，政府给予安置，有些被任命为官员。满四的爷爷巴丹就被任命为千户。

帝王及文官武将　历代帝王巡幸固原当以古圣轩辕黄帝向广成子问道为始，以后更有举世公认旷世名君秦始皇巡视固原，汉武帝六巡安定郡，光武帝为消灭割据政权的隗嚣而到六盘山地区，唐太宗在六盘山观马牧，唐太子李亨在固原扩充士兵和军马后而登基于灵州，成吉思汗驻兵开城奠定了元朝的建立，忽必烈成为元朝的首任皇帝。毛泽东率领中国工农红军翻越六盘山，从此奠定了中国革命胜利的基础。

历代朝廷为防守西北门户，均派出文官武将协助镇守固原。明代成化以后，北方鞑靼、瓦剌各部不断大举内犯，为了防御游牧民族的侵扰，东起鸭绿江，西迄嘉峪关，绵亘万里，在西北边防线上设立 9 个军事重镇。其中延绥、宁夏、甘州和固原 4 大边镇各自为战，势孤屡挫。成化十年（1474），兵部建议设大臣 1 员，开府固原，总制延绥、宁夏、甘肃、陕西四镇军务，直至明末。期间 140 余年，先后有 61 人到固原任三边总督府的总督。这些部院大臣有一个共同特点：凡出任固原陕西三边总督者均身兼要职，即以左副都御史、巡抚左都御史、兵部尚书、户部尚书、兵部侍郎兼都御史、太子太保兼左都御史等身份出任固原陕西三边总制，可看出明政府对西北的苦心经营和固原军事地位的重要。

边商　因为固原地处边地，往来客商较多。宋朝与西夏为了互通有无，在高平寨（今原州区头营镇马园村）设立榷场（集市贸易的市场），供商家经商。史籍载"商贾云集"。

以上史实表明：固原在我国北部地区的重要战略地位，使它成为历史上多民族征战厮杀的主战场，也是历史上多民族、多地区文化传播、交流的载体。大批军队驻扎，大量名人云集，大批移民徙边，大量军需物资，大量后勤补给，大批民用物品，大规模的军事建筑，大量的民族贸易活动，便利的交通道路及设施，频繁的民族战争等，使这里的政治、经济、军事、建筑、交通、文学艺术、民族构成乃至生态植被等，无不打上边塞烽火的烙印。厚重、朴实的农耕文化，粗犷、浪漫的游牧文化，发达、婉约的江南文化和大气、讲究的京都贵族文化等，在固原边塞历经千百年的融汇聚合，逐渐形成了一种独具特色的边塞文化。

原载《宁夏师范学院学报》2014年2期，本文有删减

注释：

[1]嘉靖《固原州志》卷之二唐龙《兵备道题名记》。

[2]《晋书》卷一三〇《赫连勃勃》。

[3]《旧唐书》卷一六九下《吐蕃下》。

[4]《文献通考》卷一五九。

须弥山文化

佘贵孝

须弥山石窟是佛教石窟，是中国十大石窟之一，位列第七，也是宁夏规模最大的佛窟寺院，被誉为"宁夏敦煌"。1961年被宁夏回族自治区公布为全区重点文物保护单位。1982年被国务院公布为全国重点文物保护单位。

一、军事文化

自春秋战国时起，在须弥山及其周边地区发生过多次战争，不同王朝、不同民族、不同籍贯的将士在这里的军事活动中，留下了极其丰富的军事史料。

夏、商时期，固原地区属鬼方，为北狄、猃狁等古部落族游牧地。西周有义渠戎族。战国时，又有犬戎、义渠戎、乌氏戎、空同戎、大原戎等。鬼方迁徙到固原一带后，不断侵犯商朝的西北边境，并发生摩擦乃至战争。从商朝第二十三代国君武丁时起，就成为商王朝西北方的主要边患。《后汉书·西羌传》记载，

武丁时，讨伐羌方所用兵力最多一次征发一万三千人。"武丁征西戎鬼方，三年克之。"可见当时固原一带及其周边地区的游牧民族力量之强大。武丁以后商朝渐趋衰弱，与鬼方相邻的周人又日渐强盛，于是鬼方与周又开始了长期的战争。《小盂鼎》铭载，康王二十五年，鬼方和周人发生过一次规模很大的战争，在这次战争中，周人大败鬼方，俘获鬼方13000多人，酋长3人，还缴获车、马和很多牛羊。西周末年的周宣王时，猃狁（犬戎）的势力已逼近周都，威胁着镐京的安全。《诗经·小雅·六月》有："猃狁孔炽，我是用急"，猃狁的势力非常凶猛，周室的情势因而十分紧张。"猃狁匪茹，整居焦获，侵镐及方，至于泾阳。"猃狁的进逼，朝野震动。宣王为了改变这种局面，曾经3次派兵攻打大原之戎，兵锋所至，抵达固原一带。

东汉光武帝建武六年（30），隗嚣割据一方，称霸为王，举兵反汉，并派其部将、安定人高峻领万余人据守高平（今固原）。建武八年闰四月，光武帝亲征隗嚣，并招降坚守高平的高峻。这时，凉州牧窦融也率领河西走廊五郡太守及羌虏、小月氏等步骑数万，携带辎重车5000多辆，取道甘肃景泰县东渡黄河，经海原县抵达固原，浩浩荡荡来到高平与刘秀会师。当时汉军分数路上陇，由北向南，直捣天水。

建宁元年（168），汉护羌校尉段颎领兵万余人征伐安定郡起义的先零羌。先零羌迎击于逢义山口（今须弥山）。段颎集中兵力，前后排列长矛三队，又各配备强弓劲弩，在左右翼轻骑兵的协同下前进。羌人不支，向东北退却。

隋唐时，突厥、吐蕃等少数民族进掠固原，开皇二年（582）十二月，突厥兵从木峡关、石门关（须弥山口）两路进攻，越六盘山，武威、天水、安定、金城、上郡（治今陕西富县）、弘化（今甘肃庆阳）、延安等地，东西千里，六畜皆尽。唐代宗大历元年（766）九月，吐蕃又攻陷原州。唐德宗建中三年（782），与吐蕃签订盟约，这个盟约便将原州正式划给了吐蕃。爱国将领为收复失地，多次与吐蕃交战。到大中三年（849），吐蕃内乱，加之原州和石门、木峡等七关的军民乘机起义，吐蕃迫于内外形势，愿将原州、石门七关归还唐朝。

元和三年（808）六月，西突厥沙陀酋长朱邪尽忠与其子朱邪执宜为吐蕃所逼，率其众万余降唐。途中与吐蕃屡战，自洮水转战至石门，诣灵州降。这件事表明，石门关就在丝绸之路上，既通河西走廊，又通今甘南地区。关口就在须弥山石窟附近的石门峡口。

明代，漠北的残元势力多次进犯固原。明王朝不得已设九边重镇，阻击漠北的少数民族南下。固原遂为九边重镇之一。

二、游牧文化

汉魏以前六盘山地区生态条件较好，地理环境优越，是各民族繁衍生息的理想之地。这里温暖湿润的气候，茂密的森林草场，覆盖层深厚的黄土，宜耕宜牧。因此，魏晋以前，这里曾是西戎、鲜卑、匈奴、羌、敕勒、柔然、高车等少数民族驻足、生息和迁徙的地方，也是西北地区历史上多民族迁徙和融合的地区之一。唐宋以后，又有突厥、吐蕃、蒙古、回、鞑靼等少数民族活动。明清以来，除汉族以外，聚居的回族已成为主要的民族之一。

"逐水草而迁徙"的漠北少数民族非常看重这个地方，从夏商周开始，各少数民族先后到这里放牧马。

戎狄民族是从事畜牧业的游牧民族。史籍记载："其畜之所多则马牛羊。""周夷王七年，周势力衰弱，荒服不朝，乃令虢公率六师伐大原（即今固原一带）之戎至于俞泉，获马千匹。"说明当时固原地区的畜牧业已发展到相当水平。在发掘的西戎墓葬中，有大量的牲畜头蹄。1987年在原州区彭堡乡余家庄发掘的28座墓葬中，每座均有牛马或羊头骨，最多的一座竟有193具之多，全墓地的牲畜总数在2000具以上。

从战国起到明代，生活在漠北的少数民族要进入中原地带，而固原正处中原的北边门户，这里水甘草丰，气候适宜，物产丰富，是漠北少数民族很理想的歇脚之地。秦代初年，乌氏县（今六盘山东麓）有一个名叫倮的大商人兼大牧主，《史记·货殖列传》记载："乌氏倮畜牧，及众，斥卖，求奇缯物，间献遗戎王。戎王什倍其偿，与之畜，畜至用谷量马牛。秦始皇帝令倮比封君，以时与列臣朝请。"乌氏倮家有马牛羊无数，多至"用谷量马、牛"的程度。乌氏倮不仅很会经营畜牧业，又善于经商，他把马牛羊赶到关内换回不同花色品种的丝绸，再把丝绸献给戎王，"戎王十倍其偿，与之畜"，不但大获其利，秦始皇还给倮以封君的待遇，可以按时朝觐，得到了相当高的政治地位和荣誉。

西汉初期，漠北的游牧民族到这里定居后，与汉民族和其他民族友好相处，互相交流畜牧业和农业的生产经验，出现了《史记·货殖列传》中所说的"天水、陇西、北地、上郡与关中同俗；然西有羌中之利，北有戎翟之畜，畜牧为天下饶"。后来，班固在《汉书·地理志》中说得更为详尽："天水、陇西山多木，民以板为室屋。及安定、北地、上郡、西河皆迫近戎狄，修习战备，高上气力，以射猎为先。……汉兴，六郡良家子选给羽林、期门，以材力为官，名将多出焉。……故此数郡，民俗质木，不耻寇盗。自武威以西，本匈奴昆邪王、休屠王地，武帝时攘之，初置四郡，以通西域，鬲绝南羌、匈奴。其民或以关东下贫，或以报怨过当，或以悖逆亡道，家属徙焉。习俗颇殊，地广民稀，水草宜畜牧，故凉州之畜为天下饶。保边塞，二千石治之，咸以兵马为务；酒礼之会，上下通焉，吏民相亲。是以其俗风雨时节，谷籴常贱；少盗贼，有和气之应，贤于内郡。此政宽厚，吏不苛刻之所致也。"

同时，国家在"边郡六牧师苑令，各三丞"，在这6个畜牧业管理机构"牧师苑"中，有5个就靠近今固原。《汉书》又说："太仆牧师诸苑三十六所，分布北边、西边，以郎为苑监，官奴婢三万，养马三十万头，择取教习，给六厩。牛、羊无数。"这36处养马场虽然具体位置有待进一步考证，但在固原地区设置这样的机构是很有可能的。官府还将母马贷给牧民，以繁殖马匹，三年后归还，利息什一。此外，西汉政府十分重视扶持匈奴民众的畜牧生产，安置归顺的匈奴人从事畜牧业。由于政府政策措施得当，北地等郡出现了"人民炽盛，牛马布野""畜牧为天下饶"的景象。

东汉，畜牧生产也有较快发展。使安定诸郡出现了"沃野千里，谷稼殷积""水草丰美，土宜产牧，牛马衔尾，群羊塞道"的繁荣局面。可见，固原等地已变成"饶谷""多畜"并称的半农半牧区。这从一个侧面反映了畜牧业丰饶的状况。也说明了东汉时期农牧经济的交替发展。畜牧业的大力发展，使固原成为提供军马的基地之一。

魏晋时期，固原地区不仅有汉族居住，还有鲜卑族、羌族、氐族、羯族、匈奴等少数民族居住，形成了各族人民的大融合。唐代，固原已发展成为全国最大的养马中心，西北牧业的指挥中心。明代，国家又在这里大兴马政，为国家提供军马。

今天，时值西部大开发，退耕还林还草，封山禁牧，提倡舍饲养殖，千百年来传统牧业生产方式发生了根本的变化。畜牧业的发展也将再会出现一个"牛马衔尾，群羊塞道"的壮观场面。

三、石窟文化

石窟文化是佛教文化的重要组成部分，而佛教文化又是华夏文化家族的主要成员之一。

石窟最早雕造始于五代十六国。须弥山石窟考证为北魏孝文帝时期开凿，但也有五代十六国时期造像的特点。早期石窟雕刻受印度犍陀罗艺术和中亚风格影响明显，佛和菩萨造型古朴，面形方圆，深目高鼻，上身右袒或全袒，着通肩式或半披肩大衣，下系裙，衣纹线条流畅，给人以薄纱透体之感。但由于是由汉族工匠所创造，已经加入汉族的艺术手法，初步具有汉族的民族风格[1]。

到北朝时期，中国石窟文化大为发展。雕凿于北魏孝文帝时期的须弥山石窟复杂多样，有平面方形、长方形、马蹄形、中心塔柱形及窟顶仿木建筑构造。造像题材除释迦牟尼佛像及本生、本行故事像外，还有精进修行成的菩萨像，另有侍从佛的声闻弟子像、保护佛的八部护法天王、力士、夜叉像，未来降生人间掌教的弥勒、菩萨像、西方极乐世界的阿弥陀佛像等。造像特征有佛顶作螺形髻或由高肉髻向低肉髻发展，上身内着僧祇支，外初为偏衫，后为双肩袈裟，下着裙；菩萨像头戴宝皂，胸前有颈圈、璎珞等饰物，早期宝缯飘扬，晚期下垂，下裙有极密的衣褶，外披的帔巾由两肩下垂交叉于胸前。这个时期由于大乘佛教和玄学相结合，一般地主阶级的士大夫都注重清淡，反映到石窟上，也多是"秀骨清像"。佛像面形由原来的方颐向瘦长发展，说明此时石窟已有极大的写实部分。衣饰由简单笼统发展到宽衣博带，是民族化的进一步表现，直平阶段式的衣纹是融合外来艺术的新创造。造像中一佛二菩萨或一佛二力士（天王）、一佛二菩萨二力士（天王）的配置方法，是中国封建社会伦理道德和统治阶级生活状况的反映。在雕造技法上，粗线表现轮廓，细部用平涂法，继承了中国汉画的风格。而仿木构建筑的石窟形制完全是佛教汉化的明证。所以说，佛教在中国的传播过程中已渗入了大量民族化特征。

到隋唐时期，须弥山石窟大量开凿，至唐高宗、武后时期，须弥山石窟文化出现另一个高峰。这段时期门阀贵族逐渐衰落，中小地主阶级兴起。反映到石窟文化上，以中小型石窟和大量佛龛为主，比较大型的石窟则相对减少，而极个别的大窟则为最高统治者所开凿。如 5 号石窟，一尊 20.6 米高的弥勒坐佛，如果没有国家的支持，仅靠地方财力是难以完成的。石窟形制基本继承从前。造像题材除大乘经变故事外，增加了能救人苦难的观世音菩萨和地藏菩萨等。造像特点一改过去纤弱清丽之容，向圆熟洗练饱满大度发展，以浑厚丰腴为美，反映了不同时代人们对美的认识的差异。更为显著的是在石窟中雕刻现实生活的人物形象。从唐代的各种经变画中，既可以看到当时的乐舞和建筑，也能看到中国封建帝王和西域各族酋长的形象。5 号石窟的弥勒坐佛，相传是根据武则天的形象雕刻出来的，面容丰满端庄，目光慈祥；菩萨温和，迦叶含蓄，阿难虔诚。而这一时期的天王力士凶狠强壮，充分显示了盛唐雕塑艺术的成就。唐代佛像以形貌昳丽、温雅敦厚、躯干颀长而形成东方佛教艺术系统，它已脱离印度旧有的母范，使传统艺术与中国雕塑融合一致，出现中国石窟文化的又一灿烂时代。

五代以后，由于石窟艺术中所表现的神秘的超人间的佛教思想已经不能满足当世社会中人们的需要，加上唐武宗毁禁佛教，使佛教逐渐衰落，洞窟开凿明显减少。明清之际，须弥山凿窟造像又一次兴盛。此时造像题材走向世俗化，雕造技法日臻成熟，各种神像的雕造也更接近生活，易于被群众接受，达到佛教民族化的成熟阶段。

四、金石文化

须弥山石窟共有 54 处题记和 16 通石碑，具有一定的史料价值，有的甚至填补了史志的空白。

第 1 窟是唐代立佛造像龛，曾经过西夏时期重妆，在佛像的下部有汉文墨书的西夏年号"奲都"和"拱化"题记，其均为西夏毅宗谅诈的年号，可能在西

夏极盛的元昊谅诈时期，曾对立佛做过装修。

51 窟内有二则题记，一则在南耳室右壁刻有"绍圣四年（1097）三月二十三日收复陇干，姚雄记"。姚雄是宋朝御边名将，"陇干"则指今宁夏隆德县城。这条题记为当地的历史提供了一条新资料。1041 年至 1042 年，宋夏经过好水川之战和定川寨之战后，次年升陇干城（也作笼竿、陇竿）为德顺军（今宁夏隆德），曾一度被西夏占据。绍圣四年，宋军出击，连破洪州、盐州、宥州，并新建了西安州（今宁夏海原县西安乡）和天都寨（今海原县城），巩固了原州、秦州的地位。岷州蕃兵将姚雄曾参与了这次收复之战，但史志无收复陇干的记载。这条题记可补史志之阙。同时也说明北宋曾进一步巩固对须弥寨一带的控制。另一则在北耳室南壁门上小龛东侧，"记题耳……崇宁癸未□春十……"崇宁癸未即崇宁二年（1103），可能在此期间，宋朝对须弥山石窟有过装修。第 72 窟东壁有金大定四年（1164）题刻一篇，具名"景云寺番僧党征结"，知金代仍称景云寺。

诸如此类题记，无疑对地方历史或须弥山石窟的发展史，大有益处。同时，须弥山仅存的几通碑刻中尤以明代的三通明碑最为重要。皆成化年所立。成化四年碑共二通，其中一通记旧景云寺僧绰吉旺速在旧寺基址上重建佛殿廊庑后请赐寺额，并追记正统八年（1443）敕赐圆光寺一事。

五、宗教文化

须弥山石窟开凿的初衷是佛教石窟寺院，始于北魏，经西魏、北周的连续造凿而盛于唐。但到清代，佛教势渐衰微，一些道教徒在 6 至 39 窟一带改修成一些道教窟，民间俗称"子孙宫"。

25 号窟是子孙宫，北面的墙壁彩绘山峦，东边的墙壁上彩绘送子娘娘图，西面的墙壁上绘着百子图，石窟的顶部用赭色绘出方格，中心是道教八卦图。21 号窟是玉皇殿，供奉着玉皇大帝。31 号窟是三清殿，即道教中最高的三位神仙：元始天尊、灵宝天尊和道德天尊。

今天的须弥山石窟仍然是佛、道两教并存，石窟与庙宇共存，这种宗教形式正是汉民族多神崇拜的具体表现。

六、丝路文化

古代的固原是丝绸之路北道东段上的一座边关重镇，是中原通往西域的咽喉要地，丝绸之路的要冲，石窟文化沿着丝绸之路传到了固原。张骞通西域后，丝绸之路开通，固原地处丝绸之路北道东段（因与沿渭水西行至凉州的南道并存，故称北道）。其大致走向是，由西安沿泾河西北行，经陕西的乾县、永寿、彬县，甘肃的泾川、平凉入宁夏固原境，过三关口、瓦亭、开城抵达固原城，再经三营、黑城，沿苋麻河谷至海原县的郑旗、贾塬，过海原县城、西安州、干盐池，复入甘肃境；从靖远县东北的石门附近渡过黄河，经景泰县抵武威、西域。丝绸之路的凿通，加强了中国和中亚、西亚、南亚以及欧洲各国的经济、文化联系，增进了中国人民和世界各国人民的友谊和相互了解。随着丝绸之路的畅通，佛教传入中国。

须弥山是古代丝绸之路东段北道上两条捷径的岔路口。丝绸之路从长安（或洛阳）到固原再到黄铎堡后，一条向北经苋麻河谷到郑旗、贾塬、海原、西安州，至靖远渡黄河。一条向南，经石门关（须弥山）、李俊、红羊、关门山、树台，至西安州，从靖远渡黄河。也可经石门关（须弥山）、李俊到甘肃临夏（即唐代的河州）。这两条干线早在汉代就是车马大道，唐代文成公主入藏和亲从此经过，领略了须弥山石窟的风采。

丝绸之路是东西方文明交流的通道，开通于汉武帝建元三年（前138）张骞出使西域之后。但著名考古学家、西北大学教授王建新认为，在此之前，早有游牧民族往来于欧亚大陆，他们走的不是玄奘等人选择的天山之南的艰险线路，而是天山以北至阿尔泰山之间的广阔区域，即"草原丝绸之路"，早于汉代三四千年。

古代的固原地处边陲，隋唐以前西北各少数民族争相到这里游牧，故"草原丝绸之路"所带来的文明进步，对固原的影响普遍而深刻。

无论是官方开通的丝绸之路，还是青铜时代民间开通的"草原丝绸之路"，他们均对固原的发展进程起了推动作用，丝路文化也为须弥山增添了绚丽的色彩，石窟寺正是这种文化所孕育的结果。

七、地震文化

须弥山石窟的兴衰，既与统治阶级的主观意志有关，又与地震造成的损害密不可分。据史志记载，自13世纪以来，固原发生中强地震8次。金宣宗兴定三年（1219）六月十八日6.5级地震，使震中位置在固原，死者上万人。[2]

元大德十年八月壬寅（1306年9月12日）6.5级地震，"开成路地震，王宫及官民庐舍皆坏，压死故秦王妃也里完等五千余人"[3]。

明天启二年九月甲寅（1622年10月25日）7级地震，震中在固原北双井（今原州区双井乡），"地震如翻"[4]。

尤为严重的是1920年12月16日晚8时发生的8.5级大地震，宏观裂度12度。人畜伤亡惨重，财产损失空前，为我国乃至世界历史上罕见的毁灭性地震。这次地震以海原为中心，波及大半个中国及国外部分地区，时称"环球大震"。强震持续了10多分钟，世界上有96个地震台记录了这次地震。据当代科学家计算，1920年海原大地震所发的地震波能量为3.55×14尔格，相当于两亿两千万

吨 TNT 黄色炸药爆炸的能量，又相当于 11 个唐山 7.8 级地震。如果换算成电能，相当于刘家峡水电站（122.5 万千瓦）工作八九年所发电量的总和。

这几次地震，使须弥山石窟遭遇了极为严重的毁坏。明代曾在第 5 窟佛龛前檐修建三重楼阁，故称大佛楼。45～49 五个窟开凿在较为陡峭的崖壁上，作上下二层，旧景云寺僧于明正统八年（1443）在其开阔的台地上建寺，明英宗赐名圆光寺。105 窟在一冲沟深处的山崖上，俗称桃花洞，规模很大而且形制十分少见，开凿于盛唐前期，分前后室，前室正面壁上有 4 个大型长方形梁孔。可知以 105 窟为主的五个洞窟统一建在一个大型木构之下，为三重楼阁，最上一层为山面向前的屋面。底层前室外部由四柱承托梁栿，呈三开间的结构。相国寺也有木建筑。但经历次地震，全部毁坏，木建筑成为残垣断壁，一片瓦砾。佛像也受损严重。

注释：

[1]《浅谈中国石窟文化》，洛阳古代艺术馆刘莲香，载 1992 年 1 月 30 日《人民日报（海外版）》。

[2] 1979 年 6 月，在固原县内城南墙下出土一块方砖，上刻"大金兴定三年六月十八日巳时地动，将镇戎（今固原）城屋宇推塌……"《金史·五行志》也有同样记载。

[3]《元史·本纪》。

[4]《明史·五行志》。

宁夏，控扼古丝绸之路

马文锋　王玉平　朱立扬

2014 年 6 月 28 日，阴，无雨。

这样凉爽的天气是考古发掘工作人员的最爱。

在固原市原州区南塬寇庄北朝、隋唐墓地，悬挂着一条写着"曾经丝绸重镇，今日文化固原"的横幅，宁夏文物考古研究所考古专家朱存世带领十几名考古工作人员及当地农民，细致而忙碌地起挖一座大墓的封土。

"从钻探情况和墓制可以初步判断这是一座隋唐墓，极有可能出土一批珍贵文物。"朱存世的判断，来自南塬墓地不菲的考古发掘业绩。

南塬一带赫赫有名的北周李贤夫妇墓地、北周宇文泰墓和隋唐中亚粟特人史氏家族墓地，曾出土了鎏金银壶、玻璃钉碗、白人骨架、罗马金币、萨珊银币、金覆面、蓝宝石印章等众多国宝级文物，皆与丝绸之路有关。

宁夏，是古代中原通往西域的咽喉要道，控扼着丝绸之路，留下了大量的世界文化遗产。

宁夏，一个丝绸之路想绕都绕不开的历史地理坐标。

中央提出建设丝绸之路经济带，宁夏一定能够担当起建设丝绸之路经济带战略支点的历史重任，建设开放、富裕、和谐、美丽的新宁夏。

信心之一来自于：作为古丝绸之路的重要节点的宁夏，曾为中西方文明的交流融合做出过不可磨灭的贡献。

一、交通枢纽、商贸大城、军事重镇、大唐国门——无法抹去的重要节点

走进固原博物馆，如同走进时间隧道，陆路丝绸之路蜿蜒千年。

陆路丝绸之路，从中国长安（今西安市）起步，经中西亚至欧洲，是一条横跨欧亚大陆的交通大动脉，途经多个国家，长7000多公里，具有国际化意义。

学者通常把这条古道划成三段：东段，关陇河西道；中段，西域道；西段，中国境外。

东段关陇河西道又分为南北中三道，宁夏固原处于北道上。从长安经咸阳县出发西北行，过乾县、彬县，沿泾水河谷北进，过长武、泾川、平凉，由瓦亭关北上固原。此后，沿清水河谷，向北经石门关（须弥山谷）折向西北经海原县，抵黄河东岸的靖远，过黄河达景泰县，抵武威，穿越河西走廊入敦煌，再至西域达中西亚、欧洲。

"固原是长安至河西走廊最便捷的丝路干道，可谓'关中咽喉'。"宁夏社科院历史研究员薛正昌说。

丝绸之路像一条汪洋恣意的河，人流、物流、资金流、思想流在往来穿梭。

交通要地必造大城。

汉代，丝绸之路刚刚打通之际，朝廷便兴建固原城，名曰高平城。它由此成为交通枢纽、军事重镇、大唐国门，是丝绸之路上往来人们的乐园。中西亚各国向长安、洛阳进发的使者，都曾在固原驻足歇息。

南塬出土了6具白人骨架，彭阳海子塬和中卫常乐墓地也出土了疑似白人骨架。"可以肯定，有一群中西亚白人在宁夏生老病死过。"宁夏文物考古研究所所长罗丰在其著作中说。

他们是谁？

罗丰把可能的箭头指向中亚粟特人——"昭武九姓"之一的史氏家族。

固原隋唐墓地出土的6合史氏家族墓志，向今人展现着史氏白人当年的风采，他们大多是皇帝身边的人，有的给皇帝养马，有的给皇帝当翻译，有的给皇帝当保镖，有的帮皇帝管理外来宗教，有的垄断了丝绸之路的边贸生意……

史射勿、史索严、史道洛等墓葬中，出土了金覆面、金团花、金带扣、金带

饰、罗马金币、波斯银币等，无不是 6 至 7 世纪中西文化交流的稀有物证。

史射勿的祖先善于商贾，将大量的东罗马、中亚、波斯的货物带到中国。移居固原后，随着资产的不断积累，这些"胡人"的社会地位得以提高，进入了上流社会。据史料记载，史射勿先后随李贤的儿子、二弟镇守征战过。后来，史射勿成为骠骑将军，跟着隋炀帝下过扬州。

这样一来，李贤夫妇墓中陪葬刻记希腊神话的鎏金银壶、玻璃碗以及异域图样的金戒指就不足为奇了。

"固原土生土长的北周柱国大将军李贤和田弘，在丝绸之路沿线重镇担任要职，对确保丝绸之路的畅通无阻发挥过重要作用，对丝绸之路沿线商贸发展有过重大促进作用。"宁夏考古学者马建军说。

二、中西方文明：因碰撞交流而融合

李贤夫妇、田弘、史氏家族等北魏、隋唐墓地出土的众多的中西亚文物，内涵丰富，风格独特，再现了丝绸之路中西方文化的交融。

史氏家族墓葬手握或口含金银币及使用金覆面的葬俗，体现了其祖上在中亚的丧葬习俗，这一习俗至今仍在固原流传。

南塬墓地出土的北魏漆棺画中的环状连珠纹几何图像、餐饮图等具有中亚风格。

高鼻深目的欧罗巴白人形象多次出现在宁夏出土的中西亚文物上。鎏金银壶壶把上的高鼻深目胡人头像，不是波斯萨珊人，是中亚巴克特里亚人。南塬墓地出土的武士俑、壁画中的文臣武将高鼻深目、雄壮威猛，体现了鲜明的中西亚风格。

在固原出土的绿釉乐舞扁壶图中，七人均头戴蕃帽，身着窄袖翻领胡服，足蹬靴，是西域人形象。扁壶图中乐舞是比现在广场舞还疯狂的胡旋舞。

盐池出土石门上也雕刻着胡旋舞图：对舞的双人是西亚胡人，高挑的鼻子与深凹的眼窝洋溢着乐舞的快感。

与胡旋舞石门一起出土的盐池县唐墓群墓志显示，胡旋舞在武则天执政时就从中亚经固原传入中国，并迅速成为老少皆宜的最流行的文娱艺术。

原州区南郊九龙山汉墓中出土的微型玻璃制品，北周李贤夫妇合葬墓中出土的一件玻璃钉碗，北周贵族田弘及夫人墓中出土的 900 多颗玻璃小珠等，学术界认为是从波斯等国进口的。

而南塬唐史诃耽墓中出土的小玻璃碗、喇叭形玻璃花、玻璃花结等，罗丰认为是当时罗马、波斯的玻璃制造技术已经通过丝绸之路传入中国，粟特人何稠等"高新技术人员"与中国官方合作经营中外合资项目——在中国开矿制造罗马、波斯风格的玻璃器。

中西方文化在丝绸之路宁夏段上碰撞与交流的最大手笔，是开凿须弥山

石窟。

宁夏考古学者马建军的一段话值得分享：须弥山石窟自西向东，由远而近，各个石窟的固原本地民族特色越来越浓，外来影响则越来越淡。这一文化现象真实记录了由"胡貌梵相"转为"秀骨清像"、由"体态清秀"转为"魁梧强健"、由"厚重敦实"转为"曹衣出水"的佛教艺术中国化的三次造型转变。须弥山石窟是西方敦煌等泥塑石窟的"近亲"，又是东方云冈、龙门石窟等石刻石窟的"远戚"，是"近亲"和"远戚"之间的媒介和过渡带。

三、信仰不同，比邻而安

南塬出土的一枚萨珊银币，银币正面为萨珊王侧面肖像，背面中央为袄教祭坛，两名祭司站立在祭坛两侧。

袄教，是古代波斯帝国的国教。南北朝时期，信仰袄教的中亚粟特人是丝绸之路的舵主，往来于东罗马、波斯、中国做丝绸换金银币的生意。

史道德墓中出土的金覆面、YKJM33 唐墓中出土的金箔制冠状饰物，也都有与袄教有关的新月托日图案。

史诃耽墓中出土一枚天蓝色宝石印章，凹雕着一只雄狮，雄狮身后竖着三杆，杆头上有含苞欲放的花蕾。罗丰认为，印章上的图案与袄教有关：雄狮是袄教崇拜物——太阳的代表，有花蕾的三杆是袄教中的生命树。

佛教文化东入中土，是逐渐随着外贸、外交途径沿着丝绸之路进入的。须弥山脚下的石门关，是北上大漠、西出陇右的丝路要道，自然受佛教文化洗礼。十六国时期的前秦、后秦及北魏、北周、隋唐佛教盛行，当中原佛教文化与西域佛教文化再度融合时，须弥山大佛便诞生在丝绸古道上。

蒙古军西征时，伊斯兰文明的天文、历法、医药、建筑等科学技术通过丝绸之路传入中国。开城是成吉思汗南征宋朝的避暑行宫，也是安西王最宏伟壮丽的宫城，被马可·波罗惊叹为"世界上最美的城市"。元朝在丝绸之路必经的开城设立安西王府，并在六盘山地区大量驻军、屯田。汉人、蒙古人和中亚的回人、畏兀儿、钦察、康里、哈剌鲁等各部族迁徙至开城杂居，促进了民族间的交流、融合和发展。安西王阿难答率 10 万将士皈依伊斯兰教，并在以开城为中心的六盘山地区繁衍生息，很快与当地其他回人逐渐融合演变成为回族。

文物及史籍给今人描述着这样的情景：

沿着汉代开辟出来的丝绸之路，当满载着波斯、罗马奢侈品的驼队进入固原，此地瞬间便成为一个城市的中心。北周权臣李贤的家眷从中淘到了鎏金银壶、玻璃钉碗、西洋戒指等，北周大将军田弘家属从粟特商人手中收购了很多东罗马金币；驼队还从故乡给史姓、康姓、安姓等白人带来了信物，一件鎏金水晶饰品，或者一个喇叭形玻璃花……

祆教、摩尼教、景教、佛教、伊斯兰教等的传教者、信仰者历经千难万险，赶集似的来到固原，寻找发展的空间。信徒们心中有各自的精神世界，但各式各样的宗教建筑比邻而建却相安无事。信仰不同，并没有成为他们做朋友的障碍。

那群自西而来的白人，在宁夏歇脚或长住，传播信仰，积累财富，交流知识，留下文明的履痕……

原载 2014 年 6 月 30 日《宁夏日报》

丝 路 石 窟

丝绸之路上的固原石窟

佘贵孝

佛教传入中国主要是通过丝绸之路而来，丝绸之路与佛教文化结下了不解之缘，其中尤以石窟造像得天独厚。沿着丝绸之路，自西向东，从天山南北到河西走廊，再到关陇地区，大大小小的石窟寺翻山跨谷，星罗棋布，惟妙惟肖地展现了内涵丰富的丝绸之路文化。佛教石窟寺构成了丝绸之路的风景轮廓线，是丝绸之路上至关重要的历史文化遗产。

佛教自汉代传入中国，魏晋南北朝时期又得到了广泛的传播，到了隋唐中国封建社会进入鼎盛时期，佛教也得到了极大发展。佛教的兴盛，石窟寺院也随之发展起来。固原地区现存的石窟就有 10 余处，大都开凿在依山傍水、风景秀丽的山崖上。目前，保存最完好的、建造最早、最大的石窟是须弥山石窟。从北魏起始，历朝历代整修，它吸取了印度佛教艺术的精华，继承并发展了秦汉时代的艺术传统，以匠心独具的构思，精湛的艺术风格反映了不同时代的不同艺术风格，是我国各族人民创造的不多见的艺术珍品。火石寨石窟群有代表性的是扫竹岭石窟、石寺山石窟、禅佛寺石窟和石城石窟，都是历史的产物，是丝绸之路长期中西文化交流、友好往来的结晶。其他石窟，虽然规模不大，但从佛像的雕凿和壁画艺术的精美来看，也不失劳动人民的智慧和创造，他们都是固原历史文化宝库中的瑰宝。

一、固原现存的石窟

（一）须弥山石窟

须弥山石窟有"宁夏敦煌"之称，是中国十大石窟之一，位于固原市原州区黄铎堡乡与海原县李俊乡的接壤处，距固原市区 55 公里。从旅游线路来说，其南与西吉县火石寨丹霞地貌相连，其西与海原县九彩坪拱北相连。与仅开凿在一座石崖上的国内大多数石窟迥然不同的是，须弥山石窟开凿在鸿沟相隔的 8 座石山上，构成数峰并兴、山形变幻、曲径通幽、对景丛生的奇特布局。须弥山层峦叠嶂，林木繁茂，傍有流水，风景秀丽，是西北黄土高原不多见的风景区（现须弥山石窟各沟之间都已架梯搭桥，以方便游览）。

须弥山石窟初创于北魏，兴盛于北周和唐代，其艺术成就可与云冈、龙门石窟大型造像媲美。须弥山石窟共有 132 个洞窟、大小石雕像 315 尊，共划分为大佛楼、子孙宫、圆光寺、相国寺、桃花洞、松树洼、三个窑、黑石沟 8 个区域。须弥山造像最大的石窟是第 5 窟，开凿于唐宣宗大中三年（849），俗称大佛楼，一尊弥勒大坐佛高 20.6 米，比著名的云冈、龙门石窟中最大的造像还高 3 米之多。这尊大佛，体型魁伟、神态端庄慈祥，面容丰腴饱满，博带袈裟，十分壮观，充分体现了唐代艺术风格，表现了唐人的雄伟气魄和高超的技术，成为须弥山唐代石窟的代表作。须弥山石窟开凿最早的是子孙宫中的 14、24、32 窟，窟门上部有明窗，窟室方形，窟内雕有 3 层或多达 7 层的方形塔柱，直接塔顶，四边雕以单龛单身释迦多宝佛。造像中有交脚弥勒，有单独的坐佛和立佛，造像丰润自然，雕绘结合，色调古朴，从造像风格和手法断定是北魏早期作品。第 24 窟中心塔柱顶层 4 龛造像较为特殊，后龛为"乘象入胎"，东龛为"逾城出家"，正龛为思惟菩萨，西龛为"托钵起程"。龛内多为一佛二菩萨，佛身高大盘腿中座，菩萨矮小，侍立两边，造像面形清瘦，身材修长，长颈溜肩。佛的服饰，仍沿袭通肩大衣，菩萨则为对襟大袖襦。这种造像风格与服式的变化，显然受北魏孝文帝服式改革的影响。可见，是北魏晚期流行的艺术风格。被称为"须弥之光"的第 51 窟是北周开凿的，它是须弥山规模最大的一座洞窟，由主室、前室和左右耳室 4 部分组成，它将一整座小山凿空了，窟内保存完好的 7 尊 6 米高的佛像，坐姿优美，面容安详坚毅，富于质感。这是北周艺术宝库，在国内各石窟中绝无仅有。须弥山石窟中有的造像多达 40 余尊，有坐佛、立佛。一般皆为一佛二菩萨，佛像慈祥端庄，菩萨头戴宝冠，两侧各立胁侍。须弥山石窟是我国古代劳动人民聪明智慧和创造才能的结晶，也是中西文化交流的历史见证。

从 1983 年开始，国家文化部、文物局拨专款百万元整修石窟，现已焕然一新。为了适应现在旅游业的开展，还建造了一些亭台楼阁，并且在方圆几公里的须弥山保护区新辟了更多的旅游景点。

大佛楼第 5 窟露天弥勒佛坐像，高 20.6 米，仪态端庄而安详，唐代武则天时期开凿。北周时期，须弥山石窟开凿数量多、规模大，造像精，是造像中的佼佼者，在须弥山石窟中占有重要地位。其中第 51 窟规模最大，由前室、主室和左右耳室构成。仅主室宽 26 米、进深 18 米、高 12 米，主要造像高达 7 米，是须弥山石窟规模最大的石窟，被誉为"须弥之光"。须弥山除石窟造像外，还有唐、宋、西夏、金和明朝各代的题记，这些都有助于研究丝绸之路文化与石窟文化在固原的表现，为研究民族雕塑、工艺、建筑、宗教等提供了宝贵资料。

须弥山不仅是佛教艺术宝库，还有旖旎的自然风光。万木森森，风光秀丽，自然林、人工林，各种名贵花木，环境十分清幽。古寺、古树、古道，林幽、谷幽、寺幽，具有旅游资源"奇""古""秀""幽"的显著特点。山体由红色砂岩构成，具有"丹霞地貌"的特征。

须弥山石窟是丝绸之路北线的珍贵文化遗存，是中外经济文化交流融合的历史见证，拥有很高的艺术观赏价值，是全国重点文物保护单位。明人郭凤翱赋诗《登须弥山阁》："春暮登临兴，寻幽到上方。云梯出树梢，石阁倚空苍。烽火连沙漠，河流望渺茫。冯栏思颇牧，百战将名扬。"

（二）扫竹岭石窟

扫竹岭在西吉县城北 15 公里、火石寨乡南 5 公里的石峰群中。因山岭上生长作扫帚的毛竹而得名，亦称"云台山""西武当"。扫竹岭石窟是火石寨石窟群最多的石窟。这里林木葱茏，流水清澈，特别是奇特高耸的石山给人以"桂林之山"的感觉，几座山峰神态仙姿，颇具风采。石窟主峰险峻异常，高约 113 米，形如驼峰，西南面宽 330 米。只有东北角有人凿石阶可攀，陡峭之势与天水麦积山有相似之处。再往上攀便是沿山势出现的不规则凹凸不平的石台，石窟开凿在每台的正面。穿过数道石门，方能领略观赏这里的奇迹。扫竹岭石窟与须弥山石窟同在一个小山系，石窟群相互唇依。据《宣统固原州志》卷二地舆志中记载："扫竹岭在州西北百余里，峰势陡峻，危桥深洞。明时建有真武祠，或又称为西武当云。"现存玉皇阁、大佛殿、菩萨殿、天王殿、阎王殿、万寿宫等洞窟 30 孔。石窟在石崖分三级（层）建造，每层都凿有水窖，窟内残存石雕须弥座、神台、佛龛、壁画。窟室形制为长方平顶式，正面设台，左右置阁，两壁布龛，泥抹粉墙壁画。流存石雕像四尊，石造像最大的是大佛殿内存有一高 4.8 米、腹围 4.4 米的立佛；石窟左、右、后三面分别留有 6 层小佛龛残迹，西南一小石窟壁雕 3 个石佛像。在旧县志里将扫竹岭列为八景之一，誉为"云台叠翠"。据《西吉县志》载："每当山雨欲来，必先幽然作云，即晴亦多烟岚，啼鸟钟声隐约其中，花香扑鼻，足堪娱目，夏中游人甚多。"从扫竹岭石窟的凿造风格考证，启建于南北朝，历代修扩，盛行于隋唐，清代同治年间横遭兵劫，但其自然风光依然如故，周围群山环抱，山上森林繁茂，林中禽兽出没，鸟语花香，深邃幽雅，既有南方山色之秀，又兼北国山势之雄，历代为"凿仙窟以居禅"与旅游避暑之佳地。

西吉县文管所还收集到属扫竹岭石窟的 3 尊铜佛像，其一铭文为北魏太武帝拓跋焘时所造的佛牌；其二是宋代释迦牟尼鎏金铜像，身高 40 厘米，重 9 公斤；其三是明万历三十一年铸造弥勒大铜佛，高 46 厘米，重 18 公斤。都是非常珍贵的文物，现藏于西吉博物馆，

扫竹岭石窟开凿于何时已无史料稽考，若铜佛像不是赝品的话，极有可能是在北魏时期建造石窟庙宇时的。以明万历《固原州志》的记载推断，也在明代以前。马国玙曾作诗《云台叠翠》："云绕高台月色新，危峰悬崖自嶙峋。隐约钟

声鸣山寺，仿佛鸟语唤游人。山光映碧花初放，树影拖烟叶无尘。一轴自然风景画，别有天地更带春。"

（三）石寺山石窟

石寺山在西吉县北 25 公里，位于火石寨西南，因石峰上凿有石窟寺而得名。石寺山岩体裸露，有三座并排的石山峰拔地而起，呈"山"字形耸立其间。中峰突出，高达百余米，直插云端，嶙峋险峻，四面绝壁，唯东面有人凿石阶可攀。主峰南端高约 70 米的悬崖上，石窟建造于隋唐，现存长方形大小石窟 8 孔，水窖 4 眼。石窟为长方形，窟内正面设台，左右置阁，两壁布神龛，泥抹粉墙壁画。石窟内凿像被毁，残存石雕莲花须弥座和佛龛、壁画。因其与扫竹岭石窟相连，又名"后云台山"。

（四）禅佛寺石窟

禅佛寺位于西吉县北 30 公里、火石寨乡以西 10 公里禅窖村。因其与固原须弥山相连，又称"须弥山禅佛寺"，为唐佛教禅宗派的流传胜地，与须弥山同属一个佛教宗派。禅佛寺石窟凿造在一座尖顶宝塔式的石峰上，高约 120 米，犹如长矛刺天，石窟主峰四周奇峰怪石林立，或崛起凌空，或沉落幽谷，形态各异，犹如仙境，奇特异常。若攀上峰顶，云雾则脚下缭绕。石峰东西现存石窟 10 孔，水窖 5 眼，石窟多为长方形，残存壁画、石雕须弥座等，具有明显唐代风格。其中最大石窟在距峰顶 15 米处，呈长方形，内有一神台，现存 3 尊泥神像，窟西侧残存壁画。另有一石窟，深 15 米、宽 4 米、高 5 米，洞内能容纳百余人，如果想攀上峰顶，须从峰顶系绳搭梯才能到达。

（五）石城石窟

石城石窟位于火石寨乡禅窖村南 1 公里石林中。据《宣统固原州志》卷二地舆志中记载："按古有是城，莫知所创。在乱山中，四面峭峻，惟东一路可通，亦险甚。周围有石壁，疑为避兵之地。明成化初，逆匪满四踞此为巢穴。逆既平，遂毁其城，名曰满四堡。距城一百二十余里。今遗址杳然，而山势之峻险如故也。"石城系天然形成，红砂岩质，形似卧牛。底部周长 800 多米，垂直高度 50 米，四周绝壁，唯东南角有人凿石阶可蹬。城顶东西长 338 米，南北宽 120 米，面积 4 万余平方米。顶部中段从东到西人工凿造长方形石窟 6 个，东端有石窟 1 孔。石城外周四面石峰林立，易守难攻，险要异常，别具特色。明朝有名的"石城之战"已载入史册。

（六）无量山石窟寺

无量山石窟寺位于彭阳县城西北约 25 公里的川口乡田庄村，背靠无量山，面向石峡河，坐南面北，傍山依水，风景秀丽，佛像雕凿于半山腰石崖上，共有两寺。第一寺共有 20 尊石佛像，石像最高为 70 厘米，最低为 35 厘米，较完整的有 6 尊。据崖壁题记："景祐二年（1035）四月二十日，刘绪等八人修罗汉人……"第二寺共有佛像 5 尊，东边一座佛高 1.72 米，西边雕凿 3 佛，并排而坐，每佛高 2.7 米，再西又有一佛，已残。崖碑题记是："张行番□□，天圣十年（1032）……"由题记可知，两寺均建于北宋，距今已有近千年的历史，为研究宋代的佛教提供了宝贵的实物资料。

（七）石窟湾石窟

石窟湾石窟，又名延龄寺，位于泾源县新民乡张家台东。三山相拱，两水合迎，坐北向南，依山势削壁凿洞。四周绿树成荫，一眼寒泉从旁汩汩流过，泉水清澈晶莹，甘甜透爽。佛窟共有 3 层，下面两层已被泥土盖没，成为漫坡状，仅存上面的一层 4 窟。窟与窟之间错落有致。自西向东第一窟为平顶直角，进深2.1 米，宽 2 米，高 1.15 米。窟后壁雕凿佛像一尊，头部残缺。第二窟前高1.12 米，后高 1.76 米，进深 1.6 米，宽 2.18 米。东西两壁下部凿有对称的两小龛。后壁雕有 3 尊佛像，佛身损毁，仅存上部佛光。第三窟前部及顶已经塌毁，残存高 1.16 米，进深 0.62 米，宽 1.18 米。石窟中间有一尊佛像盘腿端坐于单层须弥座上，双手平放于膝，头部残毁。第四窟仍为平顶直角，后高前低，后高2.1 米，前高 1.75 米，宽 2.9 米，进深 1.69 米。窟内前壁左面雕 2 佛 1 力士，右壁雕 4 佛 1 力士。东西两壁雕凿有对称的 5 尊佛像。后壁雕 3 佛。这些造像或坐或立，神态各异。相传济公和尚曾在此修行。1991 至 1992 年台湾济公和尚传人先后两次寻访到此，举行过一系列佛事活动。

（八）天都山石窟

天都山亦称西华山，位于海原县西安州古城西 7.5 公里，从山口循沟进约2.5 公里，便可望见一座古刹，这就是天都山石窟。因民间传说在山中发现过金牛，故此窟又叫金牛寺，当地人又因石窟中有神佛塑像亦称之为老爷寺。另外，古代还有"荣光寺"之称。在沟北朝南的山坡上，依山势筑台建寺，削壁凿窟。自沟底而上，有盘山曲径可以登临。沿"之"字形路盘山而行，登上山坡，有土地殿和龙王殿。龙王殿下的一泓泉水古称"观音湫"，今叫龙王池。水从龙头中涌出，甘洌爽口，朝山之人至此必饮。天都山石窟开凿于宋夏时期，全山共有石窟 6 孔，大小殿宇 13 处。当时，国内佛教盛行，凡名山所在皆兴建寺宇。天都山石窟皆平面长方形，平顶直壁，窟室较大，主要洞窟进深 9～13 米，洞窟前临悬崖，后靠峭壁，窟内造像已毁，窟室完好。这里除了石窟外，还有庙祠。据保存下来的碑文石刻看，明、清以来多次重修，而且是颇为兴盛的，尤其是寺庙群建筑雕梁画栋，金碧辉煌。据《海城县志》载："1046 年西夏王元昊在此曾建避暑行宫。昔日的天都山寺庙成群，翘檐飞脊，雕梁画栋，庙貌辉煌。山崖俊秀，群山环抱，树木苍浓，奇峰翠壁，清泉流注，殿宇参差，古洞幽深。"天都

山石窟在千年的沧桑中，屡遭劫难，曾数次毁于战乱与地震，几次重修。原有的铜佛已毁坏殆尽，最严重的要属1958年"大跃进"炼铜时，寺窟周围树木也被砍伐一空，庙宇变成瓦砾。近年来，石窟群又重新塑神佛像，该窟群融佛、道、儒三家为一体。为纪念无量祖师的圣诞，每年四月初八都举行盛大庙会，会期三天，届时善男信女纷纷朝山。1989年被海原县宗教局定名为"天都山道观"，为县级名胜古迹保护单位。

天都山石窟初次开凿于唐代，当时，国内佛教盛行，凡名山所在皆兴建石窟寺宇，天都山也不例外。据《西藏政史》载，宁夏南部的西夏党项族为密纳克人，或木雅人。其当时驻将为野利遇乞，号称"天都大王"。驻将野利遇乞曾多次修建天都山石窟。野利遇乞有一女，嫁给李元昊为妻。1038年，西夏王李元昊登上皇位，将大将野利遇乞之女封为"宪诚皇后"，史料（《西夏纪》卷十一）载："野利氏，遇乞从女也。身颀长，有智谋，常戴金起云冠，令他人无得冠者，封宪诚皇后。"之后，在海原西安州建南牟会行宫，再一次扩建了天都山石窟，并将其纳为西夏皇家寺院。

（九）兴龙寺和昆峰寺石窟

兴龙寺石窟位于固原县炭山乡石岘子北面山沟，当地群众称其为阴洼寺，在第二窟现存有《重修石峰台兴龙寺碑记》云："石峰古刹，由僧人明湖主持重修兴龙寺佛阁、五帝、地藏祖师、伽南五座、禅室、静室、府库四处，外有真人洞一处，鸣钟一口，磬鼓俱全，……钦差陕西巡抚监察御史……明万历二十六年岁次戊戌。"

昆峰寺石窟在石岘子南面，俗称阳洼寺，现有残碑《重修莲花山昆峰寺碑记》云："开城山坳间百三十里许为莲花山，寺名昆峰，原有殿，奉大士像，石凿造诸如来，盖有年矣，今有僧明宗，殿宇重兴，金碧烂漫，更创石佛龛三处，禅室左右八间，及韦驮神楼，山门碑楼烂然毕具；依然太观，奉之上司，明文赐给空闲荒地四段，永为常住供圣养膳之资……明万历三十二年岁次乙巳春二月。"两座石窟毁坏严重，残缺不全。

（十）石窑寺石窟

石窑寺石窟位于隆德县城西南2.5公里龙凤山（又名何家山）南麓峰崖间，峰巅建有汉代烽火台。该寺依山就势凿石窟5处，大雄宝殿居中，平顶直角，高2.3米，宽2.8米，进深2.7米。窟殿前壁以青砖砌补，券门镌额曰："磨日宕霄"。无量殿形制大小与大雄宝殿仿同。大士殿亦平顶直角，高2.4米，宽2.8米，进深5.2米。左右小石窟各一，右为文昌宫，左为子孙宫。宋代后辄行扩建重修，至清朝中叶，香火鼎盛。从山脚至山顶，凿石梯数百阶，沿梯数阁，栉比高啄，香客游人，可拾级而上，直通大殿。佛像神龛皆毁于"文化大革命"中。

玉皇阁、灵官殿、阎罗诸庙观殿宇早在同治年间已毁于兵燹。1984 年在大雄宝殿内右侧小窟"玄圣宫"黄草泥皮剥落的墙壁上发现用宣纸书写的"探花吴宗达""大定四年（1164）"等字。与《隆德县志》载龙凤山石窟寺创自宋绍兴年间相同，可证此窟当凿于金代之前。台阶下出土残碑 3 块。其一碑高 80 厘米，宽 57 厘米，厚 7.5 厘米，碑头为"福寿碑记"，落款为"大明万历三十四年（1606）"；其二为清代乾隆石碑，高 80 厘米，宽 80 厘米，厚 10 厘米，记载当时补修寺观之事；其三破损剥蚀严重，字迹莫辨。相传此地为广成子最初修道处，每日静坐看红日升起，与山顶相摩。一日忽听洞后有风火声，回头见洞开一穴，循穴遂至崆峒。广成子临走时以掌断山，斩断仙脉。而今断沟犹在，掌迹尚存。故有"先有龙凤，后有崆峒"之说。石窟寺石窟，四周苍峦环绕，嶙岩峻翠，旧志有"石窟磨日"诗："岩腰小磴通幽阿，谁凿石窟竟不磨。劈面山横天一线，崖临红日擦头过。"

（十一）兴仁青龙寺石窟

兴仁青龙寺石窟位于海原县兴仁乡王团村。沿山路盘旋而上至半山腰，有 3 座大殿，分别是马王殿、圣帝殿、子孙宫。转过山脚，便是山的南面，在红砂岩上凿有 6 处洞窟，依次为山神、药王、无量祖师、观音、二郎神、大雄宝殿。形制为平顶长方形，最小的洞窟深 2~3 米，最大的洞窟深 10 米左右。该窟始凿于清乾隆年间。

（十二）双羊套石窟

双羊套石窟又名石窟寺，位于西吉县偏城乡双羊套村，始建于唐朝。现存石窟 8 孔，最大者深 10.45 米，宽 6.45 米，高 3.10 米。窟内残存石雕须弥台、佛龛。

（十三）段园子石窟

段园子石窟位于彭阳县罗洼乡张湾村的段园子。有窟洞 10 处，上下两层排列。上层 1 窟，毁坏严重，窟形难辨。下层 9 窟，保存较好，均为拱顶方形，进深 2~3 米，高 2 米。内有壁画和石雕，佛像毁坏严重。

（十四）李渠石窟

李渠石窟位于彭阳县小岔乡李渠村。有 2 个窟洞，窟室凿通相连，为平顶方形窟。进深 4 米，宽 2.5 米，高 2.5 米。左窟残存 9 尊造像痕迹，居中一尊形体较大，通高 2 米，佛像高 1.1 米，两侧各有 4 尊小佛，像高 1.3 米。右窟佛像全部毁坏，无痕迹。凿窟时间待考。

（十五）张易南北石窟

张易南北石窟位于原州区张易乡西 1 公里处，始修于北魏，止于明代。南北石窟相对，分布于两山，相距约 1 公里。南石窟 10 孔，北石窟 8 孔，均无造像。

二、石窟造像特点

须弥山石窟中开凿最早的是北魏石窟，即被俗称为子孙宫的第 14、24、32、33 窟为代表，14 窟开凿最早，33 窟形制少见，全国尚无他例。窟室均为方形平面，窟内中心塔柱式，塔柱少则 3 层，多则达 7 层，四面按层开龛造像，这种形制是印度"支提窟"演化而来的。塔柱周围是回旋礼拜的地方，窟室四壁亦有开龛造像。造像中有交脚弥勒菩萨，有单独的坐佛或立佛，但大多数是一佛二菩萨。佛身高大盘腿中坐，菩萨矮小，侍立两边。雕刻手法多采用传统阴线刻法。造像面形清瘦，身材修长，长颈溜肩。佛饰沿袭通肩大衣，菩萨则对襟大袖襦，披上了当时汉族妇女流行的搭在臂上的披帛。佛像衣着特点及造型，都反映北魏孝文帝太和改制后，中原汉族衣冠及南朝"秀骨清相"的艺术风格。

开凿于北周时期的石窟有圆光寺、相国寺等窟，以第 45、46、48、51、67 窟为代表。这时窟室均为平面方形中心柱式，北魏的塔柱多层多龛消失了，主尊几十厘米高的小像消失了，取而代之的是方形塔柱四周各开一龛，没有收分，直接四坡式窟顶，龛中造像与人等高，而且窟室内雕凿出仿木构框架。造像组合多为一佛二菩萨，并同时出现了单龛立佛、一佛二菩萨二弟子、三身佛并列等组合形式。佛作低平肉髻，面相方圆，两肩宽厚，腹部突出，完全脱离了北魏造像清瘦的形态。菩萨服饰华丽，璎珞环身，微侧双肩和略呈"S"形体态，给人以生动亲切之感。北周造像已摆脱前代清秀程式化表现趋于现实，雕刻体现衣着疏密相间，采用平行阶梯式衣纹。尤其是 51 窟，它由主室、前室和左右配室组成，主室为中心塔柱窟，塔柱方形，直接窟顶。窟室面阔 14.6 米、进深 12.5 米、顶高约 10 米，是须弥山规模最大的石窟，为我国石窟艺术的杰作。这样大规模的石窟在北周的石窟中是不多见的，特别是主室后壁长方形佛坛上并坐的三尊大佛，高达 6 米，气势雄伟，为我国石窟艺术之杰作。主尊除结跏趺坐佛外，还有善跏趺坐的弥勒。佛造像发髻低平，面相方圆，两肩宽厚，慈祥端庄。菩萨头戴宝冠，装饰华丽，两侧各立胁侍，姿态优美，富于质感。第 45、46 两窟是须弥山造像最多、装饰雕刻最丰富的石窟。45 窟较大，窟室四壁和中心塔柱共有 15 个龛，每龛皆为一佛二菩萨，造像高 1.8~2.5 米。佛像神情端庄，菩萨像头戴花冠，胸挂项饰，环身璎珞，装饰华丽。最引人注目的是塔柱座每面 8 个伎乐人，有的吹横笛，有的弹琵琶，有的击羯鼓，有的奏箜篌等，各持乐器在演奏。这些伎乐雕刻，对研究北朝的音乐艺术具有重要价值。

到了唐代，随着中国封建社会进入鼎盛时期，佛教的发展，也在中国佛教史上达到了顶峰。它吸取了印度佛教艺术的精华，继承并发展了我国秦汉时期的传统艺术，以匠心独运的构思，反映了不同时代的不同艺术风格，是我国各族人民创造的不曾多见的艺术珍品。这一时期，须弥山石窟也进入了最繁荣时期，其凿窟数量、雕像技术都达到了空前的水平。唐代石窟主要分布在俗称"大佛楼""相国寺"和"桃花洞"三区。现存造像的有1、5、54、62、69、72、79、80、89、105等窟。其中造像最大的石窟是第5窟（俗称大佛楼），因窟前原有楼阁建筑，明代称大佛楼。窟室马蹄形，一尊弥勒坐佛，体型魁伟高大，比例匀称，神态端庄慈祥，面容丰腴饱满，博带袈裟，十分壮观。高20.6米，比著名的云冈（19窟坐佛）、龙门（奉先寺卢舍那佛）石窟中最大的造像还高3米多，为全国最大的造像之一，是须弥山石窟的象征，也是须弥山石窟中唐代造像的代表作。它充分体现了唐代的艺术风格，也显示了唐人雕塑的艺术成就。

唐代造像从北周造像中蜕变出来，向圆熟洗练、饱满瑰丽的风格发展，佛的森严、菩萨的温和妩媚、迦叶的含蓄、阿难的潇洒、天王力士的雄伟和威力都充满着青春活力，达到了前所未有的成熟与完善。普遍形制为平面方形，沿正壁和左、右壁设马蹄形宝坛。一般窟室面阔，进深在4~5米之间，宝坛高0.7~0.8米，宽0.6~0.7米。造像配置一佛二弟子二菩萨二天王（或二力士），七身一铺组合形式，并着力刻画菩萨。其中54、69、72窟中菩萨像脚踏莲座、长巾绕身、上身袒露、下着长裙、身材窈窕、婀娜多姿，但多数头部被毁。第105窟俗称"桃花洞"，规模大、形制十分少见，是唯一保持中心塔柱的唐代石窟。窟室方形平顶，有主室、前室和左右配室。窟面阔8.5米，进深8.7米，顶高5.21米，塔柱直接窟顶，边长3.1米，方正硕大。第5窟在大龛内凿一尊20.6米高弥勒倚坐像，可与著名的龙门石窟的卢舍那佛媲美，为我国唐代开凿大佛之一。坐佛仪态威严、面部慈祥、高大精美，它显示了古代优秀匠师的丰富经验和卓越艺术技巧，为须弥山石窟代表作。

火石寨石窟是历史的产物，是丝绸之路长期中西文化交流、友好往来的结晶，它将为研究我国民族雕塑、工艺、建筑、宗教等方面的历史和艺术提供宝贵的资料，为创造社会主义新文化艺术提供历史借鉴，为促进中西文化交流做出更大贡献。今火石寨乡境内遗存有始建于北魏、兴盛于隋唐时期的石窟群120多孔，有代表性的是扫竹岭石窟、石寺山石窟、禅佛寺石窟和石城石窟。

火石寨石窟的开凿，是丝绸之路繁荣的标志。佛教文化东入中土，是逐渐随着外贸、外交途径沿着丝绸之路进入的。作为丝绸之路东段北道必经之途的须弥山和西吉火石寨，所受佛教文化的影响自在其中。十六国时期的前秦、后秦及北魏佛教盛行，对当时的西吉影响较大，尤其是北方少数民族统治者占据中原地区之后，佛教在西吉得到一定程度的表现，不仅使火石寨石窟应运而生，而且为大规模的凿窟造像活动奠定了基础。火石寨石窟作为一种代表性的历史文化现象，对西吉的政治、经济、文化都产生过巨大的影响。火石寨石窟具有重要的历史、艺术和科学价值，它是西吉古代社会繁荣发达的象征，是丝绸之路的文化遗存和

中西文化交融的产物。

丝路佛光——须弥山石窟艺术

韩有成

　　丝绸之路是一条文化之路，更是一条承载着中西文化往来的融汇之路。张骞通西域开辟了丝绸之路，从而为佛教传入中国提供了必要的条件。丝绸之路开辟以后，随着中西经济、政治往来的日益频繁，佛教也开始传入中国。经过魏晋南北朝时期的发展，到了隋唐时期，佛教在中国各地得到了广泛传播。同时，佛教极其深刻地影响到中国政治、经济、文化等各个领域。概括起来说，佛教主要是沿着丝绸之路通过我国西北地区入境，然后逐步向全国各地扩散。沿着丝绸之路这条交通要道，开凿了许多著名的佛教石窟，如新疆的克孜尔石窟、库木吐拉石窟，甘肃敦煌莫高窟、麦积山石窟、炳灵寺石窟、庆阳南石窟寺和北石窟寺以及河西走廊的武威天梯山石窟、酒泉文殊山石窟、张掖马蹄寺和金塔寺石窟，宁夏固原须弥山石窟，山西大同云冈石窟，河南洛阳龙门石窟、巩县石窟，河北邯郸响堂山石窟等。在中国文化史上，西北地区不仅是中国佛教文化传播的源头，而且是中国佛教文化发展的重镇。

　　历史上的固原，是西北地区的重镇，自秦汉以来就是通往西域的要道，控扼着丝绸之路。南北朝时期，随着中西政治、经济、文化交流的不断发展，大批外国使节、胡客商贩、佛教信徒往来于这条通道上，促进了中西文化的传播与交流。数千年间，历史的风风雨雨，构成了源远流长、交融聚汇的固原历史文化多元一体的格局。须弥山石窟就是固原这多元文化中的一朵奇葩，也是这条丝绸之路孕育了著名的须弥山石窟。

　　须弥山石窟所在的固原地区，不仅是丝绸之路东段北道上的重镇和东西经济、文化交流的驿站，也是中原农业文化、北方草原文化、西域文化、伊斯兰文化融合、交汇、传播、辐射之地。须弥山石窟的开凿，也是吸收、融合各种文化最具代表性的体现，同时，也呈现出鲜明的地域特点。

一、石窟概况、称谓及形成

　　须弥山是六盘山（陇山）的余脉，其地理位置正处在北上大漠、西出陇右的要道古石门关的北侧。须弥山石窟位于宁夏回族自治区固原市的西吉县、原州区及中卫市的海原县三县（区）之交的原州区境内，固原市区西北55公里处的须弥山东麓。须弥山石窟是1982年国务院公布的全国重点文物保护单位之一。

　　须弥山山基以紫色砂岩构成，是黄土高原上独特的景观——丹霞地貌。这里层峦叠嶂，怪石嶙峋，苍松挺拔，是佛教东传线路上罕见的自然风景。山峰有五，错落有致，丹崖怪石，峭壁奇峰，青松长春，山下流水潺潺。"须弥松涛"为固原清代八景之一。窟前寺口子河（古石门水）徐徐流淌，将山体分为南北两段，河水两岸山崖陡峭，酷似一座石门，史称石门峡。石窟寺开凿在北段山脉（俗称须弥山）的东麓。现存已正式编号的洞窟 132 个，附属窟龛 30 个，共计162 个。洞窟分散开凿在呈扇面形状展开的 8 座山峰的东南崖面上，由南至北随山势迂回曲折、自然形成的 8 个区域，分别为大佛楼区（1～5窟）、子孙宫区（6～39窟）、圆光寺区（40～50窟）、相国寺区（51～103窟）、桃花洞区（104～108窟）、松树洼区（109～118窟）、三个窑区（119～125窟）、黑石沟区（126～132窟）。由于长期受自然的风雨侵蚀及大小地震的破坏，致使许多洞窟遭受到了程度不同的损毁，现仅有约 70 个洞窟保存较好，整个窟群共 236 龛，各类大小造像 1000 余尊，其中保存较为完好的造像约 570 尊。其中 14 个洞窟中保存有唐代以后的题刻题记 60 则，在 10 个洞窟中保存有壁画。现存有明代碑刻3 通，残碑 13 块，根据记录复制的清代碑刻 1 块。

须弥山是梵文 Sumern 的音译，为"苏迷楼""修迷楼"等，意为"妙高""妙光""安明""善积"等，通常认为是"宝山"的意思。须弥山在汉代时曾名逢义山，北魏时改称石门山，隋唐时沿称石门山，"唐名为石门镇景云寺"，宋代以后各代皆沿袭这一称谓。明正统年间旧景云寺番僧绰吉汪速扩建寺庙，明英宗敕赐"圆光寺"匾额，更名为圆光寺。

"须弥山"之名为何冠于固原境内的石窟山上呢？这自然是耐人寻味的事。当然，须弥山的称谓有其深远的历史渊源。须弥山，是佛教典籍中的专用名词，从早期的石窟壁画和佛教典籍看，基本上是伴随着佛教东传、佛教典籍的翻译、石窟的开凿、佛本生故事及壁画的出现而产生的。把此处石窟称为"须弥山"，一是增加它神秘的佛教文化色彩，二是佛教文化传播的结晶。须弥山作为佛教专用术语，由来已久，但作为石窟寺之名始于何时，检史料可知，宋、夏时已有一级地方行政建制——须弥寨。须弥寨，当系因须弥山而得名。而在须弥山石窟第1 窟中的一则西夏时的题记"拱化三年（1065）七月十五日……须弥山巡……"中就已直呼"须弥山"之名，这说明须弥山的称谓早在宋代就已经约定俗成了。

须弥山石窟作为宁夏境内最大的石窟群，是与云冈、敦煌、龙门等石窟齐名的全国八大著名石窟之一。固原是须弥山石窟的创建地，它地处黄河中上游，历史悠久，文化底蕴深厚。但是，作为古代原州（今固原）历史文化一个重要组成部分的须弥山石窟，它的开凿和形成有其深刻的历史根源。

其一是途经固原的丝绸之路畅通后，中西文化的融汇以及所处的重要历史地理位置，是须弥山石窟得以开凿与形成的源泉。

其二是两魏（北魏、西魏）统治者信佛与崇佛的政治环境，也是须弥山石窟开凿形成的另一原因。

其三是北周政权的奠基人宇文泰及地方豪族和长安显贵对原州（今固原）的着意经营。

其四是唐代原州（今固原）政治、军事、经济、文化的繁荣和发展。

须弥山石窟在全国石窟造像中占有独特的地位和作用，它的开凿和形成，是各种文化相互碰撞、交融的产物，是丝绸之路繁荣的标志。从历史的角度讲，须弥山石窟是固原古代社会繁荣发达的象征。同时，须弥山石窟也是研究我国石窟艺术、民族宗教历史的宝贵实物资料，具有重要的历史、艺术、科学研究价值。

须弥山石窟的具体开凿年代文献缺载，石窟中也无明显的开窟纪年铭记，因此，根据考古类型学的方法进行分期研究可知，须弥山石窟始凿于北魏晚期，历经西魏、北周、隋、唐诸朝，唐代以后再无大规模的开窟造像活动，但有规模不等的佛像装修和寺院建设活动。

二、石窟造像艺术

须弥山石窟初创于北魏晚期，兴盛于北周和唐代，是我国开凿较早的石窟之一，其艺术成就可与山西云冈、河南龙门等国内大型石窟相媲美。

北魏晚期是须弥山石窟的初创时期，开凿的洞窟共有 14 个，现存洞窟形制以中心柱窟、佛殿窟和僧禅窟为主，主要分布于子孙宫区域的南部、中部崖面。僧禅窟一般分布在中心柱窟和佛殿窟的周围。

这一时期的洞窟形制以中心柱窟（第 14、24、22、28 窟）为主，但规模不大，中小型者居多，窟的平面为方形，窟门上方开有明窗，覆斗顶，壁面多不开龛，个别的三壁三龛。中心柱柱座较低，柱分三层，每层之间以隔梁分开，隔梁上雕三角垂帐纹。柱四面皆开龛雕像。龛以圆拱形、尖拱形为主。这种形制大体上源于云冈石窟二、三期中第 1、2、51 等小窟中多层楼阁式塔柱及巩县石窟。在题材布局上，每龛内的造像组合以一佛二菩萨为主。而在第 14 窟出现有交脚弥勒、释迦多宝并坐像；在第 24 窟出现有骑马、乘象、思惟菩萨等造像。

这一时期主像（佛像）为高肉髻、面相清瘦、身体修长、长颈削肩的"秀骨清像"式。佛像的衣着已变成了汉化的褒衣博带式，裙摆覆于龛下，呈人字形展开，摆褶端部呈大尖角状或大圆弧状，下垂部分较长。可以说是席地结跏趺坐，看不到佛座。菩萨像头束高髻，面相清秀，身体修长，身着襦裙，披巾自腹前交叉，下摆搭在两臂肘上，沿身侧下垂，摆短，尾部呈平角状。弟子身着袈裟，拱手而立。这种造像风格显然是北魏孝文帝服饰改制在佛教文化方面的反映。

衣纹的雕刻手法为粗糙的密集平行式阴刻线，刀法直硬，刻线较深，衣褶密集堆积，显得厚实。这种雕刻技法，具有西北"黄土高原"的特色。

西魏是须弥山石窟的发展时期。西魏时期的洞窟基本上继承了北魏时期的传统做法，并有所发展，而成为须弥山石窟承前启后的一个重要阶段。共开凿洞窟7个，数量少，规模不大，布局分散，洞窟形制仍然以中心柱窟、佛殿窟和僧禅窟为主。主要开凿地位于子孙宫区的东、西崖面上。

这一时期洞窟的形制继承了北魏时期平面方形、穹隆顶或覆斗顶、窟中心雕造中心柱的做法，但已无明窗。而这一时期的中心柱窟（第17、32、33窟）仍为中小型者，中心柱无基座，柱身分七层四面开龛造像，但已没有了北魏时中心柱的隔梁，有明显简化的趋势，即向方柱式过渡。其龛形以圆拱龛为主，并有少量的尖拱龛的形式。这一时期佛殿窟的形制为，主室平面方形，穹隆顶，窟内壁面不开龛或每面各开一龛或三龛。造像组合以三壁九佛为主，单铺组合为一佛二菩萨。窟门内或窟门外一般雕有力士像。

这一时期造像的造型、衣纹装饰等同北魏时期的造像基本上没有很大的变化，佛像双肩下削，着通肩袈裟，裙摆短，身体清瘦，仍属于秀骨清像的样式，只是在小的雕刻手法上稍有变化，如佛的裙摆覆于龛下呈水平状展开，摆褶端部呈小尖角或小圆弧状，下垂部分较短。菩萨像头残，双肩下削，身体清瘦，披巾于身侧下垂，下身着长裙，衣纹略显细密。

在雕刻手法上，虽然采用的是等距离平行的阴刻线来表现衣纹，与前期雕刻技法相比，刀法更柔软，刻线浅，衣褶疏朗，与前期有一定的承袭关系。

北周是须弥山石窟开凿史上的高峰时期。北周时期，经过两魏时期不断发展和创新，加之北周佛教之盛等原因，须弥山北周时期大规模开窟造像活动达到了高峰。数量多，规模大，造像精，所开洞窟在全国各地石窟中占有重要的地位。

这一期共开凿洞窟25个，洞窟形制以中心柱窟为主，其次为僧禅窟、佛殿窟和影窟。僧禅窟分布于中心柱窟的周围，形成与中心柱窟整体组合的形式。这一期洞窟主要分布于圆光寺区陡峭的崖壁上，分上中下三层。其余多分布在子孙宫区的东崖和松树洼区三个窟区。该期中的第45、46、48、51等窟，均属于中心柱窟，与前期中心柱窟的形制相比有某些不同处：一是中心柱的大小发生了变化，变得方正硕大；二是中心柱窟雕凿的规模大；三是主室窟门上方的明窗消失；四是出现了中心柱四面各开一重龛的形式；五是圆拱龛及尖拱龛少见，取而代之的是复杂的帐形龛，出现少量的尖楣圆拱龛；六是窟内出现仿木结构雕刻。

这一时期中心柱窟的基本形制均为平面方形，覆斗顶，窟内雕仿木结构，其特点是，壁面上部雕出横枋，窟顶四披转角有角梁，中心柱柱身四角雕立柱，下雕莲花柱础，上有栌斗承接中心柱顶部的梁架及窟顶的斜枋，使整个窟内构成一个完整的仿木式佛帐结构。窟内三壁各开三龛，中心柱四面各开一龛。龛形以复杂繁缛的帐形为主，龛楣上部浮雕帐褶、莲瓣、火焰宝珠、璎珞等，下部束帐幔，龛两侧各悬垂流苏一串，流苏上端，一般衔在龙、凤、象的口中。一般将龛外立面两上角的石面凿空，使顶部向内斜收，表现帐的外形。在尖楣圆拱龛的龛楣上浮雕有七佛。

此期的造像基本上沿用前期的一佛二菩萨的组合形式，个别的为一佛二弟子二菩萨形式。其总体组合为三壁三佛或一壁三佛，后者一结跏、一立、一倚坐佛或倚坐菩萨或交脚菩萨像。另有四壁四佛、六佛、七佛和十一佛题材。第45、46窟出现有菩萨装的交脚弥勒和弥勒像。在窟顶雕刻装饰中有飞天、化生、莲花、博山炉、云纹、忍冬纹、禽兽等。中心柱基座四面雕有伎乐人、神王、供养人、象头、博山炉等。造像特点与前期相比有了明显的变化，一改纤细飘逸的"秀骨清像"之风，呈现出敦厚之感。佛像肉髻低平，面相方圆，双肩宽平，腹微鼓，身体健壮，着通肩袈裟或双领下垂袈裟，裙摆宽博，内外三层覆于座前，衣纹较密，呈水平状展开。菩萨像一般立于佛的两侧，面相方圆，身体健壮，披巾或于腹部交叉穿环，或横于膝部一道，双肩璎珞垂于膝部或交接于腹部圆形饰物上。尤其是第51窟，规模宏大，造像精美，气势雄伟，是须弥山石窟造像中的精品之一，也是我国石窟艺术的杰作。北周时期在须弥山开凿的洞窟规模之宏大，造像气势之不凡，木构框架之精美，窟内雕饰之华丽，在全国各地石窟中首屈一指，绝无仅有。它是北周时代造像风格在石窟艺术方面的体现，后人把这样的风格称之为"长安模式"。

在衣纹的雕刻处理方面，采用了直平阶梯形的刀法，刀法圆润流畅，衣褶层次多，但颇显厚重。

隋代是须弥山石窟的再度发展期。隋代开凿的3个洞窟主要集中在相国寺区，窟的形制有方形和中心柱窟两类。在窟龛形制和造像上，基本上继承了北周的风格，但在艺术上却孕育着一种新的特点，较之北周造像，形体变小，衣褶较为简洁，龛饰也极度简化，无论窟龛，均突出主像。由于它继承了北周的遗风，并且有所创新，逐渐形成了一种丰满圆润、作风写实的新风格，处于向初唐过渡的阶段，但在艺术上还不够成熟，形象是头部较大，上身略长，有比例不够协调之感。

这一时期的洞窟形制承袭前期，窟室方形，覆斗顶，后壁一龛，侧壁各开二龛，中心柱同三期，但形体变小。窟内仿木结构继承北周，但仿木结构简化，窟内四角增加角柱，栌斗部位以莲花柱头代替，使整个窟内构成了一个完整的仿木式佛帐结构。中心柱基座较高，柱体不分层，四面各开一龛。龛以帐形、尖拱、圆拱形为主，帐形龛雕饰简单。在组合形式上仍沿袭前期单铺一佛二菩萨的组合形式，但也出现了一佛二弟子二菩萨的新组合形式。佛像肉髻低平，面相长方圆，肩略宽，着简化的褒衣博带式袈裟，裙摆内外两层覆于座前，摆褶简练，下垂部分较短，衣纹稀疏。但头部较大，双肩下溜，鼓腹，上体略长。有束腰须弥座和仰覆莲座；菩萨像面相方圆偏短，头戴矮花冠，两侧宝缯垂肩，颈饰桃尖形或圆环形项圈，上身缠衣巾，下着裙，裙腰外翻，披巾不穿环，多在膝部横一道，双肩垂挂璎珞，多垂于膝下部，身体略瘦，头略大，下身短，身体扭曲。

在雕刻手法上，刀法直涩，简化，逐渐向圆润阶梯形过渡，衣褶层叠的密度也大为减少，已明显看出从前期的阴刻线的刀法向圆润刀法过渡的趋势，而采用直平阶梯形的刀法来表现衣纹，但线条简练、粗疏，处在一个不成熟的阶段。

此期除了新辟洞窟外，另外在北周的第48、51窟内补凿了一些中、小龛像，与同期洞窟的造像具有相同的特点。第28窟为北魏所开，窟内原中心柱已毁，窟内三壁龛系改凿而成，佛像裙摆、菩萨璎珞同第67、70窟，疑系同时期遗刻。

唐代是须弥山石窟的繁荣时期。凿窟数量众多，雕凿技艺精湛，都达到了空前的水平。唐代须弥山洞窟的开凿主要分布在大佛楼、相国寺和桃花洞等区。第5窟，原称景云寺，是在一座山体上凿出来的一尊高达20.6米的弥勒坐像，大佛仪态端庄安详，体态健康丰满，鼻低脸圆耳大，表情温和，是须弥山石窟的象征。

唐代须弥山洞窟的开凿，在前代的基础上发生了新的变化，除个别洞窟仍保留了方形塔柱外，方形的佛殿窟式样已经取代了前期的塔柱式样。窟龛的形制大致有：平面横长方形平顶敞口龛、平面马蹄形穹隆顶敞口龛、平面方形平顶窟、平面方形覆斗顶窟等。以长方形或方形平顶或覆斗顶的中形洞窟为主，多数洞窟内的壁面不另开龛，而是将造像雕置于马蹄形坛基上，窟室中央空间明显增大，以利于观佛或礼拜。造像组合多为一铺五尊或七尊或九尊，有的多至十三尊。而且造像题材也发生了变化，除一佛二弟子二菩萨外，天王、力士、夜叉、狮子等造像题材也出现在洞窟中。第62窟最具代表性，也是须弥山石窟造像中最为完整的一个洞窟，方形平面，穹隆顶，三壁开龛。正壁中龛为一佛二弟子二菩萨，南北二壁对称，主尊分别为地藏菩萨和观音菩萨及天王。第105窟俗称桃花洞，是须弥山石窟规模最大的一座洞窟，主室内有近6米高的中心柱，柱四面和壁面开凿大龛。造像组合主要以一佛二菩萨为主，造像题材分别为弥勒佛、阿弥陀佛、观音菩萨、地藏菩萨、释迦佛、接引佛等。

唐代须弥山石窟造像风格，已明显地表现出世俗化的特点，即以丰满为美，以雍容华贵为美。无论佛还是菩萨、弟子，天王还是力士，都雕凿得丰满圆润，栩栩如生。佛像身披袈裟，内着僧衣，衣薄透体，自然流畅，造像技法纯熟洗练，比例协调匀称。菩萨上身袒露，斜披络腋，下着贴腿裙，腰间系带并折出大

裙一角，显得体透轻纱，多姿多彩。力士祖露上身，下着短裙，腰扎带，表现了男子的健康之美。天王身着铠甲，下着战袍，手执兵器，脚踩夜叉，显得十分威武。

唐王朝自天宝十四年（755）安史之乱以后，国势由盛而衰。广德元年（763），须弥山所在的固原地区被吐蕃占领，须弥山石窟也由此衰落，再无大规模的开窟造像活动。但作为崇仰佛教的石窟寺，仍然是统治者关注的地方，更是佛教信徒朝拜的圣地，因而在宋、金、元、明、清几代，曾对须弥山石窟有过规模不等的改凿、装修及寺院建设。特别是在明代，是须弥山石窟历史上的最后一个兴盛期。大兴土木，整饬修缮，明英宗赐名"圆光寺"，不过已不是前代大规模的开窟造像，而是兴建寺院。

须弥山石窟除石窟造像外，还保存有唐、宋、西夏、元、明各朝各代的题刻题记60则，明代碑刻3通。这些题刻题记和碑刻，有助于研究者研究丝绸之路与石窟文化在固原的表现。

三、突出的文化价值

石窟艺术既是中外文化艺术交流的结晶，又是点缀在丝绸之路沿线的璀璨明珠。石窟最早出现在印度，原是佛教徒为纪念释迦牟尼，仿效其修行之所而建造的洞穴。它传入中国后，与中国传统的"石室"建筑形式结合起来，成为我国佛教建筑的重要形式之一。它又是僧众礼拜、修行、供养的重要场所。

须弥山石窟地处古丝绸之路东段北道必经之地——原州（今固原），它始建于北魏晚期（5世纪末），后经北魏、西魏、北周、隋、唐各代的开凿和宋、元、明、清等历代的重修，历时1500余年，是中国石窟艺术的重要组成部分，也是世界石窟艺术史上最为精美绝伦的一页。作为中国石窟开凿最早的佛教石窟寺之一，北魏、北周、隋唐为其全盛时期，明代曾在寺院文化方面一度中兴。须弥山石窟的开凿和形成，是各种文化相互碰撞、交融的产物，是丝绸之路繁荣的标志，它以风景别致，风光秀丽的景观而异于国内其他石窟，以精美的石雕艺术而著称于世，以交汇南北、融通中西而形成的具有浓郁的民族化、民间化和世俗化的佛教艺术为主要特征，在全国石窟造像中占有独特的地位和作用。须弥山石窟以鲜明的文化特色和丰富的历史遗存，多角度全面地反映出随着古丝绸之路的贯通，印度佛教艺术传入中国后，在不同历史时期的发展变化脉络，尤其是在佛教世俗化和民族化方面所取得的辉煌成就。特别值得一提的是，它全面而完整地保留了反映中国佛教文化、思想信仰发展变化的实物资料，对全面理解和掌握佛教艺术中国化的历史进程具有至关重要的作用。

源于古印度的石窟艺术大约在公元3世纪沿着丝绸之路传入中国，并于公元5世纪前后和7世纪初（北魏和盛唐时期）先后形成两次开窟造像的高峰。须弥山石窟就是中国石窟艺术史上两次高峰时期产生的经典之作和杰出范例。

须弥山石窟所在的固原，是历史上的西北军事重镇，也是丝绸之路东段北道上的重镇，是中原文化与北方游牧文化融合的交接带，更是佛教艺术东传过程中的纽带和中转站，大量西域文化流经这里，在向中原传入的过程中有其吸收、融合的一面，须弥山石窟艺术就是其最具代表性的体现。同时，固原特殊的地理位置为佛教艺术及其文化继续沿着草原丝绸之路东传朝鲜、日本奠定了基础。

须弥山石窟在不同的发展阶段表现出了不同的艺术形式和风格，外来的影响则越来越淡。须弥山石窟与武威天梯山石窟、永靖炳灵寺石窟、天水麦积山石窟、云冈石窟和龙门石窟等都是敦煌艺术的近亲，彼此之间，或血缘相接，或声气相通，在艺术处理上交光互影。在其初期石窟里，佛教造像反映出以"秀骨清像"和"褒衣博带"为主的特点，呈现出了时代的特征，其民族化、世俗化的成分浓厚，在艺术风格等方面明显地受到来自云冈、龙门、巩县及东部邻近地区诸石窟和南部麦积山与东部北齐石窟的影响，在接受外来各种风格影响的同时，它又形成了自己独特的石窟艺术风格特征。开凿于西魏时期的第33窟是一个中心柱形双层礼拜道的支提窟，此洞窟形制为仿印度支提式窟，形制特殊，在内地各石窟中为孤例。这个特殊洞窟的形成主要是受到了印度、新疆、敦煌等地石窟的影响，而这种特殊的支提窟最接近于印度支提窟的原型。此窟不仅具有与印度支提窟相近的特征，而且又有和龟兹、敦煌等地支提窟中某些相似的特点，以及当地特有的自然特点和民族习惯性，创造出具有本地特征的支提窟形制。北周时期的洞窟，不论是洞窟形制，还是造像特征和服饰，不但受到东部响堂山石窟的影响，同时也受到南部麦积山石窟的影响，它又形成了自身的特征，是交汇融合的产物，同时，也是长安造像样式在须弥山石窟的反映。须弥山唐代洞窟造像更多地体现出一种古代艺术家、僧侣和民众对世俗生活中美的感悟和理解，对美好生活的向往和追求，因而所塑造的形象更为人性化、生活化，每一尊造像仿佛就是我们芸芸众生中的一员，随时都可以和人们进行情感交流和心灵沟通，以启迪和净化的灵魂。

就须弥山中心柱窟而言，须弥山北魏、西魏时期的中心柱接近于河西、云冈、巩县中心柱窟，很明显是受到当时政治中心和文化中心地区石窟的影响；北周、隋代的中心柱窟与北齐响堂山等地石窟相似，而仿木结构与麦积山相似，这也显然受到了当时政治、文化中心所盛行的内容的影响；唐代中心柱窟除了受到本地北周、隋代中心柱窟的影响外，也与东部邻近地区唐代诸中心柱窟有渊源关系。因此，须弥山中心柱窟的兴起，更多的是受中原等地石窟的影响，但和中原等地石窟也不完全相同。总之，它以独特的视角和手法体现出一种植根于中国传统文化的民间性和地域性特点，从而形成了鲜明的地方风格。这种变化充分反映出佛教艺术传播中的多样表现形式，在题材内容、艺术风格、雕塑技法、美学思想等方面都有重大突破。

须弥山石窟与国内其他大型石窟相比有所不及，但在窟室形制、造像组合和内容、造像特点和风格等方面，形成了它的独特性：

其一，各个时期的洞窟集中分区开凿，并且少有后代改建前代洞窟的例子，使各期洞窟基本上保持了原貌，这为研究工作者提供了便利条件。

其二，科学而独有的"人"字形排水系统充分反映了当时雕凿者的技艺和智慧。

其三，罕见的穹隆窟的大量出现，与当时北方游牧民族的活动有直接关系，成为研究我国北方少数民族历史的有力佐证。

其四，早期石窟的造像雕刻具有明显的"黄土高原"风格，并将佛教传说故事中的"乘象入胎"和"逾城出家"等情节引入雕刻内容，以及早期的支提窟形，都从一个侧面反映出了须弥山石窟在佛教东传中的重要历史作用。

其五，被称为"长安模式"的北周石窟（第45、46、51窟）中，宏大的开凿规模，精细的雕工，富丽的装饰，独特的造像组合和开窟风格，在全国石窟中绝无仅有，为研究北周石窟窟形特点等提供了极其珍贵的实物资料。

其六，须弥山石窟僧禅窟多、中心柱窟多、未完成窟多，是政局动荡的产物，这些都与当时封建王朝的政局变迁、政权更迭有着密切的关系，同时也为研究须弥山石窟开窟顺序提供了十分珍贵的线索。

其七，大量石窟窟前建有窟檐等建筑遗迹，为石窟形式与石窟保护提供了研究实证。

其八，须弥山石窟的修建和存在是固原古代社会繁荣发达的象征，是丝绸之路珍贵的文化遗存和中外经济文化交流融合创新发展的明证。它与固原地区保存和出土的各类北朝隋唐文物，共同展现了古代固原繁荣昌盛的发展水平，是中华民族宝贵的精神财富。

原州石窟与佛雕造像

冯国富

丝绸之路的凿通，加强了中国和中亚、西亚、南亚以及欧洲各国的经济、文化联系，增进了中国人民和世界各国人民的友谊和相互了解。岁月在缓慢流逝，古道在继续延伸。随着丝绸之路的畅通，佛教传入中国。

佛教在固原地区传播的主要表现形式是佛教石窟寺和广泛流入民间的佛雕

造像。

一、佛教寺院之一：石窟寺

石窟寺，简称石窟，佛教寺庙建筑的一种，起源于印度。传说原是佛教徒为纪念释迦牟尼，仿效其修行之所而建造的洞穴，传入中国后，与中国传统的"石室"建筑形式相结合。我国开凿石窟约始于4世纪中叶，以北魏至隋唐时最盛。在建造形式上分有中心柱及无中心柱两种。大都开凿在依山傍水、风景秀丽的山崖上，窟内雕刻佛像及宣扬佛教教义和佛教故事的群像，或是彩塑佛像、彩绘壁画等，是佛教徒念经礼佛的地方。

魏晋南北朝时期，佛教广泛传布全国。须弥山石窟就是在这一时期开始修凿。现存于固原市西吉、海原、隆德、泾源、彭阳、原州等县，区境内的16座佛教石窟寺中多数也开凿于北魏时期。其中时代早、规模大、艺术水平高超者当数须弥山石窟，它和敦煌、龙门、云冈等石窟一样，为全国最早最大的石窟之一。

须弥山石窟，坐落在原州区城西北55公里处的须弥山东麓，此山是六盘山向北延伸的余脉。唐代原州七关之一的"石门关"就设于此。这里层峦叠嶂、青山巍峨、峭壁林立、苍松挺拔、花草掩径、深涧峡谷、流水潺潺。石窟就开凿在长约2公里、宽约1公里的8座山峰上。俗称为大佛楼、子孙宫、圆光寺、相国寺、桃花洞等寺院。现存有北魏至唐开凿的洞窟130多座，大小雕像315尊，佛龛113座，中心塔柱16个，还保存有唐、宋、明时期残存的彩塑壁画、建筑遗址，以及十分重要的汉、藏、西夏题刻墨记和碑刻等。1982年国务院公布须弥山石窟为第二批全国重点文物保护单位之一。

须弥山石窟，大约开凿于北魏孝文帝太和年间（477—499）。自北魏开凿以来，经西魏、北周的连续凿造而盛于唐。唐代在这里进行过大规模的凿窟造像活动。自唐称"景云寺"以来，这里曾是一座十分繁荣的佛教寺院。金代有"赐紫"大师主持寺务。明代又敕命"圆光寺"。据明正统八年（1443），《敕赐禅林》碑记"旧景云寺僧吉汪速，大兴土木，修建佛殿廊庑"，并上书英宗朱祁镇赐名改称圆光寺。须弥山石窟为历代西北各族人民拜佛求经的香火圣地。

须弥山石窟中开凿最早的是被俗称为子孙宫中的14、24、32等窟。窟室方形，中心塔柱少则3层，多则达7层，塔柱四面按层开龛造像。窟室四壁有的亦开龛造像。造像中有交脚弥勒菩萨，有单独的坐佛或立佛，但大多数是一佛二菩萨。佛身高大盘腿中坐，菩萨矮小，侍立两边。造像长颈，瘦脸溜肩，身材修长，宽袍大袖，是北魏中晚期流行的造像艺术风格。

开凿于北周时期的石窟有圆光寺、相国寺等窟，现尚存有造像的主要有45、46、48、51、67、70这6个窟，其中第51窟规模最大，造像最为宏伟。北周的石窟，仍为平面方形的中心塔柱窟。龛内有的是立佛，一般皆为一佛二菩萨，还有一佛二弟子，一佛二弟子二菩萨。主尊除结跏趺坐佛外，还有善跏趺坐弥勒。佛造像发髻低平，面相方圆，两肩宽厚，慈祥端庄。菩萨头戴宝冠，装饰华丽，两侧各立胁侍，姿态优美，富于质感。第45、46两窟是须弥山造像最多、装饰雕刻最丰富的石窟。45窟较大，窟室四壁和中心塔柱，共有15个龛，每龛皆为一佛二菩萨，造像高1.8至2.5米。佛像神情端庄，菩萨头戴花冠，胸挂项饰，环身璎珞，装饰华丽。最引人注目的是塔柱座每面8个伎乐人，有的吹横笛，有的弹琵琶，有的击羯鼓，有的奏箜篌等，各持乐器在演奏。这些伎乐雕刻，对研究北朝的音乐艺术具有重要价值。第51窟由主室、前室和左右配室组成，是须弥山石窟形制独特、规模最大的石窟之一。主室为中心塔柱窟，塔柱方形，直接窟顶。窟室面阔14.6米、进深12.5米、顶高约10米。这样大规模的石窟，在北周的石窟中是不多见的，特别是主室后壁长方形佛坛上并坐的三尊大佛，高达6米，气势雄伟，为我国石窟艺术之杰作。

到了唐代，随着中国封建社会进入鼎盛时期，佛教的发展，也在中国佛教史上达到了顶峰。它吸取了印度佛教艺术的精华，继承并发展了我国秦汉时期的传统艺术，以精心独具的构思，反映了不同时代的不同艺术风格，是我国各族人民创造的不曾多见的艺术珍品。这一时期，须弥山石窟也进入了最繁荣时期，其凿窟数量、雕像技术都达到了空前的水平。唐代石窟主要分布在俗称"大佛楼""相国寺"和"桃花洞"三区。现存造像的有1、5、54、62、69、72、79、80、89、105等窟。其中造像最大的石窟是第5窟（俗称大佛楼），因窟前原有楼阁建筑，明代称大佛楼。窟室马蹄形，一尊弥勒坐佛，体型魁伟高大，比例匀称，神态端庄慈祥，面容丰腴饱满，博带袈裟，十分壮观。高20.6米，比著名的云冈（十九窟坐佛）、龙门（奉先寺卢舍那佛）石窟中最大的造像还高3米多，为全国最大的石窟之一，是须弥山石窟的象征，也是须弥山石窟中唐代造像的代表作。它充分体现了唐代的艺术风格，也显示了唐人雕塑艺术的辉煌成就。

佛教雕塑到了宋代以后，其造像特征往往舍弃了宗教的神秘性，增强其现实性和世俗化的程度。变为人们礼拜的偶像，为广大群众喜欢欣赏的造像，不同形象、不同性格和气质的十八罗汉乃至五百罗汉应运而生。彭阳无量山石窟寺中的雕像，就属这一时期的作品。

无量山石窟位于彭阳县川口乡境，坐南向北，面向石峡河，依山傍水。石窟凿于半山石崖上，现保存有佛雕像25尊。第一窟有佛雕像20尊，最大造像有70厘米，窟上部有题记："景祐二年（1035）四月二十日刘绪等八人修罗汉人……"第二窟有佛雕像5尊，最高造像为25厘米，上有题记，"张行番□□，天圣十年（1032）"。从上述两处题记可知，此窟开凿于北宋仁宗时期。此窟虽存造像不多，但仍是固原保存较好且有明确纪年的石窟寺。对于研究这一时期佛教雕塑艺术、风格特点有重要价值。

除上述石窟寺外，还有西吉县火石寨乡的扫竹岭石窟（开凿于北朝至明代）、石寺山石窟（隋至唐代）、禅佛寺石窟（唐代）、白庄石窟（唐至明）、险石崖石窟（唐至清）、偏城乡的石窟寺石窟（唐至清），海原县西安乡的天都山石窟（宋至西夏）、兴仁乡的青龙寺石窟，隆德凤岭乡的八盘山石造像（唐）、何家山的石窑寺石窟（宋代），泾源县新民乡的石窟湾石窟（宋代），原州区炭山乡的阳洼寺石窟（北魏至明）、张易乡的南、北石窟（北魏至明）、城儿山石窟等。14座石窟寺分别开凿于北魏、隋、唐、宋、金、西夏等时期。这些石窟寺，虽因年久失修，加之自然风蚀以及人为因素的破坏，多数石窟现存造像寥寥无几，但都从不同侧面反映了当时佛教在这一地区传播的盛况及其艺术成就，也反映了古代固原的文化。

二、佛教寺院建筑之一：佛塔

中国古代"佛塔"，俗称"宝塔"。佛塔起源于印度，称"堵坡"或"浮屠"，用以藏舍利和经卷等。在佛教传入中国之初，我国的文献中是没有"塔"这个字的。到了晋宋时期，译经人才从古印度梵经中取其中一个音节，创造出"塔"字来。因此，"塔"的本意就是坟，是埋葬"佛骨"的坟墓。我国古代劳动人民以中国传统的建筑形式，巧妙地融合了外来的佛教内容，使佛塔成为我国古代建筑史上的一项杰出的艺术创造。历史上修建的塔总是与佛教联系在一起，所以也就成为佛教寺院中的主体建筑之一。坐落在位于彭阳县城北约百余里的冯庄、小岔两乡交界处的"璎珞宝塔"，通高20余米，为7层楼阁式砖塔。整个塔体为仿木结构，显得简洁朴实而又小巧玲珑，塔体为八角形，每边长60厘米，采用厚壁空心式木板楼层结构，原有木梯可以攀登。在璎珞宝塔第二层的背壁上，嵌有一高47厘米、长90厘米的长方形石匾，上刻"璎珞宝塔"四个大字，上首抬头为"发心功德主张侃高氏"，下边落款是"嘉靖三十年三月初一日立"。从上述落款可知，此塔建于明嘉靖年间，距今已有400余年。

三、佛教通俗形象的传教手段：佛雕造像

除上述石窟寺、佛塔外，近年来发现和出土石、铜、玉佛造像碑和鎏金、铜等佛造像。

1. 1981年，在彭阳县新集乡村民栽树时发现了一批佛造像，共8件（石造像7件，铜造像1件）。其中一件学界称为"建明二年造像碑"，此造像碑高48厘米、宽20厘米、厚55厘米，稍有收分，顶部为弧形，系紫红色的石英岩雕成。碑的正面分上下两层，上层雕一拱形龛，龛内前两边雕刻释迦、多宝并坐说

法像。后部雕刻并坐四弟子。下层竖雕一长方龛，中间为大势至菩萨立像，叶形背光。菩萨两侧分三层雕刻，由下至上，第一层分别为两供养弟子，其后（上部）两层分别雕刻两弟子。造像的左侧至背部阴刻有"使持节假镇西将军镇军将军西征都督泾州□戎县开国子金神庆敬造石像二区，建明二年二月十七日"题记。另一件铜造像碑，通高14厘米，宽7厘米。正背两面均雕铸有造像。正面为释迦禅定像，结跏趺坐于榻上，下部为两小菩萨。后有身光三层，第一层为圆莲瓣纹，中层为9尊带有身光的小坐佛，外层饰火焰纹。背部分两层雕铸，上层铸一庑殿顶式佛龛，龛内上部为一佛二菩萨二弟子。龛下部为一庑殿式建筑，庑殿内有一排8尊带有头光的小坐佛。下层正中铸一尖顶拱形龛，龛内为释迦、多宝佛对坐榻上说法像，佛龛外下部两侧分上下两层，上层铸两飞天，下层为有背光的两立菩萨。此造像碑为固原出土造像中时代较早的造像形式，风格接近云冈二期（465—495），应为北魏前期作品，整个碑面内容安排紧凑，疏密得当，层次分明。佛、菩萨、弟子等内容随意变化组合，显得整体完美，表明了艺术家们已经熟练地掌握并形成了自己特有的雕铸手法，又创造出新的、精美的造像雕刻技巧。

2.1985年，在彭阳县红河乡河边出土一批北魏时期石造像，共9尊，高为18～30厘米不等。造像材料系用白色滑石雕凿而成，石质细腻柔软，人体比例适中，雕刻技法娴熟，衣纹线条流畅，工艺水平较高，人物形象栩栩如生，具有鲜明的北魏佛雕造像之特点。整体造像布局合理，结构严谨，浑然一体，体现了当时我国雕塑艺术的发展水平。

3.1985年，在西吉县将台乡王家湾村发现一批鎏金铜造像，共有造像60尊，其中佛造像18尊，菩萨造像41尊，力士像1尊。大小不等，最高的17厘米，最低的2.8厘米。这批铜造像，按其造型差别大致可分为15种类型。造像背光均有镂空，采用浮雕等技法以及焊、铆、刻、铣等多种工艺手段，为初唐和中唐时期所铸造。

4.1985年，在原州区南郊乡河泉村发现一批鎏金铜造像，共7尊，分别为佛、菩萨、罗汉像（1尊）。罗汉是小乘佛教修行的最高果位，是佛的侍从或是承宣佛法者，尚未成佛。因而塑造罗汉像一般是仿照现实僧人的特点，头无肉髻，身披袈裟或着大领僧衣，年龄差异较大，性格各异，形貌极尽夸张变形，从而增强艺术形象的生动性。

总之，佛教沿着丝绸商人在遥远的中亚留下的足迹，而播下了幼小的种子，结下了丰硕的果实，任何宗教都没有像佛教这样在中国得以广泛传播，而且持之以恒。佛教雕刻在我国经历了1600多年，尤其是石窟中大规模的大型雕刻作品体现了一个时代、一个国家的强盛兴衰的历史和民族精神，表现了中国人民独特的创造才能和聪明智慧。时至今日，石窟雕塑依然光彩照人，为我国历史文化之瑰宝。是中国的雕塑，把外来的佛教艺术融合在自己的民族形式之中，大大地丰富了自己的艺术，这些伟大的成就，今天是值得我们继承并继续发展的。就本文所述佛教遗迹，近年来经文物普查及考古调查发现和出土的石窟寺、佛雕造像，星罗棋布地布满了祖国大江南北，无可计数，不管是从陆路还是海路传入我国，都逐渐与我国传统的民族文化相结合，形成了具有中国特色的佛教文化。

须弥山石窟的凿造与固原社会经济

佘贵孝　杨慧玲

丝绸之路上的须弥山石窟，始凿于北魏孝文帝时期，经过西魏、北周、隋唐各代的不断营造和后代的修缮，建成了宁夏境内最大的石窟群，也是全国八大石窟之一[1]。开凿这样宏大的石窟群，一要靠国家政策的支持，二要靠国家的经济扶持，更重要的是地方经济能力的支撑。每个凿窟造像的时期，固原的社会经济是怎样的一个状况呢？本文根据现有资料予以记述，以体现凿造石窟的能力。

一、北魏时期

在史称"孝文帝中兴"的北魏末年，须弥山迎来了开窟造像的机遇。当时固原的社会经济形势怎样呢？

北魏统一北方后，为了加强边防，防御北方柔然族的南侵，在北方沿边地区不设州而设镇。因此，北魏在攻取固原地区后不久，即于太延二年（436）设立高平镇（今原州区）。北魏政府在设立军镇的同时，采取安置少数民族降众和从内地移民的办法充实这里的人口。据《元和郡县图志》记载，北魏政府还多次将降附的柔然、敕勒等族部众安置到高平等镇。皇兴四年（470），柔然万余户降魏，魏分徙其众于高平、薄骨律（今宁夏青铜峡境）两镇。公元6世纪初，中亚嚈哒进攻高车国（即敕勒），杀穷奇，高车部众离散，其中一部分投奔柔然，一部分投归北魏。魏遣宣威将军、羽林监孟成抚纳高车降众，安置于高平镇[2]，而且在减免徭役、兵役、安辑流民、赈恤灾荒等方面实行"优复"政策。神䴥三年（430）初，北魏占据固原一带时，太武帝就下诏："安慰初附，敕秦、雍之民，赐复七年"[3]，一次复免7年徭役、赋税，这是很大的优待。文成太安五年（459），因秦、雍遭受旱灾，政府开仓赈济，令州郡官吏体恤民情，"有流徙者，谕还乡梓。欲市籴他界，为关旁郡，通其交易之路"[4]，而且严令官员务必做到上恩下达，下民上赡，否则将科以重罪。通过上述政策及有关措施的推行，安定了魏初的统治秩序，为发展社会经济提供了良好条件。太平真君七年（446），魏帝诏令安定、统万、高平、薄骨律4镇"运屯谷五十万斛付沃野镇，以供军粮"。这说明当时高平镇不仅可以粮食自给，而且还有余粮供给沃野等镇的军粮。在北魏的墓葬里出土有陶牛车等文物，这也在一定程度上反映了当时畜牧业发展状况。

农业生产方面。自魏以来，"安定、北地、上郡、陇西、天水、金城，于古为六郡之地，其人性犹质直，然尚俭约，习仁义，勤于稼穑，多畜牧"[5]。割据战争的宁息，人民的俭朴勤劳，使北魏的"农职之教"很容易得到推行，从太武帝统一北方，到孝文帝在全国颁行三长制、均田制，这半个世纪左右，是固原社会经济发展的一个重要时期，农业生产得以恢复。太平真君七年（446），太武帝令薄骨律、高平、安定（治今甘肃泾川）及统万四镇共出车5000辆，将50万斛粮食运到沃野镇（今内蒙古乌拉特前旗东南）以应军需。从这些地方到沃野镇，路途遥远，还需经过沙漠地带，困难重重，将这些粮食全部运完至少需3年时间。薄骨律镇将刁雍经过考虑后，奏请太武帝同意，决定改用水运。在牵屯山（即今六盘山）靠近高平川的地方，就近建造木船200只，每船可装运粮食2000斛，60天即可往返一次，运输量比车运超过10倍，还节约畜力和人力，不致因运输而影响农业生产。这件事说明了当时固原林木多，有力量建造200艘木船。北魏一市斤合今0.2225公斤，一斛合今26.5公斤，2000斛就是53000公斤。可见木船的体积很大。同时也说明了屯田已能生产较多的粮食，否则，哪里会有粮食外运？太和十二年（488）五月，魏孝文帝下令高平、薄骨律镇等地兴修水利，发展农业。

畜牧业方面。汉代，"凉州（当时固原属凉州刺史部管辖）之畜为天下饶"，安定郡（今固原）"牛马衔尾，群羊塞道"[6]。到北魏时，包括秦、凉和今固原在内，"以河西水草善，乃以为牧地。畜产滋息，马至二百余万匹，骆驼将半之，牛羊则无数"[7]。魏初，魏兵讨没奕于（高平镇镇将），在高平获马4万匹、骆驼牛羊9万余头，由此可见一斑。

商业方面。丝绸之路的贸易活动，到北魏时商道更加通畅。这是因为胡商的往来增加了政府的财政收入，按照入市一人交税一文及店铺分五等纳税的条例，庞大的胡商商队与经营奇珍异宝的蕃客邸肆，是北魏官府最欢迎的纳税对象。北魏的高平镇，是北方重要军镇之一，也是东西商道重要的商业经营地区。近年来，固原出土的波斯银币和波斯萨珊王朝的鎏金银壶、玻璃碗、青金石戒指等，都是历史的见证。

二、西魏、北周时期

据《续高僧传·普提流支传》及《频伽藏》等史书记载，西魏时期文帝和宇文泰均笃信佛教，在他们的倡导下，国内崇佛之风大为兴盛，须弥山石窟在西魏、北周时形成了开窟造像的第二个高潮，这个时期的开窟造像多达29座洞窟，数量要比前期多。特别是被誉为"须弥之光"的第51窟，是宏伟壮观的殿堂。

西魏、北周统治者，吸取各族人民反魏斗争的教训，一开始便注重吏治的整肃。宇文泰先后颁布《六条诏书》，将"清心、敦教化、尽地利、擢贤良、恤狱讼、均徭役"作为各级官吏行政中遵循的准则，而且规定："其牧守令长，非通六条及计账者，不得居官。"[8]

均田制从北魏太和九年（485）创立，以后时废时兴。因为它对抑制土地兼并、劝督农民尽力于农桑，以及在增加国家赋税收入等方面有一定作用，所以，西魏、北周在《六条诏书》中的第三条就是"尽地利"，鼓励农民垦田种地，搞好农副业生产。为了执行均田，北周法律上还规定了"正长隐五户及丁以上、及地顷以上，皆死"，力求严格执行均田制。除田令、法律上的规定外，《六条诏书》还规定了劝课办法，即每当岁首，地方官要戒励百姓，无论少长，"但能持农器者，皆令就田，恳发以时"，要使"农夫不废其业，蚕妇得就其劝"。如果是"单劣之户，及无牛之家，劝令有无相通，使得兼济。三农之隙，及阴雨之暇，又当教民种桑植果，艺其蔬菜，修其园圃，畜育鸡豚，以备生产之资，以供养生之具"[9]。这些规定，正好与均田令相互补充，来劝课农桑，发展生产。这些劝农措施和均田法令相辅而行。原州刺史李贤、窦炽在任期内积极劝农，发展了当地生产。"甚得民和"就是原州居民对他们的赞誉。尤其是窦炽在任十年，抑挫豪强，清理冤狱，亲临田间，劝民垦耕。原州城北有一水泉，就是现在的北海子，窦炽也常到那里去。一次，幕僚们在泉边设宴，大家争相向他敬酒，他跑到泉边，舀了一杯泉水，边喝边说："我在这个州，只能喝泉水。"意思是说，他没有为老百姓办多少实事，不配喝酒。窦炽离开原州后，老百姓都很思慕这位清官。窦氏家族合门崇佛，《辩证论》卷四记窦炽"建白马、梵云二寺"。天和四年（569），北周曾筑原州城。特别是北周均田制在原州的实行，促进了当地农业生产的发展，也为石窟的开凿提供了比较稳定的经济来源。

三、隋唐时期

隋国公杨坚在公元581年迫使周静帝退位，夺取政权，建立隋朝，自称文帝，结束了魏晋南北分裂的局面。全国的大统一为隋唐文化艺术的大发展奠定了基础，中外文化进一步交流，作为上层建筑的佛教及其他艺术也有了新的发展，随着历史环境的改善，佛教在全国各地都有很大的发展，于是，建寺造像在全国范围内迅速发展。须弥山石窟也不例外，在继北周延续的基础上，出现了新的发展高潮。

唐代，使中国封建社会进入了一个繁荣的时期，在统治阶级的倡导下，呈现出异常兴盛的景象，特别是盛唐时期，高宗、武则天颇信佛法，须弥山开窟造像

又进入了新的高潮。现存唐代窟龛，有 60 余座，约占须弥山现存全部洞窟的三分之二，在须弥山石窟艺术史上是一个灿烂兴盛时期。其中第 5 窟内的倚坐大佛，通高 20.6 米，是须弥山石窟的最大造像。有人说，第 5 窟的弥勒坐佛就是依照武则天的面容修建的。

为什么在隋唐时期又迎来了须弥山石窟凿洞造像的高潮呢？除了国家倡导外，固原的经济实力也允许开窟造像。隋唐时期，是我国经济向上发展和统一国家的重建时期。隋初，政府推行均田制和轻税入官制，有力地调动了农民的生产积极性，土地开垦面积逐步扩大。隋文帝杨坚令朔州总管赵保卿"于长城以北，大兴屯田，兴实塞下"[10]。这样，长城内外成为农业生产基地。开皇二年（582），原州总管司马赵轨夜晚领兵行巡时，左右随行的马骑跃入田中，毁坏民间禾苗。赵轨令随行人员查明禾主，赔偿损失[11]。可见交通沿线土地已被开垦为粮田。在发展农业经济的同时，隋代还大力发展畜牧业，据《隋书》记载，隋初陇右各地置有国家军马场 24 处，还在原州设羊牧、驼牛牧，分别设置总监、太都监、尉以主管其事。大业九年（613），灵武白瑜娑聚众起义，攻打陇西，进据平凉，在六盘山地区夺取官马万余匹。这就很能说明当时固原地区畜牧业的发展状况。唐初，固原地区仍受突厥的不断侵扰，唐王朝的统治并不稳固。对此，唐太宗李世民采取"剿抚并用"的方针，一方面，以原州为中心，对侵扰的突厥军事势力实施打击，削弱其军事力量。另一方面，对归降人员进行妥善安置，并以和亲方式与突厥统治者修好。贞观四年（630）二月，唐军大败突厥颉利，三月颉利被俘，其部落降唐者十余万众。唐王朝为妥善处理民族关系，安置降服部落，不但将突厥内附各部安置在西起灵州、东至幽州（今河北地）沿长城一线的广大地区，并设州都督府进行管理。贞观五年置原州都督府。贞观六年，又在平高县（今原州区）他楼城置缘州（固原北），安置突厥降户。少数民族迁入本地后，逐步接受汉文化，学会了农耕技术，转入农耕生产。在民族融合中已"尽为良民"，为唐代农业经济的发展做出了重要贡献。贞观年间（627—649），政府在"沃衍有屯田之州，则置管田使，专管屯田"[12]。到开元年间（713—741），原州有屯田 4 所（按照唐朝的屯田制度，50 顷为一屯），共有地 200 顷。同时，至高宗、武后时期，屯田已成一种制度，大片牧地也"募人耕之"，旱地农业的开发也具相当规模。

唐朝初年，由于军马需要量很大，唐朝政府依然以原州为中心发展牧监基地，在原州置陇右群监牧，其职由原州刺史兼任。李吉甫在《元和郡县图志》中详细记载了这种情况："监牧，贞观中，自京师东赤岸泽移马牧，于秦、渭二州之北、会州之南、兰州狄道县之西，置监牧使，以掌其事。仍以原州刺史为监牧使，以管四使。南使在原州西南一百八十里，西使在临洮军西二百二十里，北使寄理原州城内，东宫使寄理原州城内。天宝中，诸使共有五十监，南使管十八监，西使管十六监，北使管七监，东宫使管九监。监牧地东西约六百里，南北约四百里。天宝十二年，诸监见在马总三十一万九千三百八十七匹，内一十三万三千五百九十八匹骒马。"[13]从上述50监的分布位置来看，属今固原者为数甚多，有数万匹或十万匹左右。到仪凤年间（676—679）又增设牧马场，有乌氏（今原州区南）、长泽（今原州区北）、木峡等马场。在发展战马的同时，其他畜种也相应增多。天宝"十三载，陇右群牧使有马、牛、驼、羊六十万五千六百"[14]，开元十三年则有马四十五万匹、牛五万头、羊二十八万六千只[15]。陇右监牧"肇自贞观，成于麟德，四十年间，马至七十万六千匹"（牛羊不计其数）[16]。史称自"秦汉以来，唐马最甚"。原州成为全国最大的养马中心，西北牧业的指挥中心。但这种畜牧经济具有很强的军事性质，即其产品主要是为补充军队的战马，供征战使用，同时也为地方财政增加了收入。

四、明代

"安史之乱"以后，李唐王朝由盛而衰，广德元年（763），须弥山石窟所在固原地区被吐蕃占领，须弥山石窟也由此逐渐衰落，因此，再无大规模的开窟造像活动。但作为崇仰佛教的石窟寺，仍然是统治者关注的地方，更是佛教信徒们朝拜的圣地，因而西夏、宋、金、明、清几代曾对须弥山石窟进行改凿和修缮，但其规模都不大。特别是在明代时，须弥山石窟得到了朝廷的重视，而且朝廷运用国力对须弥山石窟进行了大规模的修缮和重建寺庙等活动，明代的三通碑刻（《敕赐禅林》《圆光禅寺记》《重修圆光寺大佛楼记》）和数十处题记，记述了这次装修的规模。明朝后期，随着封建王朝的衰败，须弥山石窟寺院也逐渐衰落。

明朝，固原虽是王朝的中心腹地，实质上却是明王朝的边防要地。这是因为，元朝虽灭，但残元势力尚存。公元15世纪初，蒙古鞑靼、瓦剌各部日渐强大，成为明朝北方边境的大患。所以明王朝在东起鸭绿江、西至嘉峪关的万里边防线上设立了9个军事重镇，固原为其一镇，派重兵驻守，抵御来自北方的威胁。军屯由此兴起，"其闲地则为屯田，且耕且守，五年后方令纳粮"[17]。共屯田2134.45顷。公元16世纪初，军屯继续发展。平虏守御千户所"留存南方军及新募军人入伍操练，授田屯种，以为防御计"[18]。白马城堡"募军戍守，人给地一顷，使自耕种为业。奏调榆林百户五员领之"。海喇都营"成化四年（1468），选本府官军七百员名，冬操夏种，设操守指挥一员约束之"[19]。至嘉靖年间，耕地面积达3300顷。万历时屯田又增加到4815顷。在大力发展屯田时，水浇地也在发展。正德十年（1515）时，红河川、茹河川、东西海子、杨郎、关桥等地都有小规模的引水灌溉。"正德十一年，镇守总兵官赵文、兵备副使景佐，

丝路固原

因本城井水苦咸，人病于饮，遂导引（西海水）于州城，入泮池。由西门而入，环流于街巷，自东门而出，公私两利之盛意也。"[20] 粮食作物除种植麦类、豆类、谷类等粮食外，普遍种植胡麻、麻籽、菜籽等油料作物，以及各种果树和蔬菜。官牧制度重新恢复，再次大兴马政。洪武二十七年（1394），置群牧千户所。永乐四年（1406）置陕西苑马寺。苑马寺是一种专门马政机构，其主要任务是向边防部队提供军马。固原属陕西苑马寺辖地（时全国共置 4 个苑马寺）。陕西苑马寺设立后，下封工监 4 苑；开城、安定两苑隶属于长乐监，清平、万安两苑隶属于灵武监。永乐六年（1408）时，陕西苑马寺又增为 6 监 24 苑。据嘉靖《固原州志·苑马寺所属坐落固原州地方监苑》记载：苑马寺长乐监在固原州城内东北隅。下辖 3 苑是开城苑（在头营）、广宁苑（在固原州城监衙内）、黑水苑（在州城北 90 里）。后来，固原马政日渐衰落，监苑屡裁，使朝廷所用军马一度紧张。弘治十六年（1503），明廷以副都御使杨一清专程来固原一带整理马政，"肃振纪纲，增置官署，搜括垦田，益市民马，一时观美"[21]。督修马营 19 处，屋宇 4100 间，招募马军 3343 名，清出应归牧荒、熟地 1280 万亩，牧马增至 11800 匹。至万历年间（1573—1620），各种大牲畜达到 33842 头。据史料记载，当时牧养的马匹，一部分充当军马，另一部分拿到集市销售。而且，马场还牧养牛羊，除牧马人食用外，大部分在集市交易。政府从中征集了大量的税金，充实了地方财政收入。

须弥山石窟从北魏开始凿造，历经西魏、北周，到唐朝时已是一座规模宏大的寺院，吸引着四方群众前往观瞻，捐款者日益剧增，数额也在加大。来来往往的丝路商人、传教士、僧侣驻足观看，捐资助佛形成常势。所以，须弥山石窟的开凿，既是地方经济实力的体现，也是各业的捐助和善男信女的香火钱才得以顺利实现。

注释：

[1]《光明日报》1994 年 11 月 26 日。

[2]《魏书·高车传》。

[3]《魏书·世祖纪》。

[4]《魏书·显祖纪》。

[5]《魏书》卷一一〇《食货志》。

[6]《资治通鉴》卷一二三。

[7]《魏书》卷一一〇《食货志》

[8]《周书》卷二三《苏绰传》。

[9]《晋书·皇甫谧传》。

[10]《隋书·食货志》。

［11］《隋书·循吏·赵轨传》。

［12］《新唐书·百官志下》。

［13］《元和郡县图志·关内道三·原州》。

［14］《旧唐书·职官志》卷四四。

［15］《资治通鉴·唐纪》胡三省注。

［16］《张燕公集》卷七《大唐开元十三年陇右监牧颂德碑》。

［17］《明孝宗实录》卷一五七。

［18］《明武宗实录》卷二。

［19］嘉靖《固原州志》。

［20］万历《固原州志》。

［21］《关中两朝文钞》卷八、赵时春《马政论》。

须弥山石窟与原州历史文化

韩有成

须弥山石窟始凿于北魏晚期，距今已有 1500 多年的历史，是宁夏境内最大的石窟群。经过西魏、北周、隋唐各代的不断营造，现存各类不同形制的窟龛 162 座，大小造像近千尊，其中保存较为完好的造像 500 余尊。与国内其他大型石窟相比，无论在规模、数量以及保存的完好程度上有所不及，但是，须弥山石窟本身所具有的独特性，使它在中国石窟艺术中占有重要地位，是研究我国石窟艺术、民族宗教历史不可多得的宝贵实物资料。

须弥山石窟所在的固原地区，古称原州，它不仅作为历代军事重镇屏障着汉唐古都长安，更是丝绸之路上东西文化交流的重要驿站，也是中原农耕文化，北方草原文化，伊斯兰文化，西域文化融合、交汇、传播、辐射之地。原州的交通要道和民族杂居也是吸收不同文化影响的基础，由此而形成的固原古代文化以其独特的卓越风姿，丰富了中华民族的文化艺术宝库，须弥山石窟艺术就是其中最具代表性的。

须弥山石窟是原州历史文化的重要组成部分，也是丝绸之路上珍贵的文化遗存。须弥山石窟开凿于公元 5 世纪末到 8 世纪之间，在这 300 多年间，原州的历史在须弥山石窟的雕刻中也留下了深刻的烙印。如果离开原州的历史，须弥山石窟的艺术也就无从谈起，须弥山石窟艺术是原州历史文化的体现和反映，通过须弥山石窟的兴盛和衰落，可以看到原州经济、文化乃至政治历史背景。须弥山石窟的修凿，应该说是原州政治安定、经济发展、文化繁荣的象征。

一、须弥山石窟与北朝原州历史文化

北朝时期，固原先后为北魏、西魏、北周所属。而开凿于北魏晚期的须弥山石窟，就是这一时期开凿营造而留存至今的原州历史文化遗迹，为我们研究北朝时期原州的历史、佛教、美术、音乐、建筑等文化方面提供了极其丰富的实物资料和佐证。

（一）历史

由于须弥山石窟开凿于丝绸之路东段北道的交通线上，它在营造的过程中，受到了来自各个方面文化的影响。虽然我们目前还未发现有关须弥山石窟开凿记载的资料，但从须弥山石窟现存北朝洞窟的营造中可以看到，这个时期须弥山石窟的窟室规模多为中小型窟龛和造像，与北魏王室贵族发愿造像最集中的云冈、龙门等地的大型窟龛和造像是无法相比的，显然不是北朝王室贵族发愿开窟造像的地方。从这一点也可以说明，除世家大族以外，本地方的官吏统治者由于他们的财富多寡不一，毕竟赶不上那个时代门阀世族那样的豪华富有。因此，他们不可能过分地浪费财力、人力去开凿更多的大型洞窟，只能以开凿中小型洞窟为主，而且这个时期所开凿的洞窟都很规整，这显然是有目的、有组织、有计划而一次性完成的。当然石窟造像的雕造，也是为一定阶级的政治所服务的，石窟造像的兴衰变迁或未按计划完工，也是与当时的政治形势相适应的，反映出北朝时期中国历史上一些政变和战乱，同时也反映了原州乃至全国政治、经济、文化兴衰的历史状况。从宗教这个社会生活的侧面，能使我们了解到那个时代一些重大的政治风云动向。

自公元5世纪起，今固原地区主要是作为被征服后"内附"的西北少数民族游牧的放牧地和北魏末年与魏军交火的战场。局势动荡，经济凋敝，魏室势力衰微，加之北魏末年尔朱荣之乱等因素，须弥山石窟自然也少有大规模的石窟营造，这与当时的历史背景相吻合。西魏、北周二朝，关陇地区是其政治、文化的中心，而原州作为其后方军事基地、长安咽喉和宇文氏发迹之地，向受西魏、北周所重，而家居原州，与宇文氏过从甚密的李贤一族便成为原州军事经营的主要力量。在统治阶级的支持下，须弥山西魏、北周时期的佛教石窟造像也就乘势发展起来，其雕造也十分华丽精美。西魏一朝年代短暂，虽仅24年，而在须弥山开窟造像达到高峰；北周一朝在须弥山开窟造像达到高潮，其洞窟规模之宏大，造像气势之不凡，木构框架之精美，窟内雕饰之华丽，在全国各地同类石窟中首屈一指，同时也反映了当时原州政治的稳定、经济文化的繁荣发展。从一个侧面也反映出统治者为维护其经济地位，除在政治上、经济上实施一些缓和矛盾的措施外，还在精神上尽量解除人们的武装，提倡信仰佛教。另外，从须弥山当时的一些未完成的洞窟中也反映出北朝末年的重大风云动向。北周时的第37、47、

48、51等窟也未按计划完工就停止了，究其原因，是与周武帝建德三年（574）彻底毁佛这一历史事件有着直接的联系。可以看到，北朝末年发生的这些重大历史事件也波及了原州地区。由于北朝政局的动荡不安，统治者为了进一步维护自己的政权，转移人们对朝廷的反抗，便大力推崇、宣扬佛教，于是国内信佛者甚众，北魏时期的须弥山多僧房、禅窟，说明出家凿窟、为僧成风，这也是当时政局动荡不安的产物，同时也说明了迷信佛教的社会风气已从皇室、贵族渗透到了社会的各个阶层。

据《魏书·释老志》记载："太和十八年（494）十二月壬寅，革衣服之制。"这次服饰改制不仅表现在全国各地其他北魏石窟的造像中，同样也在原州须弥山石窟的造像中有着明显的反映。北魏自平城（今山西大同）迁都洛阳前的石窟造像多为胡服，迁都、改制之后，胡服便在一些北魏石窟造像中销声匿迹，而须弥山石窟中北魏造像的服饰也随之发生了改变，成为中原普遍流行的褒衣博带式服装，明显地受到了中原皇室开窟造像风格的影响，这也是孝文帝服饰改制在原州须弥山石窟造像中的具体表现。这次改革的结果，使中原汉族衣冠逐渐流行于北方广大地区，同时也反映出当时的政治风云动向。

（二）佛教

从须弥山现存北朝时期的石窟造像中我们可以看到，北魏、西魏时期的造像题材主要有释迦佛、交脚弥勒佛等；北周时期则雕造有三世佛、四方佛、七佛、弥勒佛等题材。南北朝是继魏晋以来五胡十六国长期大动乱的时代，在战火频繁、人民群众徭役加重、民族矛盾十分尖锐的情况下，宗教便利用人们渴望"弥勒下生"来解救他们的不幸、痛苦，来安慰他们，麻醉他们，使他们忍受在现实中所遭遇的各种痛苦，因此在须弥山石窟广造弥勒和禅定的释迦像。须弥山石窟北朝各代的佛教造像，正是当时时代精神的具体体现，揭示了人民痛苦的存在意识和迫切的求生意志，是具有时代特征的造像题材和形式，这可以说是通过非现实的宗教题材反映了现实生活。这些造像题材的大量出现，充分说明了北朝时期原州一带主要以信仰佛教的释迦、弥勒、三世佛、四方佛及七佛为主，这也为今日我们研究北朝时期原州佛教的宗教发展和社会信仰提供了大量的实物资料。

（三）佛教艺术

佛教艺术也包括石窟艺术，是佛教发展影响下的产物，它的兴衰无不受到当时政治、经济、文化的制约。从它自西域开始，逐渐向东传播的过程中，当时政治的需要，当时时代的崇尚及民族传统等方面的影响和作用，都会给它深深地打上时代精神的烙印。南北朝时期，佛教已成为全国上下争相崇信的"国教"，于是，开窟造像之风在我国北方广大地区蔚然成风，皇室运用国力开凿了著名的云冈石窟、龙门石窟等，在中国石窟艺术史上形成了两大造像风格，即云冈风格

（平城模式）和中原风格（龙门风格）[1]，我国国内的众多石窟，在窟龛形制、题材内容、艺术风格上，都不同程度地受到了它们的影响。在须弥山石窟中出现那种清俊秀美、瘦削、长颈、窄肩的"秀骨清像"风格和衣带宽博的"褒衣博带"式服饰，呈现出了时代的特征，其民族化、世俗化的成分日趋浓厚，这也是须弥山石窟在南北朝民族大融合、文化大融合的历史背景条件下的产物，在艺术风格等方面都明显地受到来自云冈、龙门、巩县石窟的影响[2]，在接受外来各种风格影响的同时，它又形成了自己独特的石窟艺术风格特征[3]。

（四）音乐

北魏、西魏时期社会繁荣时，音乐在王室贵族及官吏淫逸的生活中占着重要的地位。在龙门石窟中，现存音乐资料的洞窟有21个之多，这些珍贵的音乐资料从多方面直接或间接地反映了当时那个朝代音乐乐器的流传情况。在须弥山北魏和西魏洞窟中，由于自然侵蚀剥落，致使我们今日不能看到当时乐器的情况，但从北周时期的两个中心柱洞窟中留存下来的伎乐人、伎乐天所执乐器的情况看，它也直接或间接地反映出当时原州一带音乐乐器的流传情况。北周时期，在须弥山石窟中现存的音乐乐器有12种，它们依次是排箫、箫、笛（包括长笛）、鼓（包括长鼓）、竽、箜篌、琵琶、古筝、笙、长角等，其中以排箫、箫、笛、鼓、竽、箜篌、琵琶等为主。说明这些乐器在社会上已普遍流行，同时也丰富了北周时期原州音乐，也给我们积累了丰富的音乐乐器资料，能使我们看到久已失传的北朝乐器，为我们今日研究北周时期原州音乐提供了宝贵的实物资料。

（五）建筑

石窟的建筑，主要是指洞窟的内部构造形式。北朝时期，须弥山石窟多采用方形平面，具有前后二室，或左右耳室；像龛一般雕成尖拱、圆拱和帷帐形；窟顶则做成覆斗形、穹隆形；长方形窟门上开一个方形小明窗；窟内中央设一个3层或7层或1层的中心柱，上小下大，外观上完全是一个方塔的形式。除此之外，还有木构的殿廊、装饰花纹等。另外，在窟室内仿木建筑结构与中心柱的雕刻中，有栌斗、斜枋、八角立柱、莲花柱础等。从中可以看出，这些雕刻实际上是一种在塔柱和四周加建木构佛帐的做法，内部空间形式协调统一，表现手法娴熟精致，已进入相对规范化的阶段，这种做法其目的当在于完善佛塔的绕塔礼拜及入室观像等建筑功能。这些成熟的设计思想和富有创造力的表现手法，造就了中国石窟史上，同样也是中国建筑史上的独特范例，也为我们今日研究原州古典建筑的样式找到了历史渊源。

二、须弥山石窟与隋唐原州历史文化

中国封建社会进入到隋唐时期，南北统一，政局稳定，经济繁荣，中外文化交流进一步发展。隋王朝为了解决战争遗留下来的和新产生的社会问题，巩固自己的统治，方法之一是提倡佛教，把佛教作为重要的统治工具。特别是在唐代，整个封建社会达到了鼎盛时期，在阶级矛盾缓和、社会秩序安定、经济繁荣发展的基础上，唐文化在各个领域都得到了充分发展，文化艺术进入了一个光辉灿烂的新时期，也为佛教的发展提供了坚实的基础。"在唐朝的 20 个皇帝中，除了武宗李炎反佛外，其余的都是扶植过佛教的，而且多数都是崇佛的。"[4]唐代佛教文化作为其意识形态的一个重要组成部分，在统治阶级的大力提倡下，也呈现出异常兴盛的景象，使佛教进一步普及化，深入到民众的日常生活。

汉代，固原（安定郡）已成为中原在边地的重镇；魏晋南北朝时期，成为西北乃至中亚民族融汇与进入中原的历史舞台，也是西域文化进入中原的一个集散地；到了隋唐时期，与中原密切相关的许多重大历史事件都与原州有关，其历史文化也呈现出千姿百态、风格相异的特色。隋唐时期是须弥山石窟开凿的鼎盛时期，这一时期也是原州历史文化的重要发展时期。

（一）历史背景

我国大多数石窟造像的兴衰变迁都与当时的政治风云息息相关，须弥山唐代洞窟造像也不例外，反映了唐代原州政治、经济、文化的繁荣与衰落。唐代须弥山石窟，无论是窟龛数目的众多，还是造像形式的多样和造型技巧的精美，都冠于其他各代之上，不乏技巧娴熟之作。这批洞窟的开凿与唐高宗李治、武则天信佛弘法这一历史背景密切相关。永徽二年（651）高宗下诏废玉华寺为佛寺；[5]武则天一上台就颁布先佛后道诏，佛教为护国之法[6]，又大度僧尼，广建佛寺，并敛钱凿大像，[7]使佛教得到了大规模的发展。在这一历史背景之下，须弥山唐窟的开凿也进入了一个高潮，加之唐代原州已成为这一地区政治、经济、文化的中心，在这样一个半农半牧区，有着当时全国最大的养马中心，物质基础雄厚。须弥山唐窟的开凿，反映了原州佛教之盛，同时也标志着原州的政治安定、经济发展、文化繁荣。与前期洞窟一样，须弥山唐窟规划严整、开凿有序、规模宏大，显然也是有组织有计划开凿的，应该说与当地"僧团"或"行会"社团组织造像有很大的关系。而一些开凿一半便中途停工的洞窟（如第81、85 等窟），是与"安史之乱"以后，李唐王朝由盛而衰的历史有关。尤其是从广德元年（763）吐蕃统治原州开始到大中三年（849），秦、原、安乐及瓜、沙等州复归唐朝，吐蕃统治这一地区达 86 年之久，唐代原州的政治、经济、文化的衰落，直接导致了须弥山石窟的衰落。

（二）石窟内容

在中国佛教史上，唐代佛教的发展达到了最高峰，唐代原州一带的佛教同样也得到了很大发展。须弥山石窟在这个时期的开窟造像活动也达到了高峰。唐睿宗景云年间（710—711）在须弥山修建了规模宏大的景云寺，使其成为当时原州

重要的佛教活动和学术中心。但是由于战火和自然灾害等原因，景云寺早已泯灭无存，幸而须弥山的石窟造像存留至今，为我们今日考证唐代原州的佛教及佛教石窟艺术，保存了极为珍贵的实物资料。

佛教自汉代传入中国之后，到隋唐时期，已经历了500多年的历史，有了一定的思想基础，特别是在唐代，由于统治阶级的大力倡导，加之寺院经济的发展，呈现出一派繁荣景象，于是带有中国特色的佛教宗派便在隋唐时期先后形成，佛教信仰和佛教文化已广泛地渗透到人民生活当中，其佛教艺术也进入了光辉灿烂的时期。通过须弥山石窟的窟龛造像，可以看到唐代原州佛教艺术的概况。须弥山唐代窟龛造像主要开凿在唐高宗、武则天到唐代宗这个时期（即680—779），[8]其雕造艺术也达到了成熟阶段，共开凿窟龛达95个，几乎占全部窟龛总数的三分之二，这就足以说明这一时期原州的政治稳定、经济繁荣、文化发展。第5窟高达20.6米的弥勒大佛龛，其雕造之宏伟，艺术设计之精湛，形象刻画之完美，是唐代须弥山石窟的代表作，是这一时代物质和精神文明的体现，在中国雕塑艺术史上占有一定的地位。大佛的开凿，作为一种有代表性的历史文化现象，对原州政治、经济、文化都产生过巨大的影响。

从现存须弥山石窟唐代造像的情况来看，这个时期的造像题材主要有阿弥陀佛、弥勒佛、观世音菩萨、地藏菩萨、药师佛、接引佛、三世佛等，从中也说明唐代原州地区所流行的佛教宗派主要是净土宗、密宗、三阶教、天台宗以及经典《阿弥陀经》《弥勒经》《金刚顶经》《三阶教法》《妙法莲花经》等。其中净土宗占主流，包括阿弥陀净土、兜率天净土，分别崇拜阿弥陀佛、弥勒佛。这些佛教宗派在须弥山石窟均有造像可寻，净土宗开凿的洞窟形制是须弥山唐窟盛行的佛殿窟，即为净土宗的礼拜堂，其尊像组合经历了七身到九身、十一身再到十三身依次递增的过程，其中十一身造像组合（即为一佛二弟子二菩萨二天王二力士二蹲狮）为须弥山唐代净土窟的主要形式。三阶教、天台宗开凿的洞窟分别以第62窟右壁龛内主尊观世音菩萨和左壁龛内主尊地藏菩萨、第105窟内中心柱右面龛内主尊观世音菩萨和左面龛内主尊地藏菩萨的雕造为其代表，但在本地区仅见二例，并不是当地宗派流行的主流。而第105窟中的释迦、弥勒、观世音菩萨、地藏菩萨等题材的信仰，能在同一洞窟中出现，则反映了佛教各宗派在深入民间之后的流传和表现情况。弥勒佛主要流行于武则天时期，这与武则天伪造大云经，自称弥勒下世的宗教预言有关，从中反映出人们的"升天思想"。这些佛教宗派，也最能迎合人们现世利益的需求，统治者利用这种"升天思想"起到了麻痹人们斗争意志，要人们安于现状、忍受苦难，巩固剥削制度，维护封建统治的作用。

（三）须弥山石窟与宋代以后原州历史文化

唐代以后，须弥山虽再无大规模的开窟造像活动，但作为本地区唯一一处崇仰佛教的石窟寺，仍然是统治者关注的地方，更是佛教信徒朝拜的圣地，因而，宋、金、元、明、清几代曾对须弥山石窟有过规模不等的改凿、装修和寺院建设，同时它对明清固原寺庙文化的形成和发展也产生了直接的影响。

北宋王朝建立后，承袭五代，定都汴京开封。由于政治中心的东移，势必造成军事防御重心的转移，唐代京畿成为"次边"，至于"河湟之地，夷夏杂居，是以先王置之度外"。[9] 故弃之不守。直至太宗至道元年（995），为了控扼缘边蕃部与援应灵州，才以原州古高平县置军，但不久又再度废弃。《资治通鉴》长编卷五十咸平四年（1001）十二月乙卯条云："上（真宗）即位之二年，弃镇戎军不守，洛苑使李继和固请复城之。乃命版筑，即以继和知军事，兼渭、仪都巡检使。"

由此可见，宋初至咸平四年（1001）镇戎军之地几乎处于半放弃状态，即使咸平四年以后，须弥山石窟也不在镇戎军有效控制范围之内，因此，这一时期宋朝在须弥山石窟没有任何重大的政治宗教活动，石窟寺院一直处于破败之中。但在绍圣、元符年间（1094—1100），宋朝夺取西夏天都山地区之后，须弥山遂成为宋朝西北"腹地"，须弥山石窟寺院出现了短暂的兴盛。据明成化四年（1468）《敕赐禅林》碑记载："得本寺原有石碑系崇宁三十五年九月二十四日，敕赐名为景云寺……"崇宁三十五年系崇宁五年之误，即公元1106年。在姚雄收复陇干，宋控制了须弥山地区以后，开始修葺破败的石窟与寺院，宋徽宗于崇宁五年（1106）赐名景云寺。这表明须弥山景云寺在宋徽宗统治的20余年中，是相对兴盛的，同时也得到了朝廷的大力支持。

第72窟东壁南侧一则金大定二十一年（1181）题刻对北宋时期须弥山石窟景云寺的修建及出售度牒等情况有较为详细的记载。由于景云寺因"聚兵"毁于战火，为重建景云寺，景云寺住持愿"售有人住佃随人、地据"，朝廷准敕给降空名度牒100道，通过泾源路经略司呈报礼部，但礼部要求经略司把寺院的土地出售手续办完，可以尽快发给空名度牒，"交割"完毕，此事由泾源路安抚司的汪舍负责主办。这则题刻最后署名的是当时重建景云寺的当事人"赐紫净严大师设令抹、山主党征结"，还有其他几位高僧，即"赐紫顺化大师党征芭、监寺党征木、讲经论律戒师党征继。"这表明该寺院由赐紫大师与山主、监寺共同住持，分工负责修建景云寺这一重大工程。

南宋建炎四年（1130），固原地区被金占领。须弥山石窟景云寺作为"聚兵祈祷之地，名山胜境"，受到重视，加之金代统治者对各地寺庙进行保护、维修和续建，须弥山石窟寺院当然也不例外。从第72窟这则题刻中，我们推测金代须弥山景云寺也与北宋其他地方寺院一样，拥有一定数额的土地，招人"住佃"，以供寺院部分开销，为重修景云寺，曾仿效北宋政策，出售土地和度牒。

度牒是僧尼出家由官府发给的凭证。有度牒的免征地税、徭役。唐宋僧尼簿籍，归祠部掌管，由祠部发放度牒。官府可以出售度牒，以充军政费用。金代出售度牒风气极盛行。金世宗后期，由于财政困难，公开出卖"度牒"及"寺额"等。《金史》卷五十云："（大定）五年（1165），上谓宰臣曰'顷以边关未定，财用阙乏，自东、南两京外，命民进纳补官，及卖僧、道、尼女冠度牒，紫、褐衣师号，寺观名额。今边鄙已宁，其悉罢之。庆寿寺、天长观岁给度牒，每道折钱二十万'"，至承安二年（1197），又"卖度牒、师号、寺观额"。[10] 若按当时度牒官价，"每道折钱二十万"[11] 计之，一百道度牒就是二千万，是一个相当可观的数目。金代须弥山景云寺经过修建后，规模宏大，但其短暂的兴盛也因地震而遭到严重的破坏，"大金兴定三年（1219）六月十八日巳时地动，将镇戎州城屋宇推塌。"[12] 镇戎州即今宁夏固原，须弥山石窟寺院也不例外地受到严重的破坏，此后景云寺也一蹶不振。

元朝建立后，对各种宗教的发展都大力扶持，据宣政院至元二十八年（1291）统计，当时全国寺院凡二万四千三百一十八所，僧尼合二十一万三千一百四十八人。须弥山石窟景云寺作为本地有名的一座佛教寺院，在元朝固原地区具有一定的地位，以至于在元朝时被敕封为"圆光寺"[13]。但其寺院地点已转移到今须弥山圆光寺院，规模也不能与旧景云寺相提并论。元朝时由于回教的形成和发展，而置府于固原开城的安西王府，"皈依回教，信之颇笃，因传布兀唐之地，所部士卒十五万闻从而信教者居其大半。"[14] 须弥山寺院失去了当地政府的支持，因此，须弥山寺院也不是很兴盛，虽住有部分僧人，然而呈现出的却是一片残破景象。

明正统八年（1443）二月二十四日，旧景云寺住持僧绰吉汪速重建佛殿廊庑，上奏英宗皇帝乞赐寺名，改称"圆光寺"。禅僧陈觉，号大方，是孤峰高徒，永乐元年（1403）发心出家，并于正统五年（1440）获得度牒后归寺住持、谈禅问道。由于本寺历经风雨已残破，吾众捐金帛或馈货贿，重建前后二殿及东西廊庑，于正统十二年（1447）诣京师，皇帝赐玺书、易匾额、颁经藏，从此以后，圆光寺乃接受禅宗，始称禅林。由大方住持，以钦差镇守靖虏等处、定国将军参军刘清等人为功德主，重修圆光寺完成。至成化四年（1468）本寺住持为喃噶坚参，僧人坚敦监参、领占班丹、喃噶锁南、绰吉剌月、忍巴坚参、忍巴扎、忍巴亦参、忍巴藏等，显为西藏僧人，同时另有汉僧戒月、普惠、定聪、定忠、定海等，但此时的圆光寺是以藏传佛教为主的寺院，而不是真正的"禅林"（禅宗寺院），只是有汉僧入内禅修罢了。但在成化十二年（1476）所立《重修圆光寺大佛楼记》碑中，圆光寺住持僧为定聪及普善、洪勇等，确不再有西藏僧人名字，原因不得而知。据《明史·西域传》云：宪宗复好番僧，至者日众，以秘密教得幸者为法王、西域佛子、大国师、国师、禅师不可胜记。至孝宗践祚，乃清汰藩僧。须弥山现存的三通石碑均系宪宗时所立，但在成化十二年所立的《重修须弥山圆光寺大佛楼记》碑中为何不见番僧（西藏僧人）？此待详究。至成化四年才镌碑追记了明代正统年间（1436—1449）旧景云寺番僧绰吉汪速兴建寺庙、明英宗赐名圆光寺的情况及住持僧大方重修庙宇廊庑后再请赐禅林，以及皇帝敕赐"圆光"匾额并降经一藏的情况。这说明明成化四年时，圆光寺院受到重视。其兴盛当在固原城重新修建及置固原卫之后。一方面社会环境相对安定，另一方面这一地区的战略地位日益重要，须弥山石窟寺院因此更受重视，多次得到重建装修。明朝后期，随着封建王朝的衰败，须弥山圆光寺院也逐渐衰落。

清朝初年，须弥山石窟圆光寺院仍处于破败之中，直到清康熙三十七年（1698），"兵宪刘老爷因愿登山，慨发积成，重修前寺，殿宇金碧，楼阁辉煌"。此时寺院虽有一定数额的田地，也得到了社会各界、乐善君子的支持。清朝后期须弥山石窟几经战火，彻底衰败，特别是清同治年间（1862—1874）统治阶级镇压回民起义的战争，战火所及，寺院建筑全部被毁，僧人或逃或死，寺院一蹶不振。1920年海原大地震时，大佛楼、圆光寺、相国寺、桃花洞等建筑俱已倾毁，今须弥山石窟地面建筑已荡然无存。

严格地说，宗教并不能算作文化，但是，历史地看，它的发展和传播往往是和文化混同在一起的。从某种意义上讲，须弥山石窟就是原州历史文化的重要组成部分，它的兴衰与原州历史文化有着很大的关系，也是原州历史文化的体现与反映。原州历史文化遗迹留存至今者，当以须弥山石窟较完整、全面和形象为代表，这也为我们今日研究原州的历史文化保存了极其珍贵的历史资料和佐证。

20世纪50年代以来，随着文物考古事业的发展，须弥山石窟才被人们了解和重视。1963年被确定为宁夏回族自治区重点文物保护单位，1982年被国务院确定为第二批全国重点文物保护单位，1984年进行了大规模的加固、维修保护，使古老的石窟寺院重新焕发出光彩，现已成为宁夏著名的旅游胜地和对外开放的"窗口"。

原载《天水师范学院学报》2002年第1期，本文有增减

注释：

[1] 李文生：《我国石窟艺术中的中原风格及其相关问题》，《中原文物》，1985年特刊号。

[2] 陈悦新：《须弥山早期洞窟的分期研究》，《华夏考古》，1995年第4期。

[3] 韩有成：《须弥山早期洞窟的主要构造形式和造像特点》，《固原师专学报》，1996年

第 2 期。《须弥山北周石窟特征》,《固原师专学报》, 1997 年第 2 期。

　　[4] 邱明洲:《中国佛教史稿·唐代佛教》(上), 四川社会科学院出版社, 1986 年。

　　[5]《旧唐书》卷四《高宗本纪》上。

　　[6]《旧唐书》卷六《则天皇后本纪》。

　　[7]《旧唐书》卷六《狄仁杰传》。狄仁杰曾上疏谏造大像, 指出"逃丁避罪, 并集法门, 无名之僧, 凡有几万, 都下检括, 已得数千"。可见当时佛法之盛。

　　[8] 林尉:《须弥山唐代洞窟的类型与分期》,《考古学研究》, 科学出版社, 1997 年。

　　[9]《宋史纪事本末》卷十四《西夏妆服》。

　　[10]《金史》卷四。

　　[11]《金史》卷五十《食货志》(五)《度牒》。

　　[12] 许成、韩兆民:《宁夏固原出土明代砖刻》,《考古与文物》1982 年第 4 期。

　　[13]《万历固原州志》, 宁夏人民出版社, 1982 年 12 月。

　　[14]《多桑蒙古史》卷三, 第五章。

从须弥山石窟看原州古典建筑式样
——略析须弥山石窟建筑

韩有成

　　中国古代的建筑物存在于今日者, 寥如星凤, 无论是秦汉宫阙的遗迹, 还是元、明时营造的各类建筑, 都很难目睹其面目。须弥山石窟所在的原州 (今宁夏固原) 地区更是难觅其古代建筑式样。

　　石窟原是印度的一种佛教建筑, 大都是僧侣们开凿的。石窟实际上是僧房, 是教徒们集会、诵经、修行的地方。我国的石窟是仿照印度石窟样式开凿的, 主要用来供奉佛和菩萨等。从南北朝时期开始, 凿崖造寺之风遍及全国, 西起新疆, 东至山东, 南至浙江, 北至辽宁, 都保存有不同时代的大小石窟, 这些石窟寺的建筑和精美的雕刻、壁画等是我国古代文化的一份宝贵遗产, 也是我国古代建筑活动的一个重要方面。

　　须弥山石窟开凿时代早, 规模宏大, 内涵丰富, 是原州历史文化的重要组成部分。它的开凿和营造, 根据有关专家研究考证, 当在北魏后期, 西魏、北周、隋、唐各代连续营造, 现存各类形制的窟龛 162 座, 造像近千躯。这些窟龛分布于山峰相对独立的 8 个区域, 即大佛楼区、子孙宫区、圆光寺区、相国寺区、桃花洞区、松树洼区、三个窑区、黑石沟区。这种性质不同的、以石窟形式的宗教性的伟大洞窟建筑物, 经过了 1500 多年的自然力和人为因素的破坏, 岿然存在于今日, 为研究中国古代建筑增加了实物资料, 也从一个侧面反映出原州古典建筑的特点和风格类型。

南北朝是我国佛教石窟开凿最为兴盛的时期，北魏中期，云冈、龙门、敦煌、麦积山等处相继开凿了规模宏大的石窟群。其建筑工程是伟大的，艺术是灿烂的，是中国乃至世界建筑艺术史上伟大的奇迹。北魏政权分裂后，各地开窟造像的势头并未因之而削减。西魏、北周境内，最主要的石窟实例当以固原须弥山石窟、天水麦积山石窟最为典型。这一时期的石窟在形式与风格上虽然与北魏晚期石窟有一定的承袭关系，但更多的具有新时期的特点。十六国、北朝时期，佛教界的末法思想十分流行，认为释迦佛入灭后 1500 年，魔道兴盛，竞破塔寺，杀害比丘，佛教进入黑暗的末法时期。在末法即将来临的时候，保护佛经、佛像就成为护法的主要措施之一。地面的塔寺容易遭到毁灭，而石窟坚固耐久，不易毁坏。石窟的这种做法或许与佛教中流行的末法思想有关，旨在以石崖的坚固不朽来保存易于毁灭的木构佛教建筑形象。须弥山石窟与全国其他石窟一样，也是在这样的历史背景下开凿和形成的。

一、总体布局

须弥山所在，为六盘山之北陲，石窟群分布在须弥山自南而北 8 座山峰的东南崖面上，应该说，须弥山石窟在总体布局上是独具特色的，显示出极为明确的规划意识。须弥山石窟群各个时代的造像分布较为集中，从其开凿的顺序来看，是有其规律可循的。北魏时期开凿的洞窟首先始于子孙宫区的南部崖面和中部崖面；西魏时期开凿的洞窟位于子孙宫区的西部崖面和东部崖面；北周时期形成的洞窟开凿高峰，重新选择了位置，在圆光寺区的东部崖面及相国寺区的独立山包，以及子孙宫区的东部崖面和松树洼区、三个窑区开凿了北周洞窟；隋代开凿的洞窟规模小，亦未形成整体，除利用圆光寺区的第 48 窟、相国寺区的第 51 窟内的壁面补凿龛像外，也选择了相国寺区中部的崖面进行凿窟造像；唐代开凿洞窟达到了盛期，唐窟的开凿始于大佛楼区的大像龛，第一、二阶段的洞窟主要集中于相国寺区，首先从中部西崖及西南部崖面自上而下逐层开凿，然后利用了中部中崖原隋代以及原北周崖面，最后折向西北方向；第三阶段的开窟造像中心转向了相国寺区西南的桃花洞区，同时，也利用了相国寺区东部崖面而凿窟造像。

总观我国各大石窟，广如云冈、龙门、敦煌，绵延里许；高如麦积，上下数层；一般是石窟多连续开凿在一个崖面上，而很少见这种踞独峰而分区、分时代开凿的格局，须弥山石窟的选址与布局，也可能是由须弥山这一特殊的地理环境所决定的。石窟开凿于须弥山上，南临寺口子河，窟口多东南向，所处之山势较为平缓，崖面宽阔平整，曲径幽静。按地形条件而论，此地是大面积开窟造像的极佳处所。现在石窟区已划定保护范围约 3 平方公里，其中南北长约 2000 米，东西宽约 1500 米，洞窟依山势开凿。从总体布局看，多为一层，有的地方分上下二到五层，同一时代的洞窟形式基本相同、位置并列，成为双窟，窟形多为中小者。这种分层、分时代区划的布局手法，不仅很好地解决了山势平缓、用"地"狭窄给石窟开凿带来的一些问题，而且应寓功能分区的规划意识在内。如子孙宫区北魏时期的第 14、24 中心柱窟、圆光寺区北周时期的第 42~48 窟、相国寺区唐代佛殿窟、桃花洞区唐代的第 105 中心柱窟等洞窟周围都分布有一定数量的僧房窟和禅窟，同时还附属有一些生活设施（如水窖等）。中心柱窟和佛殿窟均是僧尼礼拜、集会、说法、受戒的场所。僧房窟和禅窟是僧尼的住处，亦是僧尼持戒、坐禅修道的地方，这实际上是一种功能分区齐全的寺院形式。

北朝佛教素重禅法，须弥山早期洞窟的开凿，或许与此情势有关。须弥山自然形胜，气势宏大，环境优美，同一时代在同一座山峰的崖面上开凿洞窟，说明当时的造窟活动确以规划意图为本。洞窟的布局方式，或取决于造窟的根本目的，或因地制宜，凭"险"巧构。与国内大多数分层分段开凿的石窟相比，须弥山石窟开凿洞窟的数量之大，却可以说是总体规划意识表现得最为强烈的一处。

二、平面形式

在须弥山石窟中，唐代广德元年（763），即原州陷于吐蕃以后开凿的洞窟几乎没有，但此后有规模不等的佛像妆颜和寺院建设活动。因此，在此之前其洞窟的总体布局基本上保持了原状。但由于自然力（如地震等）及各种人为因素（如凿龛造像、维护修葺等）的作用，洞窟现状与原貌之间有一定的差距，特别是洞窟外观，破坏尤甚。在须弥山石窟现存的 162 座窟龛中，按规模大小和内部空间形式，主要有以下几种类型：

北魏时期的洞窟形制以中心柱窟为主，但规模不大，中小型者居多，窟的平面为方形，窟门上方开有明窗，覆斗顶，壁面多不开龛，个别的三壁三龛。中心柱柱座较高，柱体四面分为三层开龛雕像，每层之间以隔梁分开，隔梁上雕三角垂帐纹。这种以隔梁分层的中心塔柱，源于云冈石窟中多层楼阁式的塔柱；龛以圆拱形、尖拱形为主。其次为僧、禅窟，方形平面，平顶，窟内一般没有造像和装饰，仅有火炕和禅座。

西魏时期洞窟的形制继承了北魏时期平面方形、穹隆顶或覆斗顶、窟内雕造中心柱的做法，但已无明窗。而这一期的中心柱窟仍为中小型者，中心柱无基座，柱身分七层，每层四面开龛造像，柱的外形为梯形，接近于方塔的形制，但已没有了北魏时中心柱的隔梁，有明显简化的趋势，即向方柱式中心柱过渡。其龛形以圆拱为主，并有少量的尖拱龛的形式。这一时期佛殿窟的形制为平面方形，穹隆顶，窟内壁面不开龛或每面各开一龛或三龛，其次为方形无像的僧、禅窟。

北周时期中心柱窟的基本形制均为平面方形，覆斗顶，窟内一般雕仿木佛帐

丝路石窟 195

结构，中心柱单层四面各开一龛。窟内三壁各开三龛。其次为三壁三龛窟（佛殿窟）、方形平面后壁设坛窟（影窟）和方形平面无像的僧、禅窟。佛殿窟为方形平面，覆斗顶或穹隆顶，三壁各开一龛。

隋代时期的中心柱洞窟形制承袭北周，窟室方形，覆斗顶，后壁一龛，侧壁各开二龛，中心柱同北周时期，但形体变小。窟内仿木佛帐结构继承北周，但仿木结构简化，中心柱基座较高，柱体不分层，四面各开一龛。龛以帐形、尖拱、圆拱形为主，帐形龛雕饰简单。次为僧房窟，壁面无饰，内有火炕。

唐代的洞窟形制：大像窟的形制为马蹄形平面，平顶或穹隆顶，主室正壁起坛，坛上造像布局为一立佛或一倚坐佛；佛殿窟的形制为方形平面，覆斗顶或平顶，左、右、后三壁前部凿坛基，造像置于坛基之上，而不在开龛；中心柱窟，延续了北朝晚期与隋代中心柱窟的传统做法，也是此地时代最晚的一座中心柱窟。该窟由前室、主室、后室三部分组成。前室敞口，平面横长方形，左右侧壁后端各开二上下分布小龛；主室平面略呈横长方形，平顶，三壁各开二龛，中心柱四面各开一龛。长方形窟门，前后壁各一。前壁门上方左右两侧各开一明窗。涅槃窟，平面为方形，平顶，后壁设一涅槃台；而且僧房窟与佛殿窟成组出现。

三、窟檐形式

石窟的窟檐，应指洞口之外、依附于洞窟外壁的屋檐形构造部分，包括木构与石构两种。在我国早期佛教石窟中，一般不设窟檐，或只有洞口自然凹入崖壁、不加其他处理所形成的前室或前廊。出现中国建筑形式的窟檐无疑是外来的石窟形式本土化与建筑化的标志之一。

从须弥山石窟的现状看，其艺术表现的重点已是佛像，没有出现类似的仿木构石雕窟檐的形式。但是，从一些洞窟外立面遗存的梁、椽等洞眼看，应是木构窟檐的遗迹。多为一间，在一些较大的窟室外面曾建有三间，甚至五间的窟檐，但其木构框架的形式不得而知，但是，这些仿木构石雕窟檐应该是在洞窟开凿完成后同期或后期加建的。

在我国佛教石窟中，仿木构形式的窟檐主要集中在云冈、麦积山、天龙山、响堂山等几处，年代大约自北魏太和年间始。而且越到后期，窟檐雕刻的写实倾向越明显，技术水平越高超。如麦积山北周石窟窟檐的屋面部分，已不像云冈石窟那样在垂直崖面上做平面浮雕，而是采用跨入崖壁的方式做出曲线屋面，并以石雕或木骨做出檐椽。而北齐天龙山与响堂山的仿木构窟檐，均为立体石雕，从屋面、屋脊、瓦件到檐椽、斗拱，各个部分皆刻画得精细逼真。说明北齐石窟在自然条件选择、规划设计、工匠技艺等方面都达到了更高的水平。这种仿木构窟檐的雕刻，是当时木构窟檐建筑发展已趋成熟的重要例证，也可见凿窟工匠非凡的胆识与技艺。也是国内所知的石窟窟檐中，写实程度最高、造型最复杂而堪称

最杰出的仿木构窟檐的实例。

四、窟内空间形式

一般说来，石窟内部的空间形式，往往通过窟顶等形式加以表现。如敦煌北魏洞窟多用前部人字披与后部平棊的形式变换，来表现前后两重室内空间；而在须弥山石窟中，如前所述，无论大小石窟，基本的窟顶为平顶、覆斗顶、穹隆顶等形式。因此，佛龛的形式与设置方式、窟内设置的中心柱等成为构成石窟内部空间形态的主要因素。

在须弥山石窟早期（北魏、西魏）的主要洞窟中，窟内的空间结构形式由覆斗顶或穹隆顶和中心柱构成，中心柱为三、七层，这种中心柱的形制大体上源于云冈石窟二、三期中第1、2、51等小窟中多层楼阁式塔柱。但在北魏献文帝皇兴年间，北魏平城已有仿木构石塔出现，《魏书·释老志》记：献文帝"皇兴中，又构三级浮屠。榱栋楣楹，上下重结，大小皆石，高十丈。镇固巧密，为京华壮观。"

须弥山北周洞窟则用以覆斗顶、中心柱、仿木结构及帐内构件的形式将窟内表现为帐内空间。北周洞窟中的仿木结构，由斜枋、梁架、角柱、栌斗等构成。窟壁四角雕立柱，其上承四壁上部的横梁。中心柱柱身四角雕立柱，其下有莲花柱础，上有栌斗承接中心柱顶部的梁架及窟顶的斜枋。佛龛形式，以佛帐式为主。龛楣表现为佛帐的立面，在龛楣上方浮雕有帐褶、莲瓣、宝珠、璎珞等，流苏分别悬垂在龛的两侧，流苏上端一般衔在龙、凤、象的口中。造像置于佛帐龛内的须弥座或方座上。窟顶为浅浮雕的供养飞天、莲花、博山炉、云纹、忍冬、化生、禽鸟等图案。在方形无中心柱的洞窟内，由覆斗顶、仿木构结构及帐内构件的形式表现窟内空间结构。这种仿木结构，由角柱、梁架构成。壁面佛龛为佛帐式龛，造像置于佛帐龛内的须弥座或方座上。当我们不论是面对单座佛帐式龛，还是面对周壁佛帐式龛，都会令人感到是进入到了建筑内部，置身于殿内陈设的佛帐之前。佛在帐内，人在帐外，分处两种空间之中。比较麦积山西魏、北周石窟中的帐内空间，入窟使人感觉置身帐中，显然是两种不同的空间表现意向。再看北魏云冈第8窟，窟顶为平棊，所示为殿内空间，但四壁下部周圈雕刻回廊立面，又表现为佛寺内院空间。说明当时石窟内部空间的表现意向不够明确，设计思想不够成熟，尚处于不拘一格的自由创作时期。相比之下，麦积山北周石窟的内部空间形式协调统一，表现手法娴熟精到，已进入相对规范化阶段。而在须弥山北周石窟中，佛塔四周雕刻仿木构建筑的做法，其目的当在于更加完善佛塔的绕塔礼拜及入塔观像等建筑功能，进一步使石窟的内部空间形式在建筑化的前提下趋向完美和统一，这种成熟的设计思想与富有创造力的变形手法，造就了中国石窟史同样是建筑史上的一个独特范例。

隋代洞窟同样是由覆斗顶、中心柱、仿木构结构及帐内构件的形式来表现窟内空间结构形式。这种仿木结构由横枋、角柱、斜枋等组成。即四壁四角雕八角立柱，柱下覆莲柱础，四壁顶端雕横枋，中心柱四角雕八角立柱，覆莲柱础，上承莲花柱头及壁顶横枋，窟顶四披有斜枋连接四壁与中心柱。佛帐式龛，龛饰较北周相比简单，龛楣为莲瓣和三角垂饰纹带，下为帷帐，两侧垂挂流苏一串，造像置于佛帐龛内的须弥座或束腰莲座上。

在唐代洞窟中，无论大小洞窟，基本为平顶和覆斗顶，因此佛龛的设计也较为简单，多为圆拱或尖拱形，而且大多数造像置于洞窟三壁的坛基上，不再开龛，其实看上去就是一顶置于窟室正中的方形佛帐。现仅存的一座中心柱洞窟，也是由平顶、中心柱和佛龛构成窟内空间结构形式。

须弥山石窟的洞窟构造形式与国内其他石窟相比，有两个比较突出的特点：

一是中心柱窟在须弥山石窟中占有相当大的比例，各时代中龛像保存得完好或比较完好的均是中心柱窟，并且在石窟群中居主要位置，这在全国各地石窟中是不多见的。

二是从雕刻的内容上看，须弥山石窟各时期洞窟分区开凿，各区中分组情况比较清楚的特点，在全国各地的其他石窟中是少见的。由于各时期洞窟分区开凿的缘故，故须弥山石窟少有后代改建前代洞窟的例子，各时期洞窟基本上保持了原貌。一些方形中小形洞窟虽为当时流行的石窟样式，但窟顶的形式多为平顶、覆斗顶、穹隆顶，接近敦煌、麦积山和龟兹等石窟，而且洞窟的内部轮廓近乎立方体，这是须弥山石窟内部空间形式的独特之处。

关于古代原州古典建筑的式样，由于缺少实例，因此只能借助间接的形象资料加以了解和研究。于是，从建筑史的角度看，须弥山石窟中最有价值的部分，莫过于建筑化的雕刻中所表现的建筑与空间构造形式，从中也可以看到原州古典建筑的式样，同时也为我们研究原州古典建筑式样提供了比较丰富的、间接的形象资料。

原载《宁夏师范学院学报》2009 年第 2 期

试析须弥山大佛造像的艺术风格

韩有成　李玉芳

须弥山大佛位于须弥山石窟群最南端的大佛楼区域，是须弥山石窟群中规模最大的一个窟龛。大佛龛总体设计的意匠和造像的精工，显示了我国古代劳动人

民在艺术创作上的杰出成就，是我国古代佛教美术史上的成功范例，也同样是人类艺术宝库中最光辉灿烂的瑰宝之一。

一、关于大佛的开凿年代

大佛像所在的窟龛形制是一个平面圆角方形，穹隆顶、敞口龛式，宽 15.5 米，进深 16.5 米，高 21.5 米。关于大佛的开凿年代，史书无载，而须弥山石窟这尊高达 20.6 米的弥勒大佛像，是我国石窟造像中较为高大的佛像之一，也是须弥山石窟中最大的造像，是须弥山石窟的象征。但唯一作为须弥山大佛开凿年代依据者，仅有大佛右侧壁面阴刻的"大中三年吕中万"一则题记，"吕中万"史无记载，大中三年，当公元 849 年。检史料，这年二月，吐蕃秦、原、安乐等州来降。须弥山石窟所在的原州（今宁夏固原）于唐广德元年（763）陷于吐蕃，前后达 80 余年，期间战事频繁，不可能继续开凿佛窟。"大中三年吕中万"的题刻，"自然都是复归唐王朝所为"[1](P20)。历史地看，须弥山大佛的开凿应在原州陷于吐蕃之前，即公元 763 年之前就已完成。而且须弥山唐窟的开凿始于大佛楼区的大像龛，[2]同时，也为须弥山唐代以后洞窟的开凿奠定了基础。

另外，从我国唐代北方各地凿大像的情况来看，最早者当数陕西省彬县大佛寺的大佛像，它开凿于公元 638 年。[3]特别是自河南洛阳龙门奉先寺（开凿于公元 676 年）开凿卢舍那大佛以来，全国凿大像之风在各地特别盛行，如甘肃省永靖炳灵寺石窟中的大像开凿于公元 731 年，[4]甘肃省敦煌莫高窟第 96 窟（即北大像）开凿于公元 695 年，第 130 窟（即南大像）开凿于开元年间，[5](图版120)须弥山石窟这尊大佛的开凿当是顺应了这种潮流。

二、大佛像创作的艺术风格

中国佛教石窟的雕塑，大都具有浓厚的政治色彩在内，须弥山石窟这尊大佛，其雕造规模之宏伟，艺术设计之精工，形象刻画之完美，可以说是大一统的唐王朝从初期向盛期发展的时代象征，是唐王朝形象化的缩影，也是中国佛教汉化、世俗化、现实性的表现，表现出受中国传统文化影响的迹象。

须弥山石窟大佛像的开凿时在唐代，正是佛教石窟艺术的盛期，而且在雕造上也基本摆脱了魏、晋、南北朝以来那种宗教的神秘色彩，明显地呈现出世俗化的趋势，与过去的造像艺术截然不同，以丰满健壮为美，以雍容华贵为美，可谓唐王朝盛期的时代习尚和艺术风格。而须弥山石窟的大佛则集中地反映出在我国封建社会向鼎盛时期发展那种特定历史条件下，所赖以形成的审美观点和美学思想。这尊大佛头部螺髻，面相丰圆，浓眉大眼，嘴角含笑，神态端庄而慈祥，身着敷搭双肩的袈裟，衣纹通直流畅，内着僧祇支，双手已风化，倚坐于高方台座上，足踏莲座。这尊巨大的佛像虽然是砂岩雕刻，但雕凿的刀法给人以泥塑般的柔和，可与龙门奉先寺卢舍那大佛相媲美。

这尊大佛通高20.6米，头顶（高髻）至下颌高5米，耳长2.9米，这些艺术匠师在形象上力求刻画出庄严雄伟而又睿智慈祥的性格。大佛丰颐秀目，仪表堂堂，面貌慈祥，婉雅俊逸，额部宽阔，鼻梁高隆，直通额际，眉眼细长，两耳下垂，方颐薄唇，嘴角微翘，似呈微笑状，头部稍低，略做俯视态，表现了佛陀沉静、智慧、坚定、超脱的内心世界，与虔诚的信徒和礼佛者在仰视时的目光交汇在一条斜线上，令人觉得可敬可亲。

为了突出表现主像的高大精美，匠师们还调动了一切造型艺术的手段，运用雕塑艺术的语言，恰到好处地运用对比、夸张的艺术手法，进行烘托、渲染。就大佛本身而言，体态均匀，气度娴雅，精雕细刻，以形写神，胸腹柔和的衣纹取代了魏、晋时期的宽衣博带，衣褶概括洗练，轻刻细划，形成鲜明的对比，这种柔和的衣纹、紧贴身体的衣服，呈现出人体的一种动态美。远望有远望的妙处，近看有近看的好处，呈现出多种微妙的变化，面部表情带有神秘的微笑，但又是柔和的、宁静的和含蓄的，也是耐人寻味的，这就是大佛像所表现出的艺术特点和艺术风格。

这里我们再谈谈大佛像的比例问题。我国常人的全身长度以头为单位，一般有7个头长，人坐时为头长的5倍，蹲时为头长的3倍。因此，中国画学上有头七、坐五、蹲三之说。然而，就实际比例来看，大佛像的头部之大，是异乎寻常的，这就是说艺术比例与实际比例成为对立统一的一对矛盾，并且上升到了理论的高度。作为艺术创作上一条必须遵守的规律，这个问题在我国一些大型佛教造像中也表现得十分突出。开凿于唐代时期的河南浚县摩崖倚坐弥勒佛，身躯状貌，颇有上身细微、下身粗壮、上下不合比例之感，且从头顶至膝部，呈三角形，很不协调，这可能是匠师们见识和创作经验不够丰富，对于某些艺术规律还不甚理解，还不甚懂得近大（高）远小这个造型艺术上的"远近法"的道理，故在开凿造像时依据常人的身材比例，即按照实际比例的尺度，从而由于人眼的错觉。造成了这一高达21米的大型造像在感觉上比例不适的效果。所谓比例不适，就是艺术比例不合适，另外，龙门奉先寺卢舍那大佛在雕造上情况则完全相反，如果按照实际比例来看，卢舍那大佛头部之大，是异乎寻常的，但它的身材比例显得匀称适度，技法也臻于成熟，具有强烈的艺术感染力，这就是这些古代匠师们能够运用并掌握了艺术创作的规律，即造型艺术上的"远近法"这个道理，恰到好处地以艺术比例的适度，校正了人眼的错觉，更具体地说，就是适当地夸张了头部、上身的比例尺度，弥补了人们视觉上的误差。当然，须弥山石窟的这尊大佛，在艺术创作和处理上同样也遵循了"远近法"这一艺术创作规律，使其成为成功地运用艺术比例这一艺术创作规律的又一典范。

三、大佛像的"残缺美"

任何文学艺术作品都力求结构上的完整性和形象上的完整性,这似乎是人们公认的常识。古代的佛教石窟寺艺术也同样不仅要求窟龛建筑的统一完整,而且要求所有的造像完整无损,加之随类赋彩、贴金状鎏,遍体金碧辉煌,夺人目睛。一句话,以完整为美。然而,有些造型艺术作品,尤其是古代的雕塑艺术作品,往往由于自然的和人为的因素,在不同程度上有所损伤,残缺不全,但有时,一件雕塑艺术作品,往往由于失去了形体的次要部分,使主体更加集中,反而呈现出一种朴素的自然的美,即所谓的"残缺美"。如公元前3世纪至公元前2世纪创作的希腊时期的代表性名作——女身阿佛洛狄忒(维纳斯)大理石雕像,自从1820年在美洛斯岛的一个山洞里被人们发现以后,轰动世界。这座半裸体的美神立像,虽失去了双臂,但同样使人们感觉到在艺术形象上是完美无缺的。

须弥山石窟大佛的双手虽很早就崩圮了,形体本身也不完整了,这是很可惜的事。然而,这尊倚坐佛特定的艺术形象,在构图安排上使这双手处于次要部位。因而双手的损坏,对于这一艺术形象本身的完整性并无重大损伤,没有减色,相反,给人的感觉不仅仍然是一气呵成,浑然一体,无残缺不全之感,而且由于失去了次要部位,反而使形象的主体更加突出、更加显眼了。换句话说,形象更加高大了。这是一种意外的偶然性的巧合,在客观上造成一种浑然天成的特殊的艺术效果,别有一番朴实无华的意趣。当然,大佛刚刚雕造成功的时候,形体是完整的,并且在艺术上也是很完美的,不过,与一千多年后的今天的艺术效果相比是会有一些差别的。应该说,在须弥山石窟大佛身上也有当时社会现实的折光,同时,也蕴含着一种淡淡的政治色彩。而且在大佛像的雕造上,集中体现了唐代的审美特点、美学思想和艺术风格,也同样创造了美的典型,同时也渗透和体现了君权意识。

四、须弥山大佛与唐代原州历史文化

须弥山大佛的存在,距今已有1200多年的历史,这期间曾经历过无数次的风雨侵蚀、地震破坏、兵祸天灾,佛像受损,佛阁被毁。20世纪80年代以来,国家投资巨款进行了抢修和保护,使这一古老的佛教文化艺术重新焕发出光彩。通过须弥山石窟大佛像这一巨大工程的开凿,我们可以看到唐代原州的经济、文化,乃至当时的政治背景。须弥山大佛像不仅是唐代佛教鼎盛时期的产物,而且也应该是当时原州政治安定、经济繁荣、文化发展的一个象征。政治的安定必然会促进经济的繁荣,而经济的繁荣,也必然会造成财富的增加,这也为大佛像的开凿提供了经济保障。政治的安定、经济的繁荣,同时也促进了文化的发展。

唐代，中国封建社会进入了一个空前繁荣的时期，阶级矛盾暂缓，社会秩序安定，生产较快发展，国际交往频繁，文化艺术也随之进入一个辉煌灿烂的新阶段。佛教艺术中的石窟造像艺术，作为唐代意识形态领域的一个重要组成部分，在统治阶级的倡导下，呈现出异常兴盛的景象，达到了鼎盛阶段，须弥山唐代开凿的洞窟特别是大佛像的雕造成功，就是这一时期原州历史文化的具体反映。

如果没有繁荣的经济做后盾，完成如此浩大的工程，恐怕是各方面的力量都很难接受的。就须弥山石窟所在的原州（固原）地区本身来说，在唐代曾一度地处腹地西北边防重镇，它北通瀚海，南连秦州，西接河西、西域，东达泾州、长安。而隋唐以来原州著名七关之一的石门关，就在须弥山石窟附近，往来途经石门关的商贾僧侣亦络绎不绝。石门关是西域通往中原的要冲和门户，地理位置显得十分重要，而且是政治、军事、文化三位一体的综合体。政治安定、经济发展、文化繁荣，是须弥山大佛得以开凿并完成的重要条件；同时，原州不仅历史悠久，在唐代，原州是西域文化进入中原的一个集散地，也是各种文化交流融汇之地，须弥山石窟大佛就是在这样一个政治、经济、文化的氛围中开凿并得以完成的。须弥山石窟大佛的开凿，作为一种有代表性的历史文化现象，对原州的政治、经济、文化都产生过巨大的影响，从须弥山石窟大佛的兴衰，就能看到原州政治、经济、文化的繁荣与否，所以说，须弥山石窟大佛的开凿实质上是原州政治、经济、文化繁荣的一个象征。

原载《宁夏社会科学》2007 年第 2 期

注释：

[1] 宁夏回族自治区文物管理委员会，中央美术学院美术史系编《须弥山石窟》，北京文物出版社，1988 年。

[2] 林蔚：《须弥山唐代洞窟的类型和分期》《北京大学考古学丛书·考古学研究（三）》，北京科学出版社，1997 年。

[3] 员志安：《彬县大佛寺石窟的调查报告》《中国考古学会研究论集——纪念夏鼐先生考古五十周年》，陕西三秦出版社，1987 年。

[4] 甘肃省博物馆（等）：《炳灵寺石窟》，北京文物出版社，1982 年。

[5]《中国石窟·敦煌莫高窟（三）》日本平凡社，北京文物出版社，1987 年。

试论须弥山石窟开凿形成的原因

韩有成　李玉芳

须弥山石窟是宁夏境内最大的石窟群，也是全国八大石窟之一，[1]其位于宁夏回族自治区的南部、固原市城区西北 55 公里处的六盘山余脉西峰岭，开凿于北魏，历经西魏、北周、隋、唐诸朝，现存各类形制的窟龛 162 座。固原是须弥山石窟的创建地，它地处黄河中下游，是宁夏回族自治区南部政治、经济、文化的交流中心，也是一个历史悠久的地方。古人说其形势云："据八郡之肩背，绾三镇之要膂，左控五原，右带兰会，黄流绕北，崆峒阻南，称为形胜。"[2] 自古以来是边陲之要冲，塞上之咽喉，为历代兵家所必争之地。

固原不仅历史悠久，而且文化灿烂，大量地下考古材料表明，早在原始社会时期，我们的先民就频繁地活动在这里，生息、繁衍在这辽阔的土地上。在固原地区，发现新石器时期"马家窑文化""半山—马厂文化""常山下层文化"等遗址就达上百余处之多。春秋战国时期，固原是北方游牧民族重要的生息地。1973 年，在固原县城西郊、战国秦长城东南不远的一处山丘上发现了一批文物，其中有青铜鹤嘴镐、锛、铃以及青铜马具，这批青铜马具风格独特，生动地反映了古代匈奴、义渠族人民游牧生活的特点和"尽为甲骑"的剽悍习俗。但是，作为古代原州（固原）历史文化一个重要组成部分的须弥山石窟，它的开凿和形成有其深刻的历史根源。

其一，是途经固原的丝绸之路畅通后中西文化的融汇，以及须弥山所处的历史地理位置，为须弥山石窟的开凿和形成提供了有利的条件。

固原地区，古代为羌戎游牧之所，自古就与陇东构成一天然整体，自战国末秦昭襄王将其纳入秦国版图后，就逐渐成为这一地区的政治、经济、文化中心。秦汉时属北地郡；西汉时为安定郡治所，称高平；固原一带先后属前赵、后赵、前秦、后秦、夏，北魏末年，改称原州；直到明代，始称固原。地理位置十分重要，是西北边防重镇，它北通瀚海，南连秦州，西接河西、西域，东达泾州、长安，是关中通往河西走廊、大漠南北的交通枢纽和战略要地，也是"丝绸之路"由长安到河西走廊最短路线的必经之地，有"关中咽喉"之称。在经济和文化上，是中西商业贸易和文化交流的重要通道。1981 年发掘的北魏墓[3]，墓中出土的文物引人注目，尤其是出土的一枚波斯银币及棺板漆画更为重要。这枚波斯银币为波斯萨珊王朝卑路斯王（459—484）所铸；在棺板的前档方框及侧档连珠圈内绘有许多菩萨形象，皆有头光，发束高髻，面形方圆，上体祖露，戴有项圈、臂钏、腕钏，披巾呈圆环形状绕肩，这与新疆克孜尔石窟壁画中的菩萨形象相似；漆棺顶部中心绘的一列飞鸟，其构图方式也与新疆克孜尔石窟券形窟顶画天相图类似，显然是受外来文化影响所致。1983 年发掘的北周柱国大将军、大都督、原州刺史李贤夫妇合葬墓，[4] 出土的鎏金银壶、玻璃凸钉碗等文物，经有关专家鉴定为波斯萨珊王朝的手工艺制品。20 世纪 80 年代以来在固原南郊发掘的中亚粟特人史氏墓葬中，出土的萨珊银币、东罗马金币等文物，有可能是从西方传入的，无疑是中西交通道路上的遗物，这些珍贵文物的出土，则是古代原州中西文化交流的具体反映，同时也是我们研究中西文化交流的实物依据。

以上情况充分说明，固原不仅历史地理位置重要，历史文化丰富，而且是各种文化的交流融汇之地。途经固原"丝绸之路"的畅通以及须弥山所处的历史地理位置、固原丰富的文化内涵、中西文化的交流融汇，为须弥山凿窟造像提供了源泉和借鉴，这是须弥山石窟得以形成的原因之一。

其二是北魏、西魏统治者信佛与崇佛的政治环境，也是须弥山石窟开凿形成的另一原因。

石窟艺术是佛教影响下的产物，它的兴衰，无不受到当时政治、经济、文化的制约。佛教自两汉之际传入我国，在它从西域向东传播发展的过程中，都无一例外地要受到当时政治的需要、时代的崇尚与爱好及民族传统习俗等方面的影响和作用，都给它深深地打上时代精神的烙印。而且经过一个多世纪的弘布，到了魏、晋、南北朝时期，已有了更加广泛深入的发展。特别是北魏时期，由于统治阶级为了利用佛教，加强和维护其统治，对佛教极力推崇和宣扬，在其统治的北中国对佛教的迷信，更是达到了空前的高潮。

在北魏王朝诸帝中，大多笃信佛法。《魏书·释老志》记："初，皇始中，赵郡有沙门法果，诚行精至，开演法笈。太祖闻其名，诏以礼征赴京师。后以为道人统，绾摄僧徒。每与帝言，多所惬允，供施甚厚。"又记："世祖初即位，迹遵太祖、太宗之业。每引高德沙门与共谈论。于四月八日，舆诸佛像，行于光衢。帝亲御门楼，临观散花，以致敬礼。"可见，北魏初期的统治者们，对佛教是十分推崇和敬仰的。公元446年，虽有魏太武帝拓跋焘的大举灭佛，但它也只能暂时地给予佛教以一定程度的表面打击，却不能从根本上动摇佛教活动的社会基础。公元452年，魏太武帝被弑，文成帝拓跋濬继位，佛法又立即得到了复兴，统治者不惜动用巨大的人力、财力，进行石窟的修凿。公元469年，文成帝命沙门统昙曜在京都平城（今山西大同）以西的武州塞开窟造像，这就是现在的山西大同云冈石窟，一时佛法大盛。文成帝死后，其子献文帝拓跋弘继位，对佛法更为深信，并于平城起永宁寺。《魏书·释老志》记曰："构七级浮屠，高三百余尺，基架博敞，为天下第一。又于天官寺，造释迦立像，高四十三尺。"

由此可见，文成帝复法后的北魏佛教，其兴盛程度已大大超过了前代。孝文帝以来，北魏佛教更加弘扬。朝廷对于译经、求法、讲经论都有所奖励。宣武之时，每年常在禁中广集名僧，亲讲经纶。《魏书·释老志》记云："京城内寺新旧且百所，僧尼二千余人。四方诸寺六千四百七十八，僧尼七万七千二百五十八人。"公元494年，魏孝文帝由平城迁都洛阳（今河南洛阳），佛教作为北魏王朝统治基础的精神支柱，不仅得到了空前的发扬，而且在宣武帝继位后，更是营造了留存至今的河南洛阳龙门石窟的宾阳洞；孝明帝时，北魏统治集团仍十分崇信佛法，"肃宗熙平中，于城内太社西，起永宁寺。"《魏书·释老志》中云："魏有天下，至于禅让，佛经流通，大集中国，凡有四百一十五部，合一千九百一十九卷。正光以后，天下多虞，王役尤甚，于是所在编民，相与入道。假慕沙门，实避调役，猥滥之极。自中国之有佛法，未之有也。略而计之，僧尼大众二百万矣，其寺三万有余。"这些记载，说明到了北魏晚期，佛教已达到了泛滥的程度，流弊十分严重。

佛教在北魏最高统治阶层的推崇和提倡下，得到了前所未有的弘布，与此相适应的佛教石窟寺的开凿，也达到了空前的高潮。现存于我国北方几个重要石窟内，都有大量北魏时期所开的窟龛，如云冈、龙门、敦煌、麦积山、炳灵寺、巩县及庆阳北石窟寺等，都有北魏时期所造的佛像和壁画，它们都是研究我国北魏时期佛教和佛教石窟艺术发展的珍贵实物资料。

北魏佛教之盛，在固原地区也得到了一定程度的表现，除前面已提到的固原北魏漆棺画中绘有佛教人物造像外，另外还发现和出土一批造像碑及铜造像等。如宁夏西吉县文物管理所藏有一件北魏太平真君二年（441）铜造像；1981年在固原县新集乡（现属彭阳县）出土有7件石造像碑和一件铜造像碑，其中1件题铭为建明二年（531）。除上述8件造像碑外，同时出土的还有佛雕像3件、菩萨雕像2件、供养菩萨雕像1件；1985年在彭阳县红河村出土了9尊北魏时期的石造像等，这些重大的发现，反映了北魏时期固原的佛教盛况。

固原须弥山作为丝绸之路东段北道的必经之地，所受佛教文化影响自在其中，须弥山自然条件良好，风景优美，环境僻静，石质又适于雕凿，因此也成为开窟造像的地点，正是在这样的历史背景和良好的自然条件之下，须弥山石窟才开始兴盛起来，同时也成为当时固原境内的佛教圣地和佛教文化的中心。

"西魏徙都长安，百事草创，僧徒相聚，缀旒而已。"[5]西魏统治者文帝、宇文泰均笃信佛教。《辩证论》卷三载：宇文泰在长安立追远、陟屺、大乘、魏国、安定、中兴等六寺，度僧千人，又为突厥可汗造突厥寺。更是"兴隆释教，崇重大乘。虽摄总万机，而恒扬三宝。第内常供百法师，寻讨经论讲摩诃衍"。[6]"立大中兴寺，尊高僧道臻为西魏国大统。""后又用苏绰议改修官制。大宗伯职掌沙门道士之法。其属官有司寂者，掌法门之政"。[7]佛教在文帝和宇文泰的提倡下，国内崇佛之风大为兴盛，须弥山西魏时期大量开窟造像势所必然。

其三是北周政权的奠基人宇文泰对原州的着意经营。

北周是我国北朝时期的一个重要朝代，在我国历史上，是一个极其短暂而又偏居北方一隅的封建小王朝。自西魏恭帝三年（556），宇文氏废西魏而建立北周政权，到隋文帝杨坚581年废北周而建立隋朝，历五代皇帝，即孝闵帝、明帝、武帝、宣帝、静帝，共 25 年的时间，在这 25 年间，由于它"东灭北齐，南清江汉，西举巴蜀，北控大漠"使我国分裂的北方，又得到了统一，北方人民在经历分裂与战乱之后得以喘息和安宁，社会生产及文化事业得到迅速的恢复和发展。由于佛教的传播与中国传统文化的密切配合，形成了中国佛教的特殊精神面貌，即中国化的佛教。史载，北周五个皇帝，除静帝宇文阐年岁幼小、武帝宇文邕晚年信谶纬、重儒术、励精图治不甚佞佛外，其余三帝，都非常崇信佛教。周太祖提倡"大乘"[8]，明帝宇文毓时期"佛法全盛，国家年别大度僧尼。"[9]明帝曾下诏在长安营造"大陟岵"和"大陟屺"两大寺院，[10]并每年大度僧尼。武帝初年"本循例事佛，造功德。"[11]周室上下，广及民间，礼佛修德者大盛于西魏，时有寺九百三十一所。[12]在公元 574 年（即周武帝建德三年）废斥佛、道二教时，当时还俗僧、道有二百余万人，可见当时的佛教也是相当兴盛的。

北周时期，须弥山石窟形成的原因也是多方面的，除了与周室上下及民间大盛礼佛修德的风气有关外，也与当时固原的历史背景等方面有很大的关系。固原，北朝时称原州，是北周太祖宇文泰的发迹之地，在军事上重要的依靠力量之一便是李贤一族。自宇文泰始，至北周的数代帝王，出于军事和人事上的考虑，除都城长安之外，十分注意经营长安东北的同州（今陕西大荔）和长安西北的原州（今宁夏固原），原州也随之成为长安西北的军事重镇而被致力经营。在宇文泰之后，先后有数名从将出镇原州刺史，如长孙邪利、李弼、王盟等。但任原州刺史时间最长的还是李贤，自宇文泰 534 年率军从原州东讨高欢以来，十余年间，陇右包括原州一带较为安宁。宇文泰在原州驻军期间，因"军令严肃，秋毫无犯"而得到当地居民的积极支持。大统十四年（548），"太祖（宇文泰）奉魏太子巡抚西境，自新平出安定，登陇，刻石纪事；下安阳，至原州，历北长城，大狩；"[13]"逐幸贤第，让齿而坐，行乡饮酒礼焉。"[14]并将其子宇文邕（以后的周武帝）和宇文宪（以后的周齐炀王）寄养在李贤家达六年之久。至周武帝即位后西巡，仍"幸贤第"。从李贤与宇文氏家族如此密切的关系中，可见北周对经营原州这一地区的重视，同时也表明了原州同长安的密切关系。

由于李贤地位显要，在任原州刺史的十余年间，原州实际上是李贤一族在经营，而且，原州作为讨伐北齐的后方基地而是被致力经营的。继李贤之后先后有其弟李远、李穆及窦炽等，这些来自长安的显贵大都崇信佛教，都可能带来长安的佛教及造像样式。李贤在文献中虽未提及其信佛事，但其弟李穆在长安造修善寺，"建兴佛殿，起立僧坊，禅室钟台，靡不精丽，讲堂门屋，咸悉高华。"[15]任原州刺史的窦炽，他是一个比较廉洁清明的官吏。废帝元年（552）任原州刺史，在十余年的任期内政绩卓著，窦炽去职后，原州百姓还十分怀念他。《周书》卷三十《窦炽传》记其于"魏废帝元年，除大都督、原州刺史。……在州十载

（552—562）甚有政绩"。窦氏家族合门崇佛，《辩证论》卷四记窦炽"建白马、梵云二寺"。天和四年（569），北周曾筑原州城。特别是北周均田制在原州的实行，促进了当地农业生产的发展，也为石窟的开凿提供了比较稳定的经济来源。

李贤家族及显贵窦炽等发迹于原州，且都出任原州地方官吏，故须弥山北周洞窟的开凿，与这些地方官吏有着很大的关系，原州受到长安佛教以至于造像样式的影响也完全是有可能的。

在佛教石窟的营造上，从全国来看，北周大都督李允信在天水麦积山开凿了规模宏大的七佛龛；随宇文泰讨伐北齐有功的尉迟迥在陇右任上于559年在武山拉梢寺修造了40米高的摩崖造像；任瓜州刺史的于义在敦煌莫高窟开凿了规模较大的第428窟。那么，相对于时局安定的原州来说，有李贤、窦炽等一批廉洁清明官吏的致力经营，在佛教盛行的北周时代，在须弥山开凿如第51窟这样规模宏大的、第45、46窟那样精美的北周洞窟，便在情理之中。

其四是唐代原州（固原）政治、军事、经济、文化的繁荣和发展。

公元618年，李渊父子利用农民起义的力量，建立起新的统一的唐王朝，采取一系列发展生产，稳定民生，巩固社会秩序的政策，出现了"贞观之治"和"开元盛世"。使中国封建社会进入了一个空前繁荣的时期，阶级矛盾暂缓，社会秩序安定，生产较快发展，国际交往频繁，文化艺术随之进入一个光辉灿烂的新阶段。佛教石窟造像艺术，作为唐代意识形态的一个重要组成部分，在统治阶级的倡导下，呈现出异常兴盛的景象，达到了鼎盛阶段。但是佛教的发展，都有其深刻的政治根源。李唐王朝的统治者对于佛教的态度，出于真正信仰者较少，普遍地从政治上考虑，并且集中表现在对于儒、佛、道三教关系的安排上，尊老子为始祖。武德八年（625），高祖诏叙三教先后曰："老教、孔教，此土之基，释教后兴，宜崇客礼。今可老先，次孔，末后释宗。"[16]武德九年（626）曾下诏沙汰佛教。[17]唐太宗初期也崇道抑佛，[18]贞观十一年（637）又颁先道后佛诏；[19]贞观二十年（646），太宗诏斥萧瑀时曾明言："至于佛教，非意所遵。"[20]可见佛教在初唐时期并不是很提倡，唐太宗晚年时转向佛教信仰。唐太宗以后，高宗、武则天、中宗、睿宗都提倡和利用佛教。高宗李治永徽二年（651），废玉华宫以为佛寺；[21]中宗李显时，"营造寺观，其数极多，皆务取宏博，竞崇瑰丽。"[22]睿宗李旦佛道并重，认为"释典、玄宗，理均迹异，拯人化俗，教别功齐。"[23]但把佛教推向一个新的发展高度的是女皇武则天。武则天以《大云经》为己身受命图谶，革唐兴周，"敕两京、诸州各置大云寺一区，藏《大云经》。"[24]并于当年正式称帝，改国号为周，她一即位便宣布"释教开革命之阶，升于道教之上"。[25]俨然以佛教为护国之法。[26]在位期间，又大度僧尼，广建佛寺，并敛钱凿大像。[27]狄仁杰曾上疏谏造大像，指出"逃丁避罪，并集沙门。无名之僧，凡有几万，都下检括，已得数千"。在这一历史背景下，须弥山石窟进入开凿史上又一个高潮。同时，这一造像高潮还表现在铜造像上，如宁夏西吉县文物管理所于 1985 年 10 月在本县将台乡王家湾村清理出土有 60 尊唐代佛教铜造像；同年，在固原县南郊乡河泉村出土有佛、菩萨、罗汉铜造像 7 件。这些造像铸造技艺细微、熟练，充分体现了当时我国佛雕艺术的发展水平和固原地区佛教发展盛况。

唐代原州政治、军事、经济、文化的繁荣和发展，也为须弥山唐代洞窟的形成提供了适宜的物质环境。唐代原州，在高祖武德初年，"改郡为州。"[28]领五县：平高、平凉、萧关、百泉、他楼。他楼县、萧关县，地理方位都近距须弥山（今石门关）。石门关，地当西域通往中原的要冲和门户，地理位置显得更为重要，其位置正当北上大漠，西出陇右的要道，为隋唐以来著名的七关之一。而唐代原州一度地当腹地，政治安定、文化繁荣，这也是须弥山石窟得以开凿的重要条件。唐代原州又是西域诸国朝贡大唐的必经之地，往来途经须弥山（石门关）的商贾僧侣亦络绎不绝。原州石门关地当要冲，与它外围的他楼县、萧关县所承担的任务，无论在政治、经济、文化等方面都大大超过了障、亭、关的作用。从某种意义上说，唐代原州不仅是都城长安通往西域的要道，也是西域文化传入中原的必经之地，同时也是西域文化进入中原的一个集散地。这样一种政治、军事、经济、文化氛围，为须弥山石窟唐代洞窟的开凿奠定了宏观的基础。

须弥山石窟在全国石窟造像中占有独特的地位和作用，它的开凿和形成，是各种文化相互碰撞、交融的产物，是"丝绸之路"繁荣的标志。从历史的角度讲，须弥山石窟是固原古代社会繁荣发达的象征。同时，也是研究我国石窟艺术、民族宗教历史的宝贵实物资料，具有重要的历史、艺术、科学研究价值。

原载《固原师专学报》2004 年第 4 期

注释：

[1]《光明日报》1994 年 11 月 26 日。

[2][清] 顾祖禹：《读史方舆纪要》。

[3] 固原博物馆：《彭阳新集北魏墓》文物，1988（9）。

[4] 宁夏回族自治区博物馆、固原博物馆：《宁夏固原北周李贤夫妇墓发掘简报》文物，1985（11）。

[5] 汤用彤：《汉魏两晋南北朝佛教史》第十四章《佛教之北统》。

[6][8]《续高僧传·菩提流支传》频伽藏。

[7]《汤用彤. 汉魏两晋南北朝佛教史》。

[9]《高僧传·灵伽藏. 频伽藏》。

［10］［11］《广弘明集（卷二八）·启福篇·后周明帝修寺诏》。

［12］《辩证论（卷三）》。

［13］《周书（卷二）·文帝传》。

［14］《周书（卷三五）·李贤传》。

［15］《辩证论（卷四）》。

［16］《集古今佛道论衡（卷丙）》。

［17］汤用彤：《隋唐佛教史稿·第一章·隋唐佛教势力之消长》

［18］丁明夷：《龙门石窟唐代造像的分期与类型》考古学报，1979（4）。

［19］《旧唐书（卷三）·太宗本纪（下）》。

［20］《旧唐书（卷六三）·萧瑀传》。

［21］《旧唐书（卷四）·高宗本纪（上）》。

［22］《旧唐书（卷八八）·书嗣立传》。

［23］《旧唐书（卷七）·睿宗本纪》。

［24］［25］《资治通鉴卷（204）》。

［26］《旧唐书（卷六）·则天皇后本纪》。

［27］《旧唐书（卷八九）·狄仁杰传》。

［28］《杜佑.通典（卷一七二）》。

试论须弥山石窟艺术史上的六个高潮

韩有成

　　须弥山石窟地处陕甘宁交汇地带，坐落在宁夏回族自治区固原境内的六盘山余脉——须弥山东麓，固原市区西北55公里处。这里山形起伏错落，古松挺拔山巅，峭壁林立；春夏莺燕翻飞其间，伴以潺潺流水，入秋层林染尽；"须弥松涛"为清代固原八景之一，具有西北黄土高原典型的丹霞地貌特点。石窟造像雕造于迂回间隔、八峰相接的崖面上，为国内其他石窟群所罕见。

　　须弥山石窟是古丝绸之路东段北道的一颗明珠，为我国佛教石窟艺术的重要宝库之一。固原灿烂的历史文化，政治、军事、地理上的要冲，须弥山本身幽深奇特的自然环境，丝绸之路和中原文化与游牧文化的交汇带，构成了须弥山佛教石窟艺术在此地兴起的四大要素。它创建后经历了北魏、西魏、北周、隋、唐等朝代，近1500余年的历史。汉称"逢义山"，北魏谓之石门山，唐时改称景云寺，明代敕赐圆光寺，约在西夏之前即已称须弥山。考察其现存的160余座窟龛，目前还保存有历代石雕造像千余躯，它是以石雕为主的突出特点而不同于敦煌、麦积山石窟。须弥山石窟尤以北周和唐代洞窟之众和雕刻之美堪居全国之首而著称于世，被中外学者誉为"宁夏敦煌""须弥之光"。千百年来，我国古代先民工艺精湛，把大批具有艺术生命力的雕刻珍品留在了这里，其中有些雕刻虽多已残缺，但它仍然具有极富生活气息和人情味，在艺术上形成了独特的须弥山风格。

从须弥山石窟的历史及其艺术的发展和变化来看，主要出现过 6 个高潮：

一、北魏的创始阶段

西汉以来，印度佛教开始传入我国，东汉和两晋时期，佛教已由上层贵族的信仰广泛向民间发展，应该说自传入我国之后经过 300 余年的弘布，又经过两晋十六国的发展，到了北魏时期已形成空前的高潮。当时北魏统治者结束了黄河流域众多小国分裂割据的局面，统一了北方，和南方刘宋形成了南北朝并存的大局。北魏政权为了巩固自己的统治地位，在政治、经济改革的同时，极力宣传和提倡佛教，佛教在北魏成为当然的国教，其译经、建寺、开窟造像在北魏统治的一个半世纪里达到了高峰阶段。这时的南朝建寺立塔也盛极一时，而北朝则以架木凿石、开窟造像繁荣辉煌。固原一带也不例外，尽管在北魏太平真君年间有太武帝灭法之举，但始终没有动摇佛教的社会基础，远离朝廷的西北地区，民间的奉佛修德已根深蒂固。宁夏西吉县文物管理所征集到的一件北魏"太平真君二年"（441）铜造像[1]，固原博物馆发掘出土的北魏"建明二年"（531）造像碑[2]，彭阳县文物站收藏的一批北魏晚期石造像碑[3]，固原北魏墓漆棺画中的佛教人物形象[4]等，就能充分说明北魏固原的佛教盛况，更能佐证须弥山石窟之开凿当在北魏之时。

从现存情况看，北魏末年，须弥山已出现了开窟造像的第一个高潮。这个时期所开凿的洞窟大多集中在子孙宫区的南部和西部、中部等崖面，而这一时期幸存下来的洞窟主要有 14、15、16、22、23、24 等 13 座洞窟，多系中小型窟龛，其中 14、22、24 窟为塔庙窟，即有中心柱的洞窟，其他窟龛均为僧房窟和禅窟。在 14、24 窟还保存有少量的石雕造像，这些造像除了具有北魏时期的共性外，还有着明显的地方特色。题材上除原有的一佛二菩萨造像组合外，又增加了释迦多宝二佛并坐及交脚弥勒、乘象、骑马、思惟菩萨等新内容。在布局上突出了主尊佛像，非常夸张地反映了佛与菩萨等级与地位的不同。同样是菩萨，在形象上也有很大的不同，如主尊思惟菩萨，显然要比胁侍菩萨高大，这可能是他的地位要比一般菩萨更高一等的缘故。这些洞窟的造像，全都是孝文帝提倡汉化时期的作品。这时北魏国力强盛，经济比较发达，由于大力推行汉化政策，促使了北方少数民族文化和汉族文化的进一步融合。例如第 14、24 窟内的佛与菩萨，其艺术风格已由早期的古朴雄健，变得清秀俊美，其主要特点是面形长方，偏重风骨，体形瘦而俊俏，衣着服饰上出现了褒衣博带式的通肩大衣和汉装式的袈裟。

在艺术风格上，更加突出了窄肩含胸、体态修长的"秀骨清相"式形象，所以北魏晚期的造像全部进入了民族传统形式的佛教艺术的新阶段，创造出了许多形象清秀、姿态优美、形体窈窕的佛教艺术形象。在雕刻技法上，虽然采用的是疏密相间的阴刻线条，但它既概括洗练而又严谨不苟，给人以庄严大方和朴实敦厚之感。第24窟的佛传故事雕刻，是在有限的壁面上，适当地舍取了佛经故事中的情节，集中了两三个关键的场面，选择了其中最生动和最富有表现力的情节，不仅主题突出，而且雕刻生动，表现自如，使观者一目了然。

这一艺术高潮，虽然是须弥山石窟的初创期，但当时的艺术家已能从我国传统的雕刻艺术中汲取营养，并把外来的佛教艺术加以吸收、改造、筛选和融合，从现实生活的真实感受出发，运用本民族的艺术手段，创造出了具有我国北方民族特征的须弥山石窟的佛教艺术形象。

二、西魏的辉煌发展阶段

须弥山石窟在西魏时形成了开窟造像的第二个高潮。据《续高僧传·普提流支传》及《频伽藏》等史书记载，西魏时期文帝和宇文泰均笃信佛教，宇文泰更是"兴隆释教，崇重大乘。虽总摄万机，而恒扬三宝。第内常供百法师，寻讨经论讲摩诃衍""立大中兴寺，尊高僧道臻为魏国大统""后又改修官制，设大宗伯职掌沙门道士之法，其属官有司寂者掌法门之政"。[5]佛教在文帝和宇文泰的倡导下，国内崇佛之风大为兴盛，须弥山大量开窟造像势所必然。这个时期的开窟造像多达29座洞窟，数量要比前期多，但洞窟规模不大，布局分散，其主要分布在子孙宫区、大佛楼区、松树洼区等地，窟型规格严谨，造像小巧玲珑，其特点更接近于北魏造像，但到后期有所变化，佛像略宽，无消瘦之感。在艺术上更加追求真实和浓郁的人情趣味，人物刻画准确，比例适中，布局对称严谨，所雕刻的造像都是具有个性和富有感染力的。在洞窟的布局上把中国传统的寺院木构建筑形式的做法，运用到石窟内，使其达到了与雕像的和谐统一。在雕刻技法上，仍然采用了粗犷奔放的阴刻线，线条简练，精疏有细，这些富有生命力的艺术作品，充分显露出西魏艺术家的高超艺术才能。

三、北周艺术的创新高潮

北周既是须弥山营窟造像的第三个高潮，也是该石窟艺术的创新阶段。这个时期的造像有着明显的时代特点和艺术风格，在继承前代雕刻艺术优良传统的基础上，都有着革新与突破。北周，在我国历史上是偏居北方一隅的一个封建小王朝，虽历史短暂，但它是我国南北朝时期最后统一北方，势达西蜀江汉的封建王朝。在北周5个皇帝统治的25年历史中，除武帝晚期毁佛外，诸帝均信佛。周太祖笃信佛法，提倡大乘，闵帝、明帝两朝并常立寺，"佛法全盛，国家年别，大度僧尼"。明帝曾下诏营造"大陟岵"和"大陟屺"两大寺院，周室上下，广及民间，礼佛修德者大盛于西魏。

北周时期，由于人民在战乱后暂得安居乐业，社会生产力和文化事业得到迅速恢复和发展，南北文化交流频繁，尤其是在陇右一带开窟造像又形成高潮，如持节柱国大将军陇右大都督十四州诸军事秦州刺史开国公尉迟迥，于公元559年1月在武山拉稍寺敬造释迦牟尼摩崖大佛，为浮雕之最，与开府仪同三司都督秦州刺史李允信在麦积山为亡父营造的大型七佛龛遥相呼应。须弥山作为北周时期的重要造像地，现保存有11座洞窟，虽在数量上不及两魏，但在雕刻技艺上达到了人神交融的高度，特别是被誉为"须弥之光"的第51窟，是一个平面方形、覆斗顶、中心柱式的洞窟，宽13.5米，深13.2米，高10.6米，为宏伟壮观的殿堂。在窟内正壁通宽的高坛上雕造有3尊6.3米高的坐佛，右壁为一佛二菩萨，中心柱四面四龛中均为一佛二菩萨。周武帝建德三年（574）实行灭佛，致使该窟未能按计划完工。但从现状看，该窟的雕饰彩绘富丽堂皇。可以说在全国各地北周石窟造像中都是绝无仅有的精品。北周提倡鲜卑旧俗，推行汉人鲜卑化政策，所以这期造像，无论是石刻还是泥塑，又具备了更多的地区性、民族性和强烈的时代色彩，独创了鲜明的北周石窟艺术特色，一改纤细飘逸"秀骨清像"之风，呈现出粗壮敦厚之感。如第45、46、51窟内的佛像，浑圆的面相，体格雄浑敦厚，庄严肃穆，突出了西北民族刚健的体魄；又如上述诸窟内的菩萨，神态高雅洒脱，动人心脾，披巾舒展，璎珞交错，层次丰富而有条理，考究精细的宝冠及项饰、臂钏，不但增强了装饰性，而且显得格外华贵。这些造像不仅比例适度，雕琢手法纯熟，且能正确生动地表现出佛、菩萨的气度，方圆的脸形与匀称的身躯给人一种完整的丰润之感，它的出现是北周石窟艺术史上的伟大创举，国内实属罕见。

总之，北周造型上的"方中求圆"和"珠圆玉润"的风格，在造型艺术史上开创了一代新风，后人把北周时代的风格在石窟艺术中的体现称之为"长安模式"。它不但继承了元魏以来秀骨清像的余韵，而且又是隋唐"丰满富丽"风格的先声和基础，是由南北朝型向隋唐过渡的转折阶段，在祖国传统艺术的发展史上，它的创新风格具有承前启后的作用。

四、隋代的新发展

隋国公杨坚在公元581年迫使周静帝退位，夺取政权，建立隋朝，自称文帝，又于589年灭南陈，结束了魏晋以来300余年的南北分裂局面。全国的大统一为隋唐文化艺术的大发展奠定了基础，中外文化进一步交流，作为上层建筑的佛教及其他艺术也有了新的发展。随着历史环境的改善，隋朝三代皇帝都崇信佛法，"天下大德群集关中，于是佛系南北潮流，相互吸引，遂演定为一统"。佛教在全国各地都有很大的发展，于是，建寺造像在全国范围内迅速发展。须弥山石窟也不例外，在继北周延续的基础上，出现了新的发展高潮。目前现存的代表性洞窟有67、70二窟，均为中型窟，内容多为一佛二菩萨，少量的一佛二弟子二菩萨，窟室形制继承了北周仿木结构的传统做法。在艺术风格上，同样是既继承了北周的遗风，又创造了一种丰满圆润，作风写实，夸张但比例不够协调的新风格，佛像头部较大，上体略长。其作品内涵超脱，个性突出。此期造像面容饱满，神态安详，胁侍菩萨腰肢半扭，微露笑意，虔诚地立于佛的两侧。在隋代的造像中，已不是像北周时期那样将佛与菩萨置于至高无上的地位，而是企图进一步说明供养人只要虔诚敬佛，也是可以登上天国宝座的。这一时期的隋代造像，是须弥山石窟隋代发展高潮不可分割的史貌。

五、唐代的灿烂兴盛期

唐代，使中国封建社会进入了一个繁荣的时期，文化艺术也随之进入一个光辉灿烂的新阶段，作为佛教艺术的石窟造像艺术，在统治阶级的倡导下，呈现出异常兴盛的景象。特别是盛唐时期，高宗、武则天颇信佛法，永徽二年（651），高宗下诏废玉华宫为佛寺；武则天上台伊始即颁布先佛后道诏，以佛教为护国之法，又大度僧尼，广建佛寺，并敛钱凿大像等，在这种历史背景下，须弥山开窟造像开始进入了第五个高潮。规模宏大，内容完整，形式活泼，形象感人，在艺术上别开生面，取得了惊人的成就。考察其现存唐代窟龛，约有60余座，约占须弥山现存全部洞窟的三分之二，在须弥山石窟艺术史上是一个灿烂兴盛时期。这一时期的洞窟主要开凿在公元680至779年之间，具有代表性的洞窟有77、78、79、5、1、53、54、62、69、72、75、76、82、88、89、90、105等窟。综观这一时期造像，作风更加写实，夸张生动自然，从它袒露身躯、薄衣透体、形态自然的特征中，不难看出雕刻手法的纯熟，如第5窟内的倚坐大佛，通高20.6米，面形饱满，面带微笑，体格健壮等特点，体现出较强的西北地区色彩。

这一时期的造像中，无论是佛与菩萨，还是弟子、力士、天王等，都雕得丰满圆润，生动健美，充分反映出须弥山唐代工匠们高超的雕刻艺术水平。如第54、69、62、105等窟中的佛像，丰满的面庞，宛如新月的双眉，笔直而隆起的鼻梁，微启下视的双眼，端庄微合的嘴巴，冷静而安详，流露出了沉思与智慧；宽阔的双肩和丰满的胸膛，充满了活力；丰满的身体中透出清瘦之感，神情潇洒大方，轻薄如纱的袈裟，像水湿透后紧贴身躯，透过轻纱般的衣衫露出的肌肉，圆润饱满而富有弹性，堪称须弥山唐代雕刻的上乘之作。又如第54、105、62、69、77、82等窟内的菩萨，含蓄敦厚，姿态优美而有曲线，衣纹柔和，裙薄透体似轻纱，婀娜多姿，富有情感，犹如淳朴文静善良的女性，既表现了"曹衣出水"服饰的轻薄柔动感，又深化了人体美的内涵。在艺术创作上，采取夸张变形的手法，强调菩萨的曲线美。如第 54 窟内的菩萨，通高只有 1.5 米，上身为 0.5 米，下身为 1.0 米，就实际比例而言，虽然不符合人体正常的比例标准，但它运用了艺术比例的尺度，从视觉上弥补了人们的误差。在弟子、力士、天王等形象的创作上，都是具有个性、技艺精练和富有感染力的精品，如阿难的天真无邪，迦叶的深沉世故就是最好的范例。特别值得重视的是力士、天王的雕刻，其手脚四肢的动态、质感和结构处理都极为准确、生动。又如第 62、69、72 窟内的力士、天王像，宽肩厚胸，身体硕壮、形态严肃及裸露的肌肉、关节的处理强调和青筋的暴露等都做了合理的夸张写实，似同现实生活中勇敢善战将士的真实写照。这些唐代造像，以其别具一格的风貌，赢得了人们的赞美和惊叹。

六、明代大规模的装修期

"安史之乱"以后，李唐王朝由盛而衰，广德元年（763），须弥山石窟所在固原地区被吐蕃占领，须弥山石窟也由此逐渐衰落，因此，再无大规模的开窟造像活动，但作为崇仰佛教的石窟寺，仍然是统治者关注的地方，更是佛教信徒们朝拜的圣地，因而西夏、宋、金、明、清几代曾对须弥山石窟进行改凿和装修，但其规模都不大。特别是在明代，须弥山石窟得到了朝廷的重视，而且朝廷运用国力对须弥山石窟进行了一次大规模的装修和重建寺庙等活动，但目前还未发现有造像存在。通过考察这期遗存的三通明代碑刻（《敕赐禅林》《圆光禅寺记》《重修圆光寺大佛楼记》）和数十处题记，也可知这次装修的规模。

明代初年，须弥山寺院虽住有部分僧人，然而呈现出的却是一片残破景象，直到旧景云寺僧绰吉汪速在原基址上重建佛殿廊庑，明英宗于正统八年（1443）敕赐寺额之后，须弥山石窟才逐渐得到了恢复。正统十二年又赐"圆光寺"匾额并降经一藏；成化十二年（1476）"大佛楼"重建完工。而须弥山石窟的真正复兴，当在成化四年固原城重新修建和置卫之后，一方面社会环境相对稳定，另一方面这一地区的战略地位日益重要，须弥山石窟也更加得到了朝廷的重视，可以说，这次大规模的装修，工程是艰巨和庞大的。除此之外，尚有不少佛教信徒自己出资装修的事例。如弘治九年（1496）重装 51 窟佛像，弘治十八年（1505）、崇祯元年（1628）重装 45 窟佛像并安装洞门，天启二年（1623）妆颜 46 窟等。明朝后期，随着封建王朝的衰败，须弥山石窟寺院也逐渐衰落。

总之，研究须弥山石窟创建后 1500 余年的艺术史，虽然所经历的各个朝代都有精品存在，但主要还是以上述 6 个朝代为主线出现了高峰，其规模最大，成就也最高，而其中又以北朝和唐代艺术最为突出而闻名于世，在这 6 个高潮中，两魏的秀骨清像、北周的珠圆玉润、隋代的丰满求变、唐代的夸张写实、明代的奉佛妆颜，都在不断发展和变化中以及风格上的不断创新，求得了艺术生命的永存。

丝路 **固原**

原载《四川文物》2002 年第 5 期

注释:

[1][3] 宁夏文管会、文化厅编印《文物普查资料汇编》，第 167 页，156 页，1986 年 12 月。

[2] 杨明：《固原县新集公社出土一批北魏佛教造像》，《考古》，1984 年第 6 期。

[4] 固原文物站《宁夏固原北魏墓清理简报》，《文物》，1984 年第 6 期。

[5] 汤用彤：《汉魏两晋南北朝佛教史》第十四章《佛教之北统》，第 382 页，中华书局，1981 年 9 月。

须弥山石窟的兴衰及其历史原因

佘贵孝

一、须弥山石窟开凿的历史原因

须弥山石窟的开凿是社会形势和物质生产发展到一定阶段的历史产物。

1. 须弥山石窟的开凿迎合了人们的心理状态。从秦到东汉末，固原先后经历了匈奴的骚扰，卢芳、隗嚣割据势力的混乱局面，东汉当局残酷地镇压羌族人民的三次大起义。长期的战乱，固原的居民纷纷外逃，人烟逐渐稀少。历史进入西晋惠帝末年以后，我国北方陷入长达 130 余年之久的"五胡十六国"时期，固原又先后成为前后赵、前后秦、西秦、大夏争夺或占据的古战场。随后魏主拓跋珪的兵力也深入固原。公元 430 年，固原为魏国（史称北魏）所辖。延续 200 余年的分裂、混战、残杀，造成了包括固原在内的北方社会经济的严重破坏和人口大量伤亡。残酷的民族斗争和阶级斗争交织在一起，战乱不休，使人民陷入痛苦的深渊。这时，今世忍苦修行以换取来生幸福的佛教教义，使受苦受难的固原人民在悲惨的境遇中寻找到了精神上的寄托，"修行得道""慈航普度"的佛菩萨能解脱灾难的宣传[1]，正迎合了人民的心理。1982 年在原州区出土 7 通北魏（其中 1 通有建明二年铭文）的造像碑，出土北魏漆棺画中有着众多具备项光、生动的佛教形象，须弥山石窟也尚存若干北魏洞窟，如此等等佐证，均表明当时佛教势力的影响在固原是很大的。而北魏的统治者也正好利用人民的这种心理，把佛教当作欺骗和麻醉人民的工具大加宣扬和推广，于是佛教普遍传播。

2. 须弥山石窟的建造，也是民族文化的结晶。北魏时期，匈奴、鲜卑、敕勒、羌、氐等各族人民和汉民族在固原这块黄土地上杂居，共同的命运把他们紧密地联系在一起，又通过共同的斗争，加快了各民族融合的过程。北魏王朝统一北方之后，逐步建立了一个以鲜卑拓跋部贵族集团为主、汉族地主阶级为辅的联合政权，把佛教作为思想统治的工具。这样，雕凿须弥山石窟便成了各民族共同的愿望。于是，从统治阶级的地方官吏、有钱商人直至普通居民，都在这里布施功德，建造佛窟。

3. 须弥山石窟的开凿与当时固原的社会经济发展有很大关系。北魏的统一，社会秩序渐趋安定。高平镇（今固原市原州区）是北方军事重镇，丝绸之路之咽喉，地理位置相当重要。北魏多次迁徙柔然、高车各族于此，而且在减免徭役、兵役，安辑流民、赈恤灾荒等方面实行"优复"政策。神䴥三年（430）初占固原一带时，太武帝就下诏："安慰初附，赦秦、雍之民，赐复七年"，[2]一次免7年徭役、赋税，这是很大的优待。文成太安五年（459），因秦、雍等州遭受旱灾，政府开仓赈济，令州郡官吏体恤民情，"有流徙者，谕还乡梓。欲市籴他界，为关旁郡，通其交易之路"[3]。通过上述政策，安定了魏初的统治秩序，为发展社会经济提供了良好的条件。从太武帝统一北方，到孝文帝在全国颁行均田制，约半个世纪，是固原社会经济发展的重要时期，农业生产得以恢复。同时，畜牧业和商业较历史时期有所发展。因而，社会经济的发展，是开凿须弥山石窟的基本条件。

但是，须弥山石窟中北魏洞窟较少，是有社会根源的。北魏虽然一度形成了统一、强盛的局面，但自5世纪末期开始，政权不稳固的因素即已表露出来，孝文帝虽实行汉化政策，也未能扭转危局，公元523年爆发了边陲六镇起义。次年，又爆发了高平起义。北魏末年这里的动荡局势，致使须弥山石窟的开凿规模不大。

二、唐代的须弥山成为一处规模宏大的石窟寺院

1. 须弥山石窟开凿于北魏，发展于北周。北周的洞窟数量多、规模大、造像精，在须弥山石窟中占有突出的地位。这与当时的固原局势稳定有很大关系。从北周的宇文泰始，至数代帝王，十分注意经营长安东北的同州（今陕西大荔）和长安西北的原州（今固原市）。原州是宇文泰的发迹地，军事上主要的依靠力量就是李贤家族。自西魏立国以来，西北各少数民族已被降服而逐渐同化，不复为患；北方兴起的突厥，则因宇文泰以和亲政策联合而成为共讨北齐的一支力量。西魏、北周二朝，原州是作为后方基地而被致力经营的。西魏、北周统治者，吸取各族人民反对北魏斗争的教训，很重视吏制的整肃。统治者还鼓励农民耕屯，实行均田制，发展农副业生产。原州刺史李贤、窦炽在任期内积极劝农，发展了本地生产。政治的安定，经济的发展，使须弥山石窟在北周继续发展。

2. 隋唐时期，须弥山石窟大量开凿，至唐高宗、武后时期，出现高峰。如果说须弥山石窟开凿于北魏，发展于北周，那么就盛于唐了。须弥山唐代石窟最多，约占总数的40%。但是，"这一时期由于门阀贵族逐渐衰落，中小地主阶级兴起，反映到石窟文化上，以中小型石窟和大量佛龛为主，比较大型的石窟则相对较少，而极个别的大窟则为最高统治者所开凿"[4]。须弥山唐代石窟正是这种情况。开凿于唐武则天时期的第5窟，是一尊高达20.6米的弥勒倚坐像，丰颐秀目，仪表堂堂，威严安详，给人以亲切的感觉，它比龙门、云冈石窟的造像还大，在全国仅次于四川乐山大佛。这样高大宏伟、雕琢精湛的造像，是须弥山石窟群的代表作，是当时原州政治、经济、文化繁荣的象征。盛唐时的中型洞窟较多。这个时期的造像，适应了当时现实社会的审美习尚，以丰满健壮为美，以雍容华贵为美，是须弥山石窟文化的灿烂时代。到了唐代宗广德元年（763），吐蕃攻陷西北，于是陇山（六盘山）、贺兰山以西、泾州（今甘肃泾川）以北，皆陷于吐蕃。从大历元年（766）九月，吐蕃攻陷原州，到公元849年原州军民从吐蕃手中夺回原州、回到唐朝的80多年中，须弥山石窟再度冷落。许多石窟因战乱被迫中断开凿。

三、五代至清朝，是须弥山石窟寺院的建设期

1. 五代时期，固原处在军阀割据的形势下。西夏立国之后，占据了海原县的天都山（今南华山、西华山一带），并成为西夏军事指挥中心。李元昊亲自指挥的好水川（今隆德县好水乡至西吉县兴隆镇一带）和定川砦（今原州区中河乡黄嘴古城）两大战役，占据了觅麻河谷（即宋之没烟峡）和今天海原县的李俊地区，设堡立寨，屯兵驻军，作为进攻宋朝沿边地带的前方基地。西夏历代统治阶级，一方面穷兵黩武，另一方面却"尤所崇奉"佛教，到处修建寺庙。不但开凿新修了西华山（今又称天都山）石窟寺，还将须弥山石窟进行整修，对部分佛像重妆，在第1窟佛像的下部留有汉文墨书的琼祚"韝都"和"拱化"年号的题记。南宋建炎四年（1130），固原地区被金政权占据，须弥山也在金国的版图内。第72窟有金大定四年（1164）题刻一则，具名"景云寺番僧党征结"，说明金不但占据了须弥山，仍称景云寺，并有住持僧人，掌管寺院。宋、西夏、金政权鼎立时期，都对须弥山石窟进行了寺院建设，对佛像进行了妆修，虽然再未在须弥山进行新的凿窟造像，却建造了彭阳县无量山石窟、泾源县石窑湾石窟、隆德县龙凤山石窟、海原县天都山石窟等，说明石窟造像并没有停止，只是另辟新址罢了。

2. 元代须弥山石窟的记载很少，几乎没有。可以这样推测，金代称作景云寺，至明代也称景云寺，说明元代其名未变。元初，蒙古人对六盘山很感兴趣，遂废弃固原城，在今原州区南开城乡设安西王府。直到明初，才又放弃开城，重修固原城，并成为州的建置。安西王阿难答"幼受一回教人之抚养，皈依回教，信之颇笃，因传布回教于唐兀之地，所部士卒十五万人，从而信教者居其大半"[5]。况且，开城一带至今还有清真寺的遗迹。说明伊斯兰教在固原很盛行，自然就不会对佛教的石窟文化感兴趣。但也有人对佛像重妆。不可避免的是，须弥山石窟在元代有较大衰落。

3. 明代，又是须弥山石窟的复兴时期。明成化三年（1467），迁开城县于固原城；成化十年，固原是北方九边重镇之一。任总制（督）者，都是高层次的文化人。由于外来文化的影响，须弥山的建设又开始了一个新时期。明英宗朱祁镇赐名"圆光寺"，并对须弥山大兴土木，整修一番。第45窟中心柱墨书"大明弘治十八年四月十五日起妆，五月十八日吉开光"，第48窟也有"妆塑佛像，吉祥如意"的题记。须弥山还有成化年间的碑刻，内有成化四年碑二通，一记旧景云寺僧绰吉汪速在旧寺基址上重建佛殿廊庑后请赐寺额，并追记正统八年（1443）敕赐圆光寺一事，说明石窟寺受到重视。明嘉靖《固原州志》里记有兵备副使郭凤翔《登须弥山阁》诗："春暮登临兴，寻幽到上方。云梯出树梢，石阁依空苍。"成为一处风景名胜，吸引游人观赏。第45、46窟有"奉佛信士祁玉发心庄佛""须弥寺口河湾张□□""群牧所管屯吏郭上香""南京僧禄司僧智□宣德二年六月廿一日到寺记耳"等题记，都说明这里游人络绎不绝。

4. 明朝末年，须弥山再度陷入冷落。清代以后，佛教势力衰微，须弥山石窟濒于荒废，一些道教徒把第6至39窟一带改修成道教窟，并建有玉皇阁，民间称此处为子孙宫。在须弥山石窟这样的佛教圣地，佛、道混杂的现象，亦是值得注意的一个问题。民国期间，须弥山石窟处于颓废状况。中华人民共和国成立后的1953年5月，中共固原县委统战部派人到须弥山调查，该山有寺院9处，石窟88个，佛像529尊。并依次把须弥山石窟的9个窟区分别称为圆光寺、王灵宫、相国寺、桃花院、三圣宫、玉皇宫、子孙宫、五圣宫、无量殿。可见，佛、道已混杂。[6]

须弥山石窟的大规模修缮和真正兴盛，还是在20世纪80年代。自1982年国务院公布为第二批全国重点文物保护单位起，引起了各级政府和文物管理部门的高度重视，拨巨款进行修复。1984年整修须弥山石窟的工程开工，历时5年，国家各部门拨款255万元，共加固处理危裂山体6处，修复遭损坏的洞窟74座，复原窟壁崩塌的大型窟室7座，修复大型造像3尊，恢复木构窟檐6座、亭子3处、圆光寺庙院1所，剔凿砌筑登山栈道台阶2300余级（长约1600米），砌筑砖石护坡护墙2000余立方米，装设钢铁扶手护栏1200余米，修建跨沟大小桥梁4座、排水沟渠500余米，刻制装立窟区各种标志牌匾碑石250余块，彻底改变了须弥山石窟洞窟山体塌裂、窟室和龛像遭残毁或埋入沙石堆积之中或暴露在室外横遭风蚀雨淋的衰败景象[7]。

原载《宁夏史志研究》1993 年第 1 期

注释:

[1] 佛教主释迦牟尼在岩窟中修行得道,成为正果。

[2]《魏书·世祖纪》。

[3]《魏书·显祖纪》。

[4] 刘莲香:《浅谈中国石窟文化》,载 1992 年 1 月 30 日《人民日报》海外版。

[5]《多桑蒙古史》三卷五章。

[6] 1953 年 5 月 9 日中共固原县委统战部《固原县三营区四乡须弥山调查情况报告》。案卷存固原市档案馆。

[7] 雷润泽、韩兆民:《须弥山石窟加固整修工程总结》,载《宁夏文物》第二期。

须弥山之南的秘密石窟

倪会智

宁夏除了蜚声海内外的须弥山石窟外,在南部的固原、西吉、海原等地的高山深谷里还隐藏着诸多人迹罕至的"无名石窟"。这些石窟大多已无造像,残存的壁画痕迹风蚀殆尽,碑石上的铭文也已残破难辨,在当地的地方志及有关史书中,亦难寻到关于它们的只言片语。但,它们真实地存在着,它们自大山的母体孕育而出,在清悠的鸟鸣、呼啸的山风中一日日蹲守,阅尽沧桑。寒来暑往,深山孤寂,如今的它们已如困倦的老人,合眼的一刹那便会尘封当年所有的盛世记忆。

本期我们特刊出几处大山深处的石窟,以示读者。

六盘山余脉在固原向北延伸,经须弥山时,被石门峡一刀劈开,两岸崇山峻岭,高耸入云,北侧是著名的须弥山石窟,而南侧也隐藏着一处石窟群。

须弥山被大佛慈悲的目光笼罩着。百余大小石窟布满山崖,或依山傍势,或雄立山巅,或蔽于山洼,犹如一本徐徐展开的巨大史书,记录这历史风云的变迁。

鲜为人知的是,在须弥山石窟光环之外,还有一处石窟,静静地隐蔽在山林之中。这是我们此行的第一站——固原市原州区黄铎堡镇张家山村西侧禅塔山石窟。

一、藏身禅塔山林场的石窟

石窟位于须弥山东南约 10 公里处,在禅塔山林场内。沿着林场新开出的道路蜿蜒而上,约行 5 公里到达山顶。这里峰峦起伏,山石形态各异,丹霞地貌格外奇特,颇具气势。经过封山禁牧和精心培育,山上林木种类繁多,山间不时响起山鸡、黄鹂的啼鸣。

在山势最高端,禅塔山石窟坐落其上。在六七十米高的半山腰上,分两层凿刻着 5 个石窟,石窟均为长方形平顶式。其中第一层分布 3 个石窟,第一个最大,其余较小,一侧损毁较为严重。石窟内墙面被熏黑,地上散落着羊粪,有人活动的痕迹,隐约残留着佛龛、佛像的痕迹,3 个洞窟彼此相通。

沿着一侧的石阶可上至第二层。石阶仅有半米宽。上层两个石窟相通,怀疑是现代人打通,只一窟内有一佛龛。石窟内墙壁上留有游客刻画的痕迹,一如"到此一游之类"的语句。我们在第二层石窟一侧还发现了一个狭小的洞口,洞口内刻着游客的留言,显示早在 1998 年就有人来此探险。进入洞中须俯身及地方可,里面豁然开朗,地面有厚厚的积土,洞顶有塌落的石块。据说是存放佛经之处,也有人说可能是储藏室,存放水和粮食之用。

站至山顶。山顶是数十平方米的平地,有搭建过的建筑痕迹。四周悬崖峭壁,景色尽收眼底。据说禅塔山也因这座形如宝塔状凿刻的石窟而得名。

二、禅塔山石窟开凿于唐代

关于禅塔山石窟开凿的年代,禅塔山林场场长赵宗明说,当地村民流传,在开凿须弥山之前,曾在这里选址开凿此窟,因为道路艰险,可供开凿的崖壁面积有限,加之此处岩石质地较差,于是没完成就舍弃了;另据传此处是须弥山高僧的一个隐秘修行之处,风景秀丽,能俯瞰须弥山全景。

后来石窟还成了当地百姓的避难所。明末清初,战乱频仍,附近山民便躲进石窟以避兵匪,于是洞窟中留下很明显的生活痕迹。有人生活的地方就有水源,赵宗明介绍,沿石窟西南行二三公里,在高山一斜坡下,灌木盈盈,水草丰美,循路而下,便有一清泉。老一辈人介绍,泉水是当地人世代饮用的,不会干涸。此说,令人叹为观止。

禅塔山石窟和该处的丹霞地貌是在固原市原州区第三次全国文物普查时首次发现的。参与其调查的原州区文管所副研究员马东海推断,从石窟形制上分析判断,这些石窟并非在须弥山石窟之前,而是大约在唐朝时开凿,而且并未完成就终止了。

三、关于禅塔山石窟的一个想象

须弥山石窟也有未完工的石窟。

丝绸之路重镇附近往往也是石窟诞生地，如莫高窟、麦积山、炳灵寺石窟等莫不如此。在这样的浪潮中，陇山北部以固原为中心形成了一个石窟群，主要有须弥山石窟、石空寺石窟、火石寨石窟、天都山石窟、无量山石窟等。

唐代是须弥山光芒四射的时期，须弥山下就是石门关，为隋唐以后著名的七关之一，是中原通往西域的要冲和门户，因此往来途经须弥山的商贾、僧侣、使臣络绎不绝。在这一背景下，须弥山石窟的开凿进入了一个巅峰时代，须弥山大佛也随之诞生在萧关古道上。安史之乱后，吐蕃军队乘虚而入攻城略地，占领了宁夏南部，吐蕃军队占领固原后又弃之不用，原丝绸之路经此巨变受阻隔断，须弥山前昔日驼马旅人熙攘往来的繁荣景象就此消失了。须弥山石窟未完工的第81、85窟就是在这样的背景下停工的。后来唐朝虽收复失地，但是中断的石窟造像却没有再继续下去。我们是否可以这样想象"半成品"的禅塔山石窟，在盛唐时期，须弥山石窟被全面开凿，而须弥山南侧、风景同样优美的禅塔山也进入人们的视野，并且陆续开凿了这5座石窟，但是随着战争的临近，禅塔山石窟同须弥山石窟第81、85窟一样，被迫中断……遂将一个残影留给了后世。

原载 2011 年 8 月 1 日《新消息报》

无言的守望
——固原炭山两大石窟群

闻海霞

1984 年固原文物普查工作中，当地文物管理部门有一个大的收获。在逐乡逐村的走访中，炭山当地农民说他们那儿有些"石窑窑子"，文管所的工作人员一听来了精神。在村民的指引下，他们来到炭山实地一看，着实吃了一惊——这不是一组石窟群嘛?! 更让他们惊讶的是，炭山石窟群分布很有规律，分作阳洼石窟群和阴洼石窟群，两个石窟群被绵延的山体自然分开，遥相呼应。可喜的是，在两个石窟群具有代表性的大窟中都存留有刻字石碑。

虽然炭山石窟进入文管部门的视野已有 30 多年了，但外界对其仍知之甚少。对它的未知所带来的神秘感让我们对此次寻访充满了期待。

一、艰难的跋涉

2011 年 7 月 19 日，在原州区宣传部门的帮助下，我们的寻访小组有幸找到了一位资深向导——固原市原州区文物管理所副研究员马东海老师。由于长期从事野外工作，马老师对这些"无名石窟"的分布了然于胸。

石窟艺术，在某种程度上说也是环境的艺术。石窟环境几乎无例外地都选择在远离闹市之处，沿山开凿造像，会给千里跋涉越过重重困难前来朝圣的信徒们以强烈的感受，好像他们真的来到了另一个世界。炭山石窟的选址也不例外。

　　20日清晨，我们从固原市区出发，沿固（原）炭（山）公路渐渐深入炭山腹地。一路上很少见到其他车辆，更无徒步的行人，满目是退耕还林后植被慢慢茂盛起来的山头。宏大的山体像一只只蹲守的巨兽，迎面吹来的飒飒山风充满潮气和凉意。车在山中盘旋了约莫半小时后，拐上了一条野草遮蔽的小路。前行不久，坡越来越陡，终于，一簇簇高大、茂密的野草挡住了我们的去路。车停了下来，前方的路只有步行了。

　　站在山顶时，太阳刚刚跃上山头，淡淡的雾霭笼罩着群山，有一种朦朦胧胧的美，神秘的炭山石窟究竟身在何处？马老师探了一下前方的路，回来指给我们看：喏，沿脚下这个漫坡下去，再爬到对面山上，越过山头就快到了。

　　脚下的漫坡地其实很陡，暴露的沙石踩上去直打滑，所幸脚踩在隆出地面的草窠上会稳当很多。下了坡，爬对面的山头相对容易些，但因为山体巨大，每个人都爬得气喘吁吁，真切感受到了什么叫"山大沟深"。爬上山顶，才知我们的行程只完成了一半，石窟在这座山对面的山腰上，因为山势走向，暂时还看不见它，须下了山，再从谷底绕行过去。寂静的山谷里传来鸟鸣声，想着要深入谷底心里不禁犯怵。

　　风景早在奇绝处。当下山的路走得大家小心翼翼苦不堪言时，我们有了第一个收获——在半山坳里，迎面"撞"上了高低错落的一组不规则的"石龛"。由于经年的日晒雨淋及往昔山体的崩塌造成的损毁，这里以往的格局已面目全非，但从一段段依山开凿已损毁磨平的石台阶、不规则的"石龛"，还有保存基本完好的一座小小的塔形浮雕依然能辨出其往日的盛景。山体上的塔雕高约1米，分3层，有葫芦状塔尖，并有花形纹饰，塔雕最下面凿刻进去一尺见方的空间。塔雕看起来非常精美。马老师说，这座塔雕估计是元代的。

　　收获接踵而来。站在塔雕所处的位置向东遥望过去，我们苦苦寻找的石窟群赫然映入眼帘。这组石窟错落有致地分布在半山的崖壁上，约有8孔。最下层的两个窟形最大，像一对幽深的眼睛望着空谷。从走势来看，先前我们看到的石台阶是连接着这两座山的。遥想当年，在此修行的人曾脚下生风地在两座山间来去自如。站在这厢，与石窟群的静静对望不由得让人产生时空穿越之感。

　　山那边，马老师已攀到了石窟前，喊话让我们小心脚下的路，下到谷底再寻平坦的路去石窟那里。越接近谷底，路越难走，山洪、山体崩塌让这里找不到一条成形的路。眼前的石窟给我们布设了最后一道屏障，巨大的石体每每挡住前路。

终于，我们来到了石窟前，位于第一层的两孔大窟前有突出的一方平台，这让我们有了落脚的地方。

二、阳洼石窟群

由于坐东面西，这个石窟群被称之为阳洼石窟。窟内十分阴凉。一层的两孔石窟仅一壁之隔，靠南侧的石窟前有两根直通顶部的石柱。窟深约 8 米，高 4 米，窟内有一巨大佛台，也是原石凿刻而成的。佛台平整，前方饰有虎、龙、麒麟等图案，神兽耳朵、眼睛、獠牙、鳞甲毕现。佛台上已无佛造像。

阳洼石窟开凿年代不详，据马老师分析，它可能最晚开凿于唐宋。窟门口凿刻的两根石柱靠里向的一面刻有文字，为明万历三十三年《重修莲花山昆峰寺碑记》，文字多数看不清，不可全读，边框有花草纹。据可辨的文字记载，阳洼寺又名昆峰寺，为古刹，时有僧众 37 人，原有殿，奉力士像，"更创石佛龛三处，禅室左右八间，及韦驮神楼，山门碑楼烂然毕具……"碑上还刻写了"王登科""刘三娃"等重修时捐资人的名字。

昆峰寺不知弃于何时，但在光秃秃的佛台上依然积存着厚厚的香灰。石窟四壁上可见斑驳的壁画痕迹，似有莲花图案，色泛绿。部分壁画有黑色边框，白底。石壁上还有凿刻佛龛的痕迹。细观窟顶，可以看到有数对凿刻的穿环，有的估计因当时承重过大而崩裂了。窟门的上额处有深陷的刻痕。马老师分析，当年窟外应有木质建筑。窟外的草丛中散落有瓷器碎片，根据釉彩和胎质，马老师鉴定为明代的。

阳洼石窟共 4 孔，大部分窟内有佛台，台沿有装饰，但所有石窟里都已没有造像。第一层石窟通往上面数层石窟的路非常艰险，因为昔日贴壁凿刻的台阶已风蚀殆尽。但为了不心存遗憾，我们还是冒险爬上去察看了一番。比较有特色的有两窟。一窟狭小，壁上开有"烟道"，前有一眼深五六米的圆形鼓腹"水井"，推测此处当年为伙房。还有一窟，窟内一组人物壁画很"亮眼"，人物的相貌、服饰、动作依稀可辨，其中一幅壁画中的女子衣袂翩然，左臂抬起手搭凉棚转首凝望，活灵活现。壁画用色素雅，有灰黑色、蓝色、橘色。壁画的泥坯有覆盖维修痕迹。该窟与其他窟还有一处不同，就是窟顶没有烟熏迹象，呈自然的褚石色。

阳洼石窟南侧高台的一块巨石上，雕有一对石狮子，一只站立，一只伏卧，分别望向不同的地方。狮身残缺不全。

有惊无险地看完了阳洼寺的所有石窟，感觉收获颇丰，但每个人都遭遇了这里生长的一种会"咬人"的植物，胳膊上、腿上被"咬"出了包，痛得钻心。

身体上的疼痛慢慢缓解后，马老师带我们沿阳洼石窟后山上去，在山顶找到了一条相对平坦的道路迂回到了我们停车的地方。

三、阴洼石窟群

阴洼石窟的规模和阳洼石窟相当。寻访阴洼石窟群的路依然艰辛。我们爬了一个小时的山才走到了它的近前。但让人惊喜的是，这一段山路上只要你稍微细心搜寻一下的话，就能发现不少植物化石。墨绿色的蕨类植物化石像描画在石头上一样美观。在距主体石窟较边缘的一处仅能容一人爬入的小窟内，暗藏着一根粗大的树木化石，纹路清晰的石化木横斜在石窟内，神龙见首不见尾。

阴洼石窟群主要分两组，一组面南，一组面东，各窟间均有台阶连通。面南的石窟窟体宏大，窟内有明万历年间凿刻的石碑，字迹依然可辨。碑文500余字，可见"重修石峰台兴龙寺碑记"字样。原来，石窟所在地当年称之为石峰台兴龙寺，为古刹，明万历三十六年重修。据碑文记载，石峰台兴龙寺所在地"基地毓秀，景象清幽"，由僧人明湖主持重修兴龙寺佛阁及玉帝、地藏、祖师、伽蓝5座殿，禅堂、净堂、府库4处，真人窟洞1处，鸣钟一口，磬鼓俱全。碑上还有"黄帝万岁万岁万万岁""风调雨顺太子千秋国泰民安"字样及龙饰。面东的石窟群中有一窟门保存完整，呈拱形，但因其位于山腰，台阶风蚀严重而难以靠近。

原载 2011 年 8 月 1 日《新消息报》

丝路文物古迹

秦王与朝那湫

叶长青

朝那湫地处宁夏南部的六盘山腹地，在今彭阳县古城镇境内。这一泓春夏秋冬不增不减的神秘之水，不仅蕴含着中华民族"人文始祖"的神话传说，更重要的是它荡涤了秦人部落历代王者的心灵，铭记着秦人由落后的边陲小国走向中华第一帝国的文化浸润与政治大同。

一、龙之所处也

据《史记·封禅书》总结秦及三代时国家级祭点，就有"湫渊，祠朝那"的记载。后来《三家注》又对朝那湫的地址和祭祀原因做了补充说明，即具体位置在"安定郡朝那县，方四十里，停不流，冬夏不增减，不生草木"。祭祀的祠在"原州平高县东南二十里"。祭祀的原因是"龙之所处也"。由此说明朝那湫就是远古以龙为图腾的伏羲氏部落及上溯到华胥氏部落的起源地。就龙的形貌而言，是以蛇为主体，综合了牛、马、羊、鹿、鸟、虎、猪等许多动物的特征形成的一种综合性图腾，更能说明这是中华民族历史性氏族大团结、大融合的结晶。朝那湫的神话传说，内容丰富，寓意深远，多以天地一体的混沌时代为背景，以人类始祖开天辟地为内容，赋予人们以超越自然的威力，如伏羲与女娲的传说就是指人类征服宇宙，奋力拼搏，创造生机勃发新世界的艰难历程。

远古的华胥国坐落在六盘山一带的丛林中，华胥氏就是这个女性氏族小国的首领。她是仇夷山氏酋长的女儿，人长得很漂亮，风姿绰约招人注目，常到雷泽（即朝那湫）去洗浴，搅得雷神心绪不宁，于是就有了履大人迹生伏羲、女娲的传说。据皇甫谧《帝王世纪》对伏羲的考述："太昊帝庖犧氏，风姓也，燧人之世有巨人迹出于雷泽，华胥以足覆之，有娠，生伏羲于成纪。"晋代王嘉《拾遗记》中说："所都之国，有华胥之洲，神母游其上，有青虹绕神母、久而方灭，即觉有娠，历十二年生伏羲。"说明居三皇之首的伏羲氏就是华夏民族的始祖母华胥氏的儿子。华胥氏是华夏大地上第一个母系氏族部落的杰出女首领，其主要居住生活地应该在六盘山一带，有专家称"在中华先祖中，华胥氏生伏羲、女娲，伏羲、女娲兄妹成婚生少典，少典生炎、黄二帝"。《春秋世谱》中有"华胥生男名伏羲，生女名女娲"的记载。之所以华胥氏为中华民族的始祖母，是华夏之根、民族之母，按照古籍文献中"华胥履大人迹于雷泽而生伏羲"的推理，雷泽中的大人应该就是传说中的龙神，雷声是龙神的发音，闪电是龙神的形状。因此，伏羲、女娲就是龙神的儿女，龙的儿女自然生得龙（蛇）身人面，龙身当然要居住在有水的地方，只有朝那湫"停不流，冬夏不增不减"的恒定水源，才是最佳的"龙之所处"之地。千百年来，历代帝王对朝那湫的祭祀经久不衰，就是出于人们对"人文始祖"的崇拜和信赖。远在秦以前的商朝，朝那湫就有了祭祀的传说。相传商朝太戊时有位贤者叫彭咸，也称巫咸，是朝中大夫，辅佐商王太戊，整饬政务，治国有绩，使商朝一度中兴，但是后来因为屡谏君王无效，带着遗憾投水而死。商王太戊追悔莫及，封彭咸为朝那水神，永享祭祀。后世许多文人骚客将其作为崇拜的对象予以颂扬，其中就有屈原，屈原以彭咸为榜样，在《离骚》《抽思》《思美人》《悲回风》中不止一次提到对于彭咸的追慕。从春秋战国至秦朝，朝那湫属于秦的范围，历代秦王利用其得天独厚的祭祀条件，近水楼台先得月，无论在政治、经济、文化等诸多方面都获益匪浅。

二、两王盟誓朝那湫

西周孝王时，命嬴姓部落首领非子在汧、渭间为朝廷养马。由于牧养有方使马匹数量增加很快，孝王便将秦（今甘肃天水市）作为非子的封地，为周附庸。周宣王四年（前824），以非子的曾孙秦仲为大夫进攻西戎，被戎人所杀，宣王又召其子给兵七千大破西戎，以秦仲长子庄公为西垂大夫，居西犬丘（今甘肃礼县东北）。东周平王元年（前770），秦襄公护送平王东迁雒邑有功，周以岐（今陕西岐山东北）以西之地赐予秦，使自行从戎人手中夺取，秦始封为诸侯，立西畤，祠白帝（即少昊）。

秦王祭祀朝那湫，不单指是秦始皇，而是他以前的数代王者。早期秦国是一个落后的西陲小国，被中原各诸侯国视之为"夷翟"。秦的四周是内涵各不相同的文化，东边是三晋文化，南边是巴蜀文化，西南边是楚文化，西北是戎狄文化，而北边又是从鬼方到猃狁再到匈奴的草原文化。身处不同文化的包围，秦人意识到自己的落后，便采取积极开放，兼收并蓄，广泛吸纳不同文化的态度，终使秦国成为春秋战国时期人才最富集、经济最发达的地区，在秦穆公时甚至成为"春秋五霸"之一。秦国随着国力的逐渐强盛，便向周边不断拓展疆域，面对东面的晋、楚两大强国，使秦的势力难以东扩，秦只得将东扩的矛头指向了晋以东的弱小诸侯国。秦穆公三十三年（前627），以百里奚之子孟明视、蹇叔之子西乞术、白乙丙统兵绕过晋及周天子的封地去偷袭郑国（今河南新郑），大军行至滑国（今河南偃师东南），遇见了郑国商人玄高往周都雒邑经商，玄高发现秦军远道而来必然袭郑，于是将自己的全部货物以郑国国君的名义犒劳秦军，又派人回国报信。孟明视等人知道郑国有备，便灭了滑国而回，郑国幸免于难。此时秦军远征，师劳力竭，晋国以秦"不哀吾丧（晋文公之丧）、伐吾同姓（滑、晋同姓）"为名，联合姜戎邀击秦军，大败秦军于崤山（今河南三门峡市东），秦军全军覆没，三帅（孟明视、西乞术、白乙丙）被俘。秦国在东扩之战中连遭晋国的致命打击后，终于懂得了一个道理，那就是中华正统文化的魅力所在。于是秦穆公改变拓土策略，由"东扩"转向"西霸"，与楚国联盟（秦穆公与楚成王以朝那水神为质，诅盟永世不侵犯之约）以稳定东面局势，腾出手脚专攻西北各戎族部落。

秦穆公与楚成王盟誓于朝那湫，就是承认自己都是龙的传人，同为炎黄之后。穆公时的秦都建在雍（今陕西凤翔），朝那湫处在秦都的乾位，秦人又以水承德，具有神秘背景的朝那湫自然成为秦人心目中的最高敬仰之地，将祭祀点选在朝那湫还有震慑和教化戎人的作用。秦穆公三十七年（前623），用由余之谋伐西戎，攻灭了西戎12个部落方国，"开地千里，遂霸西戎"，周襄王派使臣召公持金鼓祝贺。从此，朝那湫成了秦人归入华夏文化的盟誓之地，更成为感化戎族部落的教育之地。

三、以祭祀而归宗

战国之际，随着战争的目的由"称霸"转向"统一"，秦国不仅在生产技术方面勇于革新，而且在意识形态等方面也有着跳跃式的发展。面对各国模糊的先祖意识和混乱的文化意识，秦人敏锐地发现，只有高举"炎黄苗裔"和"华夏正宗"的大旗，才能在当时中国的思想文化领域产生广泛的号召力。于是，秦灵公三年（前432），秦立上下畤，也就是两个祭坛，上畤祭黄帝，下畤祭炎帝，明确把自己列为炎、黄的后代，将自己的文化归入华夏文化的体系。这不仅是有重大意义的政治行动，更重要的是将秦文化进行了文化归宗与认同。通过此举秦人将自己的文化同"夷翟"彻底划清界限，从而扛起华夏文化正宗的大旗，成为引领思想文化潮流的先驱者，为最后统一中国奠定了思想文化的基础，也是统一变成回归"华夏正统"的正义行动，极大地增加了统一进程的合理性和正义性。秦孝公六年（前356），任卫鞅为左庶长，秦国变法开始，史称商鞅变法。秦孝公采纳商鞅"当时而立法，因事而制礼"的策略，使国富民强，军事实力超过了关东诸国。秦惠文王后元五年（前320），惠文王亲率大军北巡，祭祀朝那湫后北游戎地，直到河套地区。惠文王更元十二年（前313），秦先后战胜三晋（赵、韩、魏），灭巴蜀（今四川省），又攻义渠戎广拓西北之地。此时秦国欲东伐齐国，怕齐、楚联合，派张仪赴楚，劝楚怀王亲秦绝齐，以割地六百里的空言为诱饵，诓骗怀王。当楚国与齐国绝交后，秦只给楚六里之地，楚怀王大怒，派大将屈匄率师伐秦。这场战争本来是由秦国挑起的，而秦为找借口把战争的起因说成是楚国背盟，于是刻《诅楚文》投入朝那湫，以惑视听。《诅楚文》的大意是，五年前（即楚怀王十一年，前318），魏公孙衍发动魏、赵、韩、燕、楚五国合纵攻秦，推楚怀王为纵长，今又悉兴其众，以逼我边境，秦人尝与楚同好，然楚人背盟，秦人疾之。幸于一胜，遍告神明、著诸金石以垂后世。然而，战争的结局恰恰是楚国大败，就连楚怀王也再次遭骗成为秦的阶下囚，客死他乡。楚人怜惜怀王，如悲亲戚，"楚虽三户，亡秦必楚"的民谣，足可见楚人对秦的奸诈深恶痛绝。秦人借助拓疆战争的节节胜利，便大肆宣扬朝那湫的威灵显赫，从而引起东方各国及西北戎族也对朝那湫大加景仰。秦昭襄王三十五年（前272），昭王母宣太后诱杀戎王于甘泉宫，并起兵攻灭义渠戎国，以其地设北地郡，在朝那湫所在之地置朝那县，朝那湫也正式成为秦国祭祀山川的四大名水之一。秦始皇二十七年（前220），即完成统一大业的第二年，便首巡北地到朝那湫大兴祭祀。秦统一后对朝那湫的祭祀，不仅是对秦祭祀文化的展示，而且是对中国古代祭祀文化的总结。纵观秦从襄公始封诸侯起，到秦帝国灭亡的500多年里，就是靠祭祀文化一步步地走向华夏正宗的，也正是以祭祀文化做垫底完成了极大规模的文化项目。都江堰、郑国渠如此，万里长城如此，直道、驰道如此，兵马俑亦如此，终使中华第一帝国在秦人手中诞生，历史在秦王朝掀开了新的一页。

朝那湫，远古时代曾称之为"湫渊""雷泽"，是"龙之所处"之地，有伏羲降生的传说。春秋战国时秦国的王者在这里大兴祭祀、祈福诅敌，历代朝廷在这里祭祀湫神，官绅百姓在这里祈求风雨，文人墨客在这里凭吊山水，留下了极为丰厚的文化遗产，有尚待开发的广大空间。

如今的朝那湫湖光山色非常美丽，每到气候宜人的夏季，湫水潋滟，清澈鉴人，静则纹丝不动，动则微波粼粼，幽雅恬静至极；而或朝晖夕阴，神秘顿生，真可谓"万树仙花一潭水，四时烟雨半山云"。

朝那湫价值之管见

张有堂

凡知晓秦汉史的人们，都知道湫渊这个名字，也都知道它在朝那县境内，所以大家都习惯称之为朝那湫。可惜的是，在数千年的历史沧桑中，史学界均无法确切地指正朝那湫的具体地点，仅仅说了个大概，总结起来，都不外乎固原东南和平凉西北两种说法。但人们在研究过程中却往往忽略一个细节：历史上，高平县、原州、固原州治地一直在今固原市原州区，但平凉县、平凉郡、平凉府治地

却迁徙过多次，且平凉郡、平凉府的辖区也不等于今平凉市的辖区，从而就出现了古人与今人在表述上的差异。针对史学界的这一误差，我们就非常有必要说清楚朝那湫的具体位置。

一、朝那湫具体地点之考证

考证朝那湫的具体地点首先必须重视国史的记载，而且必须遵循史学界足够重视最早、最权威的文献资料之原则。在国史中，最早记载朝那湫的权威的文献资料当数西汉著名史学家司马迁撰写的《史记》和东汉著名史学家班固撰写的《汉书》，二书记载得完全一样，即"湫渊，祠朝那"，而且《汉书》又进一步明确地写道："朝那，有端旬祠十五所，胡巫祝；又有湫渊祠。"这里的"朝那"是放在《地理志》中介绍的，很明显"朝那"是西汉一个县的名字，而不是别的什么东西。作为一个县级行政区域，它肯定有准确的辖区。只要我们确定了朝那县的管辖区域，那么，我们也就缩小了寻找朝那湫的范围。

依据《史记》《汉书》的记载以及两汉其他文人的记述，我们就很容易确定朝那县的邻县有高平县、乌氏县、泾阳县、安定县。这四个县包围着朝那县，高平县治地在今宁夏回族自治区固原市原州区，乌氏县治地在今宁夏回族自治区泾源县大湾乡，泾阳县治地在今甘肃省平凉市崆峒区安国镇，安定县治地在今甘肃省镇原县开边镇。换一句话说，朝那县管辖区域与今宁夏回族自治区彭阳县的辖区大体相当。这就是西汉时期的朝那县。但朝那县不是西汉时期设置的一个新县，它应该是老县名，它最早应该设立于战国中后期（前272），与朝那县同时设立的县还有乌氏县和彭阳县，其中乌氏县辖区包括今宁夏泾源县、隆德县、西吉县和甘肃崆峒区、华亭县等，彭阳县辖区包括今甘肃镇原县、西峰区、庆城县、泾川县等，朝那县辖区包括今宁夏彭阳县、原州区等，即朝那县西界至六盘山。所以，我们就可以在今彭阳县、原州区境内寻找朝那湫。

在确定了朝那湫大概地理范围之后，我们再依据两点来确定朝那湫所在地的具体位置。

一是古人的考述。综合古人的考证结果，他们有四个基本结论，即朝那湫位于原州平高县东南20里，固原州东南40里，开城州东北35里，开城县东15里。如果不加以思考，那么，我们会认为古人笔下的朝那湫有四个。但是，如果我们再结合朝那湫的水域面积，那么答案也就只有一个了，古人笔下的朝那湫水域方圆40里。今实测朝那湫南北跨度20里。也就是说平高县东南20里和开城州东北35里均指朝那湫北岸，而固原州东南40里和开城县东15里均指朝那湫南岸。平高县、固原州治地均在今固原市原州区，开城州、开城县治地均在今原州区开城镇开城村。古人要么以固原州、平高县为坐标原点来表示朝那湫，要么以开城县、开城州为坐标原点来表示朝那湫，如果将这两个坐标系合并，那么我们就会绘制成朝那湫的几何图形，再结合地图上的经纬度，我们就在固原市的地形图上找到朝那湫的地理位置，所有这些无不指向同一个地点，即彭阳人所说的东海子和原州区人所说的东马场，但我们并不满足于这一惊人的发现。我们还需要继续举证。

二是朝那湫的地理特征。在北魏著名的大地理学家郦道元的笔下，朝那湫首先是一个高原湖泊，其次它位于群山之中。如果这还不清楚的话，那么，我们再看一看郦道元的前辈三国苏林和晚辈唐朝颜师古笔下的朝那湫，"方四十里，停不流，冬夏不增减，不生草木""清澈可爱"。除了这些之外，还有两点，不可忽视，两宋时朝那湫旁边有耕地；明朝时期，朝那湫周围放养过马，故名马场。综上所述，朝那湫具备六个地理环境方面的特点：①位于群山之中；②方圆40里；③湖水没有外泄；④湫水岸边不生长草木，即它是石质湖泊；⑤周围能开垦耕地；⑥这里曾放养过马。结合文献记载和实地考察，甘肃、宁夏两省区许多叫朝那湫的地方中，只有东海子同时完全具备了这六个特点。如果有人还质疑东海子就是湫渊这一结论的话，那么，我们可以举出遗物予以指正。

首先，东海子东南小山峁上堆积着1~3米厚的砖瓦层。这些砖瓦层中有先秦、秦汉、隋唐、宋元明各个历史时期砖块和瓦层，而且砖瓦堆积层遗址占地面积有1.5万平方米。更可贵的是2007年11月，我们在这些砖瓦堆积层中发现了石碑之一隅。虽然残碑上的文字难以成文以供人们阅读，但是残碑上的"那之湫"三个字深深地吸引了我们。面对这三个字，我们很容易破读出"朝那之湫"。残碑上的汉字均是楷体。在中国汉字的发展史上，从东汉起，楷体字便成为官方通用文字，为广大中国吏民所熟知。同时，汉字已成为书法。通过对比陕西西安碑林中的文字，我们确定朝那湫残碑上的文字属于仿宋体，而且与宋徽宗的瘦金体书法汉字非常接近。宋徽宗，在政治上是一个失败的皇帝，但他在书法史上、诗词学界却享有盛名。所以，我们确定朝那残碑系宋朝之物。

除了发现朝那残碑外，我们还在东海子东北旧宅中发现两个直径近30厘米的柱础石，其中一块柱础石为覆莲瓣状。查阅当代著名古建筑学专家梁思成撰写的《中国古代建筑史》和史学泰斗白寿彝主编的《中国通史》，我们完全可以确定该莲瓣的柱础石系唐宋之物。也就是说，它就是唐宋朝那湫祠的建筑材料。再结合东海子周围很厚的砖瓦层，我们完全可以确定自周朝至唐宋，这里有庞大的建筑群。所以这里蕴藏着无法估量的历史、地理、祭祀等方面的巨大价值。

上述文献资料和遗物足以证明今彭阳县与原州区交界处的东海子（东马场）就是载于史册的朝那湫。

二、朝那湫的巨大利用价值

我们今天挖掘一种文化或文化遗迹，其真正目的在于要开发出它的巨大的使

用价值，做到古为今用，造福于人民，为人民谋福祉。那么，朝那湫有哪些值得我们重视的价值呢？

首先，朝那湫是中华民族的祖先伏羲的诞生地。

伏羲位于三皇五帝之首。我们中华民族数千年来形成的优良传统特别多，其中祭祀祖先是中华民族的美德。从秦汉起，我国形成了固定的祭祀制度，成为规范我们中华民族的基本准则，特别是改革开放以来，全国各地掀起祭祀祖先的热潮。伏羲也从疑古派的质疑中走了出来，从宗教神坛上走了下来，甘肃、河南、安徽、山东、山西无不在大张旗鼓地觅求伏羲的踪迹，无不说它们是伏羲的故里。但是谁心里都清楚伏羲的故里只有一个，那就是他的籍贯地。在伏羲的一生中，有籍贯地、出生地和生活地的区别。周朝、秦朝、汉朝、唐朝、宋朝等朝代中，人们都从来没有怀疑过伏羲的存在。汉朝祭祀祖先的名录中，伏羲位于榜首，但奇怪的是西汉著名史学家司马迁在《史记》中却没有《三皇本纪》。在中国古代文献中最早提到伏羲的是《庄子》，其次就是《山海经》和《穆天子传》，但这三部著作均有后来玄学家们掺假的成分，所以不为史学界所重视。作为史学界名篇，且较详细地记载伏羲情况的当属西晋著名史学家皇甫谧作的《帝王世纪》。虽然《史记》中的"本纪"部分是中国历史上第一部帝王谱系，但它不完整，它没有记载伏羲的谱系，成为史学界的一件憾事。西晋才子皇甫谧第一次弥补了这一史学界的憾事。此后，唐朝史学家司马贞补写了《三皇本纪》，并插入《史记》之中，南宋史学家郑樵著《通志》，开篇就是《三皇纪》。

在中国历史上，皇甫谧、司马贞和郑樵三人非常清晰地勾勒出伏羲伟大而又光辉的形象。这三位史学家均认为伏羲的母亲叫华胥，她在雷泽岸上踩踏了一个巨人的脚印而有身孕。随后，她率领部落迁徙到成纪这个地方而生下了伏羲。这里提到两个与伏羲有关的地方，即雷泽和成纪。从古至今，史学界均一直指证成纪治地在今甘肃天水市境内，即在六盘山脉的西南端，成纪治地的确定为寻找雷泽提供了线索。古人、今人大多数认为雷泽在今山东省境内。按照他们的说法，华胥有了身孕后，便率领部落从黄河下游西迁到黄河上游，也就是说她在10个月内长途跋涉两千多里的路程来到成纪。但这一说法却严重地忽视了原始人类生活的一个基本特点，即一个原始人的部落会很长时期内生存在一个地方；即使迁徙，他们也会在旧的生存地周围迁徙。另外，考古学界早已证明，同类文化遗址迁徙的特点是从西部向东部迁徙，从北方向南方迁徙，即从条件欠优越的地方向条件优越的地方迁徙。

依据原始人活动的区域和迁徙的特点，我们认为雷泽与成纪相距不远。根据六盘山地区的地形特征和气候特点，我们便在六盘山周围，且在成纪城的北部寻找雷泽。

古文献记载，雷泽是龙出没的地方。具备这一特点的高原湖泊在六盘山地区有四个，即宁夏彭阳县的东海子、宁夏原州区的西海子、宁夏隆德县的北乱池、甘肃庄浪县的南乱池。其中西海子、南乱池周围没有文化堆积层，北乱池仅仅有宋元时期的砖石，也没有文化堆积层，而且西海子、北乱池、南乱池没有在秦汉朝那县辖区之内。这样一来，只有东海子具备雷泽的条件。而且唐朝颜师古明确记述朝那湫有龙飞腾。

其次，朝那湫是国家祭祀重地。

秦汉时期，朝那湫名列国家级祭祀名录，而且秦始皇、汉武帝先后7次在这里主持祭祀。这样的祭祀规格在中国历史上是不多见的。

在中国历史上，祭祀祖先、祭祀山水、祭祀神灵的活动中，帝王频频到访的并不常见。即使在祭祀黄河、长江和汉水这样的大江大河的活动中，秦始皇、汉武帝到访的次数都没有超过朝那湫。在当时，朝那湫与黄河、长江、汉水齐名，祭祀规格一样高，在华山以西的大河、大湖中，单就雄伟程度来讲，朝那湫简直不值得一提。

在中国古代，祭祀山水是常规活动。自春秋战国以来，中国统治阶级都特别相信阴阳五行、八卦演绎、五德始终之说。即他们特别相信金、木、水、火、土相生相克的学说。秦始皇祭祀朝那湫除了祭祀山水之外，还有一层意思，即祭祀他的祖先伏羲。秦始皇是伏羲的后代子孙。而且朝那湫又是龙的诞生地，中国历代皇帝均誉自己为龙的传人，以此来证明自己的正统地位。

刘邦建立西汉后，为了宣传自己的正统地位，篡改了自己的出生史，他认为自己不是父亲的亲生儿子，而是龙子。汉武帝继位后，总觉得缺了一点什么东西来装扮自己，以宣扬他奉天承运。大思想家董仲舒从理论上解决了这一难题，他大力弘扬天人感应学说。汉武帝不但全盘接受了天人感应的学说，而且也行动起来，他6次到访朝那湫。汉武帝在位54年，出访全国各地40次，但访问、视察6次之多的地方在全国只有安定郡（朝那湫隶属于安定郡）。此后朝那湫与全国其他国家级祭祀地方一同降格，皇帝很少亲莅了。

第三，朝那湫中及其周围蕴藏着许多价值连城的宝藏。

朝那湫作为国家级祭祀重地，每次祭祀活动均会刻石记载，这样的石碑到底有多少个，至今仍然是一个谜。据文献记载，南宋初年，人们在朝那湫旁的耕地中发现了《诅楚文》石碑。元朝时期，人们还能见到《诅楚文》的拓片。我国当代著名的历史学家郭沫若曾撰文介绍《诅楚文》。

元朝大学者李诚撰文介绍朝那湫庙重建情况，该文内容保留在明朝修撰的《固原州志》中，这显然是从石碑上辑录下来，但该石碑至今还未发现。

另外，我们于2007年11月发现宋代石碑的一角。如果按照一个朝代只立一

通石碑来计算的话,那么从周朝至明朝,朝那湫祠中应该陈放着十多通石碑或石鼓,同时还应该有祭祀的金属器皿等。所以,朝那湫应该具有巨大的文化价值。

丝 路 文 化 遗 存
——固原博物馆馆藏陶俑

黄丽荣

俑是古代墓葬中专用于陪葬的偶人,是人类信仰的产物,在商代已达到了登峰造极的地步。伴随着文明程度的提升,人们把用各种质地制作的俑放置在墓葬中,作为人或动物的象征物品来为主人陪葬。俑便成为中国古代冥器的重要组成部分。这种民俗延续了几千年,直到清代初年才消亡绝迹。

从考古发现来看,遗留下来的各类俑像,数量很大,以陶、木质地为主。形象主要有侍仆、乐舞、士兵、仪仗及镇墓俑等。除了镇墓压胜的各种神物外,各类俑都真实地模拟当时的各种人物,因而可以根据俑的装束和造型特征,考察历代的社会生活习俗和典章制度。对研究古代的舆服制度、军阵排布、生活方式乃至中西文化交流都有重要意义。本文结合固原出土的各类俑做些论述。

一、陶俑的起源、发展与变迁

考古发现,最早的俑是商代王室墓中的奴隶俑,至东周时期渐趋流行。春秋战国时期,随着社会的变迁,俑葬逐渐取代人殉的葬俗。汉代是我国历史上雕塑艺术大发展的时期,各类造型的俑也日益增多,俑的种类、数量、材质、水平等都达到了新的高度,造型更为生动传神。河南的乐舞百戏、武装士兵俑,四川的劳作、说唱俑,广东的陶船及船夫俑,甘肃武威的铜车马仪仗俑,代表着这一时期的俑艺术造型的最高水平。三国、两晋、南北朝是中国历史上的大分裂时期,战乱频繁,社会动荡不安,致使冥器墓俑的制作受到较大影响。[1]西晋时期短暂统一,经济社会再度繁荣,文化得以发展,俑的雕塑再度兴盛并形成一定模式,镇墓俑、出行仪仗俑、侍仆舞乐俑等是这一时期的主要类型。南朝的俑承袭了西晋的传统,而北方由于少数民族的入主,出现了极具时代特征的着甲骑士俑。隋唐时期是中国封建社会高度发达时期,伴随着社会的安定与繁荣,俑的雕塑艺术再度繁荣。文官俑、武士俑、仕女俑、牵驼俑、牵马俑、骑俑、戏弄俑、胡俑成为这一时期的常见种类。到了五代,俑风大变,社会动荡让镇墓神怪俑再次受到重视。宋以后民间葬俗转变,焚烧纸冥器在丧葬活动中盛行,俑的使用骤减,开始扎纸人、纸马,丧葬礼俗制度发生了较大的变化。元代纸冥器迅速流行,俑的制作也大为减少。至清初遂告绝迹。

二、固原出土的各类陶俑

固原的历史地理位置重要，是丝绸之路东段北道必经之地，也是中西文化荟萃之地。近30年间，出土的陶俑较多，主要有彭阳县北魏新集墓[2]、北周宇文猛墓[3]和李贤墓[4]及唐代史道洛墓[5]。按其象征意义可分为镇墓俑、出行仪仗俑、侍仆俑三大类。按其组合大致又可分为四组。第一组是保护墓主人安全的镇墓俑。由镇墓兽、镇墓武士组成。第二组为墓主人出行而安排的仪仗俑，包括以牛车为中心，甲骑具装俑、武官俑、文吏俑、风帽俑、胡俑、骑马俑、笼冠俑等。第三组是服侍墓主人的侍仆俑，包括生产劳作俑、家内侍役俑、乐舞俑等。第四组是表示墓主人财产、家居生活、物品和六畜兴旺的动物俑与庖厨用具，有鸡、狗、马、驮驴、骆驼及灶、碓、磨、井、鸡舍等。其中镇墓俑最具特色。现分类做以介绍。

（一）镇墓俑

镇墓俑源于古代传说中的方相神，又称方良或鬼魅，有驱除邪恶的法力。作为墓内辟邪、压胜一类的俑群，一般是贵族阶层下葬的陪葬品。置于墓穴的辟龛中或甬道口，左右相对。它们的造型是以人面兽身和兽面兽身及鸟的混合体为主，多塑成蹲坐状，外形凶猛可怕，头上长角，两膊间有火焰状翅膀，蹄足，是人兽鸟的结合。据考古发现，最早的镇墓兽出现于战国时期。汉代，形制变化较多，分为兽形和人形两大类。北魏以后，镇墓俑类趋向定型，即包括镇墓兽和铠甲武士形象的镇墓俑。隋时镇墓兽仍承继于北周和北齐，唐时随葬俑群逐渐制度化，镇墓兽形状成怪兽样子，以狮面为主。早期呈蹲坐状，晚期改为张牙舞爪、鬃毛飞扬的姿态，唐末逐渐消失。

镇墓兽 固原出土较早的是北周宇文猛墓和李贤墓的独角镇墓兽。由于北周历史短，墓葬的发掘在我国极少，固原发掘的北周时期的墓葬填补了这一空缺。宇文猛墓和李贤墓出土镇墓兽各两件，均为一对匍匐在地的独角怪兽，也称为神兽。与以往南北朝晚期的人首兽身、昂首蹲踞的怪兽形象不同，此造型似一只卧牛，翘鼻突眼，微张大嘴，颈背上有一独角，昂首、仰视，作匍匐状。身子施白色，嘴、耳、独角、腿等部位残存红色，勾墨色。用墨线画出狞厉的虎牙和双眼，相貌狰狞。

固原唐史道洛墓出土的两件镇墓兽，以它的造型可分为人面镇墓兽与兽面镇墓兽两类。人面镇墓兽，通体彩绘描金，人面兽身，头顶结有发髻、并束发饰。脸部朝正前方，双目凝视前方，炯炯有神。闭口，上唇有八字胡须，下巴一绺短须翘起。面部非常真实。蹲坐在岩形底座上，前腿伸直，腰下弯，后腿弯曲，背稍呈现圆弧状，尾巴向上翘起，尾端宽而下垂。两膊间有火焰状翅膀，蹄足，同样显示的是人兽鸟的结合。从外形看，凶猛可怕，强悍凌厉。兽面镇墓兽，狮

面，整体造型基本与人面镇墓兽相似。不同者在于其张口卷舌，利齿外露，耳朵直竖，双目圆睁，嘴巴下有胡须，面目狰狞，颇具镇墓之威力。面部表情十分逼真、传神，雕造艺术性很高。兽面镇墓兽同样施以精美的色彩。与人面镇墓兽所覆金箔、银箔基本相似。审美价值极高。

镇墓武士俑　西晋以后，北方墓道口都放置有身着铠甲的武士俑，这类俑亦属守卫墓门的镇墓俑。南北朝时期北方流行披甲持盾的镇墓武士俑，头戴兜鍪，两侧有护耳，有的护耳上又加覆一重方形的保护。身着铠甲。北齐、北周时期，流行明光铠。

李贤墓是固原出土的北周时期有影响的墓葬，出土的两件镇墓武士俑颇精致，其一头戴兜鍪，额前有冲角，两侧有护耳。身披明光铠，身躯用黑笔细勾鱼鳞状甲片，边沿晕出红彩，全身施白粉，咧嘴、耸肩披膊，大腹向身体右侧突起。腿裹裙，两臂弯曲至胸前，双手作持物状，另一件头戴尖锥顶兜鍪，中起脊棱，前有冲角，两侧有护耳。身亦着齐膝鳞状甲，左手曲于胸前，右手下垂。另外，史道洛墓出土的镇墓武士俑与李贤墓又不一样，分为张口武士俑和闭口武士俑两种。从造型看，张口武士俑矗立在岩形底座上，彩绘描金，头戴护耳头盔，护耳向上卷起，面部稍向右侧，圆眼凝视斜上方；有胡须，口微张作怒号的样子，面部涂红，眉眼及胡须用墨线勾勒。身穿明光铠，下着战裙，足蹬靴，双脚分开用力踩踏岩石座，右脚稍向前迈。腰部以上半身扭向右侧，两臂从肘部开始弯曲，两手握拳向前伸出，表现了武士独有的英武姿态。闭口武士俑，造型和张口武士俑造型基本相似，身着明光铠，戴头盔，颈部围以项护，从两肩至肘穿着披膊，自肘部至手腕又覆有臂护；胸部有胸甲，环带相扣，衣裙叠穿；膝盖以下至脚腕有吊腿，脚蹬靴子，英武异常。这些人物造型，看上去颇有一种凶神恶煞、气势逼人的威武凶猛之势，武士俑都涂有艳丽的色彩。

（二）仪仗俑

仪仗是指用于仪卫的兵仗，是模拟墓主人生前仪卫和出行仪仗的俑群。据考古发现，仪仗俑最早见于汉代皇室及官僚墓内，南北朝时期，北方流行成批武装仪卫俑群，直至盛唐以后才逐渐消失[6]。汉代以前，马车一直是王公贵族的主要乘具，牛车仅为一般平民、宦官、商人等身份较低的人乘坐。到东汉时期，牛车逐渐显贵起来。魏晋南北朝时期，牛车更加流行，除文献记载外，这一时期大中型墓葬中普遍发现牛车模型，并且以牛车为中心摆放随葬品[7]。固原彭阳新集北魏墓出土的出行仪仗俑，便是以牛车为中心，随葬有甲骑具装俑、武士俑、风帽俑、文吏俑、女侍俑等出行仪仗。这里就几种重要的仪仗俑做以叙述。

甲骑具装俑　古代军中甲士和战马都披铠甲者称为甲骑具装。南北朝时期，马铠为军队中较为普遍的装备[8]。固原北魏墓中甲骑具装俑被排在最前列，甲片以墨线勾勒，背上有鞍，昂首作站立势。骑兵头戴鱼鳞甲兜鍪。面部涂粉，墨勾八字须，身着带盆领的铠甲，骑于铠马之上，腿部亦有甲片，无马镫，战马身着具装铠，铠甲下沿一周涂朱红色，两颊有护板，双目圆睁，眼眶突起，头戴面饰。北周李贤墓中出土的甲骑具装俑，头戴尖顶兜鍪，中起脊棱，额前有冲角，两侧有护耳。身着铠甲，外披黑色风衣，双手至胸前作持物状，脚踩鞍蹬。战马身披铠甲，甲片以墨线勾勒，武士则端坐前视。

武士俑　十六国时期至北朝墓中随葬的仪仗俑群，常以披铠步兵俑为前导。这类俑头戴兜鍪，身披铠甲，手执长兵器。[9]固原彭阳新集北魏墓出土武士披铠步兵俑，头戴鱼鳞甲兜鍪。面部用墨勾画须眉，眉毛细长，八字须，深目高鼻。显然是丝绸之路中西文化交流的产物。

持盾武士俑　持盾步兵俑，最早出现在北魏晚期。[10]固原北周宇文猛墓出土的持盾武士俑。头戴平顶黑色兜鍪，前有冲角，两侧有护耳。面部用黑色描画出眉、胡须。高鼻、大眼。腹部向右凸起，右手下垂紧握物件，造型与李贤墓风帽俑相近。

风帽俑　固原彭阳新集北魏墓出土的风帽俑，头戴圆形风帽。面部墨勾八字须，尖鼻深目。身着翻领对襟大衣，足蹬圆头靴。与李贤墓风帽俑又不完全一样。北周李贤墓出土的风帽俑，造型丰满。头戴风帽，内穿圆领衫，外披风衣，下着裤，足蹬靴。两手置于胸腹间作持物状。

胡俑　胡俑为立俑，额高，深目高鼻，头发卷曲，头顶盘辫披红巾，脸上多有胡髭，施以粉色。袒胸，内穿宽领衫，外披红色或紫色风衣。双手至胸腹间，作持物状的样子，下着裤。直接反映的是丝绸之路遗韵。此外，还有笼冠俑、文吏俑、武官俑、女官俑等。

横吹俑　横吹俑属于音声仪仗俑类。南北朝时期，北方中原地区在以骑兵为主力的部队中，使用的军乐主要是横吹。横吹是一种源于西域的胡乐，由角和鼓组成，因胡角横吹，所以将这类以角为主的军乐称为横吹。这是当时配属于甲骑具装俑而设置的军乐俑。[11]

考古发现，横吹俑分为骑马横吹俑和步行横吹俑两类。[12]固原彭阳新集北魏墓出土的属步行横吹俑，在北朝墓中较为流行。其中吹角俑，头戴冠，冠顶部突起，边沿上翻。面部涂粉，墨笔勾勒八字须。身着短袄、长裤。双手托一长而弯曲的胡角，鼓腮作吹奏的样子，角上粗下细，中空，两端饰朱红色，两手及角分别制成，套在一起用石灰连接。在制作形式上，身首分制，套接成一体。击鼓俑，头戴冠，面目清秀，身着束腰长袍，足为长袍所遮。

（三）侍仆俑

侍仆俑为古代奴婢的象征物。最早出现的人俑即以模拟墓主人生前奴婢的侍

仆俑陪葬入墓内，以供在幽冥地府为墓主人驱使服役。包括了从事生产劳作、家内服役、掌管车骑、随从侍卫和歌舞乐伎等。[13]固原出土的主要有：

生产劳作俑执箕俑　执箕俑为坐式，头戴黑色笼冠，面施粉色，用黑色画出五官。双手在腹前执一簸箕，通体施红色。

侍女俑　侍女俑属侍仆俑类。新集墓侍女俑，步行立俑。分头戴软帽，顶部有高髻和辫发编成小髻，上盘成一大髻两种，均身着束腰长袍，双手拢于胸前，身首分制。李贤墓侍女俑，为立俑。头戴小冠，面目清秀。身穿交领内衫，外着长裙，腰束彩带，双手拱于胸腹间，作持物状。通体施白色。

伎乐俑　古代奴婢伎乐俑大多成组出土。固原彭阳新集墓出土的一组伎乐俑，包括击鼓俑、持鼓俑，抚瑟俑和吹竽俑。持鼓俑。头戴冠，冠侧沿翻卷，面部无须，脑后部凸起。还有抚瑟俑和吹竽俑，他们构成了一组伎乐俑。此外，还有吹奏女骑俑、骑马吹奏俑。李贤墓出土的骑马吹奏俑，头戴风帽，身着开领或交领宽袖长衣，足蹬黑靴。双手握排箫或持长箫，似在吹奏的造型。

（四）为表现家居生活及物品的俑，包括畜禽俑，庖厨用具等

固原墓葬出土的主要有畜禽俑和庖厨用具。是组合型的陶器。彭阳新集墓出土的有陶狗、陶牛、陶鸡及陶仓、陶碓、陶灶、陶磨等模型，基本上为成对组合。宇文猛墓出土的也有陶马、陶骆驼、陶狗、陶鸡，陶鸡舍及陶灶、陶井、陶磨、陶碓等，李贤墓出土的有陶鸡、陶狗、陶马、陶驮驴、陶骆驼及陶灶、陶碓、陶磨、陶井、陶屋、陶鸡舍等。从实物看，基本为成对组合。多为捏制而成，造型虽简练粗糙，然绘工生动，富有一定的夸张性，能给人以静中求动之感。

以上几处遗址出土的与家居生活相关的各类陶器，再现了当时特殊背景下的生活情景和审美时尚。

三、固原出土的各类陶俑与其他墓葬出土陶器造型的异同

由以上固原新集墓、宇文猛墓、李贤墓随葬陶俑看，随葬和出土的陶俑均为泥质模制烧制而成，按考古学研究分灰陶和红陶，这些陶俑都施以彩绘。灰陶俑大部分火候较高，质地坚硬，少量红陶俑火候偏低，质地松软易碎。俑体为实心，背部扁平。乐俑手执乐器，其他类俑拳中或腹侧设有插孔，原应持有器物。骑马人物俑的马匹部分，为合模制成。[14]

北魏新集墓出土的陶俑组合形式，与西安草场坡十六国墓葬基本相同，风格也较为接近，这说明固原北朝墓葬保留着较多的十六国以来的遗风。[15]其中甲骑具装俑，"代表了东晋十六国时期流行的式样。……特别是马具装的面帘额部的三瓣花饰和护颊的圆形护板，都是具有时代特征的细部结构"[16]。此墓组合除没有镇墓俑外，基本上具备了北朝早期墓葬俑群的一般特征。固原出土的一组鼓吹乐俑，在草场坡墓中也有类似出土，但全是骑马乐俑。而此墓这组胡角众多的乐

俑，当为"横吹"。

额上有前倾的三瓣花饰，耳朵较小，尾扁平下垂，腹部中空。马尾、腿为另制套接而成。固原彭阳新集北魏墓出土的武士披铠步兵俑，头戴鱼鳞甲兜鍪。面部用墨勾画须眉，眉毛细长，八字须，深目高鼻。显然是丝绸之路中西文化交流的产物。身着带盆领的鱼鳞甲，甲片以墨线勾勒出八排甲片，缀系作朱红色。双手环于腰际，双手作执兵器状。拳心有孔，原执物可能为木质。身首分制，然后插合，用细木棍插入领后及颈下的圆孔中固定。

固原新集墓俑群整体统一制作，以墨笔勾描出俑的眉、目、嘴、胡须等，使陶俑的神态显得生动，使同样的形象各具个性，有的稚气十足，有的老成持重，为一般北朝墓陶俑群所不多见。[17]北朝时期墓中流行以牛车为中心的出行仪卫和伎乐俑群，但由于地域的差别，各地又有着不同的艺术风格。新集墓大部分俑具有胡人形象，显然与丝绸之路有关，与当时活动在固原的少数民族有密切关系，是民族融合与中西文化交流的反映。

李贤墓出土的陶俑，多数色彩鲜艳，塑工精细，形态各异。尤其是镇墓武士俑造型动态及细致的面目刻画，绘工技法纯熟，造型质朴粗犷，注重塑与绘两种手法的结合。[18]甲骑具装俑造型浑圆，陶马肥壮，颈短体长，具有蒙古马特征。而骑马武士或马匹则与西安隋罗达墓出土的甲马俑及垂首肃立的战马形象酷似。[19]同时，与大同北魏司马金龙墓中着胡服骑俑相近，身前有护胸、下着战裙，绘彩色马甲的骑士俑有着明显的继承关系。反映出北朝晚期边疆"铠马人甲"骑兵的发展，以及陶俑工艺制作上的延续性。[20]

吹奏骑马俑，多见于中原地区，而北方地区则出土较少。固原李贤墓吹奏骑马俑的出现就具有了一定的意义。它是模拟墓主人生前出行仪仗中的"鼓吹"乐队安排的。鼓吹乐在西汉初年即由西北部游牧民族传入内地，"鼓吹"则是北狄输入的以胡乐为主的军乐，以排箫、茄为主要乐器，即所谓"鸣茄以合箫声"的鼓吹乐。魏晋以来盛行于北方及中原，北周、北齐时亦沿袭葬时用鼓吹乐的传统。李贤墓"鼓吹仪仗俑"的发现，是中原及西北地区官员下葬时骑马鼓吹习俗的实物资料。[21]部分陶俑造型与韩裔、高润、封氏、娄睿墓及河北磁县东魏墓出土的陶俑很相似。其体形、面貌、衣着等少数民族特征突出，也反映出这一时期民族大融合的历史进程。

固原宇文猛墓出土的俑烧成后施以彩绘，再用黑色笔画出眉、目、鼻、口及服饰衣纹等。人物俑面部饱满，体态丰腴，服饰、神情丰富多彩，除色彩与李贤墓出土的俑稍有不同外，形体也普遍稍大。造型、组合等与李贤墓的俑接近，[22]其中执盾武士俑和执箕俑的风格和造型，曾在北周叱罗协、若干云等墓中出现，在本地区同期墓葬中属首次发现。

唐代俑，在雕塑艺术上达到了极高的成就。唐俑的塑造，充分把握住人物不同的身份、地位的特定情感和特征，使造型形神兼备，雕塑家以其丰富的想象力，塑造出威武勇猛的武士俑。史道洛墓出土的镇墓武士俑金装甲胄，装饰华丽，体态雄健。兽面镇墓兽、人面镇墓兽，与北周镇墓兽相比，是截然不同的两种风格，它们体形高大，轮廓曲线富于变化，面目表情狰狞，制作精细，俑的整体造型上承南北朝与隋代的风格，同时也初步显露自己特有的艺术特征。镇墓兽与身披铠甲，神态庄重的镇墓武士俑伴出，呈现出新面貌，表明了镇墓兽经过较大的演变过程，其造型和工艺代表了唐代陶俑的最高水平。至晚唐，丧葬习俗发生了重大变化，这与当时的社会状况密切相关。人们的精神寄托自然转向于乞求生活安宁，原来的丧葬制度、丧葬习俗已不为人们所重视，而更多的是注重墓地的选择、方位，墓室结构、形制，丧葬方式及安放位置等。并与死者后代子孙吉凶祸福甚至生死兴衰联系在一起。[23]

固原出土的各种陶俑造型，具有明显的时代与区域特征，这些俑群再现了当时的服饰、发髻以及审美追求，并从中折射出当时的社会习俗和时代特征，是当时社会生活的缩影。

原载《宁夏大学学报》2008 年第 6 期

注释:

[1] [6] [8] [9] [10] [11] [12] [13] 冯普仁：《俑》，贵州人民出版社，1998。

[2] [17] 宁夏固原博物馆：《彭阳新集北魏墓》，文物，1988，(9)：第26～42页。

[3] [22] 宁夏文物考古所固原工作站：《固原北周宇文猛墓发掘简报》《宁夏考古文集》，银川宁夏人民出版社，1996，第134～147页。

[4] 宁夏回族自治区博物馆、宁夏固原博物馆：《宁夏固原北周李贤夫妇墓发掘简报》文物，1985，(11)：第1～20页。

[5] 原州联合考古队：《唐史道洛墓》，日本勉诚出版社，2000。

[7] 岳起：《显贵的牛车》，文物天地，2003，(9)：第32页。

[14] 姚蔚玲：《宁夏固原北朝墓葬初探》，华夏考古，2002，(4)：第90页。

[15] 杨泓：《略论北周李贤墓的陶俑和铁刀》，宁夏文物，1989，(3)：第12页。

[16] 杨泓：《日本古坟时代甲胄与古代中国甲胄的关系》，考古，1985，(1)：第72～73页。

[18] [20] [21] 王卫明：《北周李贤夫妇墓若干问题初探》，美术研究，1985，(4)：第63页。

[19] 李域铮、关双喜：《隋罗达墓清理简报》，考古与文物，1984，(5)：第28页。

[23] 张文霞、廖永民：《隋唐时期的镇墓神物》，中原文物，2003，(6)：第70页。

开城，是蒙元行宫与安西王府的所在地

黄丽荣

历史上的六盘山，是中原文化、草原游牧文化与西域文化的交汇处，发生在西北地区的不少历史事件都与六盘山地区有关。因此，历代为兵争将夺之地。秦皇汉武，还有雄才大略的唐太宗李世民，都曾登临和睹览过它的雄姿；一代天骄成吉思汗亦在此筑宫避暑，议定灭金取宋方略。此后，宪宗蒙哥、忽必烈均先后驻跸六盘山。特别是忽必烈时期，六盘山已成为当时政治、军事的中枢之一，在客观上已体现出相当显赫的"行宫"地位。而地处六盘山麓的安西王府，又是蒙元统一过程中直接控制四川战局、发挥一定作用的指挥机关。那么，蒙元首脑和安西王府究竟在六盘山的何地，即是本文研究的目的。

一、问题的提出

首先，我们先读《元史》中的几条资料。《元太祖纪》，蒙古太祖（成吉思汗）"二十二年（1227）夏四月，帝次隆德，拔德顺等州，……闰五月，避暑六盘山。"公元1216年，蒙古汗国的军队在攻金政权占领的潼关失利后，成吉思汗曾诏见降将郭宝玉，问攻取中原之策。郭宝玉答曰："中原势大，不可忽也。西南诸蕃，勇悍可用，宜先取之，借以图金，必得志焉。"于是，成吉思汗于1227年在攻取西夏的前夜，率师渡过黄河，由西道攻克临洮，进入金境。六盘山地区不仅是当时金人控制蜀道和陇南的要地，而且是蒙元军队南下用兵的天然屏障。对于蒙古汗国的统治者来说，无论从和林（今蒙古人民共和国鄂尔浑河上游东岸哈尔和林）或者开平（今内蒙古正蓝旗东北闪电河北岸），渡过黄河沿丝绸之路古道过六盘山是一条最为便利的捷径。因此，成吉思汗于夏四月进入六盘山地区西侧的隆德寨（今西吉县兴隆镇火家集村，金曾在此设隆德县）。成吉思汗率军攻克金德顺州后，于闰五月避暑六盘山。

宪宗蒙哥即位后，于公元1252年命忽必烈征大理，也是沿太祖成吉思汗当年的进兵路线。由大理班师北归，于1254年夏五月驻跸六盘山。《世祖本纪》有"岁甲寅（1254），夏五月庚子，驻六盘山"的记载。

公元1258年二月，宪宗蒙哥汗"自将伐宋，由西蜀入"，进兵路线仍由六盘山、宝鸡一线南行。《宪宗本纪》记："八年（1258）二月，帝由东胜渡河。夏四月，驻跸六盘山，诸郡县守令来觐。……是时，军四万，号十万，……秋七月，留辎重于六盘山，率兵由宝鸡攻重贵山。"能够诏见"诸郡县守令"，说明已有相当规模和格局的行宫；由"夏四月"到"秋七月"，宪宗能驻跸三个多月，

也说明了行宫的存在。"留辎重于六盘山",又留两万兵驻守。也可看出,当时六盘山不仅已辟有行宫,而且已成为蒙元攻取南宋及四川的后方军事大本营。

由于成吉思汗奠定了六盘山的基础工程和历史地位,又经过忽必烈的苦心经营,六盘山行宫的建设格局和规模进一步扩大,加之军事地理位置的重要,于是在"至元九年(1272)冬十月丙戌朔,封皇子忙哥剌为安西王,赐京兆为分地,驻兵六盘山""分治秦、蜀"(《元世祖本纪四》)。

根据上述记载,蒙古汗国和元初有三位皇帝曾在六盘山或避暑、或驻跸。元代立国初期的至元九年,忽必烈将三子忙哥剌封为安西王,又"驻兵六盘山"。可见,六盘山是一个军事地理位置十分重要的地方,否则,三位蒙元首脑不会先后驻在六盘山,忽必烈也不会让忙哥剌驻在六盘山,并建造皇家宫殿,专门设置安西王府。但以上所说的六盘山毕竟是一个泛指区,是一个十分广袤的地区。本文意在把他们避暑和驻跸的地方具体确定到六盘山的一个点或较小范围。搞清楚这个问题,无疑在史学研究中是一个比较重要的课题,一则可以澄清史书中的笼统地域,二则可以明确当时固原的统治中心所在地。

二、凉殿峡与开城

明嘉靖《平凉府志》记:"隆德县南六十里,峡曰凉殿,元太帝避暑处。"清康熙《隆德县志》载:"县南七十里,峡曰凉殿,元太帝避暑处。"民国《化平县志》曰:"凉殿峡在县南四十里,峡内山名曰来王壕,上有古庙、基石、门墩、石条、石柱,均残缺不全。相传元太帝在此避暑。"以上三部志书都明确地将六盘山这一笼统的地域概念确定到凉殿峡。但不难看出,《隆德县志》之说来源于《平凉府志》,而《化平县志》的记载比较客观。

凉殿峡在六盘山腹地,这里山高谷深,且又峡长而窄,林木茂盛,百泉汇流,山翠水碧,气候凉爽,风景宜人,是理想的避暑胜地。成吉思汗从宋之隆德寨(火家集),等待蒙古兵攻打德顺州(今隆德县城)20昼夜,城破。于是,成吉思汗在闰五月自隆德寨到德顺州城,然后到凉殿峡避暑,是有可能的。但是,成吉思汗的卫戍部队和家眷少说在数千人,还有运粮和运送物资的辎重车。这么多的部队、家眷、辎重车、马匹,无论如何在凉殿峡(含凉殿峡周围山谷)是驻扎不下的。况且直至今天这里交通不便,辎重车是无法到达这里的,部队和家眷的吃饭就成问题。指挥机关设在这里也不方便。所以,成吉思汗必定还是要选择交通便利、地势平坦的地方指挥作战,也要便于大部队的快速运动,才能符合当时的实际情况。成吉思汗的避暑绝不是闲暇无事时的避暑,而是要召开军事会议、部署作战。事实上,消灭西夏、攻金伐宋的方略就是在这段时间确定的,又召见了金国使者和西夏国主受降,按此规格必须要有一定规模的行宫营帐,以显示蒙古汗国的威严,而不会在荒山野岭的临时营帐里接见受降国的使者,不然太寒酸了。按前所述，成吉思汗在凉殿峡避暑一段时间后，便移驻到视野开阔、指挥军队方便的地方，这就是开城（从明代《固原州志》和其他史籍中，已将"开成"写为"开城"）。

元《开城志》已佚，安西王府、开成路、开成州、开成县的资料也就鲜为人知。但从零碎资料也可窥见一斑。《元史·诸王表》："安西王：至元十年诏安西王益封秦王，别赐金印，其府在长安者为安西，在六盘者为开成，皆听为官邸。"从此，忙哥剌"冬居长安，夏住开成，岁以为常"。开成，成为安西王的行宫后，国家即于当年设开成府路，是仅次于行省的一级行政建置，但不等同于今天的地区。从"在六盘者为开成"就可看出，《元史》中所说的"六盘山"，即指开成。《元史·地理三》又记："至元十年，皇子安西王分治秦、蜀，遂立开成府，仍视上都，号为上路。至治三年，降为州。"《元史·世祖七》记："至元十五年十二月戊申，开成路置屯田总管府，广安县隶之。"《明太祖高皇实录》："洪武二年四月乙酉，大将军徐达师至靖宁州，……明日，师渡六盘山至开城。……遂令平章俞通源立栅守开城。……庚寅，大将军徐达以所获元豫王人口及头目林童等车二百辆送开城州。……九月壬辰，大将军徐达师至平凉。……命断事严某知开城州，而以前州判马思忠同治州事。"明《嘉靖固原州志》卷之一又明确记载："开远堡，宋时置。元升为县，隶开成路。"又记："养鱼池，在旧开成西三里。元安西王养鱼处。又名莲花池。"从以上史料可知，元安西王府、开成路、开成州、开成县即今固原市原州区开城镇开城村，古城遗址尚存，被固原县人民政府于1992年确定为县级文物保护单位。2001年又被国务院公布为全国第五批重点文物保护单位。

近年，固原文物管理和考古部门在开城进行了查看和初步试掘，发现大量元代遗物。典型的如朱砂楷书的铭文砖，其中一块记有"大元延祐六年……九月壬午甲申……开成路开成州……"等墓志铭文。还发集到一个铜质元代铜权（俗名秤砣），上有铭文，正面书"开成路"，背面书"官造至元二十三年"。还有绿釉陶瓶、陶罐、黄釉瓷碗、瓷罐、瓷器盖、黄釉琉璃塔刹、琉璃龙纹三足鼎、琉璃四足香炉、金饰件等器形。琉璃建筑饰件以釉色分为黄、绿、白三种，以器形分有瓦当、滴水、大型板瓦和筒瓦等。器形种类中以绿釉、黄釉琉璃瓦为数较多。采集到完整的白釉板瓦、子母扣筒瓦长度为50厘米，也有不少直径为15厘米左右的绿釉、黄釉龙纹圆瓦当及三角形龙纹和花叶纹滴水瓦。还有石雕龙础石、石雕龙首。农民在平田整地时挖出铁质脚镣，证实了《元史·商挺传》有关"六盘狱"之记载。是说安西王忙哥剌病薨后，王相商挺遭人陷害，被囚禁六盘监狱，后获释平反。

根据实物和史志记载，开城是一处具有相当规模的元代建筑遗址。《读史方舆纪要》载《开成志》言开城地势："左控五原，右带兰会，黄流绕北，崆峒阻南，称为形胜。"这里背靠六盘山，群山环抱，形成天然屏障，前临河谷川道，地势开阔，且又土地肥沃，林木茂密，水草丰盈，气候凉爽湿润，也是一处避暑胜地。交通十分便利，是古丝绸之路东段北道的必经之地，向北可直达银川，向西又有通往兰州和河西走廊的车行大道，走东南路可抵西安，可谓四通八达，地势平坦，既能藏兵，又能运兵。所以，从兵要地理的角度来看，这里是理想之地。成吉思汗攻克德顺州后挥兵到凉殿峡，再到开城，在开城的行宫里决定了作战部署，指挥灭夏，计划亡金，窥视攻宋，也召见了金国使者来此求和及西夏受降。有一点可以肯定，由于时间的关系，当时的行宫是蒙古包，而不会是宫殿。至今，开城附近还有些地名仍称斡儿朵。

三、安西王府为什么要设置在开城

自成吉思汗1227年在六盘山即开城避暑，过了27年之后的1254年（宪宗四年），忽必烈在南征云南途中，又"驻六盘山"。忽必烈来到六盘山驻跸，其原因在于：第一，开城的地理位置处在"六盘扼秦陇之吭，俯瞰全蜀"的中枢，对"镇西土"有极为重要的战略意义。第二，开城周围河流沼泽众多，水足草肥，为历代牧马的天然草场，可供军队放牧。第三，开城是蒙元大汗用作避暑的地方，已建有行宫，忽必烈时可能已具规模，其称汗之前，曾先后三次在此居住。当时的固原城经过千余年的城市建设，又是丝绸之路上的边关重镇，固原城的建设也比较繁华，而忽必烈为什么不住固原城，而要住在开城呢？这就是第四个原因。开城实际上已是蒙古汗国进攻云南、四川等南方地域的一个后方军事大本营，经常有蒙古汗国补充来的兵士和物资、食物需要在这里中转。同时，由于气候的原因，蒙古包的御寒是不及房屋的，这里不但有士兵住的普通房屋，还有王公贵族等高级人员住的华丽房屋，还建造起了供大汗居住的宫殿。因此，1258年四月，宪宗蒙哥汗驻跸开城，"诸郡县守令来觐"，如果没有像样的宫殿或行宫，就不会接见郡守县令。由此可以肯定，当时的开城经过三十多年的建设，已是一座比较像样的小城市。所以宪宗在住了三个多月后，于七月留亲眷、辎重于开城，领兵由宝鸡进攻南宋之重贵山。宪宗还于次年一月遣浑都海（又作浑塔哈）领兵两万驻守开城。这一系列都说明开城的建设上了等级。第五，可能与成吉思汗的死亡与葬地有关。宁夏考古研究所许成、余军在《六盘山成吉思汗卒地与安西王府》中根据成吉思汗当时发病到病薨，认定成吉思汗死在开城。我认为这个结论是准确的，我经过多年研究也是这个结果。好多史学家也认为成吉思汗病薨于六盘山。明代陈邦瞻的《宋史纪事本末》云："蒙古主铁木真殂于六盘山。"元末明初陈桱的《通鉴续编》、明成化年间商辂的《续通鉴纲目》、清朝前期法国教士宋君荣的《成吉思汗传》都说蒙古主铁木真"卒于六盘山"。此外，日本北村三郎的《成吉思汗》、那珂通世的《成吉思汗实录》等也说成吉思汗"殂于六盘。"清《宣统固原州志》明确记载："蒙古主铁木真殂于六盘"。当代著名史学家翦伯赞在研究历史资料后，在其主编的《中国史纲要》中肯定地说："成吉思汗在这年死于六盘山。"《辞海》也称"在六盘山病死"。最有说服力的是至今健在的成吉思汗的第三十四代嫡孙、中国最后一位蒙古王爷奇忠义先生说："成吉思汗死于宁夏回族自治区的六盘山。"电视剧《成吉思汗》说成吉思汗死于清水县，显然与史实不符。《元史》说："清水不豫，车驾北辕。"也就是说，成吉思汗在清水县身患疾病，在归漠北途经六盘山行宫时病逝的。依史籍载，壬午得病，己丑病死。从得病到死只有八天时间。当时成吉思汗在清水县（今甘肃省天水市东部，邻接陕西省），得病后就车驾北辕。按时间计算，七八天也正好到达六盘山。因此，成吉思汗死于六盘山是可以肯定的。

由此可见，成吉思汗病薨于开城是可以肯定的。正因为有这个原因，宪宗蒙哥汗、忽必烈在进军四川、云南途中，到开城驻跸，安西王府也设在开城。

元代开城安西王府的建筑规模及文化内涵

周佩妮

元代开城安西王府遗址位于宁夏南部固原城南 20 公里处六盘山北段东麓的开城镇，是元世祖忽必烈之子安西王忙哥剌设在六盘山地区的王相府，也是蒙元时期西北军事、政治中心。自"成吉思汗晚年征西夏，尝置老营，即山避暑"开始，经历蒙哥汗和忽必烈汗的征战、驻守，于至元九年（1272），即建元后的第二年，"乃是忙哥剌以忽必烈汗爱子开藩于此"，这里即成为安西王忙哥剌在六盘山的府邸。"其府在长安者曰安西，在六盘者为开城，皆听为宫邸""两府并立，冬夏分驻，冬居京兆，夏徙六盘，岁以为常"，成为"西土重镇焉"，[1]地位曾与元上都相当，非常重要。到忙哥剌子阿难答袭封安西王后，开城王府的执掌权利得到了削弱。大德十年（1306）八月，开城路地震，压死故秦王妃也里完等 5000 余人，给王相府带来了灭顶之灾。大德十一年（1307），阿难答参与皇权之争，欲为帝，事败后伏诛。开城安西王府大势已去，基本上废弃。

一、考古勘探显现出王府的建筑规模

在考古勘探工作没有开始之前，开城安西王府由于地上建筑物破坏殆尽，只裸露有残垣断壁，加之缺乏史料记载，其建筑规模只能依据 20 世纪 50 年代"京兆"（西安）安西王府的勘查和相关记载进行比定。因为"京兆"安西王府修成之后，意大利著名旅行家马可·波罗游览观光时记载："（京兆府）城外有王宫，

即上述大汗子国王忙哥刺之居也。宫甚壮丽，在一大平原中，周围有川湖泉水不少，高大墙垣环之，周围约五里。墙内即此王宫所在，其壮丽之甚，布置之佳，罕有与比。宫内美丽殿室不少，皆以金绘饰。"1957 年春，中国科学院考古所对安西王府的城址和殿基进行勘测，城垣基本上是长方形，占地 30 多万平方米，城基保存完好。[2] 比较而言，开城安西王府的建筑规模应与"京兆"安西王府不相上下，格局宏伟，建筑华丽。建在其中的延厘寺，"土木之工，雕楹绘埔，朱侍绮疏，匹帝之宫"，更何况偌大的王府呢。

对开城安西王府建筑规模的认识，得益于近年来考古勘探工作的顺利开展。2003 年以来，宁夏文物考古研究所对王府遗址进行了考古钻探和测绘，探明整个遗址范围南北长约 3500 米、东西宽约 500～1000 米，按现在地名自南而北主要分黑刺沟、北家山、开城村、长虫梁和瓦碴梁。另在附近银平公路东侧的梁峁上有平民墓葬区。其中对北家山和长虫梁两个地点进行重要考古钻探和测绘，钻探面积 17 万平方米。[3] 经勘探确定，北家山遗址区设有安西王府的御苑。长虫梁地点发现了王府宫城高等级大型中央宫殿夯土台基和宫城的独特角台形制，安西王府的宫城方位及规制基本确定。宫城平面呈"凸"字形，由主城和瓮城构成，坐北朝南。城垣周长约 1600 米，面积约 16 万平方米。主城东墙长约 475 米（含角台与门址），南墙长约 328 米（含角台与门址），西墙长约 454 米（含角台与门址），北墙长约 341 米（含角台），墙基宽约 9～16 米不等，残高 1～9 米不等。东、西和南三面辟门。东门位于东墙南部，门道南、北部外侧有凸出墙体的门阙，在门道处发现有青石板、砖瓦块和白灰墙皮。西门位于西墙中部偏北处，门道内发现砖块、琉璃瓦片及混杂白灰墙皮、赭红颜料碎块等堆积物。西、东门向外均发现有宽 24～32 米、残长约 100 米的土路面。南门位于南墙中部，门道内有踩踏活动面，上有砖石块。瓮城平面长方形，其形制相对主城较小，处于主城南墙中部外、围护主城南门，由东、西和南面墙垣构成，在南面墙的中部正对主城南门位置开瓮城南门，其门道东西宽约 13 米。现存地表上的城池遗迹，主城南墙西段遗迹不明显，北、西墙留有残余。东、南墙东段在地表突起，高于现地表或呈垄坎状，且东墙的中、北段外侧暴露有明显的夯土层。城址的西南角台已夷为平地，西北角台尚有遗迹，东北、东南角台现呈土墩或馒头状。瓮城仅东墙突显于地表。

在主城内探测出主要建筑物的夯土基址 5 处。其中规模最大的中央夯土基址处在城内南北中轴线上，南北长约 124 米、东西宽 49～54 米、中部最窄处 21 米，规模蔚然宏大，残存顶部现仍高出现地表面 0.6～2.7 米、高于当时活动面 3～3.7 米。基址周围田埂地头散见有青灰色砖块，大量黄、绿、白釉板瓦和筒瓦残片，黄、绿釉龙纹瓦当，滴水残块及刻饰有花纹的青石块等，同时也钻探出白灰墙皮和赭红颜料块等。其余 4 处夯土基址大体沿城内南北中轴线对称分布于中央基址的东、西两边。各夯土基址平面形制不同：中央夯土基址为"工"字形，余则为"亚"字形，"土"字形和长方形。夯土基址集中在城内北部，城内南部没有发现建筑基址，为空旷区域。

考古勘探主城内夯土基址的布局初步表明，开城安西王府的建筑规模格局符合元代宫殿的建筑形式，即讲究对称和装饰。中央建筑物处在南北中轴线上，其他重要建筑物沿中轴线对称分布于中央建筑物的两侧。从建筑物基址发现色彩绚丽的琉璃饰件与石刻品，既反映了当时建筑的辉煌壮观，也表明了当时建筑的等级规格、皇家气派。在城内留有大面积的空旷地带，符合蒙古人的习俗要求，体现了少数民族的建筑风格。城四角的独特角台形制及宫城附置长方形小瓮城，与元大都、上都城门外筑瓮城的做法相似，为元代城池规制研究提供了重要的依据。

二、军事与镇戍活动，留下了难得的名人文化资源

六盘山区在蒙元时期是一个特殊的地区，凝聚了蒙元政权创建初期成吉思汗、蒙哥、忽必烈三位最高统治者的心血，这不仅表现在蒙元政权统一进程中伐金攻宋的军事大本营作用，而且也是蒙元早期镇戍川蜀与西北的政治、军事中心，安西王开城府的设立是这一历史时期的特殊产物。六盘山的特殊地位是由成吉思汗奠定的，公元 1227 年初，一代天骄成吉思汗亲率大军南渡黄河伐金，先后攻陷积石、临洮府、洮、河、西宁等州。四月，攻占德顺州（今隆德县），"闰五月，避暑六盘山"[4]，建立行宫，拉开了蒙元政权经营六盘山区的序幕，且成吉思汗在行宫内谋划联宋攻金之策，制定灭金攻宋的战略战术，同时召见了金国前来求和的使者，接受了西夏王朝的投降。[5] 七月，成吉思汗病亡于六盘山避暑行宫，[6] 他的病亡，更加增添了六盘山区的神秘色彩，拉近了六盘山区与蒙元政权的关系。成吉思汗亡故后，他的子孙凭借六盘扼要，展开了大规模的军事行动，六盘山区成为他们攻灭金政权、进军川蜀、军队休整、指挥调度等重大决策的后方基地。蒙哥汗和忽必烈时，在这里展开了强大的以军事进攻为主的用兵活动。定宗贵由时，"诸军东返，命蒙哥屯六盘山，控制秦陇，为伐蜀之计"[7]。1253 年，忽必烈奉皇兄蒙哥汗之命带兵远征云南，行至六盘山屯驻避暑，第二年，他班师回归，"夏五月庚子，驻六盘山"[8]。之后，他留在云南征服大理残部的大将乌兰哈达率兵自云南返回时也屯军六盘。

公元 1258 年，蒙哥汗亲率蒙古西路大军进攻四川，"由东胜渡河，夏四月，驻跸六盘山，诸郡县守令来觐，秋七月，留出卑可敦及辎重于六盘山，率兵由宝鸡攻重贵山"[9]，在留下出卑可敦的同时，让浑都海率 2 万精骑驻守六盘。不久，

出卑可敦病死于六盘。[10]1259年，蒙哥汗在进攻四川的途中突死，蒙古西路大军由麾下大将哈剌不花率领撤回六盘山营地，同留守的浑都海部会合，至此，六盘山区集结了蒙古西路大军的主力和精锐。与此同时，他们开展了一系列政治活动，奠定了六盘山区在蒙元统一过程中的中枢地位。蒙哥汗在驻屯的几个月间，召见郡县守领，颁发政令，练兵习武，严肃军纪，致使军队秋毫无犯。制定出了由他本人、诸王木哥、万户索里义分率三路军队进攻川蜀的军事方略。忽必烈驻扎期间，因他已经"受京兆封地"，六盘山区成为其经营的地区之一。在这里，他迎请藏传佛教高僧一呈，接见了后来被尊为国师的八思巴，接受了贺仁杰之父贺贲所献之金，召见了著名的数学家和天文学家王恂，命王恂为太子伴读，还召见了史天泽共商国是，并完成了进兵云南的军事路线、战略进攻等重大事宜的安排。更何况这里发生了因忽必烈与阿里不哥汗位争夺而起的战争，双方均以六盘山为争取目标，最终以忽必烈的胜利告终。至此，六盘山区"行宫"的政治、军事中枢地位已经奠定。忽必烈在建立元朝政权之初，封爱子忙哥剌为安西王出镇京兆，并在六盘山区的开城设立王府，顺理成章，是其重要地位的最终体现。

蒙元时期，六盘山区经过成吉思汗、蒙哥汗和忽必烈三代最高统治者的经营，使其逐步走向辉煌，开城安西王府的设立，盛极一时。透过今天裸露的残垣断壁，可以追寻往日繁盛的踪迹。其中蕴含着丰富的名人文化资源，一代天骄，成吉思汗，名震寰宇，殒命六盘山；蒙哥汗率军驻跸，出卑可敦病亡六盘山；元政权的创建者忽必烈经营六盘山，为爱子设立开城王府。这些丰富的人文资源，是宝贵的文化财富，合理开发、利用，可以再现六盘山北连蒙古草原，南通川蜀的中枢地位，使昔日以军事进攻为目的的用兵线路变为今天的文化之旅，为六盘山区的经济、社会全面发展增添文化底蕴。

三、宗教信仰的推广，呈现出了浓厚的宗教文化色彩

元代的安西王历经三代，即忙哥剌（1272—1278）、忙哥剌之长子阿难答（1287—1307）、阿难答之子月鲁帖木儿（1323）。阿难答主政时，以开城安西王府为基地，身体力行，极力推广宗教信仰，尤其是伊斯兰教得到了迅速传播，使安西王府与宗教的关系进一步密切，其中蕴含了大量的宗教文化信息，呈现出了浓厚的宗教文化色彩。

元初，以开城王府为主的六盘山区驻扎有大量的蒙古军队，其中包括"随地入社，与编民等"的探马赤军。蒙元早期探马赤军的组成主要为蒙古人和汉人，自中统年间探马赤军成为独立的一个军种后，其组成成分十分复杂，大多是在蒙古汗国时期被征服的中亚各民族，即主要为色目人。据陶宗仪的记载，有30多个民族被称为色目人，[11]如回回、畏兀儿、钦察、康里、阿速、哈剌鲁、唐兀等。这些被征服的民族宗教信仰比较庞杂，有佛教信仰者，有伊斯兰教信仰者，也有也里克温教（元人对基督教、天主教、景教徒的泛称）信仰者。因据《多桑蒙古史》记载，"今在此种东方地域之中，已有回教人民不少之移植……其自西方赴其地经商求财，留居其地，建筑馆舍，而在偶像祠宇之侧设置礼拜堂与修道院者，为数甚多焉。"[12]而忽必烈的爱子忙哥刺早年信奉佛教，其名忙哥刺一语就取梵文"幸福"之义，其子阿难答亦系梵语"喜庆"之义。[13]但忙哥刺被封为安西王主政陕甘宁后，"是否仍信佛教，或已改信回教，虽史籍没有明白记载，但是他的亲信中一定有回教徒"，西安安西王府中出土的5块铸有古代阿拉伯数字的方形铁块，是用阿拉伯数字组成的幻方，就是他周围存在伊斯兰教势力的实物证据。[14]到阿难答为安西王时，他致力于伊斯兰教的传播，使伊斯兰教在西北地区得到了迅速发展，这与他本人的成长环境密不可分。因为阿难答出生后即被托付给伊斯兰教徒篾黑帖儿·哈散·阿黑塔赤抚养，由其妻祖来哈奶大。"因此木速蛮的信仰在他的心中已经巩固起来，不可动摇，他背诵过《古兰经》，并且用大食文书写得很好。他经常把时间消磨于履行戒律和祈祷上"[15]。"经常在教堂中，从事于祈祷和念诵《古兰经》，他给大多数蒙古儿童施行了割礼，并且使大部分蒙古军队皈依了伊斯兰教"，他所率士卒有15万之众，闻从而信教者居其大半。《史集》记载14世纪初甘宁地区伊斯兰教的情况时说"在该国有二十四座大城，该处居民大多数为木速蛮"[16]，木速蛮是元代对伊斯兰教徒的通称。可见他不仅是一位虔诚的伊斯兰教徒，而且也是伊斯兰教的倡导与传播者。他的虔诚在《史集》中有所记载，当成宗铁木耳得知他为蒙古儿童行割礼，让大部分蒙古军队皈依了伊斯兰教后，"甚为生气，并派遣了鹰夫长只儿哈朗和赤儿塔合兄弟俩，要他们去阻止他履行祈祷和戒律，不让木速蛮去见他，并促使他向寺庙中的偶像磕头烧香。阿难答拒绝了，没有听从……合汗由此动了怒，便下令把他囚禁起来。"还是成宗的母后阔阔真劝说："不宜强迫他，让他自己选择自己的信仰和宗教吧。"[17]才得以释放归镇领地。他面对皇权的威慑，宁可身陷囹圄，也不屈从，应该说他的伊斯兰教信仰是坚定的。同时，在他的辖区之内，对其他宗教并不排斥，采取兼容并包的政策。他为了"用资两圣（指忽必烈及顺圣皇后）冥福，以永帝之亿万惟年"，[18]请求成宗允许于1304年（大德八年）在开城王府建成佛寺一座，并下教令给曾担任秦王府文学的姚燧，为该寺起名，撰写碑铭。姚燧名该寺为"延厘"，撰有《延厘寺碑》。他还派遣使臣招揽高丽高僧，有名叫海圆的高丽僧人"应其命入觐，仍从安西王于朔方"[19]，且二人关系十分密切。他也曾命令保护道观财产，令安西王府修真观、华阳谷东岳庙等，由提点牟志通、提领章道奇、提举晷知坚和赵道从为首的道士主持。[20]可见，蒙元时期，出自开城安西王府的宗教信仰政策是宽松的，民众拥有选择宗教信仰的自由。开城安西王府因此与宗教有着千丝万缕的联系，蕴含着深刻的宗教文化，

一方面表现在安西王府的统治者对宗教的推崇，使宗教文化得以传播；另一方面表现在王府管领下的民众对宗教信仰的选择，使宗教文化得以推广，并呈现多样化。

四、考古勘探与发现，显示出了丰富的考古学文化

近年来，随着考古勘探工作的持续深入，开城墓地的发掘，文物的不断出土，开城安西王府显示出了丰富的考古学文化内涵。早在 1963 年，在开城遗址中出土一块残损石碑，碑文不全。[21]首记"元统乙亥蕤宾望日"，即元顺帝元统三年（1335），从碑文内容可知，是为修葺祠庙而立，落款人之一，"永德郎开城州知州兼管本州诸军奥鲁劝农事朵儿只"。碑文内容同时涉及元代开城职官设置和官职机构等，是研究元代开城政区建置及官职、兵制等问题的珍贵实物资料。从 20 世纪 80 年代开始，开城王府遗址中不断发现元代的建筑材料，主要有黄色、白色、绿色的琉璃瓦和饰龙纹的滴水等，也有珍贵文物的出土，如元朝铜权，呈六面塔形，上端为环纽，束腰，下呈梯形，底座为六角形须弥座式，正面阴刻两行"至元二十三年官造"，背面中间阴刻"开城路"。还有长颈银瓶，高16.1 厘米、口径 5.1 厘米、底径 5.5 厘米，盘口，长颈、溜肩、鼓腹，肩部饰有一周以花瓣纹为主的宽带纹样，镂空圈足，底部阴刻"王都统宅造"字样，口部及圈足有明显的焊痕。再有铁质三足盆，腹面铸有"长安范造"四字。另有重达 50 克的金手镯、琉璃四足香炉、金帽顶、三彩鹰首饰等几十件重要文物。出土的两方买地券，具有重要的史料价值，一方记载"维大元至大三年（1310）岁次庚戌正月二十五日吉辰"，居住在开成县南街的墓主人沈妙清去世；另一方记载"唯大元延祐六年（1319）岁在己未九月壬午朔初三日甲申"，居住开城路开城县中街的墓主人陈子玉逝世。

1988 年和 1992 年，宁夏回族自治区文物管理委员会和中国社会科学院的专家两次调查了罗家山、妥家山、张家涧、鱼池村、北家山、黑刺沟、开城等处遗址，其中堆积着大量的元代建筑材料。[22]主要有琉璃砖、各种琉璃瓦、琉璃瓦当、琉璃滴水、琉璃脊饰、黄色琉璃塔刹、墙面装饰材料等，装饰图案有龙纹、卷云纹、忍冬纹、草叶纹、云雷纹、火焰纹等，有龙首、龙角、龙珠、鹰首等脊饰，颜色以黄、白、绿、棕红等为主。有长 40.5 厘米的完整琉璃滴水，主体呈板瓦状，前端接有三角形云龙纹瓦当，瓦当边缘呈连弧状，通体施白色釉，釉层较薄，正面当头施绿色釉带。也有长 38 厘米的完整筒状琉璃瓦。同时出土诸多生活用品，主要有酱色釉瓷罐、白色和黑色釉瓷碗、黑色釉瓷盆、绿釉陶瓶、龙纹梅瓶、帽顶、黄褐色釉双耳小瓷罐、红釉瓷盆、小口瓷瓶、小口瓷坛、瓷器盖、坩埚等，依据出土的器物和大量建筑材料标本，确定这里为蒙元初期设立的六盘山避暑行宫和元代安西王开城府邸的大型宫殿建筑遗址，并表明当时的建筑

等级很高，非一般王府建筑。

2001 年，宁夏文物考古研究所发掘了开城墓地，[23]该墓地处在开城村南北走向、长约 3 公里的山梁上，分布着几百座墓葬，这次抢救性地发掘了 73 座墓葬。通过对出土人骨的鉴定，表明这里是蒙元时期开成地区汉族和蒙古族平民的丛葬地。从出土的器物分析，如铁铧、铁镢等器物和买地券上宋思义、陈子玉等汉人姓名等，说明墓葬当中有主要从事农耕的汉人。而另一些器物，如头饰、发簪等饰物，又与内蒙古发现的元代蒙古人墓葬中的同类器物完全相同。因此，当时开城应该是汉族与蒙古族的杂居之地。

2003 年以来，宁夏文物考古研究所对王府遗址进行了考古钻探和测绘，探明整个遗址范围南北长约 3500 米、东西宽约 500～1000 米。其中对北家山和长虫梁两个地点进行重要考古钻探和测绘，钻探面积 17 万平方米。经勘探确定，北家山遗址区设有安西王府的御苑。长虫梁地点发现了王府宫城高等级大型中央宫殿夯土台基和宫城的独特角台形制，安西王府的宫城方位及规制基本确定。随着考古工作的进一步展开，开城安西王府的考古学文化内涵逐步显现，王府的神秘面纱将被慢慢揭开。

原载《宁夏师范学院学报》2008 年第 2 期

注释：

[1]《蒙兀儿史记·安西王忙哥剌》。

[2][14] 夏鼐：《元安西王府址和阿拉伯数码幻方》《考古》1960 年 5 月。

[3] 余　军 陈晓桦：《宁夏固原元代"六盘"安西王府遗址考古取得进展》《中国文物报》2007 - 01 - 11。

[4][5]《元史·太祖记》。

[6] 许成、余军：《六盘山成吉思汗行宫与安西王府》《宁夏大学学报》1993 年第 3 期。

[7]《新元史·宪宗记》。

[8]《元史·世祖记》。

[9]《元史·宪宗记》。

[10]《元史·后妃表》。

[11] 陶宗仪：《南村辍耕录》卷一《氏族》。

[12] 冯承钧译：《多桑蒙古史》第一卷"绪言"，上海书店出版社，2001：第 9～10 页。

[13] 温玉成：《元安西王与宗教》《考古与文物》1984 年第 4 期。

[15][16] 拉施特主编，余大钧、周建奇译《史集》第二卷，商务印书馆，1985：第 379 页。

[17] 拉施特主编，余大钧、周建奇译：《史集》第二卷，商务印书馆，1985：第 381 页。

[18] 姚燧：《牧庵集》卷十《延厘寺碑》。

[19] 李毂：《东文选》卷一一八《大崇恩福元寺高丽第一代师圆公碑》，民族文化促进会，1977 年：第 600 页。

[20] 照那图斯、道布、刘兆鹤：《阿难答秦王八思巴字蒙古语马年令旨》《民族语文》1998 年第 3 期。

[21] 这块元代残碑现陈列于固原博物馆石刻馆内。

[22] 宁夏固原县文物管理所：《宁夏固原开城元代安西王府建筑遗址调查简报》《中国历史博物馆馆刊》2000 年第 1 期。

[23] 宁夏文物考古研究所：《固原开城墓地》，科学出版社，2006。

丝 绸 之 路

唐荣尧

一、狮子之路，2000 年不断的旅影

狮子这种在中国被神化的动物，其实并不出自中国。张骞通西域后，流入中国的西域特产猛增，其中包括狮子。《汉书·西域传》说："巨象、狮子、猛犬、大雀之群食于外囿。殊方异物，四面而至。"公元 87 年，安息（今伊朗）国王阿萨息斯一世派商队沿丝绸之路把狮子作为礼物送给汉章帝并传入中国。

在魏晋之前，文献中没有发现更多关于狮子的记载，因而，在魏晋时期发现的关于狮子的记载就显得更具文献价值，这个记载就在宁夏。

魏晋时期，在今天宁夏南部的固原市有北魏政权在宁夏境内设立的两大军事重镇（另一个为北部的薄骨律镇）。魏晋末年，鲜卑人万俟丑奴带领关陇一带的农民起义，528 年 7 月，万俟丑奴在高平自称天子，成为南部宁夏在 6 世纪中期的地方政权的统领者。而高平一直是汉朝以来西域和中原王朝通过丝绸之路进行联系的重要地界，盛产狮子的波斯国为北魏政权的国都洛阳进献的狮子等物产，正是沿着丝绸之路途经高平进入中原的。万俟丑奴政权的建立，切断了西域和北魏政权之间的联系，双方进行交流的物质、物产也往往被万俟丑奴政权掠取。当万俟丑奴看到波斯国进献的狮子时，万俟丑奴认为这种以前从没见过的怪兽是一种深爱，如果放在自己的"国家"饲养，会给自己带来好的运气，便下令将波斯狮子据为己有，并将这个神兽和自己的政权联系在了一起，将狮子称为"神兽"。两年后，北魏军队收复了高平，彻底摧毁了万俟丑奴政权，万俟丑奴被俘后押往洛阳，而那头被当作神兽的狮子也被北魏军队送往洛阳。

这头狮子被送到洛阳后，北魏孝庄皇后第一次看到世界上还有这么奇怪的动

物，也认为是神兽。在她的心里，虎是最凶猛的动物了，她想看看虎见到这头神兽时是怎样的神情，便下令捕捉两只虎、一只豹子，放进皇家禁苑内和这头狮子同处，并带皇帝及大臣去观看，结果是虎和豹子见了这头狮子后，都闭上了眼睛，不敢抬头看狮子。当时的另一处叫华林园的皇家园林里养了一头熊瞎子，性情很温顺，孝庄皇后便让人将那头熊牵来和狮子相会，结果是熊瞎子还没到狮子前，远远地闻到了狮子的气味，就惊恐地跳了起来，脚步不稳地拽着锁链逃跑，引得孝庄皇后当场就大笑了起来。

虎在中国的帝王和百姓心中一直有很高的地位，具有威猛的外表和无言威力的狮子，在这场虎、豹、熊、狮斗中，表现出了自己的威力和威严，被称为"兽中之王"，从此动摇了我国民间虎的威信，渐被人们奉为辟邪瑞兽。整个封建社会中，它一直矗立在各级衙门的门口。直到今天，也同样矗立在许多单位，尤其是银行等金融机构的门前。随着狮子的传入，它逐渐也成为中国艺术史中的一个艺术题材。

看完这场虎、豹、熊、狮斗后不久，孝庄皇后就被大臣高欢杀害。广陵王即位后，宣布自己为魏简文帝，他登基后不久就说，把禽兽关押起来是违背它们天性的做法，该将它们放归山林中。于是，魏简文帝下令将狮子送回波斯，护送狮子的兵士在前往波斯的途中，因为考虑到路途遥远，便在途中杀死了狮子，自己返回了。这头狮子在丝绸之路上的遭遇，仅仅是从波斯传入中国的许多狮子中的一个。在古代波斯人的眼里，连接东西方的丝绸之路，也是一条狮子之路，在这条路上不但有东西方各自生产的各种物产、物品，更有连接波斯和中原地区之间友好关系的动物——狮子。到北宋时期，宁夏海原一带被西夏政权占领，丝绸之路被切断。从汉朝至此一千多年的时间里，这条古道成了东西方文化交流的纽带，而宁夏就处在这条纽带上，不仅有狮子这样的动物故事，就连出自宁夏的"国宝"也是通过这条路传出宁夏的。

二、博物馆里的国宝，为什么是波斯的工艺品？

2008 年，固原博物馆升级为中国国家级博物馆，这是宁夏第一家也是唯一一家获此殊荣的博物馆。这个博物馆的镇馆之宝是什么，很少有人知道，而且这件国宝级文物竟然不是中国的，而是来自 1500 多年前的波斯萨珊王朝的一件金属手工艺品。一件距离固原几千公里之外的工艺品，怎么会出现在这个偏远的山城？

1983 年秋天，宁夏考古学家们在调查中发现了位于固原南郊的一座带有壁画的大型贵族墓。通过墓志记载，确认墓主人是北周时期的柱国大将军李贤和他的夫人吴辉。打开墓葬以后，令考古学家们兴奋异常的是，不仅墓壁上绘有主人生前场景的壁画，而且，棺上有着精美的漆画。漆画的内容有三大块：墓主人形象、孝子故事、骑猎及佛造像。需要提及的是，漆画的内容表现了本土文化的丰富性，同时，漆棺两侧的漆画分上中下三栏，栏与栏之间的分割大约是 4 厘米宽的云纹带饰，下面是连珠龟背纹，而连珠龟背纹恰恰是出于波斯的一种图案装饰。固原出土的这座北魏墓葬中的漆棺画，就是中西文化通过丝绸之路在固原交流的见证。更有研究者发现墓主人举杯和持扇的动作及其特殊风俗，和苏联的乌兹别克南部铁尔梅兹市西北郊的巴拉雷科哒建筑遗址所出土的壁画上人物相似。更为重要的是，在这座古墓中出土的三件珍贵文物不是中国产的，其中一件就是鎏金银壶。

这件一直让固原博物馆以及宁夏文物考古者引以为荣的银壶，高 37 厘米，整体造型别具一格：鸭嘴形的流、细长的颈、上立胡人的弧形把、胡人像高踞整个壶的最高处且凝视壶嘴、玉壶春瓶似的腹和喇叭形的座结合而成的稳健、奇特的造型。以著名考古学家宿白先生为代表的专家认为，这是波斯萨珊王朝的文物。波斯萨珊王朝的工艺品为何烙上希腊文化风格的印记？这件文物是怎样流传到固原的？

银壶腹部的三组人物图案叙述的是一个古希腊的神话故事：三位女神赫拉、雅典娜、阿佛洛狄忒为"谁是最美丽的女神"而争论不休，众神之王宙斯命令由帕里斯判定。帕里斯是特洛伊国王的儿子，他以英勇无畏而闻名。这是一个选美的难题，帕里斯王子斟酌再三仍无法定夺，三位女神都是美丽无比。阿佛洛狄忒向帕里斯许诺，如果自己被选中，将把天下最艳丽的女人海伦送给他。最后，帕里斯将刻有"献给最美丽的女神"的金苹果献给了阿佛洛狄忒，第一组图表现的就是这个内容。帕里斯在阿佛洛狄忒的帮助下越海前往希腊寻找海伦，海伦是斯巴达国王墨涅拉俄斯的王后，一见到远道而来的帕里斯顿生爱慕之情，趁丈夫离开王宫之际，带上珠宝首饰与帕里斯私奔到了特洛伊城。第二组表现的就是海伦手拿珠宝首饰盒与帕里斯相约私奔的内容。得知此事的墨涅拉俄斯怒火中烧，于是长达十年的特洛伊战争拉开序幕。

十年的征战与抵抗使双方难分胜负，最后，希腊军队巧妙地实施了著名的"木马计"才彻底击败了特洛伊守军。墨涅拉俄斯夺回了心爱的王后海伦，这场争夺美人之战最终尘埃落定。第三组图案表现的就是头戴盔帽的墨涅拉俄斯迎回海伦的内容。

波斯萨珊王朝的统治时间是 226 至 650 年，而这时中国封建社会刚刚送走发展的第一个高峰期——汉朝，高高的克什米尔和冈底斯山默默地审视着分居在东西两侧的这两大帝国在疆土和文化的双重扩张中进行的各种战争与交流。强大的汉朝在疆土扩张和国内形势基本稳定后，开始了向遥远的帕米尔高原更远的地方探寻，这种探寻通过张骞等负有国家使命的探险家、外交家和更多没留下姓名的民间商人来完成，而承载这些使命的就是著名的丝绸之路。

丝绸之路连接着中国和推翻安息王朝后建立起来的萨珊王朝，王朝内部的人民继承并发扬了金属工艺品艺术制作，其制作工艺涵盖了锻錾、雕刻、锤揲、镶嵌、鎏金、铸造、焊接等诸多方面，并且通过丝绸之路，将它们的工艺品以及物产（甚至像上节所说的狮子）传入中国。当时的萨珊王朝与北周政权之间的商贸往来十分频繁，固原地处丝路要冲，自然就有了这些工艺品或物产。不同以往的是，这些东西在北周政权统治这一地区时，往往被截留在了北周人的手中。

1983 年秋天出土的这件鎏金银壶和玻璃钉碗就是萨珊王朝的物产经过丝绸之路来到中国的见证。由于这件鎏金银壶是中外历史文化交流的见证，是丝绸之路连接东西方商贸与文化交流的缩影，不但在中国仅此一件，在世界现存的萨珊文物中亦属罕见的珍品，这就是固原的国宝是萨珊文物的原因。

三、佛光照在山坡上

公元前 534 年前后，喜马拉雅山麓尼泊尔地区的一个城邦里，释迦氏族的小王子乔达摩创立了一个宗教体系。从 29 岁创立佛教到公元前 480 年辞世时的 80 多年，乔达摩将一个小众的宗教传播为一个当地有很大影响的宗教。此后的几百年时间里，尤其是印度阿育王在位期间改信佛教，直接推动了佛教向整个印度大地之外的地区扩散。汉朝后期，佛教经过西亚传入中国后，逐渐成了当政者和民众的精神信仰之一。

汉朝到北魏时期，恰好是中国大地上将庞大的王朝进行瓜分和重组的时期，长期的分裂局面下的执政者和民众一样"丧失了自信而提倡来世超度之说的新群众性宗教，在西方是基督教，在东方是佛教。起初由野蛮民族建立的魏，成为佛教强有力的推动者，留下了极其丰富的佛教艺术遗产，尽管他们的统治局限在北方"（见罗兹·墨菲《亚洲史》第 5 章《古中国文明》，第 152 页）。

由鲜卑人占主力的北魏政权在洛阳定都后，很快发生了影响中国的一件大事——推行佛教。从洛阳到敦煌，漫长的丝绸之路上出现了数不清的洞窟、佛像。宁夏南部地区的须弥山石窟就是其中之一。

须弥，佛家用语，意思是"宝山"，佛教经典中的须弥山往往指神仙居住的地方。一个坐落在固原市西北山坳中的石窟，怎么会有如此名字？它修建于什么时候？如今仍威严坐立在山崖上，默默展示着发生在这一段古老丝绸之路上的历史烟云，它有着怎样的地位和价值？

北魏政权对北方的相对统一，使得途经固原的丝绸之路继续保持着畅通，加上来自政权统治阶层对佛教的尊崇形成的整体崇佛的政治环境，以及民众逐渐认知并接受佛教的大众土壤，固原一带的宗教氛围日益浓厚。前秦、北朝时期，处在丝绸之路上的须弥山，就开始了初创时期，叮叮当当的石刻之声，开始响在山谷里，整个庞大而系统的石窟佛像刻凿及寺院建设工程一直在进展着，工匠们的刻凿声、来往于丝路上的驼铃声或马蹄声、日益浓郁的佛号声与晨钟暮鼓声，使寂静的须弥山渐渐被日益浓厚的佛光笼罩。

　　唐代，帝国的军力提升到当时世界的巅峰状态，所创造的文化也是博大而优美的：高雅文化和世俗文化在各自的生存空间里发展、完善。宗教在当时占据了帝国内部世俗生活很大的内存空间，它的流行不仅在民间有着宽泛的土壤，而且在帝国的宫廷里也有着足够体现其尊贵的席位，皇帝作为佛教徒的出现，更是为佛教在当时的中国盛行提供了政治基础，广建寺院和宝塔等佛教建筑，给信徒们提供了信仰的场所，也为当时的中国建筑师们提供了发挥才能的机遇。精美的佛像塑造以及洞窟艺术就是其中一个代表，而在宁夏，须弥山石窟就是代表之作。

　　众多精美的须弥佛像，使这座丝绸之路上本来默默无名的小山，到唐代时有了新的名字——须弥山。如今，那座高 20.6 米的佛像，稳坐在须弥山的半山腰上，是须弥山石窟中最大的造像，也是中国十大石窟之一。其艺术成就使它和山西云冈、洛阳龙门石窟造像并身为中国最具有艺术魅力和震撼力的三大石窟造像。1982 年，这座高大坐佛像被列为全国重点保护文物。

　　从洛阳龙门石窟的卢舍那大佛到陕西彬县的大佛寺佛像，从须弥山石窟的须弥佛像到甘肃敦煌的北大佛像，这些散落在丝绸之路上的佛像，串起来的路线何尝不能证明从北魏到唐代甚至后来的时光里，古老的丝绸之路在那段时间是一条佛光普照的路呢？

四、宁夏，通过丝绸之路的国际交往

　　丝绸之路对宁夏的历史意义而言，其中之一就是见证了宁夏与国际的交往。而这交往史，最早可以上溯至 2000 多年前的汉代。不少专家指出，汉武帝时张骞通西域的丝绸之路壮举中，宁夏境内震响过丝路驼队缓缓行进的驼铃声；黄河流域古代文明、古代波斯文明、古代希腊文明和欧亚草原古代文明等，都在宁夏留下了深深的印记。

　　丝绸之路始发长安，通常沿渭水而行，穿越甘肃河西走廊至敦煌，而后在南北两道分驰安息（今伊朗）和疏勒（今新疆喀什），最终汇聚于古罗马，宁夏的固原地区便是长安至河西之间平坦易行的简短线路之一。目前没有资料能证明张骞出使西域时是从宁夏南部地区的西吉、海原进入甘肃境内的。从沿途的安全角度考虑，宁夏南部地区通往河西走廊一带，还没有完全被中原势力控制，不少少数民族在这一带形成势力不等的地方政权。张骞出使西域时，过六盘山后，就沿着现在的西（安）兰（州）大道往西而去。

　　南北朝时期，西域各国使节、客商、僧侣前往长安时，多经今天的宁夏固原市，北魏时期高平起义领袖万俟丑奴在六盘山下称帝，截获嚈哒国经高平的使者

及朝贡北魏的一只狮子，就是中国和国际上进行交流的一个明证。

隋唐时期，丝绸之路上的东西方商贸和文化更是达到空前繁荣。唐代在"丝路"上长安至河西段每15公里就设置一个驿站，主要运送中外使节、各级官吏、传递公文信函。设在今固原市的萧关驿站是这一条路途中规模最大的一座，这个驿道穿越今天宁夏境内的固原市原州区和海原县。

唐朝末年至五代时期，随着唐朝军事实力增强，一度稳稳地控制了宁夏北部地区，丝绸之路在宁夏境内也开始向北移动：经今天的宁夏吴忠向西，由青铜峡过黄河，由中卫进入甘肃武威，再融入丝绸之路的河西走廊；或经今银川，向西越贺兰山，从今内蒙古阿拉善左旗境内入甘肃酒泉后融入丝绸之路的河西走廊。这次的丝绸之路北移，使沿途的少数民族地区和唐朝以及与国际上的经济文化交流更加繁荣。西夏政权建立后，不仅将唐朝形成的宁夏境内北段丝绸之路彻底切断，而且由于西夏控制了河西走廊后，使自汉朝以来形成的丝绸之路彻底改变：从长安经由兰州到西宁，穿过柴达木盆地后，通往新疆境内。宁夏依靠丝绸之路进行的国际交流被迫中断。到元代，由于国际交往更多地依赖海上丝绸之路，宁夏逐渐因丝绸之路的衰落而变成了一个和国际交往的死角。就西夏疆域内的对外交流而言，宁夏境内的北段丝绸之路上，回纥、党项、高昌、龟兹等西域各部族甚至更远的中亚、西亚一带人，就是通过丝绸之路经由河西走廊北段进入西夏境内，暂居或定居，这些中不少变成了西夏的"回回军"，成为西夏和宋朝、元朝等政权交战的主力。成吉思汗西征时，从中亚一带带来了不少穆斯林，安置在后来所征服的中国境内地区，其中一个途径就是通过丝绸之路来完成的，宁夏境内的穆斯林更是遍布丝绸之路。

明代，由于在嘉峪关设置了相当于海关性质的关口，通过丝绸之路进行的国际交往更加衰落，宁夏因为地处中国边地，国际交往更是寥落。清朝时期，康熙皇帝亲临宁夏指挥平定准噶尔叛乱，使宁夏成了一个战前指挥所，丝绸之路在宁夏已经完全失去了往昔的辉煌与光荣，古老的丝绸之路在宁夏变成了一条和其他地区交通要道没什么区别的普通之路。

本文选自《宁夏之书》中"文化，宁夏的软实力"第一章

丝路古城

固原城的军事地位及其作用

佘贵孝

固原古城是古代丝绸之路东段北道上的重镇，是一座历史文化名城。从汉武帝元鼎三年（前114）开始，历朝历代都在这里置郡设州，控扼西北边陲，史称"高平第一城"，故是"据八郡之肩背，缩三镇之要膂""左控五原，右带兰会，黄流绕北，崆峒阻南"的形胜要地。

一、始建固原城的历史背景

夏商周时期，居住在漠北以戎族为主体的少数民族来到清水河畔、六盘山下，逐渐强盛起来，与中原商王朝处于敌对态势，不断侵犯商朝的西北边境，并发生摩擦乃至战争。周朝建立后，戎族的一支犬戎又不断侵犯周朝的西北边境。西周末年，犬戎日益成为周王朝在西北方的严重威胁，西周与犬戎的战争连年不断，并逐步升级。周宣王时，猃狁（犬戎）的势力已逼近周都，威胁着镐京（今陕西省长安县西北丰镐村附近）的安全。《诗经·小雅·六月》有："猃狁匪茹，整居焦穫，侵镐及方，至于泾阳。"宣王为了改变这种局面，曾经三次派兵攻打大原（含今固原地区及黄土高原东部）之戎。周宣王死后，幽王继位不久，就被犬戎杀死在骊山下。平王东迁洛邑（今河南洛阳白马寺东）后，整个关中地区全被戎族所占。当时，六盘山地区主要有乌氏戎、义渠戎、空同戎。到战国秦惠文王时（前337—前311），首先在以乌氏戎族居住较多的地带设置乌氏县（今固原市南瓦亭一带），驻以重兵，防守漠北匈奴民族的南侵。也就是在这个时候，秦国在彭阳县古城镇设置朝那县，在瓦亭至三关口一线设萧关，而萧关就是关中北面的门户。秦昭襄王时，又修筑了秦国长城。长城的功能主要是军事防御工程，附属设施齐全。原州区北十里铺清水河西岸有一处数10亩大的古城遗迹，可能就是控扼清水河通道的军营。虽然有这样众多的行政设置和军事防御设施，漠北的匈奴族在汉文帝十四年（前166）冬，沿清水河通道破长城大举南下，与驻守在萧关的北地郡都尉孙卬（北地郡最高军事长官）大战一场，孙卬阵亡。匈奴趁势焚烧回中宫，前锋部队到距长安仅300里的甘泉宫附近。基于上述各种原因，固原城应运而生。从此奠定了固原城的军事地位，自古就是关中通往塞外西域的"咽喉"要道上的关隘和军事重镇。

二、固原城的建设

固原古城始建于何时，已鲜为人知。公元前 114 年，汉武帝为加强西北边地军事防御，置安定郡，治高平城（即今固原县城），这是史书有明确记载的固原历史上的城。因其城坚池深，史称"高平第一城"。从此开创了固原城的建设史，固原城从开始建设就是州郡级的城池，规格自然要比县城宏大、设备齐全。从出土的建筑材料看，有汉代卷云纹与青龙、白虎、朱雀、玄武四神瓦当，绳纹板瓦、铺地花纹方砖，特别是陶水管道有五角形和圆形两类，圆的又有直角形和曲尺形，直角形的一头大、一头小，可与另一节套接，曲尺形的可用于衔接拐弯管道。说明高平城的建设起点较高。

以后曾多次修葺。魏晋南北朝时期，中华民族经历了长期的动乱割据而逐步趋向统一，地处西北边地的高平城成为割据势力对峙、争夺的关隘，城池遭受严重破坏。北魏改高平为原州，北周天和四年（569）正月，又在原高平城的外围修筑了城郭，[1] 使原州城成为内外双重城池，既有城，又有郭，奠定了固原城"回"字形的建城风格。原高平城就成为新筑城的内城。从此，固原城就有内城和外城的格局。

唐代，国力强盛，文化空前繁荣，固原城也迎来了它的兴盛时期。唐代的固原城，是丝绸之路上的重要驿站，中西文化在这里交融荟萃。中西方的使者、商人、僧侣、文人骚客等途经固原古城者络绎不绝。

"安史之乱"后，吐蕃乘机内侵，河西、陇右皆陷，原州大半壁河山也在这场浩劫中成了吐蕃马蹄践踏的疆场，原州城几成废墟，失去了昔日的繁华，但其军事地理位置并没有因此而失去。唐代大历八年（773），宰相元载深知古原州城与河西、陇右的关系，上奏朝廷建议再修筑原州城。他说："今国家西极于潘源，吐蕃防戍在摧沙堡，而原州界其间。原州当西塞之口，接陇山之固，草肥水甘，旧垒存焉，吐蕃比毁其垣墉，弃之不居。其西侧监牧故地，皆有长濠巨堑，重复深固。"筑原州城是"断西戎之肠，朝廷可高枕矣！"（《旧唐书·元载传》）可见固原城在古人眼中的地位。

宋朝初年，修葺了原州城，更名为镇戎军城。由于地处宋与西夏的接壤地，其军事防御性质突出，城的配套设施又增置了马面和瓮城。明嘉靖《固原州志》说："宋镇戎军城周围九里七分，壕堑二重。"被时人称为"中华襟带"，是北通大漠、南扼关中的重要军镇。蒙古汗国时因成吉思汗避暑开城，宪宗蒙哥汗和忽必烈曾在开城驻跸，元代废弃了固原城，而依六盘山为屏障的军事要隘开城设开成路、开成州、开成县。

早在明王朝建立前，当朱元璋攻克徽州后，一个名叫朱升的隐士便告诉他应该"高筑墙，广积粮，缓称王"。朱元璋采纳了这些建议。当全国统一后，他便命令各府县普遍筑城。明代建国后，由于北元势力尚未销迹，为了防御北元的侵扰，兴起了大规模的筑城高潮。成化三年（1467），北元攻破开城县，遂徙县治于固原。成化五年，增筑固原城，周围九里三分，高阔各三丈五尺，并在旧城门（南曰镇夷，东曰安边）上建有楼铺。大规模的增筑固原城已到弘治年间，弘治十五年（1502），三边总督秦纮筑外关城，周围20里。万历《固原州志》正式将1469年修筑的城称为内城，秦纮修筑的城称外城。万历三年（1575），三边总督石茂华认为"土筑不能垂远"，"始甃以砖，高三丈六尺，周凡十三里七分，遂称雄镇"。一座规模宏大的砖包城雄踞原州。

城墙，是人们为防御外来侵袭而修造的自卫设施。固原城墙的防御性很强，城外的护城河为第一道防线。河上设有吊桥，是进出的唯一通道。吊桥白天降落供人出入。晚上吊桥升在空中，就断绝了进城的道路。城门外有闸楼（也叫谯楼），用以打更和报警，为第二道防线。闸楼后边是箭楼，外面墙体笔直，箭孔密布，便于瞭望和射击，这是第三道防线。箭楼和正楼之间是瓮城（俗称月城），它的作用是：若敌人攻进，即形成"瓮中捉鳖"之势，这是第四道防线。第五道防线自然是正城门了。敌兵要攻破这五道防线，极其不易。

城池的四周，由人工挖筑壕沟，再引水注入，护城河形成了保护城墙的一道屏障。目的是利用宽深的壕沟阻碍敌方的进攻，一低一高形成了双重防御体系。这样的城防加上城头戎器整齐，弓弩齐备的守护兵勇，一旦有警，则戒备森严。小股的"流寇和顽匪"很难逾越。另外，护城河还是古代的消防设施，就像一座巨大的蓄水池，城门一旦失火，人们可以就地取水，扑灭大火，控制火势蔓延，所谓"城门失火，殃及池鱼"也正是这个道理的例证。

民国《固原县志》载：固原城砖包之后，"增设角楼、铺房、炮台、水沟，加筑垛墙、疏穿池阱……陇右名城无出其右者"，固原城成为明清以来西北地区的名城。清宣统《固原州志》记载更为详尽："内城周围九里三分，高三丈五尺，垛口一千零四十六座，炮台十八座；外城周围十三里七分，高三丈六尺，垛口一千五百七十三座，炮台三十一座。东城门三道，有名者两道：安边门、保宁门；南城门四道，冠名者两道：镇秦门、镇夷门；西城门两道，有名者一道：威远门；北城门一道：靖朔门。"

古代武器落后，城门是进入城池的唯一关口，是维系全城安全的关键。在战争中是攻城的重点，也是城防的薄弱环节，所以城门的建造必须坚固而牢靠。固原城墙门洞全部为砖拱券样，内设厚重的木制门扇。木制门扇还由铁皮包裹，满布铁蘑菇钉，从而增强了门扇的刚度，减少了遭火器攻城门的危险性。因而这里是封建统治者苦心经营的防御重点。固原城东、西、南、北都有城门，分别有正楼、箭楼、闸楼三重城门。闸楼在最外,其作用是升降吊桥。箭楼在中,正面和两侧设有方形窗口,供射箭用。正楼在最里,是城的正门。箭楼与正楼之间用围墙连接,叫瓮城,是屯兵的地方。瓮城中还有通向城头的马道,缓上无台阶,便于战马上下。城墙四角都有突出城外的方形角台。角台上修有较敌台更为高大的角楼,表明了这里在战争中的重要地位。固原古城墙包括护城河、吊桥、闸楼、箭楼、正楼、角楼、敌楼、女儿墙、垛口等一系列军事设施,从而形成了一个庞大而精密的军事防御体系。

明嘉靖《固原州志》说得更清楚:"固原者,陕西西北大城镇也,后累置文武重臣守备,故又设固原州。而总制大臣居此以镇,凡榆、夏、甘肃诸镇,皆听命焉。""固原长壕大堑,连山峻极,四塞之接而襟带之固也。固原居中而执其枢,左顾则赴援绥、灵,右顾则迎应甘、凉。击长山之蛇,以合左右之节,逐中野之鹿,以成掎角之势,固原实有焉。"明朝巡抚马文升也说:"平、巩为关陕藩篱,而固原为平、巩屏蔽。平、巩有警,则关陕震惊,而固原一带,尤不可无备。"《皇明九边考》记载明代论者说:"固原在宁夏之南,实番胡要害之地。""东向可以顾榆林,西向可以顾甘肃,总督、游击、守备官皆驻扎于此,犹家室之有堂奥也。"这些都说明了固原军事地位的重要。

民国《固原县志》在写到固原城的形胜时说:"治城形势如磐石,东岳辅于左,西坪翊于右,九龙槟于前,北塬拓于后,清水河襟带于东南,饮马河纡轸于西北。"就地势来讲,东门与南门都修建在斜坡漫道上,重关巍峨,居高临下,一夫当关,万夫莫开;北门与西门外都是一马平川,可防可攻。因此,固原城是一座能出击运兵,能藏兵防御的边关型古城。可惜这座砖包古城在"文化大革命"的军事战备中,拆下城砖修了人防工程。现在仅剩外城的西北角还能看到古城的雄姿。固原博物馆复原的清代固原城模型,就是固原城的历史缩影。

三、固原城发生的重大军事事件

由于固原城的军事作用极其重要,敌对势力的争夺战历朝各代都有发生。东晋十六国时期,在固原地区有前、后赵对峙高平,前、后秦高平之战,西秦的活动和大夏政权的建立。赫连勃勃在晋安帝义熙三年(407)六月,在高平拥兵自立,自称大夏天王、大单于,置百官,建元龙升,立国名为大夏。当时勃勃部下劝他在地势险固、山川沃饶的高平定都。勃勃说:"吾大业初创,众旅未多,姚兴亦一时之雄,关中未可图也,且其诸镇用命,我若专固一城,彼必并力于我,众非其敌,亡可立待。吾以云骑风驰,出其不意,救前则击其后,救后则击其前,使彼疲于奔命,我则游食自若,不及十年,岭北、河东尽我有也。待姚兴死后,徐取长安。"[2]

北魏的高平镇,是北方重要军镇之一。北魏末年,尤其是孝明帝后,政治黑暗，官场腐败，民心丧失，阶级矛盾日趋激化。官府公开卖官鬻爵，贿赂公行；贵族官僚们竞相贪纵，肆意搜刮民脂民膏。正光四年（523），西北"六镇俱叛"[3]，"诸镇华夷之民，往往响应"[4]。正光五年夏四月，高平镇民揭竿而起，爆发了声势浩大的高平起义。隋唐时期，固原人民为反对突厥的侵略和吐蕃的统治，进行了艰苦卓绝的斗争。唐代宗广德元年（763），吐蕃攻陷唐都长安，于是陇山（今六盘山）、贺兰山以西，泾州（今甘肃泾川）以北，皆陷于吐蕃。唐司空图在《河湟有感》中感慨道："一自萧关起战尘，河湟隔断异乡音。"当时，镇西节度使马璘请准于灵台（今甘肃灵台）百里城置行原州。到唐德宗时，承认吐蕃在河西、陇右的既得利益和地位。建中四年（783）一月，唐朝与吐蕃正式签订"盟约"。这个"盟约"将原州正式划给了吐蕃。"盟约"规定："泾州西至弹筝峡西口，陇州西至清水县，凤州西至同谷县，暨剑南西山大渡河东，为汉界。蕃国守镇在兰、渭、原、会，西至临洮，东至成州，抵剑南西界磨些诸蛮，大渡水西南，为蕃界。"又规定"盟文有所不载者，蕃有兵马处蕃守，汉有兵马处汉守，并依见守，不得侵越"[5]。直到大中三年（849），吐蕃内乱，原州和石门、木峡等7关的军民乘机起义，吐蕃迫于内外形势，才将原州、秦州、安乐州及石门、木峡、六盘等7关归还唐朝。

明代的固原，是明朝政府在西北边境地带设置的9个军事重镇之一，也是陕西三边总督驻节之地。三边总督的职责主要是节制延绥、甘肃、宁夏、固原四大军镇，总兵、巡抚均受节制。总制（总督）官概由朝廷选派兵部尚书侍郎等文职京官出任。意在以文驭武，联结各镇。凡任总督者，一般均加有都察院左都御史或右都御史头衔，以监督、弹劾管区内的各级军政官员。因而就形成凌驾于诸军镇之上的大防区，即督镇。军镇的最高军事官是总兵，驻镇城，统辖全镇兵马，负责协助主将策应本镇各路与驰援邻镇的防御。此外，还设置参将、游击、守备等官。军镇之下又划分若干路，路既是次一级的防区，又是次一级的防御单位。每路设置参将一员，负责本路地段的防守。路下面的防御单位是城堡，每城堡设守备一员。堡寨又是军镇的基层防御单位。每堡寨设把总或操守一员。另外，军镇还设置巡抚都御史衙门。赞理或提督本镇武备，与总兵商处战守军务。嘉靖二十年（1541），固原城内驻有总兵官，游击将军、守备官、整饬固原兵备各一员。《万历固原州志》记载，万历四十四年（1616），固原州城内有三边总制府、兵备道、镇守府、副将府、左游击衙、右游击衙、固原卫、州等官府衙门。三边总制府非常豪华，刘献庭的《广阳杂记》就有较明确的记载："明三边总制，驻扎固原，军门为天下第一，堂皇如王者。其照墙画麒麟一、凤凰三、虎九，以象一总制、三巡抚、九总兵也。河西巡抚驻甘州，河东巡抚驻花马池，陕西巡抚驻西安，甘、肃、凉、西宁、宁夏、延绥、神道岭、兴安、固原各一总兵。"

清末同治年间，陕甘回民起义军曾三次攻破固原州城。1949年8月2日上午，中国人民解放军十九兵团六十四军开进固原城，从此揭开了历史的新纪元。

四、固原城的历史作用

因固原城是世界闻名的古丝绸之路东段北道的必经之地、边关重镇，秦始皇、汉武帝、唐太宗、成吉思汗、宪宗蒙哥汗、忽必烈都曾经营过固原，他们或亲临固原视察，或在固原设置州郡，或在固原设置中央派出机构，其规模之大，权力之显赫，在当时就全国而言也是罕见的。

固原古城自有筑城活动以来，已有2100多年的历史。自公元前114年设郡以来，一直是作为"州治"的所在地，延续至今。这是中国地级市的城市。尤其是自明弘治十五年（1502），三边总督秦纮筑外城，万历三年（1575），三边总督石茂华"始甃以砖"以后，基本保持了原有格局。固原城内三纵三横的街道网络奠定了今天街道的格局。

固原城地势西北高、东南低，东依清水河，民间传说称固原城头伏东南清水河，尾展翅于西北，犹如"金龟吸水"。这种西北高、东南低的地势极易排水，每逢暴雨，迅速从东南方向注入清水河，地面无积水。

固原古城的建筑风格集中体现了公元15至19世纪前后的历史文化特色，对研究这一时期的社会形态、经济结构、军事防御、宗教信仰、传统思想有重要的参考价值。

原载《宁夏师范学院学报》2010年4期

注释：

[1] 城是古代都邑四周用作防御的墙垣。管子说："内之为城，城外为之郭"，即内城称城，外城称郭。

[2]《晋书》卷一三〇《赫连勃勃》。

[3]《魏书》卷四四《费穆传》。六镇指沃野镇、怀朔镇、武川镇、抚冥镇、柔玄镇、怀荒镇。

[4]《资治通鉴》卷一四九《梁纪》普通四年四月。

[5]《旧唐书》卷一六九下《吐蕃下》。

固原古城堡（寨）调查与研究

佘贵孝　郭勤华

城堡是军事的需要，战争的产物，是作为防御工事而诞生的。城堡具有进攻功能，城堡可以作为进攻基地，城堡还可以保卫胜利成果，城堡是战争中前进的堡垒，是实施层层推进战略的重要工具。所以，在中华民族五千年的历史演变和文明发展中，城墙作为一种独特的社会形态，对军事防御等方面都起过重大的影响和不可替代的作用。城堡成为历史文化的一朵奇葩。

古代的城堡一般都修筑在交通要道之处，起着关隘作用。固原的古城堡寨正是修筑在交通要道之处，驻军扼守各个交通要塞，各自把守着一条要道，不仅起到御敌作用，同时也有保护群众的功效。至今，仍有百余座大小不等的城堡镶嵌在河谷要道地区。

一、历朝各代重视修筑城堡

可以说，自从有了人类，随之有了道路。加之人们互相交往的频繁，道路也随之由短增长。固原北面可通游牧在大漠的少数民族，南面通达关中平原。所以，自商周时起，固原就是北方草原文化和中原农耕文化相互碰撞、融汇的一个重要地区，是兵家必争的重要关隘。正因为固原城扼守着清水河河谷通道，也就成为北方游牧民族入袭内地的必争要隘。秦汉时期，固原为中原王朝的边疆地区，是抵御匈奴的前沿。高诱在《战国策·秦策》中说："东函谷，南武关，西散关，北萧关。"在境内设置的萧关，成为拱卫关中平原的北面门户，也是迄今发现的最早的城。匈奴的日益强大，使汉王朝防不胜防。汉文帝前元十四年（前166），匈奴老上单于率14万骑，在萧关与驻守的北地郡都尉（一郡最高军事长官）孙卬大战一场，孙卬阵亡，匈奴破萧关，焚烧回中宫，长驱直入，直逼长安（汉朝首都）。西汉政府认识到仅靠萧关一个关隘是不能全面防御匈奴的。又先后修筑了高平县城（即今固原市原州区城）、瓦亭城、朝那县城（今彭阳县古城镇）等。意在每条道路都修筑一座城池，多方面御敌，阻止匈奴进入长安，维护首都的安全。

隋唐时，为防御突厥、吐蕃的入侵，一方面设关筑城，另一方面修筑防御性质的城堡，最为有名的是陇山关城、石门关城、木峡关城、石峡关城、制胜关城、驿藏关城等七个关城。唐人言："七关要害，三郡膏腴。"表明了七关拱卫原州及保障边疆安全的地位和作用。同时从北周始置的总管府，一直延续到隋大业三年（607）。[1]唐太宗贞观五年（631），置原州都督府。[2]贞观十年（636），为适应战事需要，州设折冲府，在原州有彭阳、安善两个折冲府。[3]

北宋与西夏时，固原又是抗御西夏的前沿阵地，宋朝政府不惜人力、财力，在宋夏边界线修筑大小堡寨 30 多座，如平夏城（后改为怀德军）、笼竿城（今隆德县城）、安化县城（今泾源县西）、羊牧隆城（今西吉县火家集）、大营城、三川寨、灵平寨、定川寨等。

明朝，为防御鞑靼族的入侵，明王朝不得不把固原纳入九边之一，陕西三边总制驻节固原。不仅维修了原有城堡，还新筑了一些堡寨。当时，驻兵数量相当多。驻固原镇城和守御千户所的军队及主要城堡的军队如《皇明九边考》记，嘉靖二十年（1541）实有官军 8312 人。嘉靖二十六年（1547）时，固原卫实有马步官军 4162 名，西安州守御千户所实有官军 598 名，镇戎守御千户所实有 727 名，平虏守御千户所实有 763 名，甘州群牧所实有 630 名，海剌都、红古城、下马房关、白马城诸堡共有戍军 3334 名，以上合计 10214 名。比 6 年前增加了 1902 名。到隆庆年间（1567—1572），固原镇兵员增加到 71918 名，万历中（1573—1620）却降为 55200 名，末年再度上升到 90412 名。但至崇祯年间（1628—1644），固原守军仅有 59830 名[4]。

据《九边考》记，在嘉靖二十年，固原城内驻有陕西三边总制一员、镇守陕西总兵官一员、游击将军一员、守备官一员、整饬固原兵备一员。万历四十四年（1616）纂修的《固原州志》载：在州城内建有制府、兵备道、镇守府、副将府、左游击衙、右游击衙、固原卫、州治等官府衙门。各处官员 45 员、马步军丁 16967 人、马匹 24824 匹、军火器械 73824 件。

清朝，固原为祖国的腹心地带，停止了大规模修筑城堡，但至民国年间，为防御土匪的侵扰，各乡镇大都修筑了堡子。现在，遗留下来的古城堡寨有 100 多座。

二、主要城堡

固原的古城堡寨最早可追溯到秦国的焉氏塞，即西汉的萧关，最迟到民国末年，期间相差 2000 余年。最大的周长 6.5 公里之多，最小的周长不足 1 公里。现撷取几座主要城堡作一简介。

（一）固原城

固原城，是本地最大的城。固原古城始建于何时，已鲜为人知。元鼎三年（前 114），汉武帝为加强西北边地军事防御，置安定郡，治高平城（即今固原城），这是史书有明确记载的固原历史上的城。因其城坚池深，史称"高平第一城"。明成化五年（1469），增筑固原城，周围九里三分，高阔各三丈五尺，并在旧城门（南曰镇夷，东曰安边）上建有楼铺。大规模地增筑固原城已到弘治十五年（1502），三边总督秦纮筑外关城，周围二十里。万历《固原州志》正式将1469年修筑的城称为内城，秦纮修筑的城称外城。万历三年（1575），三边总督石茂华认为"土筑不能垂远"，并削去七里，"始甃以砖，高三丈六尺，周凡十三里七分，遂称雄镇"。一座规模宏大的砖包城雄踞原州。清宣统《固原州志》记载更为详尽：内城周围九里三分，高三丈五尺，垛口一千零四十六座，炮台十八座；外城周围十三里七分，高三丈六尺，垛口一千五百七十三座，炮台三十一座。东城门三道，有名者两道：安边门、保宁门；南城门四道，冠名者两道：镇秦门、镇夷门；西城门两道，有名者一道：威远门；北城门一道：靖朔门。从此，固原城以"据八郡之肩背，绾三镇之要膂"名扬西北。

民国《固原县志·形胜》说："治城形势如磐石，东岳辅于左，西坪翊于右，九龙槟于前，北塬拓于后，清水河襟带于东南，饮马河纡轸于西北。"就地势来讲，东门与南门都修建在斜坡漫道上，重关巍峨，居高临下，一夫当关，万夫莫开；北门与西门外都是一马平川，可防可攻。因此，固原城是一座能出击运兵，能藏兵防御的边关型古城。可惜这座砖包古城在"文化大革命"的军事战备中，拆下城砖修了人防工程。现在仅剩外城的西北角，还能看到古城的雄姿。1985年12月，被固原县人民政府公布为县级文物保护单位；2005年9月16日，被自治区人民政府公布为自治区级文物保护单位。

（二）瓦亭城

瓦亭城位于泾源县大湾乡瓦亭村。据《元和郡县图志》卷三载：瓦亭故关，东汉建武八年（32），牛邯军守瓦亭，即此。宋代改为瓦亭寨。金代因之。明《嘉靖固原州志·古迹》载："瓦亭关，在州南九十里。后汉，隗嚣使牛邯守瓦亭，即此地。汉文帝时，匈奴入寇，至朝那萧关，疑即今瓦亭关是也。"清《宣统固原州志·图说》记："瓦亭烟岚：瓦亭古名铁瓦亭，或云弹筝峡，距城南九十里。东瞰三关口，西傍六盘山，为度陇咽喉，重峦拱卫。南门外有暖泉、有大渠，足资灌牧。余与守备张廷栋合力，辟其东南荒地，种杨柳数千株。筑有平杠，以便往来。每当雨至，烟云蓊郁，试倚堞楼眺之，亦可作一幅徐熙《烟雨图》观也。"

古城依山势而建，北高南低，背山傍河。城址分内外两重，外城借山势而筑，城墙轮廓大体呈长方形，墙体多已倾圮呈土垄状，周长2140米。东墙长550米。北高南低，其北段沿山势以坡度均值为33°的仰角呈"S"形通上巅；北墙长920米，蜿蜒于山脊之上，自东向西沿20°~30°的山体坡度逐渐下倾；西墙长550米，紧靠干河子而筑，地势较平坦；南墙现存长度120米，其余部分已被晚期城墙打破或为河水冲毁，城墙南距瓦亭峡水50~70米。东墙、北墙中部各筑有一外凸墙体的腰墩，其两墙衔接处夯筑角台，为城墙最高点。西墙、南墙由于干河子侵蚀及开地取土，毁坏较为严重。城墙残高 1~7 米，底宽 3~13 米，顶宽 1~2 米，夯土层厚 5~20 厘米不等。

内城墙处外城墙南部，修筑于瓦亭峡水北岸，地势平坦，现存城墙较完整。平面呈琵琶形，东端窄，西端宽。周长 1500 米。东墙外弧，长 200 米；北墙中部略内收，长 450 米，墙体大部分有二次加厚修补痕迹；西墙稍外鼓，长 350 米；南墙长 500 米，其东段内收。东北角台呈弧状，凸出墙体长达 30 米，南墙附筑三个马面，西墙筑两个马面。东、南、西城墙现有村道缺口，旧时分别为"镇平""陇华""巩固"三座城门。其东城门（镇平门）位于东墙南端，外有弧形瓮城残迹。城内西南隅又一"子城"，为马厩，呈方形，见方百米，门东向。城墙残高 5~14 米，基宽 9 米，顶宽 0.3~5 米。

现在保存下来的是清光绪三年（1877）重修了的原城东北角。"旧制周七百四十七步，坍塌五百四十余步，瓮洞堞楼，悉倾圮无存，"便"请币重修"。历时一年零一个月，役勇二十余万工。修葺后的瓦亭城"乃厚其基址，增其宽长，新筑六百九十五步有奇，补修一百八十八步有奇。依山取势，高二丈七八尺至三丈六七尺不等。面阔丈三尺，底倍之。上竖敌楼，雉堞五百二十四，墩台大小八座，水槽七道"，遂"屹为雄镇"[5]。因瓦亭城倚东山而筑，所以只在东、南、西三面有城门，并均镶有石刻门额以名之。西门曰"巩固"，南门曰"隆化"，东门曰"镇平"。内城位于外城南部，保存较完整，平面呈琵琶形，东窄西宽，周长 1500 米。东、西、南三垣各有门址一处，现已呈缺口状。经发掘，内外两城有叠压关系。外城年代为宋或稍前，内城为明清古城。1985 年 12 月 9 日，被固原县人民政府公布为县级文物保护单位，2005 年 9 月 15 日，被自治区人民政府公布为自治区级重点文物保护单位。

瓦亭城自汉唐起雄踞萧关古道，是历史上西北地区的重要关隘之一，有险隘"铁瓦亭"之称。这里群峰环拱，四达交驰，深谷险阻，易守难攻，向为兵家扼要之地。向南，可循泾水东入关中；向西，可抵六盘关，翻越六盘山；向北，可至原州，是咽喉要冲。据清代驻固原的陕甘总督魏光焘《重修瓦亭碑记》载："瓦亭者，据陇东陲，为九寨咽喉，七关襟带。北控银夏，西趋兰会，东接泾原，南连巩秦，诚冲衢也。"正因为有这样重要的军事地理位置，历史上曾经是"铁骑突出刀枪鸣"的古战场。

（三）朝那县城

朝那县城始筑于汉代，以后各代沿用此城。金代在此设东山县，元代设广安州及广安县，清降为东山堡。清《宣统固原州志·古迹》载："广安旧城，在州东南四十里。宋咸平中，置东山寨，金为东山县，属镇戎州。元为广安县，旋升为州，属开城路。明废为东山寨，即今所云东山堡。"

朝那县城位于彭阳县古城镇，有古城遗址。南北两山对峙，彭固公路穿城而过，是通往古长安的要冲，地理位置十分重要。遗址为长方形，东西长682米，南北宽480米。残存城墙最高14.8米，最低1米，基宽14米。开四门，有护城壕。

朝那，东汉至南北朝县名，先秦为邑名，置县时间不详。西汉初年已有之，先秦隶北地郡，元鼎三年（前114）改属安定郡。北魏时废。其地先后出土有错金铜羊、汉代陶制下水管道。1979年又出土铜鼎一件，有阴文铭刻三段："平一斗三升乌氏"；"入二斗一升十一斤十五两"；"第廿九，五年，朝那，容二斗二升，重十二斤四两"。据文物部门考证，此鼎先为乌氏县标准计量容器，后移至朝那县作为标准量具。魏晋间的医学家、文学家、史学家皇甫谧就出生在朝那县。

（四）黄铎堡古城

据《宋史·地理志》载：平夏城是宋哲宗绍圣四年（1097）章楶知渭州（平凉）时，集熙河、秦凤、环庆、泾原四路之师，在三月份突击22天修筑的。大观二年（1108）展城作军，初名"威德"又改名曰"怀德军"。筑城目的在于断西夏进军镇戎军（今固原）道路。城成，夏主遂奉其母合将数十万兵围平夏，疾攻十余日，建高车临城，填堑而进，不能克。元符二年（1099）立镇戎军至西安州驿道，于此设驿站，名为"石门驿"。据文献记载和考证，这座古城是唐代的石门关城，宋代的平夏城（即怀德军城）。1988年1月30日，被自治区人民政府公布为自治区区级重点文物保护单位。

黄铎堡古城位于原州区黄铎堡乡。古城筑于一平川上，平面呈长方形，有内外城。外城东西长875米，南北宽865米，墙体黄褐土夯筑，东、南、北各开一门，各有一瓮城，南、东、西墙保存较好，北门瓮城保存状况较差。内城东西长235米，南北长150米，南墙、东墙保存较好，西墙、北墙已毁。古城外四周有护城河。城址内文化堆积层厚约1米，历年来出土过许多唐代文物，还有宋代瓷片、砖瓦残块等建筑材料，还曾出土了西夏文"首领"铜印。

清代，因驻在城内的一名军事官名叫黄铎而得名。

（五）隔城子古城

城址在今原州区彭堡镇，有遗址。城址平面呈长方形，南北长880米，东西宽324米，墙体基宽2~16米，残高2~10米，黄土夯筑，夯土层厚6~8厘米。共有8道城门，东西两门已毁，南北门均有瓮城，北瓮城已毁；南瓮城平面呈半月形，东西长50米，南北宽45米，开东门，门宽12米。城中心有东西向城墙，把古城分为两部分，村民称隔城子。金朝因为将三川寨升为三川县，不宜固守，便在城中筑东西向隔墙一道，将一座城分为南北两部分，重要建筑物在北部。至今，北部住人，南部为耕地。2003 年 11 月 4 日，被固原市人民政府公布为市级文物保护单位。

宋天圣八年（1030）置三川寨，属镇戎军。《武经总要》前集卷十八上："三川寨，在捺龙川、天府川、武延川之间，因名三川。建炎四年（1130）陷金，先仍为寨，属镇戎军。金大定二十二年（1182）升三川县，属镇戎州。宋宝元三年（1040）九月丙寅，李元昊率兵袭击三川寨，镇戎军西路巡检杨保吉奋战三川寨，阵亡。这次战争，宋伤亡将士 5000 余人。"[6]

（六）隆德城

位于六盘山西麓 5 公里甜水河南岸。宋景德元年（1004），北宋镇戎军（今固原）知军曹玮相地筑城，周九里三分，高三丈，池深二丈五尺。城成，名笼竿城。城北面山夹河，城南临溪而地势开阔，城东山势险要，城西地形复杂，易守难攻。陕西转运使韩琦以为笼竿城据隆德、静边、德胜、怀远四寨之首，便于 1043 年以笼竿城置德顺军。金升德顺为州。元大德八年（1304）省德顺州而将隆德县治由火家集（羊牧隆城）移治于此。明洪武二年（1369）重修。因漠北残元势力屡屡侵犯，兵少难以固守，遂于成化十九年（1483）削南城三里三分。崇祯八年（1636），李自成农民起义军七次攻破县城，又削西北城三里许。清顺治十七年（1660）七月，知县常星景重筑，周三里许，高三丈六尺，基宽三丈六尺五寸，顶宽一丈八尺。开有东、南、北三门，依次为"六盘耸翠""美高屏峙""象凤环襟"。同治初年，回民起义军多次破城，不断修葺，至光绪二十年（1894）略为完备。民国九年（1920）冬遭震灾，城垣及门楼损坏严重。民国十六年（1927），知县蔡则沉集资补修。1929 年知县桑丹桂继修，开四门，东门"拥翠"，西门"登丰"，南门"挹青"，北门"迎恩"。现仅存北墙和南墙。明代所削南墙尚存。

（七）开城城

开城城西倚六盘，居高临下，为清水河川与泾水河川南北孔道，不仅是扼守南北的交通要冲，也是历代中原封建王朝与北方游牧民族贵族政权疆土的分界线，且又水草丰美，有着凉爽湿润的气候，是避暑的好地方。因此，从成吉思汗时起，宪宗蒙哥汗、忽必烈三位蒙元首脑，先后在这里或避暑，或驻跸，把它作为一个重要的军事基地。

公元 1227 年，一代天骄成吉思汗，在这里结束了他征战的生命历程，云落星坠。宪宗三年（1253）元世祖忽必烈率军南征云南时，往返途中都曾驻兵这里。宪宗六年，蒙古大汗蒙哥（史称元宪宗）南征四川前，曾在开城屯兵三个月，并在这里接见所辖的各郡守和县令。南征后，蒙哥将妃出卑可敦留在开城，并有两万士兵留在这里看守府库。元至元九年（1272）冬十月丙戌朔，忽必烈封皇子秦王忙哥剌为安西王，坐镇关中，并在六盘山麓的开城设立王相府，为安西王之行都，"冬住长安，夏居开城，岁以为常。""视为上都，号为上路。"[7]大德十年（1306），开城路地震，城毁。元英宗至治三年（1323）降开成路为州。元代，开城州以其显赫的地位列入元的版图。明洪武二年（1369）撤开成州留开成县。成化三年（1467）北方鞑靼部族攻破开成县，掠走官马1693匹和大量财物，损伤惨重。明政府才又将县城迁回固原古城。这样，从元初到明中叶，开城有建制近200年。2001年6月25日，被国务院公布为全国重点文物保护单位。

《原州区文物志》记：开城村城是元末明初的开成县城。城址北墙东西长430米，外侧墙体较高，高8~10米，墙内侧较低，高2~6米，部分墙体损毁较重；西墙保存较好，南北长约230米，墙体中心有一缺口，夯土层明显，厚18~25厘米，基宽12米，高6~8米，外有壕沟；东墙和南墙早年已毁，南墙残长约100米，现为村民居住区。

（八）北嘴古城

元代古城。自治区级文物保护单位。位于原州区七营乡北嘴村东1公里处（现属海原县）。黄土夯筑。地面散落元代遗物。据明《嘉靖固原州志》载："镇戎守御千户所，在州北一百二十里。宋绍兴四年，章粢上言城葫芦河川，据形胜以逼夏，即此地。成化九年，巡抚都御史马文升奏修。城周三里，高阔各三丈，池深阔与城等，东南二门。成化十二年，都御史余子俊始奏设镇戎守御千户所，隶固原卫。成化十八年，增设操守指挥一员。嘉靖三年（1524），增筑关厢，周二里，高阔各一丈五尺，南北二门。内有帅府、察院及大小官厅、操守厅。驻兵1106名，其中马队281名，步队825名。"孝宗弘治十四年（1501）四月，鞑靼小王子、火筛部由韦州入犯固原。七月，镇戎守御千户所都指挥杨宏所部680余人与火筛遭遇孔坝沟（今七营孔坝沟，距千户所3里之遥），全军覆没。

据原州区文管所编《原州区文物志》记：北嘴古城始筑于唐代，宋明沿用。城址分内外两道，外城平面呈长方形，东西宽600米，南北长650米，墙体存高1~5米，基宽10米。内城平面呈长方形，南北宽450米，东西长500米，墙存高1~5米，基宽9.5米，顶宽1米。墙体红土夯筑。地面散布大量灰坑、粗瓷片、灰陶片和砖、瓦残块，同时还有大量牛、马骨和"开元通宝"钱币等，曾出土过"镇戎"字样残碑。

（九）大营城

大营古城位于原州区中河乡乡政府东北面，紧靠着大营河。该城始建于宋代，时称养马城。宋夏定川寨战斗中，泾原路副总管葛怀敏率兵到瓦亭寨未遇夏兵，便直驱养马城，即此。明代维修。据《嘉靖固原州志·文武衙门》载："甘州群牧千户所，在州西二十里，肃府牧马地。城高二丈五尺，周三里七分，东南北三门。嘉靖五年，巡抚陕西都御史王荩奏设操守官一员，管领本所军马，听调杀贼。官军928员名，马队490员名，步队434员名。"

大营古城保存十分完好，可以清晰地辨别出古城的轮廓。全城大致呈长方形（东南角略弯曲），设有四个城门，其中南北二门建有瓮城，东西城墙上分布有若干马面。大营古城的筑墙方法十分特别，和我们看到的其他寨堡仅使用黏土夯筑的方法不同的是，大营河古城在夯筑城墙时，在黏土里掺杂着一些石子进行夯筑，起到了类似今天混凝土的效果，所以城墙十分结实，很难被破坏，这种方法在后来明代修筑长城时曾经常使用。因大营城，便将城址所处的川道称为大营川。被列为固原八景之一"营川麦浪"。《宣统固原州志·图说》记："营川麦浪：营川即大营川，地势平旷，山峰展列，俗呼为'粮食川'，言茂沃也。距城西二十里。每当麦熟，夏则碧浪匀匀，秋则黄云霭霭。岩腰山角，村落环居，而歌上下，犊吧嵒催。致闻者怡然，若忘其为塞上高寒者。前明杨总制一清屯军于此，或以名其川。"

《原州区文物志》记，大营城由主城和两座瓮城构成，主城平面呈五边形，面积约15万平方米。西墙长512米，北墙宽300米，南墙宽154米，东墙长529米，墙高约5～10米，墙基宽约7～10米，顶宽约1～3米。东、南、北三面开门。南、北二门设瓮城，南瓮城呈半月形。北瓮城平面也呈半月形。城墙西北角和东北角各有一烽火台，呈圆锥状，高约3米。城墙四周设马面15座。墙体黄褐土和沙土夯筑，有修补痕迹。城墙外四面各有两道壕沟，东南角没有壕沟。2003年11月4日，被固原市人民政府公布为市级文物保护单位，2005年9月16日，被自治区人民政府公布为自治区级文物保护单位。

（十）黄嘴古城

黄嘴古城即北宋定川寨城，位于原州区中河乡硝河村的黄嘴村。据《宋史·地理志》载：宋仁宗"庆历二年（1042）置定川寨，属镇戎军。"《武经总要》记："定川寨，北控葫芦河大川入西界天都山正扼贼路。在古长城及长城壕外。宋庆历二年葛怀敏兵败战死处。"古长城即指战国秦长城，长城壕是类似护城河的长城外侧的一条壕沟。

古城依山坡地势而建，西高东低。呈南北走向的长方形。古城堡破坏严重，断垣残壁，城墙毁坏严重，北城墙只剩下西至东约455米，其西边一部分被1971年修建上店子水库取土方而破坏，形成一个大缺口。南城墙被毁坏得更严重，东至西约200米，南北长约650米，残高2～5米，基宽6米。从现存的痕迹看，开北门，西北设置有瓮城，已毁。

（十一）西安州古城

在海原县西20公里，有一座古城遗址，这就是历史上称之为"固靖之咽喉，

甘凉之襟带"的西安州古城。西安州与镇戎军、怀德军互为犄角，防御西夏。明成化五年（1469），设为西安州守御千户所。

宋太宗雍熙二年（985），天都山一带被西夏占据。元符二年（1099）五月，宋朝大将折可适攻西夏取天都山，以西夏南牟会新城改筑为西安州。城成，赐名西安州。城"周围五里六分，高阔三丈二尺，开有东西二门，绕以瓮城。四面有楼，曰东宁、西靖、安南、定北"[8]。此后，宋与西夏在这里争城夺池，多有战争。明洪武二年（1369）四月，大将徐达遣平章俞通海攻占西安州，击溃元豫王。成化四年（1468），巡抚马文升及项忠等人"擒斩叛首满四，乃于城中筑隔墙一道，分为南北二城。修南城，甃以砖，内设游击及千户所，以资弹压"，"隶固原卫，嘉靖中，复设游击兵马校场，仓廒皆备，以资防守，及清乾隆时，裁千户所，改游击为都司，屯兵操牧，旋将都司移驻县治，名盐茶营，留千总、外委各一员"[9]。民国九年（1920）十一月初七日，海原发生8.5级地震，西安州全城震毁、房屋倒塌，巨厚的城墙多处崩塌，城内200余户人家大都死于地震。

三、城堡的作用

在冷兵器时期，城堡在防御敌人进攻和保护人民群众生命财产安全方面确实起到重要作用。但城堡并不像古人所说的"固若金汤"，在诸侯割据的年代，城门失陷，"城头常换霸王旗"的事常有发生。

如固原城。建武六年（30），天水隗嚣举兵反汉。建武七年，隗嚣派其部将、安定人高峻领万余人据守高平第一城（今固原）。建武八年闰四月，光武帝决定亲征隗嚣，并命熟悉北地形情势的马援招降坚守高平第一城的高峻，遂进军至高平第一城，封高峻为"通路将军"、关内侯。建武九年春，隗嚣病死。汉将耿弇和来歙分兵攻取安定、北地诸营堡。高峻坚守高平第一城，不降汉，武威太守梁统等围攻之，一年未下。但所有城池也绝不是"固若金汤"，永远攻不破的。唐代宗大历元年（766），就曾被吐蕃攻陷原州城。

黄铎堡城。宋绍圣五年（1098），西夏帝乾顺发兵40万，由其母梁太后统率，围攻平夏城（大观二年〔1108〕改设为怀德军）。夏军建造了一种名为"对垒"的战车，每次用百余辆载数百名士兵，填壕而进，奋力攻打，飞石激火，昼夜不息，围城13天，死伤万余人。一夕，大风骤起，战车损折。梁太后痛哭流涕不已，并划破了自己的脸。又从没烟峡（今原州区黑城乡苋麻河峡）昼夜发炮，骚扰宋军。宋将郭成与折可适带兵奔袭，俘西夏统军、监军，夏军被迫撤去。宋将姚雄等领兵尾追，杀夏兵3000余人，俘获数万。

2005年10月的一天下午，原州区黄铎堡老庄村村民平田整地时，在距黄铎堡古城（即宋之平夏城、怀德军）北2公里处发现大量人头骨。据考古工作者考证，人头骨数量达上千之多，埋葬形式为方坑，其中还有少量腿骨和肋骨，堆放无序。此次发现的人头骨埋葬地点，正好和北宋军队追杀西夏兵的路线相印证。

隆德县城。蒙古太祖二十二年（1227），成吉思汗率师于夏四月进入六盘山地区，拔德顺州（今隆德县城）。闰五月，避暑六盘山。《金史·爱申传》记载了蒙古军队攻克德顺州的战况："正大四年春，大军西来，拟以德顺为坐夏之所。德顺无军，人甚危之，爱申识凤翔马肩龙舜卿者可与谋事，乃遣书召之……既至，数日受围，城中共有义军乡兵八九千人，大军举天下之势攻之。爱申假舜卿凤翔总管判官、守卫一与共之，凡攻百二十昼夜，力尽乃破。"在这场恶战中，德顺州节度使爱申、进士马肩龙等人被俘后宁死不屈，刚烈自缢。

崇祯七年（1634）闰八月二十九日，闯王李自成所领导的起义军由静宁州而来，攻陷隆德县城，杀知县费彦芳。这时，三边总督洪承畴已分调大兵死守固原，沿途关隘一律派重兵扼守。在这种情况下，李自成义军转战于六盘山区和泾河流域，接连取胜。次年，李自成在流动作战中曾七次攻破隆德县城。

清同治年间陕甘回民起义，固原城内因有内应，打开城门，回民起义军曾三次进城。

自清代起，城堡逐渐失去防御外敌工事的作用，完成了他的历史使命。

原载《宁夏师范学院学报》2014 年 5 期

注释：

[1] 北周置原州总管府，是地方高级军事机构，总管是高级军事长官。北周武成元年（559）改都督诸州军事为总管。隋初于各州置总管，大州置大总管，炀帝时废。

[2] 唐初于沿边重要地区置总管，又改称都督，唯朔方称总管。贞观五年（631）置原州都督府。据新旧《唐书·地理志》，初为中都督府，到开元十七年（729）时降为下都督府。

[3] 折冲府分三等，上有兵一千二百人，中一千人，下八百人。编制以三百人为团，团有校；五十人为队，有队正，十人为火，有火长。折冲府隶于卫。长官为折冲都尉，上府正四品上，中府从四品下，下府正五品下。每冬率兵操练。按规定轮番戍卫京师，有事征发全府，则率兵出发。

[4]《天府广记》卷一八《兵部》，《武备志》卷二〇八《镇戍五·固原》，转引自艾冲《明代陕西四镇长城》。

[5] 陕甘总督魏光焘：《重修瓦亭碑记》，载宣统《固原州志》。

[6]《资治通鉴资料长编》卷一二八。

[7]《元史》。

[8]《嘉靖固原州志·文武衙门》。

[9]《海城厅志》。

从萧关到石门关

杨佰智

这些年来，一直想为家乡固原制作一张精美的名片，给固原的形象打造一个符号，给热爱固原的人提供一个热爱固原的理由。因此在心里问过自己无数遍，什么能代表我们固原的山河和土地？什么应是我们固原的象征符号？我想到了左宗棠的"贫瘠甲天下"，可这样虽然"夺目"却不"光彩"；想到了 1920 年 12 月 16 日发生在西海固的 8.5 级"环球大地震"，可如今震中海原在行政区上已经身不由"固"，何况那也是西海固的"伤疤"；想到了国家级风景名胜区须弥山石窟，想到了国家级自然保护区西吉火石寨；想到了红绿六盘，想到了丝路固原；想到了清水河、泾河，也想到了清真寺、拱北，还想到了萧关、石门关……但是这些符号就单个看都形单影只，它们缺乏系统也缺乏整体，用其中任何一个来象征固原，都略显单薄，这些单调的符号不足以承载起固原几千年的厚重，也解读不了固原深邃的内涵。我希望能在我们固原的土地上，寻找到一根可以使这些"珍珠"串联起来的"绳子"，它应该既是地理线，更是文化线。我突然想到了走过很多次的萧关—开城—固原—三营—黄铎堡—石门关这一路线。这一条线既有固原两大名关——石门关和萧关，又有三大宗教圣地——佛教的须弥山石窟、伊斯兰教的二十里铺拱北、"一山容三教"的九龙山；既有宋夏时期的平夏城遗址——黄铎堡古城，又有皇家宫苑——安西王府；既有宁夏唯一国家级的固原博物馆，也有宁南商埠重镇金三营。将以上这些名胜古迹经这根"绳子"一串，岂不就是金光闪闪的"固原项链"？走在这条线上，既可体验固原人文、历史之厚重，又可领略固原地理、生态之美丽。

一、这是一次宗教之旅

公元纪年刚刚开始，一种教义温和的宗教——佛教，便沿着漫长悠远的丝绸之路，开始长途跋涉。偶像的崇拜，使这种宗教所经之处，产生一种充满勃勃生机的宗教艺术，林立的石窟、比比皆是的造像，向人们诉说着古代丝绸之路沿线中西方文化交流融汇的不争事实。开凿于北魏早期的须弥山石窟在中国石窟史上占有重要的地位，被列为"中国十大石窟"之一，是古代丝绸之路沿线著名的佛教石窟之一。整个石窟，开凿在长约 2 公里、宽约 1 公里，5 座并立山峰的 8 个山崖上，凝聚着古代中华民族的心血和高超艺术才华，记载了丝绸之路上各种文化及其民俗在须弥山的表现，其艺术价值可与云冈石窟、龙门石窟相媲美，被誉为宁夏敦煌。如今这处历经西魏、北周、隋唐、宋、元、明、清各朝代的古迹，经过几代人精心的维护和修茸，仍然以它特有的大气，从容庇护着固原这块深情的土地。

二十里铺拱北位于固原城南 10 公里处银平公路东侧、清水河畔 50 多米的五原山台上。民间传说二十里铺拱北始建于元代，忽必烈封赐的一位曾在元统一中国时功绩卓著的伊朗传教士（即民间所称"西来上人"），曾在二十里铺拱北的五原山修建静室一座，修持办道，传播伊斯兰教，即为五原山南古寺之前身。明成化二年（1466），西来上人归真，当地穆斯林为其建起拱北。《回族美术史稿》载：二十里铺拱北创建于清康熙十六年（1677），乾隆十九年（1754）扩建后，曾勒碑纪事，名曰《回教先仙碑》，称建者"回教公"。碑文称："先仙不传其名，康熙中，乡人每见有在山诵经者，近而视之杳无踪迹。后有西域老叟至此，曰此山有先仙遗冢，吾教宣礼奉焉，启土视之，得墓志一方，泐于成化二年。"现二十里铺拱北总体建筑气势雄伟，古朴壮观。全部建筑为六进式，第一进为门厅，第二进为院落，第三进为砖坊，第四进为内门，第五进为墓室，第六进为后院。有楼、塔、亭、阁、照壁、六角亭等。院内松柏苍翠，环境幽雅。

位于固原城南的九龙山是一座名副其实的宗教之山。令人叫绝的是，不大的山头上，道教、佛教、伊斯兰教三教共存且和谐相处。这种"一山容三教"的神奇之山，在全国都比较少见，即便有，也多为儒、释、道三教并存。而固原九龙山三教建筑景观在此比肩而立、交相辉映，着实让人刮目相看。

二、这是一段丝绸之路

2007 年 6 月，在乌鲁木齐市举行的丝绸之路跨国联合申遗工作会议上，经过中国丝路申遗专家们的共同讨论，初步确定了丝绸之路跨国联合申遗中国段的 48 处文化遗产推荐名单，固原有 4 处遗址被列入，即开城遗址、固原城、固原北朝及隋唐墓地和须弥山石窟。这 4 处遗址全在从萧关到石门关这一条线上。历史上的固原，曾经是丝绸之路重镇，是关中通往中亚的咽喉要塞。丝绸之路，东起长安（或洛阳），西至东罗马帝国首都君士坦丁堡，横跨欧亚大陆，在我国境内有 1700 公里以上。目前学术界将这条丝路划为 3 段，即东段——关陇河西道；中段——西域道；西段——中国境外段。东段又分为南、中、北 3 道。固原正处在东段北道的交通要道上。东段北道的走向是：从长安临皋（今西安市西北）经咸阳县驿出发西北行，经礼泉，过平凉，入固原南境弹筝峡（三关口），过萧关，北上原州（固原）；沿清水河谷，再向北经石门关（须弥山沟谷）折向西北经海原，抵黄河东岸的靖远，渡黄河即乌兰关（景泰县东），由景泰直抵河西武威（凉州）。在丝绸之路东段南、中、北三道中，由长安抵河西凉州（武威）最便捷的丝路干道。有人统计，丝路北道与丝路南道相比，路途要缩短近 200 里。东汉时刘秀亲征高平（固原），河西太守窦融与五郡太守车驾会高平，浩浩荡荡的大军与战车走的就是这条道。从区域讲，这实质上走的是萧关古道。想要了解固原的丝路文化，一定要到固原博物馆参观一次。固原博物馆珍藏文物达万件，其中不乏国家一级文物和国宝级文物，这些文物昭示着固原悠久的历史及其在古丝绸之路上的重要地位。斗转星移，时过境迁，古丝绸之路上的那一声声梦幻般的驼铃早已悠远，现在宝中铁路、福银高速公路横贯固原南北。萧关道上的固原城一改过去萧条景象，随着宁南区域中心城市的建设，这个曾为多民族、多文化相互交流融合传播的重要驿站，城市面貌已焕然一新。素有"旱码头"之称的金三营物流发达、商品充足、经济繁荣，已探索出符合山区实际的小城镇建设的新路子，为经济欠发达地区小城镇建设树立了样板，昔日的丝路古镇正在重新焕发生机。

三、这是一条诗歌大道

沿萧关到石门关这条线走，你能受到心灵的洗礼，也能沐浴诗歌的熏陶。这是一段丝绸之路，也是一条诗歌大道。在古代，固原就是诗歌的辉煌之地，也是中国历史上边塞诗的诞生地之一。我们所熟悉的春秋战国以前平民与贵族的诗歌总集《诗经》里，就有关于西周与猃狁在固原一带征战场面的生动描绘，即《小雅》中的《采薇》《出车》和《六月》，是公认的边塞诗的鼻祖。《六月》中："薄伐猃狁，至于大原。"直接点明了战争所在地。这也是固原在诗歌中最早被提及。《采薇》以一个士兵的口吻，写出了在战后归家途中，追述戍边作战的艰苦状况和对家乡的思念之情。我们知道《小雅》是《诗经》中艺术成就最高的部分，而《采薇》也被尊称为精品中的精品。在第六章更是创造了登峰造极的诗歌美学境界。其中"昔我往矣，杨柳依依。今我来思，雨雪霏霏。"更是被千古传诵，早在晋代就被文人推举为《诗经》中的最佳名句。萧关可谓"诗关"，咏萧关、萧关道诗篇数不胜数。唐代边塞诗人王昌龄、王维、岑参、卢纶等都写过很多歌颂萧关的诗作。如王维："萧关逢候骑，都护在燕然。"陶翰："驱马击长剑，役役至萧关。"卢纶："今来部曲尽，白首过萧关。"在一些描写萧关一带情景和远征战士戍边生活的诗中，最受人喜爱的还是王昌龄的《塞上曲》："蝉鸣空桑林，八月萧关道。出塞入塞寒，处处黄芦草。"这首诗给后人留下了一幅当时萧关金秋胜景的美丽画卷。还有卢照邻、陶翰、杜甫、贾岛、高适等都曾经写下过相关的不朽诗篇甚至绝篇。也正是唐王朝的大诗人们使今天的萧关、萧关古道辉映在辉煌的唐诗所呈现给我们的画卷中，并让萧关、萧关古道继秦汉之后又一次名扬千古。与萧关遥遥相望的六盘山纵贯固原境内，因有了毛泽东的壮丽词章《清平乐·六盘山》而名闻天下。山不在高，而在于站在山巅之上的人的高度，毛泽东在六盘山顶的一次驻足，使这座山峰成为中国现代思想史的高峰。

四、这是一次地名寻根

地名是一个地方文化的载体，一种特定文化的象征，也是一份牵动乡土情怀的称谓。从萧关到石门关这条线名胜古迹众多，人文景观荟萃，有着悠久的历史，更有着充满神韵、脍炙人口的地名文化。沿线地名有的与方位有关。如三里铺、二十里铺等；有的与其地貌相关，如头营梁、开城梁等；有的来自于当地植物名，如萧关；有的来自于人名，如黄铎堡；有的与宗教信仰有缘，如须弥山；有的来自民间传说，如古雁岭。

固原名称的来历，应该始于明景泰三年（1452）。至于为何称"固原"，一说是固原唐末陷于吐蕃后，先后侨治于甘肃的平凉、镇原，固原这个地方就被称为"故原州"，讳故改固，因名固原；二是"北魏以此置原州，以其地险固因名"。今天有相当多的人更钟情于从地理位置的角度来考虑固原的得名，因为关中四塞之一的萧关在固原，这里是通向关中和中原的门户，守住了此地，就巩固了中原。所以他们说：固原者，固我中原也。出固原城往北，头营、二营、三营等"营"一字排开，据说是宋将杨延景（杨六郎）扎下的营盘，其实是明代固原牧马戍边的马政营盘，被沿用到现在。

萧关，创建于汉文帝时期，在当时是关中与陇东的交通要冲，被古人称为"灵武咽喉，西凉襟带"。萧关名气很大但名字很土，原以为萧关之"萧"此处做"乐器"解释，没想到书上说萧关是因关口附近萧蒿茂密而得名。萧关的得名显然与此地的自然地理环境相关。无独有偶，石门关在固原北须弥山石窟之侧，这里石门水穿峡而过，两面山峰形同刀劈，如同石门，故以石门关相称。

须弥山是梵文的音译，可称为须米楼、苏弥楼、须弥楼等，意译"妙高""安明""善积"等，指印度传说中的佛教名山。传说中的须弥山高达200多万里，相当于地球到月球的三倍，也就是说有200个我们所生存的地球摞起来那么高。

平夏城，位于固原市原州区西北约38公里黄铎堡村内。黄铎堡因明代固原卫指挥黄成（又名黄原）曾孙黄铎，在内城西北角筑堡而得名，为古丝绸之路东段北道的必经之地，也是北宋时期重要的军事重镇之一。平夏城之名，据《宋史·章楶传》载：章楶知渭州，（筑）城葫芦河川（今清水河），据形势以逼夏（西夏）。又据《宋史·地理志》卷八七载："平夏城，旧（唐）石门（镇）城"，宋哲宗绍圣四年（1097）赐名。

原载 2014 年 6 月 5 日、7 月 9 日《固原日报》

丝路重镇　固原古城

王金铎

　　固原古城是丝绸之路宁夏段上著名的城市遗址，位于固原城内。有内外两重城墙，平面呈"回"字形。内城墙周长九里三分，即4650米，高三丈五尺，顶宽二丈二尺，底宽三丈八尺。外城墙周长十三里七分，即6850米，高三丈六尺。内外城共开有十道城门：其中东城门三道，有名者二，曰安边、曰保宁；南城门四，有名者二、曰镇泰、曰兴德；西城门二，有名者一，曰威远；北城门一，曰靖朔。

　　固原古城从西汉武帝设立安定郡作为郡治开始修筑，历经十六国、北魏、北周、唐、宋、元、明、清等各个历史时期的扩建、维修和加固，最终城墙外表采用砖包，形成了一座颇具规模，集政治、军事、文化于一体的历史名城。新中国建立后，雄伟的古城仍屹立于清水河西岸，20世纪70年代初，方遭灭顶之灾。当时为了利用城墙包砖修筑地下防空洞，加强战备，便开始拆除城砖。到80年代城墙体基本上拆除殆尽，只留下了不易拆除的残壁断垣和利用墙体作为羁押犯罪分子看守所的城之西北角。虽然古城墙遭到了严重破坏，但作为城市遗址，其蕴藏着丰富的历史信息，具有深厚的文化内涵，存在有突出的普遍价值。2005年，宁夏回族自治区人民政府公布为自治区区级重点文物保护单位，2008年已申报全国重点文物保护单位，也是中国与中亚五国政府联合申报丝绸之路为世界文化遗产的捆绑申报点。

一、固原古城的现存遗迹

　　雄伟的固原古城，虽遭破坏，但通过现存的残垣断壁，仍可追忆昔日的壮丽。现存遗迹主要有：

　　固原内城墙体遗址，西南角一段，长约500米，高4～12米不等，处于现西湖公园内，保存状况较完整。墙体上现有松树，榆树，柳树等，顶部存有民国时的砖塔一座，且有现代建筑物——凉亭。西北角一段，长约338米，高12米，处于固原市内太平巷与市医院之间。南墙一段，长约有240米，处于固原市内后壕与小南寺巷之间。东北角一段，长约150米，处于固原民族师范后院。还有处在固原二小院内属内城的一处城墙角台，顶部有清代修建的文澜阁。

　　固原外城墙体遗址，外城西北角一段，长约1000米，保存较完整，从新西院到看守所，再向东经和平门；北关路原州区林业局与武警教导队之间一段，长约150米；东关路原固原县针织厂西侧一段，长约30米；东城门一段，长约40

米；东关路原固原县粮食局饲料公司后面与东红村之间一段，长约 50 米，2007年，由固原市政府开辟为古城墙花园，并对城墙基址进行保护性修复，呈现出基址轮廓。另外还有南河滩清水河畔东红村一段，长约 300 米；人民街 2 号～27 号一段，长约 57 米，高 9 米；南城路 111 号一段，长约 42 米。

固原城内的古建筑遗迹有：城隍庙，位于政府路东段，现原州区粮食局院内。始建于明景泰元年，据明嘉靖《固原州志》中"创建城隍庙碑记"载："……有安边，镇夷二门城隍，建置莫详厥初。大明景泰庚午，……乃以城池既完，非立城隍庙，……始于景泰元年（1450）三月三日，以是年秋八月告成，俾予记之。"又据民国《固原县志·建置志》"坛坊"中载：城隍庙"同治兵燹，付之灰烬。……劝募兴修，始状厥观。第一级门前，铸铁狮二对蹲左右，右者前腿胯抱小铜猊一，土人称为铁抱铜者，……循门进第二级，中建乐楼，东西钟鼓楼。第三季献殿三楹，……第四级正中为隍神寝宫。"民国年间，国民党第八战区军队占用作为粮库。从 1954 年始，一直被固原县粮食局占用。现存较完整的三座正殿，其中圣母宫基本保持明代建筑风格。

财神楼　位于古城南门外过店街南端，从建筑风格看，始建于明朝。过店街是清末至建国初期固原城的繁华商业地段，光绪四年（1878），商家为了财源兴旺，捐资重建。基座为城门洞式青砖结构，门洞南面上端砖刻"五原重关"，背面上端砖刻"天衢""光绪四年六月毂旦，过店坊众会旧修"。楼阁为方形歇山顶式土木结构，是固原市唯一保存的城楼式歇山顶楼阁建筑。

文澜阁　位于原州区第二小学院内内城墙东南角台上，建筑风格为六边形三层檐亭式砖木结构，飞檐翘角、卷蓬复叠，是固原保存较完整的明清古建筑之一。据史载，魁星楼由明三边总督秦纮创建于弘治十四年（1501）。道光乙巳年（1845），杨忠武捐俸金重建，遣僚属，庀材鸠工，衣砖甃石，金碧错杂，丹漆涂施。光绪末年，知州王学伊为"招东来紫气，起地方文脉，壮山城景色"而倡议地方乡绅并带头捐资重建。1926 年书法大师于右任登阁游览，题写"瑞应须弥山，翠接文澜阁"的楹联，之后魁星楼又称文澜阁。

钟楼上的大铁钟　钟鼓楼是我国古代城市的威仪建筑，明代，固原作为三边总镇，建有雄伟壮观的钟楼和鼓楼，可惜毁于 20 世纪 70 年代后期，只留下了悬挂在钟楼上的"千古一钟"，即铸造于北宋靖康元年（1126）的大铁钟，作为消逝的钟鼓楼的见证。钟为国家一级文物，高 2.36 米、口径 1.7 米，重量约为 6吨，体形浑大，造型古朴。上铸各种图案及铭文 436 字，从北宋流传至今，保存完好，罕见而珍贵。据明嘉靖、万历《固原州志》中"固原镇鼓楼记"和"记略"记载，固原钟鼓楼，"东悬鼓，西悬钟，悬者又靖康时故钟焉"。在钟楼拆除时，钟由于体大量重，敲击发出洪大的声音，被作为战时警报器而免遭毁坏。

后由固原博物馆收藏并建八角重檐亭，专门陈列。

二、固原古城发展史略

固原古城是固原悠久历史和深厚文化的见证与载体。据考古资料，距今2.7~3.2万年的旧石器时代晚期，固原就有人来活动。新石器时代，这里存在着一支农牧兼并、崇尚简朴、兴盛蓝纹素陶的自成体系的原始土著文化，"菜园遗址"便是典型代表。西周时，固原为"大原"之地，是西周北部疆域的边缘。春秋战国时期，固原是戎、狄等北方游牧民族的生息之地。秦人兴起后，征服、兼并或消灭了诸多戎人部落，乌氏戎就是一支，被秦惠文王兼并后遂设乌氏县进行统辖，这是固原境内最早的县级行政设置。

秦汉时期，天下一统，固原作为边陲重镇纳入了统一的版图之中，秦与汉初属北地郡管辖。西汉武帝元鼎三年（前114），设置安定郡，辖21县，郡治高平（今固原），高平城出现，且成为安定郡的政治、经济、文化中心。高平城的筑造，奠定了固原城池建制的初期格局，其内城就是从此开始修筑的，这也是固原城形成和发展过程中的第一个里程碑。

魏晋南北朝时期，我国处于三国鼎立、十六国政权和南北朝的对峙中，历史进入了一个大分裂、大动荡、民族大迁徙、大融合的阶段。十六国时，固原被少数民族建立的前、后赵，前、后、西秦，大夏等政权统辖。前赵时，增置朔州，并设朔州牧，以镇高平，这是历史上出现在固原的新建制。北魏时期，太延二年（436）设置高平镇，被视为"国之藩屏"，正光五年（524）改为原州。北周时设置原州总管府，成为其政权的"霸业所基"。天和四年（569）正月，新筑原州城，扩大了城的规模，原城址成为新筑城的内城，这次城池修筑，承前启后，奠定了唐宋以前原州城的格局。

隋唐时期，固原的建置很不稳定。隋开皇三年（583）废郡置州县，固原时为原州。隋炀帝大业三年（607）原州又改为平凉郡，郡治仍在平高县，同时置有原州羊牧，设大都督并尉。唐代，固原的设置有原州、原州都督府、平凉郡等。前期，政治稳定，国力昌盛，文化繁荣，对外交流畅通，为城市的发展提供了保障，固原城也得到了发展。到唐代中后期，因为"安史之乱"，吐蕃占领了原州，"毁夷垣墉，弃之不居"。大中三年（849）二月，原州收复，归治。这个阶段，固原城遭受了战争的严重破坏。

宋时，固原地处宋与西夏交战的前沿阵地，建置的设立和城的建设主要考虑军事意义，在固原设置镇戎军，成为西北军事重镇。城的建筑形制也发生了变化，凸现军事防御，增筑了瓮城和马面。瓮城是修筑在城门外的圆形小城，俗称"月城"，主要用于掩护城门，也可诱敌深入，发挥"瓮中捉鳖"之功用。马面是城墙外从上到下附加突出的部分，主要为了增大城墙上的平面面积，有利于增加和部署守卫力量。宋绍兴元年（1131），固原陷于金，金大定二十三年（1183）升镇戎军为镇戎州，对这里进行特别经营。金宣宗兴定三年（1219）发生了大地震，固原城遭到破坏。出土于固原城墙中的"铭文方砖"和东岳山鲁班庙遗址中的"地震刻石"，堪称地震"双璧"，同时记载了金兴定三年六月十八日巳时发生的大地震，"镇戎墙壁、屋宇尽皆摧塌，黎民失散。""至兴定四年四月二十一日，兴上左军民夫二万余人再行修筑，至五月十五日工毕。"说明被震坏的固原城得到了及时修筑。

明清时期，是固原城的修筑顶峰，最终形成了内外两重城墙，平面呈"回"字形的建筑格局。明景泰二年（1451）朝廷允许修筑固原城。成化六年（1470）固原兵备道佥事杨勉整饬兵备，增筑固原城，并在南城门镇夷、东城门安边上修建辅楼。成化十年置延绥、甘肃、宁夏三边总制府于固原，总领陕西三边军务。弘治十四年（1501），设固原镇，又称陕西镇，固原遂成为北方"军事防备"的"九边"重镇之一。嘉靖十九年（1540），改总制为总督，驻节固原。清代，三边总督仍驻节固原，辖陕西、甘肃、延绥、宁夏四巡抚。固原城池新一轮的大规模修筑起始于弘治年间，弘治十五年（1502），三边总制秦纮增筑外关城，城墙上有堞楼，城周有壕堑，周长十三里七分（6850米），高三丈六尺（12米），设关门口，外为沟池，深阔各二丈。开有四道城门，南镇秦、北靖朔、东安边，复开西门称威远，这次修筑的外关城基本上奠定了双重城墙的形制。万历年间，固原城的规制得到进一步完善，万历二年（1574），三边总督石茂华主持以砖甃城，即用砖石砌护墙体外表，并增筑了角楼、铺房、炮台、水沟、车道及城墙顶部外沿，加修了作战用的垛墙，还修建完善了10道城门，最终形成了名震一时的砖包城，成为当时的西北名城。清代康熙四十九年（1710），"驻固的镇绥将军潘育龙增修固原城，并加修大小城楼24座"。嘉庆十六年（1811），固原总督那彦成再次进行修缮，"役募夫近万人，用帑五万余金。……向之倾者整，圮者新。垣堞屹然，完固如初。"至此，一座经历两千多年漫长岁月逐渐修筑、完善的集政治、军事、文化于一体的城市最终定格。

三、固原古城突出的普遍价值

固原古城，完整性虽遭破坏，但作为遗产，是固原历史发展、文化延续的象征和缩影，具有普遍的突出价值。

首先，固原古城城墙内外两重，平面呈"回"字形，在中国为孤例，在世界建城史上是独一无二的，且结合军事、人文、地形等独有的特征合理营建城池，体现出了"壮丽"的威势。

固原城池的形成，是悠久历史发展的产物。西周宣王曾"料民于大原"，即今固原。战国秦时，置乌氏县于此。西汉武帝元鼎三年（前114）始筑固原城，兴建之初就显示出了区域政治、交通、文化、军事的中心地位。后历经十六国、北魏、北周、唐、宋、金等朝代的不断维护与增筑，城池逐步趋于完备。至明代弘治年间设三边总制于固原，增筑外关城，基本上奠定了固原城池"回"字形的格局，万历年间重修城池，最终形成了具备内外两重城墙的"回"字形格局。"治城形势如磐石，东岳辅于左，西坪朔于右，九龙槟于前，北塬拓于后，清水河襟带于东南，饮马河纡轸于西北。""据八郡之肩背，绾三镇之要膂"。一座形制独特、规模宏大、蔚为壮观的西北名城屹立于清水河畔，彰显了人类的创造精神。

其次，固原古城历史上的兴衰见证了中国历史上诸多朝代更迭、军事防备、商贸发展的事实，是区域文明历史进程的折射。

西汉武帝设置安定郡后，十分重视其发展，先后 6 次巡察，开辟了后来丝绸之路东段北道的基本走向，固原作为交通重镇的历史地位初步确立。东汉初年，光武帝刘秀亲征高平，征服了陇西割据势力隗嚣属下大将高峻，固原显示出了特殊地位。北魏太延二年（436）在固原设高平镇。524 年，六镇起义爆发，高平镇敕勒族首领胡琛起兵响应，自称高平王。527 年，万俟丑奴在高平称帝，建立政权，置百官，年号神兽，固原遂成为起义政权的首都。

唐代，是固原的多事之秋。唐初，太宗李世民亲巡固原视察马政。756 年，太子李亨率部抵原州（固原）都督府，招募军队，补充数万匹战马，成为平定安史之乱、收复长安、力挽狂澜的有功之地，也是肃宗李亨即位的策源地，固原在这一历史转折时期发挥了巨大作用。唐代中后期，吐蕃大举入侵，原州陷入吐蕃，治所内迁，丝绸之路受阻，途经固原的通道由新灵州—西域道取代，固原在丝绸之路上的重镇地位受到了严重影响。

蒙元时期，成吉思汗、蒙哥、忽必烈等蒙元政权的创建者曾驻跸六盘山，且设立成吉思汗的避暑行宫，他不久病逝于此。一代天骄成吉思汗殒命六盘山，奠定了这里在蒙元政权时期的特殊位置。蒙哥汗、元世祖忽必烈等以六盘山为基地的军事行动，都与固原密切相关。

明代，为了军事防御，重新修筑固原城，成化十年（1474）设三边总制府于固原，甘肃、延绥、宁夏，诸镇总兵、巡抚皆听三边节制，自弘治十五年（1502）起，三边总制始为定制，足见固原军事地位的重要。清代，固原处于和平环境之中，这座古城也随着清王朝的解体而在政治、军事上走到了尽头，作为人类文化遗产则永久存在。

再次，固原古城是丝绸之路中国境内东段北道上的咽喉重镇，又是中国北方游牧文化与中原农耕文化的交汇之处，见证着诸多民族徙居、融合、中西文化交流的事实。

固原处于中西文化交流、中国南北文化融合的交错地带，也是戎、狄、羌、匈奴、鲜卑、羯、氐、柔然、敕勒、突厥、吐蕃、党项、蒙古等诸多少数民族徙居、融合、发展的地区。五胡十六国时，先后有鲜卑、匈奴、羯、氐、羌等民族徙入，匈奴铁弗部落首领赫连勃勃还在此建立"大夏"政权。唐代，突厥、吐蕃入居，后来他们逐步融合于汉族或其他民族中。典型代表则是"昭武九姓"粟特人的徙居，粟特人主要居住在中亚阿姆、锡尔两河流域的索格底亚那地区，自汉代起就活跃在丝绸之路上。隋唐时期，由于原州是丝绸之路东段北道的重镇，商业贸易发达，胡汉文化得到进一步交流，粟特人史氏家族"因宦来徙"，固原遂成为丝绸之路沿线粟特人的主要聚落点。固原西、南郊史姓家族墓地便是实证，目前共发掘史姓及其他各阶层的墓葬 50 余座。其中具有墓志确切记载的大型墓葬 7 座，6 座墓葬属史姓。从中出土了一批反映中西文化交流和民族迁徙融合的遗物。尤其是墓地中出土的欧罗巴人骨架，把欧罗巴人地理分布的最东界从哈密地区推进到了固原地区，显现了民族的迁徙和交融，说明丝绸之路上原州人种分布的多样性，具有特别重要的意义。宋夏之时，党项诸羌徙入固原，且数量较多，仅泾原路诸羌熟户一万零四百七十余帐。宋、夏还在原州、德顺军（今隆德）设置榷马场，成为吐蕃、回纥、党项人进入固原境内的又一渠道，为民族融合提供了一个新的平台。元代，安西王开城府的设置，促使蒙古族徙居六盘山地区。在蒙元统一过程中，东来中国的"回回"人在战争结束以后，随地入社，从事农业耕作，六盘山区就是回回军屯驻耕作的重要区域。这一时期，回回人开始定居固原。

　　历史上，固原是丝绸之路长（安）—凉（州）之道北路上的咽喉重镇，贡使、商贾、僧侣往来频繁、络绎不绝，诸多文化交流、宗教传播的事实就发生在这里。尤其是北朝、隋唐丝绸之路的繁荣昌盛时期，固原城周围出土的大批蜚声中外的文物便是见证，尤以北魏漆棺画、鎏金银壶、凸钉装饰玻璃碗三件国宝级文物而著称。还有绿釉乐舞扁壶、舟形杯、金银币等反映中西文化交流的中西亚器物。史料记载的波斯国为北魏洛阳献狮的故事，就发生在这里。北魏正光五年（524），高平爆发了万俟丑奴领导的人民起义，恰逢波斯使者途经高平，为洛阳献狮，被万俟丑奴截留，因此而建元神兽。这是中西文化交流史上的一次著名历史事件，具有重要的价值。还有大量带有或受中亚与波斯风格影响的器物，如：波斯萨珊金银币及其仿制品，展现源于希腊、罗马文化艺术风格的巴克特里亚金属制品——鎏金银壶，还有来源于伊朗高原萨珊玻璃系的凸钉装饰玻璃碗，镶嵌宝石的金戒指，微雕"生命树"母题的刻有中古波斯铭文的宝石印章等，以及手握或口含金银币的葬俗，实证了沿着丝绸之路文化传播的兴盛和文化交流的发达。尤其是出土的史系与安氏墓志，记载了粟特人中的史系流寓原州的事

实，也为丝绸之路沿线粟特人汉化和民族交流提供了实物资料，说明了隋唐间发达的中西文化交流。

随着丝路的畅通，东西文化交流的宗教——佛教文化率先传入固原。东晋十六国时期，北方少数民族政权大力倡导佛教，当时少数民族建立的后赵、前秦、后秦等政权统辖今天的固原。后秦政权大力推广佛教，当时安定郡朝那县出高僧道温，先于庐山事慧远大师，后又与鸠摩罗什一起在长安共相提携，发明幽教，足见这里的佛教传播已比较普遍了。须弥山石窟的开凿，就是佛教传播的时代产物。祆教，又称拜火教，也是随着粟特人在丝绸之路的活动而传入中国北方的西亚宗教，并受到政府的保护，祆教的宗教社区由自己管理，宗教首领——萨宝向政府负责，也是政府管理祆教的移民领袖、行政官吏。后来，伊斯兰教也沿着丝绸之路传入中国。蒙元时期，随着蒙古大军的西征东归，把六盘山区作为灭金攻宋的军事大本营，许多信仰伊斯兰教的中亚民族随军进入固原，加之安西王阿难答的极力传播，伊斯兰教在这里得到了很好的发展。

原载《原州史地文集》2013 年版

固原砖包城墙的建成与毁除

李　敬

固原县明清时为固原州治。明成化五年（1469）兵备杨勉增修州城高三丈五尺、底宽三丈八尺、顶宽二丈二尺、周长九点三华里，此系固原今内城。明弘治十五年（1502），当时的三边总制秦纮筑关城。高三丈六尺、底宽四丈、顶宽二丈三尺、周长十三点七华里，这就是后来人们称谓的外城。此即本文所指的固原砖包城墙。

以上城郭，城内的设置是：北边一座城门，名为"靖朔门"。西边两道城墙各有城门一座，外城门名为"威远门"，内城无名；东边内城有一道月城。因而有三座城门，外城门名为"安边门"，月城与内城无名；南边两道城墙又各有月城一道。因此有四座城门，外廓城门名为"镇秦门"，内月城门名为"镇夷门"。

明万历三年（1575），当时的固原总督石茂华开始把廓城用砖包砌，城砖是由许多砖窑烧制而成的。因此规格不统一，以重量分有 24 斤的、有 21 斤的、有 16 斤的，以长度分有 42 厘米的、有 40 厘米的、有 38 厘米的、有 34 厘米的不等；砖包城墙的基部有 7 层石条，石条的长度有 5 至 7 尺不等，宽度为 2 尺，厚度为 6 寸。这两道城墙建成后，以后又陆续经过多次维修增设了角楼、铺房、护城河及城墙顶部外沿，加修了作战用的锯齿形躲护墙（俗称女儿墙）3600 个。清康熙四十九年（1710）当时驻固原的镇绥将军潘育龙重新加修城楼 24 座，炮台 32 座。嘉庆十六年（1811）固原总督那彦成又重修。光绪三十二年（1906），固原提督张行志、知州王学伊又加补修。民国九年十一月初七日海原大地震（史称民国九年甘肃大地震），使内城墙大半倾塌，砖包城的外城墙亦塌多处，城楼、巡房尽毁（《固原师专学报》1983 年 1 期）。

民国十八年、十九年间，甘肃旱灾奇重。当时的官绅商贾曾吁请甘肃华洋义赈救灾会以工代赈修筑缺口，修葺躲护……（民国《固原县志》卷五）

固原城郭是仅次于南京、西安等名城的砖包城。虽然多次塌毁，但也历经修葺。至中华人民共和国成立时（1949）虽然城楼、炮台等已荡然无存，但内外两城墙直到 20 世纪 60 年代还基本存在。东面和东南面的躲护墙还有一段保存得很完整，其形式犹如今日万里长城的八达岭至山海关一段一样。工余饭后，三五成群的游人还可以漫步于城墙之上鸟瞰固原的山川。

这么一座四百年来赫赫有名的边关军事重镇、三边总制所在地——固原砖包城墙是怎样从地貌上消失的呢？20 世纪 50 年代末（1958—1959），为修建北门亚麻纺织厂，最先拆用过一些城砖，此后修建南河滩大桥，又拆用过一些城墙基石。1960 年以后，由城建局主持修建下水道和由人民防空办公室主持修建的人防工程地道，便大肆开始拆除城砖，拆砖工作由城建局负责办理，劳改队去拆，向使用者每块收费三分，收费总数除支付劳改队拆工费外，还上交财政款 28 万余元。当时，固原地委书记罗文蔚从保护文物古迹的观点出发，曾示意停拆，但是已有三分之一被拆掉，保留下来的仍有三分之二。1972 年，兰州军区司令员皮定均到固原检查战备工作时，通过驻固部队转告固原县"革命委员会"说：为便于未来战争中开展游击战，并解决防空地道用砖不足，可把固原砖城拆除。这个指示未经"革委会"讨论，由县人民防空办公室开始大量拆用，修建地道。如从政府街到中山街，从电影院到工商局，从中山街经文化街的一中、师范到东关街的主要人防工程地道，都是用城砖修建的，有些单位基建也用城砖。从此以后，具有 400 余年历史的砖包城墙，1973 年即从地貌上基本消失了。

现在东、南、北三面只留下了些断断续续的断垣残迹。西面的城基大部分已由新建的三层楼房取而代之。只有原外城的西北角，还十分完整地保留下来，这个角子全长约 1000 多米。这一角城墙之所以能保留下来，是由于在此处修建了看守所，才未被拆掉。现在如果谁想看一下真景，那么从原西门出去向北走不远就可以看见。

在原内城东南角的顶部也保留了一处三层六角形的古建筑物——奎星楼。它初建于清末宣统二年，民国中期第一次整修时更名为文澜阁。1985 年 8 月又在年久失修即将塌毁之际，人民政府根据各界人士的要求和建议进行了整修，并在三层挑檐的内外沿口安装了数以千计的彩色灯泡。每逢盛大节日之夜，光彩夺目，看起来犹如悬在空中的一串发光的珍珠，美丽壮观，给古城的夜景增色不少。

选自《固原地区史志资料》第三辑

丝 路 经 济

固原地区社会经济发展概略

王 恽

固原地区，是一域古代郡、州置所，也是祖国西部重要边陲之地。历史悠久，政治、军事、经济、文化的传闻和遗迹比较广泛。域处祖国大西北内陆，在宁夏回族自治区南部，北纬35°14′~36°35′，东经105°12′~106°56′之间；行政区划置海原、西吉、隆德、泾源、固原、彭阳6个县，县以下辖属121个乡（镇）。面积22596平方公里，人口143万多。东、南、西三方面，与甘肃省庆阳、平凉、定西地区为邻；北部同本区银南地区接壤。是宁夏回族自治区回族聚居比较集中的地方。

一、从"六盘湖"到六盘山区形成

今固原地方，地理学家们考察论说，在距今一亿二千万年前，是一处自南向北延展的"六盘湖"。一两千万年前，地球上发生巨大造山运动，于是出现了我区最年轻的六盘山、香山等较大山脉。还随着气候变得干旱寒冷，加之多西北风，把黄土吹来沉积于此，便造成了这里的黄土高原并与陕北、陇东、陇西黄土高原在地质上连接起来，形成我国西北黄土高原之一部分。

二、古代鬼方与西周太原

我国夏商至周，对西北古部族居住区，贬称地名曰"鬼方"，当今宁夏固原地区，泛指在这个区域内。战国《禹贡》分九州，这里是雍州方域之太原。

西周时期的太原在何？史学家曾争论不休。依1980年在固原西北中河乡孙家庄发掘清理的一座约公元前11世纪至公元前10世纪中叶的豪华奴隶主墓中出土古迹，参考清代历史学家顾炎武《日知录·卷三·太原》，当今固原正是西周时期的太原。顾炎武言者是，"周人之御猃狁，必在泾源之间（指今固原与甘肃平凉域），晋阳之太原（指今山西）在大河之东，距周京千五百里，岂有寇从西来兵乃东出者呼？"周宣王料民太原，亦当今固原、平凉等地。"《国语》宣王料民于太原亦以其地近边，而为御戎之备，必不料之于晋国也。"《观堂集林卷十三·鬼方昆夷猃狁考》，"我国古时，有一强梁之外族，其族西自汧陇（今固原地区当在陕西陇县汧阳西北200余里），环中国而北，东及太行常山间，中间或分或合，时入侵暴中国，其俗尚武力，而文化之度不及诸夏远甚，又本无文字，或虽有而不与中国同，是以中国之称之也，随世异名，因地殊号，至于后世，或且以丑名加之，其见于商周间者，曰鬼方、曰混夷、曰獯狁，其在宗周之季，则曰獯狁，入春秋后则始谓之戎，继号曰狄，战国以降，又称之曰胡、曰匈奴。综上诸称观之，则曰戎曰狄者，皆中国人所加之名，曰鬼方曰混夷曰獯鬻曰獯狁曰胡曰匈奴者，乃其本名；而鬼方之方，混夷之夷，亦为中国所附加，当中国呼之为戎狄之时，彼之自称决非如此，……"参考历史文献资料，早在公元前10世纪以前，固原这里居住着以氐（狄）族为主的氐、羌等部族游牧人。他们正当处在奴隶社会。近代史学家们考证，氐族的原始分布地区，在甘肃的东南部，汉武都郡一带。《北史·氐传》"氐者西夷之别种，号曰白马。……秦汉以来，世居岐、陇以南、汉川以西，自立豪帅"。这证明古代的氐和羌族都居住在那时统治中心（今西安市）之西，故后曰西戎。《诗经·商颂》"昔有成汤，自彼氐羌，莫敢不来享，莫敢不来王。"《竹书纪年》记，成汤与武丁时，两次"氐羌来宾"。现代民族研究家马长寿先生著《氐与羌》一书，引证三国时鱼豢《魏略·西戎传》叙述氐族的名称说："自汉开益州，置武都郡，排其种人，分窜山谷间，或在福禄（应作"禄福"，在今甘肃酒泉县），或在汧陇右（汧山陇山之间，在今陕西陇县、汧阳县及其以西山区，六盘山亦名陇山）。其种非一，称槃瓠之后，或号青氐，或号白氐，或号蚺氐，此盖虫之类而处中国，人即其服色而名之也。其自相号曰盍稚，各有王侯，多受中国封拜。"马长寿先生指出："氐羌都是勤劳勇敢的民族，他们同我国其他民族一道开发和建设了祖国的大西北。"

以上两个古老的部族，在一个漫长的过程中，由于同华夷民族和其他少数民族交错居住，下层人又同处在阶级的压迫而同生产劳动，共命运，故后来融合了自己。但是，他们却在人类发展历史上，做出了伟大贡献，留给后代以丰富的文化遗产。近古名人作画，以"八骏图"为美；据《平凉府志》记，周穆王伐犬戎有八骏，当得在泛指斯境里。三国时鱼豢《魏略》中记，氐"俗能织布，善田种，畜养豕、牛、马、驴、骡"。汉代以后，不仅氐羌的分布中心区，如白龙江、西汉水流域，黄河中上游及湟河、洮河流域的土地，是氐羌人民开出来的，就是他们迁徙所至的土地，例如关中渭河以北的陕北、宁夏南部、河西走廊、嘉陵江上游、岷江上游的全部或一部分土地，也是由氐羌劳动人民所开拓，或由氐羌与其他族人民共同开辟出来的。他们不仅在这里开垦荒土为耕地，种植五谷、饲养家畜，而且修建道路，建设城池、堡寨，繁荣村镇，兴文化教育，使人类开始走向文明进步。西周时期，周孝王命秦非子养马在汧渭之间，因地之利而得大发展，所以后有秦邑而立国称帝。《后汉书·西南夷列传》叙述白马氐的经济

"土地险阻，有麻田，出名马、牛、羊、漆、蜜"。到南北朝时，除了外徙的氐人经济已与汉人相同外，秦岭以西、岩昌以东的氐族生产更加发达。《梁书·诸夷传》"地植九谷，……种桑麻，出绅、绢、精布、漆、蜡、椒等。山出铜铁。"

三、义渠、乌氏戎地的经济生产

战国时固原地区称义渠、乌氏戎。

诚然，一个地区的民族之兴衰，同其经济的发展程度是息息相关的。西周初期，鬼方、猃狁以至后称西戎之地的义渠、乌氏戎地，虽在地理上山林茂密，川、原、台、坡水草丰盛，有兴农牧之利的良好条件，但其生产经营当时还是落后于周人的。故此，鬼方之域的民族和人民，在同周人的争斗中，经历了由衰到盛的历史。翦伯赞主编《中国史纲要》引说，《小盂鼎》铭载，康王二十五年，鬼方和周人发生过一次规模很大的战争，在这次战争中，周人大败鬼方，俘获鬼方13000多人，酋长3人，还俘获马和很多牛羊。《国语·周语》说，穆王时"犬戎以其职来王"，穆王强徙一部分犬戎于太原（当今固原和甘肃平凉、镇原一带）。这场战争的胜负，在一定意义上反映着这个地区和民族经济的发展程度。但，西周自穆王以后，猃狁日益强盛；他们依靠自己所处广阔的地域，加之森林、草原等优势条件，农牧亦大大得到了发展。此时，鬼方、犬戎成了周的严重威胁。《后汉书·西羌传》说："夷王命虢公率六师伐太原之戎，至于俞泉，获马千匹。"《虢季子白盘铭》，也提到这次战争，说虢季子白"经维四方，薄伐猃狁，于洛之阳，折首五百，执讯五十。"宣王时，猃狁已逼近周都。《诗经·小雅·六月》说："猃狁匪茹，整居焦获，侵镐及方，至于泾阳。"当时周宣王还派尹吉甫迎击猃狁，但没有取得胜利。曾命秦仲伐西戎，秦仲败死；伐太原之戎、条戎、奔戎，都打了败仗。公元前789年的千亩之战，"王师败绩于姜氏之戎""宣王既丧南国之师，乃料民于太原"（当今固原和甘肃平凉、镇原一带）；企图在这里补充自己的军队和财力。这就证明，此时太原之域，确有政治、经济的优势所在。鬼方作为战争的一方，如果没有很好的经济基础做后盾，是不可能应付西周战争的。《观堂集林·鬼方昆夷猃狁考》："昆夷之地，自太王之迁自北而南观之，则必占归必从豳（邠）北入寇，又史记谓，自陇以西有绲诸、锟戎、翟豲之戎，杨恽亦谓安定山谷之间昆戎旧壤，则其地又环歧周之西，与上所考鬼方疆域，若合符节，而自殷之武丁，迄于周之成王，鬼方国大民众，常为西北患……"又据考，今固原东南彭阳县隶沟口乡之焉（剡）堡一带，至周时期还是一个强胜之塞，王公竟来投入。中华书局1984年出版周连宽著《大唐西域记史地研究丛稿·阿耆尼国考》记，到汉代以前"乌""焉"二字通用时，引到《吕氏春秋·当赏篇》"公子连去入翟，从焉氏塞……"《史记·匈奴传》记，约公元前659—前620年，"秦穆公得由余，西戎八国服于秦，故自陇以西，有绲

诸、锟戎、翟狵之戎；岐梁山泾漆之北，有义渠、大荔、乌氏、朐衍之戎……"
其中乌氏，据王仲荦著《北周地理志》，乌氏两汉，晋属安定郡。汉芃县故城在
今甘肃平凉市西北。后魏徙。唐张守节《正义》："秦惠王（前 337—前 311）取
之，置乌氏县地。"战国时代乌氏之戎居今泾水上游地区，即宁夏固原，甘肃平
凉、镇原、宁县、泾川以北一带，正包括焉氏塞所在地。公元前 7 世纪时乌氏之
戎的关塞，至公元前 4 世纪时，则属于秦，被称为焉氏塞。按《汉书》记载，乌
氏之地至秦，畜牧业相当兴旺。秦始皇时，这里一名倮的畜牧主，牲畜饲养数以
百万计；《汉书·列传六一》，"乌氏倮（乌氏姓也，倮名也，其人为畜牧之业
也），及众斥卖求奇乡物间献戎王，戎王十倍其偿予畜，畜至用谷量牛、马支言
其数饶不可计，故以山谷多少言之。秦始皇令倮比封君，以时与列臣朝请"。

四、历代固原地区社会经济变迁梗概

固原在我国历史上，由于位置处在历代的边陲，故在历代的征战和割据戍守
中，总是以战场而存亡。这样，固原地方的经济、文化等基础，直接受其影响制
约。周以来近三千年，在固原就进行过百余次较大的战争；每一次战争的进行，
这里总要经受一次经济生态的破坏，居民的经济生产自然受到很大影响。加之自
然灾害的发生，自周以来，固原这一方域的生产经济，便由开拓发展自给型，慢
慢演变而成为后来的开发不力、消费不足的局面。依史料来看，固原地区的兴
衰，主要经历了三次大反复。

（一）第一次，从先秦至汉末，是一次开拓初兴后衰的起伏段落

西周，固原地区服从周制。周是农业部族起家，其祖原本是农官封于邰（今
陕西武功），传至不窋，失官奔于戎狄之间，再传至公刘居于豳（今陕西彬县）
从事农业，更传到古公亶父复为狄逼，徙岐山下。这样，这一地带便兴农牧，不
久就同周人一样，处在了奴隶社会的晚期。西周至宣王连年战争，宣王死后幽王
继位，公元前 780 年西北大旱，加上关中发生了大地震，泾、洛、渭水流域灾情
严重，还有幽王用虢石父为卿，把山、林、川、泽之利收归王室所有。更无道施
虐，嬖爱褒姒，废申后及太子宜臼，以褒姒为后，立褒姒所生伯服为太子，故引
起了申侯之变。在公元前 770 年，申侯与缯侯联合犬戎入攻西周，杀死幽王于骊
山下，西周遂亡。东迁之后的周王室，地位一落千丈，而各诸侯国，由于政治经
济的发展不平衡，邦国林立，较强大的主要有鲁、齐、晋、秦、楚、宋、卫、
陈、蔡、曹、郑、燕 12 诸侯。进入战国，各诸侯国争相称霸，后又演变为七雄
纷争的局面。当晋楚争霸之时，居关陇之秦也继而崛起，虎视中原。公元前 627
年，秦与晋战于殽（今河南陕县附近），秦败后穆公任用孟明视整顿内政，改变
战略，依山河之险，转而向西侯后向东发展，故正如《史记·李斯列传》说，
"益国二十，开地千里，遂霸西戎"。

秦在公元前433年伐义渠，至公元前327年，秦惠文王始有秦县义渠（其域当在今固原东，甘肃省镇原、环县西），这才正式开始了今固原地区的建置。今之陕西北部、甘肃东部、宁夏南部地区，正是属秦时的北地郡。秦统一六国设郡县、筑长城等等，主要的是政治军事上的需要，但同时防边拓边在实际上也对稳定、防护农牧业的生产，产生了重要的影响。《史记·素隐》曰："义渠古西戎国，与赵、魏接境，有二十五城，秦昭王灭之。"《史记·匈奴列传》记载："秦昭王时，义渠戎王与宣太后乱，有二子，宣太后诈而杀义渠戎王于甘泉，遂兵伐残义渠，于是秦有陇西、北地、上郡，筑长城以拒胡。"秦长城，其中蜿蜒起伏三百余里一段，就自西而东横跨固原地区正中部，它西起自甘肃临洮，东向到静宁县入固原地区西吉县，沿葫芦河东岸北行至将台乡，转向东沿马连川进入固原县又北向张易、红庄乡，穿叠叠沟过孙家庄，折向东再经中河乡、西郊乡至固原城北十里过清水河，东去经固原县河川乡进入彭阳县石岔乡，偏南方向又到城阳乡，东去又入甘肃省镇原县之马渠乡……这段长城，后来经历代维修，不仅在军事上作战防守起到拓保边陲的重要作用，在农牧业生产经营上，亦是一条明显的自然条件有别的区分线。东南有利农作，西北而优于畜牧。秦后至汉正如《后汉书·西羌传》记："武帝征伐四夷，开地广境，北欲匈奴，西遂诸羌，乃度河湟，筑今居塞，初开河西，列置四郡。"随着汉的边地更移至固原西北以后，在固原这个方域，战事之害减少了。西汉经济发展始通西域，它便带动了固原这里农牧业生产的发展。文景之治时代，这里边郡局部已阡陌纵横、牛羊成群。马援在边田牧，数年之间，得畜产数万。中原地区文化深入以后，这一方域便兴盛起来。一些有胆有识、文武技艺超群的人，他们顺应时势而声名震于地方和社会。西汉初年北地郡之义渠人公孙浑邪（浑亦曰昆），少壮时习武习文，景帝时任过陇西太守，曾以将军打败吴楚有功，被封为平曲侯。他信阴阳家之说，还为之著书十五篇。他的儿子公孙贺，字子叔，在《汉书》上有传。贺少年随父住京，善骑射被称为骑士。汉武帝为太子时，他们就有往来。武帝即位，贺为太仆，以后还因其夫人是当时孺卫皇后的姐姐，故又受到武帝宠信，元光年间（约前134—前129）历任轻车将军、车骑大将军，封过南窃侯、葛绎侯爵，代石庆做过丞相督责大臣。西汉末期，北地乌氏县梁统，是一位在当地很有作为的大名人。他性情刚毅，喜好法典，初仕即任郡、州要职。在新莽更始时升为中郎将，曾任酒泉、威武太守，行政严正，官民称爱，治绩史存。赤眉入长安，梁统、窦融起兵保境，建武五年（29）东汉光武帝诏加梁统宣德将军。建武八年（32）夏，光武帝亲征隗嚣，梁统亲随出征有功，隗嚣败后梁统封为成义侯，他的兄长梁巡、弟弟梁腾并封为关内侯，梁腾还兼任酒泉典农都尉。汉析北地郡，于高平（今固原）治安定郡。朝那县有皇甫氏，是当地历代著名之家。皇甫规字威明，他少好尚武有兵略，官任初为郎中，羌攻陇西时，他上书以举贤良方正对策要求自效，当时皇权由外戚梁冀亭弄，嫉妒规在刺已不用，更后又几加陷害；为此，皇甫规次后免归，以诗、易教授门徒十四年之久。梁冀诛后，朝廷再次任用了皇甫规，历任过太山太守，延熹（158—167）中以降服羌人功拜度辽将军，数年北边稍安，当时被称为贤人；永康（168）短期任过尚书，后迁任弘农太守，再转任护羌校尉。规死后，其妻被董卓所害。规的侄子皇甫嵩，是东汉名将，小时喜读诗书习弓马，因举孝廉茂才入仕。灵帝时任过北地太守，曾以破黄巾有功领冀州牧、太尉，封槐里侯，威名震天下。

固原地区内，汉初农牧业随着封建制的推行，有了较好发展，并由于中原、关中人员往来，发展手工业、建筑业亦受到感染，经济能力可谓自给了。西汉末，首先王莽改制引起的绿林赤眉起义战争，已经祸及北地、安定诸郡，北边一带已形成"千里无烟，无鸡犬吠之声"的景象（《续汉书·祭祀志》）。转而到东汉以来，一方面官府的压迫剥削加重，另一方面割据战争的进行，对这里初兴的农牧经营打击十分严重。当时固原方域皇室外戚权势最重者是梁冀，他是先代将军梁统之玄孙，梁商的儿子。汉顺帝时，公元128年，选了梁商之女梁妠为皇后，妠妹为贵人，后封梁商为大将军，还封商子梁冀为襄邑侯。顺帝死后，梁太后和梁冀先后选立冲、质、桓三帝，用梁冀为大将军，专弄朝政大事。《后汉书·梁冀传》说他"遣客出塞，交通外国，广求异物"。他占夺几千口良人做奴婢；对郡县的调发比过去增多十倍，人民大批地被掠。《拾遗记·魏》卷七记："古博闻云，汉诛梁冀，得一玉虎头枕，云单池国所献，检其颔下有篆书字，云是帝辛之枕，当与妲妃同枕之，是殷时遗宝也。"延熹二年（159）梁皇后死后，汉桓帝与宦官单超等谋合，诛灭梁冀抄家时，共得其家财达三十多亿金，为收拢人心，朝廷当年减收全国税赋一半。汉衰败以后，在全国战乱不绝，而在今固原地区或接近这里所进行的战争亦为数不少，它直接破坏这一方域的经济和生产力。汉安帝永初时汉羌族为反压迫而同皇室发生战乱，朝廷无能，当时连安定郡治都徙右扶风之美阳城（今陕西武功县境）。永初七年（113）夏，先零羌人叛，骑都尉马贤与侯霸便战斗来安定，在当地俘掠了千余人，得到驴、骡、牛、马、骆驼、羊只两万余。元初（114）以来，汉羌战乱，固原地区之邻郡州连绵不断。公元116年于北地烧杀，掠牲畜20000头；117年冬，任尚将诸郡兵与马贤击狼莫，贤先至安定到高平（今固原），于北地相持60余日后，战于富平河上，最后狼莫逃走了，汉军掠男女千余人，牛、马、驴、骡、骆驼、羊只十余万头。这大多乃是当地居民所生产者。对生产破坏更甚的，是羌族人民起义后，汉官吏为保持秩禄和赋役，强迫汉族人内迁时，"刈其禾稼，发彻室屋"，人民则"驱蹙劫略，流离分散，随道死亡，或弃捐老弱，或为人仆妾，丧其大半"。《后汉书·

西羌传》有段说："自羌叛十余年间，兵连师老不暂宁息，军旅之费转运委输，用240余亿，府帑空竭延及内郡，边民死者不可胜数……"总之，在这十多年战乱中，在边地区的损失是相当严重的，《续汉书·五行志》童谣说："小麦青青大麦枯，谁当获者妇与姑，丈人何在西击胡？吏买马，君具车，请为诸君鼓咙胡。"这足以见证当时战乱对经济破坏的惨重。但是，东汉末年以来的战乱，并不到此为止，却是随着人民反抗斗争的开展，封建割据战争的进行，统一的国家瓦解了，固原区域历三国、两晋十六国，战乱对生产的影响，一直没有休止。

（二）第二次，北朝隋唐而宋，这是固原方域内经济发展复而再衰的阶段

东汉以来，西北边地各族移动，关陇之地少数民族同汉族交错居住，故民族社会经济向上发展，尤其在汉民族的影响下，各自都在不同程度上走着封建化的道路，向定居农业生活或半农半牧生活过渡。如此，各民族之间出现一些融合的苗头；然，对此各族首领却产生了忧虑，以汉族统治阶级更甚。他们采用各种所谓"防夷"措施，并加强压迫控制。就这样全国历三国两晋，贯而出现"五胡乱华"之十六国南北朝时期，社会经济的发展十分缓慢。

淝水之战以后，西北各族贵族纷纷建立政权。拓跋部新起首领拓跋珪，乘机纠合部众再起，于魏登国元年（386）于平城称代王。魏天兴元年（398）改国号为魏，同年改称皇帝。拓跋魏称帝后，平定了内部分裂，又征服匈奴别部，在今内蒙古河套一带进行屯田，社会经济发展有所加快。拓跋魏对西北方所进行的征服，每次又都夺得大量人口和数以万计的牲畜，故其迅速强胜，并于4世纪末打败后燕，乘胜长驱直下，便占有了山西、河北之地。魏神麚四年（431），夏灭了西秦，魏灭了夏，魏太延二年（436）又灭了北燕，至魏太延五年（439）灭北凉，魏便统一了北方，时与南方刘宋等形成了对峙局面。

北魏统治时期，由于东汉以来民族大迁徙所造成的民族大杂居，杂居便利了经济、文化较低民族接受较高民族的经济文化，加之经过错综复杂的民族斗争，故而各民族有了不可分割的政治、经济、文化联系，进而经济、文化的一致，引起语言、习俗的一致，更经过互相通婚，民族特点差异便逐渐消失，从而出现了各民族的融合。这时的汉族也习胡族经营畜牧的经验，农牧兼营，着胡服、吃胡饼、唱胡歌等；胡族也习汉族经营农桑，说汉语，习文尚武等。还有，北魏统一后减少了战争的破坏及孝文改制，所以这时北方的社会经济，得到了进一步的恢复发展。但拓跋魏的政权，可以说是个胡汉联合的政权，并拓跋贵族的统治带有很强的军事统治性质，所以他们的统治存在着更复杂尖锐的社会矛盾。政治经济基础有差异，拓跋贵族具有奴隶主占有的统治欲望，而汉族区域则已有封建制的影响；加之拓跋贵族与汉族统治者之间，均有着残余民族互相歧视的思想根源，这就潜伏下了各族人民必然反抗的斗争。拓跋魏为维护军事统治，他们实行胡人

当兵、汉人种田的胡汉分治政策。由于鲜卑拓跋民为"国民"，地位高于汉族和其他民族，而对汉族则实行"宗主督护制"，"或百室合户，或千丁共籍"（见《晋书·慕容德载记》），代替了过去的基层政权，负责维护地方的封建统治，征发农民的租税徭役。另，为防止北方新强盛起来的柔然进攻，便设立了六个军镇，后增至九镇（其中包括高平，即今固原一镇）加强统治。然而，早已存在的社会矛盾越来越突出，故其时反抗斗争不绝。就固原远近发生的六镇起义，其原因就在孝文改制前，各军镇大将地位相当于州刺史，一般镇将也出身于"亲贤"的鲜卑贵族，将士地位很高。而孝文改制后，鲜卑贵族中划分士庶，"……留居京者，得上品通官，在镇者便为清途所隔"（《魏书·广阳王建闾传》附元深传），意即南迁在京的跻身于封建新贵，留镇的地位下降，身份上发生了明显差别，故在镇兵镇民积怨很深的情况下，便发生了起义，部分不得志的镇将士兵也参加到了这个行列。六镇起义，起事本初在今内蒙古、河北，然北魏统治的固原情形与外亦然，所以在正光五年（524），高平镇（今固原）士兵推高车族首领胡琛为王，响应沃野破六韩拔陵的起义，联络关陇反魏。孝昌元年（525），胡琛部之万俟丑奴等攻泾州，阵杀魏将崔延伯，收拾其精锐"甲卒二十万，铁马八千"（见《魏书·崔延伯传》）。这一重大胜利，极大地震惊了北魏统治集团。又胡琛死后，丑奴领导义军，攻克了东秦及邠州，528年自称为天子。此后丑奴败俘被害，但义军在宿勤明达领导下，继续进行着斗争。正是六镇起义影响的深入，元修逃到关中被杀，宇文泰在长安另立元宝炬为帝，是为西魏。至此，统一的北魏政权，便分裂为东西两个政权了。

西魏、北周，这两个北朝政权，与其统治实权相系的是宇文泰。他是西魏政权实际上的最高统治者，是北周（历史上又称于文周）的奠基人。这时，人民因饱受三百多年分裂割据的苦难，南北经济有所发展而不能通商互市，急切期望改革和统一。而宇文泰之后北周武帝宇文邕，则顺应了这个发展的潮流，积极地做了准备，进行了一系列重大社会改革。突出的是：第一，针对北魏吏制败坏，进行了吏制整顿改革，颁布"六条诏书"为州县官吏施政准则，任官"当不限资荫唯在得人"（《周书·苏绰传》）。第二，依北魏末均田制的破坏，重新进行均田，减轻租赋。劳役征发按农业的收成好坏而定。第三，创立府兵制，提高军队战斗力。第四，禁断佛道两教。第五，释放奴婢杂户等。正是如上改革措施的实行，北周的统治得以稳定，社会经济有了发展。西魏、北周时期的固原，因为宇文泰曾随父参加六镇起义而发迹；破侯莫陈悦，实以固原为根本，然后据有关陇；又依靠关陇汉族将领，同大将李贤友好，据李贤墓铭"太祖以皇帝春秋实富，齐国公年在幼冲，令公挟辅"等。因以上故，社会上便称宇文统治者为"关陇集团"，把固原一带作为他的根据地。宇文泰为西魏相时，常往于固原，宇文邕称帝，亦多次行幸原州。北周兴盛，天和四年（569）六月筑原州城，在此先后宇文氏大力加强原州总管府，领平高、长城二郡及平高、默亭、长城、白池四县，屯兵放奴，劝兵民勤操农耕。

北周传至宣帝，朝政大权全由其后父杨坚把持。580年宣帝死，传位给儿子静帝宇文衍，581年遂由杨坚称帝，灭周而称隋。隋的建立，是南北朝以来统一国家和封建经济向上发展的客观要求。隋统治时期，尽管在南北朝后期改制基础上，采取了许多整理改革措施，巩固其中央集权，社会经济方面实行减轻徭赋和清理户籍，进一步均田发展农业、手工业，并发展水陆交通，促进商业兴旺等措施，但，隋同时大兴土木，营建东京（洛阳）和开大运河，这就又给人民增加了经济的负担和役使，故隋统治不久，农民起义便发展起来。在各路起义军的合击之下，隋王朝很快土崩瓦解了。

继隋而建立的唐朝，是秦汉以来统一的中央集权国家，加强和繁荣了社会经济。唐太宗李世民，对隋末农民战争沉重打击了封建统治，承认是由于隋"赋繁役重，官吏贪求，饥寒切身"所引起的农民反抗（《唐书疏议·户婚律》）。因之，唐太宗为巩固地主阶级的统治，他要"去奢省费，轻徭薄赋，选用廉吏"（《贞观政要》）；继承高祖协调地主阶级内部各集团的利益，兼用关陇、关东和江南各贵族和士族。贞观之治，是他这一政策的体现。贞观元年至三年（627—629）各地连续发生水旱等灾害，而以关陇为最严重。唐太宗觉得这是对他统治的一种威胁，因之他命令灾区开仓赈济，精简官府官员，为恢复发展农业生产做准备。据史料记，在贞观四年全国丰收，各地流散的人口开始返回故地，时年以来粮价平稳，每斗米只三四钱，农民们生产经营开始有了信心。在唐代这个中国封建经济发展的鼎盛时期，今固原地区的农牧业，亦有很大恢复和发展。贞观四年以来，唐军击败东突厥，俘颉利可汗，唐太宗把大批南下的突厥人，安置在了东起邠州，西到灵（武）州的大片土地上。贞观九年又击溃吐谷浑军，吐谷浑投降于唐。贞观二十年，唐太宗又发兵分道进击漠北薛延陀，使薛属铁勒部亦降唐。按史料和旧方志记，唐时在今固原内外一域，以畜牧业为主的农牧业生产经营，很快发展起来。这里农牧经营方式有二：一是主要的以朝廷置马政监牧为主，次是平民所有之散牧马、牛、羊、兼营。近代史学家吕思勉讲，"马牧之盛，当推有唐"。《新唐书·兵志》记，监牧的制度，开始于唐。唐时马匹乃是作战军备之重要所需，为繁息见，唐初在战利中于突厥获得马两千匹，又得隋战马三千匹，从赤岸泽（今陕西省大荔县一带）迁移于陇右（包括固原一部分），于是朝廷设太仆少卿官，专职其事。起初，太仆少卿张万岁，自贞观至麟德的40余年间，马匹发展最高达到706000多匹。马匹繁多后，唐便扩大监牧。唐高宗仪凤（约677—679）新任太仆少卿李思文时，从东起华县、同州而西至盐川、河凶，田八坊设四十八监后又析增十一监，并增加了东、西、南、北四群牧都使，而分统八坊。八坊之内，他们垦田1230多顷（约折合123000亩），用来种植精细饲料，雇募3000多人饲养马匹。张万岁去职以后，监牧马群渐衰，在永隆中（681）夏州（今陕北、内蒙古边）牧马死失者达184990多。唐玄宗开元以来又采取加强措施，命王毛仲职其事，这时马稍有恢复，13年间，马匹由24万增至43万。其后又准许突厥人一年在指定的朔方西受降城（今内蒙古临河域）茶马交易，因而引进了良种马，畜牧便有了更好的恢复发展。历开元又天宝十三年后，畜牧群人们称似锦云，陇右群牧都使上报的统计，马、牛、驼、羊总数655600余，其中马325700多。据唐史记，固原之地由于畜牧业的发展，皮毛是当地主要土产，而且加工的手工业也发展了。因故当时朝廷规定这里的贡品主要是白毡和药材黄芪、白药，赋则是麻和布。天宝中晚，王毛仲因嫌疑案革职，而以安禄山统北方三道又兼京西牧马之地。次后安禄山叛，加之吐蕃进入，故唐之马政衰败了。原州之地几经失守后，广德（764）时州治徙灵台百里城，这里的社会经济又遭到了严重的破坏劫掠，很多居民亦在战乱割据和五代十国统治者的胁迫之下而流落四方。

北宋和金的统治时期，固原地区的社会经济乃是一片凄凉。由于这里地处军事要冲，虽此时境域内置有三军、一州（镇戎军、怀德军、德顺军、西安州），然主要是作为军事设防，除带给人民战争的损失，对社会经济的恢复发展，没有多少意义。尤其北宋和夏的战争，很多都是在今固原地区境域进行的，除社会经济的损失外，兵民损失亦每次以千万计。宋宝元元年（1038），元昊称夏帝，上表宋仁宗要求被承认。仁宗不但不允，且诏书"削夺官爵、互市，揭榜于边，募人能擒元昊若斩首献者，即为定难军节度使"（《宋史·本纪》）。这就加速了元昊的进犯。宋康定元年（1040），元昊攻镇戎军，打败了宋军刘继宗、李纬，在三川寨（今固原县彭堡乡地）都巡检杨保吉战死，死伤5000人；元昊占领了乾沟、乾河（约今西吉县偏城乡、沙沟乡之乾洋河）、赵福（约今固原县中河赵千户）三堡。宋军任福从环（县）庆（阳）入白豹城，纵兵烧杀抢掠，破平骨羊等41族，获牛、马、骆驼7000多。（宋庆历元年1041）二月，夏人采取声东击西方略，言攻渭州，实逼怀远城（今西吉县偏城乡），元昊将10万精兵设伏营于好水川之川口（今西吉县兴隆乡）。此时，宋军陕西经略安抚副使韩琦，巡边至高平（今固原），将镇戎军全部守兵及又招募勇士计18000之众，命令行营总管任福统领，由泾源路驻泊都监桑怿为前锋击之；又令铃辖朱观，都监武英为后续部队。宋军出发之日，当夜宿三川（今固原县彭堡、中河一带），而夏人诱兵已过怀远城东南（似指今固原临近张易乡之骆驼巷、红庄子以南）。第二天，任福带领轻骑数千尾随在后至怀远，而先头部队，镇戎军西路巡检常鼎、刘肃，则已同夏兵于张家堡（即今固原张易乡）遭遇。桑怿至，以骑兵战之，斩杀夏人数百，而夏兵弃马、羊、骆驼佯北而去。另据宋侦察兵报，夏人有寨而为数不多，兵可进发。是夕，任福分兵与桑怿为一军屯好水川，朱观、武英为一军屯笼洛川（今隆德县观庄、大庄一带，好水川之上游），企图明日会兵，不使夏人一骑有遁。但岂不知，宋军已入元昊之设伏。来日宋夏大战好水川，宋军自解夏人投下银泥合中哨鸽，为夏伏兵以信息，夏军更树鲍老旗标摇指挥，故不待宋军成列而阵，夏军伏兵四起，遂宋军大败，桑怿、刘肃、任福及其子任怀亮，都在此战中阵亡。另一军朱观、武英部，与夏军战于能家川，虽渭州都监赵津领瓦亭寨3000 余骑为援，王珪自羊牧隆城（今西吉县将台乡火家集）以屯兵 4500 人相助，但终不胜，王珪、武英、赵津和参军耿傅，队将李简、都监李禹享、刘均，皆战死。总而计之，好水川之战宋军将校士卒，死者 10300 余人。元昊虽然战胜，但战斗中死亡重伤人数亦近乎宋军之数。庆历二年（1042），元昊又入镇戎军定川寨，宋陕西安抚副使葛怀敏督军出战，结果宋军又大败，葛怀敏战死，夏军直抵渭州，大焚掠而后去。宋夏经历如上许多战争，宋军无法取得胜利，而夏军亦继续战争，财力不能持续，故 1044 年（宋庆历四年）双方达成和议。元昊表面放弃称帝，接受北宋册封为夏国主，但要求北宋必须每年"赐"给夏153000 匹绢，72000 两银，30000 斤茶叶。北宋对夏的这些"赐"给，当然是要从人民中取之，人民的赋役。但从此，固原这一带较稳定了，宋夏之间的互市交易有了新的开端。

第三次，由元、明到清末民国，固原地区的社会经济缓慢地恢复发展又同时伴之以不时的苛赋重役及战乱侵损

13 世纪初，中国的蒙古族各部，由铁木真成吉思汗依靠强大的军队，先后打败其他各部统一，形成了蒙古政权。蒙古政权强盛起来，1227 年灭掉了西夏。当在蒙古向西夏和金与南宋用兵作战的时候，成吉思汗病死于六盘山，由其儿子窝阔台继为大汗，继续对金作战。1234 年，金在蒙古军和南宋军联合夹攻下灭亡。南宋乘势企图收复黄河以南。其军才入洛阳，便遭蒙古军袭击。此后南宋军节节战败，1260 年蒙古忽必烈自立为大汗，1271 年定国号为元，1279 年灭南宋而全国实现了空前的大统一。元朝统一了中国，从而结束了几个政权并立的局面，为中原地区和边疆各兄弟民族地区的经济、文化联系，在客观上提供了发展的条件。尤其元比较重视农牧业等经济的发展，把发展农桑看作"王政之本"，在朝廷立司农司，专掌农桑水利；命令各地择通晓农事者，任劝农官；还颁布了农桑之制十四条，县以下村镇，规定凡五十户立一社，选年高晓农事者一人为社长。由于这时发展农业经济得以重视，王祯著的《农书》，得以同广大劳动人民见面。《农书》这部书，是我国继《齐民要术》以来，最完备的关于农业知识的

百科全书，这本书不仅有农业工具等图画和气候、土壤诸因素的影响记例，还就畜牧业、林业与农业的关系，在实践中总结了综合经营的经验等。

固原地区在元时期，隆德县地入静宁州，化平（今泾源）入华亭县，原镇戎州东山、三川县并入镇原州，另于旧镇戎州之开远堡（今开城乡），置开成府（路）。因为宋、金时代的战乱，固原这一带居民多都在逃他乡，生产经营实属凋零。可是由于元采取恢复农业生产经营的政策，特别是六盘山是其西陲军事要冲，故元统治者很重视这一地区。1272 年，即元建国初的至元九年冬十月，封皇子忙哥剌为安西王，赐京兆为封地，驻兵六盘山。至元十年（1273），更益封忙哥剌为秦王，别赐金印，其府在长安者为安西，在六盘者为开成，两地都建有宫邸。安西王封守西土，既立开成路，遂于至元十五年（1278）在开成置屯田总管府，将金置广安县（现彭阳古城乡域），升为广安州，隶属开城路。从此，开成府、开成路远近闻名，加之官府募民来居，故很快户口增加，为这里发展屯田经营，提供了劳动力。至元二十年（1283），罢开城屯田总管府入开成路，隶京兆宣慰司。屯田初开，生产经营不甚景气。故在至元二十五年（1288）安西王阿难答去京，告兵士饥，且缺骆驼，元世祖遂给予米六千石，骆驼百余峰。至元二十九年（1292）三月，元世祖按枢密院意见，将经过清理延安、凤翔、京兆三路罢元籍军人为民者 3000 人，恢复军籍，迁于六盘山经营屯田。1294 年，元世祖又赐安西王阿难答钞一万锭。1295 年，元成祖即位，改年号元贞。安西王、宁远王入京皆言所部贫乏，为此成祖赐安西王钞 20 万锭，宁远王 6 万锭。继后因六盘之地受霜冻灾害，复予安西王赈民米 10000 石。元开屯田，至元贞二年（1296 年）南自六盘山，北至黄河岸已为屯田，安置有籍军户万余人。由于初开荒土，当时收益不好，所以元贞二年，先赐安西王米 3000 石赈饥民。后又给粮 10000 石，择贫者赈济。次后，屯田经营虽田亩不断扩大，但收益仅维持自给。至治元年（1321），降开城路为州。至正六年（1346），又开设了今海原之海剌秃（都）屯田二处。至正十八年（1358），元顺帝诏至正十三年以安西王阿剌忒纳失里为豫王的；寻迁六盘。为此，豫王除经管屯田，又占有固原以北今同心县、海原县大量荒山为牧场，农牧兼营，维持着元代晚期的剥削压迫与统治。

元朝对人民的压迫尤为沉重，他们制造民族矛盾和阶级矛盾，把各族人民分为四等，蒙古人最高，色目人次之，汉人和北方其他族再次，南方各族人最低。还规定汉族人不许收藏武器，不许练武和集会，甚至不许夜晚出行。正是这种阶级和民族矛盾的激化，于是萌发了民族大起义，为元的灭亡敲响了丧钟。元末，约1357 年，白莲教首领韩山童、刘福通发动起义后，在刘福通领导的红巾军北伐时，一部分人入陕扫荡了甘肃、宁夏的元朝官军。但，这次扫荡在实际统治上没有解决问题。彻底铲除元在固原地区的统治，则是明洪武三年（1370），朱元璋称帝，使大将、右丞相徐达等扫平群雄，攻取临洮而兰州，赶走了驻扎在海原县西安州的元豫王，并没收其田土财产，再出萧关攻克平凉，又攻克庆阳，平定陕西以后，始由明统治。

明统一全国，元蒙古贵族自不甘当阶下囚；故明王朝北防蒙古是其重要战略。这样，今固原之地，明便视为北防一线要冲，左控五原（今内蒙古一带），右带兰会（今甘肃兰州、靖远、会宁一带），黄河绕北，崆峒阻南，是地形有利之胜。洪武九年（1376），明改元行中书省，置承宣布政使，固原隶属陕西承宣布政使领平凉府。固原之固，旧称故原，因忌讳与本着加强之意，弘治十五年（1502）改置固原原州，后又增置固原卫，以靖远（靖虏卫）、兰州、甘州、洮州、河州、岷州六卫所隶，更建固原为重镇，于成化十年（1474）设宁夏、甘肃、延绥三边总制府驻固原。时以为固原西可保卫临（洮）巩（昌），东可为庆（阳）延（安）侧翼；在明的北防九边一线，特别西三边方面，固原是三边之堂，宁夏、甘肃、延绥三镇是固原之门墙，东接榆林，西连甘肃，北负宁夏。大臣马文升曾说：平（凉）巩（昌）为关中陕西藩篱，而固原为平（凉）巩（昌）屏蔽，固原一带不可无备。1473 年以来，明代沿古长城修筑边墙时，固原地区内外就几经变失修固。弘治十五年（1502），户部尚书秦纮总制陕西三边军务时，于固原卫设四道防线，不仅加固维修利用了固原城就近的一段秦长城，又自平凉来固原金佛峡（现瓦亭峡）而六盘山，沿山设险，分兵防护；还在东起榆林管辖的定边营南山口，向西进入环县后再入固原境。又东起环县甜水堡到同心县下马关、海原县干盐池至靖远（靖虏卫），新修近千里之边墙（明长城）。此后，历任三边总制官，对这一带边墙都十分重视，杨一清总制三边，从头营至八营设立城堡戍守之外，接修边墙四十余里；唐龙接修四十余里；王宪接修五十七里。嘉靖九年（1530）尚书王琼令镇守都督刘文，领军八千于下马关房东乡石沟，挑挖壕堑三十里五分，还加固了固原卫境倒塌边墙一百二十五里二分等。

明王朝在加强边防建设控制的同时，对发展社会经济也着力给以重视。明初，由于元末农民战争的暴发，北方地区出现大量无主荒田，于是朱元璋在洪武间先后藩封自己的子孙于各地。今固原地区的荒地草场，就曾封给其第六子朱桢楚王、第十四子朱楧肃王、第二十子朱松韩王、义子沐英黔宁王为牧地，经营畜牧业。朱元璋还吸取元王朝对待农民苛政引起的恶果，认识到过分地压榨人民，是会引起暴动的。他说，"居上之道，正当用宽"，对农民"弦急则断，民急则乱"；又认识到"农为国本，百需皆其所出"（参见《明太祖洪武实录》）。在对待农民和土地政策上，他革除元制的一些苛政规定，又颁布了"新明律"，承认已被农民耕垦或即将开垦的土地归农民自有，又把城镇附近荒闲土地，分给无地的人耕种，每人可达十五亩，另给菜地二亩。所有这些，在客观上确是起了恢复发展农业的积极作用。与此同时，明朝政府在全国各地，特别在北方沿边各地，大兴屯田。固原地区内，据万历《固原州志》记，当时经过恢复，民田已耕种到6894顷多（约合68万多亩），屯田4815顷（约合48万多亩）。明朝在提倡农耕同时，还提倡发展多种经营。朱元璋洪武初年，曾下令农民有田五亩至十亩，要种桑、棉麻类各半亩，地方官不督促的要受处罚。又要求各地政府及时兴修水利。《平凉府志》记，正德十年（1515）时，固原红、茹河川，东西海子在固原城东，海原县关桥以下，已有引水导流灌溉的小规模利用。这些政策措施的贯彻，不仅有力地促进了农业经济发展，也促进了手工业加工和商业经营的发展。明代《固原州志》记，当时固原地方不仅大量种植麦类、谷类、豆类粮食，也较普遍种胡麻、麻籽、苏籽、菜籽等油料、麻类作物；各类蔬菜亦大大发展，桃、杏、李、梨等水果亦开始广为种植。在经济发展的同时，固原镇内外市场交易，在元代兴起的基础上，以盐、铁、茶、马互市为主更加扩大繁荣，甚至后来有的街道发展成为专卖市场，曰布店街、米粮市、山货市等，经商和民匠杂户有1167户，5380人。社会经济发展了，粮食增加了，明王朝便要求全国各府、州、县设立"预备仓"，置东、西、南、北四仓，储粮备荒。固原州的仓储，一建在固原城内，一建在彭阳，一建在红古城堡，一建在板井堡，共屯粮六千五百一十一石七斗九合多（约折合现制325万多斤）。

明代政府重视发展农耕和社会经济的同时，鉴于固原地方在国防军事上的需要和地理特点，还恢复设置马政，发展畜牧。《世法录》记，弘治十五年（1502），杨一清督理陕西马政奏言："我朝以陕右宜牧，设监跨苑二千余里，后皆废，唯存长乐、灵武二监。今牧地止数百里，然以供西边尚无不足，但苦监牧非人，牧养无法耳，两监六苑：开城、安定、水泉便利，宜为上苑，牧马万。广宁、万安为中苑；黑水草场逼窄，清平地挟土瘠，为下苑；万安可五千，广宁四千，清平二千，黑水千五百。六苑岁给军外，可常牧马三万二千五百，足供三边用。"根据《平凉府志》记，"陕西行太仆寺平凉府苑马寺主二监七苑马政。长乐监治广宁、开城、黑水、安定四苑；灵武监治清平、万安、武安三苑。七苑共额军三千三百六十九人，见在马并驹共一万四千三百六十二匹。"

明朝政府在固原无论国防边事建设，还是恢复发展社会经济，都属固原历史上鼎盛。但，因为阶级和民族的矛盾，在整个明廷统治下，固原地区内外，明政权和蒙古贵族的争斗一直存在，小股侵边同保边的战斗常有发生。问题突出发生在明朝中衰宪宗皇帝朱见深成化时期。早在正统十四年（1449），阿渠侵犯平凉府以北。由于侵边，明政府在景泰元年（1450）始筑固原巡检司城，以都指挥荣福帅洮、岷、临、巩四地调来军队，防守三年之久后，移平凉卫右所为固原千户所。天顺五年（1461），以平凉卫指挥哈昭守备固原。此后毛里孩犯边，当时陕西苑马寺卿朱珪向朝廷报，成化二年（1466）七月，开城广宁苑军人牧放官马，1693 匹被掠。更在成化三年，再犯平冰，便陷了开城县，于是开城县废徙于故（固）原。在固原地区成化中的动乱，以满俊（亦曰满四）为最大。这次动乱，根本的原因是明政府官军腐败，横行乡里，在一定意义上具有官逼民反的性质。满俊其人，系先元朝平凉万户把丹之孙；明初徐达平陕西时，把丹率众归附，后高帝授平凉卫千户。其部族多居在今固原开城至海原一带，时称其族为土达，多经营畜牧。满俊住三岔沟（今固原杨郎乡铁家沟），家族殷富，"以资力雄诸族"，其时指挥族人耕屯在石城（今西吉县火石寨乡云台山）。其侄满璋为平凉卫指挥。成化以来，客观上固原一域确有毛里孩犯边侵扰事；然明政府官军中，此时腐败行贿盛行，横征暴敛，故导致了事变发生。成化三年二月时，朝廷曾调先任河南都指挥刘清，充参将镇守靖虏（甘肃靖远县）等处；御史官谭庆向皇帝提议要于其地立帅府增设总兵。事情在兵部去议，巡抚都御史项忠等认为不妥，言"靖虏去陕西不远，设两总兵似为烦扰"。刘清任了陕西参将，陕西在任指挥冯杰等一些巴结上司欲后得利的人，以为刘清在朝廷有人支持，便就结伙敛收贿利。满四族中李俊，本同毛里孩勾结，这时李俊正活动于满四谋叛，又逢刘清、冯杰敛馈，少不遂意则诬为盗，故在李俊唆激下，于成化四年（1468）四月，他们集族众入石城叛明廷。此满俊之乱，自始到平息，在时间上只二年光景，可是由此造成当地生产上的影响和经济损失是很大的。动乱前后也由于自然灾害，部分农民逃移，甘肃总兵官定西侯蒋琬，上奏曾说："平凉以西赤地千里。"明政府为平息其乱，又先后征调三边七郡官兵 8 万余，历经 300 余战，斩杀叛民 7600 余，捕获 2600 多。在这次平叛中，明官兵死伤者亦近万计，军费支付过万金。从此以后，明廷对固原这一地区采取加强措施，成化五年升陕西固原千户所为卫，并增置西安千户所；之后建固原为重镇，卫辖靖虏、兰州、甘州、洮州、河州、岷州六卫所。

成化八年（1472），乩加思兰入居河套，与阿罗出犯固原、平凉等地后，明廷命余子俊征军役 4 万人，筑了清水营至花马池长城 1770 里，在成化十年就于固原设三边总制。但明政府有失人心，人民起事同明政府斗争，时有所闻。成化末弘治初，鞑靼小王子扰甘州、寇兰州、犯宁夏；弘治十八年（1505），小王子又犯甘肃，鞑靼数万人毁边墙，进入了固原等处。正德四年（1509），小王子又犯花马池。正德五年，安化王朱寘鐇反。正德十年小王子又扰固原以西至彭阳，掠固原、隆德、静宁等地。嘉靖十九年（1540），吉囊犯固原，明军与之格斗数次，双方伤亡数以百计。

明廷在隆庆以来，特别在万历时，有张居正改革之举，缓和了政府同人民之间的矛盾；然而，明廷的腐败，加之天灾流行，政繁赋重，最终酿成的明末农民大起义，他们无法收拾。陕北李自成起义军，南征北战，破县攻城，浴血奋战，驰骋大半个中国，最终攻入北京，从而结束了朱明王朝二百七十多年的统治。今宁夏（包括固原），是明代边防重镇，也是封建统治最黑暗的地方之一，秦、韩、庆、肃四王府所霸占的"皇庄"就拥有良田1200万亩。魏忠贤的私党在陕西居高官，握有大权，加重盘剥百姓；万历四十四年固原州的统计，原额民匠杂役1167户，5388人，而要交纳的皇粮年2199462石。同年固原卫原额屯丁1313人，要交纳的屯粮高达6510多石，平均每人年交纳5石多。兵多饷多，崇祯元年，仅三年间固原欠下兵丁军饷253000余两银。尤其崇祯时西北大旱，军民处于严重饥饿，人民相食，故不甘饿死者便铤而走险，揭竿而起。崇祯元年（1628）冬，在各地农民起义影响下，固原就发生了驻守官兵周大旺率领下的兵民之变；他们抢劫了固原州粮仓，驻守固原副将刘国栋及其子千总刘灿，均在此变中烧死。崇祯七年（1634）秋，李自成领导的起义军，围攻了甘肃静宁州，后又攻下隆德县城，杀死了知县费彦芳。固原兵备陆梦龙和都司石崇德曾去镇压，但被起义军打得狼狈逃窜，连陆、石二人都被打死在隆德城下。接着起义军转战六盘山东侧泾河一域，十月又攻下了化平（今泾源县）等地。崇祯八年（1635），李自成起义军扩大，联兵作战，在流动作战中，又七次攻破隆德县城。崇祯十六年（1643），李自成义军破潼关，杀了兵部尚书，总理陕西、山西、河南、四川、贵州等江北军务主将孙传庭，歼灭了明军主力四万之众。于是起义军乘胜追击，占领了西安后，又兵分三路挺进中原，以刘宗敏、袁宗第等人领导的义军，迅猛西征。在大军压境下，固原的明廷官军便全部投降，于是固原地区都属李自成大顺政权所控制经营之地了。

正当明末农民起义军胜利进军之时，崛起于东北的满洲贵族，已经在关外建号大清，势力日益强大。李自成起义军入北京，清军即大举入关；在起义军领导内部发生分裂的情况下，清兵分力控制了黄河南北，进而又控制长江下游地区，历经康熙、雍正、乾隆三朝，连续向西北等地用兵，在征战中夺得了全国统一的政权。

自清代到中华民国时期，国外资本主义势力侵入，并在此期间，外国列强瓜分中国愈演愈烈；所以整个中国沦为半殖民地半封建的境域。但就全国各地来说，由于社会经济基础不同，其发展变化各异。清廷统治后，固原地区和其周围地区，因农民起义军失败，清政府统治处在清理重整安置的情况下，故这段社会经济生产，基本维持着原来明末的状况。顺治初，固原建置仍从明称固原州，不久改置固原道，隶于陕西省平凉府，其军事设置之三边总督、固原总兵、固原卫各员仍驻固原城。康熙四年（1665）为分治，平凉府隶甘肃行省，固原道保留卫置隶属平凉府，原总督迁移兰州，总兵迁河州，陕西提督迁驻固原。雍正中裁固卫。乾隆初改固原道为平庆泾固道，盐茶同知移置海喇都（今海原县）。同治十一年（1872），又改平庆泾固化道，治平凉；十二年置固原为直隶州。这才从建置上稳定下来。清统治者，对恢复发展社会经济生产，重点不放在西北；对西北之地则取笼络的策略。如颁布废止圈地、减免税粮和鼓励垦荒等有利地主阶级的利益。他们取得全国政权后，在全国各地都驻扎了镇压人民的军队，并制定颁布"大清律"，用保甲法来统治人民，至乾隆时严厉施行（固原则创办于光绪十六年），不论城乡，每十户立一牌头，十牌立一甲头，十甲立一保长。对回民还要由礼拜寺掌教"约束"。清官军进入固原，根据固原历史上设马政之例，便在区内开设六处马厂（场）：提标中营参将马厂，于今西吉县沙沟乡东塘和固原县西凤凰岭西北的马屯山；提标左营游击马厂，于今西吉县编城乡、硝河乡至固原县张易乡贺套；提标右营游击马厂，于今固原县什字乡东山坡，南至泾源县境，其中又小马厂，于今隆德县北南池和固原县大湾乡杨家岭，开城乡黑刺沟；提标前营游击马厂，于今固原县红庄乡、张易乡盐泥沟到毛家庄子关山以西之地；提标后营游击马厂，于今固原县红庄乡东至南郊乡后磨河一域；提标城守营游击马厂，于今彭阳县古城乡、西至固原县开城乡、南郊乡的黄峁山一域。据清宣统《固原州志》记，清代从顺治二年（1645）到宣统元年（1909）的264年间，清廷先后45次减免过固原地方税粮银赋。但，清政府采取的一手军事控制，另一手经济上笼络的策略，却没有推动生产力的发展，已经被战乱破坏得很低下的生产力无法恢复，人民还是难免于自然灾害所危及；加之阶级斗争和民族压迫，在这期间固原之地人民起义，与清政府的斗争十分激烈，地方经济生产变得更加贫瘠。连清廷钦差大臣、镇压西北回民起义、任过陕甘总督的左宗棠，在实践总结中也认识到，清代西北之变局，最大症结是清政府在西北时政治不良，次则经济优越条件没得到开发，加之交通不便，文化不发展，所以成为清代这种危局。康熙十三年（1674），陕西提督王辅臣响应吴三桂叛清，十四年，固原小吏陈彭定响应王辅臣陷固原城地，后虽被提督赵良栋和大将军图海所平，然对地方经济生产的破坏影响甚大。乾隆十一年（1746），固原营兵童文耀、贾世忠等，为索粮饷于冬季发动兵叛，虽力不敌众失败告终，然他们以血战告诉人们，清廷在固原的经济实力岌岌可危。乾隆四十六年，甘肃通渭回民苏四十三聚众起义，固原回民马四阿訇亦率众响应，在固原内外活动达三年之久，后来并得到教长马明心支持举义，声势振于陕、甘、宁各地。这次起义尽管被清兵镇压平定告终，但他在人民中留下深刻影响，更加激励后来者奋发而战。乾隆四十九年四月十五日，海城（今海原县）田五、张阿訇（名张文庆）等举义，他们在举义前，早就选定通渭县北山石峰堡做据点，把城堡修茸治整一固，又制作了刀、矛武器和衣服鞋子及挂号等。在起义后便自今海原县田家小山一带出发，经现甘肃省靖远、会宁、定西和我区西吉等县地，到达甘肃通渭县石峰堡，以后又转战于静宁、庄浪、隆德、固原等地。这次民族起义军同清兵作战，主要利用了当地山地形势，并根据物、气候变化，及时计谋设伏斗争，故虽最终起义失败了，然而对清兵打击很有力。在整个起义后作战的八十多天中，清军承认起义者"诡诈""屡以虚营牵缀官兵，乘间窜逸"（见《石峰堡纪略》）。汉民族对回族人民的起义，在内心是同情和支持的；但是他们看到武装的直接反清斗争，在当时不易夺得胜利，故便采取了暗里组织，利用封建迷信做反清准备的策略。乾隆50年代，在隆德县酝酿爆发之白莲教起义案，就是突出的一端。早在乾隆四十年清军镇压了安徽白莲教反清、教首刘松等以犯军充隆德县以来，刘松及其四子便一面收罗旧部，又一面在当地发展了一批人，已蓄备碎银两千多两，改芜教名称为"三阳教"，"混元点化经"改为"三阳了道经"，芜"灵文"改为"口诀"，积极筹备反清举义。然而，由于活动败露，于乾隆五十九年又被镇压下去。咸丰十一年（1861），在陕西回民起义的影响下，固原以北回族人民，在某（母）阿訇带领下，秋季围攻了七营堡，固原道万金镛给予袒护，后于同治元年，结莲花城（今隆德、庄浪一带）纳三、马兆源、王阿訇等，集民于固原北乡。在同治二年春节，穆三、纳三、花三等率300余人，乘夜伏于固原南门外，是夜应早贿通门兵妥贵开了城门，于是破了固原城得而据之，名震陇东。由于此，当年固原杨祥子，海原县田成吉，平凉县穆生华，先后率众起义，并来联合。与此同时，宁夏金积堡等地，在回民教长马化龙领导下亦起义，并同固原起义者联合起来，先后攻陷海原县城和平凉县城。这时，陇西河州等地回民，也都积极行动举义，在起义军攻陷平凉不久，他们攻陷了狄道（今临洮县）城。金积堡起义军和配合的宁县纳家集起义军，同治二年冬又攻陷了宁夏银川城。这样陕、甘、宁回民起义，威名震动全国，大有建国立帝之势。1863年（同治二年）九月，当起义军攻陷平凉后，曾有位自称在知府衙门任过师爷的柳先生，他投入义军，并向穆生华献策：为号召西北人民统一战斗力量，起义者可倚平凉建国，屯固原而建筑宫室，以同治二年改称"成正"元年，尊马化龙为领袖。后来，因马化龙没有接受其意，故穆生华不得不取消其"成正"庙号。这次回民起义，不仅西北各地回民纷纷响应，而且很多汉民也举义参加了。起义军正活动于平凉、固原地域时，以静宁县汉族农民张贵等，有31500余人，加入了李得仓起义军。整个起义军这时"聚众二十八营，仿官军营制，部勒其曹，规模齐正"，不仅各地举义县地是其根据地，而且陇南、陇西以及董志原等多州、县亦得攻陷占领。清政府对这次回民起义的镇压，开始依靠于常驻军队，可是他们哪敌义军一击。之后在1864年（同治三年），清廷虽命雷正绾、陶茂林率官兵镇压，起初也曾一时占领平凉、固原、海原等地，但1865年他们分两部攻金积堡时，却遭到义军打败。

以后由于雷、陶两军中官兵，因多属湘、楚之人，不愿镇压其往后回家必经此回乡之地，加以吃了败仗，更有清军粮饷不足，遂先后两次发生"哗变"；所以，这期间清军和起义军相对处于相持。1866 年（同治五年），起义军打得陕西甘肃几位满洲要员没有办法，后调来两位湘军领袖也没有办法的情况下，清廷最后才把闽浙总督左宗棠，协军调入陕甘来收拾其败局。1867 年，左宗棠大军入陕，其本人经武汉到潼关，精心研究，吸取历史的经验，又深入细致地分析了陕甘之民情、经济等特点，便产生了他解决西北问题的方略。其内容主要是灵活应运"剿、抚"两个字，他认为西北之变乱乃内乱，抚是主要的，剿为了抚，故把军事解决和政治解决得以结合。尤其在政治解决中，采取了一些改革和整顿吏治的办法，"去贪尚廉"较得人心。正是这样，左宗棠历 8 年多时间，终得镇压平息了陕甘回民起义。很多起义者，俘后即被就地安置。今泾源县大部地方，西吉县玉桥乡至隆德县杨河乡等一带，当时是为安置陕西回民之地；甘肃当地回民，分别零星安置于六盘山两侧和其他的僻山荒野。自此以后，虽于光绪二十一年（1895），海原县马筐筐子、赵伯祥、李倡发、车满富等举义，光绪二十六年（1900）马三水、马可可等，在海原县大沟门举义，但终都失败了。

清同治末，左宗棠改变固原建置和吏治，置平远、海城二县，变固原为直隶州以后，固原地区社会经济生产较之先前有所恢复。最先恢复农林，大兴植树造林。同治十年以来，西接今甘肃静宁于隆德县到六盘山之大路两侧，北从固原城南去今甘肃平凉城的大路两侧，栽种杨柳数以万计，被人们誉为"左公柳"。从此以后，清地方政府，一再告示官民，这里"非讲求林政不足以兴地利"，故提倡植树，兴农林生产。同治末至光绪三十四年间，官军杨德明、王学伊等 19 名，曾带领军民在今固原城周围北海子、东岳山、南河滩上等处，以及四乡各堡的重要道路、河沟，种植了大量杨柳。光绪末至宣统中，知州王学伊，又于固原城西，开办农林试验场一处。手工业于其时开采了炭山、丁马堡煤炭，县城恢复了炉院铸造铁器等。在光绪十六年，为适应军政需要设置电报局以来，光绪三十二年，又开办了邮政局。由此，信息便通，商业活动发展，当地土产羊皮、羊毛等，行销津、沪洋商；外埠百货各品，在固原城乡开始出现于市场。总之，清末固原地区社会经济开始恢复了；但终因阶级的剥削，官府的重役，人民之中生活过得去的富裕和维持自给的户，不及总户一半。一半以上的人民，每年尚得为他人拉长工、做短工，维持最低下的"糊口"生活。

清末由于内外矛盾的激化，人民处于水深火热，因之人民革命兴起。孙中山领导的辛亥革命，曾是人民革命中希望最大的一次。宣统三年八月十九日，在武昌发动起义，这就是中国近代史上著名的 1911 年 10 月 10 日革命党人组织的"武昌起义"。这次起义，以在 10 月 11 日晚和 12 日早，革命军占领汉口、汉阳、武汉三镇宣告胜利。这个胜利，立即获得了全国人民的热烈拥护。在广大人民的响应和支持下，革命形势在全国范围内迅猛地向前发展，到11月下旬，全国24个省区中有14个省先后宣布独立。此时，陕西革命党人驱逐巡抚，组成了陕西军政府。11月宁夏会党首领刘华堂、高士秀、高登云等起义于灵武，攻克银川，组成了宁夏军政府。地处三边的固原，这时亦活动起来，其间蒿店发生民变，捣毁了化平（泾源）军马场。这样，陕甘总督长庚与前总督升允，妄图迎溥仪偏安西安的打算，在人民革命的胜利声中告吹了。是年12月29日，在选举孙中山为临时大总统，于1912年元旦就职，改称民国元年后，固原当地亦于归顺。1913年（民国二年）并改固原提督为陇东护军使（以后改称镇守使），固原的旧提署全部裁汰，护军使移驻平凉。但是，由于辛亥革命一时没能深入到边地，又同时民国初袁世凯窃取了辛亥革命的胜利果实，后又军阀混战，张勋复辟，因之地处陕、甘、宁这个结合部的固原内外之地，在整个民国时期，以军阀控制兼土匪、民团的遭劫，经济生产衰变，人民一直在贫穷饥饿中挣扎。

1921年，北洋军阀段祺瑞派陆洪涛，由陇东镇守使升任甘肃督军。他采用"以回制汉以汉制回"，挑拨民族关系的分治办法，把甘肃分八镇守使形成割据。当时的陇东镇守使张兆钾，受直系军阀吴佩孚的支持，在平凉开办了军事学校，扩充军队；设立银行，发行铜元货币；委官派吏，征收税赋，争夺地盘自成系统。人们称为"张狼"。1925年，陆洪涛病死，段祺瑞命冯玉祥为西北边防督办兼甘肃军务善后督办。冯玉祥入甘，派刘郁芬率西北军代理督办，在兰州诱杀了陆洪涛的师长李长清、旅长包玉祥。驻中宁的李长清部韩有录一个团，闻讯赶到固原，结合张兆钾，反冯倒刘，后战于定西。张兆钾被国民军吉鸿昌部击败后，放弃平凉，流亡大连。1928年河州（临夏）马仲英为首民变，反对刘郁芬，全省骚动。至1929年，更因陕甘大旱，固原之地饥馑严重，故而社会秩序荡然，内地与外来土匪云集，土匪、民团、官军互相倾轧而鱼肉人民。其时，固原地区本地出现的大股土匪，就有原籍张家川，幼年丧父寄居于西吉火石寨的王富德。他初入伙于吴忠土匪查五虎子，民国十八年趁灾荒聚众自称"团长"，抢掠于固原境内外。后来合伙了张家川马顺、河州王占林、平凉惠彦清等，又自称"旅长"，攻入海原县城，赶跑了县长李云亭（固原人），放匪"参谋"张履谦做县长，曾往来劫掠在会宁、靖远、静宁、西吉、固原等地。吴发荣，海原县红羊乡人，民国十八年以来，以抗赋聚众千人，后来成匪，曾盘踞海原、固原、西吉一带山区，1930年投靠宁夏黄德贵，收编后任师长，驻扎在静宁、隆德、庄浪一带，成为明军暗匪。杨子福，固原县头营张家崖人，民国十五六年为匪，行劫于同心、海原、靖远各地，1920年冬聚众3000人，攻入会宁县城，抢掠三日，后又攻海原县城不果，被马鸿宾收编后任团长。外地土匪勾结内地之匪，曾行劫在固原的还有河州马廷贤、王占林、马入仓，内蒙古河套匪徒杨猴小子（本名杨耀峰）等。当地兴起的民团，从民国初年开始越来越多。固原地区著名的有：固原县万安乡张廷杰民团，彭阳县王洼乡董世清民团，固原县张易乡李富清民团，固原县七营陈德建民团，固原县三营马正昌民团，彭阳县小岔乡卢业广民团，固原县七营祁占成民团，彭阳县草庙子杨振铎民团，固原县官厅海廷玉民团，固原县开城海映川民团，彭阳县新集峁堡王思举民团，彭阳县王洼王克勤（字慎之）民团。还有小有名气的刘纪凯（固原东山）、余世俊（张易）、王自善（王家洼子）、胡克明（张易）、张怀德（彭家堡）、李得明、谢国恩、刘建勋（中水河）、马彦荣（中水河）、张廷彦（七营）、戴满贵（西吉偏城）、周寅昌（西吉硝河）、柴彦清、海献廷（固原官厅）、黄富清（固原西郊）、张西铭（固原二营）、苏尚玉、赵生寿等30多支民团组织。

1935年，中国共产党领导的中国工农红军，服从革命和抗日战争的需要，为北上抗日进行了举世闻名的二万五千里长征。是年9月，毛泽东、周恩来率领的红军进入甘肃境，10月7日红军到达我区六盘山一带。毛泽东同志路过六盘山，咏就了壮丽诗篇《清平乐·六盘山》。因为红军宣传抗日，同时打土豪分田地，深入地播下了革命火种。中国工农红军到达陕北，建立了陕甘宁革命根据地，又进行西征，回旋于固原地区内外，故人民盼解放，同国民党不时进行反压迫、反剥削的斗争。1940年以后，西、海、固三次回民暴动最终成功，以马思义率领的起义战士200余人，在1942年进入陕甘宁边区，在中国共产党的培育下，他们人人成为无产阶级革命战士，经过扩军补充，组成了中国人民解放军回民骑兵团，活跃在庆阳、陇东、海固一带。因为国民党的统治不得人心，他们不为人民谋福利，所以被人民所唾弃。最终在中国人民解放军解放战争的胜利进军下，于1949年8月，固原地区先后全面解放。10月1日迎来了中华人民共和国的诞生，固原地区自此迎来了新生。

原载固原地区地方志办公室编《固原地区史志资料》第一辑，1986年9月

固原历代经济开发述论

佘贵孝

古代的固原，有着肥沃的土地，充沛的水源，湿润的气候，茂密的森林草原，宜农宜牧，是发展农牧业的理想之地。而固原作为中原西北之门户，扼内陆与西域之交通要道，是中原农耕文化与北方游牧文化的交汇点、碰撞点、融合

点，受到漠北"逐水草而迁徙"的游牧民族的重视，他们来到六盘山麓、清水河畔，率先开发这片黄土地。秦汉以后，固原又成为丝绸之路东段北道上的边关重镇，历代王朝着力开发、苦心经营这里，先进的生产技术和科学文化得以传播。其间虽有起伏，但仍使固原的经济建设得到了较快发展。本文试就经济开发建设做初步探讨。

一、新石器时期的原始农业经济

经过考古工作者在固原地区的调查和发掘，证实在新石器时代已经居住着以农业为主要经济生活的氏族部落，他们以磨制石器为主要生产工具，翻掘土地，耕种谷物，开创了固原的原始农业。在文化遗址和遗存中，有距今约5000年的隆德县沙塘北塬遗址和页和子遗址，他们都靠塬临河，有发展原始农业的良好自然条件。生产工具以石器为主，磨光的较少，通体磨光的则更少。陶器制作方法有手制、模制、提制等。页和子遗址出土的生产工具以陶片打磨成的两侧带缺口的陶刀和骨锥、石纺轮、鹿角器及骨镞为主。

居民们除以农业为主外，畜牧业和狩猎仍是重要的经济内容。距今约4700年的"马家窑文化"有隆德县凤岭遗址，居民使用的农业生产工具都是磨制而成的，有斧、凿、刀、杵等。这表明生产能力已大为提高，农业经济水平有了很大发展。该遗址中还有居民用以缝制衣服的骨针和用作装饰品的笄。表明当时居民的生活质量也有较大提高。比马家窑文化晚些的"半山类型"和"马厂类型"遗存在固原地区分布较广。距今约4700—4500年的海原县曹洼遗址有圆形、方形的或不规则的供人居住的窑穴，说明当时的居民已过着定居的、以农耕为主的农业生活，生产的领域更为广阔。距今约4500—4200年的海原县菜园村遗址的文物，则反映了原始农业经济比较发达的状况。当时居民的房屋，有窑洞式和半地穴式两种。其中窑洞式房子，门前有较宽广的场地，门朝向东北，房子是在黄土壁上挖掘而成。窑洞中央有一圆形锅底状的灶坑，以供炊煮食物和冬季取暖；地面用红烧土铺筑，既平整，又防潮；窑顶为穹窿形，室内有多个窑穴，既有住人的，又有用于储存粮食或堆放其他杂物的。这一遗址不仅反映出当时居民已处于相当稳定的定居生活和农耕经济阶段，还有足够的粮食供家庭成员消费。他们用磨制的石斧、锛、锄等生产工具掘松土地，播下种子；用陶质刀和石质刀收割谷穗。从考古学者在遗址和随葬品中发掘出盛于罐中已炭化的粮食品种来看，当时的粮食主要是粟。从动物骨骼化石分析，当时居民除从事农业生产以外，还饲养家畜。主要家畜是羊。羊皮供人们穿衣，羊肉供人们食用，骨骼则用于制造骨器。可见畜牧业是原始农业经济的补充。此外，原始狩猎仍继续存在，上述遗址中发现的石箭头或骨箭头以及镶有细石片的骨柄刀，便是明显证据。

二、夏至西周时期的经济状况

大约在公元前 21 世纪，我国由原始公社过渡到奴隶制社会。夏朝的建立，是这种"历史过渡"完成的标志。这一时期，固原及其周边地区居住着以戎为总称的具有民族特征的许多部落。戎族的发祥地主要在陇山东西、泾渭流域。到西周、春秋时期居住或毗邻今固原地区者就有犬戎、义渠戎、乌氏戎、空同戎、大原戎等。《后汉书·西羌传》记有："泾水以北有义渠戎。"蒙文通在他的《周秦少数民族研究》中说："商之中叶而鬼方西来""于是，鬼方已来居灵、原州地"。这些少数民族在这片黄土地上发展了固原的经济建设。主要表现在：（一）铜器、铁器的出现标志着生产力水平的提高。戎狄是北方的游牧民族，善于骑射，长于征战。在铜器和铁器出现之后，他们主要以铜质和铁质材料制作武器。在固原、彭阳、西吉和隆德等县的墓葬品中，大量的是用于战争的兵器，有青铜铸造的短剑、鹤嘴斧、刀、戈、镞、矛等；除青铜武器外，还有制作精细，十分锋利的骨质箭头。铁器是继青铜器之后具有划时代意义的器具。在固原县彭堡和杨郎、西吉县新营等地发掘的春秋战国时期古墓葬中，发现了铁制兵器，有铜柄铁刃的剑或铁剑、铁矛、铁刀等。铁兵器较之青铜兵器更坚硬、更锋利、更具有杀伤力。不仅有青铜马衔、马镳、当卢、节约、铃、圆泡等马具，甚至还有马甲。这说明西戎诸国制作技术精湛，用于作战的战骑装备精良，正如史籍所载"尽为甲骑"，即战马披上了甲片。（二）畜牧经济是西戎诸国的主导经济。戎狄民族是从事畜牧业的游牧民族。其能征善战是建立在发达的畜牧经济基础之上的。史籍记载："其畜之多则马牛羊""周夷王七年，周势力衰弱，荒服不朝，乃令虢公率六师伐大原（即今固原一带）之戎至于俞泉，获马千匹"。[1]说明当时固原地区的畜牧业已发展到相当水平。在发掘的西戎墓葬中，有大量的牲畜头蹄。固原县河川乡一墓葬中有马牛羊头骨 40 多具，彭堡乡的 10 座墓葬中，有数量较多的马牛羊头骨。西吉县新营发掘的 7 座墓葬，也有大量的马牛羊头骨随葬品。1987 年在固原县彭堡乡余家庄发掘的 28 座墓葬中，每座均有牛马或羊头骨，最多的一座竟有 193 具之多，全墓地的牲畜总数在 2000 具以上。（三）手工业的发展。手工业是社会经济的一个重要部门。由于西戎诸方国畜牧业发达，牲畜的骨骼为手工骨器制作提供了丰富的原料。人们选用牛马羊等牲畜的肢骨，经过锯、削、磨、钻等工艺，制造出各种骨器。这些骨器有车马具和镞、针等。固原县余家庄墓地，出土骨器 240 余件，就有骨针，装于长形青铜圆管内，磨制精细如同现在的钢针，一端有眼，有的仅长 4 厘米。陶器制作仍是手工业之一。在前述墓葬出土的陶器中，主要以夹砂质陶单耳罐为主，还有双耳陶罐、单耳陶杯、陶勺。（四）古代交通。第一，1980 年 10 月，固原县中河乡出土了西周早期的奴隶主墓葬及车马坑。殉葬的马匹仅剩骸骨，马车的木质车舆及车轮已经腐朽，用青铜制成的马车部件、马车饰具却完好无损，提起銮铃摇动，仍能发出清脆的响声。其存留部件包括车轴饰、车辖、銮铃，还有马镳、马衔、当卢等马具。第二，戎狄部族中的猃狁在大原地区（今固原一带）强大起来后引起西周王室不安，周宣王五年（前823）"夏六月，尹吉甫师伐猃狁，至于大原"[2]。《诗经·小雅·六月》有"薄伐猃狁，至于大原"，说的是周师乘车讨伐太原戎之事。第三，成书于战国的《穆天子传》记述周穆王西巡经过固原，说明当时固原已成为中西交通线的必经之地。沿途赐赠各部落首领的物品有丝绢、黄金、白银、贝带、肉桂、生姜等，其中以生姜为主。沿途各地首领则献给穆天子大量马、牛、羊及枝斯、璇瑰等美玉，穆天子还从西北带回不少动植物的品种。这表明西周与西戎各方国实质上存在着经济交流，同时凭借着包括固原在内的中西交通道路实现这种经济联系的。

三、秦汉时期的经济建设

公元前221年，秦始皇统一六国，建立了我国历史上第一个统一的多民族封建王朝。秦朝实行郡县制，北地郡（郡治今甘肃宁县西北）所辖的乌氏县、朝那县在今固原地区境内。尽管秦王朝的统治地位已经确立，但也面临着匈奴民族南侵的骚扰和威胁。公元前220年，雄心勃勃的秦始皇开始巡视各地。下令在全国修筑驰道，要求"广五十步，三丈而树，厚筑其外，隐以金椎，树以青松"[3]。首次便出巡陇西（今甘肃临洮南）、北地郡，至鸡头山（今泾源县境之六盘山），过回中（今泾源县东果家山二级台地上有遗址），然后返回咸阳。秦始皇出巡经过了六盘山地区，驰道通过，当然不会有"广五十步"，但起码能通行大车，以供帝王"大驾"巡行。驰道的修筑，对于通商贸易是具有重大意义的。畜牧经济发展较快，秦代初年，乌氏县有一个名叫倮的大商人兼大牧主，家有马牛羊无数。他把马牛羊赶到关内换回丝绸，再把丝绸献给戎王，"戎王十倍其偿，与之畜"，通过从牧业中心区域直接获取的办法，他拥有的牲畜多至"用谷量马牛羊"的程度。不但大获其利，秦始皇还给倮以封君的待遇，可以按时朝觐，得到了相当高的政治地位和荣誉。[4]这件事说明商业经济也有较大发展，出现了用货币交换关系。秦统一后全国通行的货币秦"半两"已在本地使用。

西汉初期，漠北的匈奴族经常南下掠夺牲畜和财产，固原首当其冲，生产建设不能顺利进行，社会经济的发展呈曲线形。公元前140年，汉武帝刘彻即位，推行休养生息的"富民"政策，努力发展生产，西汉初期残破凋敝的社会经济得到了较快恢复和发展。漠北的游牧民族到这里定居后，和汉民族及其他民族友好相处，互相交流畜牧业和农业的生产经验，出现了"少盗贼，有和气之应""谷籴常贱"的大好局面。同时，重视畜牧业的生产发展。国家在"边郡六牧师苑令，各三丞"，在这6个畜牧业管理机构"牧师苑"中，有5个就靠近今固原。

《汉书》又说："太仆牧师诸苑三十六所，分北边、西边，以郎为苑监，官奴婢三万，分养马三十万头，择取教司，给六厩。牛、羊无数。"这36处养马场虽然具体位置有待进一步考证，但在固原地区设置这样的机构是很有可能的。官府还将母马贷给牧民，以繁殖马匹，三年后归还，利息什一。此外，西汉政府十分重视扶持匈奴民众的畜牧生产，安置归顺的匈奴人从事畜牧业。由于政府政策措施得当，北地等郡出现了"人民炽盛，牛马布野""畜牧为天下饶"的景象。东汉，畜牧生产也有较快发展。使安定诸郡出现了"沃野千里，谷稼殷积""水草丰美，土宜产牧，牛马衔尾，群羊塞道"[5]的繁荣局面。可见，固原等地已变成"饶谷"与"多畜"并称的半农半牧区。从一个侧面反映了畜牧业丰饶的状况，也说明了东汉时期农牧经济的交替发展。在手工业方面，青铜铸造工艺已达到相当高的水平。出土的秦代青铜器上镶嵌有金银丝，当时的手工业工人能制造出这种难度很大的工艺品，表明技艺相当高超。畜牧业的大力发展，使固原成为提供军马的基地之一。农业方面，国家推行"代田法""区种法"，取得了增产粮食的显著效果，"上郡、北地、安定三郡，土广人稀，饶谷多畜"。铁制犁的使用，极大地发展了生产力。东汉后期，豪强地主横行郡县，占有大量土地，鱼肉乡里，致使"安定、北地、上郡流入避凶饥者，归之不绝""数年之间，北边虚空，野有暴骨矣"。[6]这和东汉初期的"饶谷多畜"形成鲜明的对比。

四、隋唐时期的经济开发

隋唐时期，是我国经济向上发展和统一国家的重建时期。隋初，政府推行均田制度和轻税入官制度，有力地调动了农民的生产积极性，土地开垦面积逐步扩大。隋文帝杨坚令朔州总管赵保卿："于长城以北，大兴屯田，兴实塞下。"[7]这样，长城内外成为农业生产基地。开皇二年（582），原州总管司马赵轨夜晚领兵行巡时，左右随行的马骑跃入田中，毁坏田间禾苗。赵轨令随行人员查明禾主，赔偿损失。[8]可见交通沿线土地已大部开垦为粮田。在发展农业经济的同时，隋代还大力发展畜牧业。据《隋书》记载，隋初陇右各地置有国家军马场24处，还在原州设羊牧、驼牛牧。分别设置总监、太都监、尉，以主管其事。大业九年（613），灵武白瑜娑聚众起义，攻打陇西，进据平凉，在六盘山地区夺取官马万余匹。这就很能说明固原地区当时畜牧业的发展状况。唐初，固原地区仍受突厥的不断侵扰，唐王朝的统治并不稳固。对此，唐太宗李世民采取"剿抚并用"的方针。一方面，以原州为中心，对侵扰的突厥军事势力实施打击，削弱其军事力量；另一方面，对归降人员进行妥善安置，并以和亲方式与突厥统治者修好。贞观四年（630）二月，唐军大败突厥颉利，三月颉利被俘，其部落降唐者十余万众。唐王朝为妥善处理民族关系，安置降服部落，不但将突厥内附各部安置在西起灵州，东至幽州（今河北地）沿长城一线的广大地区，并设州都督府进行管理。贞观五年置原州都督府。贞观六年，又在平高县（今固原县）他楼城置缘州（固原北），安置突厥降户。少数民族迁入本地后，逐步接受汉文化，学会了农耕技术，转入农耕生产。在民族融合中已"尽为良民"，为唐代农业经济的发展做出了重要贡献。贞观间，政府在"沃衍有屯田之州，则置管田使，专管屯田"[9]。到开元年间（713—741），原州有屯田4所（按照唐朝的屯田制度，50顷为一屯），共有地200顷。同时，至高宗、武后时期，屯田已成一种制度，大片牧地也"募人耕之"，旱地农业的开发也具相当规模。

唐朝前期将大批归附的突厥、党项、吐谷浑等部族安置在原州境内，令其部落不革其俗，在经济生活方面，尊重他们的习惯，对善于经营畜牧业的部族予以支持。并且，在机构设置上吸取了隋朝的长处，设立了众多的专门机构负责畜牧工作。唐朝初年，由于军马需要量很大，唐朝政府依然以原州为中心发展牧监基地，在原州置陇右群监牧，其职由原州刺史兼任。李吉甫在《元和郡县图志》中详细记载了这种情况："监牧，贞观中，自京师东赤岸泽移马牧，于秦、渭二州之北、会州之南、兰州狄道县之西，置监牧使，以掌其事。仍以原州刺史为监牧使，以管四使。南使在原州西南一百八十里，西使在临洮军西二百二十里，北使寄理原州城内，东宫使寄理原州城内。天宝中，诸使共有五十监，南使管十八监，西使管十六监，北使管七监，东宫使管九监。监牧地东西约六百里，南北约四百里。天宝十二年，诸监见在马总三十一万九千三百八十七匹，内一十三万三千五百九十八匹骒马。"在发展战马的同时，其他畜种也相应增多。天宝"十三载，陇右群牧使有马、牛、驼、羊六十万五千六百"，开元十三年则有"马四十五万匹、牛五万头、羊二十八万六千只"。陇右监牧"肇自贞观，成于麟德，四十年间，马至七十万六千匹"（牛羊不计其数）。原州成为全国最大的养马中心，西北牧业的指挥中心。但这种畜牧经济具有很强的军事性质，即其产品主要是为补充军队的战马，供征战使用。

五、宋、夏及金的经济开发

北宋初期，由于西夏兵力已控制到海原天都山地区，动辄集兵数十万，侵犯固原。因而宋朝政府先后在固原地区设置镇戎军、德顺军、怀德军、西安州，形成掎角之势，严防西夏兵力的侵入。因此，这一时期的经济建设进入军事经济期。宋初，由于政治统一，为恢复农业经济提供了一个安定的社会局面。在太祖、太宗两朝，多次下诏，召集流民，奖励垦荒。乾德四年（966）的诏令规定："自今百姓有能广植桑枣、开荒田者，并令只纳旧租，永不通检。"[10]咸平四年（1001），刘综任陕西转运使时给宋真宗建议："今古原州建镇戎军，宜置屯田。今本军一岁给刍粮四十余万石束，约费茶盐五十余万偿。更令远民输送，其费益多，请予军城四面立屯田务，开田五百顷，置下军二千人，牛八百头耕种之。又于军城前后及北至木峡口，各置堡寨，分居其人，无寇则耕，寇来则战。就命知军为屯田制置使，自择使臣充四寨监押，每寨五百人充屯戍。帝从之。"[11] 说明统治者已开始了防战结合的屯田制。这时较大的战争还未爆发，加之真宗经过内外政策调整，社会比较安定，生产有较大的发展。固原地区山多川少，劳动人民不畏艰险，开山种地，名曰梯田。到了北宋中期，已是"高山峻阪，并为人户耕种"[12]，说明了耕地面积的扩大。为了加强防务，北宋统治者还实行了"协防制"。景德二年（1005），曹玮知镇戎军时，在当地招募弓箭手，协助驻防正兵防守。并凭借他们的力量，进行大规模垦殖。"人给田二顷，有马者加五十亩"[13]。大中祥符四年（1011），"笼竿川熟户蕃部以闲田输官后"，曹玮又"于要官堡寨，募弓箭手居之"[14]，并且"给田，使耕战自守"，屯田地区扩大到六盘山以西。曹玮采取的"协防"和"屯垦"措施，取得了明显的效果。至庆历中（1041—1048），泾、原、仪、渭州和镇戎、德顺军路弓箭手发展到"一百七十四指挥，二万一千五百九十七人，马六千五百六十八匹"[15]，按每人给地二顷的规定计算，屯田面积超过 400 万亩。王安石变法后，屯田继续扩大。《宋史·蔡挺列传》记：宋神宗熙宁五年（1072），"括并边生地冒耕田八千顷，募人佃种，以益边储。取边民阑市蕃部田八千顷，以给弓箭手。又筑熙宁寨，开地两千顷，募卒三千人耕守之"。到宋徽宗崇宁二年（1103），权通判德顺军事卢逢原"根括打量出四将地分管下五砦、新占旧边壕外地共计四万八千七百三十一顷有奇"。尽管这些数字包括今固原和平凉部分县市，但说明经过近百年的开发，本地的屯田已达到相当规模。《续资治通鉴长编》（卷一百二十九）记载当时经济繁荣的情景："地田饶沃，生齿繁多。内笼竿城蕃汉交易，市邑富庶，全胜近边州郡。"由此可见，本地经济发展到了新的高度。金代初年，由于宋金之战，出现了"兵威所加，民多流亡，土多旷闲。遗黎惴惴，何求不获"的局面。直到天会十二年（1134）十二月，金太宗还说："朕惟国家，四境虽远而兵革未息，田野虽广而畎亩未辟，百工略备而禄秩未均，方贡仅修宾馆未瞻。是皆出乎民力，苟格本业而抑游手，欲上下皆足，其可得乎。其令所在长吏，敦劝农功。"[16] 到熙宗，直至世宗时期，招辑流民复业，减轻赋税和徭役，"并令归业，及时农种"，并沿袭历代军屯制度，组织军队屯垦。金世宗大定十年（1170），金廷命"德顺州建营房，以处屯军"[17]，在镇戎州给军队"授以荒田，使耕且战"[18]。这些措施的实施，使本地的农业生产得以恢复，出现了"当此之时，群臣守职，上下相安，家给人足，仓廪有余"[19] 的景况。

六、蒙元时期的农业开发

蒙古国铁木真于公元 1206 年统一蒙古各部后，接受尊号称为成吉思汗，宣布建立大蒙古国。随后两次西征，中、西亚地区的各阶层人士大批东来，既有被征调的战士、兵卒、工匠，也有志愿经商的商人、技术人员、学者及传教士等。蒙元人称这些人为色目人。成吉思汗及蒙哥汗在攻金伐宋时以蒙古各部族组成的蒙古探马赤军为重要征战部队，色目人组成"西域"探马赤军，又称"西域亲军"或"回回军"，共同参战。蒙古太祖二十二年（1227）闰五月，成吉思汗破德顺州（今隆德）后，进驻六盘山（今固原县开城乡治所）避暑。蒙哥汗、忽必烈又相继率兵驻六盘山，远征云南。六盘山成为蒙古汗国的一个军事大本营。蒙元建国期间为了长期供应军粮，支持征战，实行屯田制度。蒙古及西域探马赤军"上马则备战斗，下马则屯聚牧养"[20]。驻守在六盘山的探马赤军同样要"屯聚牧养"，以保证军粮供应。中统元年（1260），忽必烈即大汗位后，当即向天下明确宣布："国以民为本，民以食为本，衣食以农桑为本。"[21] 大概是由于他即位前在六盘山驻过一段时间，熟悉这里的情况，曾亲自召见西夏晚期国相斡道冲的孙子朵儿赤，朵儿赤向他建议，屯田不应使用正军，正军一调动，土地就要荒芜，影响屯田，而应招募新附军（南宋降军）子弟成丁者，编入户籍，实行民屯，既可充分利用土地，又可作为兵源。这个建议被元世祖采纳，并颁发《农桑辑要》之书，警示人们重视农业。同时下令："探马赤军随地入社，与编民等。"[22] 在六盘山军屯和民屯中便有"随地入社"（50家为一社）的探马赤军。留在这里的探马赤军虽然并非全是信仰伊斯兰教，但在屯居、屯田过程中，由于宗教信仰、心理状态、生活习惯和生活方式等相似或相同，因而感情接近，互相认同，所以结伴聚居，形成穆斯林社区。这些"随地入社"的探马赤军，既是固原最早的回回民族，也是元代最早的开发移民。

至元九年（1272），忽必烈任三子忙哥剌为安西王，六盘山麓开城修有王府。安西王府首任王相李德辉看见王府附近原有牧地数千顷，荒置未耕，于是建庐舍，给予耕牛、种子、农具，徙民2000家于其地耕屯。[23] 至元十五年（1278）十二月，设开城路屯田总管府，专管屯田事宜，并陆续拨军屯田。当年就令武毅将军李进率军2000人移屯六盘山。次年又发西川蒙古军7000、新附军3000归皇子安西王统辖，到这里屯田。至元十八年（1281）十月，又命安西王府协济户及南山隘口军分别于安西、延安、凤翔、六盘等处屯田。至元二十一年二月，又从别速带所部拨逃军700余人交付安西王屯田。至元二十四年（1287）十月，再次征调驻守四川的军队5000人于六盘山屯田。翌年四月，令陕西行省督巩昌兵5000于六盘山屯田。至元二十九年（1292）三月，恢复延安等三路3100人为军籍，令其至六盘山屯田。至元三十一年（1294），元成宗令在德顺州立屯耕种，屯户2600余户，耕地800余顷。元贞二年（1296）二月，元成宗令置军万人于六盘山至黄河间屯田。[24] 当时民屯也有很大发展，至元三十年时，仅安西王就有民屯424户、田467顷。先后有3万余军民来到六盘山屯田。由于屯田制的有力推行，来自四面八方的移民带来了先进文化和生产方式，促进了农业生产的发展。

七、明代的农业开发

明朝，固原虽是王朝的中心腹地，实质上却是明王朝的边防要地。这是因为，元朝虽灭，但残元势力尚存。公元 15 世纪初，蒙古鞑靼、瓦剌各部日渐强大，成为明朝北方边境的大患。所以明廷在东起鸭绿江、西至嘉峪关的万里边防线上设立了 9 个军事重镇，固原为其一镇，派重兵驻守，抵御来自北方的威胁。仅固原卫、西安州守御千户所、镇戎守御千户所、平虏守御千户所、甘州群牧千户所、海喇都营、红古城堡等处有兵 8853 名。军屯由此兴起，"其闲地则为屯田，且耕且守，五年后方令纳粮"[25]。共屯田 2134.45 顷。公元 16 世纪初，军屯继续发展。平虏守御千户所"留存南方军及新募军人入伍操练，授田屯种，以为防御计"[26]。白马城堡"募军戍守，人给地一顷，使自耕种为业。奏调榆林百户五员领之"。海喇都营"成化四年（1468），选本府官军七百员名，冬操夏种，设操守指挥一员约束之"[27]。至嘉靖年间，耕地面积达 3300 顷。万历时屯田又增加到 4815 顷。在大力发展屯田时，水浇地也在发展。正德十年（1515）时，红河川、茹河川、东西海子、杨郎、关桥等地都有小规模的引水灌溉。"正德十一年，镇守总兵官赵文、兵备副使景佐，因本城井水苦咸，人病于饮，遂导引（西海水）于州城，入泮池。由西门而入，环流于街巷，自东门而出，公私两利之盛意也。"[28]粮食作物除种植麦类、豆类、谷类等粮食外，普遍种植胡麻、麻籽、菜籽等油粮作物，以及各种果树和蔬菜。明朝建国伊始，朱元璋为巩固其统治，采用"同姓制异姓"的方法，将 24 个儿子和一个重孙分封到各地。分封到固原地区的有楚王朱桢、黔宁王沐英、肃王朱楧、韩王朱松，其牧地分别在海原县城、西吉县城附近及固原县大湾川堡、海原韩府湾一带，成为诸藩王为领主的军马饲养基地。官牧制度重新恢复，再次大兴马政。洪武二十七年（1394），置群牧千户所。永乐四年（1406）置陕西苑马寺。苑马寺是一种专门马政机构，其主要任务是向边防部队提供军马。固原属陕西苑马寺辖地（时全国共置 4 个苑马寺）。陕西苑马寺设立后，下封工监 4 苑；开城、安定两苑隶属于长乐监，清平、万安两苑隶属于灵武监。永乐六年（1408）时，陕西苑马寺又增为 6 监 24 苑。据嘉靖《固原州志·苑马寺所属坐落固原州地方监苑》记载：苑马寺长乐监在固原州城内东北隅，下辖 3 苑是开城苑（在头营）、广宁苑（在固原州城监衙内）、黑水苑（在州城北 90 里）。后来，固原马政日渐衰落，监苑屡裁，使朝廷所用军马一度紧张。弘治十六年（1503），明廷以副都御使杨一清专程来固原一带整理马政，"肃振纪纲，增置官署，搜括垦田，益市民马，一时观美"[29]。督修马营 19 处，屋宇 4100 间，招募马军 3343 名，清出应归牧荒、熟地 1280 万亩，牧马增至 11800 匹。至万历年间（1573—1620），各种大牲畜达到 33842 头。明

代后期，由于人口增长，造成草场退化，畜牧业终于衰败而一蹶不振。

八、清代的农业经济

清初，为了巩固在全国的统治，在镇压各地反清势力的同时，不得不采取缓和阶级矛盾和民族矛盾的政策。顺治年间，清廷下令各地官员对逃亡人员，不论原籍别籍，必广加招徕，编入保甲，将"本地无主荒田，州县给以印信执照，开垦耕作，永准为业"[30]。这一政策旨在鼓励流民归业，垦复田亩，有利于农业生产的恢复。康熙亲政后大力推行垦政，对新垦土地实行免征6年钱粮的优待，并将明代各地藩王的封地，正式判归种者为业，"与民田一例输粮，免其纳租。"[31]这些垦政举措，虽然主观上是为了维护尚不稳固的统治地位，但在客观上使不少失去生计者获得土地，大大调动了百姓开垦土地、发展生产的积极性。雍正七年（1729），固原州和隆德县仅有熟地25万亩，川原平地已开垦无余。为解决地少人多的矛盾，乾隆五年（1740）七月，清廷下令"凡边省，内地零星土地可以开垦者，悉听本地夷垦种，免其升科；并严禁豪强首先争夺，俾民有鼓舞之心，而野无荒芜之壤"[32]。在清廷政策驱动之下，再次出现开垦高潮。《宣统固原州志》记载，光绪三十四年（1908），"原额民屯更监养廉租等项地"共12109顷，除荒芜外实垦熟地7306顷，人均有地9亩多。农田灌溉也在发展。《海城县志》在卷二"水利"详载利用水泉12处，灌地2200亩，水力冲转油磨76座。而隆德县则因"其水多湍流峻急，而靡衍溢飘没之患""然民引渠转轮为磨""与渠并岸之田，俱可用力平治，开渠引注其间，倍粪，植稷粱诸嘉种，以时灌溉，岁可多收，且以济旱"。[33]清末，又建成最大的惠民渠，增加灌溉地亩。从历史遗留下来的痕迹看，固原城周围的高山和川道区两边的高山都被开垦种地。层层坡地，民国《隆德县志》称为"架板田"，好像货架一样。这主要是人口剧增的原因，人们为了生存，对自然界进行了掠夺式开发，造成森林面积减少，水文状况恶化，水土流失严重，野生动物锐减，生态环境日趋恶化。尤其是小农经济的做法，阻碍了生产力的发展，已完全陷入靠天吃饭的局面。在畜牧业方面，清初，清廷宣布裁革苑马寺，撤销官营马场，并禁止民间养马，目的在于抑制豪强和退牧还田。但由于战备的需要，雍正年间清廷接受固原提督豆斌的疏请，又设立了6个军马场：提标中营参将马场、提标左营游击马场、提标右营游击马场、提标前营游击马场、提标后营游击马场、提标城守营游击马场。为什么会出现这种状况呢？主要是人口数量剧增，出现了农牧争地的问题。人们为了生存，首先要解决粮食问题，就把发展农业放到了首位，牧业逐渐降到次要地位。

注释：

[1]《后汉书·西羌传》。

［2］《竹书纪年》下卷、嘉靖《固原州志》。

［3］《汉书·贾山传》。

［4］《汉书·匈奴列传》。

［5］《汉书·地理志》、《后汉书·西羌传》。

［6］《后汉书·匈奴列传》。

［7］《隋书·食货志》。

［8］《隋书·循吏·赵轨传》。

［9］《新唐书·百官志下》。

［10］《宋大诏令集》卷一八二。

［11］《嘉靖固原州志·前代名宦·刘综》。

［12］《欧阳文忠公集·河东奉使奏草》卷下。

［13］《宋会要》兵四之十一。

［14］［15］宋·曾公亮《武经总要·前集》卷十八上。

［16］《金史·太宗纪》。

［17］《金史·兵志》卷六六。

［18］《金史·石盏女鲁欢传》卷一六〇。

［19］《金史·世宗纪》。

［20］《元史·兵志》。

［21］［22］《元史·食货·农桑》卷九三。

［23］《元史·李德辉传》卷一六三。

［24］历次移军到六盘山屯田均见《元史·本纪·世祖》。

［25］《明孝宗实录》卷一五七。

［26］《明武宗实录》卷二。

［27］嘉靖《固原州志》。

［28］万历《固原州志》。

［29］《关中两朝文钞》卷八、赵时春《马政论》。

［30］《清世祖实录》卷一八一。

［31］《清通典·食货·田制·民田》卷一。

［32］光绪《大清会典·事例·田赋·免科田地》卷一六四。

［33］民国《隆德县志》。

论固原畜牧业的发展历史及其启示

罗　丰

固原，不但在军事上是一个历代边防重镇，而且，也是一个汉民族与其他少数民族杂居的地方。众多的少数民族中，不乏从事畜牧业生产的民族，畜牧产品是他们生产资料、生活资料的主要组成部分。史载，固原一带"地广人稀，水草茂盛"，给发展畜牧业提供了良好的条件。由于受少数民族活动及地理环境的影响，在历史上本区域内的畜牧业曾经是十分发达的。自汉代在此一带设置畜牧业管理机构起，直到明代，世代相沿，经久不衰。固原成为向历代统治政权提供军用马匹的重要基地之一。认真地回顾、考察历史上固原畜牧业的发展状况，以史为鉴，对于改善当前固原畜牧业结构比例，调整固原农业的发展方向，无疑是十分必要的，也可为中央提出的"三西"建设中，固原农业的发展方向"以牧为主，兴牧促农"的方针，提供一些历史依据。本文意在简单地勾勒出固原地区畜牧业发展的历史轮廓，总结经验教训及历史赋予我们的启示，就正于诸识者。

一

固原地区包括固原、海原、西吉、隆德、泾源、彭阳 6 县。位于陕西黄土高原的西缘与六盘山地之间，大部分地区属于干旱草原区。

先秦以前，固原为少数民族居地。史称"唐虞以上，有山戎、猃狁、荤粥居于北边"[1]。《诗经·小雅·六月》篇中即有"薄伐猃狁，至于大（音泰）原"之说。猃狁等少数民族当时就活动于太原一带。太原，据明代学者杨经等考证应在固原这一带。[2]固原地区发现的西周文物也证明了这里与周人活动有关。[3]史又载从武乙三十年（前 8 世纪）[4]到公元前 3 世纪，义渠等少数民族居此。春秋时"平王之来，泾之北有义渠之戎"[5]，当时在"岐、梁山、泾、漆之北有义渠、大荔、乌氏之戎"[6]，活动于这里的少数民族，都是"随畜牧而转移，其畜之多，则马、牛、羊"等。他们和当时活动于北方草原的其他游牧民族一样，部落及部落联盟之间"时大时小，别散分离"，往往是"各分散居溪谷，自有君长，往往而聚者百有余戎，然莫能相一"，过着"逐水草迁徙"无"耕田之业"[7]的游牧生活。游牧生活使他们从小能骑善射，游牧经济的发展使他们对于这种自然经济有着较特殊的感情。这种经济生活以及他们所特有的情感，在近年来固原地区所发现的考古材料中得到了相当广泛的反映、证明。固原县发现的属于少数民族文化的多处墓葬中均有大量的马、牛、羊头蹄骨陪葬，有的竟达几十头之多。[8]充分体现了游牧民族"其畜多马、牛、羊"这一重要的经济特点。从墓葬出土的大量文物中，可以发现许多北国边疆地带野生动物的形象。其中有虎、豹、熊、狼、鹿、驴、马、羊、象等金铜牌饰、"能角式"青铜剑及它们之间相搏斗的透雕形象。[9]这些无疑应是当时的游牧民族对于其生活和环境的艺术反映。

战国时期，秦惠王打败了这里的少数民族部落，在此地"置乌氏县"[10]，成为秦国版图的组成部分。秦代初年，乌氏这个地方有个名叫倮的大商人兼大牧主"求奇缯物，间献遗戎王，戎王什倍其偿，与之畜"，通过从牧业中心区域直接获取的办法，最后使他拥有的牲畜多至"用谷量马、羊、牛"的程度。不但大获其利，而且也在秦王朝得到了相当高的政治地位和荣誉。[11]

二

秦汉时，固原是北地、安定郡属地。政府对这一地区的畜牧业发展十分重视。这主要是由于北方少数民族的入侵而引起的。匈奴，是战国晚期壮大起来的一个强悍的游牧民族。汉初，匈奴人不停地犯边入关。史载：汉文帝十四年"匈奴单于十四万骑入朝那萧关""虏人民畜产甚多"，并且"杀北地都尉卬"，最后烧回中宫，至甘泉，[12]危及长安。正如恩格斯所指出的那样"任何军队如果没有一支能骑善战的骑兵，就不能指望作战的胜利"。[13]汉政权自然会十分重视骑兵的发展，与之抗衡。陇山以北就是为其提供战马的主要地区。汉"边郡六牧师苑令，各三丞"[14]，在这六个畜牧业管理机构"牧师苑"中，有五个就靠近今固原。[15]当然这仅仅是几个大的牧场。《汉书》载："太仆牧师诸苑三十六所，分布北边、西边，以郎为苑监，官奴婢三万，分养马三十万头，择取教司，给六厩。牛、羊无数，以给牺牲。"[16]这几十处规模较小的养马场，虽然其具体地址还不能一一搞清，但在固原地区设有这样的机构，是很可能的。汉时西北地区是政府主要的牧区或半牧区，畜牧经济十分繁荣。因原畜牧业宜能得到相应的发展，大约有以下几方面的原因。

（一）优越的地理环境。这不但是固原汉代畜牧业发达的主要原因，也应是历代畜牧业先进的重要因素。在农业区由于人口众，耕地利用率极高，因而畜牧业不可能得到大规模的发展。但这里情况却不同。时，安定郡"人口密度仅为每平方公里2.2~2.5人"[17]，地广人稀，海拔较高，在1300~2900米之间，地势复杂，无霜期短，因而大部分地区不适应农业生产。但却对发展畜牧业十分有利，广阔的草山、草场，给畜牧业的发展带来了良好的先决条件。

（二）游牧民族的影响。因为这里与北方少数民族毗邻，有时还交错杂居，所以受游牧民族习俗影响较深。《汉书·地理志》载："安定、北地、上郡、西河，皆迫近戎狄，修力战备，高上气力，以射猎为先。故秦诗……'车辚''四载''小戎'之篇，皆言车马田狩之事。"所以此地虽然"与关中同俗，然西有羌中之利，北有戎翟之畜"，后终使安定诸郡出现了"沃野千里，谷稼殷积，土宜产畜，牛马衔尾，群羊塞道"[18]的繁荣局面。

（三）统治者的需要和重视。畜牧业的发展与统治者客观上的需要有着密切的关系。汉初，由于战争，需要大量的军马做补充，固原便成为提供军马的基地之一。"马者，甲兵之本""国之大用"。[19]不单是因"天子为伐胡，盛养马"[20]，还因马可以"安宁则以别尊卑之序，有变则以济远近之难"。故汉武帝"北出萧关，从数万骑，猎新秦中"，因"千里无亭徼，于是诛北地太守以下，

而令民得畜牧边县"[21]。据《史记集解》云："先是，新秦中千里无民，畏寇不敢畜牧，令设亭徼，故民得畜牧也。"朝廷设置专门养马机构，皇帝如此重视，是由于战马的消耗量太大。例如汉元狩四年北击匈奴即损马达"十余万匹"[22]，因而必须采取相应的措施来加以补充。其结果就使这一带畜牧业得以发展。北地太守的重要任务之一，可能就是发展畜牧业。

政府在大力发展畜牧业的同时，也力图通过一些可耕地的种植，把这里变成一个半牧半农区。初，由于边郡人烟稀少，不利守备，政府便推行了"移民实边"政策，至汉武帝时代已向边郡地区迁徙了几十万人口，[23]范围当然也包括固原。人口的迅速增长使人们不得不在可种农作物的地方，从事农业生产。文帝时就因"屯戍者多，边粟不足给食当食者"[24]，而需要在边地发展农业。这在固原出土文物中即可得到证明。出土的汉代文物中，不但有错金银铜羊等艺术品，而且还有铧犁、锸这类农业生产工具。[25]东汉时期这种半农半牧情况，已达到全盛时期。上郡、北地等地西汉前期，尚以"畜牧为天下饶"，但东汉初，将军邓禹镇压赤眉起义时，其属将皆劝其先攻长安，而邓禹却以为应先练兵养息，并道："上郡，北地、安定三郡，土广人稀，饶谷多畜，"此地可休兵"就粮养士"。[26]可见这时固原等地已变成以"饶谷""多畜"并称的半农半牧区了。

三

魏晋南北朝时期，固原一带畜牧业的具体发展情况虽不甚清楚，但此时中国的民族融合进入了一个新阶段，鲜卑、柔然、敕勒等少数民族先后迁入，而畜牧业却仍是他们的主要生产方式。北魏世祖"以河西水草善，乃为牧地。畜产滋息，马二百万匹""牛羊则无数"。[27]北朝的畜牧业管理机构较过去已有所改善，这与畜牧业的发达是分不开的。

隋朝在"陇右牧置总监、副监、丞以统诸牧"[28]。唐时周原属原州畜牧业仍然十分发达，拿养马为例，"秦汉以来，唐马最盛"。在机构设置上，吸取了隋朝的长处，设立了众多的专门机构负责此项工作。唐初于原州置陇右群监牧，其职由原州刺史兼任。李吉甫在《元和郡县图志》中详细地记载了这种情况："监牧，贞观中，自京师东赤岸泽移马牧，于秦、渭二州之北、会州之南、兰州狄道县之西、置监牧使，以掌其事。仍以原州刺史为监牧使，以管四使。南使在原州西南一百八十里，西使在临洮军西二百二十里，北使寄理原州城内，东宫使寄理原州城内。天宝中，诸使共有五十监：南使管十八监；西使管十六监；北使管七监；东宫使管九监；监牧地东西约六百里，南北约四百里。天宝十二年，诸监见在马总三十一万九千三百八十七匹，内一十三万三千五百九十八匹骒马。"[29]这种有效的管理体制进一步促进了畜牧业的迅速发展。仅陇右一监牧马匹就达几十万匹之多，这是很可观的。当时全国"凡诸群牧，立南北东西四使以分统之"，

"其马皆印，每年终，监牧使巡按挈数，以功过相除，为之考课"。[30]陇右正是按此设置并管理的。在监牧使下置监，并分上、中、下三等，并规定"凡马五千匹为上监，三千匹为中监，一千匹为下监"，还在"马之群，有牧长尉"[31]。监牧监的地位也相当高，上监牧监即为从五品……从五十个监的分布位置来分析，属今固原地区者为数甚多，养马数应有数万匹之多，其目的仍然用于军事。在发展战马的同时，其他畜种也相应增多。天宝"十三载，陇右群牧使秦，马、牛、驼、羊总六十万五千六百"[32]。开元十三年则有马四十五万匹，牛五万头，羊二十八万六千只。[33]陇右监牧"肇自贞观，成于麟德，四十年间，马至七十万六千匹"（牛羊不计其数），并置"八使董之，设四十八监以掌之，跨陇西、金城、平凉、天水四郡之地幅帧千里"，尽管如此还嫌其"犹为隘狭，更析八监，布于河曲半旷之野，乃能容之。于期之时天下以一缣易一马。秦汉之盛未始闻也。"[34]固原之所以能成为全国最大的养马中心，西北牧业的指挥中心，除地理因素外，也与其战略上的需要分不开。唐人即云："原州当西塞之口，接陇山之固，草肥水甘。"[35]但也由于固原位于边防要地，往往战事频繁，畜牧业的发展并非一帆风顺，当然也会受到严重的影响，唐初则在监牧周围以巨堑为固，以备不测，后监牧终废。

四

自宋开始，全国的经济中心由北方转入南方。随着全国经济中心的转移，畜牧业便日益趋向衰落．然而西北地区的畜牧业却受此影响不大。从固原的畜牧业状况来看，虽自然条件没有发生显著的变化，但已远不及唐。朝廷"国马之政，历五代而寝废"[36]，而"夏国所产，羊、马、毡、毯，用之不尽，必以其余与他国交易"[37]。固原正地处宋夏拉锯地带，受战争影响，双方均不能利用其"地利"发展畜牧业，但可作为交易场所，宋之用马主要赖于买马，在西北置几十处市马州、军，镇戎军（今固原县）即为一处。[38]其整个局势，正如后人评述的那样"自宋以来，马藏民间"[39]。与此同时，农业生产也有一定程度的发展。今固原北川黄铎堡、三营地带（时属平夏城），就是著名的产粮区。据史载。西夏人先居此地，后为宋军所拨。夏人失之宝地之后"朝文愤恚"，常曰："唱歌作乐，田地却被汉家占却"，并且愤慨地道，这是"夺我饭碗"[40]。金元时代统治者采取了"悉从民牧""兵兴随宜取用"[41]的发展民间畜牧业的政策。

五

明朝为对付流于边地的蒙古余部，便大兴马政，十分重视马匹的饲养和发展。明初即设立苑马寺专理马政。[42]苑马寺是一种专门机构，其主要任务是向边防部队提供军马。固原属陕西苑马寺辖地（时全国共置四个苑马寺）。[43]此寺设立于永乐四年,当时设两监、四苑:长乐监统开城、安定两苑;灵武监统清平、万安两苑。[44]永乐六年时,陕西苑马寺共置六监二十四苑,其中属宁夏地者除前置外,有长乐监增统的弼宁、广宁;灵武监增统的安边等苑。[45]正统四年(1439)"革甘肃苑马寺,改牧恩军于黑水口,隶长乐监"[46]。而据《明史·地理志》黑水在固原州北[47]。陕西苑马寺置平凉,但其主要管理在开城县(今固原县开城),这一带"马大蕃息,收(?)常数万匹,足充边用"[48]。当时的北方边地有蒙古族鞑靼、瓦剌部,勇猛强悍,不断南侵,也骚扰这里,使人民生命财产及畜牧业遭受严重影响。据明景泰二年所立《创修城隍庙碑记》有"大明景泰庚午""西戎犯边"的记载[49]。近年,固原内城墙中出土一块刻字方砖[50],也为我们研究明代前期苑马寺的畜牧业及被扰情况提供参考资料。上载"维□……初□,忽有达贼入境,将各处人口杀死、掳去,官私头畜、家财尽行抢掠,不下万计。军民惊散,苦不胜言,有陕西苑马寺长乐监监正王,因本处军民无保障"而申奏朝廷,政府即敕包括陕西、平凉地各类高级官员在内的地方官及苑马寺丞等会同长乐监监正,共同督修固原城。[51]从中我们不但可以看出当时官私畜牧业状况,而且也可以看出苑马寺官员的地位。按明代职官制度,牧监监正,不过为正九品,[52]这样一个低级官员不仅可以直接申奏朝廷,而且又会同其他高级官吏共督修固原城池,足见时苑马寺官员的地位是相当重要的。这些督员中还有苑马丞(正六品)及平凉卫指挥,这样即可推知苑马寺之声威和养马业在地方政务中所占的显赫位置。[53]

后来固原马政日渐衰落,陕西苑马寺之属监苑屡裁,使朝廷的军马一度紧张。弘治十六年派大员杨一清来这里专理马政。杨一清给朝廷的奏折中汇报情况时分析道:"我朝以陕右宜牧,设监苑跨二千余里,后皆废,唯存长乐、灵武二监,二监六苑。开城、安定水泉便利,为上苑,牧万马,广宁、万安为中苑;黑水草场逼狭,清平地狭土瘠,为下苑。万安,可容五千,广宁四千,清平二千,黑水一千五。六苑岁给军骑操处,可常牧马三万二千五百,足供陕西三边用。"[54]杨一清到职后"肃振纪纲,增置官属,急括垦田,益市民马,一时观美"[55]。在诸苑马寺都濒于崩溃之际,这实可谓昙花一现。明永乐年间至万历初年固原地养马数分别为:永乐32254匹,万历初33842匹,以上马数中包括驴、骡、驼、牛的合计。[56]

明中叶以后,固原草场为豪强所侵,正如《明史》指出的那样,马政"其始盛终衰之故,大率由草场兴废。"[57]时,固原牧军也很苦,"牧地十七万七千余顷,养马一万四千余匹,牧军才三千三百余人,田重牧轻",难怪有人竟发出这样的哀叹:"牧既少获,种马日削,责民市马,吏豫为奸,不堪命矣。"[58]明代后期由于广阔的草场得不到相应的有效管理,使畜牧业发展失去最基本的保证,这样马政机构便有名无实，收效甚微，终至废弃。虽这里官办马政一蹶不振，然而历史上的马政在固原却留下了遗迹，仅今固原县地名中就有数处以"马厂"为名，这可自明代沿袭而来。整个清代虽然也在这方面做过一些努力，但基本上无大型的官办马政可言，畜牧业在该地也不占主导地位，此不赘述。

以上所述虽以介绍养马为中心，但这并不等于说此地畜牧业的发展是单一的。由于历史原因，史载的畜牧业均述其养马业，而对其他畜种介绍不多。但就常理而论，随着养马业的发展，牛、羊、骡、驴以至于骆驼也自会有相当数量的。

六

综合固原地区畜牧业发展的历史，我们可以寻得哪些必要的启示呢？

（一）历史上的固原是一个以牧为主的半牧半农区。

先秦至西汉，固原是一个畜牧业地区，但从东汉开始一直到明代，由于这里部分地区宜农，固原变成了一个以牧为主，半农半牧的地方。这种相结合的办法，保证了土壤、水力资源、气候条件等没有发生过显著恶化，在一定程度上促进了农牧业生产的共同发展。

（二）对历史上畜牧业管理及其措施的借鉴。

历史上固原关于如何发展畜牧业，在其管理措施、机构的设置上给后人留下了宝贵的资料。历代政府对于固原畜牧业的发展十分关注，在这里设立了一整套完善的管理机构，并屡派大员督理。唐代的陇右群牧使之职就是由当时地方最高长官原州刺史兼任；明代苑马寺卿职为从三品高级要员，后来杨一清是以都御史的身份督理马政。从其发展特点来看，历代都是以官办大型牧场为主。可是，自明代以后，这类机构大量取消，使整个畜牧业失去官方这个强有力后盾的大力支持，便日渐衰败下来，这类经验当然值得借鉴。

（三）吸取固原经济衰败的历史教训。

明朝以前的固原，是一个历代军事要冲，位于祖国的边防地带，由于地理上居重要的战略位置，又适宜于畜牧业的发展，便成了历代畜牧业基地和指挥中心。明代以后随着固原军事地位的下降，由原来的边区，变成内地的组成部分，人民生活则也相对稳定。顺治、康熙时颁布若干关于开垦荒地的训令如"更名地""垦荒令"等。康熙晚期各边地因"人民渐增，开垦无遗"，[59]固原情况可能会稍好一些，但乾隆以后内地移民大量迁徙于此。到清中叶的嘉庆时，据说平凉府地人口密度增长到每平方公里230.03人，[60]势必影响到固原。人口的迅速膨胀，使耕地面积也相应地增加。据明《万历固原州志》载，明万历年间固原州（包括海原、同心、西吉等地）的耕地面积仅为689400亩左右。[61]清末光绪三十四年统计表明，耕地数量发展到 1210900 亩，[62]这仅是清末的数据，在此之前肯定耕地的数量还要大，因清政府镇压了同治年间的回民起义之后，固原一带十室九空，大量耕地荒芜，光绪后期才重新发展起来。民国时人们大量垦荒，至 1946 年仅固原一县（不含海原、西吉、同心县地），就"计有耕地 1836674"。[63]大量垦荒使固原变成一个纯农业区，这种变化并不会给人民带来温饱。据载民国年间固原人民的生活更加贫困，"丰年仅足糊口，凶岁毫无收益。"[64]中华人民共和国成立后，固原耕地面积又大幅度地增加。据 1980 年底统计，固原县的耕地面积为 4194000 亩[65]，占到总面积的 43%。近百年来固原耕地面积增加了 400 万亩以上。盲目开垦，植被条件、生态平衡均遭破坏，致使森林和草原面积日益减少。据初步估计，自明代以来，固原草原的覆盖面积及产草量大约下降了 70%～80% 左右，目前森林覆盖率也只有 3.2%，而每年的水土流失量却在每平方公里 5000 吨以上。在这种条件下，迫使人们采取了"广种薄收"这种掠夺式的落后生产方式。其结果不但粮食产量没能上去，反而造成其他方面的恶性循环，受到大自然的严惩，出现以粮为主的单一农业经济，变成西北贫困地区之一。上述就是造成目前局面的主要原因。

（四）以牧为主是固原农业发展的必由之路。

固原农业以牧为主，这是历史给予我们的一条重要启示。关于这个问题，近年来许多专家、学者已从各方面撰文加以阐述，这里不再一一复述。

基于以上所述，我们应当从本地自然面貌及自然环境变化的历史规律中得到启迪，吸取历史的沉痛教训，大力发展畜牧业，以适应开发大西北这个重大战略决策的需要。

1982 年冬写成

原载《宁夏社会科学》1985 年 1 期

注释：

[1][6][7][12]《史记·匈奴列传》。

[2]杨经：《嘉靖固原州志·州城形势》卷一，持此观点的还有明、清学者赵时春、顾炎武和《大清一统志》作者等。

[3]固原文物工作站《固原县西周墓清理简报》《考古》1983 年 11 期。

[4]《竹书纪年》卷上。

[18]《后汉书·西羌传》卷八十七。

[8]拙文：《宁夏固原石喇村发现一座战国墓》《考古学集刊》第三集，社会科学出版社 1984 年 1 月。

[9]钟侃等：《宁夏固原县青铜文化》1983 年第四届考古学年会论文。

[10]《史记·匈奴列传》注引《括地志》。

[11]《史记·货殖列传》。

[13]《马克思恩格斯全集》第十四卷 326 页，人民出版社 1972 年。

[14]《汉书·百官公卿表》卷十九。

[15] 史念海：《秦汉时代的农业》，载《河山集》，三联书店 1978 年。

[16]《汉书·景帝本纪》注引《汉旧仪》。

[17][60] 鲜肖威《历史时期黄土高原的环境变迁》，《社会科学》1982 年第二期。

[19]《后汉书·马援传》卷二十四。

[20][21][22]《史记·平准书》。

[23]《汉书·食货志》卷二十四。

[24]《汉书·地理志》。

[25] 钟侃：《宁夏文物述略》，宁夏人民出版社 1980 年。

[26]《后汉书·邓禹传》卷十六。

[27]《魏书·食货志》卷一百一十。

[28]《隋书·百官志》卷二十八。

[29]《元和郡县图志·关内道三·原州》。

[30][32]《旧唐书·职官志》卷四十四。

[31]《新唐书·兵志》卷五十。

[33]《资治通鉴·唐纪》胡三省注。

[34]《张燕公集》卷七，《大唐开元十三年陇右监牧颂德碑》。

[35]《旧唐书·元载传》卷一百一十八。

[36]《宋史·兵志》卷一百九十八。

[37] 戴锡章：《西夏纪》卷十二。

[38]《续资治通鉴长编》卷一百〇四。

[39][41][55][58]《关中两朝文钞》卷八赵时春《马政论》。

[40]《续资治通鉴长编》卷五百零三。

[42] 明代对于马匹管理实行了官、民二牧。"牧于官者，为太仆寺、行太仆寺、苑马寺及各军卫"有"唐四十八监意"（《明史·兵志》卷九十二）固原地除苑马寺外，初有平凉卫，后置固原卫，为其兼职机构。

[43]《明史·职官志》卷七十五载，永乐四年（1406）"置苑马寺凡四：北直隶、辽东、平凉（陕西）、甘肃"。

[44]《明太宗实录》卷八十四。

[45]《明太宗实录》卷六十。

[46]《明史·兵志》卷九十五。

[47]《明史·地理志》。

[48]《聪孝宗实录》卷二十四。

[49] 此碑由宁夏固原博物馆收藏。

[50] 此砖由宁夏固原博物馆收藏。

[51] 据转载这些官员是"陕西兴安使徐、左都御史陈，右布政使、按察司金韩、都指挥使金事荣、平凉太守张、苑马寺丞党、平凉卫指挥马甘。"

[52]《明史·职官志》卷七十五。

[53] 史载，卫也有养马任务，属另一马政系统太仆寺辖。时平凉卫及后固原卫均属陕西太仆寺所辖。

[54] 祭文炳：《历代马政志·杨一清督理马政奏》。

[56] 梁方仲：《中国历代户口、田地、田赋统计》，上海人民出版社 1980 年。

[57]《明史·兵志》卷九十二。

[58]《清圣祖实录》卷二百四十九。

[61] 刘敏宽等：《万历固原州志·地理志》卷上。

[62] 王学伊等：《新修固原直隶州志·贡武志》卷三。

[63] 叶逸凡：《民国固原县志州·建置志》卷五（稿本）。

[64] 叶逸凡：《民国固原县志州·艺文志》卷十。

[65] 此数据据 1980 年综合考查资料。

明代固原马政

武继功

中国马牧历史久远。今固原地区，是我国古代牧马之所之一。唐宋之前，都为军事战斗做出贡献。明代亦然。

明代总结周至唐以来马牧经验，在得自元朝大将李思齐、李茂子和打败王保保，得马驼杂畜十万，以及御史大夫丁玉凉公、兰玉四征讨西蕃所得之马做基础，便行监牧制度。

明管理马牧的机构曰太仆寺、行太仆寺、苑马寺。马苑分三等：上苑一万匹、中苑七千匹、下苑四千匹。一夫牧马十匹。五十夫设围长一人，掌管马的繁殖、口齿、烙印、膘系、死亡的检查登记。

正统末年（1449）开始"备养马"选马给边（防）或军民佃种。官牧之地叫草场；军民佃种的叫熟地；官（军）放牧人叫"恩军""队军""改编军""充发军"或"抽发军"。除戍守军外，五军（人）养一马。民牧依据田丁授给马匹，最初叫"户马"，后改称"种马"。

洪武三十年（1397）在北京、辽东、山西、陕西、甘肃设立了太仆寺，划定了牧马草场。永乐四年（1406），设苑马寺于陕甘，下属六监。每监一般设四苑。陕西太仆寺掌管着陕西都司所统的西安等四十八卫所、清水等七十四营堡骑兵之马政。

弘治十五年（1502），尚书刘大夏向孝宣帝朱祐堂推荐南京常卿都御史杨一清，督理陕西马政。一清到任给朝廷报告："我朝因陕右宜牧，设监苑、地跨二千余里，现其他监都废除了，唯存长乐、灵武二监。今牧地约数百里，仅供陕西尚不足。问题是监牧人选不当，牧养无法。两监六苑，开城、安定水泉便利，应为上苑，可牧马万匹。广宁、万安、黑水（苑）草场逼窄，清平地狭土瘠为下苑。万安可五千、广宁四千、清平二千、黑水五千，这六苑，除每年拨交给军队外，可常牧马二千五百，足够三边用了。"这一报告，得到了朝廷批准贯彻。

　　那时的长乐监，设在固原城内，监设监正一员（为七品官），录事一员（一般办事人员），管辖有广宁、开城、黑水、万安四苑。

　　广宁苑配有圉长二人，开城苑圉长三人，安定苑圉长二人，黑水苑圉长一人，都是九品官，个人柴薪银年二十四两，八人每年供给粮七百三十石，从固原州和会宁县征收。灵武监，设在今宁夏灵武。设监正一员、录事一员，管辖有清平、万安、武安三苑。清平配备圉长二人，万安圉长二人，武安圉长一人。级别柴薪与前同。五人年供粮四百五十六石，从庆阳府征收。各监苑共划给草地（熟荒地）一十七万七千六十一顷六十二亩四分四厘八毫三丝。设界桩一百三十九个。其中：

　　开城苑　设在头营，草地三万六千四百七十顷四十三亩二分二厘六毫。范围东至可可川、天城山、私盐路（今同心豫望东）；西至须弥都把关山（今黄锋堡、寺口子一带）；南至黑城、广宁苑草场（固原头营以北）；北至群牧所中营、八弯三峰堆。《方舆纪要》："群牧所中营，州西北二百里，明置监牧于此。"即今海原县高崖、兴隆及同心县王团庄。纵一百六十里、横八十里。界桩二十九个。额军七百名。原马并驹二千六百三十八匹；明弘治间，马并驹共有二千六百二十八匹。

　　广宁苑　设在固原城内，有草地二万五千八百八十顷五十三亩三厘。东至小河川、黄奈墩（今固原寨科、河川，彭阳县石岔等）；西到武延川（今西吉县将台、硝河至隆德观庄、大庄）；南到木厂沟（今固原什字）；北至开城苑头营。纵一百里、横五十里。界桩十五个。额军五百人，原马并驹一千二百五十六匹，弘治间马并驹一千二百二十七匹。

　　黑水苑　设在固原黑城，有草地一万一千六百二十七顷九十六亩一分。苑地与老百姓耕地互相交错，四址不记。有界桩十五个。额军二百七十六人。原马并驹一千四百匹，弘治间马并驹九百六十匹。

　　安定苑　疑在今盐池县域，有草地五万二千六百四顷五十二亩九分二厘三毫三丝。东至锁龙山沟，南至尖岗山，西至蟾母山白马庙，北至蒸饼山索驼谷。纵八十里，横七十里。界桩十八个。额军四百二十七人。原马并驹三千五百六十九

匹；弘治间马并驹二千九百三十五匹。

　　清平苑　疑在彭阳城，有草地二万五千九百一十顷三十一亩。东至固原州彭阳里（今彭阳川）雨水川岭，西至本里打石沟，南至本州新兴里南川（大湾牛营），北至固原卫右所唐百户长流水屯。纵七十里，横四十里。界桩二十二个。额军五百四十八。原马并驹二千五百一十九匹，弘治间马并驹二千六百六十七匹。

　　万安苑　疑今环县苦水掌，一说设在耳朵城，有草地二万一千七百一十顷四十一亩五分七厘。东至杏林沟、胜旗寨（今炭山杏儿沟），西至三角城（今同心东），南至拽角咀（今镇原拽家咀杨家咀），北至沙井（今盐池西南、罗山旁甘井子）。纵五十里，横四十里。额军四百七十六人。原马并驹二千四百七十四匹，弘治间马并驹二千六百六十九匹。

　　武安苑　今灵武县境，有草地二千九百五十七顷四十三亩九分五厘，军民地相交错，四址不记。额军四百四十八人。原马并驹一千九百十九匹，弘治间马并驹一千六百七十三匹。

　　以上七苑共额军三千三百六十九人。马并驹一万四千三百六十二匹。岁征地亩银三千三百七十六两。

　　除以上二监七苑之牧地外。在州治东距镇原百六十里，西距会宁二百里，南距隆德高岭八十里，北距宁夏韦州三百四十里，西南距静宁百八十里，东南距华亭马蓿坡五十里区域内，韩、肃、楚三藩牧地与广宁、开城、黑水、清平等苑监地相互穿插。

　　　　　　　　　　选自《固原地区史志资料》第一辑，1986 年 9 月

丝路民族

古代少数民族在固原的活动

佘贵孝

历史上固原所处的地理位置，以西北边防重镇著称。它北通瀚海，南连秦川，西接河西、西域，东达泾州、长安，是关中通往河西走廊、大漠南北的交通枢纽和战略要地，也是丝绸之路由长安到河西走廊最短路线的必经之地，有"关中咽喉"之称。加之，古代固原，覆盖深厚的黄土，温暖湿润的气候，茂密的森林草场，宜耕宜牧的自然环境，适宜的自然地理，不但适宜于农耕民族，也适宜于游牧民族，为各族人民的繁衍生息提供了极好的生存条件。先后有戎族、匈奴、月氏、鲜卑、吐蕃、敕勒、党项、柔然、高车、回纥、突厥、羌、氐、羯、昭武九姓、蒙古、回等众多民族在固原，纵横驰骋，迁徙组合，建立和产生了各种政权组织、经济类型、生产方式、文化艺术、民族风俗、宗教信仰，成为活跃地区之一，使中西文化在这里交融荟萃，构成多元文化。

一、先秦以前的戎族

戎族是我国古老的民族之一，他的发祥地主要在陇山（六盘山）东西、泾渭流域。据《左传》《史记》记载，大大小小的部族有 30 个左右。"盖戎无定名，居何地者，即以何地之名施之"[1]。鬼方就是较早的一支戎族。到西周、春秋时期居住或毗邻今固原地区者就有犬戎、义渠戎、乌氏戎、空同戎、太原戎等。《后汉书·西羌传》记有："渭水上游有狄、獂、邽、冀四种，泾水以北有义渠一种。"按渭水上游地望，应含今隆德县和西吉县西南部，泾水以北应包括今泾源县、原州区和彭阳县。

（一）商代西北有鬼方和羌方。鬼方和羌方又是较为强大的方国，和商处于敌对地位，成为商的劲敌。商朝盘庚以前，固原地区就有西戎族的分支鬼方在这里活动。蒙文通在他的《周秦少数民族研究》中说："商之中叶而鬼方西来"，"于是鬼方已来居灵、原州地。"这些民族大都居住在清水河沿岸，因这里是绿树成荫、水草丰满的畜牧良地，适宜于游牧民族发展畜牧业。鬼方迁徙到这里后，便逐渐强盛起来，迫使原居住在这里的古西戎族和羌族慑于鬼方的强大势力，而归属于鬼方，并进一步向东南发展，不断侵犯商朝的西北边境，并发生摩擦乃至战争。从商王武丁时起，就成为商王朝西北方的主要边患。《后汉书·西羌传》记载："武丁征西戎鬼方，三年克之。"[2]武丁的胜利，不但扩大了疆域，也掳掠了大量的鬼方人为奴仆。留下来的鬼方人未进入中原，长期活动在西北地区。武丁以后商朝渐趋衰弱，与鬼方相邻的周人又日渐强盛，于是鬼方与周又开始了长期的战争。公元前11世纪，西周建立后，鬼方又与西周不断发生战争，并向东南推进。《小盂鼎铭》载，康王二十五年，鬼方和周人发生过一次规模很大的战争，在这次战争中，周人大败鬼方，俘获鬼方13000多人，酋长3人，还俘获车、马和很多牛羊。自周以后，鬼方遂不见于史籍记载。

（二）周穆王迁戎于太原。周伐诸戎，是指活动在今陇山和泾、洛水上游一带的戎族。早在周文王时，首先讨伐的是西北方面的犬戎。在"周穆王十七年，六师西征犬戎，遂迁戎于太原"[3]，《后汉书·西羌传》也有"穆王西征犬戎，获其五王，王遂迁戎于太原"的记载。可见，穆王西征犬戎后，强令犬戎的五个王子，率领其部众退回太原一带居住。太原，即今固原地区及其以东黄土高原地区。[4]犬戎经过休养生息，日渐强盛，东山再起，又不断侵犯西周的边境，而成为西周的主要边患。自周夷王以后，周的力量逐渐衰弱，而猃狁[5]日益强大，经常向南袭击西周边境。《后汉书·西羌传》说："夷王（七年）命虢公率六师伐太原之戎，至于俞泉，获马千匹。"虢季子白盘铭文也提到这次战争，说虢季子白"终雄四方，薄伐猃狁，于洛之阳，斩首五百，执讯五十"。周宣王时，猃狁已逼近周都。《诗经·小雅·六月》有："严允匪茹，整居焦穫，侵镐及方，至于泾阳。"宣王为了改变这种局面，曾经三次派兵攻打太原之戎，兵锋所至，抵达固原一带。第一次是宣王五年夏六月，尹吉甫率周师伐猃狁，至于太原。[6]第二次是宣王三十三年（前795），宣王派兵伐太原之戎不胜。[7]第三次是宣王"三十九年，战于千亩，王师败绩于姜氏之戎"[8]。历次大战，宣王并没有打退猃狁和其他西北游牧部落的进攻。当然，犬戎也受到严重创伤，又失掉了许多赖以生存的地方，因而衰弱了，西周便占领了太原，太原成为西周的直属地区。

（三）周初东迁的月氏戎。远古时期的六盘山，曾称吴山或岳山，故被称为"大岳氏"。所以，周初东迁固原一带的月氏或月支，是因六盘山（大岳氏）而得名的。汉安定郡（今固原）领县二十一，其中就有一个县级建制的管理机构——月氏道，治所在今六盘山下的隆德县境。[9]"道"是汉政府为适应不同民族、不同文化风俗的一种区域管理制度，故为少数民族聚居区。说明汉代的六盘山区仍有月氏部落。后汉，月氏族已融进农耕民族这个大家庭之中，故再未见记载。

（四）春秋时固原地区的戎族。周宣王死后，幽王继位不久，又被犬戎杀死于骊山下。戎族势力的强盛，逼迫周统治者在渭水流域无法继续立足，便东迁洛邑，犬戎遂占据关中地区。因此，自春秋以后，黄河以南的各部族均有较大的发展，分别以自己部族的名称开始登上了历史舞台。当时，在六盘山和泾源县等地有空同氏戎，《世本·氏姓篇》记有"空同氏，子姓，盖因空同山也"。"泾水北有乌氏戎"[10]。乌氏戎族有"乌氏倮畜牧，及众，斥卖，求奇缯物，间献遗戎王。戎王什倍其偿，与之畜，畜至用谷量马牛。秦始皇帝令倮比封君，以时与列臣朝请"[11]。秦惠文王又置乌氏县，这是固原境内最早的县级行政建制。[12]《史记·匈奴列传》正义引《括地志》曰："周之故地，后入戎，秦惠文王取之，置乌氏县。"《汉书·地理志》："乌水，出西北入河。"考乌水，即今固原清水河。乌氏故县，地当清水河与泾河之源，这里地势高而水草丰茂，为牧民所乐居。《史记·匈奴列传》云："泾、漆之北有义渠、大荔、乌氏、朐衍之戎。"乌氏戎是生活在六盘山境内的较早民族之一，固原东南又有义渠戎。其中义渠戎最为强大，《括地志》说："宁、原、庆三州，秦北地郡，战国及春秋时为义渠国之地。"可见，义渠戎也是活动于六盘山地区的主要民族。进入战国后，义渠戎最早融汇于华夏民族。

二、秦汉时期的匈奴族、羌族

（一）秦汉对匈奴的反击。秦始皇为了巩固新建立的统一王朝，便于三十二年（前215）"乃遣将军蒙恬发兵三十万人，北伐匈奴"[13]。从此，战国秦长城以北的今固原、海原等广大地区纳入了秦朝版图。

西汉元鼎三年（前114），析北地郡置安定郡，郡治高平（今原州区）。秦始皇北击匈奴时，匈奴还不够强大，在秦军的压力下，不得不远离河套向北退去。到秦二世时，农民革命，楚汉战争，北方的匈奴又迅速发展起来，随后逐渐占据了今河西走廊、河北、山西北部、内蒙古河套一带。固原以北便成了匈奴贵族的统治区，而西汉政府只能控制固原战国秦长城的以南地区。汉文帝前元十四年（前166）冬，匈奴单于率骑兵14万，破长城而大举南下，攻入北地郡之朝那萧关（疑今原州区南三关口一带），杀北地都尉孙卬。匈奴单于还派兵焚烧回中宫，其候骑进到长安甘泉宫附近。汉文帝派兵反击，匈奴才自动退走。

（二）羌民徙居固原。羌族，是古代我国西部地区历史悠久、分布广泛且影响深远的一个少数民族。先秦时主要分布在河西走廊和青海省东部。《后汉书·西羌传》记安定郡的西羌，最初是永平二年（59），大豪滇吾降汉，入居陇西塞内，至永元元年（89），其孙东号率部民又降，始徙安定郡。当时，又有一个称为先零别种的滇零部落，也住在陇山（六盘山）一带。这些羌民和匈奴族及汉族在经济文化上互相交流，共同发展着固原的历史。

由于州郡官吏和地主对羌民的压迫和剥削，居住在安定郡的羌民于公元102年聚集起事，被安定郡兵残酷地镇压下去。永初元年（107）羌族人民起义，威

震一时，"寇抄三辅，断陇道"[14]。永初五年（111），东汉政府下令将安定郡迁徙美阳（今陕西扶风东）。安定郡的羌民留恋故土，不愿迁徙，大小官吏以毁坏庄稼、拆毁房屋等强制手段令其搬迁，以致造成"驱蹙劫略，流离分散，随道死亡，或弃捐老弱，或为人仆妾，丧其大半"[15]的凄惨景象。

三、魏晋南北朝时期的鲜卑族、氐族、羯族

（一）鲜卑族内徙固原。鲜卑为东胡一支。西汉时，因匈奴强盛，被阻隔在辽东塞外。东汉初，匈奴转衰，鲜卑遂入塞渐居漠北。东汉末年，向南入居固原一带。西晋武帝泰始初年，鲜卑族祐邻部5000余落徙居夏缘，鹿结部7000余落屯聚高平川（今固原清水河），他们互相攻击，鹿结失败后逃奔略阳，祐邻尽并其众，暂居高平。祐邻死后，其子结权立，率部迁居牵屯山（今固原西南）一带。河西鲜卑族，也于晋初徙居牵屯山以西。又有柔然族（又称蠕蠕、茹茹）、破多罗部（又作破多兰部）、乞伏部游牧清水河一带。鲜卑拓跋氏统一中国北方，建立北魏政权。须弥山石窟就是在孝文帝年间创修的。

（二）东晋十六国时的匈奴族、羯族对固原的争夺战。永兴元年（304），匈奴左部帅刘渊在离石（今山西省离石区）起兵反晋，称汉王。建兴四年（316），刘渊之子刘聪派刘曜攻占长安，西晋灭亡，固原遂被刘聪汉国管辖。318年，刘曜攫取汉国政权，改国号为赵，史称前赵。第二年，汉国镇东大将军、羯族人石勒称赵王，史称后赵。前、后赵对固原的争夺战达20年之久，直至后赵灭亡（350）。前赵曾在高平镇（今原州区）设朔州牧，管理畜牧业生产。后赵建武十一年（345）征发雍州、秦州"百姓牛二万余头配朔州牧官"[16]。

（三）前、后秦之氐族、羌族对峙固原。公元351年，氐族人苻坚据关陇称帝，史称前秦。384年，前秦龙骧将军、羌族豪酋姚苌起兵反苻坚，称秦王，史称后秦。前、后秦曾在瓦亭（今原州区南45公里）、朝那（今彭阳县古城镇）对峙。前秦镇守高平将没奕于是鲜卑人，叛前秦投奔后秦，被后秦封为高平公、车骑将军。

（四）匈奴人赫连勃勃称王于高平。义熙二年（406），赫连勃勃率其众3万余骑，伪猎于高平川，袭杀了其岳父没奕于，尽并其部众。次年六月，赫连勃勃在高平拥兵自立，自称大夏天王、大单于，建元龙升元年，设置百官。命其子赫连伦镇守高平。

（五）多民族参加了高平起义。北魏正光五年（524）高平起义爆发，前后持续8年之久。在共同的斗争中，匈奴、鲜卑、屠各、敕勒、羌、氐和汉族人民同心协力，与北魏政权斗争，既增加了各族人民之间的战斗友谊，又加速了各族人民的大融合。

四、隋唐时期的突厥、吐蕃

突厥，概以阴山山脉、贺兰山山脉及宁夏沙漠作为他进军隋地的前沿阵地。因此，隋设两道防线御敌。其中固原在第二道防线上。开皇元年（581），突厥南下，隋文帝派崔弘度为行军总管，领兵出原州（今原州区）抗击突厥，突厥北退。次年四月，突厥沙钵略可汗之兵，进至鸡头山（今泾源县境），被隋行军总管韩僧寿迎击破之。唐武德四年（621）九月，突厥首领颉利可汗万余至原州，被行军总管尉迟敬德等领兵击退。至贞观四年（630）二月，唐军大败颉利，三月颉利被俘。在此期间，突厥连年进犯原州等地，掳掠监马，抢夺财物。唐王朝为妥善处理民族关系，将突厥安置在灵州等地。《旧唐书·地理志》载，贞观六年"置缘州，领突厥降户，寄治平高县（今原州区）界他楼城"。缘州约在今海原县高崖乡以北地区。永隆二年（681），突厥贵族阿史德温傅叛乱，迎颉利族子伏念于夏州，立为可汗，突厥诸部纷纷响应，并攻掠原州等地。突厥的侵扰与掳掠直到开元十年（722）唐军在六盘山大败突厥。

唐朝边患，首推吐蕃。广德元年（763），吐蕃陷原州。从代宗即位初年（766），吐蕃又连年进犯唐地，攻陷原州，屯兵于适宜游牧生活的水甘草肥的摧沙堡（位今原州区西南）一带，逐渐占据了原州地区。唐德宗与吐蕃讲和，建中三年（782），唐都官员外郎樊泽至原州，会见吐蕃相尚结赞，商议订立"盟约"之事，划分双方的势力范围。次年一月，陇右节度使张镒与吐蕃相尚结赞正式签订了"盟约"。这个"盟约"正式将原州划给了吐蕃。"盟约"规定："泾州西至弹筝峡西口，陇州西至清水县，凤州西至同谷县，暨剑南西山大渡河东，为汉界。蕃国守镇在兰、渭、原、会，西至临洮、东至成州，抵剑南西界磨些诸蛮，大渡水西南，为蕃界。"又规定："盟文有所不载者，蕃有兵马处蕃守，汉有兵马处汉守，并依见守，不得侵越。"[17]但这对吐蕃只是一纸空文，仍不断南侵。直至大中三年（849），吐蕃内乱，才将原州及其所属石门、木峡、六盘、制胜、驿藏、石峡、木崤、萧关等7关归还唐朝。

五、宋、夏、金时期的党项、女真族

宋咸平二年（999）十二月，党项族李继迁出兵夷平镇戎军。次年二月，李继迁命万子、米逋、西鼠等部3000余骑驻萧关（今海原县高崖乡草场古城）。咸平五年，李继迁又出兵占据了天都山（亦称西华山，在海原县城西）。李元昊即位创建西夏政权后，接连在今固原境内与宋军进行了三川寨之战、好水川之战、定川寨之战，宋兵惨败，西夏获胜。宋钦宗靖康元年（1126）九月，夏兵攻取宋西安州（今海原县西安乡老城古城），十一月又攻克宋怀德军（今原州区黄铎堡乡古城），知军刘铨等被杀，十二月又乘胜攻占天都寨（今海原县城）。西夏不

仅收复了宋朝在夏境修筑的城堡，而且相继攻占宋边境的许多军事重镇。

女真族原在今松花江和黑龙江中下游一带，于北宋末统一各部，建立金政权。从金太宗完颜晟天会九年（1131），到金哀宗完颜守绪正大四年（1227）蒙古成吉思汗驻兵六盘山，固原都在金政权的版籍之内。期间，南宋将领刘锜、吴璘、吴玠与金守将战于德顺州（今隆德县城）、瓦亭一带，后因投降派、议和派取胜，"两国讲和"[18]，宋、金在固原地区的战事减少。

六、元、明、清时期的蒙古族、回族

蒙古汗国太祖二十二年（1227）四月，成吉思汗率领蒙古军队一举攻占金德顺州（今隆德县）。从此，六盘山地区就有蒙古军队驻扎。蒙古乃马真后二年（1243）春，以汪世显为便宜都总帅，节制镇戎州（今原州区）等地，今固原地区全境便为蒙古汗国占领。先后有成吉思汗铁木真、蒙哥汗宪宗、忽必烈三位蒙元首脑在六盘山东麓的开城（今原州区开城镇）或避暑，或驻跸。开城也成为蒙古汗国的一个军事大本营，驻有大批蒙古军队。也有蒙古商人、蒙古工匠在这里或经商，或做工。

成吉思汗的两次西征，大批"西域亲军"（即回回兵）随蒙古军南下，于是，中国境内信仰伊斯兰教的人数陡然大增，而且随着元政权的扩展，遍及了全国。这些人中有工匠、军匠、炮手以及商人、平民、传教士、学术界人士等。除传教士外，大多数从事戍边、屯垦、看守府库、织锦、冶铁、制炮、制革等工作，被编为各种亲军、卫军，总称"探马赤军"。全国政治形势渐趋稳定后，军队的作用逐渐降低，于是，忽必烈在至元十年（1273）下令："探马赤军随地入社，与编民等。"[19]实际上，只留蒙古军队承担国防和维护地方社会治安。探马赤军退伍，参加地方生产建设。元朝灭亡后，仍有相当蒙古人未撤回漠北，而是留在了固原。到明代时，本地人把这些未走的蒙古人称为"土达""达子"。明成化年间的满四石城起义，就是以"土达"为主的蒙古人反对明王朝的斗争。泾源县至今有"上九社""下九社""九社"等村名，可能与"探马赤军随地入社"的"社"有关。终元之世，固原境内一直是蒙古族徙居地之一。

"冬住长安，夏居开城，岁以为常"[20]的二世安西王阿难答幼年受伊斯兰教徒抚养，"皈依回教，信之颇笃"[21]，并大力传播伊斯兰教于军中，令蒙古儿童行割礼，也使相当一部分人皈依了伊斯兰教。还有一些蒙古军人在本地娶妻生子，繁衍后代，并留居下来，皈依了伊斯兰教。"元时回回遍天下，居甘肃者尚多。"回族人数增加很快。至清代同治年间的陕甘回民起义失败后，又将大批回民安置在泾源、海原、西吉和原州区。以至出现"宁夏至平凉千里，尽系回庄"的局面。所以，至今宁夏是全国回族人口最多的省区，而固原又是宁夏回族人口最多的市。

注释：

[1]《史记·匈奴列传》。

[2]《易经》也有"高宗伐鬼方，三年克之"的记载。

[3]《竹书纪年》上卷，《通志》卷一九五。

[4]《明嘉靖固原州志》；陈俊英《诗经译注》，上海古籍出版社 1985 年版；史念海《黄土高原及其农林牧地区的变化》，《河山集》第三卷；王仲翰主编《中国民族史》第 127 页都认为"太原"，即包括固原在内的黄土高原以北地区。

[5] 翦伯赞主编：《中国史纲要》51 页说：《国语·周语》说穆王时，"犬戎氏以其职来王。"穆王并强徙一部分犬戎于太原，这里所说的犬戎，或许就是猃狁。

[6]《竹书纪年》下卷，《嘉靖固原州志》卷一。

[7]《竹书纪年》上卷，《通志》卷一九五。

[8]《史记·周本纪》卷四。

[9]《中国历史大辞典·月氏道》，上海辞书出版社 2000 年版。"月氏道，西汉置，当因河西月氏迁此，故名。治今甘肃（应为宁夏—注）隆德县境。属安定郡，东汉废。"

[10]《史记·匈奴列传》。

[11]《史记·货殖列传》。

[12] 唐张守节：《史记正义》引《括地志》云："秦惠文君取之，置乌氏县"。乌氏县仍为汉安定郡领 21 县之一。

[13]《史记·秦始皇本纪》。

[14]《后汉书·西羌传》。

[15]《后汉书》卷五、卷八七，《册府元龟》卷八二。

[16]《晋书》卷一〇六《石季龙上》。

[17]《旧唐书》卷一六九下《吐蕃下》。《册府元龟》卷九八一，外臣部"盟誓"也记载："蕃国镇守在兰、渭、原、会，西至临洮，又东至成州，抵剑南，西界磨些诸蛮，大渡河水西南为蕃界，其兵马镇守之处，州县见有居人，彼此两边，见属汉诸蛮，以今所分，见住处以前为定。"

[18]《金史·徙单合喜传》。

[19]《元史·食货·农桑》卷九三。

[20]《元史·忽必烈传》。

[21]《多桑蒙古史》。

固原回族的形成及其回族文物

佘贵孝

固原，丝绸之路上的边关重镇，西域通往中原的交通要冲，在唐宋时就有到

中国经商的波斯和阿拉伯商人在固原或路过，或经商，都留下了"回回"先民的足迹。在蒙元统一中国的过程中，东来中国的"回回"人，有些被吸收到蒙古统治者的各级政权机构中，有的效力于官营手工业作坊，有的随蒙古军出征。蒙元统一中国后，一部分"回回"人改为"编民"，一面屯田，一面成卫，过着"上马则备战斗，下马则屯聚牧养"的生活，落籍固原的"回回"人越来越多。至明清的发展，固原成为回族聚居区。而"回回"人使用过的、有阿拉伯文的银币、香炉、钫瓶、碗、镇纸等生活文化用品，自然也就成为今人眼中的文物，值得我们广泛深入地挖掘和研究。本文就固原回族的形成和回族文物做初步探讨。

一、固原回族的形成

固原回族的历史，可以追溯到唐宋，那时已有大食穆斯林商人在固原这座丝绸之路上的边关重镇路过或逗留经商。但回族定居固原已到了元代。蒙古太祖十三年（1218），成吉思汗和他的儿子窝阔台带领蒙古军，发动了两次西征，征服了西辽和花剌子模等许多西域国家，大批"西域亲军"（即回回兵）随蒙古军南下，被带到了中国。于是，中国境内信仰伊斯兰教的人陡然大增，而且随着蒙元政权的扩展，遍及了全国。这些人中有工匠、军匠、炮手以及商人、平民、传教士、学术界人士等。除传教士外，大多数从事戍边、屯垦、看守府库、织锦、冶铁、制炮、制革等工作，被编为各种亲军、卫军，总称"探马赤军"。《元史》记载："若夫军士，则初有蒙古军、探马赤军。蒙古军皆国人，探马赤军则诸部族也。"这里说的诸部族，就是13世纪初叶开始东来的中亚细亚各族人、波斯人和阿拉伯人。基于以上情况，元代固原回族来源主要有三个方面。第一，成吉思汗、宪宗蒙哥汗及忽必烈在六盘山或避暑，或驻跸，有大批探马赤军驻扎六盘山区，并有回回兵留守，这些人中必然有相当数量者"屯聚牧养"，娶妻生子，就地或务农，或做工，或经商。第二，忽必烈即大汗位后，全国政治形势渐趋稳定，探马赤军的作用逐渐降低。于是，忽必烈在至元十年（1273）下令："探马赤军随处入社，与编民等。"有相当一部分探马赤军随地入社，成为具有本地户籍的"编民"，即落籍为民。同时，设开城路（即今固原，治今固原县开城乡）屯田总管府，大兴屯田之风，从四川西部、巩昌等地先后6次调3万余人到六盘山区屯田，这些人中包括有探马赤军。第三，1272年，元世祖忽必烈封第三子忙哥剌为安西王，在六盘山麓开城设立王府。忙哥剌每年夏季都住在开城王府。其子阿难答幼年时，被忙哥剌托付给一个伊斯兰教徒抚养，使阿难答从小就受到了伊斯兰教的影响。1278年，忙哥剌病死后，阿难答袭封安西王。他不仅"在自己的营地上建立清真寺，经常念诵《古兰经》，沉湎于祈祷"，并且传播伊斯兰教于唐兀（原西夏）之地，其所部士卒15万人，信奉伊斯兰教者居其大半。

实际上，阿难答的权力没有忙哥剌大，兵士也没有忙哥剌多，不可能有15万士兵，但士兵中信仰伊斯兰教者却是不容辩驳的事实。所以，《多桑蒙古史》曰："其臣诉之于皇帝铁木耳，言宗王阿难答终日在礼拜寺中诵《古兰经》，熟知《古兰经》，善写阿拉伯字，命蒙古儿童行割礼，宣传回教于军中。铁木耳遣使者二人往说其皈依佛教，阿难答不从。帝召之至，面谕之，亦无效，乃拘禁之。其后不久，太后阔阔真以为阿难答在唐兀之地颇得人心，锢之恐致民怨，言于帝，释之还镇。"由此可见，阿难答对伊斯兰教"信之颇笃"。又据《元秘书监志》记载，阿难答曾命可马剌丁每年编写两部《回回历日》供他使用，其纸张还要用上等"回回纸扎"。阿难答死后，其部卒信仰伊斯兰教的势力仍很强大。故而，到泰定帝时，在泰定元年（1324）"命昌王八剌失里往镇阿难答昔所居地"，泰定三年又"命湘宁王八剌失里出镇阿难答之地"。这样急切地两次派亲王"镇"阿难答旧地，就足以说明阿难答旧部势力的强大。而这部分人，很可能就是那部分信仰了伊斯兰教的蒙古人。综上所述，蒙元时期固原的回族有两种人，一种是随地入社的探马赤军，他们本来就是被成吉思汗和窝阔台从中亚细亚、波斯、阿拉伯迁徙来的伊斯兰教徒，是真正的回回民族。另一种是在阿难答倡导，又受到探马赤军影响的蒙古人皈依了伊斯兰教。正如白寿彝《民族宗教论集》中说的："回族的族源，不是由中国境内的民族部落融合、发展而形成的民族。回回民族的第一个来源，也就是主要的来源，是13世纪初叶开始东来的中亚细亚各族人、波斯人和阿拉伯人。……回回民族中，还有汉人成分，这有的是通婚的原因，有的是因为社会的、经济的接受伊斯兰教的原因。此外，回回民族中，还有蒙古人成分、犹太人成分以及别的成分。"邱树森先生在研究回族族源问题后得出结论："元代伊斯兰教的传播大大超过了前代。"以致出现了"元时回回遍天下，居甘肃者尚多。"直至到了清代，"宁夏至平凉千里，尽系回庄"的多民族居住格局。

二、固原的回族文物

从元初到清末的640年间，固原回族从形成发展到一个回族聚居地区，在这个漫长时期，回族在生活、文化教育等方面都留下了宝贵的文物，这是回族的物质文化和精神文化的实物资料，呈现出绚丽多姿、丰富多彩、独具特色的风格。固原博物馆马建军、海原文管所李进兴等人都曾在这方面做了专题介绍。现将见诸报纸杂志的回族文物加以系统整理，以便为研究回族发展史提供实物证据。

阿文银币　在海原县文管所藏有数枚阿拉伯文字的银币，其形状略呈圆形，最大直径2.1厘米，厚约0.12厘米。银币用打制法制成，币的正面有阿拉伯文库法体"安拉"字样，汉意为真主；背面亦为凸起的阿拉伯文，汉意为"万物非主，唯有真主，穆罕默德是主的钦差"。这种银币在内蒙古和新疆都有发现，均为伊斯兰教的遗物，是典型的回族银币。从目前见到的史籍资料来看，中国封建王朝没有铸造回族铜质钱币，更不要说银币了。那么，海原为何会出土阿文银币呢？解释只有一个。这些阿文银币很可能是成吉思汗和他的儿子窝阔台发动的两次西征，把大食哈里发和回回花剌子模统治下的伊斯兰教人民带到中国来，他们同时也带来了自己使用的钱币。由于这种钱币在中国不流通，只好珍藏起来。今天发掘出土，弥足珍罕。也填补了回族先民曾有本民族钱币的空白。

阿文陶香炉 彭阳县文物站藏有一件刻有阿拉伯文的陶质香炉，是1981年古城镇挂马沟村民在平田整地时挖出的。香炉为泥质红褐陶，系手工捏制而成。高8.5厘米，口径14.3厘米，腹径14.5厘米，底径10.5厘米。侈口、束颈、方唇、腹微鼓，腹部有对称的手鋬，便于行走时手端。底部有微微凸起的三足。有正、背面之分，正面平素光洁，阴刻阿拉伯文，字体婉转圆润，汉意为"崇高的安拉是主宰，化育的安拉唯安拉"。背面满布附加堆纹，粗糙不平。整体造型古朴典雅。从器形看应为明朝末年的回族文物。

回族人民有燃香的习俗，香炉也就成为回族生活中不可缺少的日常用品。大体可分为日常燃香和特殊燃香两类。日常燃香主要是平常家中燃香，以净化空气；过"尔埋力"时也燃香，喜迎宾客时也燃香，香味扑鼻，给人一种良好的卫生环境。特殊燃香表现在穆斯林去世后，在停放亡人的房间，使香烟昼夜不断，直至40日期满。香炉的另一用途就是燃香祈雨。固原回族祈雨习俗久远。清宣统《固原州志·人物志》载，乾隆初年，在今西吉硝河地方，有位回教善士苏宏珍，教中称苏巴巴（巴巴即至诚之意）。珍以天旱，诵回经祷于黑泉。忽对众曰："三日内，必降甘霖也。"果如其言。苏宏珍生平祈雨47次，可见回族祈雨由来已久，也是常有的事。固原地处干旱半干旱地带，十年九旱。择良辰吉田，由寺坊阿訇带领众教民到有甘泉的地方，用香炉焚香、诵经，向真主祈祷慈降甘霖。彭阳县出土的这件陶香炉，很有可能是当地回族早期祈雨的实物遗存。

阿文宣德炉 存西吉县钱币博物馆。高6.0厘米、口径12.5厘米，敞口、平折沿，沿面较宽，束颈，颈内有双凹线弦纹、鼓腹，腹部雕刻制成三组菱形开光的阿拉伯文字。文字周围空间则用细小规整的珍珠纹铺底；炉底平阔，炉底中央镌刻二行四字"大明宣德"（1426—1435）双龙环抱印款；炉有三足，足的形状仍保存了西周鼎足之束腰象蹄足。此炉的器壁厚实、均称，具有黄金般的色泽。

阿文景泰蓝钫瓶 存西吉县文管所。这件阿拉伯文景泰蓝钫瓶，高29.6厘米，口径长12.5厘米、宽8.0厘米，足径长9.6厘米、宽7.6厘米。整体形状为方筒形，酷似汉代的"钫"。腹部正面有椭圆开光的阿拉伯文，汉译为"穆罕默德是真主的钦差"，字内用蓝色釉、空间为浅蓝色釉铺底，椭圆开光的边用红色釉，椭圆的周围用粉红、黄两种色彩的牡丹填补。钫瓶以蓝色阿拉伯文做主题纹饰，周围又采用了浅蓝色，象征着太空与宇宙的穹苍与神圣。景泰蓝是明代景泰年间（1450—1457）开始大量制造的。据文物工作者考证，这件钫瓶是明清之际制成的。其特点是追求黄金般的华贵，宝石般的晶莹，彩虹般的色泽，故而只有王公贵族所享用，民间很少流行。这件钫瓶能在西吉被发现，很可能与明代沐英设在沐家营（今西吉县城）的王府有关。当然也不排除后来有人带到西吉，作为家庭珍藏品。

阿文黑釉碗　藏海原县文管所。1991年出土于海原县城。当时装在一件黑陶罐内。这件阿拉伯文黑釉碗口径14.2厘米、足径5.0厘米、高5.6厘米。施黑釉，圈足与碗内中心部位不施釉，露米黄胎；碗内用釉点缀5点梅花的装饰，并用朱砂以碗中心为圆旋转书写"泰斯米"和求护词，即"比斯米拉希，拉赫玛·拉希米"。根据经注学家的解释，前者指安拉在今世对万事万物广施恩惠，后者则指安拉在后世仅施恩于穆斯林中的信仰坚定者和行善者。故全句旧译为"奉普慈今世，独慈后世的真主的尊名"。在回族日常生活中，除在宰牲、食饮之前必念"泰斯米"外，在其他诸如起床、洗漱、沐浴、就寝、外出等一切行为之前，亦习惯地念"泰斯米"，以表示对独一的崇高主宰安拉的坚定信仰和虔诚并祈求安拉对万事恩赐吉利。至于在碗内用朱砂书写"泰斯米"的求吉语，然后埋入地下，则是受汉文化的影响而产生。因此，文物工作者考证，这件阿文黑釉碗是回族先民用于镇宅辟邪之物。是研究中国西北回族生活风俗习惯的珍贵文物，也是了解中西文化和民俗的重要实物资料。

阿文镇纸　征集品，被列为国家一级文物。藏海原县文管所。这件阿拉伯文镇纸是用质地较软的玉制作而成。呈方墩形，上方有斗形槽，可盛小件文房用具。下方有4足。正面雕刻有阳文的阿拉伯文"阿领"，在周围点缀伊斯兰文化与风情的串珠纹装饰，上部雕有分割线和曲折纹饰；背面用同样的装饰手法并雕刻阳文的阿拉伯文"清真言"；左右两侧对称雕刻有汉文篆字。总体雕刻刀工娴熟，线条流畅。"阿领"与汉语"本领"有类同之处，是伊斯兰学者的统称。一译"欧莱玛"或"乌里玛"，也有译作"阿林"的，是阿拉伯语"阿领"复数的音译。指精通《古兰经》注学、圣训学、教义学、教法学，并有系统的宗教知识的学者，泛指伊斯兰知识阶层。

一件珍贵文物显现的回族
民间燃香习俗与祈雨事象

马建军

1981年，在彭阳县古城镇挂马沟村出土了一件刻有阿拉伯文的陶质香炉，现收藏在彭阳县文物站。香炉为泥质红褐陶，系手工捏制而成，器形别致。高8.5厘米、口径14.3厘米、腹径14.5厘米、底径10.5厘米。侈口、束颈、方唇，腹微鼓，腹部有对称的手板，便于行走时手端。底部有微微凸起的三足。正面平素光洁、阴刻阿拉伯文。字体婉转圆润，译意为：崇高的安拉是主宰、化育的安拉唯安拉。整体造型古朴典雅，具有明宣德铜香炉的特点，从器形看应为明朝末年的回族伊斯兰文物。这在宁夏境内属首次发现的回族伊斯兰文物，弥足珍贵，不仅对研究宁夏南部回族的悠久历史和习俗信仰提供了重要的实物资料，更重要的是其本身的文化内涵，充分显现了当地回族民间燃香习俗和祈雨事象，丰富了回族风俗习惯的研究内容。

一、燃香习俗

香炉，在回族生活中广泛使用，由来已久。唐宋时，随着波斯阿拉伯商人不断来华，香料生意火爆，焚香熏香之习俗不仅在中国上层贵族中非常流行，庄季裕《鸡肋篇》卷下、叶梦得《避暑录话》卷上、欧阳修《归田录》卷二等史籍中均有记载，而且伊斯兰教徒也焚香祈祷。吴鉴《清净寺记》载："宋绍兴元年，有纳只卜·穆兹喜鲁丁者，自撒威从商舶来泉、创兹寺于泉州之南城，造银灯香炉以供天。"这里的供天并非如佛、道教寺院中摆设香炉让红男绿女上香供祭代表天地的诸神偶像，显然吴鉴可能不谙熟伊斯兰教，用词欠妥罢了，实际上就是在清真寺中用香炉焚香向真主祈祷或礼拜，偌大的一座清真寺，焚香祈祷或礼拜者为数一定不少。可见在回族还没有形成以前，伴随着伊斯兰教的传播，回族先民中就流传使用香炉燃香祈祷或礼拜的习俗。

那么，这件香炉的出土，也使我们联想到了固原地区回族人民的燃香习俗。香炉是当地回族生活中不可缺少的日常用品，进入回族家庭，在上房（大房、客房）的正面桌子上均陈设有一件香炉或香碟，有铜质的，有瓷质的，现在大多数为瓷质，上面绘有阿拉伯文和草叶纹饰。用其燃香也是生活中的日常行为，且具有区域特色，可分为日常燃香和特殊燃香两类：日常燃香表现在日常生活中，每逢回族人民的节日，过"尔埋力"、喜迎宾客等，均在家中燃香，使香气扑鼻，给人一种愉悦的良好卫生环境；特殊燃香表现在穆斯林去世后或有特殊祈祷仪式时。回族人过世后，其中有一件事就是燃香，利用香炉或香碟装上细沙，将香点燃后插入其内，在停亡人的房间，洗浴亡人的时候，均需点香，使香烟不断。这种点香并非前去探视"埋体"的人上香，而是由亡人的亲人承担燃香的义务。个别教派还要燃香出殡，就是由专人手捧香炉紧随"埋体"之后，直到下葬完毕。有的教派还有一种点香纪念亡人的特殊方式，在人去世 40 日内，香烟不断，他们把每一根香用棉花捻子交叉连接高高挂在"埋体"停放过的地方，形成"之"形状，致使香燃完一根由棉花引燃下一根。夜间，通过计算能燃几根就连几根，白天在保证绝对不能熄灭的情况下续连，一直持续 40 个日日夜夜。因为回族人民认为，40 日内，亡人的"骨纳罕"（灵魂）一直在原地徘徊，40 日后才能离去，所以采用这种燃香方式纪念亡人。

二、祈雨事象

祈雨，是当地回族民间的一种民俗事象，用香炉燃香祈雨是香炉的一种特殊用法，这件香炉就是当地回族早期祈雨的实物遗存，斑竹窥豹，回族民间的祈雨事象可略见。

中国回族的先民很早就有了使用香炉祈祷的习俗，在东南沿海中国伊斯兰教的早期传播之地，就有祈风祭海的事象。这些从海上来到中国的伊斯兰教徒，面对大海，并通过茫茫大海来往于东西之间，杭州的伊斯兰教历 730 墓碑单面为铭文，另一面中间雕刻有三足香炉，这不仅反映了当时杭州地区焚香的习俗，且表现了穆斯林祈风祭海的事象。用这种形式，一方面祈求风平浪静，在一帆风顺中安全地完成使命，另一方面表现出了期盼的心情和渴望顺利、平安的意愿。

而在中国内地，祈雨是一种古老的民俗事象。回族的祈雨事象是在中国传统文化的基础上，融汇了伊斯兰文化和宗教思想而形成的。目前所知，遗留下来的回族祈雨实物非常罕见，云南大学民族博物馆藏有一块祈雨龙牌，"呈长方形，长 15 厘米，厚 0.1 厘米，表面乌黑，隐现黄铜光泽。正面镌刻阿拉伯文，经伊斯兰学者辨识，为《古兰经》第 42 章《协商（舒拉）》中第 28 节之名句：他在他们绝望之后，降下了时雨，广施了他的恩惠，他确是可颂的。"这件实物利用中国传统文化中龙掌风雨的底蕴，刻上阿拉伯祷语，巧妙地用作回族祈雨之物，反映出了两种文化的结合。还有彭阳县挂马沟村出土的这件阿拉伯文陶香炉，利用中国文化中盛行的香炉主体，刻上颂扬安拉、祈求化育的阿拉伯文祈祷语，用作祈雨之物。另外，在民间有许多故事传说着回族的祈雨事象，流传较广的有云南的《插龙牌》《龙盘》《青龙潭》《保老祖师祈雨》，内蒙古的《李朗降龙》，宁夏南部的《玛乃与穆萨》等。其中流传于固原地区的《玛乃与穆萨》，讲述了一个名叫玛乃的阿訇带着他的徒弟穆萨满拉降伏了蛇龙，使以后年年风调雨顺，庄稼喜获丰收的故事。阿訇是穆斯林宗教生活中的核心人物，在日常生活中，他

们带领穆斯林过宗教生活并主持清真寺事务，在这则故事中阿訇被赋予了为民祈雨的神力。虽然故事传说带有神话的色彩，但在历史上阿訇确实担负着为民主持祈雨的责任。清宣统《固原州志》记载：乾隆初年有一个回教善士名叫苏宏珍，教中称苏巴巴。珍以天旱，诵回经祷于黑泉。忽对众曰："三日内必降甘霖也。"果如其言。官吏以金酬珍，珍曰："祈雨为民耳，未敢言利"，力却不受。由于固原地区处于干旱半干旱地带，十年九旱，在回族集中居住的村庄现在仍能见到"祈雨"的情景，选择良辰吉日，清晨由寺坊阿訇带领众教民到有甘泉的地方，用香炉燃香，诵经，向安拉真主祈祷慈降甘霖，化育众生，这种情景与志书记载一脉相承。

回族的祈雨事象作为民间特有的习俗，显示出了自身鲜明的特性：一是文化的融合性。回族在形成民族共同体的过程中，大量地吸收了中国其他民族成分，主要有汉、蒙古、维吾尔等民族。加之回族长期以来形成的"大分散、小聚居"的居住特点，入乡随俗，"十里不同风，百里不同俗"。这样，回族的民俗事象不仅受到其他民族尤其是汉族文化的影响，而且也受到了不同地域的生产条件和生活环境以及区域文化的制约，表现出了强烈的地方色彩和民族特色，往往显现出中国传统文化和伊斯兰文化的有机结合。祈雨对于汉族而言，也是一种民间习俗。回族在接受这种习俗时，融进了伊斯兰文化特质。在祈雨时间的选择上，常常选择与伊斯兰宗教活动有关的"好"日子，或"主麻日"，或宗教节日开斋节等，并附有浓厚的宗教色彩，认为在这些特殊的日子里向"真主"祈雨，能够得到真主的恩典，降下甘霖，化育万物。在祈雨的仪式上，完全采用伊斯兰文化的方式，由宗教人士阿訇主持，他非常虔诚地手捧写有阿拉伯文祈祷语的信物带队，后面尾随信教的穆斯林群众，手持燃香，口诵《古兰经》，行至甘泉之地进行祈祷。二是地域性。因为回族在全国居住分散，受客观条件的限制，习俗表现的地域性特点比较明显。祈雨事象也是如此，如在云南流行的《插龙牌》《龙盘》《青龙潭》《保老祖师祈雨》等回族民间故事，反映了这里的祈雨特点，都是用写有阿拉伯文祈祷语的龙牌、龙盘、铜牌、瓦片等实物，在做完祈祷仪式后，将"龙"生擒，然后大雨瓢泼而下。在宁夏南部的固原地区，从史料记载、流传故事以及亲身经历等方面来看，回族的祈雨仪式比较简单，由主持者阿訇带领众教民到有甘泉的地方，用香炉燃香，跪拜诵经，然后离去，等待普降雨水。三是灵验性。回族民间的祈雨事象反映出的最大特点就是灵验性。实际上，在以农业为主产业的干旱、半干旱地区和贫困山区，农民靠天吃饭，风调雨顺对他们而言至关重要，所以，他们依赖雨、期盼雨，久而久之形成了祈雨的习俗，这也是面对干旱产生的一种慰藉心理，显示了他们内心深处的冀盼之情，表现在心灵中则十分虔诚，心诚则灵，此其一。其二，真主赐灵。伊斯兰教认为，真主是万能的，掌管天地万物，人世间的生命祸福均由真主恩赐，在困难面前向真主祈祷，是一条最好最有效的解决途径。祈雨并能够得到雨水，是真主恩赐灵验的象征。因为，在伊斯兰教的经典《圣训》和《古兰经》中也讲到了祈雨，《圣训》讲："真主啊！我们曾求我们的列圣以祷告祈雨，你降了甘雨。而今我们求圣叔以祷告你降赐甘雨，你降赐我们甘雨吧！"果然，真主给他们降赐甘雨。同样，在《古兰经》的《精灵（精尼）》中提到："假如他们遵循正道，我必赏赐他们丰富的雨水，以便我以雨水考验他们。谁退避主的教训，他将使谁入在严峻的刑罚之中。"从中可见，真主掌管雨水，并以此惩罚不敬的人们。这样就不难理解，祈雨且能够及时得到雨水，是真主的赐灵了。

彭阳县古城镇挂马沟村出土的这件珍贵阿拉伯文陶香炉，显现了回族民间流行的燃香习俗和一种独特的回族民间祈雨事象。燃香习俗至今仍然在回族民间流行，而作为特殊习俗的祈雨事象现在不再流行，已经成为民族非物质文化遗产的一类，需要精心地挖掘、整理、研究。

泾源县回族源流及其回乡地名

佘贵孝

从史籍资料我们得知，泾源县回族源流始于清朝同治年间陕甘回民起义失败后，起义失败的回民被清朝政府安置到泾源县。近读西北大学历史系民族研究室调查组整理的《同治年间陕西回民起义历史调查记录》，书中详细介绍了西北大学历史系教授马长寿带领调查组于1957年7月12日至7月17日在泾源县调查访问了数10位七八十岁的老年人，老人依据翔实的资料讲述了同治年间陕甘回民起义的原因、过程，还谈到了陕甘总督左宗棠安置陕甘回民到泾源的过程，以及回民群众开荒种地的情况。本文就泾源县回族源流及其回乡地名做以简述。

一、泾源县回族源流

据史籍资料记载，我们得知陕甘回民起义失败后，清朝政府命令陕甘总督左宗棠进行"善后""安抚回民"。其原则是分散居住，以涣其群，孤其势，分化瓦解，分而治之。采用大搬迁、大疏散手段，将迫降的回族安插于偏僻荒绝之地，令其自垦自耕。故此，左宗棠特拟出三项安插原则：选择有水可资灌溉的荒绝地方；自成片段，可使聚族而居，不致与汉民相杂；无大山河之险，距离大道不远也不近，以便管理。左宗棠为了安置回民群众，首先将住在化平（今泾源县）的汉族居民全部迁出，名曰"借土十年，以安回民"。据余羊村马凤凤（1957年时85岁）说："左宫保（指左宗棠）劝回民投诚，回民不信，左为此发誓'投诚之后，不杀一人；若不遵言，仰面朝天。'于是回民才相信他。最初准备把回民安插到泾川，回民不敢去，怕大路边遭官兵扰害，不如入山，于是来到化平，既不缺水，又不缺柴。当年来化平的有三千六百多户。安到华亭的，那里地广人少，男女都分到地。化平地狭人多，只有男人分到地。每男子一名分地十亩，三千六百多户分为四里，称曰'四里百姓'。"

事实上，在同治九年、十年、十一年，先后分几批将陕甘回族安置在泾源县。《泾源县志》记载，陈霖一起男女1500余口，马振江一起男女800余口，赫选清一起380余口，马化风一起1300余口，阎兴春、禹兆麟、拜万江、金明堂、安杰五起5500余口，计9480余口安插于泾源县境内。为安插陕西回民，左宗棠首先派兵将化平川土著汉民强行迁赶他乡。把白面河的汉民驱赶到甘肃平凉的马武、华亭的山寨一带，将黄花川、化平川的汉民迁赶到固原的什字、蒿店及甘肃平凉崆峒一带，将圣女川的汉族迁赶到隆德、庄浪一带。在迁赶过程中，把距离县城较近的官庄（永丰）村15户94名汉族留下来，为县署官员眷属居住提供服务。对于安置的回民，清廷亲临点验，划分居处时，将省西人，又称西安人，（西安市西部）安插于今兴盛乡的上、下黄及黄花乡的沙塘村；将东安人（西安东部）安插于香水镇、惠台乡及黄花乡的羊槽村；将陕西渭南王阁村回民安插今兴盛乡红旗村；将大荔乔甸村回民安插于今香水镇的上、下桥村；将大荔的沙苑回民安插于今园子乡的沙南及香水镇的沙塬村；将渭南九社和赫冶家的回民安插于今白面镇的泾光、赫家、冶家、北营、南营及东峡乡涝池村；将华州秦家滩回民安插于今白面镇的上、下秦村；将仓度回民安插于白面镇的兰大庄；将甘肃秦安（莲花城）、张家川回民安插于今黄花乡的庙湾、华兴、店堡、上胭、下胭村；将甘肃平凉回民安插于今黄花乡的红土、平凉庄村；将宁夏金积堡回民安插于今黄花乡的向阳村，同时又将陕西大荔回民禹得彦所部安插于今新民乡。

二、开荒种地，自食其力

清朝末期，泾源县地人烟稀少，林草丰厚，除天然次生林外，黑刺遍地皆是。这种自然环境，对于刚到泾源县的回族来说，无疑带来很多生活上的困难。正如村民马风风所说："初到此地，树林很多，蒿草高深，黑刺满地，后来都由回民开为良田了。"

南坳村一位吴姓老人（1957年时61岁）说："我们是同治九年投诚，十一年来到化平的。当时左宫保安民，发给回民土地、口粮、农具、牛等物。口粮是按村的编制领的。每个村里，十家有什长，百家有百长。什长管打粮食，百长管村中各事。"

北山根人禹克勋阿訇（1957年时81岁）说："左宫保安民时，每10家发一犁、一镰、一锨、一镢头，就是没有牛，回民用人拉着犁耕地。那时只有富户温纪泰家里有三头牛，自己用了以后，拴在门口，任凭谁家使用。"

冶福祥说："左宫保安民时，一男子可分到土地 10 亩，但多是荒地或二荒地。5 人一犁，没有牛，用人拉着耕地。全村只有一峰骆驼是由外头带来的。大家也用骆驼拉犁耕地。镰刀是反手的，须用左手拿，这与左宫保的姓有关。"

李亭华老人，生于光绪元年，（1957 时年 83 岁），中农成分。他说："我们回民被迫由陕西迁出，先到董志塬，后到金积堡，同治十一年才到这里住下来。初来时分给一些田土，一些种子，十家一头骆驼，以外还有一些农具。原初这里的地是二荒地，费了好多年才开出来。这村初来只有 28 家，现在发展到 82 户了。村里的秦姓人是老户，来得最早。我们李姓是从陕西蔡李家迁来的。马、吴二姓来自口外或甘肃。胡家是陕西麟游县迁来的。"

于德瑞老人，（1957 时年 71 岁），原籍是同州（今陕西大荔）白马营人。他说："我们初到化平时，泾河两岸都是大森林，从这梁看不见那梁。我们 10 家共筑一个院落，住在里头，名'十家院'。闻官兵来了，大家都向关山逃跑。"

在口碑资料中，住在白面河的村民都异口同声地赞扬了一些开荒模范。最著名的是"在泾南白面河东山上当年有孙万隆夫妇，他俩的劳动是著名的。家穷无牛无犁，只用镢头开垦，把地里无数的黑树根都挖光了，夫妇二人开出了几十亩田地。"

伍森之说："我家原来是渭南车村人。祖父伍进德从渭南迁此，不久就死亡了。祖母守寡，有二男一女，年幼不能生产。时化平土地荆蒿满地，不能种植。且山里狼豹野猪蛇蝎很多，人命时有危险。祖母开田无工具，以二寸长小铲垦地，几年才开出二分地来，这二分地一直保存下来，作为我们对先人劳动的纪念。不只我家如此，当年各村贫农来到化平，所谓'老婆把犁人曳地'，是很普通的。就是这样，回民把山林开成熟地，山坡开成梯田。"

三、回乡地名

泾源县回乡地名最大的特点是继续沿用原籍地名。据《同治年间陕西回民起义历史调查记录》记载，陕西回民被安置到泾源后，多数人将原住地的地名搬过来作为现住地的地名，官方起的村名一般不用。白面乡蓝朝凤（1957 年时 76 岁）说："十二堡是同治年之前的老地名，自同治十二年安置回民后，改为'安良镇'，但回民不用此名，仍称十二堡。"据原来家住十二堡、后迁到县城的高世英（汉族）说："十二堡最初是汉人居住的。这里有汉人的坟墓，每逢过年过节县里的汉人来上坟。村里还有'庙台子''庙底下'这类地名，证明是曾经有汉人的庙宇。"

马凤凤讲了余羊村的来历。他说："余羊村原在同州西乡王阁村的附近。相传明代万历年间有马古愚老人向北京皇帝进贡羊群。当时同州汉人也同时向北京

贡羊。回民每日吃羊，羊不见少。汉人不见吃羊，日有减耗。最初汉人疑回民偷他们的羊，因此隔站而行，但情况也是汉羊日少，回羊不减。所以此村名为'余羊'。余羊村在大路旁，距同州城四十里路。"

蓝家大庄村名的来历是，陕西回民起义时有五旗兵，即黄旗、蓝旗、白旗、黑旗、红旗。起义失败投诚之后，清廷刘锦棠把五旗改为"旌善五旗"（投诚后成为"善回"，所以叫"旌善五旗"）。蓝旗首领蓝明泰带一营人住到泾源后，将所住之地起名蓝家大庄。正好蓝明泰是渭南县城西边蓝家庄人，所以沿用了原籍村名。

据《同治年间陕西回民起义历史调查记录》记载，类似沿用的村名还有十里滩村，沿用同州（今陕西大荔）沙苑十里滩村名，村民大多姓吴、武。九社村，沿用渭南凉天坡一带六村九社，村民大多姓陈、蓝、马、赵、余。白吉村，用陕西白吉原地名，村民大多姓李、蓝、马。冶家台村，沿用同州王阁村冶家，村民冶姓居多。金家村，沿用同州金家村，村民金姓居多。秦家村，沿用渭南秦家滩，村民秦姓居多。王阁村，沿用同州王阁村。

固原回族的历史

佘贵孝

固原回族的历史，可以追溯到唐宋、西夏时期，那时已有大食穆斯林商人在固原这座丝绸之路上的边关重镇路过或逗留经商。到了元代，伊斯兰教的传入和回族的初步形成，当为固原宗教界的首件大事。

一、回族的形成

固原回族定居始于元代，一个直接的、主要的原因是军事因素。蒙古太祖十三年（1218），成吉思汗和他的儿子窝阔台带领蒙古军，发动了两次西征，征服了西辽和花剌子模等许多西域国家，大批"西域亲军"（即回回兵）随蒙古军南下，据史学家考证，当时阿拉伯地区有20多个种族或部族的一二百万人被带到了中国。于是，中国境内信仰伊斯兰教的人陡然大增，而且随着蒙元政权的扩展，遍及了全国。这些人中有工匠、军匠、炮手以及商人、平民、传教士、学术界人士等。除传教士外，大多数从事戍边、屯垦、看守府库、织锦、冶铁、制炮、制革等工作，被编为各种亲军、卫军，总称"探马赤军"。《元史》记载："若夫军士，则初有蒙古军、探马赤军。蒙古军皆国人，探马赤军则诸部族也。"这里说的诸部族，当包括被带到中国的阿拉伯地区20多个种族或部族的一二百万人。而且这些人的工作比蒙古军重且艰辛，他们"上马则备战斗，下马则屯聚牧养。"

元代固原回族来源主要有三：第一，《元史·太祖纪》：成吉思汗伐西夏，于"二十二年闰五月，避暑六盘山。"《元史·世祖纪》："岁甲寅（1254），夏五月庚子，驻六盘山。"《元史·宪宗纪》："八年（1258）二月，帝由东胜渡河。夏四月，驻跸六盘山，诸郡县守令来觐。秋七月，留辎重于六盘山，率兵由宝鸡攻重贵山。"蒙元首脑在六盘山或避暑，或驻跸，当有大批探马赤军驻扎六盘山，并有回回兵留守。这些人中也有相当数量者屯聚牧养，娶妻生子，就地或务农、或做工、或经商。第二，公元1260年，忽必烈在开平即大汗位，又经过10余年的经营，全国政治形势渐趋稳定，探马赤军的作用逐渐降低。于是，忽必烈在至元十年（1273）下令："探马赤军随地入社，与编民等。"留守在六盘山地区的探马赤军改籍为民，50户编为一社，就地参加社会劳动。第三，至元九年，忽必烈封他的三子忙哥剌为安西王，他将儿子阿难答从小就托付给一个名为蔑黑帖儿·哈散阿黑塔赤的突厥斯坦伊斯兰教徒抚养，这个人的妻子祖来哈把阿难答奶大。因此，阿难答从小就受到了伊斯兰教的熏陶，对伊斯兰教充满感情，最后皈依了伊斯兰教。在阿难答的影响下，驻扎在六盘山地区的许多蒙古军也皈依了伊斯兰教。对此，元世祖、元成宗都采取了宽容态度。由是，伊斯兰教在六盘山地区扎下了根，至明清两代，回族成为这里的主体民族之一。

二、回族的姓氏

固原地区回族人口多，姓氏虽然大部分和汉族的姓氏同是一字。但回族特有的姓氏也很多。回族聚居的泾源县按户数多寡排列：马禹于兰李杨丁冶秦王伍赫陈刘惠舍海孙蒙蔡余喜温常赛锁计任寇姚董底贾铁穆鄢拜吴沙白者金赵安童洪郭张宋苏虎摆田高咸糟魏邸班水牛奚喇闫晁强易米徐万冯塔韩亢庞胡顾唐毛石罗梁包肖袁踏且华何吕岳郝哈妥方祁百许花武陕周轿康燕仁毕买汪林佘佑单姬茹曹黄密梅谢鲁朝樊雷剡费。《泾源县志·回族姓氏小考》对部分姓氏来源考证："清同治十年（1871），陕甘总督左宗棠将陕甘回民起义失败的陕西渭南、大荔，甘肃的张家川、秦安，宁夏的金积堡等地的回民安插于化平川（今泾源县）。"现在的一些众多姓氏是当时起义领导人马化龙、马振江、禹得彦、赫选清、闫兴春、余兆瑞、拜万江、金明堂、安杰等回民9400余口发展繁衍而来，其他姓氏是新中国成立后，从甘肃平凉、正宁迁徙而来，形成了县内姓氏的繁杂。

《西吉县志·姓氏》列举了全县回族纯用姓有：海摆古打舍咸鲜母骆毕烟买殷扣同洪达萧拜陕香问宗卡巴土勉伊云；独姓与奇特姓氏有：查袄谠续壬能厍剡。在姓氏考证中，《西吉县志》谈道："明代以前，本县就有回族人民繁衍生息。明洪武二年（1369）沐英南征时，留其次子沐昕及兰、马二姓回族共 18 户，定居于本县。成化年间（1465—1487），南京苏姓回族迁居硝河城；山东济南府单姓回族来本县单家集村定居。明末，甘肃河州人马仓、马吉、马平弟兄三人迁居硝河城。清雍正年间（1723—1735），甘肃靖远黑虎岔马姓回族移居马达子村（今西吉县兴平乡）；乾隆四十九年（1784），甘肃定西、官川一带的部分回族群众迁居今马建乡大湾等村；同治十年（1871），陕西渭南回族马生彦、冯正和等率回族反清起义军至本县，起义被镇压后，老弱病残及妇幼 643 人，就地安抚在今玉桥、下堡子、公易镇、戴段村一带，5600 余口分别被安抚在今兴隆、兴平、什字乡一带。这一时期，还有青海马姓人迁居于今红耀乡驼昌村；同治十三年（1874），清朝政府将甘肃清水、秦安、张家川、徽县、成县、礼县等地的马、王、张、刘、李诸姓回族 7000 余户迁到本县下堡、夏寨、王民、沙沟、西滩等地一些村落；甘肃通渭县人迁至马建乡土窝子村；河州人迁至今马建乡一带。一部分祖籍甘肃因反清起义被流放云南的马姓回族，于清末潜回故里，后移居本县沙沟、西滩、什字、新店字等地。后又有同心、固原、海原等县的马、杨、王、柯诸姓回族迁居本县东北部土石山区。"

隆德县回族人口较少，仅占本县总人口的 8.7%，占全地区回族人口的 2.09%，但姓氏比较繁杂，据《隆德县志》称共有 102 姓：马摆郭冯白穆杨关苏买康张米海毕古扣舍冶贾辛高黄石何刘会孙王单糟赵兰于焦虎锁撒陶妥雨惠咸邵李唐阎严有禹朝勤班喇苗麻骆腊安云寇芦向梁肖铁任狄沙车陈罗伍宗晁十脱哈谢胡委密丁雍付毛徐魏佘拜来闵喜牟赛鲜蒋袁韩宋优。究其来源，县志说："清同治年间，左宗棠安插回民 6000 余人于屯民、韩狗、新店各堡。"

原州区回族人口占总人口的 42%，清河镇又是固原市政府和原州区人民政府驻地，本地回民和外来这里工作的回民相应增多，据《固原县志》载，回族姓氏共 135 姓：丁马土于毛木孔巴尹丹母白蓝田年冯包叶艾打史司刘买邢安米任孙毕朱达纪回昌汤李何沙苏肖冶余妥吴陈纳狄沈邸杨明单罗金周郑陕林宗者苟茄拓居范孟张禹拜柯保柳赵姚哈贺洪查咸郝胡度海勉剡姬秦班顾虎陶袁郭铁殷党柴夏高康喇曹阎黄寇崔梁麻盖韩黑惠锁彭温童甄鄢雷蒲摆赫臧雒赛慕管鲜黎撒穆糟戴。究其源流，《固原县志》说："蒙古太宗二十二年（1227），蒙古军西征中从中亚、波斯、阿拉伯征调的信仰伊斯兰教的士兵、工匠、传教士、商人等（最早被称为回回人的，即由这部分人组成），随成吉思汗攻取西夏。成吉思汗避暑六盘山，回回人来到本县。宪宗八年（1258），蒙哥汗会军六盘山南下攻宋，留兵 2 万驻守府库，其中有主要回回人组成的探马赤军。至元九年（1272）以后，元朝在开城设安西王府，大兴屯田，屯军随地入社，成为居民。至元十七年（1280），继忙哥剌袭封安西王的阿难答，幼年受一位伊斯兰教徒抚养，笃信伊斯兰教，建造清真寺，所部士卒15万人，大半皈依伊斯兰教。元朝灭亡后，境内随万户巴丹降明的土达（定居的蒙古族）中信仰伊斯兰教者，与原探马赤军中的回回人，形成本地回族。""明初，县内回族走向外地。洪武十四年（1381），回族将领沐英由西北攻取云南，本地回族从军南下，后落籍云南东川、宣威、昭通及贵州威宁、大方、义兴等地。至今云南昭通回族中的杨姓，自称祖籍固原黄铎堡乡羊圈堡（原名杨见堡），有人寻根上坟。寻甸县张姓回族家谱记载，先祖来自固原柳树村（原址不可考）。清康熙中，本县籍人马雄任广西提督，创办柳州清真寺，延聘著名阿訇讲学，对广西回族发展颇有影响。"

从上述各县回族姓氏来看，固原地区的回族姓氏在全国具有代表性。

固原地区回民源流考察记

马继祖

固原地区位于宁夏回族自治区南部，包括固原、海原、隆德、泾源、西吉及彭阳6个县，是西北回民的主要聚居区之一。这里的回民有悠久的历史和革命斗争传统。历史上曾发生过多次农民起义，尤其在近代民主革命时期，他们同其他兄弟民族并肩战斗，共同为祖国西北的开发、解放，做出了不可忽视的贡献。

固原，西靠六盘山，东临清水河。春秋时期，这里为雍州地。据史书记载，自战国始，历代中央王朝都在这里设置过行政机构。最早见于史书的是乌氏县。北魏孝明正光五年（524），在这里设原州，并在此建城。隋朝，固原归平凉郡管。唐改平凉郡为原州，[1] 又置都督府，当时全国分十道，固原属关内道。五代时期，吐蕃、党项居此。宋更名为镇戎军，属秦凤路。金为镇戎州，属凤翔路。元为开城路，属陕西行省。明弘治十五年（1502）设固原州，隶属陕西平凉府。"固原"一词始于明代，"固本作故，时以此城为故原州城，讳故为固，后遂以名州"[2]。

该地区的回民源流，过去有人曾从侧面提及过，但迄今未见全面考查资料。鉴于此，笔者试图根据搜集的一些片段材料，就此问题做一次不成熟的探讨，以起抛砖引玉的作用。

一、唐宋时期固原地区有无回民

据笔者调查，固原地区的回民，最早来源于唐王借"西域回回军"打仗一事，因此流传的说法是，这里的回民最早从西域来，或说从阿拉伯来。公元757年"安史之乱"时，唐廷借用的几千名西域军队，以后在中国落了籍，其中有

很多人信仰伊斯兰教。

中国回族的来源，可以上溯到公元 7 世纪中叶。当时唐朝处于高度发达时期，都城长安甚为繁华，善于经商的阿拉伯人，便不远万里来到这里经商，有的由此定居下来。到公元 8 世纪初，"许多什叶派教徒和阿里的后裔，因逃避倭马亚王朝的压迫"[3] "后来他们隐姓埋名逃到中国西北部"[4]。另外，当时固原是丝绸之路东端北道的必经之地，因此，唐宋时期不论是阿拉伯商人，还是逃难的伊斯兰教徒，都有可能在这里定居生活。

近人金光耀先生在《东干是突厥之后吗？》一文中指出，"唐兀（西夏）地区，在未被元人征服之先已有回回存在"[5]。至于当时有多少回民，具体分布在哪里，金先生未做确切的阐述。但当时西夏是波斯人、大食人由陆路来华的贡使和商人必经的道路是肯定的。后来，大食人来中国的贡使和商人就更为增多，据《宋史·大食传》记载，北宋时期，大食的贡使和商人从未间断过。

成吉思汗征西夏之初，在西夏边缘上的回民"皆服于蒙古"[6]。《多桑蒙古史》记载说："成吉思汗灭西夏为公元 1227 年，早在八年前，他即曾四征西夏，并于 1219 年大举西征花剌子模各国。在这次西征中，成吉思汗随军携带有不少原大食籍留居中国的穆斯林，沿途往花剌子模各城谕降。"[7]这说明当时蒙古人中早有回民活动。

综上所述，固原地区的回民，早在唐宋时期，就有"先民"存在，到了元朝更为增多，但在当时的不同时期，究竟各有多少人？分布在哪里？需要我们今后继续调查研究。

二、元朝时期固原地区的回民

成吉思汗开始西征后，蒙古贵族先后征服了葱岭以西、黑海以东信仰伊斯兰教的各民族。西进中，每次战争胜利后，便把大批中亚西亚各族人、波斯人和阿拉伯人迁移到东方来。东来的"回回军"参加了忽必烈统一中国的战争。他们"上马则备战斗，下马则屯聚牧养"[8]。至元十年（1273），元世祖下令"探马赤军，随地入社，与编民等"[9]。这就形成了后来各地的"回回营""回回村"或聚居的"某家村""某家营"等。

由于"回回农民"是军士的改业或兼业，因此，当时回民农垦的地区，都从属于驻防军队的分布，而散处于西北。当时的西北，从六盘山到宁夏的其他地区，以及甘肃的河西、五条河等地，是一个主要的农垦区。至元八年（1271）"甲戌，签西夏回回军"[10]，这些军队主要分布在这个农垦区。因此，元代固原地区的回民人数已增加不少了。

《多桑蒙古史》记载，蒙古宗王阿难答镇守唐兀时，"皈依回教，信之颇笃，因传布回教于唐兀之地，所部士卒十五万人，闻从而信教者居其大半"[11]。唐兀是元代蒙古人对西夏之称谓。唐兀之地包括陕西北部、甘肃的一部分和宁夏的大部分。由此可知，信仰伊斯兰教的这支蒙古大军遍及陕、甘、宁一带。《元史》云："至元十年安西王分治秦、蜀，遂立开城府，"[12] "以为安西王行都治"[13]。《元史·诸王表》又云："阿难答至元十七年袭封，大德十一年诛。其府在长安者安西，在六盘山为开城，皆为宫邸。……诏阿难答既为安西王，其印宜上之。然其后犹称秦王阿难答。"[14]北宋时固原为镇戎州治所，是北宋防御西夏之重镇。北宋南迁后，固原又为金之镇戎军治所，到元世祖忽必烈时，皇太子为安西王，固原开城为安西王府所在地，阿难答袭封后，六盘山便是他的统治区。以上这些史料说明，元代驻屯宁夏六盘山地区的军队，除从中亚西亚迁来的"回回军"以外，还有大批信奉伊斯兰教的蒙古军队。据笔者调查，当地回民中的铁、脱等姓，当与蒙古名字铁木耳、脱脱不花有联系。"铁姓回回多称先世为蒙古人，其姓铁乃取蒙古名铁木耳之首音，此颇可信。"[15] "因此驻节固原开城的阿难答和他率领的部分信回教的蒙古军队，年经日久，与当地其他回回人逐渐融合演变成为回回民族。"[16]

1985年2月笔者赴西吉县调查时，了解到该县沙沟公社孔家庄之马、穆、虎几姓回民，"在'鞑子'撤退之前就有"，这也是该地区在元代有回民的一个佐证。

"及元有天下，陕西行省设回回令史，陕西诸道行御史台设回回掾史"。[17]元灭西夏，置宁夏路，属陕西行中书省之河西陇北道。固原为开城路，先为开城府地，亦属陕西行省，元初在西北地方行政机构中设置"回回令史""回回掾史"等专门管理回民事务的官吏，绝不是为了当时尚属军队系统的"回回军"之屯戍，说明那些地区已有大量的回民。[18]

到了明代，回民已逐渐成为一个民族共同体。

明初，随着全国社会经济的恢复和发展，散居在固原地区的回民经济也有了相应的变化。因而为回民自身的发展提供了条件。"在宁夏，明初以来有大批回回以归服'土达'的身份被安插在灵州（灵武县）、固原一带，这里为后来回民聚居区。"[19] "明洪武二年，徐达还自临洮，遂下隆德越六盘山至开城，万户八丹以鞑靼降。徐达谴（遣）将袭破元豫王于西安州（海原县西四十五里许）之天都山附近。"[20]洪武九年（1376），徙宁夏民于西安府。"洪武之世，徙民最多"[21]。当时归服的"土达"中就有信仰伊斯兰教的。

笔者调查，发现固原到海原几百里地，在明朝设有军事营垒，它们是头营、二营，一直到八营。还有海原的李俊堡、李旺堡、海剌都堡，都是以大将名称代呼的。这些地区也是回民的重要分布区。现在能听到的诸营称谓，只剩头营、三营、七营，这里的回民中，有很大一部分是明代安置的。另外，也有清代从其他省区迁来的。

在明代，由于瓦剌、鞑靼的不断侵袭，成化十年（1474），设三边总制驻固原，以节制延绥、甘肃、宁夏三边军事。当时固原一带，西恃黄河、贺兰山，东屏陕晋诸要地，是"中原门户"[22]，因此固原成为明朝"九边"重镇之一。明朝末年，固原又是农民起义的重要发祥地。万历年间，西北有不少地方的回民生活极苦，时逢荒年更为悲惨，阶级矛盾不断激化，因之发生了多次暴动，公开"抗拒官兵"。当地汉族贫民也不止一次地和回民联合起来进行斗争。明末农民大起义时，陕北绥德回民马守应（绰号"老回回"）率领的农民军，成为当时"十三家七十二营"的主力之一。

当时瓦剌、鞑靼的势力，尚未完全被明朝统治，明朝在固原设三边总制就说明了这点。据《万历固原州志》载，当时同心县属固原州管辖，"明弘治十五年，固原卫升为固原州，在宁夏辖三个守御千户所"，其中一个在今同心县。[23]同心县的清真大寺建于明初，这说明当时该地已有大量回民了。

总之，明代固原地区不仅有了大量回民，而且回民已深深扎根于这块土地上，为这块地区的开发、发展做了贡献。

三、近现代时期固原地区的回民

清顺治元年（1644），清军进入北京后，即迅速派兵向北京以外的各地进攻，陕、甘等地被清军占领后（当时的甘肃包括今天的甘肃和宁夏、青海的大部分地区），反清起义仍然彼伏此起，固原地区的回民也投入了反清的洪流。清朝一代，民族矛盾最突出、最激烈，影响最大的是回族人民反抗清朝统治和民族压迫的武装斗争。这种武装斗争，在甘、宁、青地区先后发生过5次，固原地区的回民，都程度不同地参加过这些斗争。

如前所述，回族在清朝建立前，已经成为中华民族的一个组成部分。但是清朝统治者为了巩固自己的统治，对各民族采取的政策是，一方面利用各民族的上层作为统治本民族的御用工具，另一方面采用不同的政治待遇，挑拨各民族之间的关系，破坏各民族内部的团结。对于回族则更加歧视，不承认其为民族。官书中多以"逆回"称谓，并把"回"字加以"犭"旁，以示回民"不侔于人类"。在法律上规定，三个以上回民持兵器走路，要罪加一等。流徙罪犯，普通者可以申请留养，回民则不得申请，并规定流徙地点不得在甘肃等回民聚居区。

回民起义失败后，清朝统治者为了"涣其群，孤其势"[24]，就把陕甘等地的回民迁插到固原地区来。

据秦翰才的《左襄公在西北》记载："陕西回民在事变前（指同治年间回民起义），有七八十万人，自事变发生后，陕西回民起义军的势力波及、发展、推行到甘肃，陕西回民有的死于兵，有的死于疫，有的死于饥饿，其余五六万都流亡在甘肃的宁灵和河湟等地。"

左宗棠安插陕回的择地标准是："荒绝地田，有水可资灌溉者；一片平原，没有多大的山河之险，距大道适中，可便管理者；自成一个片段，可使聚族而居，不和汉民相杂者。每户给荒绝地亩，并匀给房屋、窑洞，每户拨给种子和耕牛、农具。举办保甲，由十家长、百家长负责管理，派员宣传劝导。"[25]

左氏向清廷禀奏云："臣两次亲临点验（在押的陕回），实一万有奇，内除安插平凉认领亲眷五百余口外，实发化平川（泾源县）安插者男女共九千余。"[26]解赴化平川的，其中"陈林一起男女一千五百余口，赫生选一起三百八十口，马化风一起一千三百余口，阎兴春、余兆麟、拜万江、金明堂、安杰一起五千五百余口"[27]。据笔者调查，化平川还有从平凉、河州等地迁来的回民。化平，故县名，今宁夏泾源县，该县回族占总人口的百分之九十八以上，主要来源就是同治年间迁徙的。

同治年间，回民起义之前，宁夏回民在分布上，不仅早有了许多村庄，且许多县里回多汉少，形成了大小不等的回民聚居区，固原地区的各县尤为典型。由于战争的原因，固原的"古城、二十里铺、黑城子、大营川、三营"，海原的"李旺堡、穆家潭、西安堡"[28]等地区的回民有所减少，但迁来的回民又补充了一些。笔者调查时，据固原县中河乡曹河村的老人们讲，当地的许多人过去就是因战乱从莲花城迁来的。彭堡乡西凉村的杨氏先辈，曾是马化龙起义时的追随者，系甘肃张家川人。西吉县兴隆乡回民，也有在同治年间从金积堡迁来的，该县单家集回民是从陕西迁来的。

随着固原地区回民的增多，清政府即把当时的固原州升为直隶州。当时的"固原州，在平凉和宁夏之间，本是重镇，沿陕西、甘肃未分省旧制，驻陕西提督，还管着河州镇总兵"[29]。又因"平凉城迤北逾固原抵中卫、灵州，九百余里，为通宁夏孔道，其间岩谷复沓，涧壑幽险，回民杂处，为盗贼渊薮"[30]。"官军由固原扫荡而北，预望城、李旺堡之回，多窜匿其中，皆马化龙新教党也"[31]。因此，在这里加强行政设施，是清廷统治该地区回民所采取的必然措施。

在海原，"同治七年，清军雷正绾、曹克忠进攻张家川（时），李德仓投降，穆生辉（花）自杀。所部南八营仍留其名，但变成降军反为清军效力。直到同治十年金积堡被破，全省平定，左宗棠下令甘肃、宁夏各地回民互相迁徙，以利管辖，张家川地区回民迁到金积、灵武、海原务农；金积、灵武的陕回，迁徙到固原、泾源、华亭、平凉等地务农。"[32]"同治十三年乱后，于清水、秦安回民七百余户迁插于南乡（海原县境）。"[33]在此期间，该县还有从靖远迁来的一些回

民。[34]据《海城县志》记载："县境内汉回杂居，良莠不齐，风俗浇漓，抢劫斗殴，习以为常，加以河回纷至沓来，不安本分，是欲盗源整风化，巡警之设乃为要图。"[35]这里的"河回"指的就是河州（今甘肃临夏）回民。同这些"河回"一起来的还有不少东乡族，如该县树台等乡的东乡族就是。

在隆德，"清同治年间，陕回入甘，就抚馘马生彦、冯正合等，其众近万，除该亲属认领外，男女尚有六七千余俱安插屯民、韩狗、新店各堡"[36]。左宗棠平定河州后，认为"不但陕回、甘回气类攸分，即陕回与陕回，甘回与甘回亦有不能并域而居者。……乃令安定、会宁、平凉、隆德等各牧令，觅水草不乏，川原相间，荒绝无人之地，以使安置。""皆按户口给赈粮、农具，俾资耕垦。安插既定，署置官司"[37]。于是又迁"陕回马生彦等一起六百四十三余口，于静宁、隆德县之王家下堡、刘家戴山"[38]。

在西吉，清代也有从别处迁来的回民，除前面说过的单家集、兴隆等地外，沙沟乡也有在光绪年间迁来的回民。因西吉于1941年设县，迄今尚无县志，有些材料无法对证，有待于以后继续调查研究。

民国时期，固原地区的回民仍未摆脱被压迫被剥削的命运。只有中华人民共和国成立以后，这里的回族人民同全国各族人民一道，在中国共产党的领导下，获得了新生。

中华人民共和国成立后，固原的回民历史进入了一个新的阶段，在支援山区建设中，从河南、陕西、内蒙古、北京、东北等地来的回民日益增多。三十多年来，这里的回族人民和其他各族人民一起，为建设家乡、建设社会主义的新中国付出了辛勤的劳动，取得了可喜的成果。当前，他们正为祖国的四化建设，为"宁夏要先翻身"贡献力量。

原载《宁夏文史》1986年2期

固原回族源流和发展浅识

谢 东

在中国共产党民族政策的光辉照耀下，西海固地区在1953年就建立了相当专区一级的回族自治区（1954年依《宪法》改自治州）；1958年宁夏回族自治区成立，固原地区是区内回族的主要聚居区，占全区回族人口的将近一半。运用马克思列宁主义民族观，按照党的民族平等、民族团结和各民族共同繁荣的政策，编好民族志，特别是全面记述回族的历史和现状，是摆在地方志编修工作者面前的一个重大任务。

1986 年 10 月，自治区方志办和固原地区方志办在固原联合召开的民族志讨论会上，传达了全国民族志指导组成立大会精神，号召地方志编修工作者探讨理论，交流经验，编写好民族志。原自治区民委副主任勉维霖在会上的讲话中指出，宁夏回族的源流，是编写民族志的难点之一。他要求展开调查和讨论，逐步求得解决。

固原地区各县县志编修工作相继开展以来，大家对地方的建置沿革、社会经济、政治军事等方面，进行了不少学术探讨，互相切磋，效果不言而喻。笔者孤陋寡闻，谨撷取前辈学者、专家的研究成果，东抄西拼，就固原回族的源流和发展，陈述管见，谬误不少，希望引起批评和讨论。

一、唐宋时期固原无回族的"先民"

固原是我国古代与西域交通的丝绸之路北线上的名城，自西汉以来，中外使节、商人沿着这条路，进行了频繁的友好交往。汉武帝曾在安定郡（郡治高平，今固原）会见过月支的使节。东汉和帝时甘英奉使西域，到达阿拉伯的条支。南北朝北魏孝庄帝建义元年（528），中亚嚈哒国的使节、商人携带从波斯缴获的银币和一头狮子，前往长安途经高平，被高平镇起义后称帝的万俟丑奴截取。这有可能就是 41 年后北周李贤卒逝，和妻子吴辉合葬时埋入地下，近年考古发掘出土的波斯银币、鎏金人物壶、金戒指、玻璃碗等珍贵文物的来源。可见，这条路和"丝绸之路"的中线、南线一样，在古代也是很发达的。不过，这时西域还没有伊斯兰教。

唐高宗永徽二年（651），即伊斯兰教创兴 30 年后，"大食始遣使来贡"[1]。史学界认为这是中国王朝和有了伊斯兰教的阿拉伯国家交往之始。据学者研究，大食这个词是唐人从波斯文翻译的，元代以前的中国史籍都用它指阿拉伯。大食来中国的道路，有从阿拉伯内河经波斯湾的海路，有经怛逻斯城（苏联土耳其斯坦）、安西（新疆库车）的陆路。第一位大食使节不知从哪条路到长安的。除使节而外，阿拉伯来中国经营珠宝、香料的商人也很多。唐玄宗李隆基撰的《大唐六典》中说：金刚钻石、瑟瑟（绿色珠子）、琥珀等出自波斯、凉州，肯定有商人从陆路到中国来，其中也可能有人走经固原这条路的。但使节往还、商贾交易与来传布宗教，应是两回事，不能说大食人来过，就传布了宗教，就有了回族的"先民"。

固原的回族中流传一种说法，回族最早来源是唐朝借西域兵平"安史之乱"。此事见于《旧唐书·肃宗纪》。至德二年（757）正月，大食应唐的邀请，派兵与波斯、安西兵一起从陆路开入，九月收复西京，十月收复东京。但在第二年正月，又记载了大食兵和波斯兵围广州城，掠仓库，焚庐舍，浮海而去的事。

有人说，这些兵是陆路受阻而改走海道的。什么阻碍呢？很可能是吐蕃王朝乘"安史之乱"向东发展，道路梗塞。唐朝借大食兵来平息地方蕃镇势力反对中央政权的叛乱，无疑是两国在重大事件上友谊合作的佳话，也是大食人大批结队来中国的第一次，不可避免地吸引大食人扩大到中国来经商、传教的规模，但把这次派兵帮助平叛说成是回族"先民"在中国生息的源流，似乎缺乏史料依据。研究回族史的专家，不见有这方面的阐述。即使有一些大食兵留在中国，也不可能到唐王朝和吐蕃王朝陈兵对峙、战火纷飞的原州（固原）来居住。

马霄石先生著的《回族的来源与形成》中说，宋太祖建隆二年（961），鲁穆国天文阁部马依泽避难逃来开封，说泾阳有他的乡亲，要求到那里去定居。陕西泾阳当时是水旱码头，西域商人多乐居于此。现在回族中的马姓，据说是马依泽的后裔。宋代是中外贸易很发达的时期，而大食是"并通贸易"诸因之首[2]。据白寿彝先生考证，从宋太祖开宝元年（968）到孝宗乾道四年（1168）的200年间，大食人来朝贡（多是商人）的共49次，差不多4年一次。陈垣先生在《回回教传入中国史略》中说："宋与大食通使，多由海道。"所以，当时广州、泉州、杭州等地有很多"不食猪肉""非手刃六畜则不食"的"蕃人"住在"蕃坊"[3]，建有礼拜寺，有墓地，娶妻生子，久留不归。而固原从太宗太平兴国七年（982）党项族李继迁反宋，至道三年（997）宋朝设置镇戎军，终宋之世，是宋与西夏对垒的前线，虽时战时和，但基本是硝烟弥漫，恐怕大食的朝贡商人不会到这里来冒风险，因为他们主要是来经商赚钱，而不是来传布宗教。

慕寿祺著《甘青宁史略·副编·民族志》中，附录了署名邓隆的一篇《回族考》，其中说西夏灭亡之后"散处碛西"的回纥、回鹘"皆服属于蒙古"。有人引证为地处宋、夏交界的固原在元代以前就有回族居住的根据，其实是不正确的。这里，首先是把回纥、回鹘和回回混淆了。据学者考证，回纥、回鹘和回回这三个名词，有其转化因缘，但随着历史的发展，各自形成了不同的民族。回纥原是唐前期我国西北敕勒（亦作铁勒）族的一支，在唐晚期（9世纪中叶）因内部矛盾，其中一支迁往葱岭以西，在宋神宗、哲宗年间（11世纪下半叶）建成了一个回纥国，由信摩尼教改信伊斯兰教，并且联结其他信仰伊斯兰教的人，于南宋末年（13世纪初期）在东阿拉伯建成了一个大王国。回纥逐渐转音成回回。迁往以高昌（吐鲁番）为中心的一支，自己改名回鹘，后来转音成畏吾，即现在的维吾尔族。回鹘原信摩尼教，后改信佛教，直到明前期至中期（14世纪中、下叶）才陆续改信伊斯兰教。[4]西夏王国奄有西至玉门，包括当时回鹘居住的肃州（酒泉）、甘州（张掖）之地，成吉思汗灭亡西夏，这些回鹘人"服属了蒙古"，但他们当时还未信伊斯兰教，后来也不是回族，又没在固原居住过。

总之，现在似乎还未发现唐、宋时期固原地区有回族"先民"居住和活动的明文记载。

二、固原回族的最早源流在元初

成吉思汗和他的儿子窝阔台带领蒙古军，从公元 1218 年（蒙古太祖十三年）发动了两次西征，征服了西辽和花剌子模等许多西域国家，把大食哈利发和回回花剌子模统治下的穆斯林军队、工匠和平民，大批"佥发"（征调）到蒙古军中执行各种劳役，其中以回回花剌子模人为最多。起先，蒙古人把西域各国人（包括回鹘）统称色目人，后来发现花剌子模人和回鹘人信仰不同，便专以回回称信仰伊斯兰教的人，而以回鹘、畏吾称维吾尔人。回回人中包括回回军匠、回回工匠、回回水兵、回回炮手以及商人、平民、传教士、学术界人士等。这些人除传教士外，大多数做戍边、屯垦、看守府库、织锦、冶铁、制炮、制革等工作，被编为各种亲军、卫军，总称探马赤军，"上马则备战斗，下马则屯聚牧养"[5]。

成吉思汗的西征，强迫进行了一次民族大迁徙。据考证，阿拉伯有 20 多个种族或部族的一二百万人，被带到了中国。于是，中国境内信仰伊斯兰教的人便陡然大增，而且随着元政权的扩展，遍及了全国。这些人又和以前经商留居的人不同，他们已和中国人都是一个军事占领的大帝国的国民，而且由于蒙古人自己人数少，文化低，对回回给予了许多优待，政治地位仅次于蒙古人，有些方面待遇同等。所以，不仅"回回遍天下"，而且"天下名域巨邑，必居其要津，专其膏腴"[6]。

在固原，有这么几件事：

一、成吉思汗于 1224 年从东印度班师，1226 年伐西夏；1227 年春破金积石州、临洮府及洮河、西宁二州，四月驻隆德（西吉火家集），克德顺州，闰五月避暑六盘山，[7]六月由六盘山至清水，七月崩逝萨里川。无疑有大批探马赤军随成吉思汗来到了六盘山。

二、1253 年，蒙古宪宗蒙哥汗封忽必烈于关中，十二月忽必烈从云南班师回京兆（西安）。次年五月驻跸六盘山，任廉希宪为关西道宣抚使、姚枢为劝农使，积极经营这一带。无疑又会有一批探马赤军随来，有一批人留下。

三、1258 年，蒙哥汗攻南宋，亲率一路军由东胜州渡黄河，四月会军六盘山，召见各地郡守、县令后，留下辎重，取道宝鸡入四川。次年，命大将军珲都海带兵二万，驻守六盘山府库。这二万兵中会有不少探马赤军，因为他们是颇得元人信任，很善于看守府库的。

四、1272 年，世祖忽必烈封第三子忙哥剌为安西王，建王府于京兆和六盘山（遗址在今固原开城），"冬居京兆，夏徙六盘，岁以为常"[8]。蒙古人弃宋镇戎军城（固原）不居，而以宋开远堡旧址置开城路，援上都例，称为上路，仅次于省。同时置开城县，改金东山县（彭阳古城）为广安县（后又升州），隶开

城路。王府的建立和这些行政机构的设置，探马赤军不仅比以前更多，而且定居驻守下来。

五、1273 年，忽必烈下令："探马赤军随地入社，与编民等。"1278 年，在开城路设屯田总管府。1283 年，裁屯田总管府并入开城路。1284 年，拨别速带逃军 700 人交安西王屯田。1287 年，分汪惟和所带四川军 5000 人屯田六盘山。1293 年，安西王有民屯 724 户，田 467 顷。1296 年，从六盘山至宁夏黄河有屯军万人。屯军中探马赤军不少，民屯中也一定有"随地入社"的探马赤军。

这些事实说明，出于军事控制的目的，由于开城西倚六盘山，居高临下，为清水河川与泾河川南北孔道，得形胜之要，又水草丰美，元人是非常重视的。所以，明弘治时的三边总制秦纮说六盘山是元人"猎夏之资"[9]。1278 年，忙哥剌死后，长子阿难答袭安西王，次子安檀不花袭秦王。阿难答住在开城的府第。

阿难答是一个很能干，也有野心的人。大德十一年（1307），即阿难答袭安西王二十九年之后，成宗铁木耳崩逝，无子，皇后巴约特氏欲立阿难答，成宗海山入京，将阿难答处死。这位安西王，据《多桑蒙古史》引拉施丁《史集》说："幼受一回教人之抚养，皈依回教，信之颇笃，因传布回教于唐兀之地（即原西夏占领的地方）。所部士卒十五万人，从而信教者居其大半。"又说，"其臣诉之于皇帝铁木耳，言宗王阿难答终日在礼拜寺中诵《古兰经》，熟知《古兰经》，善写阿拉伯字，命蒙古儿童行割礼，宣传回教于军中。铁木耳遣使者二人往说其皈依佛教，阿难答不从。帝召之至，面谕之，亦无效，乃拘禁之。其后不久，太后阔阔真以为阿难答在唐兀之地颇得人心，锢之恐致民怨，言于帝，释之还镇。"这个记载不见于《元史》，大约是宋濂修史时仓促成书的一大疏舛。

从这个记载我们可知，在阿难答袭封到被诛的 1278—1301 年，开城已有清真寺，伊斯兰教不仅在探马赤军中盛行，许多蒙古族人也"皈依"了。阿难答在整个唐兀之地的 15 万军人中有一半信了伊斯兰教，在开城县、广安州的地域内，恐怕人数不会少。虽然，这时中国的回族还未正式形成，但雏形已具。所以，把元代作为固原回族的最早源流，是有一定根据的。

三、固原回族兴盛于明代

明太祖洪武二年（1369）征虏大将军徐达率领明军由静宁下隆德县（即今隆德县），[10]渡六盘山至开城。徐达侦知元豫王在西安州（海原西安），亲率兵驻海喇都（海原城），遣右丞薛显带兵五千袭豫王。豫王带着他的部属撤回蒙古。

元人撤退时，有许多蒙古人没有跟上走。明显的有两支：一支是平凉万户巴丹，有部众七百余人，散处开城等县，归附明朝后先被任为平凉正千户，后又当了平凉县第一任知事。[11]成化四年（1468）在固原爆发的"满四之乱"，就是巴丹的曾孙满俊（排行四，人称满四，住固原三岔沟）发动的。一支是阿都忽，归明后先任群牧长，后升平凉卫中所的百户。阿都忽的孙子火力虎答在永乐十一年（1413）由世袭百户升为副千户，从此以火为姓。火力虎答的儿子火荣升正千户，一直到嘉靖年间阿都忽的第七代孙火镇，还世袭着五品正千户。赵时春《平凉府志》说阿都忽是隆德县人，大概就是宋代的羊牧隆城，金时的隆德县，后来叫火家集的原因。这两支都是较大的部落。

这些蒙古人没有跟随豫王撤退，除了已经定居百年，恋土不乐去外，可能还有信仰的原因。满俊的揭举有2万余人参加，是使明廷朝野震惊的反明事件，有许多现象值得思考。事件前二年即成化二年（1466），河套的蒙古人在毛里孩带领下，由花马池（盐池）进入固原，攻克开城县，杀死知县于达、教谕汤敏、大使汪士让等，探入到静宁、隆德、华亭等6州县，赶去开城、广宁等监苑牧马1693匹，而满俊并没有什么举动。过了一年，因为受不了陕西巡抚陈价、按察使金事苏燮和参将刘清、指挥冯杰等的诬陷、勒索，才和李俊、马骥、南斗大、四咬哥、满能等起事反明。两败明军，声势大振。当明朝派右副都御史项忠、陕西巡抚马文升、陕西总兵刘玉，带京营兵、陕西四镇兵33000人，分七路围剿而来时，满俊等也没带兵携眷向蒙古撤退，而是以石城（在西吉蝉窑）为中心结团固守起来。事情从六月闹到十一月，几乎连入边的蒙古人，完全袖手旁观，毫无应援，似乎这些原来的同族人，感情上已十分疏远了。满俊失败的原因，除了力量对比悬殊外，史籍上说是有一个叫杨虎力的部将叛变，满俊出石城作战，被杨虎力砍断乘马的足蹄，仆地，为明军所俘。这个杨虎力，据赵时春《平凉府志》说就是后来当了都指挥，弘治十四年（1501）在孔坝沟（固原七营南）与蒙古火筛军遭遇，带所部固原兵800人夜逃，致使指挥杨宏全军覆没。赵时春的《平凉府志》成书于嘉靖三十九年，距孔巴沟失事仅82年，他又是平凉人，当为可信。由这个线索，可能元朝灭亡时留下未走的蒙古人，大多是随阿难答改信了伊斯兰教的人。

固原明代的居民情况，嘉靖《固原州志》说："元万户巴丹据平凉，洪武初归附，授平凉卫正千户，部落散处开城等县，仍号土达。其民质朴强悍，选为兵者类多骁勇善战。"顾名思义，所谓土达，即已经定居的鞑靼。《州志》的纂修者进士杨经没有仔细考查，统名为土达。其实，里面有不少已经改信伊斯兰教，和鞑靼不同了。巡抚赵时春在《平凉府志》的风俗条中说：明初"平凉率先归附，不烦一镞，故风俗淳朴""不事文学，亦鲜浮靡""婚不索财""罕寺观僧道"，葬送"唯回迤遗种用浮屠法，不少变"。他考查到了具有不同信仰（"罕寺观僧道"）、有独特风俗（"婚不索财"、丧送用宗教仪式）的"回纥遗种"回回的存在，只是把伊斯兰教法误写成"浮屠法"（佛教法）。

据研究，随朱元璋打天下的开国功臣中，常遇春、胡大海、沐英等好几位是回民。明代除禁止胡服、胡姓、胡语，禁止本族自相嫁娶外，没有干涉过伊斯兰教的传布，也没歧视过回民，有好多人得到重用。永乐时的三宝太监郑和（原姓马）就是云南回民。固原的回民也有地位，万历《固原州志》（成书于万历四十四年即 1616 年）上载：当时固原城内牌马司、团练营、正兵营、左右游击营的一万零九百一十六名官兵中，有土达一千零五十四名，占将近百分之十。这在只有一千一百六十七户、五千三百八十八丁口的固原州，数目不小，而且"有以军功累至将官者"[12]，杨麟就是一个。特别是黔宁王沐英，从洪武九年到十四年（1376—1381）曾在西北六年，"西略川藏，耀兵昆仑"[13]，子孙显赫，与明相始终。由于征战西北有功，钦赐武延川（西吉葫芦河）、撒都川等草场六处，筑城沐家营（西吉），留第二子沐昕后裔一支及兰姓、马姓等十八户居之，经营各庄地租。永乐间开设陕西苑马寺后，幅员遂狭，但犹有沐家营、杨郎（固原杨郎）、古城（新圈庄）、杨名、张元、蔡祥（后四堡均在海原）六堡。[14]沐英的势力扩展到固原，对当地回民的兴盛，不能不产生影响。

由于明朝的"四禁"，加速了回回与其他民族的结合。不再用"胡姓"，就取先代姓名中一个音为姓，和汉族一样采用单姓。据考证，现在回族中的赛姓、沙姓、纳姓、丁姓、闪姓等都是元代的大政治家回回赛典赤·瞻思丁的后裔。不准说"胡语"，就说汉语用汉字，只在宗教内部保存阿拉伯语和波斯语。禁"胡服"就和汉族穿一样的服饰。不许"自相嫁娶"，就和汉族等通婚。这些在长期的生活中已经俗成的属于进步的事物，一经约定，不仅不是限制，而是促进了它的发展。于是，一个和汉族邻里相处、亲戚相承、互相学习、共同发展的民族共同体逐渐形成，自然而然地出现了既确有外来因素，又实是土生土长的我国一个古老民族——回族。马霄石先生说中国回族是"内外结合"形成的，[15]固原的回族也毫无例外地经过了这样的发展过程。

四、固原回族以勇于反抗闻名在清代

清王朝建立后的第五年，即顺治五年（1648），在甘州（张掖）爆发了以回族米喇印、丁国栋为首的、拥戴明廷长王朱识穿"监国"的反清事件。既然拥戴的是汉族朱识穿，又是以反对清朝统治者施行圈地、薙发和屠杀等民族高压政策为目的而发动的，所以有许多汉族人民参加了，事实上是一次回族和汉族联合的反压迫斗争。这次斗争，是西北回族人民反抗精神的初露锋芒，又是回汉民族骨肉相连，同命运、共呼吸的生动体现。清朝统治者从这次事件，一方面怀疑回族人民与明宗室余党有关系，一方面看到了回族人民内聚力强，英勇不屈的民族特点，又和汉族亲如手足。处心积虑地要破坏回汉民族团结，达到分而治之。由于山河阻隔，消息闭塞，固原回族这次似无反应。

乾隆十一年（1746），固原提标中营兵童文耀、贾世忠等因索饷不给，发动兵变。右营兵张文才内应攻入提督衙门，欲捉提督许仕盛，因指挥不善，又遭左营游击任举反击，未能如愿。兵变的领导者童文耀、贾世忠无从稽考是回族或是汉族；但从第二年弘历派满族人瑚宝任固原提督，陛辞时所叮咛的话看，兵变是和回族有关的。弘历说："固原城内外兵多民少，回民过半，私立掌教等名，应时时体防，期杜衅端。回民标兵应留意分别，豪悍者惩黜，怯弱者淘汰，使营伍肃清。"这段"圣谕"，毕现统治者对固原回族的仇视和戒备。瑚宝到职，当然加意"肃清"[16]，定有许多回族士兵、军官被"惩黜"和"淘汰"，一些留下的也具结互保，实行连坐。[17]这种仇视政策，自然引起回族人民的强烈愤慨。

到了乾隆四十六年，青海循化发生了伊斯兰教内哲赫林耶与花寺争教纠纷，清朝统治者出于统治需要，采取支持一方（花寺），打击一方（哲赫林耶），挑拨离间，加深矛盾的反动政策，使事态扩大，最后发展成回族和撒拉族联合的反清斗争。苏四十三和马赛力麦（女）进攻兰州时，固原鸦儿湾的马四阿訇便率众响应了。在清朝血腥镇压下斗争趋于失败，马四阿訇逃到陇南，三年后在甘肃礼县盐关被迫降清。乾隆四十九年，田五、张文庆又在海原起事，固原回民李化玉率众参加。李化玉下落不明，大约牺牲在通渭石峰堡。于是清朝统治者的屠刀挥向了固原回民。乾隆五十五年，龚景瀚由平凉知县升任固原知州，以"汉回杂处，时构衅"，便"密侦诸堡，诛积匪"[18]，不知多少回族人民被"密侦"诬陷遭"诛"，而这位龚知州用人血染红顶戴，擢升知府，又入军界当了翼长。清朝统治者在挥舞屠刀的同时，竭尽挑拨民族矛盾，制造民族隔阂之能事，回族被称为"逆回"，回字被加上犬（犭）旁，令人望而生畏。原来亲密无间、并肩携手的回汉民族兄弟关系，终被破坏，出现了令人痛心的不愉快时期。

同治元年（1862）春，太平天国军由四川进入陕西，陕西回民揭竿响应。八月，固原回民杨祥之首举义旗，纳三（甘肃秦安县莲花城人）在北乡，杨大娃子在石家沟口起事，很快与海原田成吉、平凉穆生花联合。次年正月初一，攻克固原城，三月攻克盐茶厅城（海原），八月攻克平凉城，与陕西白彦虎、禹得彦，金积马化龙，河州（甘肃临夏）闵殿臣等形成了陕甘回族大起义。固原是陇东的起义中心区。当时，清王朝正被太平天国打得焦头烂额，被帝国主义吓得丧魂落魄，如果回汉大团结，回族内部大团结，与太平天国南北合击，胜券在握。无奈回汉民族关系和回族内部关系遭到统治阶级严重破坏；地方反动官吏百般作祟，把阶级矛盾挑向民族斗争，固原知州贾元涛集汉族民团，制造事端；加上起义军领导人的严重失误，不但没有形成统一力量，相反互相厮杀。起义军内部也出现了一些叛徒，张保隆被固原提督雷正绾收买，诱缚妥贵、花三、马喜太等送清军杀害，固原城失陷。陕西回民孙义保从甘肃静宁经张易堡将固原城收复，不久又因叛徒内应，被清军攻陷。雷正绾军在七营哗变，降清的赫明堂、杨大娃子、穆三等反正，又与变兵攻克固原城。在董志原的白彦贵，闻赫明堂因争权杀死孙老五，派军奔袭固原城，由北门攻入，烧杀报复。在这种忘却公敌，豆其相煎的混战下，起义军力量大大削弱，无辜百姓（回族和汉族）受祸惨烈，有些地方村舍为墟，人烟断绝，结果自失良机。到了同治八年（1869），清王朝在镇压太平天国之后，立即调派大军，举借外债，集全国财力，携带从帝国主义国家那里购买的洋枪洋炮，分三路进攻而来，一场轰轰烈烈的大起义，在同治十年以极其悲惨的失败告终。清王朝制造民族矛盾和民族内部矛盾，分而治之的政策取得了成功，从回汉人民的累累白骨中汲取营养，延长了统治寿命，全国各族人民多受了40年专制之苦。这个历史教训，应该毋庸回避，而要深刻铭记，永举民族团结、民族内部团结的旗帜。

尽管如此，固原的回族从此以英勇的反抗精神而闻了名。同治元年起义时，固原提督经文岱在兰州，急派队官张岳带西宁兵三百赶来镇压。张岳从固原去平凉途中，被起义军全歼。正月初一克固原城时，起义军只有三百人，全城文武官员悉数就擒，延颈受刃。驻海原的凉州镇总兵万年新带队前来反扑，行至李旺堡全军覆没。这些，足使清王朝的统治者们闻风丧胆，谈虎色变。

选自《固原地区史志资料》第二辑，1987年1月

注释：

[1]《旧唐书·高宗本纪》。

[2]《宋会要稿·职官》。

[3]《萍州可谈》卷二。

[4] 翦伯赞：《中国史纲要》第八章第三节。

[5]《元史，兵志》。

[6] 许有壬：《西域使者哈只哈心碑》。特引白寿彝《中国回教小史》。

[7] 成吉思汗避暑地说法不一。从后来元人对开城的经营及当时成吉思汗的行军路线看（由隆德即火石寨进至六盘山），应在开城附近。至今开城附近有两个村庄名斡耳朵（今作吾耳朵，突厥语，意为宫廷），可为佐证。

[8]《元史·诸王表》。

[9]《明实录·孝宗实录》卷一八四。

[10] 民国《隆德县志》：金元之世，县治由火家集迁今治。

[11] 嘉靖《平凉府志·平凉县》。

[12] 嘉靖《固原州志·风俗》。

[13]《明史·沐英传》。

[14] 光绪《海城县志》。

［15］马霄石：《回族的来源与形成》。

［16］［17］《清史稿·瑚宝传》。

［18］《清史稿·龚景瀚传》。

追寻 18 万固原回族 "柳树湾移民"

祁悦章

据长期研究回族移民史的中国回族学会副秘书长 、贵州省回族学会副会长兼秘书长刘砺介绍，在现在的云贵乌蒙山地区有众多回、汉族家谱或碑刻中，均记载其祖先是明洪武十四年（1381）前的固原军士。如乌蒙山地区回族中的海子屯李姓，下坝马姓，马家屯马姓，松林马姓、张姓、所姓、撒姓、韩姓以及汉族中的卯姓等 9 个姓，祖籍是固原柳树湾、开城堡、寺口子（现属原州区）以及李旺堡（现属中卫市海原县）的移民有 25 万人左右，其中，祖籍是 "固原柳树湾"（本文称为 "柳树湾移民"）的回族约 18 万人，占如今乌蒙山回族约一半左右。在固原的几个移民祖籍地中，绝大多数古今称谓相同，容易寻找，唯独 "柳树湾" 这个在乌蒙山地区回族心中响当当的地名，却在现在的固原行政地名中不复存在。那么，它究竟是否存在过？现在又在何处？"柳树湾移民" 何时在固原？又是何时迁往贵州乌蒙山地区的？本文将逐一探秘。

一、乌蒙山回族的故土记忆

乌蒙山地区的回族家谱、碑刻文无一例外地将关于故乡的线索指向宁夏固原 "柳树湾"。

贵州省威宁县《张氏合族支派家谱总序》中说 "念昔先人，吾族自唐时由西域初来中国，流落陕西平凉府固原州柳树湾人氏。"

云南昭通大菁地碑文说 "毕（鼻）祖原冉，唐太宗李世民时由猡唆国请移来陕西长安城内，受唐王钦赐封参将世职，后派往固原府柳树巷白塔面前，后因洪武年间，余祖奉旨调派威宁杨旺桥筲箕凹居住"。

《撒之贤墓志》记载说："其始祖原籍陕西固原州望族，明洪武年间奉调南征从戍者，戍平后，籍于黔属威宁。"

乌蒙山地区人口居首的下坝马姓《马氏族宗支谱序》中，提及 "流传有陕西西安府长安县属东乡开城堡柳树湾居住"。

从固原的历史沿革可知，固原在元、明两朝属陕西省，清代至民国隶甘肃省，在明清时期是州的建制隶属平凉府，这与云贵乌蒙山地区家谱或碑刻记载其祖上是 "平凉府固原州" 一致。

二、“柳树湾”在何处

究竟云贵乌蒙山地区“柳树湾移民”魂牵梦萦的“柳树湾”在何处？带着这个问题，2014 年由宁夏、贵州两省自发组成联合课题小组，来到了彭阳县城阳乡刘河村做田野调查。在刘河村课题组找到了当地一位叫刘志选的老人，在他的带领下，来到了柳树巷，据老人介绍和指认，柳树巷向南相邻的地方是柳树湾，向东约 3 公里的城阳乡吴川村南面山梁是柳树梁。柳树巷在茹河拐弯形成的南岸大片滩涂上，现已荒芜，这与彭阳县水利局 2010 年监制的《彭阳地形图》中标识的“柳树湾”和“柳树梁”位置相吻合。“柳树湾”在古代可谓地处交通要道，宁夏北部广大地区经盐池、同心等地，避开摆渡黄河之困，一路南下经大涝坝（罗洼乡）、张街（草庙乡）柳树湾、城之胡同（红河镇，古代城址）去平凉是最便捷易行的首选路径，至上世纪本地未通机动车前依然驼铃不绝于耳，当地一位 80 多岁的老人，谈及此事仍津津乐道。“柳树湾”也是甘肃庆阳广大地区西行沿茹河河谷经“彭阳城 ”（宋朝县级军事机构）、朝那古城、开城通往固原的交通要道，也是古丝绸之路北段的重要通道，位于战国秦长城彭阳段的南面，距现彭阳县城（固原卫后所）不远，这也是柳树湾在移民心目中响当当的一个重要原因。另外一个重要原因大概是与“山西洪洞移民”相同，临行前在柳树湾官方设置的移民管理机构登记，办理相关手续，集体南迁，所以移民们对于柳树湾记忆特别深刻。“柳树巷”是贵州威宁县所姓的祖籍地，与张姓、下坝马姓、马家屯马姓、韩姓的“故乡”柳树湾相距不远。

可见，“柳树湾”就位于彭阳县城阳乡刘河村，在彭阳县城东面，距县城约 10 公里。“柳树湾”在明初是个大地名，泛指现以刘河村为中心的彭阳广大地区，与当今的固原市彭阳县齐名。

三、“柳树湾移民”何时入固原

云贵乌蒙山地区“柳树湾移民”的家谱、碑文资料显示，他们的族源最早源于唐朝时期来中国传教的阿拉伯人和中亚一带的穆斯林。回族定居固原开始于元代，太祖十三年（1218），成吉思汗和三子窝阔台带领蒙古大军，发动了两次西征，一批批信仰伊斯兰教的中亚各族人以及阿拉伯人和波斯人来到中国，除传教士以外，他们中的大多数人被编为各种亲军、卫军，总称为“探马赤军”。《元史》记载：“若夫军士，则初有蒙古军、探马赤军。蒙古军皆国人，探马赤军皆诸部族也。”这里的“诸部族”就是指迁徙来的信仰伊斯兰教的中亚、阿拉伯和波斯人。他们“上马则备战斗，下马则屯聚牧养”。

开城在元代是固原地区的政治、经济和文化中心，是蒙元政权时期成吉思汗、蒙哥、忽必烈的行宫，大批的“探马赤军”也随之驻扎在六盘山。忽必烈继承大汗位之后，全国政局稳定，探马赤军的作用逐渐降低，忽必烈在至元十年（1273）下令"探马赤军，随地入社，与编民等"，之后十多年里，先后6次有3万多蒙古军队和探马赤军兵士到六盘山地区开荒种田，成为固原"柳树湾移民"的祖先。《彭阳县志》载记"至元十七年（1280），安西王忙哥剌病死，其长子阿难答袭爵，阿难答信奉伊斯兰教，所率15万军队以及探马赤军的随地入社，使回族成为当地的主体民族之一"。可见，现在乌蒙山地区回、汉族的部分族源是元代驻守在固原地区的色目人和蒙古人。

四、"柳树湾移民"迁往何处

明朝屯兵的军事编制是卫所，每卫有5600人，明朝卫所官兵的军籍可以世代袭替，称为军户。政府为了保证兵源不绝，稳定军心，使之"有亲属相依之势，有生理相安之心"，家属被要求随军。形成了一人从军、全家前往、家属同守、军屯合一，以及军政合一的卫所屯垦格局。

明太祖洪武二年，明朝大将徐达率军攻克隆德，又翻越六盘山攻占了开城州。驻守开城的蒙古人和色目人于洪武四年归附明朝，他们被大量安插在固原境内，开城的色目人和蒙古人官兵被编入了沐英的部队。洪武十四年（1381）八月，朱元璋令诸将整编将士共249100人以备南征。这支队伍先至湖广，沿途招募，人数达30万人。三年后，即洪武十七年（1384），傅友德、蓝玉率征南大军班师回朝，留沐英镇守云贵，柳树湾等地官兵家属随之南迁，后安置在云贵乌蒙山地区的曲靖卫、普安卫和乌撒卫。据万历《贵州通志》记载概算，明初入驻乌撒的官兵及家属就有16800人左右。

沐英镇滇10年间，大兴屯田，劝课农桑，礼贤兴学，传播中原文化，对西南安定做出杰出贡献。

寻根至此，乌蒙山地区18万回族居民的祖籍是今固原市彭阳县城阳乡刘河村的"柳树湾"是确凿无疑的。

原载2015年3月22日《固原日报》

丝路固原

丝 路 民 俗

掬拾散落在固原地区的丝路民俗

郭勤华

固原地区，从原始狩猎与采集发展到农业经营、畜牧养殖。传统文化、分散的小农经济，宗法式社会结构，从而产生、形成、改造、传承了生产制度、家庭形式、财产关系、称谓制度、祭祀制度、居住状况、丧葬方式、岁时节令、共同信仰等民俗文化。在诸多民俗文化因子的背后，因处于丝绸之路北道要冲之地段，各国商贾频繁往来，带来的不同文化风俗，在不同阶段因经济内容、对象的差异，产生了不同的经济类型和不同的民间知识指导，同时以不同的民俗维系着这种经济，传授着这种知识。随着岁月的缓慢流逝，沉淀已久的固原民俗文化早已历经了移风易俗的变迁，但我们仍然能体会出其底色透露出丝绸古道给人们带来的勤劳、担当、诚信、克制、宽容等内心心理。本文旨在掬拾散落在固原境内丝绸之路上的民俗点滴，与学界共享。

一、袖筒乾坤"驴牙行"

驴牙行，也叫驴牙子，俗称摸手、揣手或捏手，是流行于古丝绸之路上商品交易过程中讨价还价的一种方式。有说最早在丝绸之路上因多马匹、骆驼等运输工具，各国商贾交易的商品都是驮运在牲畜背上，等交易完成后才从牲畜背上卸下来，有牲畜驮运交易之意，即非本地生产的商品或舶来品；也有说古丝绸之路上商品交易最初是从牲畜交易开始的，牲畜交易时，牲畜的年龄是从牙的多少来判断，故泛指买卖牲畜的行当。其实，古丝绸之路上交易的不仅仅是牲畜，还有其他很多商品。因此，应该是商品交易过程中衡量商品价值的尺度。固原地区是古丝绸之路上商品交易市场之一，自然就有"驴牙行"的存在，而且这种实用的袖筒艺术迄今在固原商品交易中被广泛采用。

"驴牙行"就是用10个指头作为交易的数字代表，手指所代表的数字是约定俗成的。伸出食指表示1，伸出食指和中指表示2，伸出食指、中指和无名指表示3，伸出食指、中指、无名指和小拇指表示4，伸出一只手的5个指头表示5，伸出大拇指和小拇指表示6，伸出大拇指、食指和中指并撮起来表示7，张开大拇指和食指表示8，伸出食指并做镰刀状表示9，伸出拳头表示10。数字所表示的单位有个、十、百、千、万等。交易人双方一般第一次上手时捏数代表大数，如万或千万，连续第二次捏的数则是下单位的数，即千，依次类推。在商品交易中，一般多用两位数，其他属于谈优惠的范畴，如几万几千，几百几十要看商品价值的大小，如牲畜多用几百，家禽之类多用几十。

为什么用这种袖筒里的艺术进行交易，原因很多，最初是因为丝绸之路上来自西域等国商贾语言不通，手指比画相互点头或摇头表示同意或不同意，后来为了避免其他人影响交易，便以衣服袖筒或宽松的衣襟或衣摆或腋下把交易双方的手指遮挡起来。显而易见，对外人看来似乎很神秘，实际上能流传至今是有其合理性的。"驴牙行"的神秘和诸多好处就在于此。人们感觉到神秘是因为买卖双方的交易在袖筒或在掖间交易。表现在双方议价具有隐蔽性，属于内幕交易，别的交易者无法享受双方议价者的标准，也就是只有买卖双方知道该商品的价格，尤其是买卖双方相持的底价；买卖双方的成交价是保密的，卖者价格不受同行影响，买者买的贵贱也不会受同行耻笑，这种秘密买卖易于成交，且能保住面子；因商品交易数额大小不一，这种讨价还价不会引起别人注意，尤其在鱼龙混杂的市场，更能保障买卖双方的安全。"驴牙行"议价时双方对价格的评估不能相差太远，若不明白或心理价位相差太远时，可以用语言询问清楚，如语言不同或各持己见，也可请教第三者解释说明；若两者有诚意又价格相持不下时，往往也请第三者评议。这种热心人在商品交易市场最早是不收费的，随着社会的进步和交易的频繁，这种"热心人"逐渐变成交易双方的经纪人，且按交易多少提取费用，这个提取的费用也有约定俗成的标准。

驴牙行交易方式，多盛行在固原商品交易市场中的穆斯林商人中间，现普及在固原地区各种商品交易人中间。只要在商品贸易市场，不想让更多人知道该商品的实际交易底价，均用驴牙行交易方式。通常这种驴牙行交易方式是男性商人交易的惯用手法。随着女性社会地位的提高，她们走出家门，涌入市场经济的大潮，在商品交易中间或伸出葱白的纤手，一条丝巾搭于腕上或眉蹙靥笑或面目严肃的神态，别有一番风味。当然，在固原地区如果男女商人要交易商品，一般是女方委托自己信任的第三者且是男性进行交易，这也是受男女授受不亲的思想影响。

根据穆斯林商人习惯，还价就是生意，双方谈成的事不能反悔，所以双方讨价时一定要慎重，即便是评议价格的第三者或经纪人，也要向买卖双方保密。其实这种保守秘密、诚信交易的思想理念，在固原地区已蔚然成风。

二、民间膳食暖锅子

固原地区在历史上有北方各少数民族活动或居住过，其民间膳食文化在上古时期，也是"未有火化，食草木之食，鸟兽之肉，饮其血，茹其毛"。然后"修

火之利，以燔、以烹、以炙、以为醴酪"。古人不但食草木之食，炒、炙各种肉食，也以蔬菜"茹食"。《豳风》说："九月筑场圃"，即"耕治以种菜茹"并且"夏取果瓜，秋蓄蔬食"。草木的果实和谷物相比，粗而且糙，所以叫疏食，即使是谷物，因不精也称为粗疏。真正按时收割的粮食，即"得时之稼，其臭香，其味甘，其气章，百日食之，耳聪目明，心意睿智，思卫变强，凶气不入，身无苟殃"。[1]依次我们可以推断出：谷食精者胜粗，粗者胜蔬，疏者胜鸟兽之毛，这就是饮食的进化。固原地区的民间膳食文化除了受饮食进化论的影响外，还带有强烈的民族特点。暖锅子就是民间膳食中一种非常传统的饮食方法。

暖锅，是一种锅的名称，人们做许多菜品盛置其内取火加热围坐食之，名曰暖锅子或暖锅仔。用暖锅做菜是我国北方少数民族最古老的饮食方法之一。暖锅子，不同于现在流行的火锅或涮锅。暖锅的材质多用金属铝或铜，锅呈塔状，塔以上小下大的烟洞为主轴，烟洞的上下口径因锅的大小而定，民间一般的暖锅上口径不超过 30 厘米，下口径不超过 65 厘米。烟洞下面有一个同一材质的底盘，直径和锅的直径大小相同，锅密封环绕在烟洞外正中间，锅盖不和烟洞一体，其上固定着两个圆形或弧形的环，叫锅盖的耳朵，用来自由去放锅盖。烟洞内下端是用来放置燃料取火加热，上端才是用来做烟洞用的。暖锅的燃料一般用木炭，现在多用无烟煤。暖锅子民间使用一般放在炕桌上（固原地区民间放置在炕的中间，吃饭或来客人放茶或物的矮桌，呈正方形或长方形，有 50—60 厘米高低不等）。底盘里盛有冷水，暖锅里的燃料燃烧时的热量除了被锅里的菜肴吸收外，有一部分热量通过底盘里的水吸收而不至于烧坏置放的桌子。

暖锅子的菜品搭配是非常讲究的。暖锅里菜品荤素颜色搭配上下有别。一般装暖锅子，下面是各呈一簇的各种蔬菜，颜色搭配鲜亮，上面是加工好的熟肉，一般是同一种肉做成不同的品相，根据颜色的不同，相互搭配簇放在蔬菜的上面，然后浇上汤汁。暖锅子里是肉汤或素汤，一个暖锅子只用一种汤料。浇好汤汁，盖上锅盖，用燃烧完全的木炭或煤块开始给锅里填火，然后放置在桌子上，为了增强火力，在锅的烟洞上再接上一节烟筒，筒在椎体的上端，以便增加吸力。待燃料的火力逐渐增强至完全燃烧，锅里的汤汁烧开并从锅里溢出时，去掉烟筒，掀开锅盖，就可以品尝锅里的各种菜品了。边吃边浇汤汁，以免锅里的菜烧煳，同时也可以加上锅里没有装上而自己又喜欢吃的蔬菜或熟肉。如果火力太猛，就在烟洞上放置一个盛水的小碗，堵住烟洞，这样，不至菜被烧煳粘在烟洞上面或锅里的汤汁溢出来。

关于暖锅子的起源，学术界说法不一，有说是中原汉族的传统饮食法，也有说是北方各少数民族在游牧生活中为了便于携带，方便取暖而发明的一种兼饮食取暖为一体的饮食方法，但似乎都没有被学界认可而成为公论。笔者认为，丝绸古道上人烟稀少，商贾往来沿途旅宿之地不多且相隔甚远，在不着村店的夜间，围坐在热气腾腾的暖锅子周围，或食肉或饮酒，这应该是暖锅子的丝路因子所在。

以往在农村，暖锅子只在农闲、逢年过节或招待贵客时才配上用场。随着社会的发展，暖锅子不再是农村逢年过节招待贵客的奢侈品，暖锅子已然走出农村，发展到城市里，且不受季节的限制，以它独有的形式存在于固原地区，深受城乡各族人民群众的喜爱。

三、荒郊衰草兴火葬

中国古时候的丧葬礼俗虽受儒家"入土为安"思想的影响，但居住在边疆的少数民族火葬的历史由来已久，火葬之法在许多地方尤其是少数民族地区还相当流行。火葬见诸古籍、有文字可考者在先秦时期。《墨子·节葬下》载："秦之西，有义渠之国者（义渠现在甘肃省庆阳西南一带），其亲戚死，聚柴薪而焚之，熏上，谓之登遐，然后成为孝子。"这里的登者，指由低处到高处，遐者，远，长久之意。极言死后要上升到天国而后成为孝子，就要用堆积的柴火焚烧他。《荀子·大略》又说："氐羌之虏也，不忧其系缧也，而忧其不焚也。"极言氐羌族的俘虏不愁自己成为俘虏后身躯被绳索捆绑，而苦于死后不能被火焚烧。在二十四史中有关我国少数民族实行火葬记载的还有许多，如《北史·突厥传》《隋书·真腊传》《太平御览》等都有关于以火焚尸的葬俗。

固原地区火葬的历史，最早源于各少数民族。自商周以来，就有鬼方和羌族活动，故有周宣王料民于大原。春秋战国时期，戎族占据固原，固原有了战国秦长城。秦汉时，又有蒙恬逐匈奴因河为塞。丝路凿通，汉武帝炫耀军威，巡视边陲安定郡。隋唐时，又有突厥、吐蕃、敕勒、粟特人的活动与定居，固原地区出现了归附的突厥、党项、吐谷浑等部族。宋夏之争，蒙古汗国在固原的活动，西夏人和回回民族在固原的发展。明清时，又抵御了鞑靼和瓦剌。可见，固原地区历史上是少数民族活动和居住的地方。随着丝绸之路开通佛教的传入，佛教徒信仰火葬，因此固原地区的佛教徒自然是在寺院的焚尸炉里超脱轮回，入于涅槃。固原开城墓地挖掘的元代73座墓中，有7座是埋葬骨灰（火葬墓），这7座火葬墓的葬具均为小木盒，木盒已朽。人骨骨灰盛于盒内直接埋入土坑之中。[2] 蒙古人的葬俗一般不被外人所知，但从这7座火葬墓中可以看出，对死者的特殊埋葬，是有其他原因的，从现在的葬俗来看，死者要么是小孩要么是身体有疾病或非正常死亡。

关于固原地区的传统丧葬礼俗，一般因民族信仰和宗教习惯而约定俗成，本文不再赘述。仅就固原地区多年来的火葬历史，除了历史记载和考古发现外，传统火葬的死者一般是未成年人，用薪焚烧后抛尸野外或再简单掩埋尸体，没有具

体的地点和位置。对非正常死亡的人也进行火葬处理，只是一种特殊处理的方法。民国时，固原县西南有一个因 1920 年大地震而形成的断裂沟壑，那里四季阴郁，常有野兽出没，很少有人去，用火焚烧的尸体多抛掷该沟，故称之为"烧人沟"。直到 2008 年左右，原州区（以前的固原县）旧城改造，才把"烧人沟"填埋，周边进行改造。今天的六盘山路经过此地。火葬习俗经历了从远古的堆薪焚烧发展到现在的机械焚烧。

火葬是将死者装殓以后用火焚化，保存或掷抛骨灰。因其简便、卫生、经济、节省土地、木材，又防止疾病传染和环境污染，现已成为世界各国所普遍采用的一种遗体处理方式。20 世纪世界各国提倡火葬，以节约日益紧张的耕地。固原地区 20 世纪 70 年代开始提倡火葬，但多数人仍然用土葬，只是对未成年人、非正常死亡或自愿死后用火葬的人，才进行火葬处理。未成年人还是惯用以往的堆薪焚尸、抛掷尸体或简单掩埋。其他火葬的人，一般用机械焚尸，骨灰掩埋或撒于山间或撒于水中不一。

如果固原地区把火葬的风俗能普及到人人，人人都能按国家提倡火葬的政策安葬亡者，自然也能为后代子孙节约许多耕地，环境自然也能得到更好的保护。想来那些寺院的焚尸炉或化身窑里摆成打坐姿势后焚尸的信徒或边疆少数民族死后焚尸，也不失为一种环境保护的良策。古人如此，尚且今人！

四、寒风暑雨雨簸箕

雨簸箕，叫雨毡或防雨毡，俗称雨簸箕或雨马褂。早年流行于蒙古、甘肃、宁夏、新疆等地的牧羊人、牧马人及车把式用以防雨。雨簸箕上小下大，左右端呈扇形，左右圆弧掺起来，相互自然叠压，起到纽扣的作用，上端有双层洞孔用毛线穿起来，收缩后打成活结，即为雨毡的领口，整个雨毡穿起来类似现代人穿的雨衣。所不同的是雨衣自由随身下垂，材质是塑料的。而雨簸箕因为是毡，比较僵硬，穿在身上它的四周鼓起来，给人一个簸箕状的感觉，故称雨簸箕。雨簸箕在民间是用秋羊毛做成的，因为秋羊毛是春毛剪后生长出来的羊毛，毛短且含羊绒少，用秋羊毛做的雨簸箕利水，雨簸箕一般净重 3～4 公斤，披在身上很厚重。

关于雨簸箕的历史，最早出自逐水草而居的游牧民族。元明清时期，呼和浩特市（古时称归化城）就是生产雨簸箕等毛制品的名城。《元史·世祖纪》十三记载："播州安抚使杨汉英进雨氈千。"说的是杨汉英出任播州安抚使的时候，进过上千的雨毡。又载："叙州等处诸部蛮夷进雨氈八百。"又说居住在南方的各少数民族部落进雨毡八百。可见，在元朝时期，雨毡在我国南方及各少数民族中很流行，因南方多雨，雨簸箕是当时防雨的主要工具。从资料记载也能够看出，当时雨毡的制作工艺已经很成熟，一次要进数千或更多雨毡，如果没有成熟的工艺是制作不出来的。后来，又有了毡帽和毡靴等配套的产品。民国时期，有

"大帽"由驼队成批地从归化城外运,一峰骆驼一次可载两千顶之多的记载。20世纪70年代固原地区的农村,冬季多见放牧人配套穿的雨毡、毡帽和毡靴,用以防寒,夏季只穿雨毡,用以避雨。有时放牧人解开领口的绳索,雨簸箕便成了能铺能盖的椭圆形地毯,可见,雨簸箕的用途是多种多样的,它不仅仅是用来防雨的,还有御寒等其他功能。20世纪末,在固原地区这种兼御寒防雨为一体的雨毡已经被其他防雨工具所取代,雨簸箕自然进入历史博物馆。

向云驹先生说,民俗是民风、民习、民情、民意。民俗是底层的、民间的、大众的、生活的;民俗是行为的、言说的、信仰的、约定的;民俗是历史的、地方的、变异的、生态的。每个人都在特定的民俗文化中出生、成长、成熟,每个人的言语、思想、观念、爱好、崇信和行为模式,都是特定民俗文化熏陶的结果,深深地烙印着民俗文化的特性和根由。……它向四面八方传播,刺激着文化的选择和发展,提高民俗文化的生命力。无论是战争、交流,甚至是抢夺偷窃都是促成民俗文化传播的直接方式,从而形成一个同类人群的文化圈。在这个文化圈里,民族之间在语言、服饰、文化、环境、历史、外在标志的差异被人为改造或自觉变迁后,仍然会顽强地保留在民族性格、民族精神、民族情感这些内在因素或形式上。[3]

正因为如此,固原地区的民俗文化,由于丝绸之路的开通,固原地区和各民族之间有了政治、经济和文化往来,尤其是各种文化风俗的传入,对固原乃至整个西北地区文化风俗的形成有极大的影响。在人与人的关系上,提倡友爱、谦和,在家庭关系上倡导尊老爱幼等。使人和人的关系有一种"爱心",氤氲着"和睦"气氛,它使人们有着善良、忠厚、温和的品质,有着浓厚的集体意识与民族意识,有着不断追求其完善的自觉性。这些,非常值得我们深入研究。

注释:

[1] 吕思勉:《中国制度史》,2009年4月,上海三联书店出版。

[2] 宁夏文物考古研究所编著,《固原开城墓地》,2006年9月,科学出版社。

[3] 向云驹:《人类口头和非物质遗产》,2004年11月,宁夏人民教育出版社。

丝 路 饮 食

我们从丝路上吃到了什么?

焦小飞

"不是张骞通西域,安得佳种自西来?"这首脍炙人口的诗句,反映出张骞通西域后,西域物产传入内地对中原人们物质生活的影响。张骞通西域以后,西域的许多珍贵植物品种不断涌入我国内地,如葡萄、苜蓿、石榴、胡麻、红兰花、胡桃、胡蒜、橄榄、芫荽(香菜)等。其中只有苜蓿和葡萄是张骞通西域传来的,其他物种的传入都是张骞的后继者输入的,后世人都把功劳归到张骞的名下,以纪念这位伟大的使者。

漫漫黄沙古道上,操着不同语言的人们,因为商旅往来而相遇,由于文化、民族的差异,大家互有戒备,但美味的食物让人们敞开了心扉。

尽管丝绸之路同时也是一条通往异域的美食之路,但是我们却没办法一一考证每一样美食都是如何出现的。可以肯定的是,异域蔬菜、水果、调料等是通过这条路进入中国,极大地丰富了中国人的餐桌。

很多我们习以为常的蔬菜水果,其实并非中国原产。比如很多食物,名字都带有"胡""西""番"等标明自己外来身份的字眼。其实,有些不带相关字眼的蔬菜也是外来的。

除了蔬菜,水果、油料、零食来自西域的就更多了,如芝麻、胡麻等。

一、葡萄:葡萄酒的美味谁人能挡?

提起葡萄,人们会想起唐代诗人王翰《凉州词》中"葡萄美酒夜光杯,欲饮琵琶马上催"的慷慨诗句。宁夏由于独特的地理和光照条件,是酿酒葡萄的绝佳种植地,有"中国的波尔多"的美誉。鲜葡萄更是老幼皆宜的水果。

宁夏种植葡萄由来已久,元代马祖常在《灵州》诗作中这样写道:"乍入西河也,归心见梦余。葡萄怜美酒,苜蓿趁田居。"写出了当时宁夏普遍种植葡萄和苜蓿的情景。

葡萄原作蒲陶或蒲桃,是希腊语的音译,原产于地中海东海岸和小亚细亚、中亚细亚地区,也是大宛的特产。波斯人较早掌握葡萄酒的酿造方法,享用这一美味佳肴。从出土的文物和资料发现,波斯人非常喜爱喝酒,国王在进餐时都选用最精美的葡萄酒佐餐。波斯人过分地追求豪华的宴饮生活，与他们的文化传统有着密切的关系。

西汉时期伊吾、车师、且末、龟兹、焉耆、大月氏等地都盛产葡萄，并用葡萄酿酒。张骞出使西域，将葡萄带到中国。

葡萄传入中国后，汉武帝就在离宫别馆中大量种植，但这种美味的食物因为稀少而非常名贵。东汉时的孟佗赠送了一斗葡萄酒给张让，便得到了凉州刺史之位。北魏时期，宫人们得到赏赐的葡萄，"转饷亲戚，以为奇味"。

唐代时期，我国开始广泛种植和食用葡萄，并学会酿造葡萄酒。人们把采摘的葡萄鲜果放在臼中舂碎，再放在坛中发酵几天，酿成清醇的葡萄酒。

宁夏葡萄种植区主要分布在永宁、青铜峡、中卫、灵武、平罗等市县，有50多个品种，其中以大青葡萄、莎巴珍珠、柔丁香、巨峰、里扎马特等品种为主。随着种植面积的扩大和酿酒技术的提升，宁夏成立多家葡萄酒生产企业，酿造出多个品种的葡萄酒，在国内外葡萄酒酿造行业中占有一席之地。

二、苜蓿：与良马的引进密不可分

对宁夏人来说，苜蓿并不陌生，无论在城市还是乡村都能看到它的身影。由于苜蓿是优质马匹的饲料，因此，广泛种植和马匹的引进密不可分。

苜蓿原写作目宿，原产于米底亚，是伊朗一个地区的古地名，位于里海西南，地处今天伊朗的西北部。苜蓿在那里大量种植，又被称为广风草或连枝草，被认为是最好的马草。苜蓿的传入与西域良种马的传入有着密切的关系。

在我国古代新疆一些地区如乌孙、匈奴等和中亚地区如大宛、康居等地出产有优良马匹。张骞从西域返回长安，乌孙就派使者随带数十匹良马作为答谢。元封六年（前105）西汉以宗室女细君与乌孙王和亲时，乌孙就以乌孙马千余匹作为聘礼。后来，贰师将军李广利伐大宛获得数千匹良马后，乌孙马改称为"西极马"，大宛马称为"天马"。"天马"嗜食苜蓿，在马匹引进的同时，苜蓿就随之被引进中原地区。当时的长安离宫旁边就大量种植苜蓿，《史记·大宛列传》记载汉武帝于"离宫别观旁尽种葡萄，苜蓿极望"。

苜蓿是多年生豆科草本植物，是一种重要的牧草和绿肥兼用作物。苜蓿的种类很多，我国约有7个品种，即紫花苜蓿、黄花苜蓿、南苜蓿、小苜蓿等。苜蓿的引进和种植，丰富了我国内地的饲草品种。苜蓿营养丰富，适口性好，牲口特别喜欢吃，被称为"牧草之王"。另外，苜蓿还具有食用和药用价值。

三、胡麻：蓝蓝的胡麻花是塞上柔柔的画毯

在宁夏南部地区的大地上，每到胡麻花开的季节，蓝蓝的胡麻花犹如给大地披上了一层柔软的地毯，一眼望不到尽头。

胡麻原产于中亚大宛，两汉时期从大宛传入内地。胡麻主要种植在我国西北地区的内蒙古、甘肃、青海、宁夏、陕西等地。胡麻是宁夏的主要油料作物，也是主要的大田经济作物，在南部山区农业布局中占有重要的地位。胡麻是喜凉爽和干燥气候的长日照作物，耐旱能力较强，需水肥相对较少，对南部山区气候干旱、土壤贫瘠的生态条件有着较好的适应性。

胡麻籽含油率比较高，胡麻油也成为宁夏的特色食用油，受到人们的青睐。逢年过节，人们更是用胡麻油制作馓子、麻花等，炸出的食品金黄油亮、酥脆可口。

四、核桃：营养价值高的"长寿果"

核桃又名胡桃或羌桃，原产波斯北部和俾路支，在阿富汗北部有野生的。《博物志》中称："张骞使西域还，得胡桃种。"汉武帝时，皇宫中的上林苑开始种植核桃。

宁夏境内也种植有核桃树。核桃果仁营养丰富，含有对人体极为重要的氨基酸，果仁中所含的脂肪有丰富的磷脂，有支持大脑复杂精致运算的功能，食用核桃对人有健脑的作用。核桃中所含的维生素 E 可以使细胞免受自由基的氧化损害，是抗衰老的物质。所以核桃有"万岁子""长寿果"的美誉。

另外，无花果也是经过丝绸之路传入内地的。无花果，又称底珍。《酉阳杂俎》卷十八载："波斯国呼为阿驿，拂林国呼为底珍。树长四五丈，树叶繁茂。叶有五出，似椑麻，无花而实，实赤色，类椑子，味似千柿，而一年一熟。"现在我国新疆等地大量种植。

五、黄瓜菠菜胡萝卜，也是经丝路传入

通过丝绸之路传入中国并在宁夏种植的物种还有黄瓜、芫荽（香菜）、胡萝卜、菠菜等。

黄瓜原名胡瓜，原产于埃及或西亚。芫荽原称为胡荽，俗称为香菜，产于波斯、大宛等西域地区。胡萝卜原产于地中海地区，4 世纪时石勒出身胡族，"讳胡尤峻"。为了避讳，将带"胡"字的称呼一律做了修改，胡瓜改称黄瓜，胡荽改称芫荽。

菠菜，旧作"波斯菜"，原产于波斯、印度、尼泊尔。644 年，唐王朝派遣王玄策出使印度，路经尼泊尔，尼泊尔国王盛情款待，以后又派特使到长安答谢，带来了菠菜等物。

西域新物种的传入，逐渐成为人们日常生活中的必需品，在丰富人们餐桌的同时，也直接或间接地影响了我国农业、畜牧业以及医药等方面。

原载 2014 年 11 月 17 日《新消息报》

我们从丝绸之路"吃"到了什么？

王 茜

张健博士以一名历史学者的严谨态度表示，在没有确切的记载和出土的食物资料的情况下，一切传说和故事都只能是附会，不足为信。所以，尽管丝绸之路同时也是一条通往异域的美食之路，但是我们却没办法一一考证每一样美食都是如何出现的。我们只知道，由于文化交流的存在，这条路线附近的人有着趋同的饮食文化，比如这条线上都以面食为主食，从西安到喀什都有对羊肉的不同做法。

一、文化交流融合带来饮食的趋同性

这种趋同性，离不开多方面的融合与交流。从西安到新疆，其实是从农耕区逐渐过渡到游牧区，由于气候、降水的变化，这条线上出现了农耕文化与游牧文化相结合的影子。哪怕是沙漠里的绿洲，也有农耕和畜牧两种方式的结合。畜牧业提供了丰富的牛羊肉作为食材。而从西北传过来的小麦则是农耕环境下培育的。所以从西安到喀什，都能看到面和牛羊肉的影子，只是具体的做法会结合当地特色有着地域差异。

胡饼，是典型从西域传来的面食加工方式。南下往东走的商队把馕作为干粮，也让不擅面食的南方人渐渐多了对面的理解和做法。西方游牧民族热爱的烹饪方式——烧烤，更是俘获不少吃货的心。不同于中原地区，对游牧民族来说，烧烤是最简单的加热食材的方式，不需要多而复杂的炊具。然而烧烤后肉质的独特香气，却是跨越了时空与民族界限。

二、异域蔬菜水果从陆路进入中国

还有一点也是确定的，很多我们习以为常的蔬菜水果，其实并非中国原产。不知道大家有没有这种感觉，《诗经》中很多当时的蔬菜的名字，我们现在没有听说过。而我们现在离不开的食物，名字很多都带有"胡""西""番"等标明自己外来身份的字眼。

其实有些不带相关字眼的蔬菜也是外来的。以很多人都爱的茄子为例，茄子原产于印度和泰国，在汉代传入中国，刚开始"茄"字写作"伽"。魏晋南北朝期间，黄瓜、菠菜、扁豆也逐渐出现在中原的餐桌上。黄瓜、扁豆都原产于印度，菠菜的原产地在今尼泊尔。宋元以后，胡萝卜从波斯传入。

除开蔬菜，水果、油料、零食来自西域的就更多了。芝麻原产非洲，《齐民要术》等著作有记载称是张骞在大宛所得，距今两千多年前的吐鲁番墓地里，就

出土过芝麻籽壳。

调料的汇集创造更为多样的味型

曾经有人考证过现代川菜和古典川菜之间的联系与演变。大家都知道现代川菜里面，麻辣的口感主要靠辣椒和花椒提供。辣椒来自南美，花椒一直有生长，看似与丝绸之路无关，然而细究之下，其实不然。

在辣椒传入中国以前，辣味由茱萸和芥末提供，但其实大家都知道，辛辣口感还有一种调料可以提供——大蒜。大蒜，曾叫"胡蒜"。据说由张骞带回来，同时带回来的，还有另一种调料——芫荽。大蒜原产南欧，芫荽产自保加利亚、塞尔维亚一带。这两样，放在肉汤里面，去腥提鲜。

原载 2014 年 6 月 28 日《华西都市报》（成都）

寻觅固原美食的灵魂

田永刚

一、小吃篇

由于文化交流的存在，丝绸之路沿线附近的人有着趋同的饮食文化，比如这条线上都以面食为主食，从西安到喀什都有对羊肉的不同做法。

今天看来，我们餐桌上的美味，其实是有一定的历史渊源的。经过丝绸之路，从中亚地区传到中国的小麦其实很大程度上是形成北方人爱吃面食习惯的原因。

由于固原地区干旱少雨，多产小麦、糜、谷、荞麦、豌豆，油料作物种植也很多。因此，以面食为主的清真风味小吃，是固原地区饮食的特点。

宁夏固原地区有着丰富的面食品种，如面条、面片、调和饭、荞面饸饹、臊子面、生余面、雀舌面等，油香、馓子、荞面油圈圈、锅盔等面点也是各地群众喜爱的食品，是节日馈赠亲友必不可少的。多数人家里常年备有发酵面。当地的人们还会把传统美食，如油香做成甜食。调制面团时，在其中加入蜂蜜、红糖等，就做成了甜麻叶、花花等特色面点。另外，当地民间特色食品还有酿皮、凉粉、凉粉鱼鱼、麻食子、搅团、荞面条条、洋芋面、燕面糅糅等，可以说是色香味俱全。

酿皮　可以说酿皮是西北广大地区广泛喜好的小吃，从陕西西安到甘肃，从宁夏到青海，再到内蒙古，几乎各地的大街小巷均可看到它的身影。

宁夏固原的酿皮，是用面粉浆汁蒸出来的面皮。配以十多种调味品和面筋，就成了一碗黄亮透明、色艳味美、油浓汁足、凉爽利口、喷香解馋、四季皆宜的美食。近些年，酿皮又被开发出多种食法，既可直接吃，也可用锅炒香吃；既可当主食，又可当下饭菜。酿皮过去在民间就是一种街头小吃，一张桌子、几条板凳就可以支起来一个小摊。现在，这种街头小吃，也登上了大雅之堂，在固原福苑饭庄、荣味斋、聚得全等餐厅或饭庄、酒楼里，酿皮是宴席常设的凉盘品种，深得人们喜爱。

凉粉鱼鱼　荞麦拉成糁，叫荞糁，经水浸软后，用双手搓成粉状，倒入锅里加水烧成糊状，将烧好的粉糊，趁热舀入漏勺，这么一直漏下去，便是一碗又一碗凉粉鱼鱼了。浇上盐、醋、蒜泥、辣子油，扑撩撩地逗人，嘴搭到碗边，不用筷子那鱼鱼便向着嘴里自动地跑，争先恐后，鱼贯而入，不用嚼也不用吸，鱼鱼自有惯性冲击力，一鼓作气，成了团结一致的整体，向你喉咙冲去。再吃别的什么，胃口全开了。

荞麦饸饹　丝绸之路沿线，陕、甘、宁都有荞面饸饹这种民间面食。做法是将和好的荞麦面放入饸饹床子中，并压动杠杆将面压成长条直接入锅煮熟即可食用。蒸熟亦可。或荤或素，食用时可放入葱花、肉汤或素汤、辣椒等作料调味，清香爽口、风味独特。现在，超市和网上也卖小型荞面饸饹机，较之以前的压饸饹面的机器小巧了很多。

锅盔　锅盔最早也是流传于陕西的民间食品。锅盔又叫锅魁、锅盔馍、干馍。"陕西八大怪"中，有一怪为"烙馍像锅盖"，指的就是锅盔。这种经传统手工制作的面点，由于费时费力，现在在街头已经很难寻觅到了。在固原，记者辗转找到一家至今仍在用传统工艺制作锅盔的小店——马家锅盔店。店主马师傅凌晨3点便起床开始和面、压面、生火、制作和烤制锅盔了。

据了解，马家锅盔店仍在坚持传统的手工制作方法，他们家制作两种锅盔，一种是普通白面的，一种是加了酥油和面还雕有花纹的。他家的锅盔部分被餐厅订购，用来配吃羊肉泡馍，这种馍泡在汤里不会散。采访结束后，放置在车后备厢里的锅盔，一路上散发着丝丝缕缕清香的面粉味道，记忆立即被拉回到小时候吃到锅盔时的难忘情景。

锅盔整体呈圆形，直径尺许，厚约一寸。用料为麦面精粉，用直径8厘米左右的木杠子，手工和面，全凭人力压制，浅锅炭火焖烤而成。外表斑黄，切口沙白、酥软适口，能久放，便携带。

我们是不是可以这般揣测：锅盔因其方便携带，久放不会变质等特点，被当年的小贩、商人、公务人员当作干粮随身携带，经过丝绸之路流传到宁夏、甘肃等地，给丝路沿途的百姓带来了别样风味的食品。

燕面糅糅　燕面糅糅，这个名字很怪，很容易便让人记住了它。它的味道如

名字一样，吃过以后便很难忘记。

燕面是莜麦面，由于莜麦面营养丰富，耐饥抗寒，在西北被誉为一宝。制作时，将磨好的莜面用开水和成烫面面团，将揉匀后的燕面放在床子里挤压成细条放在笼屉里，然后用旺火蒸熟即成。吃时，拌入熟韭菜、熟菠菜、蒜苗丝等配料。拌上麻酱也非常好吃。

馓子 俗语有"点心香，月饼美，回回的馓子甜又脆"一说。馓子是回族群众的传统食品之一。据史书记载始于北朝，距今已有1400多年的历史。每逢开斋节、古尔邦节等民族节日，回族人家都要炸制馓子招待客人馈赠亲友。

《名义考》云："绳而食之，曰环饼，又曰寒具，即今馓子。"用水和面，搓成细条，扭结为环钏形状，油炸而成，酥脆香甜，口感好。现在，馓子已成为宁夏回汉百姓的日常点心。

浆水面 在众多固原小吃中，浆水面可称一绝。浆水面最早也是发源于陕西省汉中和甘肃等地，但做法有较大差异。

在固原，浆水面虽然很普通，但它是存在于很多人记忆中的面食，这种叫"浆水面"的带汤面条，具有特殊的鲜香口感，令人怀念。

做好的浆水面看上去嫩黄柳绿，放锅里滚上一滚，盛出放点辣椒油，红油浮面，酸辣可口，色味俱佳。制作浆水面，面条的种类不拘，擀、压、拉均可。可把浆水直接作为一种饮料，在夏季代替茶喝。原因是浆水中含有乳酸菌，可以帮助消化，清肠利尿，还可解毒，民间有人中毒后灌点浆水即有解毒之功效，非常有益身体健康。

搅团 搅团是怎么来的，现已无从考证。它是一种特色杂粮面食，陕甘宁等地均有，被定义为"用面搅成的糨糊"。传说中是诸葛亮当年在西祁屯兵的时候（今陕西的岐山县），因为久攻中原不下，又不想撤退，士兵清闲无事，就在那里大力发展农业，以供军粮充足。吃多了地方的面食，军中都很厌倦，为了调节军队士兵的思乡情绪，诸葛亮就发明了这道饭食。不过那时的名字不叫搅团，而是叫水围城。

在20世纪60至70年代，搅团可以说是农家的救命饭。搅团的吃法有两种，一种是水围城，一种是漂鱼儿。水围城的吃法很简单：先在大粗瓷碗里盛上半碗"水水儿"，然后舀上一坨搅团，再加些用开水"泼"的辣椒。这道民间面食现已登上大雅之堂，成为许多饭店热卖的特色菜之一。

麻食子 在固原，麻食子是一种非常受欢迎的面食，也叫猫耳朵。它是将面搓成空心的小卷卷，餐厅一般都是用工具做成有纹理的麻食，然后用水煮熟，吃起来依照个人口味而定，可烩入蔬菜或者牛羊肉等，也可煮熟后回锅加菜炒制而成。

麻食子是西北地区的一道传统小吃。麻食这种面食的历史可以追溯到元代，当时叫"秃秃麻失去"（元代《居家必用事类全集》），也叫"秃秃麻食"（元代《饮膳正要》）。过去，麻食子以荞面为料，现在，绝大多数都以白面为主要原料。掐指头蛋大面团在净草帽上搓之为精吃，切厚块以手揉搓为懒吃。

二、特色篇

丝绸之路，是一条沟通中原、西域乃至欧洲、非洲国家的经济与贸易路线，对在这条线上往来的商队、沿途生活的居民来说，往来的贸易以另一种方式改变着他们的日常生活，这种方式，就是美食。在来往商队的驼铃声声中，有一些饮食传统就这样被保留下来。千百年后，在普通人家的餐桌上出现的，或许就是丝绸之路的另一个印迹。

从西安到新疆，其实是从农耕区逐渐过渡到游牧区，由于气候、降水的变化，这条线上出现了农耕文化与游牧文化相结合的影子。畜牧业提供了丰富的牛羊肉作为食材，宁夏固原作为丝绸之路东段北道上的重要一段，人们在饮食方面，爱吃牛羊肉，爱吃面食，且发展变化出了更多的品种和花样。

说起固原民间美食，就不得不提到牛羊肉的做法。在这里，牛羊肉被做成了各种好吃的美味，如水盆羊肉、爆炒羊羔肉、手抓羊肉、烩牛肉、风干牛肉等。主要食材虽以牛羊肉为主，但经过千百年的发展、变化、改良，却被做成了既能解决饥饱，又营养美味的各种佳肴。

在过去物质生活不丰富的年代，羊肠、羊蹄、羊头、羊肝都是美味，民间喜爱的做法有爆炒羊肝、五香羊头、烩小吃等。可以说在传统牛羊肉做法上，当地的美食餐厅将传统美味发挥到了极致。除了各自的招牌菜肴、代表菜品、特色菜品、丝路概念菜肴等，还将牛羊肉的做法发扬光大，不断创新菜品。记者看到，在固原请客办宴席必去的福苑饭庄，特色菜有"五香烤羊背""手切糅糅""香馕烤肉"等；在主打传统清真菜的荣味斋餐厅，特色菜有"乡村八大碗""羊肉特色炒面""荣味羊架骨"等；固原万和大酒店"蒜蓉粉丝蒸牛排""农家糯米鸡""豆渣牛肉饼"非常有特色；固原聚得全餐厅的"手撕牛肉""香烤洋芋""西域手撕鸡"等；固原正祥国际饭店"乳香羊排""极品乡村牛掌""双味荞面鱼"等，在传统中有创新，创新中又恪守传统。当地回族长于以煎、炒、烩、炸、爆、烤等各种烹调技法，风味迥异的清真菜肴中，既有用发菜、枸杞、牛羊蹄筋、鸡鸭鱼肉等为主要原料，做工精细考究、色香味俱佳的名贵品种，也有独具特色的家常菜和小吃。

水盆羊肉 水盆羊肉其实是西安夏季的应时小吃，固原的很多餐厅里也有这道招牌食物。很多人来到固原，都爱点一份尝尝。吃时下辣面子（辣椒粉），吃得汗流浃背。

经过隋唐、五代、宋元等朝代，各民族间互相通婚，使饮食风俗受到影响，西安市的水盆羊肉后经丝绸之路传到了固原。

如今，固原人食用水盆羊肉时，多配以白吉馍或芝麻烧饼同吃，佐以鲜大蒜、辣酱或糖蒜，清香鲜醇可口，风味独特。做法是将羊骨架入锅加水，用文火慢炖，加调料、去浮沫，直至骨油熬出，将浸泡后的羊肉煮熟、切块。将羊肉和盐、姜等配料一同放入碗中，浇羊肉汤，再放入辣椒油等即成。肉质鲜美、汤香四溢，又具有较高的营养。

手抓羊肉　手抓羊肉是源于游牧民族简捷豪放的特色吃法。有一种说法：来固原不吃手抓羊肉就等于去西藏没有去参观布达拉宫一样。

热腾腾鲜嫩香醇的羊肉端上来，再来一些葱段、大蒜和柔软的千层饼，吃完羊肉再来一碗清淡鲜香的原汁羊肉汤，吃得美味又豪气！

手抓羊肉源远流长，是生活在我国西北的蒙、藏、回、维等民族喜爱的传统食物，在日常生活中必不可少。这与他们以前恶劣的生活环境和独特的生活习惯有很大的关系。外出游牧，数月不归，而羊肉却有饱食一顿、整天不饿之功效。

手抓羊肉，相传有近千年的历史，原以手抓食用而得名。吃手抓羊肉讲究的就是一个鲜嫩香醇。各个不同的部位其肉质不尽相同。

固原手抓羊肉采用固原的羯羊烹制，瘦肉多、肉质嫩、易消化、无膻味、蛋白质丰富。成品色、香、味俱全，无油腻感。做法是将羯羊肉切成大块，投入开水中，加花椒、老姜、八角、桂皮和橘皮干等调料，炖煮至手提羊骨一抖而骨肉分离时即成。

固原烧鸡　我们无从考证固原烧鸡的历史。走在固原市街头，随处可见固原烧鸡店。来到固原的外地人，不吃一两只烧鸡是一件非常遗憾的事。

固原烧鸡亦称固原卤鸡，是当地传统名菜，它形色美观、鲜嫩味美、外表晶亮、卤色褐红、肉香味厚、爽口不腻。

烧鸡的烹制秘诀是配料讲究、卤汤陈老、加工精细、火候适宜。其配料有胡椒、丁香、桂皮、陈皮、大姜、花椒、草果、白芷、茴香、葱等。卤汤最短的也有五年之久，而且每两三天就得按需要增添作料。烧制时一般用文火慢炖，使卤汤达到似开非开的程度。但也要根据鸡的大小、肥瘦、雌雄来决定火势变化的幅度和成熟的时间。这样烹制的烧鸡，作料能浸入鸡肉内。每逢鸡熟，锅盖乍启，浓香扑鼻，吃起来鲜美爽口，让人垂涎欲滴、食欲大开。

八大碗和九碗十三花　固原一些大餐厅在不断推出创新菜肴的同时，依然保留着几十年甚至百年的传统清真菜，如回族八大碗和九碗十三花。

固原荣味斋餐厅的乡村八大碗筵席就是从历史深处沿袭至今的美食，有烩丸子、烩夹板、烩羊肉、清炖土鸡、烩素菜、胡萝卜炖牛腩、烩酥肉、洋芋擦擦等。虽是大众菜肴，但各有各的味道。据说，吃了回族八大碗，你也就领略到宁夏固原回族饮食文化的精髓了。

参加过固原南部山区回族群众传统婚礼的人，可能会对九碗十三花印象深刻，它现在还是当地回族群众操办喜宴的主打菜肴。由于九碗十三花制作起来较为繁复，如果没有事先预订一般是吃不到的。

九碗十三花是指宴席上的菜全用九只大小一样的碗来盛，把九碗摆成每边三碗的正方形，不管从哪个方向看，都是三行。再在正方形的四边摆放四碟素菜或两荤两素。九碗十三花是回族群众用来招待最尊贵的客人用的，是广泛流传于宁夏及甘肃、青海、新疆等地的回族聚居区的传统菜肴。最尊贵的客人才能吃到"十三花"，一般的客人只能吃到"九碗"，所以，能够享用九碗十三花不仅是享口福，还是一种身份的象征。

固原暖锅　暖锅是固原地区的特色美食，属于民间的一道煲仔菜肴。顾名思义，暖锅更适合于寒冷的冬天，围坐一桌，边吃边叙谈，不用担心锅中菜肴变冷。

将各种食物整齐放在边缘，中间用炭火加热汤汁，汤汁开始翻滚，便能闻到食物的香气，吃一口更是余味无穷。好锅要好料，暖锅汤需要上好的作料：一般鸡汤最好，牛羊肉汤也行，放足调料，中心加足炭火。暖锅主料全是家常菜，以白萝卜片为主，配以豆芽、粉条、豆腐、胡萝卜等；盖面子，即暖锅上面是一层过了油的肉。暖锅中间有空心火筒烧煮一圈菜肴，味从煮中来，香自火中生。火是木炭烧的最好，没有烟味串菜味。装暖锅的菜如萝卜片是要提前煮至七八成熟，粉条是已经泡好的，大块肉也都是过了油的，这样吃起来才不腻，味道醇美。

原载 2014 年 11 月 17 日、12 月 3 日《新消息报》

丝 路 人 物

隋唐时固原的粟特人

苏银梅

　　粟特人（Sogdians）是活跃在古"丝绸之路"沿线精明的商人，是学术界公认的东西方文化得以有效交流的大使。为了生存、维持商路的安宁，他们时而归附于强大的嚈哒人，时而又不得不向突厥族称臣纳贡。是否有利于商业的发展，成为粟特人对外政策的基本原则。为了商业利益，粟特商人不惜贩卖人口，甚至卖儿鬻女。[1] 史书称其"善商贾，好利，丈夫年二十，去旁国，利所在，无不至"。[2] 因而，在这种"欲贾市为好"的思想驱动下，使他们得到丰厚商业利益的同时，客观上，在与外族的频繁交往中，又使本民族的文化得以发展和传播，有学者称他们是东西方文明的主要"搬运夫"。他们的"商业发达史也就是文化传播史"。[3] 据斯坦因在敦煌发现的古粟特文信札2号内容记载，粟特人的经商范围遍及河西及黄河中游地区，经商网点主要在敦煌、姑藏、酒泉、金城、洛阳和邺城（今河北临漳县境内）一带。所经营的商品有金、银、樟脑、胡椒粉、麝香、小麦、各种各样的织物以及称为白铅的东西（一种昂贵的产品，用于制作化妆品和药品）。[4] 丝绸之路各城镇留下了粟特人来去匆忙的足迹，他们远离故土，经历了离乡人的风雨沧桑，有的甚至客死他乡。古老的中国大地曾留下粟特人辉煌的历史文化和艺术瑰宝。

　　粟特人的故乡在中亚锡尔河与阿姆河流域的索格底亚那地区（塔吉克斯坦和乌兹别克斯坦境内）。其种族与文化属东伊朗语系，也被看作是东伊朗人。撒马尔罕通常被认为是粟特人的首都，然而，粟特地区的每个城邦或地区的发展是相对独立的。这些城邦各自保持着一定的独立性，通常推崇康国为诸国的首脑。在不同时期，由于战略需求，效忠于更加强大的统治者。除此以外，粟特人的社会不是封建制，商人的社会和政治地位介于贵族和"手工业者"之间，商人的财富和势力可与地主相匹。[5]

　　从片治肯特和阿弗拉西布这两座古粟特人遗址的建筑规模、宫殿、市民住宅和寺院房屋壁画，可透视到其政治、意识形态和文化等状况。粟特与伊朗、印度和中国保持着密切关系。在这两座古遗址房屋壁画中，有取材于希腊的《伊索寓言》、印度的《罗摩衍那》（Panchatantra）和伊朗英雄卢斯塔姆（Rustam）的故事。同时，部分绘画长期受中国绘画的影响。在敦煌和吐鲁番壁画中有粟特文学作品中的片段，确认了丝绸之路沿线的粟特侨民与大都城里的粟特人之间的密切联系，壁画里甚至出现韩国人。在粟特地区还出土了中国的丝绸和铜镜。在柏孜克里克的佛教寺院中，遗存有身穿典型民族服装的粟特商人的画像。[6]

中国史书称粟特人为"昭武九姓"人。《新唐书·西域传》："康者，……君姓温，本月氏人，始居祁连山之昭武城，为突厥（匈奴）所破，稍南依葱岭，即有其地，枝庶分王，曰安、曰曹、曰石、曰米、曰何、曰火寻、戊地、曰史。世谓九姓，皆氏昭武。"示不忘本。从魏晋南北朝到隋唐五代，大量伊朗系的民众进入中国，其中以粟特人最多，他们对中国古代政治、经济和文化产生了深远的影响。安国人安元寿，16 岁便跟随李世民，且深得亲信，曾参与了武德九年六月的玄武门之变，并立功劳，晚年官居三品，遇疾死亡后"特令陪葬昭陵"。[7]"安史之乱"的头目安禄山本为康姓胡人。[8]唐代长安风靡一时的"胡旋舞"和"拓枝舞"源于粟特的石国和康国。《旧唐书》卷二十九《音乐志》："西域诸国来滕，于龟兹、疏勒、安国、康国之乐，大聚长安。"[9]曹氏粟特人擅长音乐，如曹保、曹善才、曹纲祖孙三代，均擅长琵琶。宁夏盐池何国人墓出土的胡旋舞石门以及其他各地出土的石刻、瓷瓶中的胡旋舞图像就是最好的例证。

来华粟特人除商人外，还有使者、质子、传教人员、乐人、工匠、突厥回纥降户等。陈海涛在《初唐时期入华粟特人的入仕途径》[10]一文中总结了初盛唐时期来华粟特人的入仕途径：归附入仕的如安兴贵、安修仁、康苏密等。使节入仕的如首领米忽汗、康思琮、何羯达、安延师等。人质入仕的如米继芬、何文哲、石忽那等。技艺入仕的如安叱奴因会胡舞而被封为散骑侍郎；安金藏为太常工籍；康侃素、何稠等人擅长营造；史诃耽、石佛庆、石诃耽等人皆为译语人；还有一些粟特人如安附国、康处真等人被委任以出使迎使之职。

除文献资料外，中国境内经过正式发掘的粟特人墓葬有：1966 年，陕西西安西郊出土的何文哲墓；[11]1972 年 12 月，陕西昭陵发掘的唐安元寿夫妇墓；[12]1973 年，河北大名县发掘的何弘敬墓；[13]1981 年 4 月，在河南洛阳龙门东山北麓出土的安菩夫妇合葬墓；[14]1984 年 6 月至 7 月，宁夏盐池县苏步井乡唐墓发掘的何国人墓；[15]2000 年 5 月至 7 月，陕西西安未央区出土的北周安伽墓。[16]

1982 年，丝绸之路重镇固原南郊隋唐墓地首次发现了史国人的墓葬群，引起学术界很大的反响，为研究流寓中国的粟特人聚落注入了新的活力，同时翻开了固原历史考古新的一页。

从 1982 年至 1995 年，在距离固原西南 5 公里的羊坊村、小马庄、王涝坝村发掘出隋墓 1 座、唐墓 8 座，[17]其中羊坊村 4 座，小马庄 3 座，王涝坝村 2 座。7

座出土有墓志铭，除 1 座为梁元珍墓外，其余均为史姓墓。另外两座虽没有墓志出土，但也极有可能同属史氏家族。[18] 6 位墓主分别为：大隋正议大夫右领军骠骑将军史射勿（609 年卒）；唐给事郎兰池正监史道德（678 年卒）；唐平凉郡都尉骠骑将军史索严（656 年卒）及夫人安氏（安娘）；唐司奴寺右十七监史铁棒（666 年卒，668 年葬）；唐游击将军直中书省史诃耽（669 年卒，671 年与其妻合葬）；[19] 唐左亲卫史道洛（658 年卒）。罗丰先生根据墓志记载，认为此史姓即是魏晋以来从乌兹别克斯坦沙赫里夏勃兹（Kesh）地区东迁，后定居于原州的"昭武九姓"中的史国人。史索岩夫人安娘为"安息王之苗裔也"，即安国人。这一墓葬群的发现，使原州与西域的密切关系得到了进一步证实。

墓葬都是坐北朝南，每座墓葬之间距离数百米不等，从东向西呈一字形排列，依次为史索岩墓、史铁棒墓、87M1、史诃耽墓、史道洛墓、史射勿墓、史道德墓、82M2。仅就有墓志出土的六座史姓墓分析，史射勿、史诃耽、史道洛、史铁棒之间是互为子孙关系，而史索岩和史道德之间则为叔侄关系。但根据墓志所显示出的史姓谱系，两支史氏并不属于同一史姓，却同葬一处墓地，很可能是在某种密切认同关系之下聚族而葬。[20]

墓志记载，史索岩与史道德的先祖均为"健康飞桥人"（健康在今灵武境内）。[21] 关于史道德的族属问题，马驰、罗丰、赵超同志进行了激烈的辩论。[22] 或许史索岩、史道德史系为唐时六州胡地区突厥降户中的粟特人更为妥当。或者讲，唐代原州本来就有突厥降户。根据史籍记载，"贞观六年，置缘州，领突厥降户，寄治于平高县界他楼城。"[23] 缘州同原州。如果《旧唐书·史宪诚传》所载其父史道德与固原的史道德实为一人的话，那么，史道德也为灵武人无疑。"史宪诚……今为灵武健康人。"[24] 当时的灵武应包括甘肃的一部分地区。而史射勿这一系史姓当为 5 世纪时"因宦徙高平"的。

六州胡地区的昭武九姓移民聚落在唐代政治生活中影响最大，而灵武即史道德墓志中的"健康飞桥"，属六州胡地，"康待宾之乱"就发生在该地区。[25] 安菩为陆（六）州胡大首领。"其先，安国大首领，破匈奴，衔帐百姓归中国。"[26]《新唐书》地理志记载："调露元年（679），于灵、夏南境以突厥降户置鲁州、丽州、含州、塞州、依州、契州，以唐人为刺史，谓之六州胡。长安四年（704），并为匡、长二州。神龙三年（707）置兰池都督府，分六州为县。"[27] 安元寿是当时夏州监牧。

根据文献和考古资料，大多数昭武九姓人在民族内部通婚。同属六州胡地区外来民族，史索岩娶安氏（娘）为妻并非偶然。史道洛和他的父亲史射勿、其哥哥史诃耽均娶妻康氏。昭武九姓移民聚落在中国的存在并不从唐代开始。张广达先生认为，六州胡所在地区，也不是以贞观初唐朝安置来降的昭武九姓为开端。[28]史道德墓志载："总章二年，拜给事郎，迁玉亭监。""又龙朔三年，诏除兰池监。"兰池监就在六州胡地区内。罗丰认为，健康史氏在很大程度上当属于移居河西地区的中亚粟特人，世祖破北凉后内徙各地。[29]

固原在隋唐时期是西北边陲重镇，它对隋唐首都长安的稳固起着举足轻重的作用。隋时，固原是隋对付突厥的重要防线；作为两朝边陲卫士的史索岩，"武皇帝时，与平凉郡太守张隆同讨薛举"；史诃耽在平息薛举之战中立有大功。史诃耽墓志载："武德九年，以公明敏六闲……寻奉敕直中书省翻译超会，禄赐一同京职。"

唐初在西北地区大量牧马，其地在秦、渭二州以北，会州以南，兰州以东。其中包括原州，东西六百里，南北四百里，设"八使""四十八监"进行管理。九姓胡人擅长养马，唐王朝任命史道德为"玉亭监""兰池正监"负责管理马政；铁棒在显庆三年被赐以"司奴寺右十七监趣马名官"的职务，他便"安于园吏，……效能牧养，妙尽其方"。为大唐的养马也尽职尽责，立下汗马功劳。

萨葆是一种政教兼理的蕃客大首领。[30]萨保制度是唐朝针对外来民族的一种羁縻政策的体现。史诃耽"曾祖尼，魏摩可大萨宝"。这里的"教"主要指火祆教（索罗亚斯德教），或许包括一小部分景教徒、摩尼教以及佛教徒。有学者认为，4世纪时已有一部分粟特人皈依佛教。唐朝祆教流行的范围主要在西域和北方地区，是和粟特人的迁徙路线及聚落分布相一致。荣新江根据文献、文书、石刻等各种史料和前人研究成果，由东向西，依次描绘出且末、鄯善、高昌、庭州、兴胡泊、敦煌、常乐、酒泉、张掖、武威、原州、长安、洛阳、灵武、六胡州、太原、雁门、蔚州（兴唐）、卫州、汲郡、安阳、魏州、邢州、定州、幽州、营州，全面揭示了入华粟特人的迁徙和建立殖民聚落的情况。[31]

史道德墓出土的金覆面，一件由日、月图形组成的额饰，与火祆教有关，因为火祆教崇拜日月。本人在拙文《固原出土的唐代金覆面源流初探》（《宁夏社会科学》2001年增刊）一文中，认为该覆面与欧亚大陆草原民族随葬的金属覆面同出一辙，且与中原玉覆面也有渊源关系。而史索岩给其子命名为法僧、德僧，铁棒取字善集，有佛教文化寓意。

祆教经典《文迪达德》要求教徒要把"死尸放在达克玛上，让死者的眼睛朝向太阳"。然后让狗或禽撕食。[32]肉尽，收骸骨埋葬，无棺。狗在火祆教葬俗中扮演重要角色，被认为可驱除不干净的鬼怪和尸体中的毒素。死后能见到光明，也许是史道德随葬金覆面的原因之一。在史道洛墓室南侧的上方距离地表300米深之处，有一朝东的壁龛，里面有一只殉狗。

祆教认为死尸为不洁之物，与地面接触便是亵渎，污染土地。史诃耽墓有石门、石棺床等。史索岩墓也有石门。一些学者通过大量分析石棺床使用者的身份，认为石棺床的使用是特殊的荣誉，而使用石门的亦为三品以上贵族和官吏。迄今为止中国境内出土的与粟特人和祆教有关的墓葬石棺床的还有：20 世纪初，在河南安阳发现一组石棺床（后流失国外），日本美穗博物馆藏的十一围屏双塔柱石榻；20 世纪 80 年代青州傅家出土北齐或北周画像石；20 世纪 90 年代甘肃天水发现的隋唐屏风石棺床；1999 年山西太原发现虞弘墓石棺床；2000 年陕西西安发现的北周安伽墓石屏风。画像内容与粟特人和祆教有关。祆教葬仪禁止尸体接触泥土而腐烂，波斯本土除有天葬外，还有贵族石制的崖墓（隔绝泥土），入华的上层波斯人和粟特人，则采用了中土故有的"石床"葬式，可能与他们的宗教信仰有关。从考古报告中证明拥有石棺床的安菩墓，其墓在当时称作"石坟"。[33]

固原史姓人和其他入华粟特人一样，其葬俗基本实行土葬，但仍然保留了与其宗教有关的独特风格的葬俗。出土文物大多数为冥器，但也不乏外来品，如罗马金币（几乎每个墓主手持或口含一枚金币，这种习俗起源于古希腊，中国很早也有这种葬俗）、萨珊风格的蓝色宝石印章等。

固原发现的粟特人墓葬早年被盗，但仍然出土了一批珍贵的壁画、价值极高的墓志、精美的石刻和其他器物 500 多件组，这些实物对研究已经汉化的粟特人的葬俗和当时的社会生活及中外文化交流均极为重要。

原载《固原历史文物》，2004 年 7 月科学出版社出版

注释：

[1]《粟特文买婢契与丝绸之路上的女奴贸易》，林梅村，《文物》1992 年第 9 期。

[2] 转引陆庆夫：《唐宋间敦煌粟特人之汉化》，《历史研究》1996 年到 6 期。

[3] 转引自王尚达：《唐代粟特人与中原商业贸易产生的社会作用和影响》，《西北民族研究》，1995 年第 1 期。

[4] Sogdian Ancient letter II，原载于 Monks and Merchants：Silk Road Treasures from Northwest China（《僧侣、商人与中国西北"丝绸之路"珍宝》）2001 年出版。作者 Annette L. Juliano 和 Judith A. Lerner。

[5] Boris I. Marshak，The Sogdians in TheirHomeland（《故乡的粟特人》），原载于 Monks and Merchants：Silk Road Treasures from Northwest China（《僧侣、商人与中国西北"丝绸之路"珍宝》）2001 年出版。作者 Annette L. Juliano 和 Judith A. Lerner。

[6] 转引自《粟特——一个已经消亡了的中介民族的文化》《丝绸古道上的文化》新疆美术摄影出版社，1994 年 9 月第 1 版。

[7]《安元寿及夫人翟氏墓志考述》，陈志谦，《文博》1989 年第 2 期。

[8] 荣新江：《安禄山的种族与宗教信仰》，文载《第三届中国唐代文化学术研讨会论文

集》，台北，1997 年。

［9］转引韩香：《隋唐长安中亚人考索》，《人文杂志》2001 年第 3 期。

［10］《文献》2001 年 4 月第 2 期。

［11］魏光：《何文哲墓志考略》，《西北史地》1984 年第 3 期。

［12］《唐安元寿夫妇墓发掘简报》，《文物》1988 年第 12 期。

［13］《河北大名县发现何弘敬墓志》，邯郸市文馆所，《考古》1984 年第 8 期。

［14］《中原文物》1982 年第 3 期。

［15］宁夏回族自治区博物馆，《宁夏盐池唐墓发掘简报》，《文物》1988 年第 9 期。

［16］陕西省考古研究所，《西安发现的北周安伽墓》，《文物》2001 年第 1 期。

［17］罗丰：《固原南郊隋唐墓地》，文物出版社，1996 年。

［18］［20］宁夏回族自治区固原博物馆和中日原州联合考古对编《原州古墓集成》，文物出版社，1999 年，北京。

［19］苏银梅：《隋唐时居住在固原的“昭武九姓后裔》，《固原师专学报》1995 年第 1 期。

［21］宁夏固原博物馆藏道德墓志、史索岩墓志。

［22］赵超：《对史道德墓志及族属的一点看法》，《文物》1986 年第 12 期；马驰：《史道德的族属、籍贯及后人》，《文物》1991 年第 5 期；罗丰：《也谈史道德族属及相关问题——答赵超同志》，《文物》1988 年第 11 期。

［23］《旧唐书》卷三八《关内道·原州中都督府》。

［24］《旧唐书》卷一八一《史宪诚传》。

［25］周伟洲：《唐代六州胡与“康待宾之乱”》，载《民族研究》1988 年第 3 期。

［26］参看安菩墓发掘简报及赵振华、朱亮《安菩墓志初探》，载《中原文物》，1982 年第 2 期。

［27］《唐书》卷三七地理志 1。

［28］［29］张广达：《唐代六胡州等地的昭武九姓》载《北京大学学报》（哲学社会科学版）1986 年第 2 期。

［30］姜伯勤：《敦煌吐鲁番文书与丝绸之路》文物出版社，1994 年。

［31］《北朝隋唐粟特人之迁徙及聚落》《国学研究》6，1999 年。

［32］林悟殊：《中亚古代火祆教葬俗》载张志尧主编的《草原丝绸之路与中亚文明》。新疆美术摄影出版社。

［33］姜伯勤：《祆教画像石——中国艺术使上的波斯风》，载《文物天地》，2002 年第 1 期。

宁夏隋唐粟特人墓葬出土的墓志、石刻

苏银梅

粟特人，英文称 Sogdian，即中国史籍中的“昭武九姓”人。其祖先温王旧

居祁连山北昭武城，被匈奴破，向西越过葱岭至中亚的锡尔河与阿姆河流域的索格底亚那地区，子孙繁衍，分王九国，为康国、安国、曹国、石国、米国、何国、史国、火寻、戊地等，并以国名为姓，以此来证明"不忘本"。

粟特人以经商为业，商人的社会和政治地位仅次于贵族。因此，是否有利于商业的发展，成为粟特人对外政策的基本原则。在"欲贾市为好"的思想驱动下，他们远离故土，往来于丝绸之路各城镇，获得丰厚的商业利益，同时，促进了各民族间文化的传播，有学者称他们是东西方文明的主要"搬运夫"。

粟特人入住中国的时间，可追溯到张骞通西域后的汉代，魏晋南北朝至隋唐时期应该说是粟特移民进入中国的高峰期。除商人外，还有一部分粟特人因政治、宗教或其他原因入华，如使者、传教士、质子等。

中国境内考古发现的粟特人墓葬主要集中在北朝至隋唐时期，分布于西北和中原地区。经过正式发掘且有墓志出土的粟特人墓葬有：1966年，陕西西安西郊出土的何文哲墓；1972年12月，陕西昭陵发掘的唐安元寿夫妇墓；1973年，河北大名县发掘的何弘敬墓；1981年4月，在河南洛阳龙门东山北麓出土的安菩夫妇合葬墓；1982年至1995年宁夏固原出土的史氏家族墓；1984年6月至7月，宁夏盐池县苏步井乡唐墓发掘的何国人墓；2000年5月至7月，陕西西安未央区出土的北周安伽墓。本文重点介绍宁夏固原史氏家族墓和盐池县何氏家墓族出土的墓志和石刻。

一、固原史氏粟特人墓出土的墓志、石刻

从1982年至1995年，考古工作者在固原南郊先后发掘了十座隋唐墓，出土墓志8合，除1合为唐梁元珍墓志外，其余7合为史姓粟特人家族成员墓志，还有两座未见墓志的墓葬87M1与82M2，罗丰先生认为很有可能同为史氏家族成员墓。7合史氏家族成员墓志分别是：大隋正议大夫右领军骠骑将军史射勿（609年卒）墓志；唐给事郎兰池正监史道德（678年卒）墓志；唐平凉郡都尉骠骑将军史索岩（656年卒）墓志；史索岩夫人安氏（安娘）墓志；唐司奴寺右十七监史铁棒（666年卒，668年葬）墓志；唐游击将军直中书省史诃耽（669年卒，671年与其妻合葬）墓志；唐左亲卫史道洛（658年卒）墓志。根据墓志记载考证，该史氏就是粟特人中的史国人，祖上"因宦徙高平"（今固原）。史索岩夫人安娘为"安息王之苗裔也"，即安国人。史氏墓葬中还出土了一批珍贵的石刻，具有较高的艺术价值和欣赏价值。不仅是东西方文化交融的实物见证，也是我国石刻艺术品中的瑰宝。

（一）史射勿墓志

志盖和志石两件均为青石质。盝顶式志盖，整体呈正方形，边长46.5厘米×47厘米，厚10厘米，四边宽4厘米，阴刻一周忍冬纹，前边正中央

刻一"前"字。四斜杀面刻有朱雀、玄武、青龙、白虎四神纹饰带。顶正中镌刻阳文篆书五行,每行四字,共二十字,为"大隋正义大夫右领军骠骑将军故史府君之墓志"。篆文四周有减地阳刻卷云纹,纹饰间有花结。志石呈正方形,边长46.4厘米×45厘米,厚6厘米。每侧刻三个壶门,正中刻一"前"字。从右侧壶门开始,按顺时针方向,分别刻有鼠、牛、虎、兔、龙、蛇、马、羊、猴、鸡、狗、猪十二生肖图像。背景皆同,上为卷云纹,下刻山峦。其正面磨光,细线刻画大小均等的方格。志文刻于格内,共二十三行,满行二十四字,最后空一行,凡四百九十九字(志文略)。

(二)史索岩墓出土的石刻墓门

墓门,青石质。由门楣、门额、门框、门槛、门扉、门砧六部分组成。门楣,通体呈半月形,长100厘米,中间宽105厘米,厚8厘米。正面采用线刻与减地阴刻两种手法。缠枝蔓草中,一对朱雀侧身而立,俯首挺胸,双翼伸展,长尾后托,跃跃欲飞。门额、门框和门槛上均有减地线刻缠枝花纹、卷云纹等纹饰。门砧和门扉刻纹线图最为引人注目。门砧两件,长方形。三面线刻兽面。兽面双角上竖,双眉卷曲,鼻朝天,八字须,口大张,獠牙外露,样子凶猛狰狞。门扉两扇。左右对称,形制相同。左扇上下右三边有忍冬纹构成的边框,框内图案分三层。上层为朱雀,鹰嘴,口衔串珠,圆眼,头顶部羽毛直竖,颈后曲,挺胸,双翼张开,长尾翘起,直立于小圆毯上,圆毯边饰垂索,中有一周联珠纹,朱雀上部加饰卷云纹,下为起伏的山峦;中层为青龙,做行进状,首部略残。龙须卷曲,背部有尖齿状毛,长尾上卷,双翼直竖,四肢有力着地,上下背景与朱雀同;下层为一怪兽,张口朝天,作怒吼状,卷鼻,有双翼,尾后翘,四肢着地,背景与上中层相同。右扇图案与左扇基本相同,只是动物身体刻画有细小变化。朱雀口未含物,头顶部无羽毛;青龙张口吐舌,眼圆睁,双翼后卷;怪兽作回首朝天怒吼状,比左侧更为威猛。门长134厘米、宽55厘米、厚9厘米。

(三)史索岩墓志

志盖,呈正方形,边长58.8×58厘米,厚10厘米。盝顶式,中有宽线棋格,每行四格,共四行,减地阳刻"大唐故朝请大夫平凉郡都尉史公之铭"十六字篆文。字四周有两周斜方格纹带,中加饰卷草纹。四面斜杀,边饰一周联桃形纹带。其下为"四神"。志石,正方形,边长58.5×58厘米,厚10.5厘米。四边刻形状各异的怪兽图案十二幅,中间有卷云纹。志文填于阴刻的方形棋格内,为楷书,共二十五行,满行二十六字,凡八百零九字(志文略)。

(四)安娘墓志

志盖,正方形,边长56.5×56.5厘米,厚10.5厘米。盝顶式,阴刻篆文四行,每行四字,为"大唐故平凉郡都尉史公夫人安氏墓志"十六字。四面斜杀

及四边，均刻减地卷草纹。志石，正方形，边长 56.5×56.5 厘米，厚 11 厘米。志文填于线刻棋格中，共二十五行，满行二十六字，凡六百一十五字（志文略）。文行楷书。

（五）史诃耽夫妇墓出土的石刻墓门

青石质。由门楣、门额、门框、门砧和门扇六部分组成。

门楣，呈半圆形。正面刻对朱雀。其上饰卷云纹，下为山峦，山峦间有花草。左侧朱雀挺胸回首，嘴微合，双翼全开，尾上卷。右腿伸直，趾掌心上翻。左腿蹬直。右侧朱雀面朝左，嘴微张，颈后曲，挺胸，双翼张开，长尾翘起。左腿后伸，右腿弯曲，作翩翩欲飞状。长 90 厘米，中高 29.5 厘米，厚 12 厘米。

门额，长条形。正面刻七个联珠纹边框。圈内填图案，联珠圆框间有卷云纹，且加饰半圆形联珠纹圈。中为一怪兽面，头长齿状羽，角卷曲，圆眼外凸，鼻朝天，齿外露，面目狰狞可怕。两侧图案对称，从左向右依次为天马、荷花、朱雀。天马双耳直竖，鬃毛扬起，尾卷翘，前胸有卷曲双翼。前腿伸展，后腿蹬直，似腾空飞起；荷花为四瓣，双层，有叶衬托；朱雀侧立，昂首，挺胸，双翼张开，长尾卷起，双腿有力着地。额长 14.7 厘米，宽 23.5 厘米，厚 13 厘米。门框和门槛均线刻卷草、忍冬等纹饰。门，对称两扇，左侧有忍冬纹带饰边框，右侧边框无纹饰。正中立一人，头戴双扇冠，上插楔形簪。蚕眉，柳叶眼，直鼻，嘴微合，胡须弯翘，厚耳，颌下蓄长须。身着宽袖交领长袍，双手相交于胸前，腰系带，长袍曳地，足蹬云头靴。背后饰卷云纹。右扇图案与左扇相同。

（六）史诃耽夫妇墓出土的石棺床

在所有史氏墓葬中，只有史诃耽夫妇墓出土有石棺床。共五块，边框上均刻有 8 厘米宽的卷草纹带饰。其前面线刻壶门，内有动物图案。第一块长 50 厘米，刻有两个壶门。一壶门有波状边框，上刻剔地卷云纹，下刻山峦。中立一朱雀，尖嘴，口衔长蛇，昂首曲颈，双翼伸展，双爪着地，尾翘起。第二个壶门，波状边框，上刻卷云纹，下有山峦。中间为怪兽，大耳，圆眼，鼻上翘，利齿外露。身有双翼，长尾直竖上卷，四肢着地，呈奔走状。其他四块分别长 101 厘米、117 厘米、120 厘米、110 厘米，刻有两至三个壶门，并有动物图案。

（七）史诃耽墓志

志盖，正方形，边长 58.5×58.5 厘米、厚 10 厘米。盝顶式，阴刻篆文三行，每行三字，为"大唐故史公墓志之铭"九字。四面斜杀，每面刻蔓草纹。志石，正方形，边长 62×62 厘米、后 11.5 厘米。棋盘格，共三十六行，满行为三十六字，凡一千二百八十五字（志文略）。楷书正文。

（八）史铁棒墓志

青石质地。志盖 59×59 厘米，厚 14 厘米，呈正方形，为盝顶式。盖顶平素，上阳刻篆文"大唐故史公墓志之铭"，共三行九字，字体风格与史诃耽墓志完全一样。墓志 59×59 厘米，厚 13.5 厘米，呈正方形。四边减地线刻两方忍冬纹样。正面磨光，细线刻画大小均等的方格。志文刻于格内，共二十七行，凡七百二十九字（志文略）。行文正楷。

（九）82M2 出土的石幢

该墓出土的三段石幢为青石质，复原后长 150 厘米，通体呈八棱形，顶部有一方形榫。上端有 5 厘米左右边框，其下通体布满线刻图案。均以缠枝宝相花为背景，中间加饰三周人物、动物、飞禽，每周八个，每两种一样的动物、人物或飞禽为一组。构思精巧，布局合理，人物、动物造型生动有趣，刀刻技法娴熟简练。最上端一周三对动物，第一对貌似狐狸，桃形耳，圆眼，尖嘴紧闭。头毛后竖，粗颈，短尾，身体浑圆。前肢伸展，后肢有力着地，作奔腾状。第二对动物头身似羊，短尾，两前肢着地，后腿腾空，作奔跑状。第三对为怪兽，狮形头，竖两角，张口露齿，鬃毛飞扬，拂尘状尾上竖，作侧身回首状。中间一周图案为童子、鹤。第一对鹤相背站立，长嘴、圆眼、曲颈、垂首，双翼伸展，一爪缩起，一爪独立于花间。第一对童子相对而坐，光头，高鼻小口，大耳，颈部带一圆坠项圈，赤身裸体，体态肥圆，右臂前伸，作折枝状，左手拄于左膝上，坐于花丛中。第二对鹤，曲首相对，尖嘴，细长颈，双翼伸展，腿细长，呈飞翔状。第二对童子背相，右侧童子，光头，高鼻深目，小口大耳，佩戴粗项圈，赤身裸体，右手上举，左手平伸，双腿相互交错，似于花间嬉戏。左侧童子相貌与右同。右手拄地，左臂曲伏于左腿之上，盘腿坐于花簇中。

（十）史道洛墓志

青石质，质地细腻，刻线图案清晰，是所有史氏墓志中最为精致完美的一合。志盖，覆斗式，呈正方形。边长 59.2×59.2 厘米，厚 10 厘米。

顶正中有宽线棋格，共三行，每行四字，内填减地阳刻篆书"大唐故左亲卫史公之墓志"十二字（志文略）。字周围饰一周绳纹边框，外边框为联桃纹饰，四角用联桃纹斜线隔开，内饰卷草纹。四面斜杀，三边饰几何纹边框，框内刻有四神。上朱雀，两翼张开，昂首挺胸，圆眼，鹰嘴，口衔一珠，左趾前伸，右趾后勾，呈起飞姿势；下玄武，龟仰头，睁目，闭口，做行进状，龟甲鲜明，龟身缠绕一蛇，蛇尾在前，头盘于后，张口露齿；左青龙，卷须，角后伸，张口吐舌，双翼张开，两前肢有力伸直，后右肢曲缩，左肢后蹬，凶猛威武；右白虎，头似龙首，张口吐舌，翼后竖，前肢伸直，后一肢有力着地，长尾甩地，做行进状。四边长方形边框线刻图案基本相同，均为宝相花纹带，两端为怪兽，头相对。怪兽头长角，眼圆睁，张口吐舌。志石，呈正方形，边长 58×57.5 厘米，厚 10 厘米。四边刻有怪兽图案，每边三个，背景纹饰相似，均有几何纹边线，上为卷云纹，下有耸立高山三座。怪兽间用卷云纹花节隔开。上边三怪兽，左侧，三角形头，尖嘴，圆眼，卷耳，有翼，长尾翘起，向左行进；中间，三角头，眼圆睁，鼻朝天，口大张，舌外露，有双翼，尾上卷，向左行进；右侧外貌与中间基本相同，向左作奔跑状。下边，左侧怪兽后脑长尖，上唇外翻，圆眼，利齿，尾上卷，张口吞噬一蛇形物；中间，回首，圆眼，上唇外翻，尾竖起，两前肢着地，后腿腾空；右边，尖长头，眼圆睁，鼻朝天，张口吐舌，松鼠尾，双翼竖起，两前肢着地，后腿腾空，吞噬一跃起鲤鱼；左侧，后脑尖长，眼圆睁，张口，后肢并拢着地，左前肢扑捉一蛇。中间，后脑尖长，圆眼，嘴闭，长尾卷起，作回首状；头部造型同前，圆眼，厚唇，嘴鼻朝天，尾上卷，两前肢着地，后肢腾空；右侧，狮形头，眼圆睁，张口吐舌，鬃毛后竖，剑状翼，尾上翘，前肢着地，后腿腾空；中间，头似龙首，顶有曲角，圆眼，张口露齿，长双翼，松鼠尾，上卷，向左前行；右，头部与其他类似，只是大口朝天，尖齿外露，作奔跑状。

二、盐池何氏粟特人墓葬出土的墓志、石刻

1985年6月至7月，考古工作者在宁夏盐池县苏步井乡发现六座唐墓，发掘者认为是一家族墓地。该墓地出土的何国粟特人墓志和胡旋舞石刻墓门弥足珍贵。

（一）何氏墓志

出土于M3。质地为石膏，方形。盝顶式志盖，边长59厘米，四周线刻十二生肖。志石边长63厘米、厚10厘米。阴刻楷书十九行，满行二十一字，凡三百七十六字。文行楷书，首行为"大周□□□都尉何府君墓志铭并序"。第二行"君□□□□□大夏月氏人也。"何姓为粟特人中的何国人，附属于康国，故称"月氏人"。

（二）胡旋舞石刻墓门

出土于M6。对称两扇，正面各刻一男子。右扇门上所刻男子身穿交领窄袖长袍，脚穿软靴。左足外撇，立于小圆毯上，右腿腾起后勾。臀部后移，出胯，腰前挺。右臂上曲头前，掌心向上。左臂后伸，手掌张开，五指弯曲向下。舞者卷发，头戴浅圆软帽，帽后有飘带。胡须上翘，裙摆旋起。四周饰卷云纹，舞者似腾跃于云气之上。画面线条流畅，人物表情生动，体态优美，写实性很强。左扇门上所刻男子身穿圆领窄袖长袍，头戴圆软帽，脚穿软靴，腰系带，束胸。舞者右腿单立，脚外撇，左腿起翘，出右胯，双手合举于头顶之上，颈部略前向右视，整个身体呈旋转状。四周饰有卷云纹饰。两舞者均披长巾，随舞飞扬。小圆毯边有联珠纹装饰。

史载"胡旋舞"源自康国，传入内地后深受上层贵族的青睐。安禄山，体

重三百三十斤，"方能移步，至玄宗前，作胡旋舞，疾如风焉"。

三、中西文化交流的实物见证

固原史氏粟特人墓葬和盐池何氏粟特人墓葬出土的墓志、石刻，为研究入华粟特人政治、经济和文化状况以及中西文化交流提供了重要史料。证明隋唐时期宁夏南部与北部有多民族存在，各种文化元素并存，凸现出这一时期原州（固原）与属"六胡州"地区的鲁州（盐池、灵武）地理位置的重要性。

原载《宁夏历代碑刻集》

注释

[1] 林梅村：《粟特文买婢契与丝绸之路上的女奴贸易》，《文物》1992 年第 9 期。

[2] 陆庆夫：《唐宋间敦煌粟特人之汉化》，《历史研究》1996 年到 6 期。

[3] 王尚达：《唐代粟特人与中原商业贸易产生的社会作用和影响》，《西北民族研究》，1995 年第 1 期。

[4] Boris I. Marshak, The Sogdians in TheirHomeland（《故乡的粟特人》），原载于 Monks and Merchants：Silk Road Treasures from Northwest China（《僧侣、商人与中国西北"丝绸之路"珍宝》），2001 年出版。

[5]《粟特——一个已经消亡了的中介民族的文化》，《丝绸古道上的文化》新疆美术摄影出版社，1994 年 9 月第 1 版。

[6] 魏光：《何文哲墓志考略》，《西北史地》1984 年第 3 期。

[7]《唐安元寿夫妇墓发掘简报》，《文物》1988 年第 12 期。

[8]《河北大名县发现何弘敬墓志》，邯郸市文馆所，《考古》1984 年第 8 期。

[9] 宁夏回族自治区博物馆，《宁夏盐池唐墓发掘简报》，《文物》1988 年第 9 期。

[10] 陕西省考古研究所，《西安发现的北周安伽墓》，《文物》2001 年第 1 期。

[11] 罗丰：《固原南郊隋唐墓地》，文物出版社，1996 年。

[12] 原州联合考古队《唐史道洛墓》，日本勉诚出版社，2000 年。

[13] 罗丰：《胡汉之间》，文物出版社，2004 年 9 月。

[14] 宁夏固原博物馆藏粟特人墓志。

丝 路 旅 人

贺璐璐　王迎霞

丝绸之路自诞生之日起，就是一条金色的理想之路，无数怀揣各种梦想和期待的旅人行进在这条漫长的古道上。无论是一心求取戒律经典的法显、忠诚的传

教者鸠摩罗什、虔诚的求真者玄奘，还是传奇的使者马可·波罗，甚至后世那些著名的域外探险家普尔热瓦尔斯基、斯文·赫定、斯坦因……丝绸之路总是以其无与伦比的神秘感召力和巨大的现实价值吸引无数人一次次上路。如今，古道上的辉煌大多成为遗迹，新的旅人却依旧虔诚。

"我每次来宁夏，银川不一定去，但都要来固原，而且以后还会经常来。不知道我的寿命会有多长，除非死了，否则我还会再来。"

大巴在蜿蜒的路上急驰，两边的景致或是披满绿意的山头，或是一望无际的沙土。69岁的菅谷文则教授，一会儿给我们指秦长城，一会儿指汉代城墙，转过脸说这话时，一脸认真。

菅谷文则，日本人，曾在奈良县立橿原考古学研究所当了17年博士生导师，后调到滋贺县立大学教了12年书，去年退休。他的社会身份除了日本学术会议会员外，还有一个，就是中国社科院客座研究员。

一、十几年的念想

这是一个钟情于丝路花雨的老头。早在1979年至1981年在北京大学考古系留学时，他的研究方向就是丝绸之路，并走遍了所有能去的地方。那时候，固原还没有对外开放，菅谷文则去不了，正好社科院世界史研究所教授汪向荣的儿子在固原工作。汪向荣对他说，你一定要去这个地方，对你的研究很有用。但此事随着汪教授的去世不了了之，固原成了菅谷文则的一个念想。1988年，日本举办了一场丝绸之路文明博览会，规模相当大，近10个国家都有文物参展。当看到固原出土的丝路文物时，他被这里深深地吸引了。

第一次踏上这片土地已是1995年。在自治区文物局一个熟人的陪同下，菅谷文则来到固原"看了一下"。这一看，让他从此和这里结下了缘。他觉得固原文物很多，而且保护得很好，于是第二年秋天他又来了，进行史家墓地的挖掘。以后每年他都至少要来一回，至今已不下20次。

"固原在汉代叫高平，然后是平高，到了唐代以后叫原州，'固原'是明清时开始的称谓。那时一过黄河就是内地，固原是西域地区来的客商的必经之地，地理位置非常重要。外来客商到了原州要向官方报到，带了什么东西，人有多少，马和骆驼多少，等等。原州官方再快马奔向长安，批个文件回来，同意了才能入境……"

说起固原，菅谷文则像聊起一个老朋友，滔滔不绝。

他说，如今的固原是中国有名的穷地方，可在古代特别是北周时期，经济、文化、军事地位达到了一个很高的水平，是除了扬州、长安、成都、洛阳等地之外数得上的发达地区。现在这里光有草，没有树，但在唐代有很多树，农耕很方便。从目前出土文物情况看，这里周围墓地很多，固原市下设的西吉、彭阳等县，都有比较好的汉墓，说明这里以前比较富裕。

当时丝绸之路上的双边贸易，中国输出的货物主要以丝绸为代表，还有四大发明（年代、渠道不尽相同），从西域地区进来的有香料、药、象牙、毛皮、金银器、宝石、玻璃器、乐器、良驹、毛檀、宗教等。北宋时，陶瓷也加入了这一行列，因为易碎需要海运，海上丝绸之路渐渐兴起，固原的地位就逐渐减弱了。

20世纪末，随着李贤、田弘墓的发掘，大批来自中亚以及西方的古代器物面世。丝绸之路通道上的固原，开始成为考古界关注的热点地区。

这些文物中，哪件价值最大呢？"鎏金银壶，世界唯一！你们在固原博物馆看到了吧？"菅谷文则有点兴奋。

鎏金银壶，上面刻着西方传说中的"金苹果"故事。在中国，它独一无二；在全世界现存的波斯萨珊王朝文物中，它也绝无仅有。

他推崇的另一件文物就是玻璃碗，全亚洲完好的就这一件，另一个地方出土的只是碎片。

二、第一流的考古是严肃的

隋唐是丝绸之路最为开放的时期之一，中亚粟特人沿着丝绸之路到中国定居的现象十分常见，史姓家族就是来自中亚、徙居于唐代固原的史国人氏。在史家墓地中，出土了数量众多的罗马金币、萨珊银币和彩绘陶俑，反映了东西方经济文化在丝绸之路上融汇交流的盛况。

"整个中国境内出土的罗马金币共有56枚，您发现的就占了1/10以上，功劳很大啊。"面对这种说法，菅谷文则轻轻摇头："我仅仅是参与挖掘，许多学生和地方考古工作者也是出了大力的。我们一共发现了7枚罗马金币，6个出自田弘墓，1个出自史道洛墓。"而事实上，菅谷文则当时任的是日方考古队长，全权负责田弘墓的挖掘工作。他的谦虚让人肃然起敬。

"作为一个考古工作者，每当有了新的发现，想来心情应该特好吧？"

"可能你希望我的回答是高兴，但非常认真地讲，没有什么可高兴的。"见我们有些不解，菅谷文则打了个比方："你们记者采访的时候，如果突然碰到一起交通事故，汽车撞死人了，你会高兴吗？你们把这个消息报道出去，过一两年再看到这篇稿件，这时候才会高兴。高兴的考古是二流、三流的考古，第一流的考古一般都不会高兴，没有意义。但固原是我工作了6年的地方，见到了当年一起合作的人，我感觉特别亲切。这是高兴，真的高兴。"

一路边走边看，谈到固原，菅谷文则聊了很多。他说相较以前，固原现在发展很快，尤其绿化搞得很好。但从考古的角度来看，经济越是发达，地下的东西就越来越少，他们是很心痛的。

丝绸之路的开通，同样使东传的佛教也在这里留下了深厚的足迹。西出固原

50 余公里，就到了开凿在一片火红色丹霞地貌中、被列为全国十大石窟之一的须弥山石窟。

来了很多次的缘故，菅谷文则对这里很熟悉。起风了，疾风穿过山谷时耳边呼呼作响，身穿红白格子衬衣的他大声笑着对我们说："听，这多像粟特人在说话。我好像还听到了驼铃的声音！"

此话，应该无关风月。

原载 2009 年 9 月 2 日《新消息报》

六盘山，是胜利之山

佘贵孝

六盘山，古称陇山。陇山实为龙山的转音，相传龙山就是中国第一龙飞升的地方。龙升起的地方，必然引来历代帝王巡幸固原。当以古圣轩辕黄帝向广成子问道为始，以后更有举世公认历代旷世名君秦始皇巡视固原，汉武帝六巡安定郡，光武帝为消灭割据政权的隗嚣而到六盘山地区，唐太宗在六盘山观马牧，唐太子李亨在固原扩充士兵和军马后而登基于灵州，成吉思汗驻兵开城而奠定了元朝的建立，忽必烈成为元朝的首任皇帝。毛泽东同志率领中国工农红军翻越六盘山，从此奠定了中国革命的胜利。因此，不论是中国历代领导人，还是文官武将，只要到过六盘山的，都是事业有成，从胜利走向更大的胜利。

一、轩辕黄帝西征曾到六盘山

《庄子》中关于黄帝行踪的记载较多，《在宥》篇中写道："黄帝立为天子十九年，令行天下，闻广成子在空同之山，故往而视之。"司马迁《史记》也记载了黄帝在崆峒山的经历。处在氏族社会晚期的黄帝时代，部落间的战争很频繁，曾战胜炎帝于阪泉，战胜蚩尤于涿鹿，就是这些反映重大历史事件的战争，产生了促进各氏族部落间的融合作用。被诸侯尊为天子，后人以之为中华民族的始祖。从此，轩辕黄帝首先统一中华民族的伟绩而载入史册。他修明政治，整顿军旅；顺应自然现象，种植五谷粮食；安抚百姓，让百姓安居乐业；大力发展生产，始制衣冠，建造舟车，发明指南车，定算数，制音律，创医学等，在此期间有了文字。从此，影响了历代帝王对六盘山的考察和关注，他们或因为战争，或因为民族复兴，或因为多民族国家的统一，都曾来到六盘山。

二、周穆王西巡经过六盘山

商周之际，居住在六盘山地区的游牧民族不断侵犯西周的边境，遂成为西周的主要边患。《穆天子传》卷一说："戊寅，天子北征，乃绝漳水，……至于钘山之下……北循滹沱之阳……乃绝隃（逾越）之隥……至于焉居愚知之平……"对于这一段文字中的地名，有人考证认为"钘山"在今宁夏泾源县东南，过泾水，经过"隃"，是六盘山，再过武威，最后抵达中亚的吉尔吉斯。完全是沿着丝绸之路而行的。可见，周穆王是征服犬戎后曾到六盘山地区。

三、秦始皇与六盘山

公元前221年，秦始皇统一六国，建立了我国历史上第一个统一的多民族封建王朝。秦始皇二十七年（前220），始皇开始到全国各地巡视。下令在全国修筑驰道，规模宏大，要求"广五十步，三丈而树，厚筑其外，隐以金椎，树以青松"。秦始皇首次便出巡陇西（今甘肃临洮南）、北地郡，路过鸡头山（今泾源县境之六盘山），过回中（今泾源县东果家山二级台地上有遗址），然后返回咸阳。秦始皇出巡经过了六盘山地区，驰道通过，当然不会有"广五十步"，但起码能通行大车，以供帝王"大驾"巡行。驰道的修筑，对于通商贸易是具有重大意义的。

四、汉武帝与六盘山

汉武帝从公元前112年到公元前88年先后6次到安定郡巡视。足以说明固原这座边关重镇在西汉王朝政治军事中的重要地位。汉武帝北巡，对加强边地防务，完善地方行政建置，增进民族团结，做了许多重大而正确的决策。现存一首汉乐府诗《上之回》，就是反映西汉元封四年（前107）汉武帝从雍（治今陕西省凤翔县境南）出发，通过回中道，北出萧关（今宁夏固原市原州区东南）巡视，途经今固原、内蒙古和晋冀北部地区后，返回京畿甘泉宫的一首诗。诗曰："上之回，所中益。夏将至，行将北，以承甘泉宫。寒暑德，游召关，望诸国，匈奴服。令从百官疾驰驱，千秋万岁乐无极。"

五、光武帝与六盘山

东汉建武六年（30），成纪（今甘肃静宁西南）人隗嚣举兵反汉，其大将高峻据守高平第一城（今固原市原州区），并派王元守陇坻，行巡控扼番须口，牛邯守瓦亭，王孟塞鸡头道。建武八年（32），东汉光武帝刘秀亲自统兵攻打不肯归顺的天水地区割据势力隗嚣。刘秀从洛阳出发，经长安、咸阳沿泾水北上，派马援招降高峻，收复了高平第一城。四月，光武帝抵高平。河西大将军窦融"率五郡太守及羌虏小月氏等步骑数万，辎重五千余辆，与大军会于高平第一"（《后汉书·窦融传》）。在高平，君臣举行朝会仪式，光武帝宣告百僚，大设宴席，"置酒高会"。随后，汉分三路攻破隗嚣防线；南路派来歙伐树开道，从番须口袭取略阳道（今甘肃秦安县东30公里）；中部攻破王孟扼守的鸡头道（今泾源县境）；北路招降了据守在瓦亭（今固原县瓦亭）的牛邯。汉兵数路越过陇山（今六盘山），隗嚣因所据天水、武都、金城等郡的大将十三、兵十余万皆降，穷途末路，恚愤而死。公元36年，光武帝统一全国，完成了统一大业，巩固了东汉王朝。

六、唐太宗李世民与六盘山

《新唐书·太宗本纪》记载：唐太宗"逾陇山关，次瓦亭，观马牧"，《资治通鉴》卷一九八记载："逾陇山，至西瓦亭观马政"，两者记载是一致的。"逾陇山关"，陇山关在六盘山，即翻越六盘山。贞观二十年（646）九月初，唐太宗李世民离开唐都长安，沿泾水北上，越陇山（今六盘山），在西瓦亭（今西吉县将台堡乡）巡视牧马，然后经原州（今原州区城），于中旬抵灵州。铁勒九姓酋长及诸部使臣数千赶到灵州（今宁夏吴忠市利通区境内），与数千名各民族军民盛会，会上各部族领袖尊唐太宗为"天可汗"，共誓曰："愿得天至尊为奴等天可汗，子子孙孙常为天至尊奴，死无所恨！"唐太宗赋诗勒石，以纪盛世盛举。诗有"雪耻酬百王，除凶报千古"之名句传世。此后，"参天可汗道"的开通，是唐太宗羁縻府州政策的直接体现，成了中央王朝与西北少数民族进一步联络的通道（唐都长安与西北边境的驿道），有助于唐王朝对边疆地区的有效管辖，更有利于多民族经济文化的交流。所以，唐太宗灵州之行，成了历史上中原统治者与边疆少数民族友好往来、和睦相处的典范。

七、唐肃宗李亨与六盘山

天宝十四年（755）十一月，"安史之乱"引发唐玄宗李隆基放弃长安逃亡四川，太子李亨则北上灵州，即皇帝位，是为肃宗。据《旧唐书·肃宗本纪》记载，李亨从马嵬驿至平凉郡（今固原市原州区）已是狼狈不堪，"阅监牧公私马，得数万匹，官军益振。……上在平凉，数日之间未知所适"，朔方留后杜鸿渐、魏少游、崔漪等遣判官李涵奉笺迎上，备陈兵马招集之事，仓储库甲之数，李亨才大悦。李亨"初发平凉，有彩云浮空，白鹤前引，出军之后，有黄龙自上所憩屋腾空而去。……七月辛酉，上至灵武……甲子，上即皇帝位于灵武。"

八、成吉思汗与六盘山

12世纪末13世纪初，元太祖铁木真先后统一蒙古诸部，1206年被推为大汗，称成吉思汗（蒙古语"海洋"或"强大"之意），建立蒙古汗国。1227年，铁木真率师渡黄河由西道攻取临洮，于夏四月进入六盘山西侧的隆德，于闰五月登上六盘山。此时的六盘山，正是山峦吐翠、碧波万顷、百花盛开的季节，便在六盘山腹地凉殿峡纳凉避暑，从此，成吉思汗选定了六盘山，建立开城行宫奠定了六盘山在蒙元统一过程中的历史地位。蒙哥汗宪宗、元世祖忽必烈也先后到开城行宫或避暑，或驻跸。七月，成吉思汗病故于开城行宫。正是由于成吉思汗奠定了六盘山的军事地位，宪宗蒙哥汗和忽必烈南征北战，统一中国，建立了元朝。

九、毛泽东与六盘山

1935年10月，毛泽东率红一方面军北上抗日行至六盘山时，浮想联翩，长征途中，历经千辛万苦，翻过无数高山，跨越无数江河，摆脱国民党数十万大军的围追堵截，而今又站在长征途中的最后一座高山之巅，长征快要结束了，革命的力量即将和必然壮大，日本侵略者、蒋家王朝即将和必然被赶出国门和推翻，中国革命即将和必然取得胜利，使人们看到了胜利的曙光，这怎能不让人兴奋呢?! 站在六盘高峰他既对周围的同志解释、宽慰，又自我感叹道："这里可观三省，快到陕北了!"这既是毛泽东心旷神怡心情的真实写照，也是毛泽东想望陕北根据地，早日联合陕北红军，壮大革命力量，建立巩固的革命根据地。

六盘山是中国革命走向成功的"胜利之山"

吴红红

六盘山是红军长征翻越的最后一座高山，也是中国革命走向成功的"胜利之山"，并以其独特而重要的历史地位，在长期的革命和建设的实践中形成了自身的特点和革命传统、革命精神，已成为我们党的建设的不竭力量源泉，成为"文化固原"不可或缺的重要组成部分。重温红军长征途经六盘山区的历史，深入挖掘"胜利之山"的内涵，有利于我们正确把握和深刻理解红军长征的历史经验和精神意蕴，激发我们弘扬党的优良传统，续写长征精神的时代辉煌。

一、六盘山"胜利之山"的红色历史

人类历史潜流深沉，关键的转折却往往只有几步。作为伟大长征胜利的重要一环，红军在"胜利之山"的不屈抗争史，已成为我们民族的集体记忆，成为西海固特有的红色基因。

"回汉兄弟亲如一家"的红色经典。1935年8月15日，为策应主力红军北上，红二十五军在军长程子华等的率领下进入西吉县单家集、兴隆镇一带，创造性地制定和执行了党的民族政策，用党的民主抗日主张，赢得了回族群众的信赖和拥护，用爱民亲民的"铁律"演绎出"回汉兄弟亲如一家"的红色经典，在六盘山区乃至中国革命史上产生了重大影响。

红军长征途经固原的五天四夜。1935年10月5日至9日，在克服了党内错

误指导思想导致的困难，战胜了自然界的种种艰难险阻之后，毛泽东率领中央红军在固原境内避实击虚，乘胜辗转，历时五天四夜，突破了国民党军队的重重围堵，进行大小战斗五次，打开了通往陕北抗日根据地的最后一道屏障，于10月19日到达陕北吴起镇，胜利结束了二万五千里长征，开启了中国革命的新篇章。10月7日，毛泽东沿小水沟登上六盘山主峰时，即景抒怀，作一首气贯长虹的《长征谣》，也就是今天早已脍炙人口、享誉中外的《清平乐·六盘山》，留下了"不到长城非好汉"的旷世名句，也发出了"今日长缨在手，何时缚住苍龙"的历史追问，抒发了红军斗志昂扬、永不言败的英雄情怀，更彰显了中国共产党人忧乐天下、以天下为己任的人生境界。六盘山也因其横跨陕甘宁三省、扼守着通往陕北的交通要道，而有幸成为中国红色革命史上具有里程碑意义的英雄之山、转折之山、胜利之山。

红军三大主力将台堡会师。1936年10月22日，红一、红二方面军经过艰苦卓绝的长征，在西吉县将台堡胜利会师，11500名红军将士和回汉群众在将台堡东侧的广场上举行了规模盛大的会师大会，将那个具有伟大历史意义的胜利时刻永恒凝结在了六盘大地上。将台堡会师是红军长征中的最后一次会师，党和红军在克服党内"左倾"宗派主义、张国焘分裂图谋的斗争中，在同强大的敌人、恶劣的自然条件的殊死搏斗中，以坚强的团结实现了红军三大主力的胜利会师，它的胜利宣告了国民党反动派消灭共产党和红军的图谋彻底失败，宣告了中国共产党和红军肩负民族希望，胜利实现了北上抗日的战略转移，成为中国共产党和中国革命从挫折走向胜利的伟大转折点。六盘山也因将台堡这个红军长征的最后会师地再次与"胜利"聚焦，成为宁夏南部熠熠生辉的胜利之山、幸运之山、希望之山。

二、六盘山"胜利之山"的内涵

红军长征、西征途经六盘山区表现出来的精神风貌和思想品格，是中国共产党人献身民族正义事业百折不挠的传奇和典范，是"不到长城非好汉"英雄气概的彪炳彰显，是伟大长征精神的具体体现。

（一）实事求是、敢闯新路，是胜利之山的精髓

实事求是是中国共产党根本的思想路线，长征的胜利是中国共产党坚持实事求是思想路线的光辉典范。红军长征途经六盘山区和西征宁夏时，为了实现特定历史阶段的政治和军事目标，我们党和军队创造性地把马克思主义基本原理与中国实际相结合，制定了"北上抗日"和"以发展求巩固"的战略方针，灵活机动地取得了一系列战役战斗的胜利。其间，所形成的回民地区民族宗教政策和统一战线政策，又创造性地开启了民族团结和统一战线的制度文化。《中华苏维埃中央政府对回族人民的宣言》和《关于回民工作的指示》等都对尊重回族宗教信仰、风俗习惯及做好民族宗教工作做出了系统的规定和严明的纪律要求;"二十条救国救民主张"和"关于东北军工作的指导原则"等在清水河畔变为卓有成效的实际行动,成功地推动了全国抗日民族统一战线的建立,也成为固原乃至宁夏民族团结、社会和谐的永久底色,在全国各民族地区堪称典范。

(二)艰苦奋斗、勇于胜利,是胜利之山的基石

艰苦奋斗是中华民族的光荣传统,是人民军队的政治本色,也是长征精神的集中体现。长征是一场对生存意志的最严峻考验,肩负着改变全中国劳苦大众命运的重任,红军将士们不得不时刻筑牢艰苦奋斗的堤坝,在挑战极限中奏响"一不怕苦,二不怕死"的革命进行曲,在跨越生命高峰中求索"不到长城非好汉"的革命理想。他们在六盘山区取得的一次次以少胜多、以弱克强的战斗,已不再是一般意义上的战斗,而是信念之战、舍身之战、胜利之战,不仅书写了红旗漫卷六盘的壮美篇章,而且取得了战略转移中具有绝对性意义的胜利。

(三)志存高远,坚忍不拔,是胜利之山的旋律

坚定的理想信念是我们共产党人的精神之"钙"和动力源泉。"民族利益看得高于一切",在爱国主义旗帜下铸就起的"不到长城非好汉"的革命信念,不仅体现了中国共产党人对共产主义理想的追求、对革命事业无比忠诚的崇高精神,而且唤起了亿万回汉军民的爱国热情和英勇斗志,激励着他们在绝地求生中锤炼意志,在跨越极限中挑战生命,用奉献和牺牲诠释忠勇,在战斗和前进中凝聚力量,最终跨越了横亘在陇东大地上的最后一座高山——六盘山,打通了红军北上的通道。

(四)顾全大局、严守纪律,是胜利之山的保障

红军的长征不仅是一种精神的长征,更是一种制度的长征。在长征中,当个人利益和集体利益发生冲突时,从领导到战士,无不表现出顾全大局,牺牲个人利益,维护集体利益,凝聚成心系他人、无私奉献的阶级友爱之情。红军长征途经六盘山区和西征宁夏期间,红军将士从革命利益出发,严守贯彻"三大禁令、四项注意",不在回民家中吃大荤,不随便进民房,不与老百姓争水吃,即使需要什么东西或吃了老百姓家的饭都要付钱,用务实的作风赢得了群众的积极拥护。与此同时,红军将士之间那种官兵一致、上下平等的新型关系也成了红军队伍的凝聚力和战斗力。在固原就传颂着毛泽东与战士们一起吃带泥的土豆、邓小平与战士们"有盐同咸,无盐同淡"等生动事例,都生动地体现了这种"官兵一致,同甘共苦"的革命精神。

(五)依靠群众、增进团结,是胜利之山的源泉

红军长征途经六盘山区和西征宁夏时,始终牢记为民服务的宗旨,爱护劳苦百姓,尊重回族群众,并发动群众、吸纳群众壮大革命队伍,开展对国民党的武

装斗争，帮助群众建立红色政权，用红军亲民、爱民、为民的崭新形象和维护群众利益的实际行动，赢得了"仁义之师"的真诚赞誉和回族群众的衷心拥护。同时，长征中的红军各部队相互接应、相互配合、相互支援，赢得了一个个有利战机，最终成就了红军三大主力在将台堡的胜利会师，实现了空前的战略大转移；红军将士从革命的最高利益出发，服从大局，战略协同，团结一致，成为红军队伍保持士气、战胜敌人的精神力量。

三、胜利之山历久弥新的时代价值

岁月的风霜激荡着长征精神永放光芒，更磨砺出"胜利之山"的时代光彩，它不仅具有超越时空的永恒价值，而且也越来越成为中国人"齐家、治国、平天下"精神追求的溯源地和党政干部"修己以安百姓"的"三同锻炼"基地。

胜利之山昭示我们，必须在继承历史中弘扬传统。回顾党的历史，优良的作风始终是党的宝贵精神财富。中国共产党一经成立就表现出了崭新风姿和博大胸襟，党所领导的人民军队更以"天下为己任"的使命担当，处处展现着亲民、爱民、为民的朴素情怀，即使在长征那样异常艰苦的环境下仍坚守自己的本色。在单家集、将台堡等回族聚居区至今还流传着，红军所到之处"遵守回民风俗习惯，保护清真寺，保护回商"的生动故事，为我们继承光荣传统、坚定理想信念提供了生动教材。在新的历史时期，我们抓住党性教育这个核心，进一步挖掘"胜利之山"的深刻内涵，深刻认识党在革命、建设、改革各个历史时期领导人民所取得的辉煌成就，深刻认识党在长期奋斗中积累的宝贵经验、形成的光荣传统和优良作风，不断用时代发展的要求审视和认识自己；依托"三同六送六帮"活动，升华思想境界、陶冶道德情操、完善优良品格、培养浩然正气，自觉抵制脱离群众、脱离实际的"慵懒散软奢"之风。

胜利之山昭示我们，必须在精神传承中坚定自信。我们党的自信是自觉走中国特色社会主义道路的思想基础。党的十八大报告阐释了"三个自信"的科学内涵，并将其概括为中国特色社会主义的道路自信、理论自信和制度自信。回顾历史，我们党的自信不仅源于90多年来的历史贡献，更源于独特的理论、政治、组织、制度和群众路线优势，这其中就不乏红军长征、西征在宁夏时期许多创新性发展优势，如民族团结和统一战线优势等。在新的历史时期，我们要进一步挖掘"胜利之山"的深刻内涵，大力弘扬"不到长城非好汉"的革命信念，坚定走中国特色社会主义的道路自信、理论自信、制度自信，用"胜利之山"汇聚起全区乃至全国党员干部建设中国特色社会主义、构建和谐社会的强大动力，在践行党的群众路线的生动实践中立身修德，在贯彻"三严三实"要求的创新实践中赢得党心民心。

胜利之山昭示我们，必须在圆梦中华中创新发展。中国是个为"梦"而兴的国家。从"修身、齐家、治国、平天下"的"大同梦",到实现中华民族伟大复兴的"中国梦",无不凝结着中华民族的奋斗图存理想。立足固原实际,建设开放、富裕、和谐、美丽固原,与全区全国同步小康则是现阶段固原的"中国梦",是实现整个"中国梦"的重要环节,是当代六盘儿女的重大历史使命。在新的历史时期,我们只有将眼光放远、把视野放宽,像习总书记所倡导的那样"把人生理想融入国家和民族的事业中",坚持以社会主义核心价值体系为引领,努力把胜利之山的时代内涵融入地域精神的塑造,在家国情怀中瞩望全中国,才能在参与中华民族伟大复兴的事业中,获得更为广阔的发展空间,为构筑中国梦注入精神力量。

总之,六盘山"胜利之山"所彰显的"不到长城非好汉"的精神,与井冈山精神、长征精神、延安精神和西柏坡精神一脉相承,相互辉映,共同构成了中华民族的伟大精神,是宁夏人民乃至全国人民的宝贵精神财富,也必将成为实现伟大中国梦的不竭动力。

行走在"六盘鸟道"上的名人

佘贵孝

六盘山,古代便是丝绸之路上的一座名山。因其险峻,翻山道路曲折难行,清宣统《固原州志》将其列为"十景"中的"六盘鸟道"。只因是从西安到兰州捷径,行人络绎不绝。其中不乏文人墨客闻名而来,吟诗作文,赞其巍峨,赞其碧翠。尤其是清代以来,很多知名人士记录了行走在"六盘鸟道"上的艰辛,也叙述了六盘山的风光。

洪亮吉,清代经学家、文学家,为著名学者,江苏武进人。因上书责朝廷内外弊政数千言,结果被发配伊犁戍边。1799年8月他从京师出发,次年2月抵达伊犁。沿途写有《伊犁日记》,其中记述六盘山一段是:"十月二十五日,(平凉)行九十里宿瓦亭驿客馆。二十六日,行十五里至乐蟠山,山甚险峻,上行二十里过山顶,复车行十五里,宿隆德县城客邸。二十七日,行九十里宿静宁州西关客舍。"文中将六盘山写为乐蟠山,是南方人对北方人语音的误写。因《元史》对六盘山早已定名。

祁韵士,是清代西北史地学的奠基人之一,山西寿阳人。由于他对官场贪污舞弊之风进行了揭露与谴责,便被远戍伊犁。1805年2月28日自京师启行,至7月17日抵伊犁。他将一路日记整理为《万里行程记》。他对六盘山是这样描述的:"由安国西行五十里至瓦亭驿。此宋时所谓瓦亭关也,今隶固原州,州在驿西北。未至瓦亭二十里许，两山夹峙如门，仅容一辙转侧而过，水啮山根，虢虢然，险要莫比。过此则嵯峨万仞，叠起云间，循涧前进，如坐井观天，山高日落，路修马疲，人亦惫甚。由瓦亭西行二十里至六盘山。自瓦亭行十余里，曰和尚坡（铺），为六盘之麓。余晨兴到此，微雨初零，土人以泥滑阻余莫前，仆者恃其勇不听，遂登。路曲折陡峻如壁，盘磴而上，愈上愈高，似犹土石相错，虽泞尚可行。至山半，俗呼猫儿坪（庙儿坪），有帝君庙，甚巍焕。新凿之路，皆土覆石上，遇雨淖甚，已而雨愈大，泥益深，胶粘阻辙，色紫黑，雨忽变为雪，济之以风，烈甚。仆马阻峻坂下，屡起屡仆，寸步不能前。余乃舍车而骑，鼓勇直上，雪花大如掌，风乃益狂，翻扑人面如织。身在风雨阵中，若腾云雾而起，目迷口噤，马亦股栗。望山巅有旧驿亭，驰往避。及下马入，亭朽，被撼欲倒，岌岌不可留。乃复乘马陡下千丈坡，踏冰雪凿凿有声。逦迤至杨家店，路稍平，有茅屋数家可憩，解衣烘焉。少顷，雪复变为雨，回视山头，皆白气缭绕，不复辨。计此程五十里，上山下山只二十里耳，而仓皇狼狈，一至于此。次日，行李始度岭追至。晚无枕寝，独坐达旦，此岂天之所以窘余也耶？然亦殆矣幸矣。由六盘帝君庙西行，过岭三十里至隆德县。县为陇西第一冲要之地，景色荒凉特甚，而羯鼓红牙，歌喉婉转，四邻几遍，风俗淫靡，为之慨然。西行四十五里至静宁州。”

方希孟，安徽寿州人。光绪三十二年（1906），作为长庚幕府宾，二次出关，于十月十五日自郑州起程，于次年四月十四日抵达迪化。著有《息园诗存》《西征录》《西征续录》等作品，《西征续录》是其重要的作品，文中记述了他于光绪三十二年（1906）西行考察铁路建设计划时，写有纪行之作《西征续录》。作者从郑州写起，离开陕西西安后沿西兰公路前行，曾夜宿瓦亭驿馆。他行走在六盘鸟道上，“仰视一线羊肠，车摩崖侧而行，下临百丈深渊，心为之栗。及登，反觉宽平，狭处皆甃，短垣弯环如阑限，马倾侧不虞失坠。盖壬寅年（1902）所修筑也。余车先登至巅，后车重累，每并两车骡马，拽一车上，再返拽之。自午至暮，两姬及仆妇重车始集。山顶建有绰楔，陶勤肃公榜曰‘陇干锁钥’，联曰：‘峰高华岳三千丈，险据秦关百二重。’时夕阳匹西坠，凭崖四望，雪雾迷蒙。余昔过此，亦有句云：‘左揖玉关云，右把秦陇月。大风走中原，万里同一色。’皆壮语真景也。下山路极坦直，约十里许至杨家店。”

方士淦，清陕西定远（今镇巴）人。1820 年至 1827 年，张格尔在英国支持下，由浩罕侵入新疆，煽起南疆西四城叛乱。清政府派陕甘总督杨遇春、伊犁将军长令率兵平定了这次叛乱，活捉了张格尔。方士淦是随杨遇春一起出关平乱的将领。在平定张格尔之后，由伊犁返回西安，《东归日记》就是此次回程的记录。1828 年 3 月 15 日从伊犁起身，6 月 30 日到达西安。日记中说：“六月二十日，从静宁州行九十里住隆德县（缺小差繁，最陋之地）。二十一日，过六盘山，四十五里瓦亭，二十五里过峡口，住蒿店山下，十里即河上原。二十二日，七十里住平凉府。"

胡纪谟，顺天通州（今北京通县）人。自《诗经·邶风·谷风》中有"泾以渭浊"诗句以来，数千年间，历代都有不少的诗歌来描写它的清浊，也有著名学者的注疏和典籍载记。一日，乾隆帝在处理朝政之余，披阅典籍，博览古今，深感泾水之"清浊"问题尚有嫌疑，便很想了解原委，考察泾河的清浊。1790年二月，乾隆帝敕命西大臣水利学士兼中卫县令胡纪谟亲往泾河源头勘视，终于探清了泾水之本源，并以《泾水真源记》呈报乾隆帝御览，使泾渭分明"得之御正，昭然千古"。

林则徐，福建侯官（今闽侯）人。先后任江宁、湖北、河南布政使，擢河东河道总督，江西巡抚，两江、湖广总督。为官清廉，颇有政声，力主严禁鸦片走私，为禁烟派代表人物。鸦片战争爆发后，遭投降派诬陷，被革职遣戍伊犁。1842 年（道光二十二年），林则徐赴伊犁，他将西安至伊犁途中日记整理成书，冠名《荷戈日记》。在这本书中详细记述了六盘山见闻：（1842）七月十九日，从安国镇黎明行，微有雨，所过山涧甚多，水皆湍急。十里入固原州界，又十五里蒿店，小住，作面饼食之。又上坡行，二十里瓦亭驿，距固原八十里。欲即过六盘山，舆人咸虑及半途遇雨无可栖止，遂住此。固原牧纽大绅遣丁具膳。二十日，晴，昧爽行，五里高场堡，十里和尚铺，即六盘山之麓。其时朝曦未出，西风忽来，山气侵人，寒如冬令，因就旅店沽酒吃面。稍暖复行，山峻路曲，盘旋而上，五里始至山半，曰庙儿坪，有关帝庙，香火甚盛，敬诣庙中行香，求得一签云："木有根荄水有源，君当自此究其元，莫随道路人闲话，讼到终凶是至言。"又旋行而上，其沙土皆紫色，一木不生，但有细草。五里至山巅，俯视下方田庐，则混茫一气矣。顶上有兵房数椽，问其兵数，人三成众而已。阅祁鹤皋先生日记（《万里行程记》），过此遇雨，狼狈万状。此次幸大晴，不逾时而过，殆东坡所谓"知我人厄非天穷"者耶！下山，十里杨店，又十五里至隆德县城，县令张继鲁郊迎，入东门，城内住，行馆深而狭，城颇大而荒凉特甚。此处向以五十里为一站，是日亦不能再行矣。是晚黑云蔽天，雷电交作，似欲大雨，幸渐霁未下。二十一日，晴。寅刻月色甚灿，即起行，天明过十里铺，又十里小河子，又十里沙塘铺，有市集，比城中差胜。又五里庞家铺，又十里神林铺，仍隆德辖，张令亲送至此，遂与共饭而别。行十五里乱柴铺，又十五里为静宁州之二十里铺，是晚住静宁州。

倭仁，蒙古族，生于河南。1851 年（咸丰元年）授副统衔，任叶尔羌（即莎车）帮办大臣。倭仁西行路线，由北京出发，经河北、山西到陕西咸阳。然后

西北行经甘肃平凉、宁夏南部、甘肃河西进入新疆。沿途记事冠名《莎车记行》。1851年三月六日，"安国镇尖（四十里—平凉启），瓦亭驿宿（五十里）。山路多碎石。初七日，过六盘山（即古之络盘），迂回鸟道，高入云端。山腰谒关帝庙，额曰'大丈夫浩然之气'，足以振我萎靡。隆德县宿。"

1849年（清道光二十九年），清户部主事董醇等六人由北京出发，经河北、山西、陕西到兰州，往返都走这条路。这几位朝官返京后，由董醇写下了《度陇记》。书中对三关口、瓦亭、六盘山一带的山水、古迹、交通都做了详尽记载。董醇描述弹筝峡至瓦亭的道路状况说："望前途几疑无路，至此两壁如门，仅可容轨，急流奔突而来，捶木堰土以通行人，转似与水争道者……奔流东注，驿马西驰，并道分趋，纵横无定，或履草桥蹈垒石以跨之，或陡峻坂摩崖坡以避之。备诸限险，不寒而慄。"至于六盘山路，则"尤陡绝，矗如壁立"，好似盘空而上。因为正遇大雪，董醇等人不得不换轿子，由轿夫抬着过六盘山。

冯焌光，广东南海（即今广州）人。1853年（清咸丰三年），因其父冯玉衡"通逆重情"，锒铛入狱，经多年审讯，终以"知而不首"定罪，遂发配新疆。1858年2月，焌光及其弟豫光随侍其父至伊犁戍所，后独自返回。1861年其父在伊犁戍所病故。1876年（光绪二年），焌光以办上海机器局有功，得到了清朝政府的二品顶戴。次年，清政府准其前往伊犁，寻求乃父遗骨。冯焌光沿途写有《西行日记》。1877年七月二十一日"（平凉）行三十里安国镇，镇旁有垒，土木甚新，环以深沟。过镇涉涧数道，涧底多细石，水流益湍。二十五里蒿店尖。地多植蒿菜，故名。饭后从峡中行。十里三关口，有营垒数座，经关帝庙，规制宏阔，峭壁屹峙，下有冲波旋濑，与石激荡，潺潺有声。庙之西，山益高，路益逼。十五里瓦亭镇住。镇前有河，《水经注》：陇山有水东南流，历瓦亭北，谓之瓦亭川，即此也。二十二日，晴，辰行，涉涧水上坡行五里和尚铺，为六盘山麓，即《汉志》略畔道也。隋时置县已讹为乐蟠，土人以其山盘曲复谓之六盘。蒙古自和林有事陕蜀，恒屯兵于此。元元贞间，自六盘至黄河立屯田，置兵万人，即此。山径险峻，盘旋而上，辄峭壁对峙，疑至绝境，峰回路折，途径顿辟。中途马嘶人哶，行行且止，五里至半山，始得平旷地，曰庙儿坪，有茅店数椽，少憩，作面饭食之，又旋行而上。《荷戈记程》云：山上土皆紫色，一木不生，但有细草，亦一异也。五里至山巅，俯视下界，隐约莫辩，群山环拱如儿孙，其峻如此。下山二十五里至隆德县方哺。时人马俱疲，遂止。"

阔普通武，蒙古族。1898年（光绪二十四年），以副都统衔任西宁办事大臣，在任五年，1903年罢官。其赴任所和由西宁返京，将沿途见闻著《湟中行纪》。他于1898年二月二十一日"过络盘山（俗名六盘山）。蜗篆蚁旋，高出云表，俯视来路，悉被云遮。上下共三十里。关帝庙稍憩。地势既高，山坡尤陡。

隆德县宿。"1903 年 11 月 2 日，"神林铺尖。路见山边穴居者，皆改筑栋宇，文明之化，其渐被乎。晚宿隆德县。卢羲侣大尹（求古）郊迎，又来谒，系己未优贡，扬州人，人亦风雅，馆中楹联皆其自制。最佳者云：'由万里以望京华，海曙云霞，天都宫阙；宦五年而归桑梓，边臣气节，内翰文章。'皆奖饰。余之境况，曷克当此。余欲答拜，大尹敦切拦阻，言其署在山上，距此甚远，盖县城就山麓结构也。初三日，过六盘山。自西而东尚不甚陡峻。至山顶有公馆一所，额题'六盘古塞'，为陶模书。又一联云'陇干最险无双地，天下难行第一山。'为杨昌浚书。自绝顶俯瞰众山，深不见涧底，左旋右转，窄处只容一舆。至山腰谒关圣庙。圣像白面，奕奕有神，浩然之气，足于此山争高。拈香毕，至东厢道士斋吃茶。一盏山泉，甘洌沁人心脾，惟天风摩荡，重裘尚寒，不敢久坐。固原防营屯于寺内，上下山有兵护送，涧中屡见马骨，疑为野兽所啖。正行间，见狼狈同来，横不畏人，若孤客独行，不堪设想矣。下山二十里至瓦亭驿，宿宋代屯防之处。初四日，早行，见山顶麇鹿如蝇大。过三关口，即稗史所记宋杨彦景所把守者，土人至今称之，建祠奉祀，可见小说非全无据焉。石峡壁立，涧水缓流，面东有关壮缪庙，影壁镌唐隶书碑文一通，叙前代古迹甚详。地势险要，所谓一夫当关，万夫莫开者，于此可悟兵法。地冻石滑，轿夫脱肩，幸未临深涧。是夕，宿平凉试院。"

张维，近代西北著名学者。他于 1910 年 4 月初东行，翻越六盘山。在他的笔下，"天大雨雪，寒甚。比至六盘山下，道途滑沚，加以山势险峻，令人望而生畏。余为口号以示御者云：'六盘崎峻甚，况值新雨时。告尔执御者，慎之复慎之。'遂下车步行，熟五斗米顷，抵山顶。雪色雾气弥漫太空，去身五六十步辄不能见，然而壁立千仞则固历历可睹。山有前制军陶沚芳书'六盘古塞'坊额"。这里不但描述了雨雪中六盘山的景观，而且记载了清末六盘山上的"六盘古塞"的牌匾。

谭嗣同，近代杰出的改良派政治家、思想家，"戊戌变法"的六君子之一。湖南浏阳人。在改良主义思潮的激荡下，曾专心从事理论著述，反对封建割据，要求个性解放。后被康有为推荐给光绪皇帝，被任命参加新政的领导集团。变法失败后，被顽固派总头子慈禧杀害于北京菜市口。留有《谭嗣同全集》。作者曾走访了甘肃、陕西、新疆、宁夏等 10 多个省，为变法物色豪杰，考察民情。从陕西到甘肃途经六盘山，曾写诗《六盘山转饷谣》以抒情怀。在这首诗中，作者展示了一幅血泪斑斑的高山雪地运粮图。诗篇首先描绘了人困马乏、步履维艰、山高路险、天气恶劣的情景，写出车夫在运粮途中遇到的一系列难以克服的困苦。接着，诗人打破诗篇画面的限制，融进一段与车夫的对话，入木三分地衬托出清王朝对人民的残酷剥削。最后，诗人通过反问和反复咏叹，以强烈的语气

表现了不可遏止的愤怒和慨叹。

林鹏侠，女，祖籍福建莆田，旅居新加坡的华侨。少年时期，她曾在天津、上海等地读书。1925 年夏，赴美留学。1929 年赴英国学习军事航空。时称"我国唯一女飞行家"。1932 年，日本帝国主义武装入侵上海的一·二八事变爆发，其时林鹏侠正在新加坡代父管理橡胶园，接母电即速归国，欲服务战地，尽拳拳赤子之心。然待其回国，可耻的《淞沪停战协定》已签。于是，林鹏侠奉母命，考察祖国大西北。1932 年 11 月 24 日从上海出发，30 日到西安，开始了她对西北陕、甘、宁、青各省的考察。以后将考察记行编为《西北行》一书。书中详细记载了翻越六盘山的情形。12 月 15 日住崆峒山。"16 日。鸡鸣起治装，天气奇寒。深夜阴风逼人，其势几可脱耳堕指。余以西行愿遂，精神转觉足以抗之。同行汽车，大者四辆，新式福特小轿车一辆，军队一排，以为护卫。私念此次机遇之巧，诚出意外。使余意志稍不坚持，竟附原车东返，丧志失信，不惟负父母恩意，亦弃国民天职。事之成败，在最后五分钟。此余于平凉逆旅时，重念汉光武'有志者事竟成'一语，遂不作回顾之想。余卒如愿以偿，于是益自坚其信念。余与康君及东北志士马仁山先生共乘轿车，窗门严闭，寒威难入。视前日来平凉所乘无遮货车，风侵雪压，大觉悬异。车发时，晨星历历，冷雾蒙蒙，夜气犹存，路途不辨。不数里，前车相继陷入冰沟，轮轴浸没，不克动转。随行军士，咸脱鞋跣足，入水推挽。严寒，其苦足念。然视彼数人，面不改色，奋勇争先，并未稍形痛苦之状。以此足徵西北士卒忍苦耐劳，诚难能而可贵也。历三小时之努力，始一一挽出，继续行程。愈西道愈艰险，多山故也。所谓汽车路者，本就原有之大车道，略加平治，年久失修，多已毁坏。凸凹坑陷，桥梁倾侧，冰雪载途，泥泞水滑，无处不有颠覆之危。随行士兵，及时修补，得免此患。途中荒凉满目，惟左公柳时或一现，但已零落晨星矣。左公柳者，系清季左宗棠西征时所植，东起潼关，西出嘉峪关，至于迪化（今乌鲁木齐市）。夹道浓绿，当时有万里康庄之目。惜年久无人管理，又值连年天人交祸，民不聊生，树皮根芽，均被灾民剥食垂尽。呜呼惨矣！左公遗迹，亦将被湮没而空留嘉话之传流矣！自潼关至此，崇山峻岭，平原广川，一例牛山濯濯（形容草木不生）。气候干燥，雨量不调，盖荒旱频发之一因。不知以往司民牧者，何以不注意也。

"车行七十里至三关口，两岩对峙，如屏如门。中有隘径，宽可二丈许，有一夫当关万骑难逾之势。与六盘山共称天堑。入望欣然：山上树石相间，五色纷披，泾水中流，喷泉吐雪，谷应雷鸣，使人生别有天地之想。山半有杨六郎庙，相传宋时杨延昭曾守是地，土人今犹祠之。关口附近，且有焦赞、孟良之营址，历历似可辨。北人感于小说家言，如此等不经之谈，随处附会，亦姑妄听之而已。

"逾三关口以西，岩峭峰峻，形益突兀。常人越而过者，亦必胆寒。二十里抵瓦亭驿，自此西达皋兰，分东、北两大路：北经固原、海原达省城，称北大道；南走隆德、静宁、定西抵省城，即东大路也。前者形如弓背，距皋兰路远，道则略平，无高山峻坡；后者虽越六盘山之峭陷，但以径捷，行旅多就之。六盘山为秦、陇、青、宁之要冲，以其有盘道，上下凡六旋，由是得名。山势奇突，直耸霄汉，峰回路转，蜿蜒升降，最高达九千余尺，为陇西第一峻岭，宜乎古称天险也。车盘旋上行，行至缓。五里至绝顶，顶轮小息。见树石奇冰，冰花纷披，山景雄而带幽，对之生超世想。时日已倾斜，晚霞回照，与积雪相掩映，气象之美，纵有高深艺术做手，亦难想象而绘其神情。清赏未已，忽念世间万事万物，愈美者其代价亦必愈高，即如余此次行程，虽极尽万苦，而目所遇者，多天地之大块文章，此岂局于一隅者所能梦见耶？昔元世祖西征凯旋时，崩于兹山之上。英雄名山，并成千古。惜未能从容览全山之况耳！

"山既高寒，气压之低，令人窒息。风拂面如刀削，非重裘不能御。闻虽当盛夏，犹不免冻死行人，其烈可想。时暮色四起，大地渐入迷茫，不敢久留，相率旋车徐下。山势甚陡，逾于来径，笑语康、马二君，此诚'上山容易下山难'矣。行未数里，暮色已合，途径难明。车鱼贯而前，行极蹒跚，乘者咸惴惴，遂议下车徒步。十里抵山麓，车辆旋亦续至。是日，山中传有匪警，军士皆持枪防卫，如临大敌。既抵平陆，相庆越险，康君尤觉欣然，盖喜人与车辆无恙也……"文中写她翻越六盘山时，山的高耸雄伟让她震撼，成吉思汗在六盘山的经历更使她对六盘山产生了兴趣。她认为成吉思汗"崩于兹山之上"，英雄名山，并成千古。

高良佐，民国二十四年（1935）春至秋，周游西北，将沿途见闻写为《西北随轺记》一书。书中以"六盘山上"为题，记述了六盘山。"自平凉西出二十五里，蒿店，下坡即瓦亭峡，古弹筝峡也。唐德宗时，与回纥划界，即其地。绕行涧底，两岸皆山。五里，三关口，即金佛峡也。山至此突起高峰，一水中流，宽仅二丈，擅一夫当关之胜，为自来战守要隘，有董少保故里碑，立于道左。有关帝庙，兼供杨延昭像，相传杨曾驻兵于此，土人遂呼此为六郎庙。过庙，迎面石壁高耸，上镌'峭壁奔流''山水清音''山容水韶'等字，甚遒劲。二十里，瓦亭驿，为三关之一，古要隘也。汉隗嚣使牛邯军瓦亭以拒援军；晋符登与姚苌相持于瓦亭；宋金人陷泾原，刘锜退屯瓦亭，吴玠与金兵战瓦亭皆此。十五里，和尚铺，自此登六盘山。回环峻坂，初向西南，继转东北，凡至十八盘，而达山巅。高峰峭拔，达四千四百六十余尺，温度自六十二度降至四十八度。寒风侵袭，冷澈肌肤。邵委员（即邵元冲）即命停车，嘱同行加衣。明窦文诗云：'六盘山上六盘道，石径迢遥过转赊。溽暑有风还透骨，芳春积雪不开花。'盖一陇高峰，气候骤寒，故山中景象与山外大异。登高了远，峻峨百重，绝壁万仞，众峰环抱，如卷焦叶，烟云满岫，白雪积巅，陇溪宛似空中游丝。隆德、固原由此山分界。瓦亭关深藏山中，势难飞渡，故为陇坂扼要关键。而路之盘曲险阻，自潼关以西，则以六盘为第一。山势雄峻，元气浑沦，水亦东西分流，各不相混也。《三秦纪》云：陇西关其阪九回，不知高几里，欲上者，七日乃越，其上有清水四注，俗歌曰'陇头流水，鸣声幽咽。遥望秦川，心肝断绝。'所以喻渡此山者行役之苦也。盖昔时驿道沿山脊行，行者多苦之。清光绪初，砌石山麓，自三关口至瓦亭驿，始庆安途。近复经全国经济委员会，放宽路基，益觉平坦。下坡西行，云起车下，风号丛谷，满目阴森，令人心悸。曲折盘纡，行一时许，始抵山麓，地名杨家店。按六盘山古谓之络盘道，起自渭源县之鸟鼠山，直接岷山脉，为黄河与渭河两域之大分水岭。《元史》屡称元主避暑六盘山，当时森林必甚丛蔚。今童山濯濯，不堪游憩矣。自杨家店北入西南斜坡，三时许抵隆德。……自平凉以西，荒凉满目，以隆德为最甚。惟其地多山，产药材颇富……"

　　1938年春，王洛宾由西安去兰州，在途经六盘山下时，因大雨而被滞留在一家车马店里。风雨不止，无法起程，可每日闷在店里也憋得慌，王洛宾便和他的同伴经常在屋子里哼着歌来消愁。岂料，歌声传到车马店伙计们的耳朵里，伙计们便告诉王洛宾说："我们老板娘也有一副好嗓子，唱一手好花儿，她的歌声一出口，就连山雀也是屏声静气地听啊！"王洛宾一听喜出望外，未想到在大西北六盘山下竟然有如此歌喉，顿时有了一种找到知音的感觉。车马店的老板娘因额头上有处梅花状的印迹，认识她的人都亲切地称她为"五朵梅"。一日，王洛宾邀请五朵梅唱一首民歌，她毫不推辞，慨然应允。一曲终了，歌声扣人心弦，果然名不虚传。老板娘的歌声率真质朴，情思委婉悠远，实在动人。王洛宾头一次听到这种曲调委婉、声韵优美、富于地方特色的西北"花儿"民歌。他被歌声震撼了，在情不自禁地叫绝之余，急忙用五线谱记下这些闻所未闻的情歌的格律和调令，并拜倒在这位布衣短衫的女歌手面前，向她搜集民歌，记录歌谱。王洛宾成了第一个用乐谱记录"花儿"的人。六盘山下的奇遇，改变了王洛宾的人生经历。从此，他开始搜集民歌。《达坂城的姑娘》曾使新疆小镇达坂城蜚声海内外。

　　蒋经国（1910—1988），字建丰，谱名经国，又名尼古拉，浙江省奉化溪口人，蒋介石长子。1941年夏天，作为蒋介石特命的"西北宣慰团"成员的蒋经国在西北国防前线考察，期间经过了六盘山。他在《伟大的西北》一书中是这样记述的，"离平凉不到十里，名叫三关口，据说杨六郎把守的三关口，就在这个地方，那里形势非常险要，只有匹马可走，你眼看着前面没有路了，但是，转一个弯，又可以看到蔚蓝的天，湍急的水，夹道的桃花，飞溅的瀑布，所谓'山重水复疑无路，柳暗花明又一村'，真足以形容那个地方，山脚下，还有一个六郎庙在那里。过了三关口，就上六盘山，六盘山上有二十五公里，我们走到半山的时候，天下大雪，过了六盘山，才能够看到真正的西北了，极目远望，只见一片荒凉，沿路只能看到几幢残破的屋子，差不多走一二里路，才能看到二三处有几家人家的地方。"

丝 路 花 雨

丝路固原重点知识简介

马平恩

● 固原申遗"要素"

天设地造固原

交通要道萧关

丝路北道东段

历尽沧桑之变

三件宝贝镇馆

鎏金银壶耀眼

玻璃碗难保管

金石戒指路远

四个遗址呈现

开城址须弥山

隋唐墓古城墙

悠悠往事千年

申遗要素齐全

● 鎏金银壶

中国独一无二

出土一九八三

南郊乡古墓棺

成为考古界关注的热点

波斯萨珊王朝时宝物

丝绸之路冒险的商贩

历经艰难弄到了固原

李贤夫妇带进了阴间

城市建设弄开了墓地

原来的身价被人发现

● 玻璃碗

罗马人制作而成型

流光溢彩琥珀琼瑶

经伊朗高原到中国

成为"大碗儿""斗富"的法宝

胡商贩客自由贸易

财富征服世界的奇迹

北魏时大月氏入京师

开创中国石头制造玻璃的先例

西方玻璃多钠钙

中国玻璃重铅钡

后者光泽胜西方

中国玻璃缘于硅

多色透明形式种类大为改进

中国制造玻璃后

身价越来越降低

文物玻璃越千年

一朝出土在固原

亚洲两只玻璃碗

另一个地方出土后成了碎片

● **青金石戒指**

青金石亦天青石
产地伊朗阿富汗
古代用作玉石料
中国至今无矿源

一种天然半宝石
钠钙含铝硅酸盐
颜色取决硫化钠
依附金戒舶固原

李贤妻子吴辉物
一朝出土惊世界
再现李陵千秋事
丝绸申遗物证多

● **粟特人**

祁连山张掖昭武
今为甘肃临泽县
匈奴所迫越葱岭
南北朝中亚建国
昭武为姓不忘本
隋唐回来国为姓
康安米石史何穆
家中多有胡旋女
北朝来固史家族
生活七代官财续
唐安何姓相通婚
史射勿与史索岩
两支史姓族相连
骠骑将军史射勿
曾祖祖父省部级
父亲当过酒泉令
固原出土随葬品

武士壁画宝石印
镇墓兽武士俑
罗马金币朱雀图

● **丝绸之路狮子路**

高平人万俟丑奴
接替胡琛为统帅
自称天子居固原
波斯送一对狮子
去洛阳经过高平
被扣留取吉祥意
改年号为"神兽"
六年后被北魏灭
狮子送到洛阳城
圈养一方皇家赏
老虎豹子和熊子
样样试过被吓住
威力威慑加威严
兽中之王是狮子
北魏帝感违习性
下令送还给波斯
护送使臣怕艰苦
半路杀死交差事
从此狮子有遗迹
银行衙门重基地
石狮成了铁将军
丝绸之路狮子路
两千年来说故今

● **回中道**

汉武帝六次巡安定
第一次司马迁随行
看到了千里无亭徼
防务松弛没有道路
武帝不愉快很愤怒

下令杀北地郡太守
下属官员也被诛杀
触动各方大兴道路
元封四年修回中道
第二次巡视沿原道
北出萧关过安定郡
巡视河北原路返回
从此道路变得宽敞
西安固原公路繁忙
汉武帝开创了陆上
丝路北道东段方向

● 西域植物

张骞开通丝绸路
带回葡萄和苜蓿
后人继承张骞路
更多物种自西来
胡麻胡桃红兰花
胡葱胡蒜橄榄菜
扁豆刀豆和西瓜
苹果菜花洋白菜
胡瓜石榴和香瓜
菠菜原名波斯菜
波斯印度尼泊尔
香菜原名为胡菜
产于波斯和大宛
黄瓜原名叫胡瓜
产地原是地中海
菜花亦产地中海
清朝末年到固原
不是张骞通西域
安得佳种自西来

● 丝绸之路固原道

西汉元鼎二年

张骞西域归汉
丝绸之路开端
必经之地固原
地处北道东段
称作第一条线
西安行至平凉
弹筝峡到大湾
瓦亭到开城镇
经过市区固原
沿清水河北行
三营到石门关
向西到达海原
靖远西渡黄河
景泰县到武威
固原境内长度
一百五十公里
称作第二条线
长安到达环县
进入固原彭阳
过青石到市区
三营到石门关
苋麻河越六盘
郑旗西安境完
称作第三条线
时逢安史之乱
吐蕃攻占原州
固原二线阻断
长安行至华亭
过泾源翻六盘
经隆德越奠安
到天水走陇西
八十年后复还

● 须弥山石窟

中国佛教名山

十大石窟之一
大佛造像洗练
像龙门卢舍那佛
有女性温柔特点
群窟菩萨像端庄
头梳贵妇高云髻
兴盛北周和唐代
132 洞 315 尊像
唐宋西夏金明题
佛教艺术展旖旎
自然风光兼人文
丝绸路上显神奇

●开成遗址

鹿鸣山下开成雨
安西王府听啼莺
开成遗址秦王府
始建元初坐市南
至今已有七百年
元朝军事大本营
两万士兵在把守
三朝帝王来避暑
元十年置开成路
元明开成缺土字
地位重要成上路
相当管理十万户
总揽全局兼民政
忽必烈子忙哥刺
分兵驻守六盘山
为王赐地在京兆
阿难答修延厘寺
蒙军接受伊斯兰
妃子宫女团团转
一场地震宫殿完

●固原古城

固原古城回字形
青龙白虎朱玄武
砖包城像西安城
汉武帝时始修建
从十六国到明清
扩建维修和加固
历尽风雨和昌盛
没有逃过深挖洞
地道加固需要砖
是顾长远或眼前
兰州军区皮定均
冷战时期遇难题
下令拆除为了谁

●北朝隋唐墓地

位于市区南郊乡
涉及北周与隋唐
墓藏共计五十座
墓中主人故事多
身份财富都显赫
两个刺史三将军
李贤两职一肩挑
原州刺史宇文猛
柱国大将军田弘
骠骑将军史射勿
墓中文物说丝路
鎏金银壶玻璃碗
白种洋人活字典
罗马金币金戒指
宝石印章铜器瓷
北周壁画武士俑
文物窃窃说西域

●阿拉伯伊斯兰教在固原

阿拉伯世界伊斯兰

最先到达突厥斯坦
唐时郭子仪用回兵
元时称回兵为亲兵
回族人属于色目人
地位仅次于蒙古人
有利可图流涌中国
纷至沓来遍及南北
二次转移来到固原
"探马赤军"入社
扎根，发展，形成
"回回营""回回村"
"穆家村""某家营"
经阿难答推波助澜
形成固原现在局面
市内一百五十万人
七十一万是回回人
朝圣行动连年不断
形成丝路空中航线
中阿论坛影响非凡
孕育丝路时代内涵

●小麦

旧石器时代有人类
新石器时代有小麦
人类两万年无小麦
是谁人创造了小麦
奇迹般地造福人类

中东地区里海西南起源
世界粮食类总产量第二
玉米第一，稻米第三
今天的小麦啊
为何这样香甜

先是野生一粒小麦

与山羊草结合
有了野生两粒小麦
与节节麦结合
有了普通小麦组
基因为（AABBDD）
关乎宇宙的谜底

●阿难答与固原回族

安西王者忙哥剌
长年统兵与打仗
无暇顾及其幼子
寄养回族家庭中
从小洗脑受熏陶
最终坚定不动摇
忙哥剌子阿难答
父死子继安西王
军营中建清真寺
时时不忘《古兰经》
十五万人大军中
一半皈依伊斯兰
元朝元老很烦恼
责备议论成宗恼
责阿难答听劝导
软劝软禁事无了
罢手放其回封地
从此不再加干涉
西部军民受影响
公开传播又信仰
固原东西南北中
清真寺成一风景
时代迎来新气象
阿语突然有用场
回汉子弟转观念
丝绸路上肩并肩

悠悠驼铃声　漫漫古道情
——有关丝绸之路的话题

马成贵

丝绸之路一词，最早来自于德国地理学家李希霍芬于 1877 年出版的《中国——我的旅行成果》一书。其后，德国历史学家赫尔曼在 1910 年出版的《中国和叙利亚之间的古代丝绸之路》一书中，根据新发现的文物考古资料，把丝绸之路延伸到地中海西岸和小亚细亚（今土耳其境内），丰富了丝绸之路的内涵。中国古代的丝绸之路通常指西汉张骞和东汉班超出使西域开辟的以长安（今西安）、洛阳为起点，经甘肃、新疆，到中亚、西亚，并联结地中海各国的陆上通道。由于这条线路西运的货物中以丝绸制品影响最大，故得此名。其基本走向形成于中国的两汉时期，包括南道、中道、北道三条路线。

一、关于西域的概念

西汉初年，西域主要指今天的南疆，《汉书·西域传（上）》中记载：西域在"匈奴之西，乌孙之南，南北有大山，中央有河，东西六千余里，南北千余里，东侧接汉，陕以玉门、阳关，西则限以葱岭。"这里沙漠很多，土地很少，人们居于河流灌溉的绿洲上，从事农业生产的，被称为城郭国家；随畜牧逐水草而居的，没有定处。绿洲大则国大，绿洲小则国小，最大的龟兹国有 8 万人，最小的依耐国只有 670 人。西汉中期，西域包括北疆和中亚、西亚、南亚等地区。西汉末年，有 50 多个城郭国家。

二、两汉出使西域情况

公元前 138 年，汉武帝派张骞出使大月氏（大月氏原居敦煌、祁连山之间，文、景时期为匈奴所破，翻越帕米尔高原，建国于妫水流域，也就是今天的乌兹别克斯坦、塔吉克斯坦和吉尔吉斯斯坦），约大月氏与汉东西夹击匈奴。大月氏首领因与汉距离遥远，且生活安定，不愿与匈奴作战，只好作罢。张骞第一次出使西域，历经 13 年时间，先后到过大宛、康居、大月氏、大夏等国。公元前 119 年，汉武帝派张骞第二次出使西域，这次出使约乌孙国打击匈奴（乌孙原居敦煌、祁连山之间，与大月氏为邻。西汉初，为大月氏所破，西徙伊列水，就是今天的伊犁河流域建国，约 63 万人），乌孙王因距离匈奴地较近，以怕受匈奴威胁为由，拒绝了张骞的要求。

西汉王朝夹击匈奴的战略虽然未能实现，但张骞出使西域，给汉室带回来大量西域诸国政治、社会、物产、风俗等方面的信息，引起汉室对西域诸国的重视，西汉先后在河西走廊设置酒泉、武威、张掖、敦煌四郡，加强与西域诸国的联系。公元前105年，汉室以江都王建之女细君为公主嫁乌孙王，为右夫人。后细君死，汉室又于公元前105年以楚王戊之孙女解忧为公主续嫁。解忧和侍者冯嫽在乌孙50年，巩固了汉与乌孙的关系。后来，汉武帝在乌垒（今新疆轮台东南）置使者校尉，又在渠犁（今新疆轮台东南）屯田，由使者校尉领护其事并监管汉与南道诸国事宜。至宣帝时，汉在乌孙的支持下，控制了西域北道。从这时起，今巴尔喀什湖以东、以南的广大地区，都成为西汉王朝疆域的一个组成部分。汉室改使者校尉为西域都护，总管西域事务。汉室还在乌孙国都赤谷（今伊塞克湖南）等地屯田。元帝时，又增置戊己校尉，在车师前王庭（今吐鲁番）屯田。西汉王朝在西域设置行政机构以后，促进了汉朝与中亚、西亚的经济文化联系。

东汉明帝初年，北匈奴一再胁迫西域各国出兵，掳掠东汉河西等地。公元73年，明帝派将军窦固、耿忠出酒泉塞，入伊吾庐（今新疆哈密）进行驻兵屯田。后又在车师（今吐鲁番、吉木萨尔一带）置西域都护府，驻乌垒城（今轮台东）。窦固派假司马班超率吏士36人与南道诸国联系，班超先用疏勒兵击败为匈奴控制的姑墨（今阿克苏）和莎车，全部控制了南道，又以南道各国的士卒，击退了大月氏贵霜王国7万人的入侵。公元91年，北道的龟兹降于班超，汉以班超为西域都护，驻龟兹。以戊己校尉驻车师前部，置戊部侯，驻车师后部。公元94年，班超又控制了焉耆。至此，西域50余国又摆脱了匈奴的控制，纳于东汉的版图。公元97年，班超派甘英出使大秦（罗马帝国）。甘英西经条支（今伊拉克）、安息诸国，至安息西界（波斯湾），未过海而还。班超在西域30年，对巩固我国西部疆域做出了卓越贡献。

三、丝绸之路的走向

汉代，自长安经河西走廊通向中亚有两条道路：一条出阳关，经鄯善（今罗布淖尔附近）沿昆仑山北麓西行，过莎车，西逾葱岭，出大月氏，至安息（今伊朗）、西通犁靬（公元前30年为罗马共和国，今埃及亚历山大）；或由大月氏南入身毒（印度、巴基斯坦）。另一条出玉门，经车师前国，沿天山南麓西行，出疏勒，西逾葱岭，过大宛，至康居、奄蔡（西汉时游牧于康居西北即咸海、里海北部草原，东汉时属康居）。这就是著名的世界丝绸之路。

丝绸之路如果按段分，可分关陇西河段（东段）、西域段（中段）和境外段。东段从长安出发，又分为南中北三道。南线由凤翔、天水、陇西、临夏、乐都、西宁至张掖；中线由泾川转往平凉、会宁、兰州至武威；北线由泾河流域的泾川、平凉、固原，在靖远附近渡黄河北上，经景泰、大景、武威，再沿河西走廊西行。今固原地区正处于东段北道的交通要道上。《穆天子传》中称，天子北征，过漳水（秦汉时名长水），历钘山（在今泾源县以东）、泾水，经过隃（今固原市南部）、焉居（今甘肃武威以东地区），最后抵达中亚的吉尔吉斯。这一记载表明，春秋战国时期已经通行的中西交通路线经过今宁夏固原地区。

唐中叶以前，长安至凉州（今甘肃武威）的北道，其大致走向是：由今西安（唐代长安）沿泾河西北行，经陕西的咸阳、礼泉、乾县、永寿、彬县、长武及甘肃的泾川、平凉进入宁夏固原境；过三关口（古弹筝峡），再由瓦亭折向北，经青石嘴至开城抵达固原城，沿清水河向北行，再经三营、黑城，沿苋麻河至海原县的郑旗、贾埫，过海原县城、西安州、干盐池，复入甘肃境；从甘肃靖远县东北的石门附近渡黄河（唐代在此设会宁津，有渡船50只），经景泰县抵凉州，全程约425公里。这段道路沿途平坦，多数地段沿泾水、蔚茹水而行，山不险峻路不陡，可通行大车。这是丝绸之路东段南、中、北三道中，由长安抵河西凉州最近的一条，较南道近100公里。这条通道开辟的时间比南路、中路要早，从北朝开始即有举足轻重的地位，西域各国使节、商队、僧侣通过这条道路进入京城。高平镇（正光五年即524年改称原州）一直是中西交通线上的重镇。北魏孝庄帝永安元年（528），万俟丑奴自称天子，时值波斯国（今伊朗）使节为北魏洛阳奉献狮子途经高平，被丑奴截留，并因此而建元"神兽"。

唐代宁夏境内的驿道，规模最大、地位最重要的就是长安至凉州经过原州的北路，它在今宁夏境内经固原、海原两县约140公里。这条驿道因经萧关，所以又称"萧关道"。它既是驿道也是丝绸之路东段北道。

安史之乱后，吐蕃占领河西、陇右地区，丝绸之路凉州以东的传统道路被迫中断。唐宣宗大中年间（847—860），张义潮率沙州民众驱逐吐蕃势力，收复河西走廊，由长安至河西的传统道路复通。不过宁夏境内不再走萧关道，而是走灵州道了。其具体走向是：由长安经今陕西咸阳、彬县和甘肃宁县、庆阳、环县北至灵州；再由今青铜峡等地过黄河，经中卫到甘肃武威，或经今银川，西越贺兰山，从内蒙古阿拉善左旗境内至凉州或肃州（今甘肃酒泉）；再西，即接传统丝绸之路。

丝绸之路中段大致走向有北、中、南三道，由河西走廊沿北道进入伊州（哈密）、高昌（吐鲁番）、乌鲁木齐，由伊宁出境；或由高昌进入中道的焉耆（库尔勒）、龟兹（库车）、姑墨（阿克苏），由疏勒（今喀什）出境，或沿河西走廊进入南道的若羌（鄯善）、且末、于阗（和田）、皮山、莎车，再由塔什库尔干出境。

丝绸之路境外段走向大致也有北、中、南三道。北道由伊宁出境，经阿拉木图、塔拉斯、塔什干、撒马尔罕、马什哈德、德黑兰、哈马丹、巴格达、霍姆斯、大马士革，安卡拉、君士坦丁堡；中道由喀什出境，经撒马尔罕、马什哈德、德黑兰、哈马丹、巴格达、霍姆斯、大马士革，安卡拉、君士坦丁堡；南道由塔尔库尔干出境，经马什哈德、德黑兰、哈马丹、巴格达、霍姆斯、大马士革，安卡拉、君士坦丁堡，或由塔什库尔干出境，向南经白沙瓦（伊斯兰堡）、拉合尔，至德里。

当时在这条通商大道上，由中国运往中亚、西亚、欧洲的物产有蚕丝、丝织品、铁器、漆器等。西方经丝绸之路运往中国的物产有良马、香料、葡萄、石榴、苜蓿、胡麻、胡瓜、胡豆、胡桃等。

四、丝绸之路文化

汉武帝元鼎三年（前114）置安定郡（治高平），奠定了固原乃至宁夏政治军事重镇地位。北周、隋唐时期是丝绸之路的黄金年代，也是固原历史文化繁荣和兴盛时期。北周柱国大将军田弘墓及其他墓出土的东罗马金币9枚，是全国出土东罗马金币最多的地区。北周柱国大将军、大都督李贤墓出土的鎏金银壶、凸钉玻璃碗、金戒指三件精品，研究者认为，鎏金银壶是古代波斯王朝专门饮用葡萄酒的器具，是一件具有萨珊风格的中亚制品。鎏金银壶通高37.5厘米，重1.5公斤，壶腹部有三组六个人物，据考证表现的是希腊神话故事，分别是爱神阿芙洛狄忒、美女海伦和王子帕里斯、海伦的丈夫墨涅拉俄斯等人物。

伴随着唐与外界交往的不断加强，固原的丝绸古道愈加重要，文化特征愈加明显。由于商业利益的驱使以及粟特地区的动乱和战争等原因，生活在中亚地区阿姆河与锡尔河流域的粟特人便沿着丝绸之路向东方行进。粟特人以善于经商而闻名于世，"善商贾，争分铢之利。男子年二十，即远之旁国，来适中夏，利之所在，无所不到""生子必以石蜜纳口中，明胶置掌内，欲其成长口常甘言，掌持钱如胶之黏物"。可以说，粟特人是当时国际贸易的转运者，同时也是东西方文化的传播者。作为丝绸之路东段北道的固原地区，也有不少粟特人在这里生活。1982年，在固原南郊乡小马庄村先后发掘出土了史道德、史索岩、史铁棒、史射勿、史诃耽等墓8座，出土了东罗马金币、白瓷钵、玻璃花、鎏金马镫、萨珊王朝银币、墓志、人物壁画、彩绘描金镇墓武士俑、兽面人身镇墓兽等一批珍贵文物。从墓志看，这是一个家族墓群，都是史国人，其故地在今乌兹别克斯坦撒马尔罕的南方。如初唐人史道德墓志记载，其先祖为"建康飞桥"人，系昭武九姓中史姓后裔。建康，即前凉张骏所置的建康郡，其地在今甘肃高台县。因其远祖为官徙居原州平高县（西魏末将高平县更名为平高县，即今原州区），史道德任兰池正监（牧马官）。唐高宗仪凤三年（678）卒于"原州平高县招远里私第，春秋六十六"。又如史射勿，北周时伐北齐。入隋，又屡次与突厥作战，战功卓著，开皇十四年，转帅都督。十七年，升大都督（为正六品）。十九年十一月，敕授骠骑将军。隋炀帝大业元年（605），转授右领军、骠骑将军。同年，随驾隋炀帝南巡至扬州。大业五年（609）三月二十四日薨于私第，年六十六。六年正月葬于平凉郡（治平高县）咸阳乡贤良里。固原南郊曾出土过一块《安娘墓志》，据墓志载，安娘为安国人后裔。墓志云："夫人讳娘，字白，岐州岐阳人。安息王之苗裔也。"唐代，岐州岐阳在今陕西岐山县祝家庄之岐阳堡。北朝至隋唐间移居中国的中亚安姓人多自称为安息国之后或安息王之苗裔。其故地在今乌兹别克斯坦布哈拉一带。

　　随着中西经济文化交流的日益密切，中国的丝绸、瓷器、纸张、冶炼技术等沿着丝路向西传播的同时，也吸纳了西方天文学、历法、数学、医药、制糖技术以及音乐舞蹈、工艺品等优秀元素，进一步丰富了中西方文化的内涵。彭阳新集乡出土北魏乐舞陶俑10件，类型有击鼓俑、吹角俑、持鼓俑以及陶制乐器鼓、瑟等，北周李贤和宇文猛墓出土的吹奏骑俑、吹奏女骑俑以及伎乐壁画等，须弥山石窟主室中心柱上雕刻的佛教乐舞遗物，都是丝绸之路乐舞之见证。初创于北魏，兴盛于北周和唐代，其艺术成就可与云冈、龙门大型造像石窟媲美的须弥山石窟，是丝绸之路佛教文化发展的实物例证。尤其是佛教传入中国以来，逐渐与儒家、道家的思想结合起来，成为中国本土文化的组成部分，对中国的哲学思想产生了根本性影响。

　　丝绸之路是人类文明史上的一大创举。两千多年来，这条象征经济繁荣、文化发展、民族融合、友好往来的丝绸之路，把中国与中亚、西亚、南亚各国人民紧紧连在一起。2013年9月7日，习近平总书记在哈萨克斯坦纳扎尔巴耶夫大学发表题为《弘扬人民友谊，共创美好未来》的演讲中指出，倡议用创新的合作模式，共同建设"丝绸之路经济带"，从加强政策沟通、道路联通、贸易畅通、货币流通、民心相通入手，形成跨区域大合作格局，将其作为一项造福沿途各国人民的大事业。这一倡议也得到沿途各国人民的积极响应。"曾经的悠悠驼铃、漫漫古道正在变成互联互通的铁路公路网、油气管线网、电力通信网；沿丝路而行的也不再只是绫罗绸缎、宝石香料，还有琳琅满目的商品、自由流动的资源与资本。"作为丝路重镇的固原，应借丝绸之路经济带建设的东风，紧扣时代脉络，把握历史机遇，围绕自治区第五次固原工作会议确定的目标，发扬"不到长城非好汉"的六盘山精神，务实苦干、奋力拼搏，再创新的辉煌！

原连载于2015年1月《固原日报》

丝路今昔看固原

2014年7月初至8月中旬，《固原日报》相继刊发了王志贤、古原、文丽荣、柳睿、锁金林、魏莹等记者撰写的以下系列报道，每个标题为一篇报道，共12篇，全文收录。

丝路古道　希冀未来

丝绸之路，一条始于西汉，连通亚洲、走向西方的路，一条古中国和亚欧非各国经济文化融合、交流的友谊之路，一条镌刻在固原大地上的历史印记，经济文化的传承之路。

丝绸之路，经济全球化的早期版本，曾被誉为全球最重要的商贸大动脉。

2013年9月7日，国家主席习近平在哈萨克斯坦纳扎尔巴耶夫大学发表重要演讲，倡议用创新的合作模式，共同建设"丝绸之路经济带"。

丝绸之路经济带，是在古丝绸之路概念基础上形成的一个新的经济发展区域，包括我国西北陕西、甘肃、青海、宁夏、新疆五省区，西南重庆、四川、云南、广西四省区市。新丝绸之路经济带，东边牵着亚太经济圈，西边系着发达的欧洲经济圈，被认为是"世界上最长、最具有发展潜力的经济大走廊"。

地处西北边陲的固原，与这条烙刻着历史印记的大通道有着怎样息息相关的联系？

西汉张骞出使西域，掀开了东西方之间的一道珠帘。陆路丝绸之路，便是以他开辟的以长安（今陕西西安）为起点，经关中平原、河西走廊、塔里木盆地，到锡尔河与乌浒河之间的中亚河中地区，并连接地中海各国的通道。这是古代中国连接亚洲、非洲和欧洲的商业贸易路线，在中国境内有1700公里以上。

目前，学术界将这条丝路划分为三段：东段——关陇河西道；中段——西域道；西段——中国境外段。

东段又分为南、中、北三道。固原的地理位置，正处在东段北道的交通要道上：从长安经咸阳出发西北行，过乾县、彬县，沿泾水河谷北进，过长武、泾川、平凉，由瓦亭关北上固原。此后，沿清水河谷，向北经石门关（须弥山谷）折向西北经海原县，抵黄河东岸的靖远，过黄河达景泰县，抵武威，穿越河西走廊入敦煌，再至西域和中西亚、欧洲。

固原，自秦汉以来就是丝绸之路的要冲。随着中西方政治、经济、文化交流的不断加强，大批外国使节、胡客商贾、僧侣信徒往来于这条通道上，促进了中西文化的传播与交流。

　　历史虽已久远，但西域和中亚文化沿丝绸之路在固原留下的文化遗存，依然光芒四射，令人惊叹，成为中西方交流的永久见证。

　　北朝及隋唐墓葬。1982年至1995年，在原州区先后发掘隋唐墓葬9座，这些墓葬中出土了罗马金币、萨珊银币、金覆面、蓝宝石印章等一批印证着中西方经济文化交流的珍贵遗物。北周柱国大将军李贤墓中出土的鎏金银壶、凸钉装饰玻璃碗、镶宝石金戒指、银装铁马等，可谓国之瑰宝，更是引起了轰动。

　　须弥山石窟。"中国十大石窟"之一，素有"宁夏敦煌"之美誉，开凿于北魏早期，历经西魏、北周、隋唐各代大规模营造及宋、元、明、清各代修葺重妆，造就了"大佛楼""须弥之光"等10多处精美的历史人文景观。特有的丹霞自然景观，丰厚的历史人文景观，浪漫神奇的色彩，使须弥山石窟以其独特的艺术魅力和高超的艺术水平，见证着佛教经中亚沿丝绸之路传入中国、中西文化交流融汇的悠久历史。

　　安西王府。公元1273年忽必烈封皇子忙哥剌为安西王时，在固原开城修建的一处规模宏大的皇家宫苑，遗憾地毁于公元1306年的开城大地震。这处裸露在六盘山下的文化遗址，对于它的历史价值，考古专家给出了这样的定义：开城安西王府遗址是一处保存基本完好的元代文物宝藏。在长安—凉州丝绸之路北道的线路上，开城曾是长安丝绸客商抵达固原城最近的门户。从隋唐起，中原往返西域商队的驼铃声就在此不绝于耳，留下了"无数铃声遥过碛，应驮白练到安西"的动人记忆。

　　丝绸之路的印记已深深镌刻于时代发展的洪流和固原前行的步履中，今天的生产生活中，我们依然可以捕捉到它不曾远去的背影。铸造、酿酒，这些延续至今，兴盛于杨郎一带的工艺，为当地百姓创造了财富；胡麻、马铃薯，这些由域外传入的农作物，在固原这片土地上繁衍生长，并作为特色农产品又沿丝绸之路走出了国门；三营，曾经的旱码头，依然以它不可替代的重要地理位置，呈现着商贸流通的生机与活力。今日的固原，已构筑起了现代立体交通网络，飞机在蓝天上飞翔，火车汽笛长鸣，高速公路上车轮滚滚，飞驰向前，共同谱写着丝绸之路新的传奇……

　　建设"丝绸之路经济带"，既是实现中国梦的美好畅想，也是一项事关持续发展的国家战略。

　　处在古丝绸之路重要节点上的固原，能否紧抓这一经济社会发展战略的政策红利机遇，能否开启一段新的历史？

历经时代变迁，经过艰苦努力、负重拼搏，今日固原，既沉淀出历史文化的厚重，也焕发着一座发展中城市的青春与活力。今天，处在西安、兰州、银川三座城市中心地带的固原，兼具矿产资源、文化旅游、地理区位、人力资源、土地资源和气候环境"六大优势"，有丰富的煤炭、石油、岩盐资源，有已在全国"小有名气"的马铃薯、冷凉蔬菜、草畜、苗木等特色优势产业，又拥有老龙潭、凉殿峡、须弥山石窟、火石寨国家地质公园、六盘山红军长征纪念馆等彰显"高原绿岛、红色之旅、丝路重镇、民族风情"魅力的景点。作为宁南区域中心城市，固原正以"红色六盘、绿色固原、避暑胜地"的城市新形象向世界展示着新的风貌。

固原，希冀以更加开放、包容、进取的姿态，在"丝绸之路经济带"的建设中，创造更加富裕文明和谐幸福的未来！

萧关：金戈铁马入梦来

战马嘶鸣，驼铃声声，汉代萧关至今已两千余年。这两千年里，萧关作为军事要塞时而烽火狼烟，时而商贾流云。丝路古道上金戈铁马，战旗猎猎，成为护卫关中的北边门户；丝路古道更以它广阔的胸怀见证着一次次经济文化的交融。

7月10日，多云，记者自瓦亭峡往三关口进发。同行的泾源县文广局副局长于清海说："秦汉萧关不是一个点，而是三关口至瓦亭峡这一线形成的一个防御带。"

置身萧关，极目四望，瓦亭古城墙上绿草萋萋，四周翠峰环拱，山顶的烽火台巍然屹立，似乎在以它千年不变的执着向人们讲述着这里曾经发生的一切。

越往深处，越能体会到古人战略思维的精妙。这里虽非绝壁，却险峻雄奇，易守难攻，有一夫当关、万夫莫开的气势。作为秦汉时期中原的咽喉、关中四塞的北部屏障，兵家必争之地，迎着胡马的嘶鸣，萧关不知经历了多少次惨烈的战斗，脚下的土地不知埋葬着多少将士的忠骨，又不知勾起过多少思妇的眼泪。唐朝边塞诗人岑参和王昌龄分别吟道："凉州八月萧关道，北风吹断天山草。""蝉鸣空桑林，八月萧关道。出塞复入塞，处处黄芦草。"在历史上，萧关曾饱受匈奴、突厥、吐蕃、金、西夏、鞑靼等少数民族进犯之苦，发生过大大小小无数次战斗，有的将士长年守关，黑发变成了白发，发出"今来部曲尽，白首过萧关"的感叹。

萧关道上演着金戈铁马、战火硝烟的场景，战争间歇便有商贾、僧侣、使节和驼队往返。伴随着丝绸之路的开通、兴盛和繁荣，在中华文明形成的历史长河中闪烁着耀眼的光芒。汉代开通的丝绸之路，大致由长安出发，沿泾河过三关口、萧关、固原古城，北渡黄河后直抵武威。这条路线是中原通往西域的交通要道，被称为丝绸之路东段北道，也是历史上农耕文化和草原文化的"结合带"。固原历史专家佘贵孝告诉记者，这条路线就是广义上的萧关古道。萧关古道是连接关中、西域的交通纽带，古道的畅通，加速了中原与边地的商贸活动，促进了商品经济发展。通过丝绸之路，中国的铁器、金器、银器、镜子和蚕丝、丝织品、漆器等源源不断运往西方，西方的良马、香料、葡萄、核桃、胡萝卜、胡椒、胡豆、菠菜（又称为波斯菜）、黄瓜（汉时称胡瓜）、石榴等农作物也随着丝绸之路传到中国，形成了一条经济带。作为丝路上的重要通道之一，萧关古道曾出现过"胡商贩客，日款于塞下"的繁荣景象。丝绸之路的开辟，有力地促进了东西方的经济文化交流，对汉朝的兴盛产生了积极的推动作用，促进了中国与中亚、西亚的经济、文化联系。这条丝绸之路，至今仍是中西交往的一条重要通道。

驼铃声声，不仅带来了东西方经济贸易的交流与繁荣，也带来了中西文化的交流和融合。中西方各具特色的医药、技术、宗教、歌舞，沿着萧关古道交流互通。1983年，固原南郊出土的北周柱国大将军李贤墓，大量的墓葬品都是从西方传入的手工艺制品，成为东西文化交流的重要遗存。李贤深居固原，这些文物无论是北周皇室对他的赏赐，或是李贤直接从波斯商人手中所得，都说明当时萧关一带交通的畅达和萧关古道上中西文化的交流与传播的兴盛。

时过境迁，萧关高山之巅上留存着的烽火台，已经成为历史的见证。历史的车轮滚滚向前，现在的萧关再也没有"一行书信千行泪"的凄楚无奈，没有了"时危多战垒，猛将守萧关"的呐喊厮杀，也没有了驼队过境叮当作响的驼铃声声。为了昭示萧关在历史上的重要作用，旅游部门争取资金400万元修建了萧关文化园，石碑、城墙、门楼、瞭望台，一物一景都按照秦汉风格建造。站在萧关文化园的城墙上，隔着101省道可以清晰地看见瓦亭古城遗址。古城遗址的一侧，宝中电气化铁路穿山而过，福银高速、101省道横跨南北，西安—固原航线从这里经过，曾经万夫莫开的关隘变成了坦途，承载着今日人们的梦想。这个曾经为多民族、多种文化交流融合传播的重要驿站，如今交通发达、信息畅通、商品繁荣，昔日的古道正迸发出新的活力。

丝路古道上的民族风

7月10日上午，多云转晴，泾源县六盘山镇和尚铺村。

村口，三三两两的妇女相互招呼着去赶集。早就听说这个村的妇女演唱花儿已成风气，记者上前搭话。"我叫孙双玲，今年66岁了。""我叫李义霞，平时就爱唱花儿。"民间花儿歌手们毫不扭捏，你一言我一语就聊了起来。"农忙时打工挣钱，下雨天、农闲了就聚在一起唱花儿。""高兴了越唱越高兴，不高兴了唱着唱着就又高兴了。"孙双玲心直口快，滔滔不绝地向记者介绍自己的花儿情结。

"石榴子开花叶叶儿青，我给我三妹织手巾……"孙双玲和姐妹们亮开嗓子唱起了一首原生态花儿《织手巾》，歌声清脆婉转。同行的泾源县委宣传部副部长唐力打趣道："你们这是新'五朵梅'啊！"话音刚落，便引来大家一阵爽朗的笑声。

是啊，来到和尚铺，五朵梅是永远的话题。这个位于六盘山脚下的村子，已和王洛宾、五朵梅紧紧连在了一起。回族花儿、五朵梅、西部歌王王洛宾和和尚铺的故事如今广为人知。向着历史的深处追寻，作为古丝绸之路东段北道上的重要驿站，和尚铺曾吸引大批波斯和阿拉伯商人驻足停留，包括伊斯兰文化在内的各种中西文化在这里交融交流。

1934年，王洛宾从北京师范大学音乐系毕业后立志到法国巴黎音乐学院深造。然而宛平城下卢沟桥头的烽火拖住了他的脚步，"赶走日本鬼子再去巴黎吧"。王洛宾暂时搁浅了个人理想，参加了丁玲的西北战地服务团。1938年4月下旬，王洛宾、萧军、罗珊等一路西行，到六盘山脚下因雨天路滑无法赶路，住在了"五朵梅客栈"。

第二天，当客人们陆续离开客栈，五朵梅看着为了生活而不得不背井离乡的人们，不由自主唱了一首花儿《眼泪哗哗把心淹了》：

走咧走咧走远了
越走越远咧
眼泪的花儿飘满了
哎嗨的哟
眼泪的花儿把心淹了
走咧走咧走远了
越走越远咧
褡裢的锅盔者轻哈了
哎嗨的哟
心里的惆怅者重哈了

这是王洛宾第一次听到回族花儿，他被那哀婉深情、淳朴热烈、苍凉悠远的歌声深深打动，年轻的王洛宾发出这样的感叹：最美的音乐就在自己的国土上！从此，他进入了丰富多彩的中国民族音乐世界，一生离不开大西北，离不开民歌。王洛宾在回忆录中曾坦言：感谢六盘山下的五朵梅，是她的歌声把我挽留在大西北半个多世纪。

为了纪念这段历史，2010年，在自治区党委宣传部、发改委、文化厅的支持下，泾源县兴建了王洛宾文化园，项目总投资480万元，占地面积5000平方米。文化园包括王洛宾拜师五朵梅主题雕塑、王洛宾纪念馆和五朵梅客栈三部分，纪念馆集中展示了王洛宾大量的音乐手稿以及生前使用过的大批物品。

这就是花儿的魅力，它没有过分地渲染夸张，只是心中的情韵自然流淌，唱起来朗朗上口，听起来悦耳动听，粗犷、豪爽、热烈、奔放、缠绵的曲调，深邃而恬淡，欢乐中夹杂着惆怅，苦闷中表露出欢乐。没有场地限制，放牧的、劳动的、赶路的，唱几句花儿，释放情绪，缓解疲乏，给劳动者一种无形的精神力量。流传久了，花儿就像空气和水一样，融入广大群众的日常生活，成为固原最有群众基础的民间音乐。

汉唐时期的丝绸之路打开了古中国向世界开放的窗口，这条路沿线所蕴含的非物质文化遗产不但在华夏民族文化中占据着极为重要的地位，而且是人类非物质文化遗产宝库中的奇葩，花儿只是其中的一种。民间器乐口弦，魏徵梦斩龙王、柳毅传书等神话传说，民间踏脚，巧夺天工的手工艺编织、刺绣，都烙刻着固原回汉人民的聪明才智，呈现出中华民族色彩斑斓的多元文化格局。

回族踏脚是唐代阿拉伯商人沿丝绸之路流传到陕西回族中间的。相传，清朝顺治年间，陕西渭南地区有一位叫马志勇的回族青年，天生残疾，没有双手，靠讨饭度日。有一次，他在讨饭途中遭到一群无赖的围攻毒打，伤势严重，被一位过路商人相救。这位过路人向马志勇传授了一套用脚防身的功夫——弹腿。这套功夫运用双脚"左右飞转""腾空斜刺""前蹬后扫""跛脚平蹬""上突下防"，既可健身，又可防身自卫，从而迅速在渭南回族群众中流传开来。

随着时间的推移，渭南回族群众逐渐把"弹腿"改名为"踏脚"。清朝中叶，渭南地区回族迁徙到现在的泾源县香水镇园子村，踏脚以及其他回族习俗也被从关中带到了泾源。1986年以前，踏脚在民间经口传心授、代代相传。农闲时节，踏脚者相互你踏我躲、你攻我守，个个精神抖擞，勇猛顽强。旁观者呐喊助威，鼓掌喝彩，使农家生活变得颇有情趣。此后，泾源县文化部门通过踏脚进校园、确定传承人、拨付传承经费、举办培训班等各种形式，把踏脚纳入非物质文化遗产进行保护和传承。从1990年起，泾源县踏脚连续六届参加全国少数民族运动会，五次摘取表演项目金牌。

文化就像一条长河，不管怎么流淌，都始终保持着源头的基因。花儿、踏

脚、口弦、刺绣等这些回族传统民间艺术和工艺，经过古丝绸之路的传播，历久弥新，以其博大精深的内涵和广泛的群众基础，在固原这片大地上代代相传，在新的时代又绽放出夺目的光彩。

单家集：旱码头的新传奇

西吉县兴隆镇单家集，地处宁夏、甘肃两省区四县交界地带，交通干线202省道穿村而过。

这个古老而又年轻的集市，是一个具有传奇色彩的地方。

古丝绸之路上，单家集作为一个驿站，日渐成为一个商贸流通的旱码头。在历史的长河中，它更续写出一幕又一幕新的传奇。这传奇，是一段"红军三过单家集"的红色往事，是一派"三分靠庄稼，七分靠买卖"的商贸繁荣景象，是一幅"回汉一家亲"的和谐画卷。

陕义堂，肃穆典雅，透着浓郁的伊斯兰文化气息。这是单家集现存历史最久的清真寺，始建于清光绪年间。1935年10月，毛泽东率领的中央红军长征经过单家集，在陕义堂的北厢房，毛泽东与清真寺阿訇马德海促膝长谈。毛泽东在清真寺后面拜文海家住宿一晚。陕义堂因此深深刻下了中国革命的足迹。

"这已是红军第二次经过单家集，当时单家集回族群众盛情迎接。因为1935年8月，红军第一次经过单家集时，严格执行了尊重回族宗教信仰与生活风俗习惯的'三大禁令、四项注意'，并帮老百姓干农活，给老百姓送药品，在回族群众心中留下了美好印象。1936年，徐海东率领的第十五军团西征时，还曾在此驻扎一月有余，这是红军第三次经过单家集。"年近八旬的回族老人拜福贵如今是陕义堂的一张活名片，对于发生在单家集的这段红色故事，他已熟稔于心，每天为来来往往的参观者做着义务讲解。

北厢房里至今挂有一面写有"回汉兄弟亲如一家"的锦旗，这是红军第一次经过单家集时，红二十五军军长程子华送给清真寺的。这面锦旗，既是那个特殊年代红军与回族人民深厚友谊的见证，也留下了回汉团结的佳话。

单家集的商贸传奇可追溯到清中后期，那时，此处已形成了规模较大的商业集市，有山西、陕西、河南等地经营布匹、百货等生意的坐商户数十家，集日熙熙攘攘，吸引着周围几十公里的回汉群众前来赶集。集市的繁荣为单家集这片土地播下了从商兴商的种子，并孕育着这粒种子生根发芽。据说，清末民国时期，单家集人便是七成经商，三成务农。1958年，由于国家政策的变化，单家集集市曾被撤销，这使向来以商业谋生的当地群众生活陷入了困境。

改革开放后，善于经商的单家集人重立集市，激活了沉寂多年的商业贸易，活畜交易便是这里竖起来的一块招牌。凭借地理位置的优越和交通条件的便利，以诚信、不欺客的公平交易传统，单家集迅速吸引着甘肃静宁、庄浪、会宁和邻近隆德等县的农民赶着牛羊前来交易。单家集人有一句口头禅，"来的都是客"。于是，每逢集日清晨，清真寺召唤人们礼拜的邦克声响起之后，市场即有牛羊进入，礼拜结束时，天色尚在微明之时，市场已是人流涌动。单家集重现了昔日的繁华，一步步发展成为西北最大的村级畜产品交易市场。如今，一个占地76亩的新市场取代了老市场，牛的交易量旺季每天超过300头。

今天的单家集，集市的繁荣带动了牛羊屠宰加工、三粉加工、运输、餐饮等产业的崛起和兴盛。

今天的单家集人，搭载着致富的快车，以勤劳和智慧续写着这里新的传奇。

米正清，这个多年从事牛羊屠宰生意的回族汉子，从家庭作坊式的加工起步，现在，他已是宁夏单家集牛羊产业有限公司控股49%的大股东。这里每天加工的10多吨清真牛羊肉，销往西安、上海、深圳等大中城市。

咸玉忠，他的四口之家，可谓单家集产业发展的缩影版。他早期从事三粉加工，后来养牛贩牛，每年收入10多万元。两个儿子咸飞龙、咸飞虎都是二十多岁，有闯劲肯吃苦，西去新疆跑运输，每年收入20万元以上。

袁永辉，这个与丈夫马荣邂逅于新疆、远嫁单家集的湖南媳妇，热情大方、泼辣能干。丈夫在家种植芹菜，而她在三四年的时间里，把一间十多平方米的小门市部办成了乡村超市。她笑称，这是两条腿走路、两不误。她的超市，不仅方便着本村的乡亲，更广迎着八方来客。

单家集村村主任单云平算过，现在，单家集有生意买卖的农户超过80%。2013年，村里的农民人均纯收入达到5710元。在奔向小康的道路上，这里的百姓越走越有精神。

如果说开放是单家集华美的外表，那么包容则是一种内在的精神和力量。

单家集回民占95%以上，不同籍源回民的先后迁入以及回汉的杂居，让这里成了一个包容的民族融合区域。长久以来发达的集市，更坚定了当地群众和气生财的观念。回汉团结的佳话也在友善而密切的交往中延续巩固。

回汉群众在重大节日期间互相拜贺。春节时，回族向汉族道贺新年；开斋节时，汉族向回族祝福节日。两族家庭间遇娶媳妇、嫁闺女等喜庆事，也常常互相走动贺喜。汉族办喜事，请阿訇宰牛宰羊，借回族锅灶使用，请回族厨师掌厨，完全按照回族习俗招待前来庆贺的回族乡亲。常常是一家喜庆，全村其乐融融。

今天，提及回汉关系，单家集人很骄傲。老人们说，没有和睦的回汉关系，就没有单家集历史上的辉煌。青年人讲，没有融洽的民族交情，就没有单家集人

如今的好日子。

单家集是全市、全区乃至全国的民族团结模范村。真情深情见于点滴，而平等、和谐、共同发展则让"回汉一家亲"具有了更为广博的含义。

泾河源头新驿站

泾河源头有一个小镇，泾河源镇。

这里是宁夏的南大门。

从字面上看，"泾河源"三字都以水做偏旁，看上去水意盈盈。当然，小镇也没有辜负这个名字。作为古丝绸之路进入固原诸多线路的其中一条，从甘肃华亭进入泾河源镇，这里是到达宁夏的第一站，丝路上的重要驿站。

丝绸之路开辟之初，这里就青山如黛，水草丰美，风光旖旎，气候宜人。传说唐贞观年间，连年大旱，颗粒无收。宰相魏徵扮作老农微服私访到了现在的泾河源镇境内的老龙潭，信手卜卦，得知玉皇大帝已降旨泾河老龙次日子夜布雨，便在干裂的地里种瓜点豆。变作凡人的泾河老龙见状很是惊奇，魏徵实言相告，龙王此时并不知降旨布雨之事，便与魏徵打赌以争输赢。泾河龙王回宫后果然接到玉皇大帝的圣旨，为了不输给魏徵，擅自将一天一夜的和风细雨改为三天三夜的狂风暴雨，一时洪水泛滥成灾。一天，魏徵与唐太宗李世民对弈时突然熟睡，原来此时玉皇大帝召见魏徵，命其监斩触犯天条的泾河龙王，梦中魏徵将泾河老龙斩首。

一百多年后的唐贞元年间，老龙潭又演绎出柳毅传书的千古佳话。泾河老龙被斩后，其子继位，洞庭龙王按照玉皇大帝的旨意将独生女嫁给泾河小龙王，但泾河小龙王性情残暴、喜新厌旧，将龙女流放到泾河滩上牧羊。进京赶考落第的湖南书生柳毅，到泾阳寻访好友途经此地奇遇龙女，遂帮龙女传书洞庭，龙女的三叔父钱塘龙王率兵三千将其救回，后龙女变为凡女，与柳毅结为夫妻。

美丽的传说给泾河源披上了神秘的色彩。如今，更加开放的战略给这里带来了前所未有的发展机遇。7月10日，记者在泾河源镇看到，汉唐风格的小城镇初具规模，镇区主干道两侧机声隆隆，民族风情园、广场、游客服务中心正在紧张施工。沿着泾河的走向，长约5公里的水资源综合利用工程为泾源县的旅游产业萌发新的希望。泾源县水务局副局长兰长东告诉记者："工程规划面积31.62万平方米，错落有致的8处水面，形成以泾河为主线的景观带。"工程建成后，沿着泾河从山门到老龙潭一线分别设置自驾游营地、垂钓、漂流、游泳、微电影、特色小吃等不同区域，形成吃住玩娱于一体的高水准旅游综合服务区。

泾河源镇也按照独具特色的旅游风情小镇的定位，通过挖掘当地历史文化，建设商业服务、民俗文化、温泉酒店、户外活动4个板块，旅游中心服务区、滨河户外休闲区、民俗农家体验区、自然田园体验区、温泉度假会务区8个区域。规划建设面积6平方公里，基础设施概算投资6.8亿元，建成后可同时接待游客1万人。

　　火热的建设场面令人振奋。几千年来，这里的先民靠山吃山靠水吃水；如今，依然是这片山水，却今昔大不相同。泾河源镇冶家村依山而建，位居镇区和老龙潭等景区的中心地带。以往农民下田种地、上山采药、下河捕鱼，过着自给自足的生活。近年来，泾河源镇依托境内老龙潭、六盘山国家森林公园、小南川、二龙河、凉殿峡、植物园等丰富的旅游资源，大力发展生态旅游。2007年，在政府的引导和精心培育下，冶家村6户农民放下锄头，办起了"农家乐"，搭上旅游快车奔向了小康生活。

　　兰海英是这6户中的一户。办"农家乐"的资金除政府补贴之外，还要自己拿出一部分，兰海英不理解，心里一直嘀咕：不好好当农民，做什么生意？可丈夫冶三成是村支书，要动员村民转型，自己必须走在前面。他们带头办起"农家乐"，取名"巧媳妇1号大院"。"游泾源山水，品农家美食"，冶家村的"农家乐"品牌一经打出，就受到了游客的青睐，当年，兰海英就净赚四五万元。2010年，尝到甜头的兰海英对"1号大院"进行了扩建，盖起了二层楼，一层做餐饮二层当住宿，再加上小商店的收入，年收入近20万元。如今，村上经营"农家乐"的农民达到80多户，占全村总户数的三分之一多。

　　不仅要让一方水土养一方人，还要让一方水土富一方人。如今，这里的农民对旅游产业兴县富民有了全新的认识。而泾河源，这个宁夏南部的窗口，丝路经济带上的新驿站，正以更加开放包容的姿态，拥抱四方游客。

古丝路上的王府"背影"

　　7月的固原，山川吐翠，瓜果飘香。原州区开城镇农民马归钱在地里忙着锄草，身后不远的山路边竖着一块石碑，上刻"国家重点文物保护单位开城遗址"。这里便是开城安西王府遗址。

　　登高远眺，往日辉煌早已遍寻不见，山水之间，历史的痕迹渐渐湮灭。安西王府，已被高低不平的农田所覆盖。地面上一些依稀可辨的城墙遗址，让人很难将它与昔日的王府联系到一起，好像数百年前这里什么也没有发生过。然而，历史因时间的流逝产生的距离让古丝绸之路上的安西王府更加充满了神秘感。农

田、沟壑的地表或耕土层下，散落着元蒙时期的琉璃建筑物件，见证了成吉思汗驻跸六盘山的历史，也见证了安西王辉煌的历史一幕。

翻开古丝绸之路前行的长卷，可以看出安西王府当时地位显赫。当你踏入安西王府遗址，你会发现，这里隐藏着太多的神奇……

距离固原市区20公里的开城镇，在元代是个赫赫有名的地方，它曾是古丝绸路上长安丝绸客商抵达固原城最近的门户，元蒙时期的军政重镇。据《元史》记载，1227年，成吉思汗灭夏时在六盘山避暑驻兵，闰五月病死六盘山；1253年，元世祖忽必烈征战云南时屯兵六盘山；1272年，忽必烈封皇子忙哥剌为安西王，赐京兆为封地，驻兵六盘山，以镇守秦、蜀；1279年，元军攻占四川完成统一后，安西王府负责管理河西、吐蕃、四川、陕西诸处军政宪财一切事宜，并直接统率数万大军驻防六盘山地区。开城成为西部地区的军政重镇。安西王其府在长安者曰安西，在六盘者曰开城，开城成为安西王夏季的行宫。随着军民屯田，人口剧增，开城也进入历史上的辉煌时期。汉人、蒙古人和中亚的回回、畏兀儿、钦察、康里等各部族迁徙至开城，促进了民族间的交流、融合和发展。而从小在回回家中长大的安西王之子阿难答继承王位后率10余万将士皈依伊斯兰教，很快与当地其他回回逐渐融合演变为回族。安西王忙哥剌死后，儿子阿难答袭取王位。阿难答参与皇权之争失败后被朝廷所杀，安西王府也因此走向衰败。1306年，开城路地震，安西王府在地震中被夷为平地，王府5000余人遇难，昔日的繁华，瞬间荡然无存！

就在开城安西王府淡出历史舞台的时候，700年后的一场考古发现让元代开城安西王府遗址逐渐浮出水面。回忆起安西王府遗址发掘，研究安西王府遗址20多年的原州区文管所文博副研究员马东海仍然记忆犹新。1984年全国文物普查开始，马东海走村串巷向群众征集文物、打听遗址、搜集当地历史传说。1992年，宁夏文物处成立了开城文物工作站，安西王府遗址文物全面搜寻工作开始了。考古工作者对罗家山、北家山、黑刺沟、开城等地反复调查，遗址区发现了较集中的烧制砖和琉璃瓦窑址及墓葬区，并征集到一些出土文物。随后，经过钻探，探明了整个遗址布局，安西王府遗址从此走入了人们的视野。

"遗址总面积9.23平方公里，宫城面积遗址2.86平方公里，主要由王相府、王相官邸、王相住宅区、安西王官邸、花园、养鱼池，窑址，街道，平民区，王府官员住宅区和墓葬区7大部分组成，其形制仿元大都（北京）皇宫模式而建，虽然面积较小，却不失雄伟壮观。"马东海说，安西王府遗址不仅具有考古价值，更重要的是对丝绸之路的影响。从隋唐起，中原往返西域商队的驼铃声就在此不绝于耳，有"无数铃声遥过碛，应驮白练到安西"之说。2007年6月18日，在乌鲁木齐市举行的丝绸之路跨国联合申遗工作会议上，将开城安西王府遗址与固原古城、固原北朝及隋唐墓地和须弥山石窟列为国家申报世界文化遗产名录。

"开城安西王府遗址是元蒙时期丝绸之路文化的瑰宝，无论对保护世界文化遗产，还是推进固原文化产业发展，加强与中阿国家的交流，都具有十分巨大的潜在价值。"马东海认为，开城安西王府是成吉思汗、宪宗蒙哥、世祖忽必烈等共同苦心经营的一处重要军事战略根据地，它不但是西北军事重镇枢纽指挥中心，驻兵屯田、开发建设指挥中心，还将成为中国再次架通中亚、西亚丝绸之路的重要桥梁。

秦汉古邑崛起绿色大县城

彭阳，自秦汉以来就是通往西域的要道。作为丝绸之路东段北道的茹河、阳晋川古道，通往长安方向的道路一直畅通，历经两千多年的风雨沧桑从未间断；魏晋至隋唐，贯通丝绸之路的兴盛期，商贾、贡使、僧侣往来频繁，中西文化交流、宗教文化传播空前繁荣，在这里留下大量具有中亚与波斯风格的遗存。

7月25日12时许，阳光正好，记者驱车沿彭阳县城北面的公路盘旋而上，抵达悦龙山新区。站在悦龙山正中一处高地俯瞰，彭阳县城犹如一巨幅的绿色画卷，在仲夏的阳光下绿得耀眼。近处，悦龙山新区行政中心办公楼拔地而起，灰白相间的楼体、琉璃瓦屋顶，既有秦汉风格，又有现代气派；远处，楼群鳞次栉比，行道树郁郁葱葱，纵横交错的马路犹如一条条玉带镶嵌城中。

面对这样一座绿色的现代城市，似乎很难将它和久远的历史联系起来。

"早在旧石器时期就有人类在这里居住，从秦朝到明代，曾先后在彭阳境内置郡、州、县。"同行的彭阳县文物管理站站长杨宁国说，大量的考古资料和历史记载证明，在历史的长河中，彭阳这片古老的土地曾有过辉煌的往昔。

据考古资料，今彭阳县红河川的新集至茹河川古城的道路在秦汉时期就已存在。2009年7月，考古人员在红河川新集下马洼发现一处秦汉时期的聚落遗址——小河湾遗址，面积约50万平方米，是宁夏首次发现面积较大的秦汉遗址。"这个遗址的秦文化特征明显，如秦式釜、盆、罐等陶器，铁制的各种生产生活用具，均是秦文化的代表性器物。"杨宁国说。

丝绸古道穿越彭阳，从汉代史学家、文学家班彪的《北征赋》中得到印证。西汉末年，班彪不愿目睹中原涂炭、人民流离的景况，"遂奋袂以北征兮，超绝迹而远游"，北游的目的地是"吊尉印于朝那""指安定以为期"。他从长安动身，经过今陕西泾阳、淳化、旬邑，甘肃的宁县、庆阳、镇原诸县，进入宁夏彭阳、原州。沿途考察秦长城的雄壮，凭吊都尉孙印战死的朝那萧关，登高平古城

以览四周苍茫景观。《北征赋》是以游历地方的先后顺序撰写的，凭吊朝那萧关在前，登临高平城在后，这说明班彪是经过今彭阳来到原州区，而他所走的线路正是丝绸之路。

两千多年后的今日，我们站在悦龙山远眺，听杨宁国讲述彭阳史志，眼前仿佛掠过14万匈奴铁骑涌入朝那的滚滚烟尘，茹河古道的驼铃声隐隐入耳。

当思绪从久远的历史深处回归，极目四望，彭阳山川如同只用绿色涂染的中国画。画卷中央，一座现代时尚的大县城成为其点睛之笔。

传承历史文化，呈现地域特色，彭阳县将自身定位为"秦汉古邑生态彭阳"。这，再妥帖不过。

"全国造林绿化先进县""全国生态建设先进县""全国绿化模范县""国家园林县城""全国水土保持生态环境建设示范县"……"绿色""生态"已成为彭阳的亮丽名片。

举世瞩目的成就背后，是彭阳干部群众30多年的"绿色接力"。自1983年建县以来，彭阳历届县委、县政府坚持"生态立县"方针不动摇，一任接着一任干，一代接着一代干，一张蓝图绘到底，按照"山顶林草戴帽子，山腰梯田系带子，沟头库坝穿靴子"的立体生态治理模式，以小流域为单元，实行山水田林路统一规划，梁峁沟坡塬综合治理，走出了一条独具特色的"生态立县"发展之路。"目前，全县林木累计保存面积达到199.8万亩，森林覆盖率由建县初的3%提高到26.2%，'山变绿、水变清、地变平、人变富'的生态综合治理蓝图正在变为现实。"彭阳县林业局局长党玉龙自豪地说。

如果说生态建设是彭阳人几十年如一日刻写在大地上的丰碑，近几年的大县城建设则是彭阳发展史上浓墨重彩的一笔。

多年来，彭阳县城由东向西直线带状延伸，交通压力大、基础设施配套难等问题日益凸显。如何破解县城"一字长蛇"发展困局，构建布局合理、功能齐全的城市框架，成为考验彭阳县决策层智慧和勇气的试金石。

"县城上山、依山而建！"彭阳县委、县政府做出了前所未有的战略决策。

思路决定出路。彭阳县紧紧抓住宁南区域中心城市暨大县城建设的重大战略机遇，科学地修编了《彭阳县城总体规划（2011—2030）》，突出"秦汉古邑生态彭阳"主题定位和"天蓝、山绿、水清、城净"的城市特色，确立了"县城上山、依山而建"的新思路，改变县城由东向西平地直线带状延伸为向北上山发展，利用荒山水域，构建起"三山相望、两水环绕"的城市空间构架，使县城规划控制面积达到60.71平方公里。

目前，彭阳县悦龙山新区开发、"三街两园"、城市桥梁、商贸物流中心、保障性安居工程、工业园区等"六大工程"或已完工，或正在如火如荼建设中。

彭阳县城框架业已拉大，城市功能日臻完善，城市品位明显提升。

秦汉古邑，一座年轻的现代城市从厚重的历史风景中阔步走来。

皇甫故里唱牧歌

自彭阳县城出发，一路向西，约16公里处，便是古城镇人民政府驻地。

古城，为秦汉朝那县治所，是宁夏境内设置最早的四个县治之一，有县治达1200多年。古城，名副其实。

朝那古城城址居古城川正中，茹河北岸，这里三面环山，层峦叠嶂，为古丝路通往长安的要冲。

地以人名，人以地名。古城，作为历史文化名人皇甫谧的故里，一直备受关注。朝那古城的风雨沧桑，亦为皇甫谧的传奇人生平添了神秘的色彩。如今，随着人们对针灸医术的探究，"古城"与"皇甫谧"更加紧密地联系在一起。

皇甫谧，幼名静，字士安，自号玄晏先生，为东汉太尉皇甫嵩曾孙，生于公元215年，卒于公元282年。他一生以著述为业，其著作《针灸甲乙经》是我国第一部针灸学的专著。除此之外，他还编撰了《历代帝王世纪》《高士传》《逸士传》《列女传》《元晏先生集》等书。皇甫谧在医学史和文学史上都负有盛名，在针灸学史上占有很高的学术地位，被誉为"针灸鼻祖"。

彭阳县文物管理站站长杨宁国介绍，从朝那县古城遗址与朝那湫遗址的互证，再从考古发掘实物的印证，结合对正史、古文献和地方志书等有关资料的综合分析，以及当代学术界集体攻关所形成的各种权威性大型辞书、工具书中一致的公认，古朝那县治就是今彭阳县境内的古城遗址。而《后汉书》《晋书》等正史都明确记载皇甫谧和他以上的7代宗祖都是"安定郡朝那人"。

针对近年来的皇甫谧故里之争，杨宁国说："皇甫谧是今彭阳古城人，这是毋庸置疑的。固原东南的古城遗址只有彭阳县古城镇城墙遗址，另外，还有在这里出土的朝那鼎为证。"

在历史的长河中，皇甫故里曾有过"牛马衔尾，群羊塞道"盛景。居住在这里的匈奴、羌人和汉族充分利用当地"水草丰美、土宜产牧"的自然地理优势，发挥其勤劳善牧的特长，使畜牧业经济迅速发展壮大。

《后汉书》说，马援"亡命北地"时，"因处田牧，至有牛马羊数千头"。马援本是扶风茂陵人，王莽时"为郡督邮，送囚至司命府，囚有重罪，援哀而纵之，遂亡命北地"。东汉初归顺刘秀，因军功于建武十七年（41）拜为"伏波将军"。从彭阳县草庙乡崾岘村出土的"伏波将军章"看，朝那就是马援亡命的地方。一个

被官府通缉的亡命者，尚能饲养"牛马羊数千头"，世居当地的富户饲养牲畜当不在少数，足以说明朝那已是一个数世无事、百姓富庶、牛马布野的地方。

我们无法考证古城群众素有的养牛养羊传统是否和往昔有着某种关联，但可以确定的是，古城如今是远近闻名的养殖村，当地许多回汉群众通过养殖业奔上了致富路。

杨生科，古城镇任河村党支部书记，当地脱贫致富的带头人。十几年前，杨生科就瞅准了依靠养殖业致富的路子，他一边养牛，一边做贩运牛羊的生意。近几年，借助彭阳县农村党员"双带"资金项目和扶持草畜产业政策，杨生科将养殖业搞得风生水起。

走进杨生科家，如同走进了一个大果园。几亩大的庄院，苹果树、梨树、杏树长得茂盛，密密匝匝的树叶绿得耀眼。在绿树的掩映下，三座红砖砌筑的标准化牛棚格外惹眼。牛棚里，几十头红安格斯牛个个膘肥体壮、毛色鲜亮。

杨生科介绍，红安格斯牛是我国从国外引进优良品种的首选牛之一，生长速度快，成牛体重800公斤至900公斤；牛肉肉质鲜美、营养全面，价格也高于普通牛肉。

在杨生科的牛群中，3头大块头红安格斯牛吸引了我们的眼球。"这几头牛生长了两年，体重都有1100多公斤。"杨生科介绍说，"每头牛市场价格均在4万元以上，一头牛能换一辆国产小轿车。"

杨生科的侄子杨存军前几年经营着一辆大货车，走南闯北搞运输，日子过得红红火火。4年前，杨存军看好养殖业的前景，卖掉货车，走进任河返乡农民工创业园当起了"牛司令"。短短几年时间，他的养殖规模滚雪球般扩大，如今，他自己建起了百头肉牛标准化养殖园区。

任河村常住人口400多户，像杨生科、杨存军这样养牛致富的比比皆是。据统计，今年上半年全村出栏肉牛3000多头，目前存栏2200多头。

随着养殖业的蓬勃发展，当地群众的生产生活条件发生了巨变。"住新房、开小车，这些以前想也不敢想的事，现在都变成了现实。"72岁的任河村村民马文章感慨地说。据介绍，任河村黄寺组50户人家就有36辆小车。

为了扶持带动群众进一步扩大养殖规模，加快脱贫致富步伐，彭阳县古城镇党委、镇政府积极招商引资，宁夏为民阳光牧业有限公司、江苏雨润集团10万头肉牛屠宰加工项目先后落户古城。

从此，传统的育肥—出售养殖模式变为产加销一体化，产业链拉长，经济效益提升。古城养殖业进入了转型升级、提质增效的发展快车道！

朝那古城，曾在浩如烟海的史书传记中留下光辉身影；皇甫故里，一曲发展富民的现代牧歌响彻山川大地。

回乡商埠金三营

原州区三营镇，东依群山，清水河从一侧缓缓流过。

三营是古丝绸之路必经之地，自古以来商贾云集、物流发达，素有"旱码头"之称。它南接固原，北连同心，是宁夏通往平凉抵达关中平原的重要交通枢纽。古丝绸之路途经三营后分为两路：一条北入黑城（现海原县三河镇），一条西过清水河直达须弥山。于是，驼铃声声、商旅往来中，三营留下了丝路古道上的一段特别记忆。

作为商贸重镇，三营在几千年的历史沿革中还曾烙刻下许多辉煌印记。秦始皇时代，乌氏倮在这里经营畜牧业和商业，成为全国巨富；魏晋南北朝时期，这里是匈奴、鲜卑、氐、羌等游牧民族的活动场所；盛唐，这里又是全国养马业的中心。及至元明，均属牧场。而回族尤善经营，故牛羊遍野。"银丝碎剪羊毛白，金粟新春黍粒黄"，即是当时官僚大户的日常生活和经济活动的真实写照。

20 世纪 30 年代，三营集日正式诞生，四面八方的农民和外地商贩来此摆摊设点，粮食、瓜果蔬菜、畜禽、皮毛，品种日益丰富，集市日渐繁华。每逢二、五、八集日，这里便人头攒动，叫卖声此起彼伏。交易的红火和商贸流通范围的逐渐扩大，催生了运输业、餐饮业等相关产业，并使之兴盛，成为三营的传统优势产业。随着宝中铁路、银平公路、银武高速公路贯穿三营全境，商贸物流业的发展迎来新的春天。

"清真餐饮"算得上三营的一块招牌，有一批从业者凭着巧手艺和好信誉揽住了四方来客。马耀云，土生土长的三营人。贩菜、摆地摊，12 岁便开始学做生意。1993 年，银平公路旁，他的餐馆开业了。4 间架子房 100 多平方米，主营羊羔肉、炒肉片、面食。由于离集市有三四里远，当时算是偏僻地段了，而且独一无二，有人担心没生意，餐馆的名字"独一处"也略带了一些自嘲的意味。凭借多年经商积累的人脉和味美量足的经营之道，一传十，十传百，马耀云的餐馆一路红火起来，并带动了附近十多家餐馆相继开张。这里也一度成为许多过往长途客车司机休憩的必选之地。随着高速公路的开通，过往车辆少了许多，但有些老主顾依然信赖和怀念这里实惠优质的饭菜，专程下高速光顾。今天的"独一处"，两层楼 1500 多平方米，"固原龙祥餐饮有限公司"的牌子挂在门前，格外醒目。身为老板的马耀云，每天依然亲自采购生肉和鲜菜。他说："不管什么时候，质量得保证，丢了质量就丢了市场。"

三营，还有许多响当当的"老字号"。多少年来，凡路过三营的外地人，都

会在这里停留，吃上一碗马登元余面，带上一份杨三女烤馍……

三营的餐饮业，经久不衰。

2011年对于三营来说，是一个成长中的转折。在宁南区域中心城市和大县城建设战略实施中，小城镇建设如火如荼展开，拆旧建新，扩路绿化，三营在"阵痛"中实现着集镇向城镇的华美转身。

今天的三营，不再是"一眼望到边，南北一条街"。道路五纵十横、南通北畅、衔东接西。农副产品、煤炭、活畜、农资、建材、粮油"六大市场"布于镇区，新建的仿明清风格与回族元素相结合的商业用房形成了以农贸市场为核心、辐射4条商业街的中心商贸区，并与各功能市场构成商贸物流带。

三营，这个丝路古镇正构建起"丰满"的商埠"骨架"，装扮起"宁南民族特色商贸物流重镇"的新妆容，古朴典雅，青春焕发。

今天的三营，不仅是三营人置业的一方乐土，更以独特的魅力吸引着外来客商。

尹云权，湖南人，在宁夏闯荡已有7年。他看中了三营的交通便利和人流物流优势以及镇区缺少大卖场的商机，去年，他投资200多万元，开办了集超市、服装销售于一体、经营面积1200多平方米的丰彩商城。

如今，走在三营街头，武汉商贸城、浙江商贸城，一个个带有鲜明地域名称的商铺牌匾会不时跃入眼帘。在三营镇的1700多家商铺中，外地商户占到了20%左右。这里，已是一个敞开胸怀的新城镇。

三营义乌小商品批发市场，正孕育着三营更大的梦想。与义乌中国小商品城建立合作，引进那里的厂家、商品、经营理念，同时发展电子商务，把三营打造成线上、线下销售相融合的西兰银义乌小商品批发集散地。这个由固原精英集团运作的项目，灵感源自中阿经贸论坛。

这个项目中，还蕴含着饱含浓浓乡情的"东接西进"构想。通过多次考察，固原精英集团公司三营指挥部总指挥周毅辉了解到，义乌有许多打拼多年的三营人，有做阿语翻译的，有从商的，这些人既熟悉义乌的情况，又建立起了各自的人脉关系，尤其是联系着中东客商。如今，他们有回乡创业的强烈愿望。"东接西进"就是要接回这些亲人，让他们在三营义乌小商品批发市场当老板，带活这方市场。还要通过他们，把深受中东客商青睐的三营清真牛羊肉等食品销售出去，开拓一方新市场。

在义乌的三营人是"东接西进"构想的纽带，而丝绸之路经济带建设则会为这个构想带来新的机遇。

这样一组数据见证了小城镇建设给三营商贸增添的新活力：商贸产业年总交易额近72亿元，创收6.5亿元，从业人员5300余人，逢集日交易额3126万元，经营收入 521 万元。

这样一组数据见证了商贸繁荣给百姓收入带来的变化：2013 年，三营镇农民人均纯收入达到 6920 元，远高于全市 5394 元的数额。2011 年小城镇建设以来，每年的增幅更是高达 40% 左右。

位于三营镇区主街道的一处牌楼上，"金三营"三个大字刚劲有力。这一个"金"字，折射着这片土地的活力、商机与人气。

杨郎村里的财富故事

杨郎，原州区头营镇的一个村庄。它有一个令人瞩目的头衔——固原首个亿元村。

这个头衔获得于 2007 年。亿元的财富，主要缘于其民营经济的活跃和繁荣。在固原这样一个传统农业地区，这是不小的新闻。

杨郎，为何与众不同？

这有它历史的根基。杨郎作为古丝绸之路上的通商驿站，集市的设立早于三营。集市的繁华，会聚着熙熙攘攘的南北客流，也继承了当地人经商的传统。集市的繁华，吸引了众多外地商人的落户，也传入了许多异乡的先进工艺，诸如酿酒、铸造。许多小作坊应运而生。这些，成为杨郎民营企业的雏形。自古至今，从作坊到工厂，从计划经济到市场经济，历经了乡镇企业到个体私营的形态变革，它们活跃着一方经济，演绎出村中一个个创造财富的故事。

杨郎的酿酒历史悠久，明、清时期，当地已有数家酿酒作坊。只是那时规模小、产量低，酒的知名度也不高。杨郎酒的"成名"，与陕西凤翔柳林镇有着割舍不了的历史渊源。陕西省宝鸡市凤翔县是中国著名的酒乡，而此县尤以柳林镇的酿酒闻名，这里出产的"西凤酒"是中国四大老牌名酒之一。

明朝中叶，柳林镇商人曹泰经商来到杨郎，偶然发现了一口水井，此井水矿物质丰富，纯净甜美，如此优质的地下水源，是酿酒的绝佳选择。于是，曹泰在有这口水井的地方买地置业，从老家聘请来酿酒师傅，开起了酒坊，字号"永兴成"。当地是糜子的重要产地，"永兴成"的酒便选择以糜子做原料。好工艺加之好水质、好原料，成就了清澈透明、米香清雅、浓郁醇厚的糜子酒特色佳酿。

从那时起，马队驮载着"永兴成"的酒，一路销往甘肃、青海、陕西、内蒙古等地，闯出了市场，也闯出了名气。到了清朝乾隆年间，"永兴成"已很是兴盛，并带动了当地以糜子为原料的酿酒业，杨郎酒声名鹊起。

"永兴成"就是今天固原金糜子酒业有限责任公司的前身。历经了百余年的

发展,曹佰润已是第四代掌门人。如今,在当年曹家老院基础上建起的现代企业,那口古井依然充溢着甘甜的清水,10多个藤条编织的储酒容器"酒海",百余年后仍然使用。在金糜子酒业的发展史上,它堪称古董。

只是,今天的"金糜子"酒,传统工艺负载了些许现代化的操作规程,研制开发出了不同档次的12个品种,有了更加古朴精美的包装。今天的"金糜子"酒业,作为宁夏私营酿酒龙头企业之一,传承着全国少有的糜子纯粮酿造特色,年产量达到1000吨以上,每年创造着1600多万元的产值。历经了市场竞争的考验,"金糜子"一路飘香!

杨郎的铸造与酿酒齐名。有铸造手艺的河南人迁居杨郎,带来了铸造业的兴起。20世纪70年代,乡镇企业异军突起之时,铸造是杨郎工业的一大主要门类,大大小小的铸造厂相继开办。杨郎铸造在全区一时很有名气。随着时代的发展和市场的淘汰,到目前,四五家规模较大的铸造企业存活了下来,并靠着好品质在市场中打拼,占据着一席之地。固原市杨郎农具厂,是杨郎1975年创办的乡办企业,1998年,在市场经济的大潮中,企业改制,转为私营。厂里生产的农具、炉具,除了满足本地百姓的生产生活需求,还一直销往陕西、甘肃、青海、西藏等地。

曹辉,至今已担任了20多年的杨郎村支书,他见证着杨郎的发展变迁。在他的记忆里,杨郎民营经济的活跃,成就了一批老板,也带动了当地百姓就地就近就业。在杨郎,外出打工者很少。而杨郎的许多民营企业,起先由外乡人创办,经过代代相传,如今的经营者也变成了土生土长的杨郎人。

传统产业延续着,新的优势产业也在成长着。养殖业后来居上。

王明仁,这个宁夏农学院兽医专业的大学生,2002年毕业后,在青铜峡和天津等地的奶牛养殖场打工一年多。这段时间里,他看到了奶牛养殖的稳定效益,联想到家乡干燥的气候以及丰富的饲草这些养殖奶牛的绝佳条件,他萌发了回乡创业的念头。2003年,他回到杨郎,动员乡亲们建基地、养奶牛。

奶牛养殖投资大,王明仁从以前开过酒厂、铸造厂,家底较厚实的乡邻入手,上门说服。包括曹辉在内的9人决定跟着王明仁冒一次险。于是,一个多月里,9个人天天晚上开会至凌晨。从风险到收益,从喂养到管理,激烈的讨论中开启着思路,激烈的讨论中催生着智慧和勇气。一个多月后,9人各筹资60万元,从陕西购进300多头奶牛,民源牧业公司正式挂牌起步。

十多年的时间里,民源牧业的养殖规模发展到了1000多头奶牛,机械化喂养、机械化挤奶,这里已是一派现代企业的景象。民源牧业科技发展农民专业合作社成立了,会员有40多家,养殖规模最小的也在50头以上。如今,这里成为夏进乳业优质的奶源基地,每年4000多吨鲜奶从这里运出。

以赢得固原首个亿元村的美誉为起点，7 年后的今天，杨郎的年经济产值接近 2 亿元。曹辉心里有本账，这笔财富中，工商业的贡献率超过了 25%，养殖业的份额占到 30% 以上。30 多家企业、300 多个体工商户活跃在市场中。

在这个和谐而兴旺的村庄里，每天都在发生新的财富故事。

须弥石窟：丝路上的璀璨明珠

8 月 7 日，立秋。连续几天降雨带走了伏天的燥热，微风吹过，泛起阵阵凉意，这样的天气是旅游爱好者的最爱。

"须弥山，是丝绸之路东段北道的必经之地，是由长安到西域的最短线路的必经之地。中西文化在丝绸之路宁夏段上碰撞与交流的最大手笔是开凿须弥山石窟。须弥山石窟在中国石窟中占有重要地位，被列为中国十大石窟之一，是古丝绸之路上的重要文化遗存，见证了佛教从丝绸之路传入中国。"须弥山旅游景区讲解员胡建玲向来自陕西的游客介绍景区历史。

据史料记载，须弥山石窟所处的位置自古以来就是中原通往河西走廊、大漠南北的交通枢纽和战略要地。丝绸之路开通后，这里又成为由长安到西域最短路径的必经之地，丝绸之路的兴盛与繁荣孕育了须弥山石窟。到了唐代，唐王朝为了加强边疆防卫，在须弥山下设立了石门关，控制着中原与西域的军事、交通，使这里有着"关中咽喉"之称。

如今，关址已荡然无存，只有分布在 8 座山崖上的石窟仍然焕发着艺术的光彩，向世人展现着它那神秘、多元的面孔。

"须弥山石窟依山崖开凿建造的佛教寺院建筑，起源于印度，是佛教创始人释迦牟尼和弟子们坐禅说法的场所，常被称为'石室'。"须弥山石窟文物管理所党支部书记代学明介绍说。东汉年间，佛教经西域传入中国，北魏至隋唐为兴盛期，大量开凿石窟，唐朝以后渐衰。建筑形式分为中心柱和无中心柱两种，石窟就是在河畔山崖或石壁上开凿出来的佛教寺院或僧舍，其内或雕刻或泥塑佛像，顶部和四壁敷以泥胎后绘画或雕塑。造像采用石刻手法雕造，为云冈石窟、龙门石窟造像奠定了基础。而各个石窟佛像造型和衣服穿戴真实记录了由"胡貌梵相"转为"秀骨清像"、由"体态清秀"转为"魁梧强健"、由"厚重敦实"转为"曹衣出水"的佛教艺术中国化的三次造型转变，即佛教艺术完成了中国化进程。

作为丝绸之路沿线的古文化景观，须弥山石窟已历经了 1500 多年，现存石窟 150 多座，分布于山势迂回的山峰崖面上，远远望去，石窟层层叠加，状如蜂

房一般。

石窟最为引人注目的是大佛楼大佛造像，20.6 米高的大佛仪态端庄而安详，十分壮观，是由一块完整的巨石雕琢而成，充分显示了我国古代工匠的高超技艺和雄伟气魄。这座大佛比云冈石窟中最大的十九窟坐佛和龙门石窟的奉先寺卢舍那佛还高，是全国最大的佛像之一。

时光流逝，须弥山的佛事渐行渐远，丝路的繁忙羽化为石门关石壁上的几孔柱基……

岁月的风雨虽然侵蚀了石窟的外表，却增加了石窟文化艺术的年轮。其特有的丹霞自然景观和丰富的历史、人文景观及其浪漫神奇色彩，造就了"大佛楼""须弥之光"等 10 多处精美的历史、自然景观，具有"宁夏敦煌"之美誉。

如今，须弥山已成为固原王牌景区。在自治区党委、政府的高度重视下，原州区实施了须弥山石窟文物保护工作，加强了景区沿线环境综合整治工程，兴建了国内首个以丝绸之路和佛教石窟艺术为主题的须弥山博物馆，开发建设禅塔山生态、文化旅游资源，成功举办了两届"中国·须弥山石窟文化旅游节"。2013 年 10 月，须弥山石窟景区被国务院公布为国家级风景名胜区，2014 年 7 月被评为国家 4A 级景区。

须弥山石窟这个古丝路上的重要文化遗存焕发出新的光彩，像明珠般镶嵌在丝路黄金段上，吸引了来自世界各地的游人。

"须弥山石窟如同一部百科全书，吸引游客的不仅仅是优美的自然景观，更是其珍贵的史料价值、精湛的艺术价值和完善的基础设施。游客中不乏史学家、画家、作家。"代学明说。2012 年以来，已经有美国、英国、日本等多个国家和非洲的 50 多万游客参观了须弥山石窟。仅今年 1 月至 7 月，景区接待游客 16.6 万人次。

站在大佛的脚下，眼前似有云雾缭绕，耳旁隐约山泉叮咚，山石松林组成大西北黄土高原上独特的山水画卷。须弥山石窟，这颗点缀在丝绸之路上的璀璨明珠，以其深厚的文化底蕴和独特的艺术魅力，见证了中外经济文化交流融合创新发展。它像一本永远读不完的书，对后人深入研究石窟文化、丝路文化具有非凡价值，而且将成为中国再次架通中亚、西亚丝绸之路的重要桥梁。

宁南重镇蓄势腾飞

固原，位于宁夏南部，地处西安、兰州、银川三个省会城市所构成的三角地带中心，是古丝绸之路东段北道的枢纽，自古就是关中通往塞外西域的咽喉要道上的关隘和军事重镇，古人曾称这里"据八郡之肩背，绾三镇之要膂""回中道路险，萧关烽堠多"，历来为兵家必争之地。固原古城以灰砖加包，雄伟壮观，见证了固原风风雨雨沧桑而漫长的历史，见证了古丝绸之路几千年的绵延。

"固原是长安至河西走廊最便捷的道路，可谓'关中咽喉'，控扼着丝绸之路。"原州区文馆所所长王金铎说，古城的修建其实与固原作为军事重镇的历史密不可分。公元前114年，汉武帝为加强西北边地军事防御，在此设置安定郡，并修建了城坚池深的高平城，这即为固原古城的雏形。北周时又在高平城外围修筑了城郭，固原城从此就有了"回"字形格局。明代，固原是西北边境地带的9个军事重镇之一，为加强城防，公元1575年，三边总督石茂华特意将外城的土筑城墙用灰砖加包，固原古城由此成为古代北方屈指可数的"砖包城"之一，其城雄伟坚固，易守难攻。

令人遗憾的是，在20世纪70年代备战运动中，拆掉城砖建设防空洞，固原古城墙几乎被拆除殆尽，只在西湖公园里面保存了比较完整的内城墙500米左右，而外城墙保存比较完好的只有"和平门"与"靖朔门"部分。

追古抚昔，感慨万端。站在"靖朔门"城门下，夯筑土墙沧桑孤立，依稀可见古城昔日的雄姿。思绪仿佛穿越时空，回到了遥远的固原古城：一群高鼻深目的欧罗巴白种人沿着丝绸之路的商业贸易通道，穿越古代欧亚内陆及周边国家来到固原，在这里驻足歇息。他们中有外国使节、有胡客商贩、有佛都信徒。他们不仅带来了大量东罗马、波斯物品，而且将西亚、中亚的音乐、舞蹈、饮食、服饰等大量传入中国。中国的丝绸、瓷器等源源不断地从他们手中运往西域以及中亚、欧洲地区。同时，另一部分人徙居固原，很快与当地人融合在一起，在这里繁衍生息。

"从固原南塬北魏和隋唐等墓地出土的大量文物可以看出，当时丝绸之路东段北道的畅通和固原丝绸贸易之繁荣。"王金铎说，南塬一带赫赫有名的北周李贤夫妇墓地、北周宇文泰墓和隋唐中来粟特人史氏家族墓地，曾出土了鎏金银壶、玻璃钉碗、白人骨架、罗马金币、萨珊银币、金覆面、蓝宝石印章等众多国家级文物，都是中西文化交流的重要遗存，生动地再现了东西文化交流在固原的璀璨历史，再现了当时中西文化交流过程中固原的历史地位。

如果说遗存是丝绸之路一个节点繁荣的见证，那么，市区宋家巷的变迁就生动地再现了固原经贸的繁荣景象。

明代以来，因所处地段交通便利、商贾云集，宋家巷自然形成为固原商业中心，一直持续到20世纪七八十年代。"小时候，这里是城里最热闹的地方，以财神楼为中心，南北两条街区，有固原最早的铁匠铺、第一家理发店、第一家照相馆、最大规模的农资公司。"儿时宋家巷的模样仍然留在69岁大妈何贵芳的脑

海中。

改革开放后，随着固原拉大城市框架，人流物流逐渐向现在的城市中心转移，繁华了近200年的宋家巷就要淡出人们视野时，2008年，宋家巷回族特色商业居住区项目启动实施，再现过店街的历史面貌……丝绸之路上的百年老街完成了一次华丽转身。

随着宋家巷回族特色商业居住区、六盘山机场、固原一中迁建、西南新区等重点项目的实施，固原这个昔日的丝路重镇展现出新的风采。在西部大开发的强劲足音中，国家对固原的支持力度越来越大，学校、医院、博物馆、图书馆等公共事业项目被提上建设议程。自治区党委、政府启动了宁南区域中心城市暨大县城建设，将固原定位为宁南区域中心城市，打破了山区固守多年的"内源经济"桎梏，使固原找到了撬动经济社会发展的支点。围绕建设区域中心城市目标，市委、市政府召开了全市推进城镇化工作会议，按照"1411"格局，构建以市区为核心、四县县城为骨干、中心镇为支撑、幸福村庄为补充的"四位一体"城镇化体系，打造优势突出、城乡协调、合理分工、功能互补的宁南城镇集群。

斗转星移，时过境迁，古丝绸之路上的声声驼铃早已不闻，当固原厚重的历史书页在丝绸之路经济带重建中频频翻开时，漫步昔日的古城，一座座现代厂房，机器轰鸣；一排排设施大棚，绿意盎然；一间间亭台楼阁，见证变迁；一个个乡镇村庄，呈现新貌……固原作为中西经济文化交流大动脉上的重要节点，其独特的优势正被世人认知，并发挥着重要的作用，昂扬奋进的固原人抢抓机遇，以时不我待、只争朝夕的精神，高擎时代接力棒，在丝绸之路经济带建设中，正开启新的历史篇章，向着明天蓄势腾飞……

新闻媒体看丝路固原

古丝绸之路必经之地——固原

阿春琼

　　固原市是宁夏回族自治区属的5个地级市之一，位于宁夏南部六盘山区，地处西安、兰州、银川3个省会城市构成的三角地带中心。市辖四县一区，即西吉县、隆德县、泾源县、彭阳县和原州区，面积1.13万平方公里，人口151万，其中回族人口占42.6%，是全国主要的回族聚居区之一。

　　固原历史悠久，曾是我国古代西北重镇之一，是古丝绸之路东段北道的必经之地，也是著名的革命老区。六盘山是中国工农红军长征翻越的最后一座大山，毛泽东同志的壮丽诗篇《清平乐·六盘山》名扬中外。

　　固原具有独特的资源优势。目前已探明的矿产资源有5大类16种40多处，主要有煤9.18亿吨，石英砂16亿吨，石膏6.6亿吨，石灰岩3亿吨，芒硝200万吨以上，具有较好的开采价值。据江汉油田探察预测，六盘山盆地约有近5亿立方油气储量，开发前景较好。同时还生产大量无污染的绿色农副产品，马铃薯、油料、莜麦、豆类、荞麦等特色小杂粮蜚声遐迩。马铃薯精淀粉及其制品年产量在15万吨以上，是中国最大的马铃薯生产基地之一。拥有枸杞、党参、黄芪、蕨菜、沙棘等400多种名贵药材和野生植物资源，开发潜力巨大。

　　境内旅游资源独具魅力。有战国秦长城、北魏的须弥山石窟和火石寨的"丹霞"地貌，国家级自然保护区六盘山国家森林公园被赞誉为黄土高原上的一颗"绿色明珠"。2000年8月全国首家旅游扶贫试验区在固原创立，旅游业将成为推动固原经济发展的重要支柱产业。

　　2002年6月，经国务院批准正式设立固原地级市。固原是一片待开发的热土，这里通讯便捷、电力充裕、交通便利。境内宝中铁路、109、312、309国道和101省道纵横交错。银川至武汉高速公路固原段等项目正在建设，固原支线机场建设项目前期工作正在抓紧进行，区位优势日趋显现。煤炭、建材、化工、皮革、纺织、造纸、淀粉、食品、酿酒等工业门类不断增多，薯豆、油麻、林果、桑蚕、中药材、瓜菜、草畜等特色农业规模逐渐扩大。马铃薯、草畜、劳务、旅游被确立为固原市的四大支柱产业，产业化发展雏形已初步形成。

六盘山自然保护区有经济价值较高的植物蕨菜、沙棘、发菜和国家重点保护的黄芪、桃儿七和北方少见的窝儿七、暴马丁香等。珍贵的树种有云杉、油松、华山松和水曲柳等。野生药材植物有530种，临床使用的有贝母、刺五加、三七、党参和当归数10种。林区还栖息着国家一类保护动物金钱豹，三类保护动物林麝、金雕、红腹锦鸡。六盘山区昆虫极为丰富，其优势类群有尺蛾、夜蛾、天蛾、常蛾、十二羽蛾、长角蛾、天蚕蛾和流萤等。波水蜡蛾在北京农业大学仅有雌雄各一只标本，而在六盘山区却极为常见。褐纹十二羽蛾仅存于六盘山，国内其他地方尚无记录。

悠久的历史使固原积淀了深厚的古文化，有颇具特点的自然景观和人文景观。

南端是国家级自然保护区和森林公园。老龙潭、二龙河、鬼门关、凉殿峡、野荷谷、白云山六大景区的70多个景点上奇特的高山峡谷地貌、流泉瀑布和特有的植物资源在群峰环抱中大放异彩。

中部是以固原博物馆为中心的固原古城、战国秦长城、安西王府遗址等构成的文化旅游区。北部以中国十大石窟之一的须弥山石窟为中心，有火石寨丹霞地貌构成的云台山、石城、扫帚林及红军长征途中毛泽东参观过的单南清真寺、红军长征会师的将台堡，震湖和地震遗迹。

概括地说，可归纳为生态环境游、高原风光窑洞游、峡谷探险游、荷叶溪水赏花游、民族色彩节日游、长征路上重走游（或六盘古道游）、历史文物寻古游、六盘山消夏避暑游、石窟壁画游、回乡村寨情趣游。

宁夏固原博物馆成立于1983年12月30日，隶属自治区文化厅，位于宁夏南部山区固原市，是一座集历史文物征集收藏、科学研究、陈列、宣传、教育于一体的综合性省级博物馆，全国重点馆，国家一级风险单位。占地面积4万多平方米，建筑面积1.3万多平方米，由陈列区、办公区和生活服务区三部分组成，整个建筑古朴典雅、色泽庄重、风格鲜明，已成为固原市的一个"亮点"，也是展示固原古代文明和进行"爱国主义教育"的重要阵地。馆藏文物1.4万多件（组），其中，一级文物123件（组），国宝级文物3件。本馆以"固原古代文明""丝绸之路在固原""古墓馆""石刻馆"和钟亭等专题陈列对外开放，供观众观赏，国内外观众达40多万人次。

建馆22年来，几代文博工作者长期坚守在这块文化基地，利用自身优势加强对外文物交流与合作，积极组织参与国家文物局组织赴美国、日本、克罗地亚等国家和中国台湾、香港等地区文物展出10余次，还先后在福建、江苏、深圳、中国历史博物馆等20多个省兄弟馆举办"丝绸瑰宝"专题巡回展和参展。20多年来有中央电视台、新华社、宁夏电视台、《中国文物报》《宁夏日报》等20多家新闻媒体和报刊先后对固原博物馆进行了宣传报道；专业技术人员先后在《考古》《文物》《考古学报》等10多家报纸杂志发表论文120余篇，编辑出版专著5部；参加国内外学术交流和技术培训30多人次；配合当地宣传等有关部门举办各种临时性宣传教育展览80余期，拓宽了精神文明建设的领域，宣传了文明成果，实现了面向社会的目的。

塞上新丝路　越走越宽阔
——宁夏建设新丝路经济带见闻
庄电一

　　"这可能又是一个中亚白种人的墓葬！"最近，记者到宁夏固原市原州区南塬正在发掘的唐初大型墓地采访时，人骨鉴定专家告诉记者：墓中出土的头盖骨具有明显的欧罗巴人特征。

　　在此之前，考古专家在其附近曾陆续发现6具粟特人遗骸。其鲜明的白种人特征，说明早在1000多年前，这些原本生活在今伊朗附近的人不仅通过丝绸之路来到了宁夏的固原，而且在这里扎下了根。

　　早在1983年，考古人员在这一区域还发掘了北周柱国大将军李贤、吴辉夫妇合葬墓，发现了距今1500多年、精美绝伦的手工艺品鎏金银壶。作为中西文化交流的物证，鎏金银壶具有典型的波斯萨珊王朝风格，但其表面展示的却是古希腊的神话故事。

　　往事越千年。先民留在丝绸之路上的足迹渐渐抹平，丝绸之路的驼铃声也渐渐远去。

　　"宁夏要成为丝绸之路经济带的重要战略支点！"这是宁夏为自己确定的战略定位。这可不是宁夏人不自量力、一厢情愿。宁夏，无论是自然资源，还是人文环境，无论是向西开放，还是向东发展，都具有无可比拟的优势和条件。

　　宁夏是回族形成、发展、壮大的地方，宁夏原创舞剧《月上贺兰》就生动地反映了那段历史。作为我国唯一的回族自治区，宁夏与阿拉伯国家曾有过许多亲密的交往。生活在宁夏大地上的回族人民，与阿拉伯国家人民和其他信仰伊斯兰教地区的人民，在文化、习俗、信仰等方面都有许多相近、相通之处，宁夏与这些地区进行广泛交流、开展经贸合作，具有地缘优势和人文条件。

　　2010年，首届中阿经贸论坛在银川举行，国务院领导到会做了主旨演讲，引起全世界、特别是阿拉伯国家的关注。

　　2013年，在成功举办了3届中阿经贸论坛之后，这项国际性盛会升格为

"中阿博览会"，全国政协主席俞正声做了题为《深化中阿合作促进共同发展》的主旨演讲。

党中央、国务院的决策和支持，激发了宁夏抢抓"新丝路"机遇的热情：向西，扩大中阿合作，开拓国际市场；向东，承接产业转移，站稳国内市场，宁夏迎来了机遇叠加的"黄金发展期"。

中国需要"向西看"，阿拉伯国家也在实施"东向"战略，宁夏义不容辞地为此搭建了平台，为全国各地与阿拉伯国家的经贸合作提供服务。与此同时，宁夏构建的塞上新丝路，也越来越通畅了。

在 2012 年举行的第三届中阿经贸论坛上，李克强同志宣布：国务院批准在宁夏设立内陆开放型经济试验区并设立银川综合保税区。一转眼两年过去了，记者在实地看到，保税区已建成并封关运行。

本文原载 2014 年 10 月 21 日《光明日报》，这里做了删减

固原丝绸之路重镇地位再添有力佐证

丁建峰

7 月 22 日记者获悉，正在进行抢救性发掘的固原市原州区南塬隋唐墓葬邻近，又发现了一系列来自中亚地区的粟特人墓葬，这一发现为固原作为丝绸之路重要组成部分再添有力佐证。

6 月 18 日起，自治区文物考古所正式对南塬隋唐墓葬进行考古发掘，经过一个月的钻探与发掘，基本确认这是一座长斜坡墓道多天井壁画墓。整个墓坐北朝南，墓葬由封土、斜坡墓道、5 个过洞、5 个天井、甬道、墓室 6 部分组成。墓道、第一过洞与第一天井都有壁画分布。该墓葬形制为隋唐时期流行的等级较高的墓葬，在隋唐墓葬中，天井的数量往往是身份、等级的象征，唐代更为盛行。在宁夏以往发掘的北朝隋唐带天井的墓葬中，天井数量少则 2 个，多者 7 个，以此推断，该墓葬主人应具有较高身份和地位。尤其值得一提的是，考古人员在墓葬邻近又发现了一系列重要的来自中亚地区的粟特人墓葬，这对正确认识作为丝绸之路重要组成部分的固原地区对于东西方文化传播与交流的历史贡献有重要意义。

史料记载，粟特人原是生活在中亚阿姆河与锡尔河一带操中古东伊朗语的古老民族，由于粟特地区处于中亚西部丝绸之路的干线上，粟特人成为一个独具特色的商业民族，他们通过漫长的丝绸之路频繁往来于中亚与中国之间，成为中世

纪东西方贸易的承担者。粟特人的主要商业活动是从中国中原地区购买丝绸，从西域运进体积小、价值高的珍宝，如瑟瑟、美玉、玛瑙、珍珠等，因此，粟特人以善于鉴别宝物著称。

原载 2014 年 7 月 23 日《宁夏日报》

"这里到处都有古代我们国家的印迹"

——"重走丝绸之路"驻华外交官在宁夏的"寻根"情结

丝绸之路遵循于历史的选择，若干年以后，世界又以崭新的目光审视这条东西方贸易大通道。

8 月 11 日至 13 日，由外交部组织的驻华外交官"重走丝绸之路"代表团一行来宁夏考察。来自俄罗斯、伊朗、巴基斯坦、马来西亚、阿富汗等 17 个丝绸之路沿线国家驻华使馆的外交官随团来访。

"乌孙、大宛、鄯善、康居、大月氏……这里到处都有古代我们国家的印迹！"在固原博物馆"丝绸之路在固原"展区，外交官们满目欣喜，纷纷拿起相机，时不时彼此交换着拍照留念，看到与自己国家有关的文物无不点头称赞。

"这个从 1500 年古墓中出土的鎏金银壶上，描绘的内容竟然是特洛伊战争的起因。"一座高 37.5 厘米、上腹细长、下腹圆鼓的器物引起了外交官们的极大兴趣。讲解员说，这件鎏金银壶上的铭刻内容非常"国际化"，使用的是典型的波斯"凸纹装饰工艺"，是公元 3 世纪至 7 世纪的波斯萨珊王朝所生产的器物，属于"进口饰物"，相当于现在的"LV"。

"鎏金银壶"是于 1983 年秋在固原南郊的大型贵族墓的考古挖掘中出土的。据墓志记载，确认此墓为北周时期柱国大将军李贤夫妇的合葬墓。李贤多次掌握丝路孔道的军政大权，对保护丝绸之路的安全畅通起过重要作用。

"这件'鎏金银壶'极有可能是被当时非常善于经商的中亚粟特人通过'丝绸之路'带到中国的。固原（当时称原州）则是这些粟特人来到中国以后一个非常重要的聚居地，有出土的文物为证。"固原市陪同人员告诉外交官们，鎏金银壶是"陆上丝绸之路"最真实的历史见证物，弥足珍贵。

"我觉得他绝不是粟特人，而是我们波斯人，因为从这件陶俑人物的长相、服饰和所佩戴的铠甲看，很像现在伊朗西南部一个民族。"在一尊出土的镇墓武士俑前，伊朗学者型外交官毕纳兹对其所表现的人物来自地区提出了自己的看法。

孟加拉国驻华大使穆哈迈德·阿兹祖尔·哈克是考察团的团长，去年 9 月他

曾来宁夏参加首届中阿博览会，这次属于真正意义上的"重走"。做完礼拜，哈克大使说："作为一名穆斯林，在遥远的中国西部看到中西合璧式的清真寺感到很惊讶，也非常亲切，能在这里'小净'后做礼拜，有一种回家的感觉。"

"啥是'Gouqi'？别开玩笑了，这是小辣椒或小番茄！"这是在中宁县枸杞园参观时，一位外交官在微信上分享枸杞图片时国内朋友的回复。阿富汗外交官法赫昂以前对枸杞闻所未闻，当实地察看和了解药用价值后，他说："我们祖先开辟的古丝绸之路，互通有无，密切了中西方商贸和文化的交流。我这次回去一定要把枸杞推荐给使馆商贸处，希望有意向做枸杞贸易的商人来宁夏洽谈，我要做一名新丝绸之路的使者。"

这次丝路之旅给来自尼泊尔的外交官库玛·莱依留下了遗憾："作为来自佛教最早流行的国家之一，这次因为时间紧张，没能去看须弥山的石窟艺术，很是遗憾，我要带一些关于须弥山石窟的资料回去好好研究研究。"

8月13日上午，在银川举行的座谈会上，外交官们纷纷表示，通过此次参观考察活动，了解了宁夏在古今丝绸之路的魅力，也看到宁夏巨大的发展潜力，"一带一路"沿线各国将支持共建丝绸之路经济带，希望宁夏与沿线国家和地区加强沟通交流，开展务实合作，实现互利共赢。

漫漫古道，悠悠驼铃。古老的丝绸之路，开拓了中华文明的视野，为汉唐盛世增辉添彩。今天，共建"丝绸之路经济带"，再度吹响了加快向西开放的号角。对于宁夏而言，这是大机遇，更是大平台。面对美好前景，宁夏作为丝绸之路上的重要节点，将按照"1＋2＋3"重点任务框架，围绕空中丝绸之路和网上丝绸之路建设，书写好丝绸之路新辉煌的宁夏篇章。（记者李志廷）

原载 2014 年 8 月 14 日《宁夏日报》

丝绸之路在固原
——走进固原博物馆

孙文宾

9月10日晚，参加"塞上新丝路"2014全国网络媒体宁夏行活动的记者一行来到了固原博物馆，感受固原这座古丝绸之路重镇上的辉煌历史。

丝绸之路是连接东西方的一座桥梁，号称是世界东西政治、经济、文化交流的大动脉。它东起中国的长安，即今天陕西的西安，西到地中海沿岸，横跨东亚、中亚、西亚和部分欧洲地区。固原博物馆的展品以中西文化交流的遗物为主，反映了北朝至隋唐时期丝绸之路的盛况。

据介绍，宁夏固原博物馆筹建于 1983 年，1988 年 9 月 25 日落成开放。博物馆占地面积 4 万平方米，建筑面积 1.6 万平方米。2008 年被国家文物局评定为宁夏唯一一家"国家一级博物馆"和可移动文物技术保护设计乙级资质，2009 年被中央文明委授予"全国文明单位"荣誉称号，2012 年 7 月被人力资源社会保障部和国家文物局评为全国文物先进集体。宁夏固原博物馆馆藏文物 2 万余件（组），上起新石器时期，下至 1942 年前社会生活中的各类器物，时间跨度长达三万年之久。文物不仅数量多、种类全，而且品位高。其中波斯萨珊的凸钉玻璃碗、鎏金银壶精美绝伦，独具特色。

"凸钉玻璃碗"是西方之国的瑰宝，具有波斯萨珊王朝传统的玻璃工艺特点，体现了萨珊玻璃器形和纹饰上的独特风格和精湛的磨琢工艺，为我国古玻璃的研究提供了宝贵的资料。"金戒指"的样式和石面上雕刻的文饰具有浓郁的西方文化色彩，装饰所镶嵌的青金石多产于阿富汗，可见这枚戒指来自葱岭以西。鎏金银壶是波斯萨珊王朝传入中国的手工艺制品，生产于巴克特里亚地区，属于萨珊金属器系统。壶身上的人物故事表现了中世纪时期西方古典艺术在北方地区的渗透传播，其故事内容取材于古希腊神话，艺术风格也具有希腊、罗马的特点，以制作精良、质地贵重和传世稀少而弥足珍贵。这种珍贵的金银器在西方传入中国的奢侈品中占有十分重要的地位，对国际学术界悬而未定的萨珊金银器的研究产生了深远的影响。

原载宁夏新闻网 WWW. NXNEWS. NET

丝绸之路在固原

2007 年 6 月 18 日，在乌鲁木齐市举行的丝绸之路跨国联合申遗工作会议上，经过中国丝路申遗专家们的共同讨论，初步确定了丝绸之路跨国联合申遗中国段的 48 处文化遗产推荐名单，宁夏固原有 4 处遗址被列入，即开城遗址、固原城、固原北朝及隋唐墓地和须弥山石窟。对此，宁夏文物考古研究所所长罗丰坦言："这是一件好事，能更好地保护和宣传推介这些文化遗产，但是目前我区一些工作还做得不到位，4 处遗址入选'丝路申遗'预备名单令人忐忑不安。"

2009 年 8 月 22 日，在银川举行的宁夏"丝绸之路"国际学术研讨会上，宁夏固原在古丝绸之路上所具有的重要性再次成为关注的话题。

曾在固原从事过考古发掘工作的日本奈良县立橿原考古学研究所所长菅谷文

则认为："固原4处遗址都有自己充分的理由证实各自在丝绸之路上的重要地位，但是在遗址的保护和恢复上任重道远。"固原博物馆研究人员郑克祥表达出这样的心声："对于固原4处遗址入选'丝路申遗'推荐名单，我感到很自豪，这对于许多专门研究固原的历史学家、考古学家来说是一次难得的机遇。"

2009年8月23日，参加宁夏丝绸之路国际学术研讨会的90多名专家学者汇聚古城固原，参观考察了固原博物馆、须弥山石窟遗址等地，切身感受到了固原深厚的历史和文化积淀。

"看，这就是战国秦长城。"日本学者菅谷文则轻轻推醒了我。在前往固原的途中，惊醒后的我看到了一段稍微高出地平线但不是很连贯的土丘横穿高速公路，自东向西绵延而去。

"那里就是隋唐墓地遗址。"菅谷文则先生指着远处，十分兴奋地给我介绍。这位已近70岁的日本老人，对固原就像对他的故乡日本一样熟悉。现在他不仅能说一口流利的中文，甚至能听得懂固原方言。就是这位老人发现并参与了固原隋唐墓地田弘墓的发掘工作，而田弘墓出土的大量珍贵文物将会为此次"丝路申遗"提供大量生动且真实的历史依据。

到达古城固原的时候，天空下着蒙蒙细雨，公路两旁的田野葱茏浓郁，安静而从容。伴随着菅谷文则先生对固原4处遗迹的讲解，我仿佛看到了几千年前丝路穿越固原时的情景，像是听到了遗迹、遗物在向人们诉说着昔日丝绸之路的喧嚣与繁华。

古城墙遗迹：掩不住的哀伤

历史上的固原，自秦汉以来就是通往西域的要道，控扼着丝绸之路。南北朝时期，随着中西政治、经济、文化交流的不断发展，大批外国使节、胡客商贩、佛都信徒往来于这条通道上，促进了中西文化的传播与交流。

据固原博物馆提供的资料显示，丝绸之路，东起长安（或洛阳），西至东罗马帝国首都君士坦丁堡，横跨欧亚大陆，在我国境内有1700公里以上。目前学术界将这条丝路划为3段：即东段——关陇河西道；中段——西域道；西段——中国境外段。东段又分为南、中、北3道。固原正处在东段北道的交通要道上。

而如今，这个对于固原在丝路中的重要意义的说明只能在史料中得到证实了，残存的能够见证固原古城风貌的只是一段城墙。由于年代久远、地质灾难、人为破坏等因素已经让这段古城墙摇摇欲坠，难掩岁月的无情。

在多数史学家和考古学家眼里，固原在丝路中的重要地位，是不言而喻的。

固原北周及隋唐墓地：印证中西文化在这里交汇

从1982年至1996年，在距固原市原州区西南5公里的南郊乡羊坊村、小马庄村、王涝坝村先后发掘北朝至隋唐墓葬 10 余座，其中北周墓葬 3 座、隋墓 1 座，余为唐代墓葬。在这些墓葬中出土了一批珍贵文物，尤其是中西方文化交流的遗物，如罗马金币、萨珊银币、金覆面、蓝宝石印章等。

史诃耽墓中出土的蓝色宝石印章，一面抛光，另一面中央雕刻卧狮，四边有一周铭文。在蓝色宝石上雕刻图案的做法，流行于传入中国的西方文物上，其上的铭文属古波斯的帕勒维文，是萨珊王朝的一种祈祷文。

固原南郊隋唐墓中出土的东罗马金币仿制品，出土时均放置在墓主人的头部。史道德墓中出土的金币含在墓主人口中。而口含金币的习俗与古希腊神话有着联系。

此外，1983 年发掘的北周大将军李贤墓，是夫妻合葬墓。李贤墓中最引人注目的随葬品是几件由中亚、西亚传入我国的舶来品，其中鎏金银壶、凸钉装饰玻璃碗、镶宝石金戒指等为国之瑰宝。

在固原博物馆，我们有幸见到了这批出土文物，其中就有菅谷文则先生在固原田弘墓中发掘出的 6 枚东罗马的金币。虽然历经几千年的岁月，但是金币仍烁烁生辉。

不难看出，从北朝至隋唐间，随着中西文化交流的发达，"丝绸之路"上商贾络绎不绝，各种西亚、中亚的遗迹、遗物源源不断流传到中国，固原作为丝路关隘要塞重镇，发现诸多反映中西文化交流的遗物就不难理解了。

开城安西王府遗址：埋葬在地下的秘密

安西王府，是公元 1273 年忽必烈封皇子忙哥剌为安西王时，在固原开城修建的一处规模宏大的皇家宫苑。开城安西王府建筑规模宏大，地理位置开阔。其华丽程度"土木之工，雕楹绘塘；朱侍统疏，匹帝之宫"。当代学者王宗维先生在研究安西王府的著作中认为：安西王府与马可·波罗所见的西安安西王宫（安西王辟有王府两处：冬在西安，夏在六盘）油漆绘画，大概不差上下。

中国科学院、北京大学考古系考古专家，也对安西王府重要的考古地位和历史价值给予了肯定，认为"开城安西王府遗址是一处保存基本完好的元代文物宝藏"。在长安—凉州的丝绸之路北道的线路上，开城曾是长安丝绸客商抵达固原城最近的门户，从隋唐起，中原往返西域商队的驼铃声就在此不绝于耳，有"无数铃声遥过碛，应驮白练到安西"之说。

遗憾的是，存在的时间仅数 10 年，辉煌一时的安西王府即毁于公元 1306 年的开城大地震。

所以我们此行也无法看到这处遗址，据固原考古所的工作人员介绍，现在那里的一切都十分平静，昔日的王府所在地如今种满了庄稼。

须弥山石窟：长途跋涉的宗教

公元纪年刚刚开始，一种教义温和的宗教——佛教，便沿着漫长悠远的丝绸之路，开始长途跋涉。偶像的崇拜，使这种宗教所经之处，产生一种充满勃勃生机的宗教艺术，林立的石窟、比比皆是的造像向人们诉说着古代丝绸之路沿线中西文化交流融汇的不争事实。

对于须弥山石窟，参加此次丝绸之路研讨会的专家学者们纷纷表示，这是一处最有希望成功申请丝路遗址的古迹。开凿于北魏早期的须弥山石窟在中国石窟史上占有重要的地位，被列为"中国十大石窟"之一，是古代丝绸之路沿线著名的佛教石窟之一。

如今这处历经西魏、北周、隋唐、宋、元、明、清各朝代的古迹，经过几代人精心的维护和修葺，仍然以它特有的大气、从容庇护着固原这块深情的土地。

申 遗 论 坛

丝绸之路宁夏段申报世界文化遗产点的普遍价值

马建军

丝绸之路是 19 世纪后期德国地理学家李希霍芬在其著作《中国》中首次提出，后来逐步得到了世界的承认。概括地讲，就是从西汉开始，从长安（今西安）出发，经甘肃、宁夏、青海、新疆，过中亚、西亚，到达地中海沿岸各国与非洲北部的陆上通道（沙漠绿洲丝路）。全长约 7000 公里，沿线经过十几个国家，是人类历史上最重要的线路之一。最初是指以丝绸为主要商品，横跨欧亚大陆的贸易之路，后来随着研究与认识的提升，不仅是贸易之路，也是文化交流之路，是技术传播、思想交融和友谊理解之路，是多种文明相互交流的大通道。基本走向形成于两汉时期，全程分东、中、西三段，东段从长安到玉门关或阳关，中段在今天的新疆境内，新疆以西为西段。东段从长安到凉州（甘肃武威市）称长凉古道，这条路线有南、中、北三条道路可以通行，各道路的选择，多考虑翻越六盘山以及渡黄河的安全性与便捷性。相比之下，北道较具优势，北道在宁夏境内长达 190 多公里，大致走向：从长安出发，在咸阳渡渭河，向西北行经礼泉、乾县、彬县，到甘肃的泾川、平凉，进入宁夏境内，过三关口、瓦亭、开城、到达固原，再向北经三营过石门关（须弥山）到达海原，或到黑城沿苋麻河过郑旗、贾塄到达海原县城，再向西过西安州、干盐池，到甘肃靖远，西渡黄河，经景泰县到达凉州（武威）。这条线路较南线到达凉州近百公里左右，南北朝至隋唐间，成为关中通往河西走廊的主干道。2005 年，中国和中亚 5 国政府将丝绸之路中国段和中亚段作为线性文化遗产联合申报世界文化遗产。2007 年，确定了中国境内 6 省区 48 处相关的遗址、墓葬、建筑、石窟、古道等列入丝绸之路申遗的预备名单。其中丝绸之路宁夏段有 4 处，即固原古城，固原北朝、隋唐墓地，开城遗址，须弥山石窟。本文拟就 4 处遗产点的深厚文化内涵和突出的普遍价值进行探讨。

一、遗产点的简况

固原古城是丝绸之路上著名的城市遗址，位于固原城内。有内外两重城墙，平面呈"回"字形。内城墙周长九里三分，即 4650 米，高三丈五尺，顶宽二丈二尺，底宽三丈八尺。外城墙周长十三里七分，即 6850 米，高三丈六尺。内外城共开有 10 道城门，其中东城门三道，有名者二，曰安边、曰保宁；南城门四，有名者二，曰镇秦、曰兴德；西城门二，有名者一，曰威远；北城门一，曰靖朔。从西汉武帝设立安定郡作为郡治时开始修筑，历经十六国、北魏、北周、唐、宋、元、明、清等各个历史时期的扩建、维修和加固，最终城墙外表采用砖包，形成了一座颇具规模集政治、军事、文化于一体的历史名城。20 世纪 70 年代初开始拆除，如今存有西湖公园内内城墙体西南角一段，太平巷与市医院之间的内城墙体西北角一段，外城墙体西北角一段，还有零散的残壁断垣。古建筑遗迹有文澜阁、城隍庙、财神楼等，还有遗留下的北宋靖康铁钟、铁抱铜的小狮子、石刻、碑志等器物。

固原北朝、隋唐墓地是丝绸之路上的著名墓葬群。位于固原市原州区西南郊（现开城镇）的小马庄、羊坊、深沟、大堡、王涝坝 5 个自然村和南塬一带。保护范围总面积 1650 公顷，其中核心区面积 1120 公顷，缓冲区面积 530 公顷。墓地的造茔时间为公元 6 至 7 世纪，牵涉中国北周、隋、唐三个统治王朝。该墓地的考古发掘起始于 1982 年，到 2004 年共发掘北周及隋唐时期的大、中、小型墓葬共计 50 余座，其中著名墓葬有北周柱国大将军、原州刺史李贤夫妇合葬墓（569）；原、盐、灵、会、交五州诸军事、原州刺史宇文猛墓（565）；柱国大将军田弘墓（575）；大隋正议大夫右领军骠骑将军史射勿墓（609）；大唐故左亲卫史道洛墓（658）；大唐故朝请大夫平凉郡都尉史索岩与夫人安娘合葬墓（664）；唐游击将军、虢州刺史、直中书省史诃耽墓（669）；唐司驭寺右十七监史铁棒墓（670）；唐给事郎兰池正监史道德墓（678）；一座非史姓的大周处士梁元珍墓（699）。另外，还有南塬上发掘的诸多唐代中、小型墓葬，出土了大量蜚声中外的反映丝绸之路文化交流与民族迁徙的珍贵文物，有鎏金银壶、玻璃碗、金戒指、铁刀、东罗马金币、萨珊银币、宝石印章、瓷器、铜器、壁画等，还有能够体现墓主人身世的墓志，并出土了几具欧罗巴人即白种人的骨架。内涵丰富，具有重要的历史、考古、民族与艺术研究价值。

开城遗址是丝绸之路沿线元代重要的古遗址，位于固原市原州区南 18 公里的开城镇开城村，遗址总面积 9.23 平方公里。地表遗迹遗物有窑址、城址、宫殿、御苑及普通居址、墓葬等。经考古勘探，城址位于开城乡政府西约一华里的长虫梁，主城南北长 450 米，东西宽 350 米，平面呈"凸"字形，城垣周长约 1600 米，面积约为 16 万平方米，由主城和瓮城构成，坐北朝南，开东、西、南三门。主城内有建筑物的夯土基址 5 处。其中中央夯土基址处在城内南北中轴线上，南北长约 124 米、东西宽 49～54 米，规模蔚然宏大。其余 4 处夯土基址大体沿城内南北中轴线对称分布于中央基址的东、西两边。各夯土基址平面形制不同，中央夯土基址为"工"字形，余则为"亚"字形、"土"字形和长方形。还有开城村与黑刺沟窑址、开城梁居民生活区遗址、北家山房址和池塘遗址、瓦渣梁遗址、开城墓地等。

须弥山石窟位于固原市城区西北 55 公里处的须弥山东麓。须弥山是梵文 Sumern 的音译，为"苏迷楼""修迷楼"等，意为"妙高""妙光""安明""善积"等，通常认为是"宝山"的意思。须弥山在汉代曾名逢义山，北魏时称之为石门山，"唐名为石门镇景云寺"，明代改称圆光寺。石窟初创于北魏晚期，兴盛于北周和唐代，是我国开凿较早的石窟之一。现存各类形制的窟龛 162 个，造像 990 余躯，其中保存较为完好的造像 500 余躯。石窟造像依山势分布在 8 座山峰的东南崖面上，自南而北依次为大佛楼、子孙宫、圆光寺、相国寺、桃花洞、松树洼、三个窑、黑石沟 8 个区域。北魏和西魏时期开凿的洞窟集中分布在子孙宫区，石窟形制多为平面方形的中心塔柱窟，覆斗顶，中心塔柱分层，柱身上小下大，略有收分，四面每层均开龛造像。造像题材有禅定或说法的坐像及立像，也有三佛并坐、交脚弥勒、一佛二弟子；龛像多以一佛二菩萨为主要组合形式。北周时的石窟主要集中在圆光寺、相国寺、子孙宫和松树洼等区，基本形制为平面方形，覆斗顶，中心柱窟，柱身一层，四面各开一龛，窟内雕仿木结构建筑形式，佛龛为雕饰华丽的帐形。造像组合以一佛二菩萨为主，但总体组合为七佛。隋唐时期的洞窟主要分布在大佛楼、相国寺和桃花洞等区。第 5 窟是在一座山体上凿出来的一尊高达 20.6 米的弥勒坐像，大佛仪态端庄安详，体态健康丰满，鼻低脸圆耳大，表情温和，是须弥山石窟的象征。唐代窟龛的形制有平面横长方形平顶敞口龛、平面马蹄形穹隆顶敞口龛、平面方形平顶窟、平面方形覆斗顶窟等。造像组合多为一铺 5 尊或 7 尊或 9 尊，有的多至 13 尊。而且造像题材也发生了变化，除一佛二弟子二菩萨外，天王、力士、夜叉、狮子等造像题材也出现在洞窟中，造像风格已明显地表现出世俗化的特点。明代赐名"圆光寺"。另外，须弥山石窟还保存有唐、宋、西夏、元、明各朝各代的题刻题记 55 则，明代碑刻 3 通。

二、遗产点的历史文化内涵

固原古城是丝绸之路途经宁夏城镇兴衰发展的见证，也是固原悠久历史和深厚文化的载体。西汉武帝元鼎三年（前 114），设置安定郡，辖 21 县，郡治高平（今固原），高平城出现，且成为安定郡的政治、经济、文化中心。高平城的筑造，奠定了固原城池建制的初期格局，内城从此开始修筑，成为固原城发展史上的第一个里程碑。十六国时，固原被少数民族建立的前、后赵，前、后、西秦，大夏等政权统辖。前赵时，增置朔州，并设朔州牧，以镇高平，这是新设的建制。北魏太延二年（436）设高平镇，被视为"国之藩屏"，正光五年（524）改为原州。北周时设置原州总管府，成为其政权的"霸业所基"。天和四年（569）正月，新筑原州城，扩大了城的规模，原城址成为新筑城的内城，这次修筑，承前启后，奠定了唐宋以前原州城的格局。隋与唐前期，政治稳定，国力昌盛，为城市的发展提供了保障，固原城也得以发展。到唐代中后期，因为"安史之乱"，吐蕃民族占领了原州，"毁夷垣墉，弃之不居"。大中三年（849）二月，原州收复，归治。这个阶段，固原城遭受了战争的严重破坏。宋时，固原地处宋与西夏交战的前沿阵地，建置的设立和城的建设主要考虑军事意义，在固原设置镇戎军，成为西北军事重镇。城的建筑形制也发生了变化，凸现军事防御，增筑了瓮城和马面。宋绍兴元年（1131），固原陷于金，金大定二十三年（1183）升镇戎军为镇戎州。金宣宗兴定三年（1219）发生了大地震，固原城遭到破坏。出土于固原城墙中的"铭文方砖"和东岳山鲁班庙遗址中的"地震刻石"，堪称地震"双璧"，同时记载了金兴定三年六月十八日巳时发生的大地震，"镇戎城壁、屋宇尽皆摧塌，黎民失散"。兴定四年四月二十一日，兴工再行修筑。明清时期，于明景泰二年（1451）朝廷允准修筑固原城。成化六年（1470）固原兵备道佥事杨勉整饬兵备，增筑固原城，并在南城门镇夷、东城门安边上修建辅楼。城池新一轮大规模修筑始于弘治十五年（1502），三边总制秦纮增筑外关城，城墙上有堞楼，城周有壕堑，周长十三里七分（6850米），高三丈六尺（12米），设关门口，外为沟池，深阔各二丈。开有四道城门，南镇秦、北靖朔、东安边，复开西门称威远，这次修筑的外关城基本上奠定了双重城墙的形制。万历年间，固原城的规制得到进一步完善，万历二年（1574），三边总督石茂华主持衣砖甃城，即用砖石砌护墙体外表，并增筑了角楼、铺房、炮台、水沟、车道及城墙顶部外沿，加修了作战用的垛墙，还修建完善了10道城门，最终形成了内外两重城墙，平面呈"回"字形的建制格局。清代康熙四十九年（1710），"驻固的镇绥将军潘育龙增修固原城，并加修大小城楼二十四座"。嘉庆十六年（1811），固原总督那彦成再次进行修缮，"向之倾者整，圮者新。垣墉屹然，完固如初。"一座经历两千多年漫长岁月逐渐修筑、完善的集政治、军事、文化于一体的城市最终定格。

固原北朝、隋唐墓地是北朝至隋唐年间丝绸之路途经宁夏民族迁徙和中西文化交流的见证。北朝至隋唐间的诸多墓葬出土了大量的文物，蕴含着深刻的文化内涵。一是墓地中出土的史氏与安氏墓志，记载了隋唐间活动于中亚索格底亚那的粟特人即"昭武九姓"人中的史氏流寓原州的事实。粟特人以擅长经商而闻名于世，公元3至8世纪，他们沿着丝绸之路从撒马尔干到长安一线建立了诸多商贸点和定居聚落，操纵着国际商贸活动。有些也跻身于官宦之列，生活在原州的粟特史姓人就是"因宦徙居"，他们均担任原州的中上层官员。唐墓中出土有白种人的骨架，把欧罗巴人分布的最东界从新疆东部的哈密地区推进到了宁夏南部的固原地区，具有特别的意义，进一步说明丝绸之路上原州人种分布的多样性。二是出土的大量器物，见证了中西文化交流。南北朝至隋唐丝绸之路的兴盛期间，受中亚与波斯风格影响的西方文化向东传播，而原州及固原正处于这条传播路线的中心位置，考古发现把地中海、伊朗高原、蒙古高原、黄土高原、朝鲜半岛、日本海岛紧密联系起来。戎装甲胄、佩刀、金银玻璃器皿、货币等随葬品中，部分器物来自中亚和波斯地区或受其文化影响。如鎏金银壶是一件具有萨珊风格的中亚制品，是希腊化对巴克特利亚地区影响的产物；凸钉装饰玻璃碗是典型的萨珊朝制品，其上凸起的凹球面装饰在帕提亚、萨珊时期的伊朗高原上一度很流行；镶宝石金戒指，戒面蓝色宝石上微雕手执弧形花环的裸体人物，其母题来自萨珊，它的原产地是萨珊或中亚某地；蓝色宝石印章，在宝石上雕刻图案的做法，流行于传入中国的西方文物，其上的铭文属古波斯的帕勒维文，是萨珊王朝的一种祈祷文。出土的石门门额刻有联珠纹，内填怪兽。联珠纹起源于萨珊，是在中亚地区流行后东渐传入我国的。金覆面，兽面金饰、动物纹圆形金饰等器物均表现出了西亚、中亚风格。覆面的葬俗与波斯和中亚的覆面习俗有着联系，其中额饰上半月形间托一圆形，圆形或表示太阳，与西亚、中亚崇拜日月的习俗有关。墓地中发现口含或手握金币的习俗与古希腊神话有着联系，罗马人沿袭了这一习俗，这无疑是史系家族保留祖上在中亚的埋葬习俗。

开城遗址是元代丝绸之路途经宁夏翻越"六盘鸟道"的重要见证，也是元代固原政治、经济、文化中心的载体。成吉思汗于 1227 年率大军攻占德顺州（今隆德县），设立六盘山避暑行宫，病逝于此。加之蒙哥汗、忽必烈的驻跸经营，致使这里成为蒙元政权早期进军川蜀之地的大本营。元朝建立后，于 1272 年忽必烈封三子忙哥剌为安西王，赐封京兆之地，分兵驻六盘山。其府在长安者曰安西，在六盘者为开城，皆听为宫邸。"至元十年，皇子安西王分治秦蜀，遂立开城府，仍视上都，号为上路。"他一藩二印，两府并立，冬夏分驻，冬居京兆，夏徙六盘，岁以为常。《蒙兀儿史记》记："六盘隘秦陇之吭，俯瞰全蜀。成吉思汗晚年征西夏，尝置老营，即山避暑。蒙哥汗车驾入蜀，亦留出卑可敦及辎重于山上，命大将浑都海领重兵戌之，固王师后路。乃是忙哥剌以忽必烈汗爱子开藩于此，为西土重镇焉。"开城安西王府的设立，完成了从成吉思汗设立六盘山"行宫"发展成为"西北重镇"的过程，也是成吉思汗晚年在这里活动影响的最终体现。安西王忙哥剌病亡后，其子阿难答嗣为安西王，大德十年八月（1306），开城路地震，压死故秦王妃也里完等 5000 余人，王府遭到破坏。大德十一年，因安西王阿难答参与皇权之争，欲为帝，败后伏诛。1323 年，朝廷下诏再次恢复安西王位，以月鲁帖木儿袭封安西王，不足一年，以谋反流放其于云

南，降开城路为州。安西王及开城安西王府，遂宣告终结。

须弥山石窟是丝绸之路途经宁夏宗教艺术传播的见证。石窟当地丝绸之路必经之地石门关（古石门水），是我国开凿较早的石窟之一，艺术成就可与山西云冈、河南龙门等国内大型石窟相媲美。作为丝绸之路沿线上的文化景观，已延续了1500多年，清代，"须弥松涛"成为固原八景之一。各个时期的造像文化风格不同，北魏的造像较为瘦削，衣服下部的褶纹比较繁复。佛像多为高肉髻，面相清瘦，长颈溜肩，具有"秀骨清像"的特点，身着褒衣博带式袈裟，衣纹做密集平行式阴刻线，大衣披覆龛下。菩萨头束高髻，细颈削肩，着对襟大襦裙，披巾于腹前交叉。弟子身着袈裟，拱手而立。显然是北魏孝文帝服饰改制在佛教文化方面的反映。西魏的造像风格受到了北魏洞窟的影响，与北魏的造像较为相似。北周开凿的洞窟规模大、造像精，风格有了明显的变化，佛像低平肉髻，面相浑圆，两肩宽厚，腹部突出，直平阶梯形衣纹。菩萨头戴花冠，上身袒，下着裙，颈饰项圈，双肩敷搭披巾，垂挂璎珞。完全摆脱了北魏以来纤细飘逸的"秀骨清像"之风，手法有了更多的写实因素。尤其是第51窟，规模宏大，造像精美，气势雄伟，是石窟造像中的精品之一，也是我国石窟艺术的杰作。它是北周时代造像风格在石窟艺术方面的体现，后人称之为"长安模式"。隋代在窟龛形制和造像上，基本上继承了北周的风格，但也有所创新，逐渐形成了一种丰满圆润、作风写实的新风格，处于向初唐过渡的阶段。唐代是须弥山石窟的繁荣时期，凿窟数量众多，雕凿技艺精湛，达到了空前的水平。造像风格已明显地表现出世俗化的特点，即以丰满为美，以雍容华贵为美。无论佛还是菩萨、弟子，天王还是力士，都雕凿得丰满圆润，栩栩如生，佛像身披袈裟，内着僧衣，衣薄透体，自然流畅，造像技法纯熟洗练，比例协调匀称。菩萨上身袒露，斜披络腋，下着贴腿裙，腰间系带并折出大裙一角，显得体透轻纱，多姿多彩。力士袒露上身，下着短裙，腰扎带，表现了男子的健康之美。天王身着铠甲，下着战袍，手执兵器，脚踩夜叉，显得十分威武。明代，大兴土木，整饬修缮，不再大规模地开窟造像，而是兴建寺院，明英宗赐名"圆光寺"。保存的题刻题记和碑刻，是研究丝绸之路与石窟文化在固原的珍贵实物资料。

三、突出的普遍价值

固原古城，固原北朝、隋唐墓地，开城遗址，须弥山石窟，体现了丝绸之路宁夏段上的中西文化交流、商业贸易、民族迁徙融合、宗教文化传播的事实，对全面研究丝绸之路宁夏段意义重大，具有突出的普遍价值。

（一）彰显了人类的创造精神

固原古城内外两重城墙，平面呈"回"字形，在中国为孤例，在世界建城史上独一无二。固原城池的形成，是悠久历史发展的产物。西周宣王曾"料民于大原",即今固原。战国秦时,置乌氏县于此。西汉武帝元鼎三年（前114）始筑固原城,后历经十六国、北魏、北周、唐、宋、金等朝代的不断维护与增筑,城池逐步趋于完备。至明代弘治年间设三边总制于固原,增筑外关城。万历年间重修城池,最终形成了具备内外两重城墙的"回"字形格局。一座形制独特、规模宏大、蔚为壮观的西北名城屹立于清水河畔,彰显了人类的创造精神。

固原北朝、隋唐墓地彰显了人类的创造精神,体现了中国传统的"造茔"理念。古人选择地势平坦、视野开阔、背山面水的理想之地作为死者灵魂的安息之所。该墓地背靠白马山,面临清水河,塬地开阔,环境优美,符合中国堪舆学中的"风水"观。大型墓葬盛行长墓道、多天井,以及出土的诸多壁画,镇墓俑、出行仪仗俑、侍仆舞乐俑、庖厨用具等器物,一方面象征墓葬具有模仿主人生前居所的完备形式,体现多进院落的风格;另一方面说明死者灵魂仍然能够享受生前的饮食起居与荣华富贵。这正是古人"视死如生"美好愿望的真实反映。且在墓葬的构建上具有创新意义,大型墓葬流行长墓道、多天井的做法,无论是庶人还是品官,都有3~7个不等的天井,这种现象在同一墓地中出现,十分罕见。而该墓地中多天井的出现,与这里的地质条件密切相关,充分考虑了黄土的失陷性特征,在营造墓葬时,容易塌陷,不适宜构筑长坡洞墓道,所以在长斜坡墓道上开凿天井,以满足古人在构建大规模墓葬上的礼仪需要。长墓道、多天井的墓葬形式,是长时间的演变与创新而致。

开城遗址是成吉思汗开设的避暑行宫,也是其殒命之处。安西王开城府设置宫城区、生活区、官署区、休闲区,并依山而建,融入山川之间,彰显了人类的创造与现实的完美结合。遗址背靠六盘山,南接清水河源头黑刺沟,群山环抱,形成天然屏障。城址内生活区、官署区、休闲区规划布局合理。长虫梁城址,坐北朝南,由主城和瓮城构成,为安西王府宫城所在地。官署区、生活区在其西面,清水河从其东面绕过,既起防护作用,又可供城内用水。开城村窑址东邻清水河,西靠缓坡台地,便于制造建筑材料和生活用具。开城村遗址中间有一条古街道,主要属于元代居民遗迹。瓦渣梁遗址地面散布大量元代白、黄、绿龙纹瓦当、滴水、板状琉璃建筑材料,是兴庆园之地,园内有延厘寺,建筑规模匹帝之宫,豪华壮丽,又有花园、养鱼池等供安西王及其王妃游玩的场所。可见当初开城遗址的规模及规划可与元上都相媲美。

须弥山石窟是中国石窟艺术史上两次高峰时期产生的经典之作和杰出范例。源于古印度的石窟艺术大约在公元3世纪沿着丝绸之路传入中国,并于公元5世纪前后和7世纪初（北魏和盛唐时期）先后形成两次开窟造像的高峰。经历了三次造型艺术上的重要变化:一次是由"胡貌梵相"转为"秀骨清像",另一次则由"体态清秀"转为"魁梧强健",再一次则由"厚重敦实"转为"曹衣出

水"，即佛教艺术完成了中国化进程。须弥山石窟的开凿和造像真实记录了这种历史轨迹的发展变化，因其地处丝路的独特地理位置，无论是来自印度、西域还是来自长安、洛阳的佛教艺术都在这里留下了烙印。生活在这里的古代艺术家对外来的造型艺术在吸纳的同时又不断创新，从而创造出了地域化、民间化特色鲜明的艺术作品，成为全面了解佛教艺术中国化进程的"窗口"。

（二）证明了丝绸之路—宁夏段上道路形成与畅通的事实

丝绸之路宁夏段即东段北道的开辟始于商周之际。秦汉时期，相关记载逐渐明晰，固原城的发展历史上见证了这段道路形成与畅通的事实。汉初文帝十四年（前166），北方匈奴兵锋直达关中，成为汉初振聋发聩的事件。汉武帝元鼎三年（前114）置安定郡，郡治高平（即今固原城），奠定了丝绸之路东段北道的历史地位，使其成为抗击匈奴向西北运兵的重要通道，固原作为交通重镇的历史地位确立，且汉武帝从公元前112年到公元前88年先后6次巡视安定郡，修通了长安到达安定郡的道路，对六盘山区的交通建设起到了里程碑的作用，为丝绸之路长（安）凉（州）古道北路的基本贯通奠定了基础，成为关中通向河西的交通要道。《居延新简》破城子E·P·T59·582号简，对汉代经过固原的国家驿道线路记载详细清楚，即"月氏至乌氏五十里，乌氏至泾阳五十里，泾阳至平林置六十里，平林置至高平八十里"。有专家指出：从关中中部的咸阳、长安出发，经宁夏固原，到武威的丝绸之路北线，开辟于战国，到汉宣帝地节二年（前68）全线贯通。南北朝时期，固原为军事重镇，确保了丝路的畅通。唐代中后期，吐蕃大举入侵，原州城陷入吐蕃，治所内迁，丝绸之路受阻，途经固原的通道由新灵州—西域道取代，固原城陷于战乱之中，丝绸之路的畅通受到了严重影响。

蒙元时期，成吉思汗设立六盘山行宫。元朝建立后，设立安西王开城府，不仅对于元代攻金伐宋、统一中国发挥了重要的政治军事作用，而且也为丝绸之路—宁夏段的晚期畅通提供了政治保障，拓展与确保了"六盘鸟道"的通畅，形成了长安至兰州的一条便捷大道。1227年成吉思汗攻占德顺州（今隆德县）翻越六盘山在开城设立避暑行宫，蒙古军队大规模驻扎在这里，六盘古道成为蒙古大军通行的道路了，说明长安至兰州避开了原来由长安—平凉—固原—甘肃静宁—兰州的道路，可以使用翻越六盘山的捷径了，节省里程近100公里。"六盘鸟道"遂成为元代以后丝路东段北道翻越六盘山的必经之路。这条道路的拓展开通，便利了关陇地区的交通，意义重大。

（三）证明了丝绸之路—宁夏段上的中西文化交流、商业贸易、宗教文化传播的事实

历史上，固原是丝绸之路长（安）—凉（州）之道北路上的咽喉重镇，诸多文化交流、宗教文化传播的事实就发生在这里，尤其是北朝、隋唐丝绸之路的

繁荣昌盛时期。固原城周围出土的大批蜚声中外的文物便是见证，以北魏漆棺画、鎏金银壶、凸钉装饰玻璃碗3件国宝级文物而著称。还有绿釉乐舞扁壶、舟形杯、金银币等反映中西文化交流的中西亚器物。北魏正光五年（524），高平爆发了万俟丑奴领导的人民起义，恰逢波斯使者途经高平，为洛阳献狮，被万俟丑奴截留，因此而建元神兽。这是中西政治往来的著名事件。还有大量带有或受中亚与波斯风格影响的器物，如萨珊金银币及其仿制品、镶嵌宝石的金戒指、微雕"生命树"母题的刻有中古波斯铭文的宝石印章等，以及手握或口含金银币的葬俗，实证了沿着丝绸之路文化传播的兴盛和文化交流的发达。

固原北朝、隋唐墓地体现了丝绸之路繁荣昌盛时期宁夏段上的中西文化交流与商业贸易，墓地的发掘，在学术界与考古界产生了重大影响。这些大型墓葬的拥有者具有较高的社会地位，是统治王朝的权臣，曾在丝绸之路沿线重镇担任要职，对确保丝绸之路的畅通无阻发挥过重要作用，是著名的丝路人物。墓地中出土的众多中、西亚文物，再现了丝绸之路一线文化交流由西向东逐渐传播的过程，以及对丝绸之路沿线商业贸易所产生的重大影响。墓地中出土了大批珍贵壁画，是北朝隋唐间墓葬壁画的一大发现，内容丰富，绘制水平较高，尤其是北周墓中的壁画，人物面部画法与敦煌西魏北周窟中的人像面部画法近似，说明当时原州与敦煌地区绘画艺术存在着某种交流，并填补了西魏至北周壁画史的空白，丰富了这个时期墓葬壁画的内容，艺术价值极高。

随着丝路的畅通，宗教文化得到了有力的传播，佛教文化率先传入。东晋十六国时期，北方少数民族政权大力倡导佛教，当时少数民族建立的后赵、前秦、后秦等政权统辖今天的固原。后秦政权大力推广佛教，安定郡朝那县出高僧道温，先于庐山事慧远大师，后又与鸠摩罗什一起在长安共相提携，发明幽教，足见这里的佛教传播已比较普遍了。须弥山石窟的开凿，就是佛教传播的时代产物。石窟以鲜明的文化特色和丰富的历史遗存，多角度全面地反映出随着古丝绸之路的贯通而传入的印度佛教艺术传入内地后，在不同历史时期的发展变化脉络，尤其是在佛教世俗化和民族化方面所取得的辉煌成就。全面而完整地保留了反映中国佛教文化、思想信仰发展变化的实物资料，对全面理解和掌握佛教艺术中国化的历史进程具有至关重要的作用。须弥山石窟所在的固原，是佛教艺术东传过程中的纽带和中转站，大量西域文化流经这里，在向中原传入的过程中有其吸收、融合的一面，石窟艺术就是最具代表性的体现。同时，固原特殊的地理位置为佛教艺术及其文化继续沿着草原丝绸之路东传朝鲜、日本奠定了基础。

伊斯兰教沿着丝绸之路传入宁夏与开城王府的设立密切关联。蒙元时期，随着蒙古大军的西征东归，许多信仰伊斯兰教的中亚民族随军进入六盘山区，加之安西王阿难答的极力传播，伊斯兰教在这里得到了很好的发展。蒙古军队西征时，中亚地区已基本伊斯兰化，伊斯兰教成为中亚诸多民族的主要信仰，当蒙古兵"攻下撒马尔罕，三万手艺人被瓜分了"，这些中亚民族加入到蒙古军队的探马赤军中服役，其中不乏伊斯兰教徒。而导致伊斯兰教在这里快速发展者，当属安西王阿难答的极力倡导。因为他的成长环境与伊斯兰教密切相关，他出生后即被托付给伊斯兰教徒蔑黑帖儿·哈撒·阿黑塔赤抚养，由其妻祖来哈奶大。"因此木速蛮的信仰在他的心中已巩固起来，不可动摇，他背诵过《古兰经》，并且大食文字写得很好。"他经常在教堂里，从事于祈祷和念诵《古兰经》，所率士卒有十五万之众，闻从而信教者居其大半。由于他的虔诚信仰，极力倡导与传播，致使伊斯兰教在六盘山区得到了快速发展。

（四）证明了丝绸之路—宁夏段上的民族迁徙融合的事实，为曾经发达的丝路文明和已经消逝的民族及文化传统提供了特殊见证

固原处于中西文化交流、中国南北文化融合的交错地带，自古以来，也是戎、狄、羌、匈奴、鲜卑、羯、氐、柔然、敕勒、突厥、吐蕃、党项、蒙古、回等诸多少数民族徙居、融合、发展的地区。在历史的发展过程中，民族间相互杂居，形成了的交流，为相互融合提供了便利条件，带来了民族关系的新变化与新发展。形成了你中有我、我中有你，彼此之间相互依存，相互渗透，最终达到相互间的融合，致使许多民族消失。但是，遗留的文化遗产，为已经消逝的民族及文化传统提供了特殊见证。

固原北朝、隋唐墓地发现"昭武九姓"之一的史系家族墓葬，出土 6 合墓志，即《隋正议大夫右领军骠骑将军史射勿墓志》《唐故左亲卫史道洛墓志》《唐故朝请大夫平凉郡都尉史索岩夫妇墓志》《唐游击将军虢州刺史直中书省史诃耽墓志》《唐司驭寺右十七监史铁棒墓志》《唐给事郎兰池正监史道德墓志》，显现了丝绸之路上中亚粟特民族的迁徙与交融。说明他们是沿着丝绸之路一线逐步迁徙落籍固原的，对研究当时史系家族及粟特人东迁后的许多历史问题提供了实物资料。墓地中展示的葬俗，不论是上层达官，还是下层人士，也不分中国的汉民族与外国粟特侨民，墓葬形制均使用墓道洞室墓，一律实行土葬，葬俗完全本土化。证明了不同人种在同一地区生活的趋同化，也表现出了文化从多元向一体交融发展的过程。墓地同时为曾经发达的丝绸之路文明和已经消逝的粟特民族及文化传统提供了特殊见证。恢宏庞杂、贯通中西的丝绸之路，已被现代文明程度更高的柏油坦荡之路取代，只有沿线遗留的古迹、遗址、城垣、墓地见证着丝绸之路的辉煌与伟大。该墓地便是一例，静谧的墓地，揭开神秘的面纱，显现了丝绸之路上发达的文化交流、商业贸易与民族迁徙融合的事实，为北朝隋唐间中西文化交流、人种的多样性和外国侨民的华化提供了见证。

开城安西王府为蒙古族和中亚许多民族迁徙、融合提供了特殊见证。蒙古军

队西征时，被称为色目人的回回、维吾尔、钦察、康里、阿速、哈剌鲁、唐兀、阿儿浑等30多个中亚民族加入到蒙古军队的探马赤军中服役。后来，随着开城安西王府的设立、六盘山区屯田的开展、探马赤军的镇戍等，使诸多民族迁徙居住到这里，形成了各民族间的交流、融合与发展，尤其是促成了蒙古人与各民族的融合。加之安西王极力倡导与传播伊斯兰教，使伊斯兰教在六盘山区发展很快，给各民族提供了相互融合形成回族的条件。正因为伊斯兰教的盛行，为这个区域回族的形成起到了纽带和桥梁作用。可以说"驻节固原开城的阿难答和他率领的信仰回教的蒙古军队，年经日久与当地其他回回人逐渐融合演变成为回回民族"，致使固原成为回族的主要居住区。

以丝绸之路"申遗"为契机
促进固原文化可持续发展
——"丝绸之路"宁夏（固原）段申报世界文化遗产重要意义

周建设

丝绸之路是人类社会遗留至今规模最大的文化遗产，它的伟大遗存承载着历史的记忆，是沿线各民族开拓进取、兼容并蓄的金色印记。公元前138年，一位名叫张骞的使者受汉武帝派遣从陇西出发，出使月氏。13年中，他的足迹踏遍天山南北和中亚、西亚各地。在随后的2000多年中，无数商贾、旅人沿着张骞的足迹，穿越驼铃叮当的沙漠、炊烟袅袅的草原、飞沙走石的戈壁来往于各国之间，带来了印度、阿拉伯、波斯和欧洲的玻璃、红酒、马匹、宗教、科技、艺术，带走了中国的丝绸、漆器、瓷器和四大发明，举世闻名的丝绸之路渐渐形成。

这条伟大的道路沟通了中国、印度、希腊三大文明，全长7000多千米，东起西汉的首都长安（今西安）或东汉的首都洛阳，跨越陇山山脉，穿过河西走廊，经玉门关和阳关，抵达新疆，沿绿洲和帕米尔高原通向中亚、西亚和北非，最终抵达非洲和欧洲。它促进了欧亚大陆不同国家、不同文明之间在商贸、宗教、文化以及民族等方面的交流与融合，为人类社会的共同发展和繁荣做出了卓越贡献。

1988年，为了强调中西相遇时所产生的复杂文化交流，帮助塑造多元特性以及丰富欧亚大陆的共同遗产，联合国教科文组织启动了"对话之路：丝绸之路整体性研究"项目，激发了全世界对丝绸之路的兴趣。1990年至1995年，联合国教科文组织又开展了5次国际性考察，考察内容包括西安到喀什的沙漠丝绸之路、威尼斯到日本的海上丝绸之路、中亚草原丝绸之路、蒙古游牧丝绸之路，以及尼泊尔的佛教丝绸之路。驼铃叮当，羌笛悠扬，这条沉睡千年的伟大道路再一次觉醒。丝绸之路浑厚的历史积淀让前往考察的专家欣喜不已，其丰富的文化内涵引起了全世界的瞩目。

2006年8月，中国国家文物局、联合国教科文组织世界遗产中心在吐鲁番召开了"丝绸之路跨国联合申报世界文化遗产国际协商会议"，签署《丝绸之路跨国申报世界遗产吐鲁番初步行动计划》，标志着丝绸之路跨国联合申报世界文化遗产工作正式启动。2012年，我国根据国际古迹遗址理事会的要求，与哈萨克斯坦、吉尔吉斯斯坦联合申遗。2013年，三国确定申请丝绸之路项目2014年列入世界文化遗产名录。今年6月22日，在卡塔尔多哈世界遗产大会上，丝绸之路首次作为中国、哈萨克斯坦、吉尔吉斯斯坦的跨境申遗项目接受世界遗产委员会的评判，最终成功申遗。丝绸之路申遗成功，是世界上第一个以联合申报的形式成功列入世界文化遗产名录的丝绸之路项目，也是我国第一个跨国联合申报世界遗产的项目。至此，从1985年，中国正式加入《保护世界文化和自然遗产公约》，成为缔约国之一。两年后中国有了第一批世界文化遗产，长城、故宫、兵马俑和莫高窟等榜上有名。这一步，中国比外国晚迈了近10年，时间见证了中国对申遗的热情与坚持。通过20多年的努力，中国目前已有45处项目被列入世界文化遗产名录，仅次于意大利，位居世界第二。

丝绸之路是商贸大道、文化走廊和开放之路。两千多年来，它历经沧桑，见证了无数传奇和众多国家的兴衰。作为丝绸之路东道北段"关中咽喉"之固原，国家级文物保护单位的北朝隋唐墓地、须弥山石窟、开城遗址和固原古城被列入其中。

固原北朝隋唐墓地是丝绸之路上的著名墓葬群，位于固原市原州区西南，墓地的造茔时间为公元6至7世纪，牵涉中国北周、隋、唐三个统治王朝。现已发掘墓葬共计50余座，其中著名墓葬有北周柱国大将军、原州刺史李贤夫妇合葬墓（569）等。出土了大量蜚声中外的反映丝绸之路文化交流与民族迁徙的珍贵文物，有鎏金银壶、玻璃碗、东罗马金币等，还有能够体现墓主人身世的墓志，并出土了几具欧罗巴人即白种人的骨架。内涵丰富，具有重要的历史、考古、民族与艺术研究价值。

须弥山石窟位于固原市城区西北55公里处的须弥山东麓。石窟初创于北魏晚期，兴盛于北周和唐代，是我国开凿较早的石窟之一，是各种文化相互碰撞、交融的产物，是丝绸之路繁荣的标志。以鲜明的文化特色和丰富的历史遗存，多角度全面地反映出随着丝绸之路的贯通而传入的印度佛教世俗化和民族化的发展变化脉络。

固原古城是丝绸之路上著名的城市遗址，位于今固原市区内，有内外两重城墙，平面呈"回"字形。从西汉武帝设立安定郡作为郡治时开始修筑，历经十六国、北魏、北周、唐、宋、元、明、清等各个历史时期的扩建、维修和加固，最终城墙外表采用砖包，形成了一座颇具规模，集政治、军事、文化于一体的历史名城。固原古城见证了当时丝绸之路的畅达与中西文化交流的事实，见证了中西文化交流史上永久的辉煌。

　　开城遗址是丝绸之路沿线重要的古遗址，又称秦王府故址，始建于元初，距今已有700多年历史。现存遗址总面积9.23平方公里。地表遗迹遗物有窑址、城址、宫殿、御苑及普通居址、墓葬等，是蒙元政权时期成吉思汗、蒙哥、忽必烈开设的行宫，也是一代天骄成吉思汗殒命之处。开城安西王府的设立，为丝绸之路的落日辉煌提供了政治保证，开辟了长（安）凉（州）古道跨越六盘山的捷径。在世界遗产专家来固原考察和论证后指出：固原4个遗产点包括了遗址、古城、墓地和石窟寺，是一组非常完整、独具特色且文化价值极高的丝绸之路文化遗存，完全有理由、有资格成为世界文化遗产大家庭中的一员。带着这种信念，今年7月中旬，固原重新启动丝绸之路申报世界文化遗产第二批扩展项目工作，调整并成立了申遗领导小组办公室，制订了申遗工作实施方案。自治区党委、政府和国家文物局对我市申遗工作高度重视，自治区党委书记李建华，政府主席刘慧、副主席姚爱兴多次批示，文化厅给予了大力支持，积极协助我市申报文物保护项目，多次协调邀请国内外文物保护方面知名专家来我市实地考察，召开论证会，举办专题讲座，指导申遗工作流程和环节。同时，自治区党委常委、市委书记李文章，政府市长马汉成多次深入申遗点进行实地调研，给予指导。李文章书记在调研申遗工作时明确指出，要将申遗工作作为我市2015年文化工作的首件大事，抓好落实。固原市申遗办、原州区政府及相关单位按照市委、市政府的统一部署和要求，各司其职，各负其责，抢时间、促进度，做了大量的基础性工作，申遗工作全面开展。

　　然而，申遗工作项目多、任务重、资金缺口大，需要全社会共同努力才可以实现，我们也期待着两年之后世界文化遗产名录上记载固原的名字。

　　丝绸之路固原申报世界文化遗产成功具有极其重要的意义。联合国教科文组织总干事伊丽娜·布科娃说："世界遗产是一个和平与可持续发展的架构，她唤起民众的身份认知和自豪，是知识的源泉和力量的分享。"固原作为丝路重镇，在中阿合作中占据着有利地位，固原丰富的丝路文化遗产是中国对外开放的优势，特别是向西开放的珍贵资源，加强丝路文化遗存保护和开发利用，必将对固原经济社会科学发展、跨越发展起到强有力的助推作用。在建设宁夏内陆开放型经济试验区的背景下，拉动固原乃至宁夏经济的发展，申报世界文化遗产将使古

老丝绸之路上的固原焕发新的生机，促进丝绸之路经济带建设，彰显世界和睦相处、共同繁荣贡献力量；以申报世界文化遗产为契机，将极大地改善固原几个遗产区周边环境，为固原民众营造赏心悦目的文化生活空间，增强民族自尊心、自信心和自豪感，充分发挥文化遗产保护对于弘扬社会主义核心价值观的重要作用，并为促进固原旅游产业进步，增进社会可持续协调发展，使文化遗产保护惠及于民、反哺社会发挥更大的作用。

固原占尽宁夏"丝绸之路申遗"指标

王玉平

6月18日在乌鲁木齐市举行的丝绸之路跨国联合申遗工作会议上，经过中国丝路申遗专家们的共同讨论，初步确定丝绸之路跨国联合申遗中国段的48处文化遗产预备名单，宁夏有4处遗址被列入，即开城遗址、固原城、固原北朝隋唐墓地和须弥山石窟。

6月25日，记者就此采访了自治区政协委员、宁夏文物考古研究所所长罗丰。罗丰坦言："这是一件好事，能更好地保护和宣传推介这些文化遗产，但是我区目前一些工作还做得不到位，4处遗址入选'丝路申遗'预备名单令人忐忑不安。"

一、固原城：控扼着丝绸之路

据固原博物馆提供的资料显示，丝绸之路，东起长安（或洛阳），西至东罗马帝国首都君士坦丁堡，横跨欧亚大陆，在我国境内有1700公里以上。目前学术界将这条丝路划为三段：即东段——关陇河西道；中段——西域道；西段——中国境外段。东段又分为南、中、北三道。固原的地理位置，正处在东段北道的交通要道上。

由于历史背景的不同，可以把固原的丝绸之路归纳为：

唐中叶以前的长安—凉州的北道。其大致走向是由长安沿泾河向西北行，经陕西的咸阳、礼泉、乾县、永寿、彬县、长武及甘肃的泾川、平凉进入宁夏固原境；过三关口，再由瓦亭折而向北，经青石嘴至开城抵达固原城；沿清水河向北行，再经三营、黑城，沿苋麻河谷至海原的郑旗、贾塘，过海原县城、西安州、干盐池，再次进入甘肃；从甘肃靖远县东北的石门附近渡黄河，经景泰县抵凉州今甘肃武威。

这段道路沿途平坦，多数地段沿泾水、清水河而行，而后又有苋麻河谷可循，山不险峻路不陡，大车可通行无阻。东汉时刘秀亲征高平，河西太守窦融与五郡太守驾车会高平，浩浩荡荡的大军与战车就是走这条道。

这个时期的另一条路是由咸阳至北地郡治所宁州今宁县，沿茹河进入固原。汉代班彪前往安定固原，就是走这条道。

从日本栗棘庵所藏的宋代地理图刻石拓本上仍能清晰地分辨出这条大道的走向。到北宋初年，从长安到固原的道路如前所述，到固原后向北走，至三营折而向西，经黄铎堡唐石门关，宋平夏城出寺口子，至红羊房，折而向北，经海原县的树台、西安州，在西安州分为两路，一路由西安州到兴仁，再到靖远；另一路由西安州到打拉池，入靖远县。

历史上的固原，自秦汉以来就是通往西域的要道，控扼着丝绸之路。南北朝时期，随着中西政治、经济、文化交流的不断发展，大批外国使节、胡客商贩、佛都信徒往来于这条通道上，促进了中西文化的传播与交流。

二、固原北朝及隋唐墓地：出土珍宝印证中西文化在这里交汇

从 1982 年至 1995 年，在距固原市原州区西南 5 公里的南郊乡羊坊村、小马庄村、王涝坝村先后发掘隋唐墓葬 9 座，其中隋墓 1 座，余则为唐墓。在这些墓葬中出土了一批珍贵文物，尤其是中西方文化交流的遗物，如罗马金币、萨珊银币、金覆面、蓝宝石印章等。

史诃耽墓中出土的蓝色宝石印章，一面抛光、一面中央雕刻卧狮，四边有一周铭文，在蓝色宝石上雕刻图案的做法，流行于传入中国的西方文物。其上的铭文属古波斯的帕勒维文，是萨珊王朝的一种祈祷文。

固原南郊隋唐墓中出土的东罗马金币仿制品，出土时均放置在墓主人头部。史道德墓中出土的金币含在口中，也有可能其余金币原含在墓主人的口中。口含金币的习俗与古希腊神话有着联系。

此外，1983 年发掘的北周大将军李贤墓，是夫妻合葬墓。李贤墓中最引人注目的随葬品是几件由中亚、西亚传入我国的舶来品。鎏金银壶、凸钉装饰玻璃碗、镶宝石金戒指、银装铁马等为国之瑰宝。

鎏金银壶，通高 37.5 厘米，模样是细长颈，单把，把上方铸一头戴贴发软冠、高鼻深目的胡人头像，面向壶口。颈腹相接处，中部打压出突起的三组六人图像。每组一男一女，人物面貌相同，动作各异。大多研究者认为，表现的内容是古希腊神话传说"帕里斯裁判"，中间一组是爱神阿芙罗狄蒂向帕里斯递上金苹果，左边一组是帕里斯劫持海伦时的情景，右边一组是特洛伊之战后海伦回到丈夫墨涅拉俄斯身边。

不难看出，从北朝至隋唐间，随着中西文化交流的发达，丝绸之路上商贾络绎不绝，各种西亚、中亚的文化和物品源源不断流传到中国，固原作为丝路要塞重镇，发现诸多反映中西文化交流的遗物就不难理解了。

三、开城安西王府遗址：无数铃声遥过碛，应驮白练到安西

安西王府，是公元1273年忽必烈封皇子忙哥剌为安西王时，在固原开城修建的一处规模宏大的皇家宫苑。开城安西王府建筑规模宏大，地理位置开阔。其华丽程度是："土木之工，雕楹绘塘；朱侍统疏，匹帝之宫。"当代学者王宗维先生在研究安西王府的著作中认为：安西王府与马可波罗所见的西安安西王宫（安西王辟有王府两处，冬在西安，夏在六盘）油漆绘画，大概不差上下。遗憾的是，存在的时间仅数十年，辉煌一时的安西王府即毁于公元1306年的开城大地震。

现在，这里的一切都很平静，只有文化遗址裸露在六盘山下。当游人踏上这片神秘的土地时，不经意间就会发现遍地的建筑文化遗迹：琉璃瓦的专用窑址、殿阁上的柱石，尤其是那些琉璃瓦头上鎏银贴金的建筑材料，都会使人想起数百年前这里的繁盛景象。

经中国科学院、北京大学考古系考古专家的发掘与研究，对其重要的考古地位和历史价值给予了肯定，认为"开城安西王府遗址是一处保存基本完好的元代文物宝藏"。在长安—凉州的丝绸之路北道的线路上，开城曾是长安丝绸客商抵达固原城最近的门户，从隋唐起，中原往返西域商队的驼铃声就在此不绝于耳，有"无数铃声遥过碛，应驮白练到安西"之说。

四、须弥山石窟：见证了佛教从丝绸之路传入中国

佛教产生后，经中亚一带沿丝绸之路传入我国。北魏早期开凿了著名的须弥山石窟，北周、隋唐继续开凿。须弥山石窟在中国石窟中占有重要地位，被列为"中国十大石窟"之一，也是古代丝绸之路沿线著名的佛教石窟之一。

须弥是梵文（Sumeru 的译音，也可称为修米楼、苏弥楼、须弥楼等，意译为"妙高""妙光"等）。须弥山石窟始凿于北魏孝文帝太和年间（477—499），历经西魏、北周、隋唐各代大规模营造及宋、元、明、清各代修葺重妆，历时1500多年。它特有的丹霞自然景观和丰厚的历史、人文景观以及它具有的浪漫神奇色彩，造就了"大佛楼""须弥之光"等10多处精美的历史、自然景观，有"宁夏敦煌"之美誉。现存石窟150多座，分布在连绵2公里的8座山峰上，自南而北分为大佛楼、子孙宫等。

须弥山石窟以其独特的艺术魅力和高超的艺术水平诉说着古代丝绸之路沿线中西文化交流融汇的不争事实。

宁夏4处遗址"丝路申遗"：至今没有专门工作机构

"丝绸之路跨国联合申遗吐鲁番初步行动计划"出台后，联合申遗工作在中国丝绸之路沿线深入开展起来。陕西省对预备名单古遗迹周边环境进行了全面整

治，甘肃省成立了专门的申遗领导小组，并制定了相应法规。与此同时，一些省区还划拨专项资金，聘请专家对申遗项目进行指导、论证。新疆完成了拟认定的11处遗产地申报材料、完成保护规划工作。

与其他省区在申遗方面的紧锣密布相比，宁夏却安静许多，从上到下没有形成一定的社会氛围。

丝路申遗具体的事情繁多，并不是哪一个人、哪一个部门凭一己之力可以操作实施的。但宁夏至今没有成立丝绸之路申遗宁夏段的专门工作机构，没有一个专门致力于此事的工作班子，所以相关工作只是由一些部门来"客串"，难有实质性的进展。

因为没有专门机构的领导，在遗址周围进行环境整治就无从谈起。据有关专家介绍，申遗的具体要求非常严格，像目前宁夏固原的4处遗址，每一处都要有专门针对该遗址的独立的地方法规，进行规划和保护。

此外，要申遗就必须在遗址周围进行彻底的环境整治，而目前宁夏的4处遗址周围的环境整治工作不力。现存的古代固原城周围环境就不是很乐观，一所看守所就在固原城遗址旁，肯定影响到具体的评估；开城遗址、北朝及隋唐墓地周围有农户散落也是需要解决的大问题。还有一个难题是开城遗址、北朝及隋唐墓地的地表可展示实物很少，大量出土的文物已经进入了博物馆，这就需要进一步的恢复。

可以说，4处遗址被列入"申遗"预备名单对于宁夏而言是个好机遇，但预备不等于入选，迎接国家、联合国的评估，需要做的工作很多，因此，当务之急是要设立自治区、固原市两级工作机构，协调此项工作的有序开展。

选自 2007 年 6 月《华兴时报》

丝路构建

发挥区位优势　抢占丝路高地

海明贵

固原要在丝绸之路经济带建设中大有作为，就要解放思想、开拓创新，结合地理区位、资源禀赋和文化、产业发展基础，充分发挥先行先试的政策优势，全面深化改革，大力推进体制机制创新，大力营造"两优"发展环境，充分利用国际国内两种资源、两个市场，以更宽领域、更高目标为要求，积极融入国家建设丝绸之路经济带战略中。

一、充分发挥交通枢纽的作用

固原位于陕西西安、甘肃兰州和宁夏银川 3 个省会城市构成的三角地带的中心，随着《陕甘宁革命老区振兴规划》的实施和关中—天水经济区的建设，固原将在以银川、兰州、西安为中心的西北东部地区经济带及城镇网络中占有重要地位。是西兰银围空区的地理轴心区，东与甘肃庆阳、南与甘肃平凉、西与甘肃白银地区，北与宁夏中卫、吴忠地区接壤，辐射周边 10 余个市、县。境内宝中铁路、银平公路、银武高速公路纵贯南北，309 国道和 312 国道横穿东西。形成了公路、铁路、航空三种运输方式构成的四通八达的立体式综合交通运输网络，构成了内连县城、乡镇、村，外连甘肃、陕西、新疆、内蒙古等地的交通枢纽。被交通运输部确定为全国 179 个国家级公路运输枢纽城市之一，也是自治区"十二五"规划确定的九大物流基地之一。固原支线机场的建设、同沿高速公路固原至什字段建设和火车站改扩建，将增强固原市与全国各大中城市间的商贸联系与合作。固原处在四大国家级经济区的衔接点，北有呼包银经济区、宁夏沿黄经济区，西有兰西格经济区，东南有关天经济区，在四大经济区融合发展中，固原有条件成为重要支撑点和发展极。

二、充分进行产业领域的合作

固原市提出了建立"一核心五特色六基地"（简称"156 工程"）的产业结构和格局。一核心：以原州区为中心，建立龙头企业总部、综合管理服务中心和综合工业园区，使原州区成为一区四县的产业集聚核心；五特色：盐化工产业，煤电油及新能源产业，农副产品深加工业，旅游业，物流、劳务及综合服务业；六基地：建设原州区盐化工循环经济扶贫示范基地、彭阳县煤电油及新能源产业基地、经济开发区特色农业及农副产品研发生产基地、隆德县宁南地区中药材及生物化工基地、西吉县马铃薯产品研发生产基地、泾源县建材加工基地。提出着力打造优势特色农业产业带，即清水河流域冷凉蔬菜、马铃薯、枸杞特色产业带，葫芦河流域马铃薯、西芹特色产业带，渝河流域中药材、花卉特色产业带，泾河流域黄牛养殖、苗木特色产业带，红河、茹河流域辣椒、经果林特色产业带，同时，在黄土丘陵地带、土石山区发展小杂粮、生态鸡、食用菌等特色产业。

固原与丝绸之路经济带沿线国家和地区将在煤电油产业、盐化工产业、风电和太阳能光伏发电、通用航空产业、机械装备制造等战略性新型产业、特色农产品加工产业、清真食品和穆斯林用品产业等方面有着广阔的合作前景。

三、充分发挥能源资源的贸易作用

丝绸之路经济带战略，能源合作是促进"新丝绸之路"经济发展的重点所在。固原能源蕴藏着巨大发展潜力，境内煤炭资源潜力巨大，含煤区面积1000平方公里，煤炭储量30亿吨，远景储量110亿吨，在全区仅次于宁东。石油资源储量丰富，探明原油储量2396万吨，远景资源储量5亿吨。岩盐资源品质优良，探明岩盐储量26多亿吨，远景预测储量100亿吨以上，排名全国前10位，属国家大型盐矿。其他非金属矿产资源储量丰富，石英砂储量16亿吨，石膏储量1.7亿吨，石灰岩储量3.1亿吨，白云岩储量2.4亿吨，芒硝储量2.9亿吨。同时，固原冶镁白云岩储量达5900万吨，有色金属如铜、黄金等资源也具有一定的储量，可以有效带动有色金属开采及加工业的发展。此外，新型能源、马铃薯、草畜和中药材等产业前景广阔。固原风能资源丰富。六盘山是全区年平均风速最大的中心地区，年平均风功率密度为200瓦/平方米以上，年平均风速5.8米/秒~7.0米/秒，属于资源极丰富区，具备大力发展风力发电产业的潜能。固原光能资源充足，年均太阳总辐射量大约4950~5864兆焦/平方米，年日照时数在2250小时以上，日照百分率50%~69%，是全国日照资源丰富地区之一，属于我国太阳辐射的高能区，具有发展光伏发电产业的资源优势。马铃薯是目前固原的四大支柱产业之一，种植规模不断扩大，加工业也初具规模并形成自己的品牌，产品销往全国各地。草畜业是目前固原的四大支柱产业之一，无论养殖还是加工都已具有一定的规模。六盘山野生中药材资源丰富，有黄芪、党参、贝母、羌活、秦艽等重要中药材700多种，蕴藏量极为丰富，是一座具有显著西部特色的天然药库，这些都为固原市中药材加工业的发展提供了充足的原料，为丝绸之路的贸易互通奠定了良好的经济基础。

四、广泛开展文化旅游的交流合作

丝绸之路经济带不仅是经济上的互联互通，更是文化上的沟通与传承。目前，固原与丝绸之路沿线各地合作具有一定的文化资源优势。

历史文化。固原是中原农耕文化与北方游牧文化的接合部，是古丝绸之路东段北道的枢纽重镇，历史悠久，文化积淀深厚，历史上的固原，是关中北出塞外的交通要冲和军事重镇。战国秦长城、秦汉萧关、安西王府、固原古城等，真实地记录了固原历史文化的变迁，显示了固原地域文明的进程和悠久的历史。

丝路文化　固原作为丝绸之路上重要的交通枢纽，自秦汉以来就是关中通往中亚的咽喉要塞。丝绸之路负载的商业贸易与文化交流在固原表现得尤为突出，如固原南郊隋唐墓中出土的东罗马金币仿制品，北周李贤墓中出土鎏金银壶和玻璃碗。北魏早期开凿的须弥山石窟，被列为"中国十大石窟"之一，也是古代丝绸之路沿线著名的佛教石窟之一，见证了佛教从丝绸之路传入中国，是中国乃至世界文化艺术的无价之宝，其独特的艺术魅力和高超的艺术水平诉说着古代丝绸之路沿线中西文化交流融汇的事实。固原博物馆是全国重点博物馆之一，凝固着丝绸之路上的历史，昭示着固原悠久的历史及其在古丝绸之路上的重要地位。

旅游文化　固原依托深厚的文化底蕴和生态、历史、红色和民俗旅游资源，打造形成了以"红绿六盘文化固原"为主题的固原旅游总体形象和"高原绿岛""长征圣山""丝路重镇""回乡风情"四大旅游品牌，在不断完善六盘山红军长征系列景区、六盘山国家森林公园、须弥山石窟、火石寨国家地质公园和老龙潭、胭脂峡景区基础设施和服务功能的基础上，新建了六盘山生态博物馆、须弥山博物馆、萧关遗址文化园、王洛宾文化园、皇甫谧文化广场、六盘山文化城、西北农耕博物馆等文化旅游景点以及隆德县"六盘人家"，泾源县、原州区"农家乐"特色旅游服务项目，推出了"清凉六盘消夏之旅""长征圣山体验之旅""丝路重镇文化之旅"和"回乡风情探秘之旅"旅游产品，已成为"宁夏独具特色旅游目的地"的重要组成部分。

民俗文化　历史上的固原，自周以来近三千年，都伴随着中原文化与北方游牧文化的交融，长期以来的这种文化现象的交替，形成了固原特有的民俗文化。各种形态的民俗风情、生活习俗、宗教信仰、民间文学、民间艺术、民间工艺、民间美术世代相传，民间社火、民歌、花儿、口弦、刺绣、回族婚礼服饰、剪纸、皮影、花灯、泥塑、砖雕、石雕、根雕、农民画、踏脚舞等，极具地方特色。

回族文化　固原是回族人口集聚区，人口占46.6%，是中国伊斯兰教重要的发祥地之一，信教群众多、回族文化浓郁。从元、明之际定居以来，与汉族互相依存，其风俗习惯受伊斯兰文明与中原文化影响，生活中充溢浓郁的伊斯兰风情和中原文化风情。经过几个世纪的沉淀，逐渐演变为独特的回族民俗文化，随着社会不断发展进步，这种文化越发显出独具特色的韵味，尤其在服饰、生活、饮食习俗、民族工艺、民族医药方面有着独特的魅力。

五、积极承接东部产业转移，加强与周边沿线及沿海地区的合作

借助中阿博览会和沿线省区丝绸之路博览会等重大节会平台，加强与周边、沿线省区和沿海发达地区的交流合作，继续深化与环渤海地区（京、津、冀、辽、鲁）、长三角地区（闽、江、浙、沪）区域的产业、金融、科技、教育、农业、文化旅游等领域的务实合作。

加快实施以基础设施、配套功能、环境建设为重点的园区建设，提高工业园区承载能力。积极探索"转移式园区""共建式园区"开发新模式，着力招引东部地区大项目、大企业组团式入驻，推进产业集聚发展。完善园区现代服务业，将工业园区规划与城市发展规划相衔接，带动和完善园区的服务业，促进园区二产和三产的协调发展。

制订产业链招商规划，正确引导产业链招商，突出煤炭、石油、岩盐等资源优势，积极引进下游产品开发项目，把企业产品系列的上伸下延作为引进东部产业重点。

要结合东中部加工贸易产业的梯次转移趋势，在资源型产业、特色农业、旅游服务业等现有引进承接结构的基础上，要结合固原人力资源优势、区位优势、物流业发展规划建设和土地资源广袤等优势大胆探索培育新型主导产业，规划建设以电子和服装加工为主的特色工业园区，积极主动寻找承接此类劳动密集型产业移入。

六、加快物流通道建设，在建设现代物流体系上下功夫

固原利用区位、土地资源、穆斯林商贸等优势，建设以固原为核心的宁南物流次圈极，着力打造成西兰银交会中心物流集散基地。加快形成物流产业带，依托固原等中心城市的产业、资源、交通优势，形成多点放射的物流服务新格局。

加快出省公路通道建设，尽快建成福银高速和兰青高速境内路段，积极推进东线高速公路鸳鸯湖至彭阳段和东向高速公路固原—彭阳—庆阳段规划建设，建成固原—西吉一级公路，形成与周边毗邻地区的高速直达快速通道。加快宝中铁路复线建设和电气化改造，建成原州区至王洼铁路运煤专线，做好定西经西吉、固原至环县铁路和银川—固原、固原—西安快速铁路规划建设的前期工作。争取固原机场二期扩建工程，提高机场飞行区等级条件。

推进物流节点建设。即固原西兰银综合物流园区、原州区清水河综合物流园区、固原火车站货运物流园区、固原盐化工业品物流园区、西吉综合物流中心、彭阳综合物流中心、隆德综合物流中心、泾源综合物流中心、西吉马铃薯商贸物流中心、西吉清真食品冷链物流中心、隆德花卉物流配送中心、泾源清真食品冷链物流中心、彭阳能源化工物流中心、泾源六盘山建材物流中心。发展包括特色农产品物流、盐化工物流、煤炭和能源化工物流、日用消费品物流、第三方物流等重点领域物流建设。加快市场主体培育和物流信息平台建设。

本文首登于 2014 年《共产党人》第 23 期

丝绸之路经济带中固原发展战略分析

李世贵　李　琰

丝绸之路经济带，是中国与西亚各国之间形成的一个经济合作区域，大致在古丝绸之路范围之上，包括西北陕西、甘肃、青海、宁夏、新疆等五省区，西南重庆、四川、云南、广西等四省市区。2013 年 9 月 7 日，国家主席习近平在哈萨克斯坦纳扎尔巴耶夫大学作重要演讲，提出共同建设"丝绸之路经济带"，实现与阿拉伯国家的"政策沟通、道路联通、贸易畅通、货币流通、民心相通"，受到世界各国的高度重视。

一、固原在古丝绸之路上的地位

丝绸之路通常是指欧亚北部的商路，与南方的茶马古道形成对比，西汉时张骞和东汉时班超出使西域开辟的长安（今西安）、洛阳为起点，经甘肃、新疆，到中亚、西亚，并联结地中海各国的陆上通道，一般可分为东、中、西三段，其基本走向定于两汉时期，每一段又可分为南道、中道、北道三条路线。固原处在古丝绸之路的东段北道上。东段指从洛阳、西安到玉门关、阳关，东段的北线由长安（今西安）沿渭河至虢县（今宝鸡），过汧县（今陇县），越六盘山，沿祖厉河，在靖远渡黄河至姑臧（今武威）。固原是古丝绸之路东段北道的必经之地。固原萧关古道、瓦亭等文物和近年来出土的罗马、波斯金银币，诠释了固原在古丝绸之路上的重要位置与阿拉伯国家和地区文化贸易交流合作的深远历史。

固原从秦惠文王设置的第一个县乌氏县算起，至今已有 2340 年的历史。从固原的历史考察，有三个时期固原一直处于陕甘宁的政治文化中心位置。一是秦汉、二是唐宋、三是明清时期，特别是在明成化十年（1474），设立三边总制府（控制延绥、宁夏、甘肃三边，相当于总督府），至明末共 140 余年间，有 60 余人任总督、总制。可见当时固原州的重要地位。到清同治十三年（1874），设立了固原直隶州（直辖）。

西汉时期,宁夏南部设立今宁夏境内第一个郡级行政建制安定郡,为汉王朝经营河西乃至西域战略部署的重大举措。今原州区即宁夏境内最古老的县城固原县,建于西汉元鼎三年(前114),当时称高平县,属安定郡,是该郡郡治所在地。丝绸之路凿空,高平县并为丝绸之路的重镇和枢纽,为西北地区仅次于长安的重要城市,号称"高平第一城"。汉武帝曾六次巡安定郡,为本地历史的重彩大书。隋唐时期,原州七关为丝绸之路上的"第二国门"。可见,固原在古代丝绸之路的重要战略地位。

二、固原在丝绸之路经济带建设中的优劣势分析

(一)优势分析。固原具有悠久的历史和民族文化、丰富的矿产和旅游资源、良好的交通区位优势、特色鲜明的产业优势。一是历史文化悠久。固原是中华民族远古文明的发祥地之一,地处黄土高原典型地区,处于400毫米降水线分界处,是农业与牧业的分界线地带,历史上,具有重要的政治、军事、文化地位。在长期北方游牧文化与中原农耕文化接触、冲撞、交融中,形成了厚重、丰富、独特的多元多彩文化,具有开放、包容、吸纳性强的特点,在"丝绸之路经济带"建设中,固原与西方阿拉伯国家文化交流、贸易往来源远流长,具有得天独厚的历史优势。加之,固原本土旅游资源丰富,拥有红色革命圣地、自然生态风光、石窟、地质公园、历史文化遗迹、民俗文化"六大旅游景区"和150多个景点,包括3个4A级景区,须弥山石窟、秦代皇家祭祀的朝那湫、三军会师将台堡等景点,为固原打造"红色六盘、萧关古道、丝路古城、花儿家乡"四大文化名片、开发文化旅游产业提供了丰硕资源。二是地理区位优势突出。固原历来就是兵家必争的咽喉要地。史书记载,固原"左控五原,右带兰会,黄河绕北,崆峒阻南""据八郡之肩背,绾三镇之要膂"。地处西安(340公里)、兰州(335公里)、银川(330公里)三城中心地带,是全国179个公路交通枢纽之一,也是自治区"十二五"规划确定的九大物流基地之一。六盘山机场正式通航,宝中铁路、福银高速公路、312和309国道、101和203省道贯通全境,形成了立体式交通网络。为固原发展外向型经济奠定了基础。固原处在四大国家级经济区的衔接点,北有呼包银经济区、宁夏沿黄经济区,西有兰西格经济区,东南有关天经济区,在四大经济区融合发展中,固原有条件成为重要支撑点和发展极。三是政策优势叠加。国家实施新一轮西部大开发战略,国家新十年扶贫开发、陕甘宁革命老区振兴规划等优惠政策,把六盘山区列为国家重点实施集中连片特殊困难地区扶贫开发的首位,对贫困地区、民族地区、革命老区的倾斜扶持力度持续加大;国家提出建设"丝绸之路经济带",加快宁夏内陆开放型经济实验区和银川综合保税区建设,自治区党委、政府启动实施了百万贫困人口扶贫攻坚战略、宁南区域中心城市带动战略和大县城建设战略,集中政策项目倾斜支

持，这一系列优惠政策，为固原提供了难得的发展机遇。固原有机遇、也有潜能在"丝绸之路经济带"建设中发挥政治、经济、文化等方面的影响力。四是矿产资源丰富。独特的地质构造形成了固原地区矿产资源的多样性和富集性，煤炭探明储量30亿吨，远景储量在110亿吨以上，在全区仅次于宁东；岩盐探明储量26亿吨，远景储量100亿吨以上；石油探明储量2396万吨，远景储量5亿吨，开采量达到15万吨/年；已探明3.1亿吨石灰岩、2.9亿吨芒硝、1.7亿吨石膏、16亿吨石英砂，等等。这些资源都集中在以市区为中心的80公里范围内，资源开发的配套组合优势明显，发展工业潜力巨大。五是生态农业基础良好。固原全市总面积1.05万平方公里，有耕地502万亩，可供开发建设的土地资源潜力大，土地流转、规模经营、提升产业的后劲足。固原的土质相对较好，河谷川道残塬区有耕地175万亩，通过实施库井灌区改造，可发展灌溉面积100万亩以上，是高效节水农业发展最具潜力的地区。固原地区海拔高，气候冷凉，空气质量好，昼夜温差大，有利于农作物营养成分的形成和累积，尤其是冬长寒冷、夏短凉爽的气候条件有利于发展反季节冷凉蔬菜。大气、土壤、水源和环境良好，是绿色有机农产品的最佳生产基地。特色农业初具规模，设施农业已达30万亩，马铃薯面积200万亩以上，中药材13万亩，牛、羊饲养量分别为89.2万头和189.2万只，被誉为"中国马铃薯之乡""中国冷凉蔬菜之乡"和"天然中药材宝库"，集中打响"六盘山"农产品品牌。六是清真牛羊肉产业发展基础良好。固原牛羊肉产业发展具有广阔的市场前景、独特的品牌和优质的品种。随着我国经济社会的不断发展，城乡居民生活水平进一步提高，人们膳食观念的转变，追求高营养、高蛋白绿色肉食品已经成为趋势，为肉牛肉羊产业发展带来巨大的市场空间。固原回族人口有71.47万人，占总人口的46.3%，多年来积累起的"清真"品牌具有民族特色，是一笔无形的资产。目前，已形成六盘山阴湿草地肉牛区为核心的优质肉牛肉羊品种繁育及养殖基地，牛羊肉具有优质的品种。加之，近年来退耕还林工程的实施，为发展牛羊养殖奠定了坚实的物质基础，目前牧草面积持续稳定在300万亩以上。固原牛羊肉市场流通体系已逐步健全，牛羊产业协会，辐射全市5个县（区），为牛羊肉生产加工和质量提升发挥了重要作用。

（二）劣势分析。受自然环境、历史发展等因素的制约，固原在经济发展、自然资源、人口环境等方面存在明显的劣势。一是对外开放水平低。受制于内陆区位和开放滞后的影响，我市对外开放总体水平很低，对外贸易还处于低层次发展阶段，对外贸易和利用外资总量小，引进外资企业尚属空白，对外文化交流处于低层次。二是经济发展滞后。固原传统农业基础落后、效益差，工业发展起步晚，三产服务业层次低，决定固原经济总量低。固原2013年实现地区生产总值182.95亿元，占宁夏经济总量的7%，是全区经济总量最小的市，在全国283个地级市中，排名倒数第一。三是重大项目支撑少。没有大项目的支撑，我市拉动经济增长、增加财政收入、调整经济结构、推动内陆开放型经济区建设难度大，融入丝绸之路经济带建设进程缓慢。四是自然资源匮乏。受气候环境影响，固原属于内陆型半干旱气候，气候干燥，年降雨量少，水资源严重缺乏，成为制约固原经济发展的重要因素。全市综合水资源总量仅为 5.667 亿立方米，人均水资源占有量为 372 立方米，是全国人均占有量（2195 立方米）的 18%，是全区（656 立方米）的 56.7%。五是外向型人才缺乏。受自然条件、经济发达程度等因素的影响，使得固原聚集人才能力弱，外向型人才缺乏，对外经贸、金融保险、生态环境、产业发展等领域人才明显不足，人才总量小，高层次、高技能人才短缺，成为制约我市开放开发的主要障碍。

三、固原在"丝绸之路经济带"建设中的支撑产业和发展重点

（一）提升固原综合经济实力

近年来，固原在市委、市政府的坚强领导下，按照"一个主题，三个转变，六大战略"的总体思路，"抓好六项重点、破解三大难题、推进五个创新"，经过努力，固原的综合实力得到了明显提升，地区生产总值、固定资产投资、财政收入五年实现翻番，年均分别增长 12.9%、25.4%、35%。固原五年内工业经济平均增长率 19.7%，2013 全市完成工业增加值 26.74 亿元，比上年增长 21.4%。农业结构调整成效明显，由低产低效的传统农业逐步走向以发展现代农业为主的特色优势产业，草畜、马铃薯、中药材、冷凉蔬菜等产业，已在固原各县区初具规模，并且呈现出"一县一业"、优势互补的快速发展态势，冷凉蔬菜、马铃薯、西芹、辣椒等特色农产品，以绿色无公害、有机含量高而著称，产品远销国外。农业产业步入了集约化、现代化、特色化的发展路子。2013 年，固原农业产值 58.51 亿元，占全市总产值的 31.98%。第三产业增加值逐年提高，由 2009 年的 43.71 亿元提高到 2013 年的 90.23 亿元。固原经济综合实力有了明显提升。但环视相比，固原与吴忠、中卫、平凉、白银市等周围城市经济发展仍有一定的差距，要成为"丝绸之路经济带"发展的战略支点，固原必须发展经济，提升经济综合实力，继续发展壮大工业经济，增效现代农业，拓展提升第三产业，从而为固原在"丝绸之路经济带"建设中发挥重要作用奠定坚实的经济基础。

（二）固原在丝绸之路经济带建设中的发展重点

紧密结合内陆开放型经济实验区建设，发挥固原穆斯林文化影响力，以更加开放的合作方式，加强与阿拉伯国家交往与联系，发挥固原回族特色和冷凉气候独特优势，通过建立面向中东和阿拉伯国家的清真食品和穆斯林用品生产出口基地、穆斯林文化产品开发地、绿色有机农产品生产基地和休闲避暑旅游度假地，把固原打造成丝绸之路经济带的重要"战略支点"。

一是建设清真食品和穆斯林用品集散地。发挥固原的独特优势，打造全国清真食品和穆斯林用品认证、研发设计、生产加工、展示交易和集散中心，形成面向全国和中东、阿拉伯国家重要的清真食品和穆斯林用品产业集聚区。发展壮大固原清真牛羊肉产业、奶产业，研发生产穆斯林服饰、节日用品、日常生活用品、特色礼品等系列产品，发扬固原回族饮食文化，推出清真五罗四海、九魁十三花、十五月儿圆等驰名筵席套菜，通过回族特有的饮食文化加强与阿拉伯国家的交流往来。建立清真食品和穆斯林用品展示贸易区，积极做好宣传和对接，繁荣产品交易市场，使固原清真产业成为"面向全国走向世界"和"世界通过固原面向全国"的贸易中心区。

二是建设民族文化产品开发基地。充分展示中国文化博大精深的魅力，发掘"漫漫古道，悠悠驼铃"古丝绸之路辉煌的历代文明和固原悠久的历史文化，推进"文化固原"建设。围绕"红色六盘、萧关古道、丝绸古城、花儿家乡"，深度挖掘地域特色文化，加强文化遗产和非物质文化遗产的保护开发，着力打造六盘山生态文化旅游独具特色的高地。积极开发固原剪纸、刺绣、砖雕、彩塑等特色文化产品，通过固原靓丽的"文化品牌"，吸引西方阿拉伯国家客商投资开发固原的文化旅游产品。

三是建设绿色有机农产品生产加工基地。发挥固原气候冷凉、空气质量高等优势，以建设西部地区特色有机农产品示范区为目标，建成清水河流域、葫芦河流域、渝河流域、泾河流域、红河茹河流域特色产业带，重点发展马铃薯、小杂粮、冷凉蔬菜、小茴香、西芹、辣椒、红葱、黄花菜、枸杞、中药材等无公害绿色有机农产品。面向国际和国内市场，以特色优势农产品精深加工为突破口，促进农业产业化发展，培育具有国际竞争力的龙头企业，打造"六盘山"绿色有机农产品品牌，建设优质特色农产品生产加工、经营示范、集中展示基地。

四是建设休闲避暑度假旅游基地。以国家级六盘山旅游扶贫实验区为基础，引进大企业、大集团参与文化旅游开发，形成以"两山一寨""两馆一园"为核心，各县（区）独具特色的文化旅游产业体系，着力建设旅游要素齐全、综合服务功能配套的现代旅游服务，全面提升文化旅游产业竞争力和影响力。重点在中东及阿拉伯国家推介固原"气候冷凉""回乡风情"等独特的旅游资源。办好六盘山山花节、旅游节和登山节等活动，吸引各方人士到固原休闲度假旅游，把固原打造成阿拉伯国家及穆斯林地区的旅游目的地。

四、固原融入新丝绸之路经济带建设的政策建议

（一）提升固原综合服务能力

一是发挥固原区位优势，提升铁路、公路、航空交通基础设施条件，构建以固原为中心的丝绸之路经济带综合立体交通体系和国际国内枢纽区。二是建设符

合阿拉伯国家穆斯林饮食、信仰等习俗要求的宾馆、饭店等基础设施。三是引进云计算机运营企业，加强互联网基础设施投资，建设中阿互联网交易平台，发展中阿跨境电子商务，拓展经济交流合作渠道。四是设立中阿交易金融服务中心，促进贸易流通，实现"货币流通"。五是帮助组建面向阿拉伯国家的商会，发挥产业联动效益，逐步实现"贸易畅通"。

（二）建立开放开发的体制机制

一是建立全方位开放开发的互动机制。加强与宁夏开放核心区的合作联系，积极主动加强六盘山扶贫片区、陕甘宁老区、东部沿海省区的联系，探索建立资源共享、合作共赢、协同发展的开放开发机制。加强与阿拉伯国家及世界穆斯林地区经济、文化旅游合作，提高开放水平和层次。二是建立培养专业技术人才和劳务人才的育人机制。适应向西开放要求，加大阿拉伯语和国际贸易、翻译、公关、商务咨询和中介、营销管理等应用型人才培养交流力度。开辟人才引进渠道，建立用人留人新机制，形成人才引领产业、产业聚集人才的良性循环。三是建立文化旅游合作机制。加大文化旅游资源整合开发，组建大型旅游公司和旅行社，加强与周边地区和国内外旅游主线融合接轨。四是建立农产品生产和加工规模发展机制。大力发展草畜、马铃薯、设施农业、冷凉蔬菜、小杂粮等产业，建设优质安全的示范基地、绿色有机食品出口加工基地，促进农产品生产和加工规模发展。五是建立清真食品及穆斯林用品产业引导机制。制定清真食品和穆斯林用品产业发展规划，加强与伊斯兰国家地区交流合作，发展大型清真食品公司和集团。

（三）积极争取各项优惠政策支持

用足用活现有各项优惠政策，积极争取国家、自治区对固原在财政、税收、土地和矿产资源、产业、金融、投资、人才等方面的优惠政策支持。一是建议国家和自治区对固原设立贫困地区发展专项资金，加大扶贫资金支持。二是对在固原发展对外贸易，从事清真食品和穆斯林用品生产、销售、加工的企业，免征营业税，进出口关税，企业盈利后五年内免征所得税。对固原市境内从事商贸服务、现代物流、旅游服务的企业免征营业税，在市区商业集中地段和旅游景点设立"免税商店"，方便游客消费，繁荣旅游市场。三是批准在固原市区和泾源县建设永久性"中阿论坛六盘山分会址"和"穆斯林风情商务旅游区"，以土地租赁或出让的方式吸引阿拉伯国家客商投资建设休闲度假区。四是建议增设固原至西安、兰州、银川的航班、航线，提升飞行区等级，打通断头路，提升路网等级，构建航运、铁路、公路立体大交通体系。五是建议在自治区"两区"建设和丝绸之路经济带建设进程中，将固原作为全区清真产业带的核心区，在固原布局重点项目。

丝绸之路宁夏固原段遗产廊道空间格局研究

丁小丽

以固原现有的行政界域为准，以整个固原市作为研究对象，选取原州区为核心段。

研究范围确定为东起东岳山，南至九龙山和二十里铺，西至水源保护区，北至沈家河水库，总面积约 168 平方公里。

本文是第一次针对丝绸之路宁夏固原段遗产廊道进行研究，在以下三个方面形成了创新性的成果：

1. 应用遗产廊道构建的标准对丝绸之路宁夏固原段进行分析，对遗产资源的类型、特征进行分析，找出具有丝路文化特征的文化遗产固原古城、须弥山石窟、隋唐墓地、开城遗址、西安州古城、瓦亭关，该段落具备构建遗产廊道的条件；

2. 提出丝绸之路宁夏固原段遗产廊道"Z"字形结构，串联沿六盘山余脉西峰岭、清水河分布的重要城镇、文化遗产区、文化遗产点；

3. 运用中国地景理论对固原古城进行重点研究，提出古城鸟瞰—渡河—进入瓮城—进入古城—出城—古雁岭沧桑古道的遗产序列空间展示方式。

丝绸之路宁夏固原段遗产廊道构建分析

遗产实物

宁夏固原市境内现存遗产实物包括自然遗产和文化遗产。其中具有自然地貌景观特征的遗产资源六盘山自然保护区、云雾山自然保护区、天都山自然保护区、西吉火家集城（丹霞地貌）。具有丝绸之路共同文化特征的文化遗产有：（1）城址：高平县城、羊牧隆城、西安州城、广安县城、彭阳城、安化故县城、德顺州城、怀德军故城、都卢县故城、黄石县故城、固原城、固原七营北咀子城、彭阳古城、红古城、西安州古城、开城古城、凤凰古城；（2）石窟：西华山石窟、南华山石窟、须弥山石窟、石窟寺石窟、无量山石窟、石窟湾石窟；（3）墓葬：北周李贤夫妇墓、杨郎乡马庄村的春秋战国墓葬、九龙山汉代墓群、南郊唐代遗凤三年墓、彭阳新集北魏墓、南源唐代墓群、唐圣历二年墓葬、隋代大业五年墓葬、开城墓地、义渠戎墓葬群、南郊隋唐墓群、唐麟德元年的夫妇合葬墓、唐咸亨元年墓葬一座、史诃耽墓、北魏漆棺画墓彭堡、春秋战国墓葬群；

（4）寺庙：延龄寺、白云寺景区；（5）旧址：蒙古安西王府、菜园遗址、萧关、制胜关、六盘关、木峡关、石门关、石峡关、弹筝峡、好水川古战场遗骨遗址、战国秦长城、红军长征纪念馆、长征会师纪念碑、璎珞宝塔。具有中西文化交融特征的遗产资源有：回族风俗、五原山南古寺拱北、单南清真寺、西吉沙沟拱北。

线形景观元素

线形景观元素包括历史上形成的具有文化意义的线形乡土景观，一些具有休闲游憩价值的景观元素如林地、水体，以及那些目前并不具备休闲价值，仅仅因为其空间关系而适宜成为遗产廊道组成部分的景观元素。判别这些元素的位置将为进一步的廊道规划和建设提供有力依据。道路、乡间小路、铁路、河流等都是该地区线性的资源，是当地有重要影响的线形元素。

固原市不仅是丝绸之路早期重要的城镇，丝绸之路在境内行径大约 200 公里，占丝绸之路中国境内长度的 1/20。途经瓦亭、开城、原州、三营、郑旗、贾塬、西安州、海原等地。此外，红军长征也在这里留下了重要的线性文化景观。境内还有线性古遗迹秦长城，六盘山自然保护区、泾水风景区等线性景观元素。

综上所述，固原境内现存大量的文化遗产和自然遗产资源，较好地保存了丝路文化特征。同时这里具有重大历史影响力的线性的遗产资源，这里具备构建遗产廊道的条件。

固原段遗产廊道构建的方法

在 ApPalachian 自然遗产廊道案例中从景观生态学角度，对遗产廊道的基质、植物斑块、廊道等方面的现状调查、登记、评价，最后得出规划设计方案。在大运河江南段工业遗产廊道的案例中对工业遗产分层次进行研究，运用 Gls 技术对遗产廊道现状登记，然后专家打分评价。这些方法值得丝绸之路宁夏固原段遗产廊道借鉴。同时，固原市有着自己的历史文化背景和特点及遗产的特征。如固原古城运用中国地景理论选址，与山形水势完美结合、回族聚居的文化特征等。结合第二章遗产廊道理论分析和案例研究的基础之上，根据丝绸之路宁夏固原段遗产的类型和特征情况，本文提出丝绸之路宁夏固原段遗产廊道的研究方法为自然、历史、区域背景研究，遗产资源特征分析，空间景象分析，概念性规划和选线设计。

（一）区域背景分析

运用城市规划学城市区域规划的方法选取黄土高原这一地理单元，通过在这个区域尺度上对固原市的自然气候、地质、地貌、土壤、水文、城镇体系等方面

的分布特征进行分析，找到固原市在黄土高原范围内的空间发展背景。运用地理学科对自然环境研究的角度和方法对固原市自然特征进行分析。运用历史地理学科对固原市自然、历史考证的方法，探究固原市的历史文化背景。

（二）遗产资源特征

运用历史考证的方法对遗产资源实态描述，用遗产分类的方法对固原市丝路文化特征的遗产进行分类和特征分析。

（三）空间景象分析

运用景观学科对景观认知和表达的方法，对瓦亭—固原古城段的古丝道空间构成、景象、恢复可能性进行分析，为概念规划和选线做基础性分析。

（四）概念性规划和选线设计

通过对固原市原州区的空间格局研究，找出恢复固原古城的自然格局和丝绸之路的沧桑古道的规划设计方法。

自然背景与特点

（一）气候特征

固原地处黄土高原暖温带半干旱气候区，是典型的中温带大陆性气候，东南季风经过长途跋涉，又遭受地形阻隔，到达这里时已成为强弩之末。而西北方向袭来的干冷气流经过蒙古高原后可以长驱直入，这里又处在我国季风气候区的边缘，海拔高，因此气温比同纬度的东部地区偏低。冬季漫长寒冷、春季气温多变、夏季短暂凉爽、秋季降温迅速，有"春寒、夏旱、秋雨多""春去秋来无盛夏，四月冰雪耀银花"之说。

固原市年日照时数2200～2800小时，年日照百分率50%～61%。总日照时数由北向南递减，海原县全年日照时数2716.6小时，泾源县2242小时。年平均气温为6.1摄氏度，以南部六盘山为中心，气温向东、西、北三方的辐射增高。六盘山年均温度1摄氏度左右，西部西吉县年均温度5.3摄氏度，东部和中部原州、彭阳腹地年均温度6.2摄氏度，北部海原县年均温度7摄氏度左右。固原市气温偏低，年均气温4～8摄氏度，大多数地区为5～7摄氏度。

全年无霜期仅有105～151天，生长期短，农作物只能一年一熟。区域降水差异大，北部地区干旱少雨，南部阴湿多雨。蒸发量大于降雨量，降水量全年较少，年均降水量在260～820毫米之间，六盘山地区降水量平均600～800毫米。降水量向东、西、北方向递减，以向北最明显，基本上向西北、东北去1公里递减1毫米。最北部海原县兴仁、徐套、兴隆等乡镇年均降水量250～300毫米。降水又多集中在7至9月，所以经常发生春旱甚至春夏连旱的情况。

综上所述，固原地处黄土高原暖温带半干旱气候区，降水少，干旱，冬季寒冷。这样的气候条件并不利于丝绸之路宁夏固原段遗产廊道的建设。由于气候条件的限制，可以在固原市原州区内存活的树种并不丰富，原州区内的乡土植物种类也不多。由于植被覆盖率低，给将来丝绸之路宁夏固原段遗产廊道的形成，带来了很大的困难。

（二）地质、地貌特征

1. 地质

固原市在地层区划上处于华北地层区和祁连地层区内，两区以龙首—六盘深断裂带为界。华北地层区的次级单元为陕甘宁盆缘分区，彭阳县和泾源县、原州区的部分地区位于该分区的平凉小区内。海原县兴仁一带位于河西走廊六盘山分区的武威—中宁小区内。平凉小区内地层分布特点是：下元古界、寒武系、奥陶系、石炭系至侏罗系均衡发育，但因黄土大面积掩盖，仅零星见于残山或沟谷中，下白垩统广泛分布，厚度较大，新生界较发育。武威—中宁小区地层发育较齐全，自寒武系至第四系，仅缺失晚奥陶世、早泥盆世、晚白垩世、古新世的沉积，以古生代地层发育为特点。六盘山小区地层发育极不完全，缺失古生界、三叠系、侏罗系、上白垩统和古新统。下元古界零星分布。靖远—西吉小区出露最老地层为下元古界，古生界只有中下泥盆统；新生界分布最广，缺失古新统。

2. 地貌

固原属黄土丘陵沟壑区。南部为六盘山区，东部为丘陵沟壑区，西部为峡谷川台地区，总特点是南高北低。境内以六盘山为南北脊柱，将全市分为东西两壁。海拔大部分在 1500～2200 米之间。由于受清水河、泾河、领河、葫芦河、祖厉河等河流切割、冲击，形成丘陵起伏，沟壑纵横，源、梁、赤、壕交错的地貌特征。主要山脉有六盘山、南华山、西华山、月亮山、云雾山。由于长期水土流失严重使固原地区地形构成为六盘山土石山区，黄土丘陵沟壑第二副区、第五副区。

（三）水文和土壤特征

1. 水文

固原地区地表水资源具有量少、质差、空间分布不均、时间变率大的特点。地表水资源总量中，年径流量 7.28 亿立方米，占全区 8.89 亿立方米的 77.8%。地表径流的年内、年际变化大，年内 70%～80% 的径流集中在 7 至 9 月，形成汛期，8 月径流量最大，11 月至翌年 3 月为枯水期，1 月径流量最小。年际间，年径流量最大值一般为最小值的 4 倍。固原地区地表水多以六盘山地区为中心呈放射状分布，流域面积以清水河最大，径流量以泾河最多。这些河流的水文特征既有中国北方河流的一般特点，又存在一定差异。祖厉河北流入黄河，流经干旱半干旱区，水量小、矿化度高、泥沙多、径流量变化大。南流入渭河的泾河与葫芦河流经半湿润区，水流量较大、矿大度较低、泥沙较少、径流量变化较小。

2. 土壤

由于固原地区地质构造的不同，加之经历了畜牧业—农业—旱作农业的不同发展阶段和自然条件的影响，形成土壤类型多样的特点。主要可划为三类：

（1）黑沪土，这是主要土壤类型，占总面积的 66.4%，分布于山地以外的广大地区，即气候上的半湿润和半干旱区。黑沪土具有深厚、色暗、疏松的腐殖质层，为中性土壤，颗粒以粉粒为主，疏松易耕作，保水能力强，有机质含量较高。

（2）灰钙土，占总面积的 17.7%，即在海原县的北半部的干旱气候区。这种土壤呈碱性，颗粒较粗，保水保肥能力差，有机质含量较少。

（3）山地土，占总面积的 17.8%，包括山地草甸土、山地棕壤土和山地灰褐土三个层次。它们自上而下地分布在六盘山、月亮山等高山地区。这种土壤较湿润、偏酸性、有机质含量高，但因土层薄、坡度大、易流失。山地棕壤土和山地灰褐土肥沃湿润，适于林木生长，可发展林业。

历史文化环境背景与特点

历史地理文化

"世界上任何一种文化，总是和它产生的地域相结合。"历史上固原所处的地理位置使它成为中原通往西域的咽喉要地，丝路要冲。先后有汉、匈奴、戎族、鲜卑、吐蕃、铁勒、柔然、高车、突厥、回纥、月氏、羌、氐、昭武九姓、蒙古、回、党项等众多民族在此生息、繁衍，纵横驰骋，迁徙组合，建立和产生了各种政权组织、经济类型、生产方式、文化艺术、民族风俗、宗教信仰。构成了源远流长、交融汇聚的固原历史文化和多元一体的格局。文化的产生和发展与自然环境的影响关系密切。从竺可桢先生的《中国近五千年气候变迁的初步研究》中可以发现，黄河流域从史前时期起，历经夏、商，直到西汉，除西周时大约一两个世纪的寒冷期外，两三千年中，黄河流域气温一直较温暖。著名的考古学家胡厚宣早在 1944 年就指出：在 3000 年前，黄河流域同今日的长江流域一样温暖潮湿。大量的考古和抱粉资料表明，在新石器时代，黄河流域不仅气候湿润，而且广泛生长着阔叶林和大片竹林。我国气象学界的研究结果表明，太平洋水气是可以到达六盘山以东甘肃陇东地区。固原市位于黄河中上游，境内考古发现的菜园遗址也证明这里曾经发展有远古文明，树木茂盛，非常适合人类生存。固原六盘山地区 6 个县，相继出土了今已绝迹的 6000 年以前的云杉、冷杉、落叶松、莲香树、圆柏、油松等，经测定历史上固原地区曾存在过以六盘山为主题的广阔森林和森林草原。如此秀丽的自然景象，如何变成了如今的气候干旱寒冷，土壤贫瘠的景象呢？在薛正昌的《固原的历史地理与文化》一书中阐述了这个问题。春秋时期，固原被强大的游牧民族义渠戎占为居住地。秦灭义渠，在此置郡，开始迁徙人口，开垦固原地区的部分草原。随着农业经济的发展，这里的自然环境发生着变化。汉朝定都关中，在固原置安定郡，积极推行"富关中""戍边郡"的移民政策。在西汉以前，固原水草丰茂，牛羊成群，是重要的畜牧区之一。西汉中叶起，宜农的地区才相继大规模开垦。汉武帝时，丝绸之路开通，使沿线的农业经济迅速发展。同时，政府开始大规模移民戍边，使这一带人口迅速增长，屯垦规模越来越大，森林大规模被砍伐，生态平衡遭到破坏。秦汉时期，人们的衣食住行等物质生活以及其他社会生产部门与森林联系密切，木材需求不断增加，其主要耗费渠道是营建、战争、丧葬、燃料、器物等。秦代"关中宫观三百，关外四百余""咸阳之旁二百里内宫观二百七十"。如此庞大的建筑规模，怎能不砍伐六盘山森林？汉初的"回中宫"，被毁于文帝十四年的兵变，此宫殿的建筑材料也是砍伐六盘山森林的。除了营造奢华的宫殿，诸侯贵族的棺木也耗费大量的木材，这种乱砍滥伐的活动一直持续着。《中华文明史》第三卷载：关中西部的陇山、六盘山一带的森林，成为长安、洛阳木材供应的基地；加上西北边地开发速度加快，致使这里的森林资源破坏严重，影响气候并导致水土流失，为当地带来了干旱、水土流失的祸患。

丝绸之路在固原

固原位于丝绸之路越过陇山后的萧关古道上，是唐中期以前（755—763）丝绸之路上的重要城镇。曾经是历代皇朝在西北地区的重要政治、军事、经济、文化中心，地理位置"左控五原，右带兰会，黄河绕北，崆峒阻南"，是"据八郡之肩背，绾三镇之要膂"。

（一）丝绸之路在固原的发展与演变

丝绸之路的开通改变了固原地区的经济，甚至影响了该地区的气候特征。随着时间的推移，丝绸之路在固原地区是如何发展和演变的呢？丝绸之路，东起西安（长安），西至东罗马帝国首都君士坦丁堡，横跨欧亚大陆，在我国境内有4000公里以上，固原境内约200公里，占中国境内总长的1/20。如第一章中所述，根据地理特征和政治状况将丝绸之路划为三段：即东段——关陇河西道，中段——西域道，西段——中国境外段。东段又分为南、中、北三道。固原的地理位置处于东段的北道的交通要道上。根据历史背景的不同，可以把固原的丝绸之路归纳为：唐中叶以前（755—763）的长安—凉州北道。这一条线路是由西安至河西走廊开辟最早的一条线路，秦始皇也曾沿着这条线路到达固原地区，其大致走向是由西安沿泾河向西北行，经陕西的咸阳、礼泉、乾县、永寿、彬县、长武，甘肃的泾川、平凉进入宁夏固原境内。在固原境内过三关口，再从瓦亭转而向北，经青石嘴至开城抵达固原城，沿清水河向北行，再经三营、黑城，沿苋麻河谷至海原的郑旗、贾塘，过海原县城、西安州、盐池，再次进入甘肃。在甘肃靖远县东北的石门附近渡黄河，经景泰县至凉州今甘肃武威。这段道路沿途平坦，基本沿泾水、清水河而行，而后又有苋麻河谷可循，山不险峻路不陡，大车可通行无阻。东汉时刘秀亲征高平，河西太守窦融与五郡太守驾车会高平，浩浩荡荡的大军与战车就是走的这条道路。唐末五代时期（907），由于固原被吐蕃占据，中西交通改用他线。到北宋初年，全线再次畅通。从日本栗棘庵所藏的宋代地理图刻石拓本上，仍能清晰地分辨出这条大道的走向。从长安到固原，至固原后向北走，至三营折而向西，经黄铎堡唐石门关，宋平夏城出寺口子，至红羊房，折而向北，经海原县的树台、西安州，在西安州分为两路，一路由西安州到兴仁，再到靖远；另一路由西安州到打拉池，入靖远县。元代以后，丝绸之路改由六盘山至兰州新线。它的走向改为由西安到平凉，再到固原的瓦亭，在和尚铺西越六盘山，过隆德，再经甘肃的会宁、定西抵兰州，由兰州过黄河进入河西走廊。整个线路，大致与今天的西安—兰州公路线相同。这条线路比前两种要便捷得多。以北道为主轴，还有两条道路。一条是由长安西行陇州后，不再攀越大震关，而是沿陇山东麓过华亭县，至泾源，穿制胜关的鸡头道，过六盘山，抵达陇西郡。秦始皇二十七年（前220）出巡陇西即走此道。过鸡头道向西北行，或沿祖庵河而下，在靖远北石门黄河东岸渡河，进入河西。或者沿泾河至平凉，由崆峒山东进入泾源，走鸡头道。公元前110年冬十月，汉武帝巡狩西北，"西临祖庵河而还"，也是走这条道路。另一条是由咸阳至宁州（今宁县），沿茹河进入固原。汉代班彪（3—54）前往安定固原就是走这条道路。

（二）丝绸之路宁夏固原段遗产廊道起止路线

根据上一小节的论述可以看出，不同历史时期丝绸之路固原段的行径路线都不相同。唐代中期（755—763），是丝绸之路固原段的一个转折点。在唐代中期以前，固原在整个丝绸之路上是非常重要的城镇，也是长安至西域线路上的重要城镇。道路平坦易行，秦始皇、汉武帝都是沿着这条道路到达的固原。同时，从固原市博物馆出土的文物看，这一时期丝绸之路对固原地区的影响也比较大。丝绸之路申请世界文化遗产宁夏固原段文化遗产中包括固原古城、固原北朝至隋唐墓地、开城古城、须弥山石窟等。其中须弥山石窟开凿于北朝年间，北朝、隋唐墓地也证明了固原地区在唐中叶以前的繁荣历史。

综上所述，丝绸之路在固原影响力比较大的时期是唐中期以前，这个阶段也是丝绸之路比较繁荣，受战争等因素影响较小的阶段。因此，丝绸之路宁夏固原段遗产廊道的路线选择由西安经彬县、长武至平凉，再沿泾河入宁夏固原内，过三关口、瓦亭、开城抵达原州，再经三营、黑城，沿苋麻河至海原的郑旗、贾塘，过海原县城、西安州复入甘肃境内。这条路线总长192.5公里，近了200公里。

固原在丝绸之路上

固原在整个丝绸之路的东段北道上，中唐以前是丝绸之路上的重要城镇。宁夏固原段在整个丝绸之路中的路线约有200公里，丝绸之路诗歌中经常提到的萧关就是在今宁夏固原境内的固原古城。经固原地区的北道，路程较为短捷，平坦易行，开辟时间比南路早。是秦汉时期由长安到河西的主要通道，也是丝绸之路形成后东段的最佳路线。丝绸之路的开通，使东传的佛教也在这里留下了它深厚的足迹。西出固原55公里，开凿了须弥山石窟。须弥山石窟地处一片火红色丹霞地貌，被列为全国十大石窟之一。固原也是丝绸之路上伊斯兰教得到广泛发展的地方之一，城附近之五原山下，建起了固原地区的第一座拱北——五原山南古寺拱北。寺院依山临水、规模宏大，是一组中式建筑和阿拉伯建筑风格相结合的建筑群落，明清两代均进行过多次修建或重建，20世纪80年代以后又进行了重建。五原山南古寺拱北至今还沿袭着这样一个历史传统：每逢圣纪、开斋节和古尔邦节等主要节日活动时，大开寺门，欢迎穆斯林群众和各族民众前来朝拜庆贺，使拱北院内充满了各族群众团结友爱互尊互敬的祥和气氛。

区域背景与特点

（一）地理环境背景与特点

选取黄土高原为固原市所属的区域地理单元。把固原市放到黄土高原区域尺度内，能更好地从区域范围内了解固原地区的气候特征、地质地貌等自然特征。黄土高原的范围是：西以日月山、乌鞘岭为界；东以太行山东麓深断裂带为界，包括豫西黄土丘陵区；南以秦岭、伏牛山山麓为界；北大体以长城为界，包括内蒙古和准格尔的黄土丘陵区，北界的西段通过宁夏盐池县南部（罗山—香山—白墩子—大靖）。包括山西大部分，河南北部，陕西中北部，甘肃中东部，宁夏南部及青海东部。大致在北纬34°~41°，东经101°~114.5°68′。

1. 水系分布

黄土高原水系分布对该区域城镇体系的分布有着重要的影响。黄河在黄土高原境内主要的一级支流有：大通河、大夏河、祖厉河、清水河、窟野河、无定河、北洛河、泾河、渭河、汾河。其中清水河属黄河的一级支流，发源于宁夏固原市开城乡黑刺沟，流经原州区、海原、同心，至中宁县山河桥汇入黄河。全长320公里，流域面积1448平方公里。整个流域处于黄土高原的西北边缘，地貌以黄土丘陵为主。清水河在原州区境内全长135公里，自源头黑刺沟脑至原州区七营乡盘河村出境，境内流域面积2763.02平方公里，占原州区总面积的70.6%。黄土高原地区分布有众多水库，这些水库是周边城镇的水源。其中规模较大的有刘家峡水库、青铜峡水库。丝绸之路的东段（从西安至河西走廊这一段）北道，

有三条黄河的一级支流与丝绸之路有着密切的联系。这三条河流分别是渭河、泾河、清水河。商队从陕西过甘肃至宁夏的行经路线是沿着这三条河流的。

2. 城镇体系分布

黄土高原范围内的城镇体系可以反映固原市在该区域的地理位置和旅游空间发展的地位，同时，可以反映该范围内旅游等经济因素的辐射区域环境。黄河是黄土高原上城镇发展的重要水源，流经宁夏境内的有祖厉河和清水河。黄土高原分布于山西大部分地区，陕西中北部，宁夏南部，甘肃大部分地区，青海东部，及内蒙古和河南的少部分地区。在黄土高原范围内包括的省会城市有：西安、太原、兰州、西宁；其他重要城市有：大同、忻州、吕梁、运城、榆林、铜川、延安、咸阳、宝鸡、中卫、固原、天水、武威等。

固原市域城镇体系

截至 1998 年底，固原县辖 26 个乡镇（其中 1 个城关镇，4 个建制镇，21 个集镇），280 个行政村，1626 个自然村。城镇数量少，规模小。城镇体系在空间上基本沿南北向银平公路分布。东西向未形成经济发展轴线。

固原市域城镇空间发展格局

沿着银平公路方向是市内主要南北向发展轴线，沿线包括七营、黑城、三营、头营、西郊、城关、南郊、什字八镇。在固原市范围内七营、三营、头营、原州区、开城、六盘山、泾原、泾河源、新民，构成固原市的南北向一级城镇发展轴线。西吉、原州区、草庙，沿 309 国道（兰宜公路）是固原市二级城镇发展轴线，为东西向。王洼、草庙、彭阳、红河，沿 203 国道是固原市南北向三级城镇发展轴线。火石寨、西吉、将台、兴隆、联财，沿 202 省道是固原市南北向的三级城镇发展轴线。联财、沙塘、隆德、六盘山，沿 312（西兰公路）是固原市东西向的三级发展轴线。综上所述，宁夏固原在区域发展轴的南端，位于宁夏南北向二次发展轴线上，有着较好的区域发展空间。

小　　结

丝绸之路，东起西安（长安），西至东罗马帝国首都君士坦丁堡，横跨欧亚大陆，在我国境内有 4000 公里以上，固原境内约 200 公里，占中国境内总长的 1/20。本章对丝绸之路宁夏固原段遗产廊道构建意义、条件、步骤等方面的分析，这里分布有大量历史遗迹，线形文化景观。通过对遗产资源现状的分析，得出了宁夏固原地区具备构建遗产廊道的意义和条件的结论。确定丝绸之路宁夏固原段遗产廊道的研究步骤为区域背景分析，空间格局研究，规划设计三个步骤。区域背景分析阐述了固原市在黄土高原这样一个地理单元内的水文系统、城镇体系系统的空间格局，确定了固原市在黄土高原范围内的区域水系、城镇体系空间分布状况，确定了固原段遗产廊道黄土高原范围内的发展背景。通过在宁夏区域范围内研究固原市的城镇体系空间布局，确定了在宁夏这样一个区域行政划分单元内，固原市的行政范围，以及在宁夏空间发展格局中固原市的经济地位和意义。通过三个时间横断面的对比和分析，找出固原市在三个不同历史时期的分布格局。固原市内城镇体系分布研究，空间发展战略研究，旅游空间发展结构布局的研究，确定了在固原市域范围内的城镇体系分布现状，城镇体系空间发展格局，以及旅游空间发展结构布局。得出结论：

1. 在宁夏境内已经形成了成熟旅游的空间格局，宁夏境内也有着具有宁夏特色和代表西北地区风俗风貌的旅游资源，给丝绸之路宁夏固原段遗产廊道的建设提供了较好的区域环境。

2. 固原市经济发展速度比较缓慢，旅游设施和旅游线路发展还不够成熟。

对固原市自然条件，如地质地貌、土壤、水文等条件进行了分析，确定了遗产廊道建设的自然条件基础。得出结论：

（1）固原地处黄土高原暖温带半干旱气候区，降水少，干旱，冬季寒冷，这样的气候条件并不利于丝绸之路宁夏固原段遗产廊道的建设。

（2）由于气候条件的限制，可以在固原市原州区内存活的树种并不丰富，原州区内的乡土植物种类也不多，而且固原市植被覆盖率相对较低。

丝绸之路宁夏固原段遗产特征分析

丝路文化遗产资源分析

固原段具有丝路文化特征的遗产资源

丝路文化是丝绸之路上运载和产生的人类物质文明和精神文明的总和。丝绸之路宁夏固原段遗产廊道遗产的景观特征选取独特性、自然性、整体性、历史文化这四个景观特征进行分析。独特性指景观组成区别于其他地域，是否具有地方特色。整体性指景观各组成元素相互协调，适当的平衡共存于整体。历史文化指景观具有历史事件的再现功能，具有历史遗迹的保护功能，具有地方文化习俗文化风情再现功能。依据遗产具有的丝路文化特征，经过专家的打分，进行评价后找出宁夏固原段具有丝路文化遗产的主要包括：固原古城、固原北朝隋唐墓地、开城遗址、须弥山石窟、瓦亭、西安州古城。

固原古城处于丝绸之路东段北道的交通要道上，自秦汉以来就是通往西域的要道，丝绸之路上的重镇。南北朝时期，随着中西政治、经济、文化交流的发展，大批的使节、胡客商贩、佛教信徒往来于此，促进了中西文化的传播与交流。固原北朝、隋唐墓地位于固原市西、南郊。墓地出土的东罗马金币、萨珊银币、动物纹圆形金饰、金覆面、玻璃器等文物是丝绸之路交流的有力证据。开城遗址位于宁夏固原市原州区开城镇，是元代安西王设在六盘山地区的王相府。对研究元代社会和元明时期西北地区政区沿革有着较高的学术价值。须弥山石窟是中国十大佛教石窟之一，位于固原西北55公里寺口子河北麓山峰上，始建于北魏，西魏、北周、隋、唐继续营建，以后各代修葺重妆，成为固原（原州）规模最大的佛窟寺遗址，是丝绸之路佛教文化传播的重要见证之一。此外，见证丝绸之路文化交流的遗址还有瓦亭关、西安州古城等遗址。宁夏固原段文化遗产是丝绸之路在这里留下的历史印迹，见证了丝绸之路的辉煌，记载着固原的历史。

丝绸之路文化遗产的共同特征

本章也主要围绕这些具有丝绸之路文化特征的文化遗产进行研究。在丝绸之路申请世界文化遗产过程中提出陕西段的丝绸之路文化遗产包括：汉长安城遗址、唐长安城遗址、西安清真寺、兴教寺塔、鸠摩罗什舍利塔、茂陵及霍去病墓、大秦寺塔、张骞墓、法门寺地宫、彬县大佛寺石窟、乾陵、昭陵。甘肃段丝绸之路文化遗产包括：水帘洞石窟、炳灵寺石窟、张掖大佛寺、马蹄寺石窟群（千佛洞）、骆驼城遗址及墓群、果园—新城墓、锁阳城遗址及墓群、榆林窟、悬泉置遗址、玉门关及河仓城遗址。青海段丝绸之路文化遗产包括：伏俟城、日月山故道、西海郡故城、热水墓群。新疆段丝绸之路文化遗产包括：柏兹克里克石窟寺、吐峪沟千佛洞、高昌故城、楼兰古城、交河故城、台藏塔、森木塞姆石窟、苏巴什佛寺遗址、克孜尔石窟、库木吐喇石窟。与丝绸之路中国境内其他段落的文化遗产比较后，宁夏固原段丝路文化遗产有着如下共同的特征：

1. 丝绸之路大部分文化遗产类型是古城或遗址、石窟、墓葬、寺庙（包括清真寺）。这些类型的文化遗产是丝绸之路在中国境内文化、贸易发展和交流的历史印迹；

2. 古城保留不完整。丝绸之路上的古城大部分都已被风蚀、沙漠掩埋或是人为破坏，只留下残垣断壁，甚至只可以考证到遗址；

3. 石窟保存较好，大多分布在距离古城不远的山脉之上，石窟是丝绸之路佛教文化传播和融合的见证。

（一）固原段遗产特征

宁夏固原市不仅是历代军事重镇，汉唐古都长安的天然屏障，也是"丝绸之路"上东西经济文化交流的重要驿站。同时是中原农业文化、北方草原文化、伊斯兰文化、西域文化融合、交汇、传播、辐射之地，由此而形成的固原古代文化以其独特的绰约风姿丰富了中华民族的文化艺术宝库。由于不同的地理环境和历史文化，丝绸之路上的其他段落的文化遗产也有着各个区域不同的特征。如西安段的文化遗产就有着古都风貌的特征，规模比较大，而且保存比较完整。甘肃河西走廊段是丝绸之路非常重要的段落，该段落的特征是风沙满天的沧桑古道，也正是由于这样的气候，给该段落的文化遗产保存造成了困难。甘肃其他段落如天水市麦积山保存比较完整，结合当地的自然景观特征形成了非常有特色的旅游景点。新疆段是丝绸之路线路比较多，文化遗产分布最多的段落。该段落丰富的干旱自然景观，茫茫戈壁滩和广袤的沙漠交错，使文化遗产具有明显的西域风格特征，有些保存较好。宁夏固原段属于黄土高原陇山的一部分，半干旱的黄土高原气候特征，造就了这里具有黄土高原的景观特征。而且这里是信仰伊斯兰教的回族聚居的地方，这里的自然背景和历史文化背景使得丝绸之路宁夏固原段有着半干旱黄土高原的自然景观特征和回汉杂居的人文景观特征。具体表现为：

1. 这里具有黄土高原丹霞地貌特征，与修建于北魏时期的须弥山石窟相结合，形成了丝绸之路上独特地理单元内的佛教文化景观；

2. 这里有着回族聚居、清真寺分布在聚居区内、回族生活风俗保留完整的特征；

3. 固原市内分布有六盘山，六盘山区的山清水秀成了沙漠、戈壁、绿洲交替的沧桑丝绸古道上比较独特的自然景观。

（二）文化遗产分布特征

文化遗产是遗产廊道的主要构成元素之一，研究文化遗产空间格局是研究遗产廊道构建的重要内容之一。研究层次确定为"点—线—面"。先找出固原市遗产点资源的分布，研究其线形结构，最后截取整个固原面上固原古城这一块区域面积，对其古城保护格局进行阐述。固原境内现存文化遗产资源比较丰富，分布在固原市各个地方。现存有古代遗址、古墓葬、古城、石窟、古建筑、馆藏文物等。其中文化遗址商周时期1处，汉代2处，宋代33处，元代3处，明代1处。古墓葬300余座，其中有颇具影响力的、出土大量文物的北朝李贤夫妇合葬墓。古城建设最早，历史影响力最大的是固原古城。选取与丝绸之路关系比较密切的古城、石窟、寺庙和自然保护区这四类文化遗产和自然遗产，对其空间分布进行研究。

"点"——固原市遗产点的分布

固原规模较大的古城大部分分布在丝绸之路沿线。在固原古城附近比较集中，分布有开城古城、彭阳古城和固原古城。

（一）瓦亭

位于固原东南90里处，古萧关的北边，是古丝绸之路必经之地。这里山岭奇特，峡水迂回，东汉的史书里已写有"瓦亭关"的名字，唐原州七关之一。自古以铁瓦亭相称，历代都是屯兵的要塞和军事关隘，以"九塞咽喉，七关襟带"著称。《民国固原县志》记载，骚藏关即瓦亭关。瓦亭城的遗址残存，北高南低，依山傍水。外城呈不规则椭圆形，约 1 公里见方。北城墙建在山梁上。城墙现残高 1~4 米，基宽为 5 米。内城保存较好，东窄西宽，呈椭圆形，南北宽 130~133 米，东西长 515 米，城墙残高 5~10 米，基宽 9 米，顶宽 3 米。设东西二门，城外有护城壕。1985 年被固原县列为县级文物保护单位。

（二）开城遗址

开城位于固原市开城乡开城村东山坡。是成吉思汗、宪宗蒙哥、世祖忽必烈共同苦心经营的一块黄土地，也是安西王府的所在地。安西王府的建筑规模十分宏大。近年，考古工作者在考察开城遗址时，地表层还有裸露的黄、绿、白三种琉璃建筑碎片，尤以绿釉、黄釉琉璃瓦为数最多，还有黄釉龙纹圆瓦。在中国封建社会里，龙是皇帝的象征，只有皇帝的宫殿才能用黄釉琉璃瓦并饰以龙的图形。这说明这里曾经有行宫建筑。

（三）固原古城

位于固原市中部，清水河从城中穿过。地理位置"左控五原，右带兰会，黄河绕北，崆峒阻南"，是"据八郡之肩背，绾三镇之要膂"。始筑不迟于西汉，至明代完善，是中国古代黄土高原军事建筑的杰作。古城的历史风貌为"城中有城"的"回"字形城堡。其内城为土筑城，外城为砖包城。由于过去长期自然因素和人为因素的损毁，目前虽成断垣残壁，但整体城郭依然清晰可见。

（四）须弥山石窟

正是丝绸之路孕育了须弥山石窟，属黄土高原上独特的景观——丹霞地貌，是中国八大石窟之一。位于固原市原州区西北，沿清水河谷川道北行 55 公里处的六盘山余脉西峰岭。石窟造像开凿在整个须弥山东麓，是丝绸之路必经之地——石门关（古称石门水）北侧。须弥山石窟初创于十六国时期的后秦和北魏，兴盛于北周和唐代，其艺术成就可与山西云冈、河南龙门大型石窟造像媲美。作为丝绸之路沿线的古文化景观，须弥山石窟已延续了 1500 多年，岁月的风雨剥蚀了石窟的外表，却增加了石窟文化艺术的年轮。现存各类形制的窟盒 1 座。其中中心柱洞窟 18 座，北魏的有 4 座，西魏 5 座，北周 5 座，隋代 3 座，唐代 1 座。须弥山大佛开凿于唐代。唐代的原州，经济发达，文化繁荣，显示了盛唐的文明程度。唐代的须弥山，地理位置正当关中北出塞外、西出陇右的要道，隋唐以来著名的七关之一的石门关就在这里。它不但是都城长安通往西域的要道，也是西域文化传入中原的必经之地。唐代处在佛教与石窟开凿最为兴盛的年代，在须弥山开凿如此高大的佛造像，是自在情理之中的事。目前，权威性的学术观点认为，须弥山大佛是武则天时期开凿的，完工于唐玄宗时期。常年行走在漫漫丝路上，丝路商人需要在沿途驿站、城镇休憩，补充食物和水等生活资料，因而古城与丝绸之路发生着密切的物质、能量交换。漫长的丝路之行也是困难、险阻重重。丝绸之路沿途有很多的寺庙和石窟，这或许能增强商人们心理上的安全感。固原市的石窟主要雕刻在城市附近的山岩之上，方便当地百姓和丝路商人的祭拜。如须弥山石窟，出固原古城，沿清水河谷川道北行55公里，即抵达须弥山石窟。石窟造像开凿在六盘山余脉西峰岭、整个须弥山东麓，丝绸之路必经之地——石门关（古称石门水）北侧。周边地区地貌类型属于丹霞地貌。须弥山下建有寺庙，位于山下平坦且景观极佳的地方，与山上的石窟融成一体。寺庙是古人生活中很重要的一个部分。固原境内分布有多处清真寺。固原是回族比较集中的地区，在这些回族聚居区内一般都会建有一处或多处清真寺。境内有多处始建于明代的清真寺，当地人称为拱北。六盘山区有传说济公曾出家的延龄寺和径潭城关大寺。西吉县分布有沙沟拱北，开城与固原城之间有二十里铺拱北，泾源县有单南清真大寺。须弥山石窟位于宁夏固原西北，距县城55公里，是一座1400多年前开凿的艺术宝库，曾得到明朝英宗皇帝的赐名。这里的一个弥勒大坐佛，高20.6米，比云冈石窟中最大的十九窟坐佛和龙门石窟的奉先寺卢舍那佛还高；这里的"一佛二菩萨"造像，堪称北周造像雕塑精品，全国罕见。"须弥"是梵文音译，意为宝山。这里层峦叠嶂，岩石嶙峋。夏秋之际苍松挺拔，桃李郁然，景色异常秀丽，是中国西北黄土高原上少有的历史景观。具有重要艺术价值的北朝、隋唐时期的须弥山大型石窟艺术造像，就开凿在"宝山"诸峰的峭壁上。它和名震中外的敦煌、云冈、龙门石窟一样，都是我国古代文化遗产瑰宝。1982年被国务院列为"国家重点文物保护单位"。

"线"——遗产点的线型结构

具有丝绸之路文化特征的文化遗产的分布，其线型结构与丝绸之路的路线基本吻合。丝绸之路与具有丝路文化的文化遗产的线性结构均为"Z"字形。丝绸之路文化遗产和自然遗产的分布对丝绸之路宁夏固原段遗产廊道的建设的路线有着很大的影响。

"面"——截取固原古城

现在固原市原州区的城市中心范围与固原古城内城的生活区范围有部分重合。城市主要用地分布在清水河西侧的格局没有发生变化。

固原古城历史发展

找到了固原古城的历史发展脉络，才可以找出历史上的固原与今天的固原的发展和变化，了解人为因素对该地区产生的影响。固原古城被誉为"高平第一城"，雄踞黄土高原，在古代冷兵器时代，被视为成就霸业之地。西汉末东汉初（8—25），高平城城池坚固，规模宏大，地势险要，以"第一城"被载入史籍。魏晋十六国时（407），赫连勃勃在此自立为大夏天王。在太延二年（436）为了抵御北方柔然的袭扰，在现在的固原设置了军事重镇高平镇，派重兵驻守。正光五年（524）敕勒族酋长胡深起兵反魏，自称高平王。南北朝时期（528），万俟丑奴又称帝高平城，名为原州，改高平为平高县，这个称呼一直沿用到唐代。北周王朝（569）重新修筑，当时固原为北周王朝赖以建立的基地。将原来的高平城的空间拓展，原来的高平城就成了新筑城的内城。从此，固原城就有了内城和外城之分的建置格局。此后又在原州设置总管府。唐代中期（755—763），吐蕃占据原州后，为防止唐朝利用原州反击，吐蕃人就毁了原州城。对原州取得绝对控制权后，吐蕃修复原州城囤居。经过五代战乱，原州城毁弃，宋朝建立后于997年，设镇戎军。咸平四年（1001）十二月，大规模修复版筑镇戎城（原州城）。并在四周各设一处堡寨，从此成为与西夏对垒的雄关重镇。镇戎城周长九里三分，即今固原内城，奠定了固原内城的基础。金朝大定三年（1163）六月十八日地震，城池毁坏。次年四月修复。元代（1271—1368），固原城利用情况不明，元末城废。明代中期（1488—1572），蒙古瓦剌部落入犯明朝西北边地。景泰二年（1451）五月，督集各所属官员人匠军民5000余人兴工重修，九月完工。周长九里三分，高三丈五尺，址厚三丈八尺，顶厚二丈二尺，调西安等卫兵屯戍，以固原城置守御千户所。城二门，南曰"镇夷"，东曰"安边"，兼设楼槽。成化三年（1467），开城迁今固原城址，是年，增筑固原城楼，铺城门。弘治十五年（1502），秦纮总制三边，开城升县为固原州，增筑外城，周长十三里七分，高三丈六尺，基宽四丈，顶宽二丈三尺，外修堑壕宽深各二丈。原内城南门设瓮城1道，外城设瓮城1道，东门内城设瓮城1道，构成南门4道、北门1道、东门3道、西门2道，共计10道城门。外城关门4道，南"镇秦"，北"靖朔"，东"安边"，西"威远"。弘治十五年，展筑外城后，形成贯通南北街道四条，东西街道7条，井然规整的街道基本格局延续至今。万历三年（1575），三边总督督工，用砖砌护外城，增设角楼、铺房、炮台、水沟、车道；加筑垛城，疏穿池阱。清代初年，固原州隶属甘肃省平凉府。顺治十年（1653），改三边总督为川陕总督。十四年由固原迁到汉中。康熙四年（1665），固原总兵迁到河州。康熙十四（1675）年，陕西提督迁驻固原，节制延绥、陕西、河州、汉中四镇总兵。同治十二年（1873）升固原州为直隶州，属甘肃省，领平远、海城二县。1912年废除固原直隶州，改置固原县。

古城特征

固原古城东依清水河和东岳山，北靠六盘山西峰岭。城门主要朝向是东西向，也是背山面水的格局。固原古城是用于战争防御的"回"字形城堡。主要城门内都设有瓮城。其内城是土筑城，底宽12.7米，顶宽7.4米，有垛墙1046座。炮台18座；外城是砖包城，底宽13.4米，顶宽7.7米，墙高13.5米（含垛墙 1.5 米），有垛墙 1573 座，炮台 31 座。南面内城和外城都有瓮城，各有两道城门；东面内城有瓮城，两道城门，外城一道城门；西面内外城各一道门，北面外城有一道城门。俯瞰城郭，尤为壮观。然而，在"文革"时期的特殊历史背景下，固原古城的城墙与固原境内其他文化遗产一样，也遭到了惨重的破坏。

固原古城墙现状

由于长期以来自然因素和人为因素的损毁，城墙保存的并不完整。目前，古城墙成断垣残壁，但整体城郭依然清晰可见。古城墙的西南角、西北角、东北角、东南角都保留有局部的古城墙。现存残垣断壁 22 段，其中内城墙 8 段，2456 米，还有一些零星的残段夹杂在民居的宅基中；固原古城外城西北角现有保存较为完好的一段 650 米长的砖包墙体（已出现塌裂缝和塌洞）；西北两面有与砖包墙体连接在一起的 1074 米被早年拆除包墙砖石的土墙体。

文澜阁（奎星阁）

除固原古城遗址外，现原州区内还存有文澜阁、城隍庙、财神楼等重要的历史文化遗产。文澜阁位于人民街城关二小院内。楼阁建于内城角楼遗址之上，下层台基为黄土地基。由于自然侵蚀，台基出现裂缝、垮塌，部分地方出现塌洞。由此导致上层建筑倾斜，随时有倒塌的危险。

城隍庙

位于政府街邮电宾馆东侧。1954 年被粮食部门占用至今。现存有三间正殿，被经营户租用作为家具生产间和仓库。正殿内部电力线路老化，存在消防隐患。外部屋顶严重损坏。部分墙体出现裂缝。

财神楼

位于市区南门外过店街南端。现建筑被居民住宅包围，东西两侧墙体位于居民院落之内，底层门洞兼有交通功能。墙体有裂缝，屋顶破漏。

五龙碑

位于东岳山山顶南坡，保存较为完好。

革命烈士纪念碑

位于西湖公园正门东侧，为缅怀革命先烈、昭示后人而建，受自然侵蚀严重。

小　结

虽然丝绸之路在宁夏固原境内途经约 200 公里，整个丝绸之路在中国境内4000 余公里，宁夏固原段只占有 1/20，但是宁夏固原市不仅是历代军事重镇，汉唐古都长安的天然屏障，也是"丝绸之路"上东西经济文化交流的重要驿站。

同时是中原农业文化，北方草原文化，伊斯兰文化，西域文化融合、交汇、传播、辐射之地，由此而形成的固原古代文化以其独特的绰约风姿丰富了中华民族的文化艺术宝库。本章首先经过遗产资源文化特征分析和专家打分，确定宁夏固原段丝绸之路文化遗产主要包括固原古城、固原北朝至隋唐墓地、开城遗址、须弥山石窟、瓦亭、西安州古城。其次，通过与丝绸之路其他段落文化遗产的比较，确定宁夏固原段文化遗产的共同特征：

丝绸之路宁夏固原段遗产廊道空间格局构成与分析

遗产廊道构成分析

概念及构成元素分析

遗产廊道的内部结构是组成和实现廊道功能直接的物质基础。遗产廊道空间格局是自然元素、社会元素构成秩序的外部表现。其中自然元素包括气候、土壤、植被、水文、地质、地貌等；社会元素包括土地利用制度、经济体制、技术进步、人类社会行为。此外，遗产资源是遗产廊道构成非常重要的组成部分。从遗产廊道规划设计的角度构成元素可以划分为节点、路径、建筑物和土地利用，它们各自有着不同的功能，表现为：

（1）文化遗产只有在与其文化背景相结合的时候才更有意义。梅尔尼克（Melnicki）称这种联系为融合景观的文化黏合剂。遗产廊道的规划中要使游客理解景观中包含的历史文化，使之成为游客的旅行体验。因此，要将文化遗产与当地的文化景观联系在一起，并通过游览路线相连，展示当地的历史文化发展。

（2）植被不只对保护生物栖息地、减少噪音、防止水土流失、提高美学质量、创造场所感等功能。

（3）路径是遗产廊道的重要组成部分，人类的大部分游憩活动都是步行展开的，在遗产廊道内的休闲活动以骑自行车与散步为主。

（4）遗产廊道的形态可以富于变化，在线形的形态以外，利用用地、文化遗产、公共绿地建设一些重要的节点。

（5）建筑的选址应该避开动物栖息地，避免对生物的影响；保证通畅的视觉走廊，遗产廊道中景色可以被外界观赏到。

（6）遗产廊道周边的土地利用方式对遗产廊道内的视觉空间，也会影响遗产廊道的构成与功能。遗产廊道规划应该与土地利用总体规划相结合，成为总体规划的必要补充甚至构成其框架。为了维持遗产廊道的质量，需要对周围土地利用进行控制。

构成分析的范围

以固原市为研究对象，以原州区为研究重点。固原市辖 1 个市辖区、4 个县，市辖区即原州区，4 个县为西吉县、隆德县、泾源县、彭阳县。原州区研究范围确定为东起东岳山，南至九龙山和二十里铺，西至水源保护区，北至沈家河水库，总面积约 168 平方公里。

地貌

包括梁赤山体、崖畔和断裂带、农业梯田、河流阶地沟、河床、水、水土流失、水库河坝等。丝绸之路宁夏固原段遗产廊道的地貌要素主要包括西华山、南华山、月亮山、亭梁山、云雾山、黄如山和六盘山西峰岭。河流主要包括泾河和清水河。

植被或绿地

包括地区所有指示性植物及清单、不同地理条件的植物群落及清单、沟道、冲击阶地植物、农田、耕地、村庄植被、庭院种植和"四荒地"、原有树林、退耕还林（草）、苗圃。丝绸之路宁夏固原段遗产廊道的植被主要包括廊道两侧的农田、村庄植被和道路两侧的行道树。

路径

包括公路和现状村庄内的道路。丝绸之路宁夏固原段遗产廊道的路径主要包括国道 312、国道 309、银平公路、国道 109，以及连接重要城镇间的公路，连接文化遗产区（点）间的公路和村庄内的道路。

建筑物

丝绸之路宁夏固原段遗产廊道的建筑物主要包括文化遗产点、村庄建筑、平房、楼、政府建筑、学校以及医疗卫生建筑、庙宇和清真寺、墙与门口、院子、灶房、厕所、猪圈、羊圈、牛圈、驴圈、菜园、花园、水井与引水工程、玉米晾晒架。

节点

丝绸之路宁夏固原段遗产廊道的重要节点包括四个重要城镇，从南至北分布有开城乡、原州区、三营和黑城。

丝绸之路宁夏固原段遗产廊道空间格局

确定依据

首先是丝绸之路在宁夏固原段的路线考证。据第三章的固原段丝绸之路线考证，在固原境内影响力最大和持续时间最久的丝绸之路线路是沿泾河至瓦亭，经开城至固原古城，过三营、黑城、贾塄至海原的线路。其次是依据具有丝路文化的遗产点的分布特征，具有丝路文化特征的遗产点分布于该条线路上或者两侧。遗产分布区从南至北有瓦亭、开城、原州区、须弥山石窟、西安州古城，文化遗

产从南至北主要分布有二十里铺拱北、开城古城遗址、固原古城、城隍庙、西湖公园、文澜阁、财神庙、古雁岭、特色民居区、须弥山石窟、石窟寺、西安州古城、隋唐墓地等。该段落遗产廊道有泾河和清水河，山脉主要是六盘山及其余脉。

结构

提出丝绸之路宁夏固原段遗产廊道空间结构为"Z"字线形。

空间格局特征

丝绸之路在宁夏固原段的空间格局特征为"Z"线形结构，4 个节点，原州区是最重要的节点，5 个重要文化遗产区，15 个文化遗产点。其中瓦亭、开城、固原古城文化遗产区分布于线形之上中部偏下的位置，西安州古城和须弥山石窟文化遗产区分布于线形西侧以下位置。遗产点分布于线形四周的位置。廊道两侧分布有西华山、南华山、月亮山、亭梁山、云雾山、黄赤山和六盘山西峰岭，因此廊道内多山谷地带的空间景象，河流主要是分布东西向的泾河和南北向的清水河。

固原市原州区空间格局分析

宏观格局

城市的宏观格局，指城市所在大的地理系统上产生的型制与特征。主要指城市、城镇形成的与所在地形中山系、江河、海湖、平原平坝、高地丘陵、田园、林野、风向、降水、日照等地理自然因素的关系。其次，城市宏观格局中还包含了人为因素的强烈影响，包括人为的行政区划、河渠、道路、洞涵、陵寝、礼制方位、风水格局等。这两个方面的因素，交相决定了城市宏观的格局。通过三个时期的原州区格局的分析、对比，找出原州区格局演进的过程。三个时期为明代嘉靖年间、目前（2005）、和规划发展（2005—2020）。固原市的古城选址符合中国古代城镇选址的风水格局。据文献记载，固原市内一直延续到现在的最早的城是汉代安定郡高平城，它的选址就凭借当地特定的地理条件。

原古城风水格局

固原市的古城选址的基本格局是背山面水，即负阴抱阳。城门的位置也是背山面水，讲究风水的。中国古代城镇选址，讲究负阴抱阳。一般选择背倚山脉，前临河流的格局。这样选址的科学道理在于：背山可以屏挡冬日北来寒流；面水可以迎接夏季南来凉风；朝阳可以争取良好日照；近水可以取得方便的水运交通及生活、灌溉用水，且适宜于水中养殖；缓坡以避免淹涝之灾；植被可以保持水土，调控小气候；果林或经济林还可以取得经济效益和部分的燃料能源。总之。好的基址容易在农、林、牧、副、渔的多种经营中形成良好的生态循环，自然就变成一块吉祥福地了。在风水中所谓的"穴"处建设城市对于生产力较低下的原始人还会产生边缘效应：闭合及尺度效应：豁口及走廊效应。边缘效应，"穴"处的环境处于山地与平原、盆地或河流谷地的边缘地带上，由此会产生一系列的边缘效应。边缘地段的温湿度及土壤性质有明显的过渡性特征，导致了区系复杂、类型丰富的过渡型植被出现，为此处生活的人群提供丰富采集、狩猎的资源和机会。闭合及尺度效应，临近大山而又相对独立的小山丘，高度和面积都比较小，为原始人提供了尺度适宜的有限空间。豁口及走廊效应：满意地闭合空间并不是完全闭合的，应当有与外界联系的豁口，这种豁口沿河流谷地延伸，成为沟通各闭合空间的走廊，是动物和原始人迁徙必经的通道，通过廊道可以扩展新的空间。

综上所述，在改造自然能力比较低的古代，古人为了更安全、健康地生存，非常遵循自然规律。古人充分分析自然的地形、地势、小气候，选择水源充足、安全、适宜耕作的地区作为他们的聚居地。正如《管子》中的记述："凡立国都，非于大山之下，必于广川之上，高毋近旱而用水足，下毋近水而沟防省。因天时，就地利；城郭不必中规矩，道路不必中准绳。"固原古城在明代嘉靖年间的古城选址同样遵循了中国古代城镇选址的安全格局。明代嘉靖年间，该地区分布的古城有原州城、彭阳城、开城、三营、头营、白马城、红古城、西安州、黑水门、海刺都等。军事堡垒和关口有下马关、瓦亭、平虏所、镇戎所、群牧所、大湾川堡等。这些城堡选址均是背山面水，负阴抱阳。其中规模最大的城即原州城，城势西北高，东南低，西面有三座山峰抵挡冬季西北寒风，南依清水河，水源充足。

固原古城格局分析（以明代嘉靖年间的固原城为例）

固原古城的基本格局是"回"字形，两道城墙，外城城墙东北部缺一角，为避开水系；城中道路除鼓楼、玉皇阁构成的南北向主要道路有"十"字交叉外，其他道路均为"丁"字相交。城中军事机构居多，分布于城中北部，行政管理、医疗、教育等机构分布于城中南部。城中道路南北向的主要有两条，一条为城市的中轴线，分布着制府、鼓楼；另外一条连通上帝庙亿塔寺、城隍庙和南面城墙的城门。东西向道路主要有四条。《周礼·考工记》中记载："匠人营国，方九里，旁三门，国中九经、九纬。经涂九轨，左祖右社，面朝后市，市朝一夫。经涂九轨，环涂七轨，野涂五轨。门阿之制，以为都城之制；宫隅之制，以为诸侯之城制；环涂以为诸侯经涂；野涂以为都经涂。"中国古代城市建设大部分都会遵循《周礼·考工记》中的相关记载。原州城也不例外。外城每面都开有城门；城中道路规整、笔直，城中军事机构与行署机构等都分区非常明确，与中国古代城制记载相符。但是固原城作为西北军事要塞也有着明显区别于《周礼·考工记》记述的建城格局。如城中虽然有一条南北向轴线，但东西布局并不对称，道路也非规整的方格网状。固原城为州城，比都城等级低，城的周长约13里比《周礼·考工记》中记载明显要小。城内设有地方行政管理机构固原州、固原州儒学、固原州仓、永宁驿、养济院、固原盐引批验所、盐场五，医疗、宗教机构，阴阳学、医学、僧道管理机构。

军事机构及设施

三边总制府（设望军楼）、副府、总府、左游击衙、右游击衙、经历司、监收厅、急递铺、兵备道、后勤机构杂造局、固原卫、教场、神机库、兵工厂、草场、鼓楼。行署机构：中察院、西察院、西分司、行司。庙宇四座、尊经阁。形成了规模宏大的、功能多样的建筑群落。城分内城和外城，外城四个城门，分别位于四道城墙，不居中，都偏向城墙一角；内城四个城门，北面城门居中，其他偏向城墙一角与外城城门相对。城的东北隅为了避开水系向北偏去一角。军事机构及设施占有城市最重要的分量，主要位于城的西北角和东北角。城市中部东侧设有供居民祭拜的寺庙，而且前方留有很长的、笔直的道路，与城中心的鼓楼相对；中部西侧设有行政机构儒学和行署机构中察院，最西侧是粮仓，靠近城门与军事机构。城南部主要集中了行署机构和一座寺庙。整个城市的布局和职能突出地体现了军事性。

原州区现状格局分析

固原市原州区属于黄土高原川道型城市，基本格局是两山夹持，河流穿越城市东部，城市沿河流、道路发展，已经建成的原州区呈倒放置的葫芦形。道路为棋盘式（方格网式）。原州区位于整个固原市的中部，清水河西岸。原州区东西两侧都是六盘山脉余脉，左侧为月亮山，右侧为黄赤山，原州区建设在两山之间的河谷地带。川道型城市是指城市集中在相对低平的山间盆地和谷地、濒临河流，城市的主体在河谷中形成和发育的狭长的城市。原州区不但具有川道型城市的特征，而且也有着自己独有的特征。原州区城市空间包括河道、河滩地、平地、扩大尺度的沟间地和沟谷地等。其基本特征表现在川道空间地表平坦，坡度较缓，土壤相对较为肥沃，是河滩、河梢林、道路绿化等保护廊道，现多为城市建设用地。综上所述，固原市原州区的格局现状可以描述为：原州区被两山夹持，清水河从城中偏东穿过，南部城市沿着银平公路呈带状发展，道路成方格网状，整个城市的已建成区像一个倒置的"葫芦"。

中观格局

城市风貌中观格局主要指宏观风貌格局基础之下，在城市街区、建筑组群、城市重要地段等中等尺度空间中所表现出的城市风貌的建筑风格、规模与组群特色等方面的相互关系。

城市用地布局现状

2004 年底，城镇人口 15.05 万人，城市建成区面积 1393.9 公顷，人均建设用地 92.6 平方米。近两年来建成利民、北海、西花园、东海园等基础设施配套齐全的成片住宅小区，修建和改造了中央大道、西关南路、北环路、长城路、文化西街延伸段等主次干道。市区内现状居住用地散落分布在原州区各处，面积 613.9 公顷，占建设总用地的 44.0%，人均 40.7 平方米。公用基础设施用地集中分布在原州区市中心，面积 233.6 公顷，占总用地的 16.8%，人均用地 7.5 平方米。工业分布在东部火车站附近，呈带状分布，面积地 80.1 公顷，占建设总用地的 5.8%，人均 5.3 平方米。绿地总面积 69 公顷，占建设总用地的 5.0%，人均绿地面积 4.6 平方米；其中公共绿地面积 16.4 公顷，人均 1.1 平方米。原州区内分布有小西湖公园、古雁岭公园、北海公园、清水河遗址保护公园和田洼林场。道路广场用地 187.7 公顷，占建设总用地的 13.5%，人均 12.5 平方米。仓储用地主要在城市东部火车站以南。

城市用地布局规划发展（2005—2020）

在西安建筑科技大学研究的《固原市总体规划 2005—2020》的用地布局规划中提出固原市用地发展时序为：

原州区向西、北扩展，东部零星发展。在现状基础上向西至短山头，向北至北海子公园，开发区向西发展至大明城遗址，跨现代银平公路向西南，跨短山头和北海子公园向西北。布局结构：城市中心由现状和近期的单中心向远期一个中心和一个副中心过渡。城市中心由低档次向中、高档次发展，由线性向纵深发展，由商业零售向批发贸易发展。城市的主要功能由城市基本骨架串在一起。

规划的城市骨架为：一个"环线"套一个"十"字。由中山街、文化街构成"十字"，以北环路、银平公路、清河路构成"环线"。城市的绿化结构由清水河引出，并以此为中心，以各种不同的绿化方式连接固原城市的沟壑、土塬、水库、街道，并形成东岳山和短山头两个空间制高点，构成整个城市的绿化系统。

工业布局：北区，沿清水河两岸，利用原有工业基础，建成农副产品加工基地，并布局适量三类工业；西区，沿银平公路以南的开发区内，形成一片相对集中以高新技术为主的工业区，配以居住、公建形成城市相对独立的组团单元。

仓储用地：规划扩大现状仓储区形成较为集中的仓储区。居住用地：改造原有较破旧的小区。在北环路以东、以北集中布置居住用地，以开发区及工业区为

依托，在现银平公路以南布置连片居住用地。居住建筑以多层为主。

基础设施用地：原州区的公共中心集中在中山街、文化街、政府街，并逐渐向北、西延长。文化街利用现有基础继续向北扩展。在北环路北段和开发区分别规划一定办公用地。

商业服务设施：沿中山街、文化街扩展商业、服务用地，形成商业服务中心骨架。在短山头东侧，北环路以西，规划文化中心一处，体育中心一处。在北海子公园及现银平公路南侧设置规模较小的娱乐用地。在短山头东侧设置一块科研文教区，可作为大专院校及科研用地。在北环路以北居住部分增设医院一所。

绿化景观：结合原州区地形，充分利用沟壑、土塬、水面形成绿地系统。以东岳山、北海子公园、短山头为重点结合清水河防护绿带、排洪渠防护绿地及土塬、沟壑绿化整治，形成一个"绿环"。将饮马河水库与北海子公园连接成片，形成较大规模的公园。通过清水河的治理，形成沿河绿带。以北环路、银平路、清河路形成的城市环线作为城市交通主线路，在其上连接五个城市广场。大明城遗址处的大型绿化盘道形成进入固原城的西大门，南边入口处的"南飞雁"作为该处的入城标志。

城市空间轮廓和高度控制

为保护城市传统风貌特色，对建筑物的高度实施控制。在宁夏城乡规划设计院规划的《固原市原州区旧城改造与保护规划》中对旧城范围内的重点地段，采取分层控制建筑高度的方式，建立三个层次的保护圈。第一层次为文物保护单位的保护范围。此范围内维持现存保护对象的建筑高度。第二层次为文物保护单位的建设控制地带，传统街区的重点保护区及清水河两侧各50米地带。提出此范围内新建建筑的体量及建筑密度应该严格控制，建筑高度通过视线分析确定，以避免破坏保护对象的空间环境，并满足主要观赏点的视廊保护要求。第三层次为传统街区的传统风貌协调区，包括古雁岭、东岳山、清水河两侧50～100米范围。该范围内严格控制高层建筑的建设，需注重空间尺度关系。这些高度控制措施会对宁夏固原段以后的城市建设产生很大的影响，改变城市的中观格局。

城市肌理

通过对原州区现状城市肌理的分析，深入了解城市内部的建筑风格、绿化环境、建筑色彩等细部特征。城市肌理直接触及人的视觉和各种感知。城市格局是城市构建的框架，城市肌理是构建的具体内容。如果城市中这部分内容缺失，无论城市处于怎样的格局中，城市风貌的表现都将阻断。并且从实施层面来讲，城市肌理的内容是风貌表现中最直接动手和见效的部分。城市正是通过城市肌理的内容充实进城市格局的构架，才完整形成风貌特色。

建筑风格

固原市原州区是改革开放以后黄土高原半干旱区的一个典型的小城镇，与丝绸之路黄土高原上有着共同的特征，同时又有着自己的特征。自 2001 年固原撤地设市以来，固原的城市建设走上了高速发展的阶段，有着翻天覆地的变化，呈现给人们的城市形象也越来越接近中小城市。城市的建设不断破坏着古城的历史风貌，比较现代的高楼大厦慢慢吞噬了古城的古朴建筑。城市中主要分布有商业建筑、居住建筑、清真寺等。商业建筑包括宾馆、商场、集市、餐饮、店铺；居住建造包括有古朴的特色民居、城镇普通居民区、版式住宅区和新开发的住宅区。原州区城市中建造了现代的高层宾馆，以红色为主色调的繁华商业街。城市中还保留有很多俄罗斯建筑风格的多层的板式住宅区。具有小城镇特点的非常热闹的集市在这里依然存在着。开发商也在紧锣密鼓地开发高档住宅区。原来比较朴实，红砖砌成的传统住宅区也依然存在着。原州区成了现代风格建筑与传统风格建筑共存的城市。回族聚居是固原市区别于丝绸之路其他段落的一个鲜明的特征。回族不仅穿着很有特色，男戴白帽女披盖头，形成回族聚居的街景。同时，回族聚居区清真寺也是城市中很有特色的景观。如西关路上的清真寺，风格接近于西安市的大学习巷的西大寺。并没有采用传统的弯顶和传统的绿色，而是采用了中国古代木建筑的样式。城市中也存在着传统形式的清真寺，如宋家巷的两个清真寺，有弯顶装饰和六角形的梆子楼，合院对称布局。梆子楼是阿訇为了提醒回族居民做礼拜的时间，合院布局满足清真寺内的各种节日或其他活动要求。清真寺对整个城市风貌中有很大的影响作用。

总体建筑色彩

总体建筑色彩并不确指某栋单体建筑的颜色，而是强调建筑组群的总体色彩感受，它直接关乎对城市的印象。原州区位于黄土高原半干旱地区，所以建筑的背景颜色是黄土的颜色。原州区内的建筑有红色砖砌的平房，绿色的清真寺屋顶，白色瓷砖贴面的多层建筑，黑色的博物馆屋顶，红色分布较多的商业街等。原州区内中有多种颜色，而白色的墙面，红色的屋顶，红色砖墙和灰色墙面在城市现状中分布比较多。整个城市给人安静和淳朴的感觉。

建筑环境与绿地系统

建筑环境就像舞台剧的布景一样，对城市的面貌也有着很大的影响。建筑环境通常是指与建筑直接相关并与之匹配的园林绿化、建筑小品、城市雕塑、街道家具和一些市政设施等共同构建的城市建筑环境，通常意义的卫生环境也属于建筑环境的范畴。城市风貌的构成，也和绿地系统的构成相关联。城市绿地系统包括城郊森林公园、城区内独立公园、滨河绿化带与滨江、滨海区域、居住区绿地。原州区内分布有西湖公园、城墙遗址公园、清水河公园。西湖公园内建有古色古香的亭阁、曲桥等具有中国古典园林风格的构筑物。这些都为原州区增添了古朴的气氛。此外原州城内分布有古城墙遗址、五龙壁、文澜阁、长征纪念碑等遗迹，这些也为原州区增添了历史的色彩。

小　结

本章首先对丝绸之路宁夏固原段遗产廊道的空间格局构成进行了定义和分析。提出丝绸之路在宁夏固原段的空间格局特征为"Z"线形结构，四个节点，原州区是最重要的节点，五个重要文化遗产区。廊道内多山谷地带的空间景象，河流主要分布东西向的泾河和南北向的清水河。其次，以原州区为重点研究对象分三个研究层次，截取了三个时间片段进行固原市原州区的格局分析。三个层次为宏观层次、中观层次和城市肌理，截取三个时间段为古代以明代嘉靖年间为例，现在，规划发展（2005—2020 年）。通过宏观层次对原州区的风水格局、城市三个历史时期的用地布局分布的分析，找到了原州区用地格局的演进过程。两个时间段的格局特征分别为：

（1）固原古城被两山夹持，清水河从城市东侧流过，清水河支流从城中流过；两重城墙，呈"回"字形，主要城门在东西两侧城墙开启，是军事性质的城门，带瓮城；东北角侧城墙有一个缺口，是为了避开清水河水系；

（2）目前，固原市原州区的格局现状是原州区被两山夹持，清水河从城中偏东位置穿过，南部城市沿着银平公路呈带状发展，道路成方格网状，整个城市的已建成区像一个倒置的"葫芦"。城市用地布局的状况会直接影响到丝绸之路宁夏固原段遗产廊道内部的视觉景观，因此分析了固原古城功能布局，固原市原州区的用地现状，其规划发展情况。通过中观层次对三个时间段原州区的重要街区、重要地段的分析，确定了原州区视觉景观较好，历史氛围较好的地段，为遗产廊道的建设找到了现状基础。通过对城市肌理的分析，确定了原州区的建筑风格、色彩、城市绿化等元素的现状。得出结论如下：

（1）固原市内古城分布数量较多，而且古城选址负阴抱阳，符合中国传统的城镇选址格局；

（2）原州区属于黄土高原上的一个中小城镇，属于川道型城市，具有川道型城市格局的特征；原州区城市空间包括河道、河滩地、平地、扩大尺度的沟间地和沟谷地等，其基本特征表现在，川道空间地表平坦，坡度较缓，土壤相对较为肥沃，是河滩、河梢林、道路绿化等保护廊道，现多为城市建设用地；

（3）在城市化进程中，用地扩大的速度非常快，现代感风格的建筑也逐渐进入原州区的市区内，原州区中小城镇的风貌正在改变，历史文化元素在城市景观中起到的作用也越来越小；

（4）原州区区内现分布有多处清真寺，建筑风格差异很大。清真寺在整个城市风貌中起到了很大的作用。原州区内的回族聚居的面貌也依然存在，这是原州区内的一个很重要的特征；

（5）原州区绿地分布率低，植被覆盖少，是丝绸之路宁夏固原段遗产廊道的构建存在问题之一。

丝绸之路宁夏固原段遗产廊道概念规划研究——以原州区为例

空间景象分析——以固原市原州区为例

卢原义信认为空间是由一个物体同感觉它的人之间产生的相互关系形成的。这一相互关系主要是根据视觉确定的，但作为建筑空间考虑时，则与嗅觉、听觉、触觉也都有关。即使是同一空间，根据风、雨、日照的情况，有时印象也大为不同。所以，对空间的分析需要通过空间实态要素的构成、结构等方面内容的解析来实现。而且需要通过人对空间的感知情况来反映空间的景象。空间景象分析从人对古丝道的空间视觉感受、空间构成、风貌恢复可行性三个方面进行分析，为该段路遗产廊道空间格局的保护与展示提供依据。

瓦亭——固原古城段古丝道空间景象分析

（一）范围

丝绸古道是从甘肃平凉沿泾河进入固原境内的，先过瓦亭关，向南至开城，再至固原古城。该段空间范围选取南起瓦亭，北至固原古城，包括两侧山脉。西侧山脉有六盘山西峰岭，东侧包括黄赤山、亭梁山。

（二）空间构成

该范围内空间构成主要有山、河流、古丝道、人类聚居区构成。在该段范围内有清水河由南向北从固原古城东侧流过，经过现在固原市原州区。河道宽度100~200米，两侧山脉呈带状分布，海拔高度1500~2200米。沿线分布有原州区、开城乡、大湾乡，村镇有和尚铺和二十里铺。

（三）空间景象分析

走在古道上视觉感受是两侧高大的群山绵延至远方，河流蜿蜒曲折至远方，狭长的山谷地带，听到溪水流过的声音，山中清脆的鸟鸣声。两侧视域范围被群山遮挡，看到蓝色的天空、河流，绿色的山脉，黄色的河谷地带。有些地方山脉海拔较高，视域比较封闭，行至山脉较低的地方，视域会变得稍稍开阔。从瓦亭行走25公里左右到达开城乡，途中分布多处农民生活的村落。从开城行走20公里左右到达固原市原州区（固原古城）。该段的古丝道道路蜿蜒曲折，山脉重峦

叠嶂，山顶郁郁葱葱。间歇会出现一些小村落，古朴简单的民居，当地居民过着淳朴自然的生活方式。

（四）该段落古丝道空间格局和古丝道景象恢复可行性分析

该范围内空间构成元素并未发生太大的变化，空间格局保留较好。空间格局依然由山、河流、人类聚居区构成。古丝道已经修建成了公路，来往行驶着货车、农用车、轿车等，交通量比较大，失去了往日的宁静。但是该段落空间构成要素并未发生太大的变化，视觉空间较好地保留了古代丝道原貌。因此，该段落的古丝道空间格局恢复可能性比较大。

固原古城段丝道空间景象分析

（一）空间范围

该段空间范围包括固原古城、东岳山、清水河和六盘山西峰岭局部。

（二）空间构成

该范围内空间构成主要有东岳山，西峰岭，清水河，固原古城城墙、城门、瓮城角楼、炮台、水沟、车道，军事、行政、教育机构的建筑物，道路、居民区、植物、西北角的古雁岭。

（三）空间景象分析

该段丝绸古道的视觉会开阔许多，西峰岭在这一段走势往西而后又转向北方。在此处，山成了远处的背景。经过多年的修整，固原古城所在地被修整得非常平坦。空间从山谷中走出来视野变得开阔，进入东侧瓮城，转为封闭，过了东侧内城城门又转为开阔，走在笔直的大街上，两侧的建筑物成了限定空间的主要要素，在过西侧内城城门，进入瓮城，视野转为封闭，过了西侧外城城门视野又转为开阔。该段的风貌是典型的西北地区古城风貌。黄色的土地是该段落遗产廊道的背景，淡蓝色的清水河静静流过，走过小桥，望见高大的城墙，走过城墙，进入瓮城，又从开阔的空间进入了较封闭的空间中，穿过内城的城墙，进入城内，看见整齐的街道，中察院、永宁驿等中国古建整齐布置，形成规整的古建群。市民转集市、军人们在城市中巡逻、商人在吃喝，载着大量货物的马队从城中主道路穿过，一派繁荣的景象。

（四）该段落古丝道空间格局和古丝道景象恢复可行性分析

固原古城已经是残垣断壁，取而代之的是现代风貌的原州区。文化遗产保留有城隍庙、文澜阁、财神楼。文澜阁位于人民街城关二小院内，楼阁建于内城角楼遗址之上，下层台基为黄土地基。由于自然侵蚀，台基出现裂缝、垮塌，部分地方出现塌洞，由此导致上层建筑倾斜，随时有倒塌的危险。城隍庙位于政府街邮电宾馆东侧，1954 年被粮食部门占用至今。现存有三间正殿，被经营户租用作为家具生产间和仓库。正殿内部电力线路老化，存在消防隐患。外部屋顶严重损坏，部分墙体出现裂缝。财神楼位于市区南门外过店街南端，现状建筑被居民住宅包围，东西两侧墙体位于居民院落之内，底层门洞兼有交通功能。墙体有裂缝，屋顶破漏。五龙碑位于东岳山山顶南坡，保存较为完好。革命烈士纪念碑位于西湖公园正门东侧，为缅怀革命先烈、昭示后人而建，受自然侵蚀严重。原州区内现存残垣断壁22段，其中内城墙8段，2456米，还有一些零星的残段夹杂在民居的宅基中。固原古城外城西北角现保存较为完好的一段650米长的砖包墙体（已出现塌裂缝和塌洞）。西北两面与砖包墙体连接在一起的1074米被早年拆除包墙砖石的土墙体。原州区内现存部分古城的道路格局，有北关路、文化路、人民路、中山北街无名巷、政府路、南关路、中山街。其中北关路上大部分为平房，有些正在拆迁；文化路是原州区现在的商业街，以红色调为主；政府路上分布原州区政府、公安局等政府机构，还有一些高档餐饮；南关路上主要分布多层住宅和一些小型的商业；中山北街无名巷是回族聚居区，分布有集市。而且，固原城外围山水格局没有发生变化，古丝道沿途建设多平房，建设规模不大，恢复可能性较大。

原州区段遗产廊道概念规划

（一）整体性和原真性保护

保护丝路文化不仅是对具有丝路文化特征的遗址、文物等文化遗产的保护，同时是对这些遗产与其周围自然环境、历史文化环境整体性和原真性的保护。被联合国教科文组织列为世界文化遗产的加尔桥遗址，不但保护了加尔桥本身，而且整体性保护了周围自然环境、观赏加尔桥的视觉通道，以最佳方式将这个历史性环境的丰富资源展现给每年到访的200万游人。加尔桥是古罗马高架水道的遗迹，在规划中加尔桥的周围被完全界定为步行区域，并规划新的停车场所。规划对停车场的尺度赋予特别关注，以避免它们破坏了整体景观形象，使停车场能够和谐地融入周围环境中。对遗址周围的区域彻底进行了清除工作，多余而有障碍的建筑物被拆除，各种管线被掩埋在地下，危险的树木得到修剪。一条1.5公里长的通道联系了河道的两岸，它穿过水道遗址、拥抱山岳丛林和加尔桥东河岸景观，在左岸可以通往博物馆，在右岸通向表演厅。

中国古人非常注重勘查自然环境，并且把建设活动融入自然环境中去。通过相地、自然格局的堪舆选择重要建筑物的建设地址。如汉代西岳庙的选址与华山和黄河的关系，是中国地景视觉设计理论最完整的一处实例。东汉桓帝延熹八年（前168）建华山西岳庙。认为汉武帝于华山脚下黄甫峪口所建的"集灵宫"，难以体现望祭华山五峰的要求，依据地景"通景线理论"将西岳庙移至华阴县城东北现址。使西岳庙通过华山峪口与华山五峰在一条东北向通视景观轴线上。它是眺望华山五峰景观和遥祭华山的最佳处。

综上所述，任何园林、建筑、城市工程建设必须尊重自己国家、民族和地域文化内涵及设计意匠理论才会提高工程作品的文化内涵。丝绸之路宁夏固原瓦亭—固原古城段的自然空间格局与丝路文化是统一的整体。固原古城的选址符合中国古代传统的风水思想，是中国地景建筑理论中的一例，丝绸之路宁夏固原段遗产廊道的保护与展示应该保护这种古城与自然格局的整体性和原真性。

原州区段遗产廊道概念规划

根据以上小节的分析，作者提出针对丝绸之路原州区段遗产廊道的构建，应该保护丝绸之路重要古城——固原古城的整体性和原真性。即不但应该保护固原古城本身，而且要保护固原古城的自然空间格局，不但反映出固原古城的选址和自然的关系，而且反映古城自然空间格局和丝路文化的特征。具体规划措施如下：

1. 拆除由开城至原州区清水河两侧现有建筑物，恢复古丝道在这一段自然空间格局、古丝道的沧桑古城风貌，让游人体验商队长途跋涉见到古城，过桥通过城门进入古城的空间序列；

2. 修改《固原市总体规划（2005—2020）》中对开城至原州区段用地性质的规划布局。在2005—2020年的固原市总体规划中，开城至原州区段清水河两侧用地性规划有居住用地、工业用地、仓储用地和少量商业用地。这些用地的性质确定未来清水河两侧的建设状况，住宅、厂房、宾馆、商场等多层、高层建筑物会完全破坏该段落古丝道的空间格局和自然风貌。该段落清水河两侧用地应该以公共绿地为主，不宜开展建设项目；

3. 修改2006年《固原市旧城保护与改造规划》中对城市高度控制的规划和城市用地布局规划。该规划中对瓦亭—固原古城段清水河两侧用地安排了大量居住用地，如上所述会破坏古丝道自然空间格局。在高度控制规划中，在文化街与中山街交会的十字路口地段布置7~9层的高层，这些高层会改变整个古城的空间格局和城市风貌，整个古城区域内应该限制高层建筑的建设。建议在城市东北区域设立高层建筑区。

遗产廊道选线和空间序列

（一）选线

依据遗产廊道的路线选择标准历史重要性、建筑或工程上的重要性、自然对文化资源的重要性、经济重要性，选择固原市文化遗产中价值较高的文化遗产，结合固原古城的城墙和道路保留的现状，原州区内的主干路线选择为：沿着清水河由南向北东岸行进，至现在的文化街东侧与清水河交接处，过桥进城，经过人民路、南关路、西湖公园、西关路，最后出城。

1. 保护与展示

根据遗产廊道路线选择标准，选取古城墙、城隍庙、文澜阁、西湖公园、特色民居区、财神庙进行保护和展示。对固原古城保留的道路格局、城墙、古城和自然空间格局、古城的丝路文化特征进行整体性、原真性的保护与展示。

2. 空间节点

空间节点是遗产廊道空间构成中比较重要的点，由遗产廊道内重要文化遗产点和重要景点构成。在固原古城段选取文化遗产比较集中的区域和比较重要的遗产点作为遗产廊道的节点，包括古城东侧城门和瓮城、南侧城门和瓮城、城隍庙、西湖公园、财神庙、特色民居和古雁岭。

固原市原州区东部文化街入口处保留有固原古城的城墙，在古城东南角处也遗存有部分城墙遗址，在旧址上恢复局部古城东南角的城墙和城门，恢复两重城门的格局。通过遗产廊道线路对固原古城的景象进行展示，通过植被的规划保护廊道内部景象不受原州区其他景象的干扰。在该段落遗产廊道通过空间景象让游客感受该段落的丝路文化。可以感受到古人通过对自然环境的观察和总结，选取绿洲进行城市建设，城与自然环境高度融合的景象；具有防御功能的城门、瓮城产生的开阔与封闭交替的空间景象；中西方文明交融在这里形成的特色民居，伊斯兰教文化与汉族文化共生的景象；丝绸之路文化与这里的历史相结合，形成的建筑与独特的人文景象；商队长途跋涉入城休憩、交换的热闹景象。

（二）空间序列

"空间序列是指人们穿过一组空间的整体感受和心理体验"，是不同空间的组合效果，人的运动与视觉在同一活动平台上，呈有组织连续矢量直线状态时，对一个或两个以上空间单元的动态体验。序列是空间的艺术章法，通过序列来展示和表达空间景象。对丝绸之路宁夏固原段遗产廊道的空间序列设计为8个序列，分别为：将要入城—过桥—入瓮城—进城—城隍庙—西湖公园—特色民居—出城。按照空间序列的展示方式将8个序列划分为4个阶段具体如下：

1. 起始段：这个阶段是序列的开端，是对整体的第一印象，应予以充分的重视。因为人会把即将展开的空间序列与心理的习惯性推测相对比并进行认知评价。对丝绸之路宁夏固原段遗产廊道固原古城段来说，起始阶段应该能使游客在山谷的丝道上长途跋涉后，俯瞰到古城全貌，产生欣喜，因为即将可以在古城驿站休憩。因此将古丝道俯瞰固原古城作为整个空间序列的起始段。

2. 过渡段：它既是起始阶段的承接，又是出现下一阶段——高潮阶段的前奏，在空间序列中，起到承前启后、继往开来的作用，是序列中关键的一环。游客走近固原古城，应该设计一个过渡环节，由漫漫丝道进入古城。承接自然空间，过渡到古城内部空间。将过桥、经过城门进入瓮城设计为丝绸之路宁夏固原

段遗产廊道固原古城段的过渡阶段。

3. 高潮段：高潮阶段是整个序列的中心环节，从某种意义上说，其他各个阶段都是为高潮的出现服务的，因此空间序列中的高潮段经常是精华所在，也是序列艺术的最高体现。充分考虑期待后的心理满足和情绪激发后达到顶峰，是高潮阶段的设计核心。在丝绸之路宁夏固原段遗产廊道固原古城段空间序列设计中，将城隍庙、西湖公园和特色民居三个点设计为高潮段。让游客在城中休憩的同时感知原州区的历史文化、民居民俗。它虽然没有高潮阶段那么显要，但也是整体"有始有终"必不可少的组成部分。

良好的结束又似余音缭绕，有利于对高潮的追思和联想，耐人寻味。选择出城回到古丝道上的部分作为丝绸之路宁夏固原段遗产廊道固原古城段的尾声。

小　结

本章依据前五章的论述和研究结论，提出了丝绸之路宁夏固原市遗产廊道原州区段概念性规划与展示线路的选择。首先对丝绸之路宁夏固原段遗产廊道瓦亭——固原古城段的空间构成、视觉感受、风貌、风貌恢复的可行性进行了分析，认为该段落遗产廊道空间景象恢复可能性较大。其次通过法国加尔桥整体保护规划案例、华山与西岳庙选址的地理建筑理论，论证了保护规划不仅是文化遗产本身的保护，而是文化遗产与周围自然环境、文化环境的整体性、原真性保护。提出对丝绸之路宁夏固原段遗产廊道的保护应该也从自然空间格局、本身的空间序列进行整体性、原真性的保护与展示。

结论与思考

（一）结论

针对丝绸之路宁夏固原段遗产廊道的建设，本文所得出的规划设计结论归纳如下：

1. 应用遗产廊道构建的标准对丝绸之路宁夏固原段进行分析，对遗产资源的类型、特征进行分析，找出具有丝路文化特征的文化遗产，如固原古城、须弥山石窟、隋唐墓地、开城遗址、西安州古城、瓦亭关，该段落具备构建遗产廊道的条件。构成遗产廊道系统的主要因素有遗产实物和潜在的连接这些遗产而形成廊道的线形景观元素。因此丝绸之路宁夏固原段应该具备可以构成遗产廊道的线形景观，和具有历史重要性、建筑工程重要性、自然对文化资源重要性、经济重要性的遗产资源，才具备构建遗产廊道的条件。在宁夏固原市境内具有丝绸之路、红军长征路线、秦长城、六盘山自然保护区、泾水自然保护区这些具有重要历史意义和自然生态价值的线形遗产资源，本文主要研究伟大的中西文明对话之路——丝绸之路。同时，固原市境内存有固原古城、须弥山石窟、隋唐墓地、开城遗址、西安州古城、瓦亭关。其中固原古城是处在丝绸之路东段北道的交通要道上，自秦汉以来就是通往西域的要道，丝绸之路上的重镇。南北朝时期，随着中西政治、经济、文化交流的发展，大批的使节、胡客商贩、佛教信徒往来于此，促进了中西文化的传播与交流。固原北朝、隋唐墓地位于固原市西南郊。墓地出土的东罗马金币、萨珊银币、动物纹圆形金饰、金覆面、玻璃器皿等文物是丝绸之路交流的有力证据。开城遗址位于宁夏固原市原州区开城镇，是元代安西王设在六盘山地区的王相府，对研究元代社会和元明时期西北地区政区沿革有着较高的学术价值。须弥山石窟是中国十大佛教石窟之一。位于固原西北55公里寺口子河北麓山峰上，始建于北魏，西魏、北周、隋、唐继续营建，以后各代修葺重妆，成为固原（原州）规模最大的佛窟寺遗址。是丝绸之路佛教文化传播的重要见证之一。此外，见证丝绸之路文化交流的遗址还有瓦亭关、西安州古城等遗址。因此，丝绸之路宁夏固原段有着丰厚的历史底蕴，境内现存具有重要历史意义的线形文化景观丝绸之路和具有丝路文化特征的文化遗产资源，具备构建遗产廊道的条件。

2. 提出丝绸之路宁夏固原段遗产廊道"Z"字形结构，串联沿六盘山余脉西峰岭、清水河分布的重要城镇、文化遗产区、文化遗产点。确定丝绸之路宁夏固原段遗产廊道的线形结构主要依据两个方面的因素，一是丝绸之路在宁夏固原段的主要线路，二是具有丝路文化特征的遗产点的分布特征。通过对各个年代丝绸之路线路在固原市境内的考证，确定丝绸之路在固原境内影响力最大和持续时间最久的线路，即沿泾河至瓦亭，经开城至固原古城，过三营、黑城、贾塘至海原的线路，作为遗产廊道的线形结构，为"Z"字形。构成丝绸之路宁夏固原段遗产廊道空间格局的元素有清水河，六盘山余脉西峰岭、黄赤山、西华山、南华山、月亮山、云雾山，4个规模较大的聚居区，5个遗产分布区和15个文化遗产点。

3. 运用中国地景理论对固原古城进行重点研究，提出古城鸟瞰—渡河—进入瓮城—进入古城—出城—古雁岭沧桑古道的遗产序列空间展示方式。固原古城的选址符合中国古代地景理论，结合了山形水势，与古丝绸之路融合成了完整的整体，因此结合法国文化遗产保护加尔桥案例，提出丝绸之路宁夏固原段遗产廊道的构建也应该保护这种山、水、古城高度统一的完整自然格局。同时应该恢复商队在该段落古丝道上所能够感知到的空间序列，按照该序列的方式展示固原市原州区的文化景观和自然景观。

（二）研究展望

关于丝绸之路遗产廊道的构建，本文仅就固原市的自然、历史背景，固原在丝绸之路上的文化和线路进行了研究和分析，对于丝绸之路其他段落的选线、规划设计需要结合其他段落的自然条件，历史背景和文化遗产的分布特征等情况，因地制宜、因时制宜展开。

1. 希望能够对丝绸之路宁夏固原段文化遗产登记与评价这一重要环节和工作继续开展相关研究。

2. 针对丝绸之路宁夏固原段遗产廊道，本文提出了规划的方案和建议，可以继续展开遗产廊道设施、景观、项目设计、管理措施等方面的后续研究工作。

（三）思考

在《固原市城市总体规划（2005—2020）》中，提出通过用地性质控制的措施对固原地区历史文化、文化遗产进行保护；在《固原市旧城改造与保护利用规划》中提出通过文化遗产周边环境改造，建筑物的风格和高度的控制，用地性质的改变等方式，对固原市历史文化、文化遗产保护与利用。但是这两次设计缺乏足够的文化遗产历史发展的考证、所在地理单元空间格局的分析，没有充分考虑文化遗产的整体性，以及与周围自然环境的关系，所以不一定能够达到对文化遗产、空间格局充分保护的目的。

本文是从构建丝绸之路宁夏固原段遗产廊道的保护与利用的角度对固原市的文化遗产、空间格局进行恢复和保护利用。可以看出三个规划设计都是针对宁夏固原市地区，规划的方案和效果却大不相同。总体规划更多地从经济发展方面去安排土地利用，保护规划也未能充分挖掘当地的历史文化背景。用于指导和控制更详细层面规划的总体规划受到一些限制，并不能够充分考虑当地的自然背景和历史文化背景，与详细层面的规划设计出现矛盾。因此，本文提出思考：景观学科、城市规划学科都对城市规划用地布局、空间格局等方面进行着规划设计，两个学科的研究方法、研究理论能否相互结合，保护与更新城市的空间格局。遗产廊道规划并不能够取代城市总体规划，遗产廊道规划应该与城市总体规划相结合。但是遗产廊道规划与城市用地性质关系非常密切，需要城市总体规划对周边土地利用进行控制；反之，遗产廊道构架可以成为城市总体规划的框架，重塑城市的空间格局和景观结构。

（摘自西安建筑大学 2008 年丁小丽硕士论文，这里做了删减）

他 山 之 石

国内多地"抢跑"丝绸之路经济带建设

张文静　赵　倩

　　建设能源中心、金融中心，打造博览会和论坛，组团赴中亚等国家经贸考察和洽谈……眼下，国内丝绸之路沿线各省区正竞相出招，相继出台或谋划各自战略规划，"抢跑"丝绸之路经济带建设。

　　甘肃从 2013 年以来多次组团赴吉尔吉斯斯坦、哈萨克斯坦、白俄罗斯、伊朗等进行经贸洽谈，为省内企业开展经贸合作牵线搭桥；陕西于 2013 年正式开行从西安到中亚地区的"长安号"国际货运班列；宁夏自 2010 年开始举办中阿博览会，为我国与阿拉伯国家及其他穆斯林地区进行政治对话、经贸合作、文化交流搭建平台；在新疆，多家金融机构已在中哈霍尔果斯国际边境合作中心建立分行。

　　甘肃省委党校经济社会发展研究所教授张建君说，这些成绩只是甘肃、陕西、宁夏、新疆等地在建设丝绸之路经济带上的一个缩影。事实上，自丝绸之路经济带建设战略构想提出以来，甘肃、陕西、宁夏、新疆等地从人文优势、产业优势、政策优势等方面将其诉求与国家战略结合，积极部署，竞相发展。

　　甘肃、新疆拥有独特的地域和民族文化，境内哈萨克和维吾尔等少数民族与中亚语言相通，风俗相近。凭借人文优势，甘肃和新疆积极打造文化科技中心和交流合作地。甘肃省委宣传部部长连辑说，甘肃将以敦煌国际文化旅游名城为平台，开展以丝路文化为主题的文化遗产保护合作交流，并创建敦煌国际艺术品交易中心。

　　宁夏、陕西利用产业优势打造产业对接基地。银川综保区管委会副主任张保成说，宁夏将借助综保区这一外向型经济"窗口"，逐步建立面向阿拉伯国家、穆斯林地区重要的清真食品、穆斯林用品生产服务基地和中阿优势特色产业对接基地。据陕西省发改委介绍，对陕西来说，油气当量和原煤产量均居全国前列，能源化工产业支撑了其经济持续高速增长，与能源资源丰富的丝路沿线国家合作前景广阔。陕西将建设国家高端能源化工基地，与中亚等地区共同勘探开发油气资源，合作建设高端油气化工项目。

　　此外，浙江、江苏、重庆、河南等地也将经济带整合进当地区域发展规划

中。甘肃农业大学经济管理学院教授窦学诚认为，"丝路经济带的建设不是片面的国内项目建设，既要有西北省份参与，还需要中东部省份及中亚、西亚和欧盟国家'抱团出行'。毕竟西部有人文优势，中东部有经济优势，要将经济带建设得更好，需要各地优势互补，错位发展。"

宁夏社科院研究员李保平表示，国内多地抢跑经济带建设的同时，也需要注意，经济带不仅仅是和中亚国家做"生意"，应更多加强人文交流，关心民生项目，为各领域合作提供民意支持，这也是古丝绸之路给予人类的重要启示。（新华社兰州 2015 年 1 月 25 日电）

原载 2015 年 1 月 26 日《固原日报》

打造中国和阿拉伯国家合作支点

——访自治区发改委主任张八五

刘　烨　赵碧清

2014 年 3 月 12 日 9 : 30 分，第十二届全国人民代表大会代表，宁夏回族自治区发展和改革委员会党组书记、主任张八五做客新华网 2014 全国两会特别访谈，就建设丝绸之路经济带宁夏的构想和定位与网友在线交流。

[主持人]：对于宁夏发展很多网友还是非常关注，据了解习近平主席在去年 9 月份出访中亚四国的时候就提出共同建设丝绸之路经济带这样的重要战略共享，在丝绸之路经济带上宁夏应该如何定位？它在发展过程当中会遇到什么样问题和困难？又该如何解决呢？

[张八五]：非常高兴利用这个机会宣传介绍我们宁夏在丝绸之路经济带建设中，我们的一些考虑和我们今后的一些工作。宁夏是我们国家最早批复内陆开放型经济试验区的省份，而且这个省份是全区域的开放经济试验区，我们经过几年的探索已经积累了一些经验，也可以说丝绸之路经济带和我们内陆开放经济试验区是一脉相承、相互支撑的。

宁夏在丝绸之路经济带上利用回族自治区的优势，我们首先定位为面向中东阿拉伯国家一个非常重要的战略支点，我们在民族、宗教、语言、文化等方面和阿拉伯国家有着非常深的历史渊源。宁夏回族就是和丝绸之路经济带相联系的。古代的丝绸之路，有大量中东阿拉伯商人到中国来和本地人通婚，就形成回族，回族的很大一部分就是古代丝绸之路来宁夏做生意的阿拉伯商人和中国通婚后的后裔，有很长的历史渊源。所以我们把中东阿拉伯国家作为我们非常重要的战略区域。我们经过两到三年的探索，确定今后的工作方向，打造中国和阿拉伯国家的重要战略合作支点，在这里我们有这么几个考虑：

一是打造空中丝绸之路。中国向阿拉伯国家开放，现在应该说是综合国力不断提升，具备打造空中丝绸之路的条件。过去开放都是在陆路上走，随着海运条件的改善我们在沿海。随着我们国家产业不断升级，附加值不断升高，运输能力基础设施大幅度改善，空中丝绸之路已经成为一种现实。我们和阿拉伯国家也进行了一些接触，像阿联酋航空公司就表示愿意和宁夏就这个问题进行深入的合作，进行进一步的探讨。我们已经开通了到迪拜、哈萨克斯坦等国的货运航线，这个工作已经有了一定的起步。同时我们利用空中丝绸之路大力发展我们的临空经济，争取把银川的综合保税区打造成我们向阿拉伯国家开放的自由贸易原区，通过这几块业务的整合，支撑空中丝绸之路的发展。

二是宁夏的区位条件非常好。中国的东西部有一条分界线叫作胡焕庸线，我们正好处在胡焕庸线上。我们处在非常重要的交通枢纽上，包兰铁路、宝中铁路在宁夏中卫汇聚，过了中卫就沿着河西走廊向西，中卫这个地方就成为一个放射性的交通网络格局，和华北地区、长三角地区都有很广泛的联系。所以我们一定要把区位优势和交通条件比较便利的优势结合起来，打造我们陆路上的交通枢纽和物流中心，通过这些产业的培育提升我们在丝绸之路经济带上的战略地位。三是我们有非常好的电子商务方面的基础。银川市是国家批准的电子商务试点城市，西北地区是第一家，同时我们和亚马逊进行合作，建立我们的大数据中心，把它的基站放在中卫进行建设。我们现在和阿里巴巴、奇虎360等公司合作，来发展我们的电子商务。同时宁夏和阿拉伯国家在合作过程当中，我们在文化上也有一定的优势，像宁夏懂阿语的人比较多，仅义乌小商品市场就有5000多名宁夏籍会阿语的人，为阿拉伯国家提供服务。这为我们今后开展丝绸之路的合作奠定了比较好的人才基础和经贸经验的积累。我们通过这几方面的工作，逐步地确定了我们宁夏在丝绸之路经济带上的一些突出的地位和作用。

多省热议"一带一路"建设
竞逐经济带支点和起点

中国经济网编者按：李克强总理在《政府工作报告》中提出"抓紧规划建设丝绸之路经济带、21世纪海上丝绸之路，推进孟中印缅、中巴经济走廊建设，拓展国际经济基础合作新空间。"这样的一句话，迅速点燃沿线多座城市的热情。

多地代表团纷纷表示在报告中读到了发展机遇、欲加入丝绸之路经济带建设范围中、制定经济带建设规划。其中，陕西、宁夏、广西等地代表争建丝绸之路经济带起点和战略支点，海南、云南表示将结合自身优势，探索发展机遇。

一、洛阳、四川等地欲纳入丝绸之路经济带建设范围

据中国经济网报道，两会期间多地代表团在讨论区域经济建设的规划和举措时，洛阳、四川全域、广东、新疆等地人大代表纷纷表示将所在城市纳入丝绸之路经济带建设范围中。全国人大代表、洛阳市市长李柳身认为，洛阳在历史、文化、区位、资源、产业等方面的综合优势和广阔的合作前景有助于洛阳作为重要节点城市纳入国家丝绸之路经济带整体规划。

同时，全国人大代表、宜宾市长徐进称，"国家提出建设丝绸之路经济带和长江经济带的战略构想，从地理位置上看，四川恰好处于这两大经济带的交汇点。"多名人大代表和政协委员建议将四川纳入丝绸之路经济带建设范围，加强其在长江经济带中的地位和作用。

二、海南、云南结合自身优势 探索发展机遇

全国人大代表、三沙市市委书记、市长肖杰向中国经济网记者坦言道，总理报道中提到建设 21 世纪海上丝绸之路，将给海南和三沙带来众多机遇，回去一定要落实好。肖杰"兴奋地表示，总理在报告中讲到海洋是我们宝贵的蓝色国土，要坚持陆海统筹，全面实施海洋战略，发展海洋经济，保护海洋生态环境，对于管辖 200 万平方公里蓝色国土的三沙来说，真是说到了我们心坎上。"

云南省人大代表同样认为"国家提出'一带一路'战略构想，为云南文化的发展带来了更大的机遇。因为云南与东南亚国家具有共同的文化特征等优势，所以在国家对外交往、促进文化交流和文化产业发展的过程中会起到重要作用。"有代表称，云南应加快民族文化产业示范区建设，打造云南民族文化产业品牌。

三、多地竞逐丝绸之路经济带建设起点和战略支点

福建、郑州、宁夏、广西和宝鸡等地人大代表纷纷表示有意将所在城市打造成为丝绸之路经济带的起点、战略支点和物流端点，都希望在经济带建设布局中分得一席之地。

全国人大代表、泉州市长郑新聪表达了福建人民对重现海上丝绸之路辉煌的渴望和期盼，他表示，"福建作为我国面向亚太地区的主要开放窗口之一，具有得天独厚的海域优势，与东南亚、中亚、中东等国家和地区也有深厚的渊源和往来历史，在"一带一路"发展战略中，必然将扮演重要角色。"把丝绸之路经济带物流通道端点设在郑州是全国政协委员、河南大学校长娄源功的建议。他解释道，河南地处欧亚大陆桥东端要素汇集点，是丝绸之路经济带向东延伸的腹地和

端点，也是国家最新规划的两横三纵城镇密集区和经济发展轴的黄金交汇点，是长三角、京津冀和山东呈扇形覆盖整个北中国沿海发达地区输欧产品的汇集点，肩负着汇集东部发达地区产品向欧亚大陆腹地和中西欧输送的重任，同时也是欧洲输入货物的分拨地，其在丝绸之路经济带上的价值具有不可替代性。

原载中国经济网

宁夏打造"丝绸之路经济带"战略支点

徐运平 朱 磊 周志忠

2100 多年前，起于中国的丝绸之路，横贯欧亚非。宁夏，正是这条"经贸玉带"上的必经驿站。

2100 多年后，中国向世界宣示："推动丝绸之路经济带和 21 世纪海上丝绸之路建设。"古老的驼铃声似乎穿越时空而来，中国要再现丝绸之路的辉煌。

国家大战略，宁夏新使命。

作为国家批准的全国唯一内陆开放型经济试验区，宁夏将全力打造丝绸之路经济带的战略支点。

一、向西，建设对外开放新高地

古老的丝绸之路上，阿拉伯地区曾占据枢纽地位，如今，因其重要的地理、资源等优势，更让世界瞩目：

22 个阿拉伯国家覆盖西亚、北非 1400 多万平方公里土地，扼守连接亚、非、欧三洲交通要道，位居陆上、海上丝绸之路交汇的关键节点；

阿拉伯国家拥有 3.5 亿人口和超过 3 万亿美元的国民生产总值，是世界重要的消费市场，还拥有丰富的石油天然气等资源，是中国能源进口的主要来源地；

阿拉伯国家是伊斯兰文化和宗教的发源地，在全世界 16 亿穆斯林群体中拥有巨大影响力；

......

加强与阿拉伯国家的经贸合作，就能够促进中阿在文化、科技、经济等各个领域实现全方位合作的规模效益。

放眼全球，作为丝绸之路经济带重要组成部分，阿拉伯国家与中国的联系愈加紧密。作为世界第二大经济体，中国的外汇储备和出口总额均居世界第一，已成为阿拉伯国家第二大贸易伙伴、最大的服务贸易进口国，中东地区成为中国第七大贸易伙伴。中阿之间加强经贸文化交流合作，符合双方利益和共同需求。

在推进中阿合作中，拥有人文、政策、区位、产业等方面优势的"塞上江南"宁夏，无疑是中国向西开放的首选。

按照因地制宜、分工明确、资源共享、互惠互利的原则，宁夏在丝绸之路经济带的定位是："以阿拉伯国家和穆斯林地区为重点，以实现习近平主席提出的'五通'为目标，加快建设中阿空中丝绸之路、中阿互联网经济试验区、中阿金融合作试验区和中阿博览会战略平台，促进中阿全方位的交流合作和产业发展，构建中阿合作的桥头堡，打造丝绸之路经济带的战略支点。"

宁夏回族自治区党委书记李建华说："中央提出建设'丝绸之路经济带'国家战略，为宁夏带来难得的发展机遇。作为古丝绸之路的重要节点，宁夏具有独特的区位优势，发展潜力很大。通过深入实施西部大开发、推进'两区'建设、举办中阿博览会等，宁夏的对外开放水平得到提升，也一定能够担当起建设丝绸之路经济带战略支点的历史重任，建设开放、富裕、和谐、美丽新宁夏。"

对于宁夏而言，这是大机遇，更是大平台。

二、突破，构建中阿合作"桥头堡"

"建设丝绸之路经济带是国家大战略，宁夏新使命，突出了宁夏作为全国首个内陆开放型经济试验区的战略支撑作用和中阿博览会的平台作用。宁夏只有勇于担当、主动作为，充分发挥先行先试优势，拓展向西开放的深度广度，才能肩负起党中央国务院赋予的建设国家向西开放战略高地的崇高历史使命。"自治区主席刘慧说。

充分发挥宁夏特有的优势条件，实现丝绸之路经济带建设的新突破，宁夏正蓄势打造"四大平台"。

——打造中阿空中丝绸之路。中国和阿拉伯国家是丝绸之路经济带重要两极，拓展空中路线，势在必行。

目前，我国和阿拉伯国家航空运输主要以北京、上海、广州等东部沿海城市为枢纽，相应增加了我国中西部地区与阿拉伯国家客货往来的时间和成本。而且上述特大城市空域资源已趋饱和，增开航线航班困难很大。另一方面，宁夏紧邻雅布赖国际航路，拥有扩大空域资源的巨大潜力，且地处新欧亚大陆桥国内段关键节点，具有承接航空客货流，辐射西北，连接华北、西南的集运能力，是建设航空枢纽的理想位置。

在各方的共同努力下，宁夏已开通5条国际航线，年运送旅客近6万人次。近期又开通了银川至哈萨克斯坦货运包机，年可运送货物近万吨。与阿联酋航空公司合资组建航空公司事宜顺利推进，培育发展地方航空公司和货运航空公司，吸引国内外航空公司设立基地，引进知名快递物流公司设立区域性总部，中阿空中丝绸之路建设呈现良好发展势头。

为适应打造中阿空中丝绸之路的需要，宁夏将致力于推进银川滨河新区与银川综合保税区、河东机场、空港物流园区整体规划、一体化发展；推进银川综合保税区创新发展，提高通关效率，优化监管模式，放宽外资准入，逐步向自由贸易园区转型升级，建设加工贸易产业集群；推进银川河东机场三期和机场综合交通枢纽建设，大力发展临空经济，努力把河东机场建设成为西部重要的国际机场和面向阿拉伯国家的门户机场。

　　——建设中阿互联网经济试验区。目前，中阿现有经贸关系主要以传统货物为主，服务贸易尤其是基于互联网的服务贸易比例小，发展潜力大。积极发挥我国在信息产业方面的比较优势，发展面向阿拉伯国家的互联网经济，有利于带动中阿贸易的快速增长，形成中阿合作新的增长点。

　　能源充足、区位居中、温度适中、天气干燥、空气清洁，宁夏拥有的这些优势条件，正是超大型数据中心适宜建设地区。

　　基于这一优势，宁夏与国内外互联网和物流产业巨头积极对接。2013年12月18日，宁夏中关村科技产业园在北京揭牌，北京、宁夏及全球云计算龙头企业亚马逊AWS将合作建设西部云基地，宁夏与阿里巴巴集团就开展云计算业务达成初步共识。

　　互联网试验区的大构想，正在宁夏逐步实现。

　　——建设中阿金融合作试验区。目前，中国和阿拉伯国家贸易额已突破2000亿美元，但金融领域合作的规模还很小。在巨额的贸易总量和广泛的经贸关系背景下，中阿开展金融合作，对提升贸易质量、促进双向投资，具有很强的互利价值。

　　宁夏虽然经济总量较小，但是民族团结、社会稳定，具有良好的产业发展基础。国家批准宁夏独家开展伊斯兰金融试点，已积累了与阿拉伯国家金融合作的一定经验，宁夏初步具备建设中阿金融合作试验区，探索中阿金融合作路径的显著优势。在宁夏开展中阿金融合作试点总体风险可控。

　　阿布扎比投资基金在固原投资建设生态休闲旅游度假项目；新加坡淡马锡、马来西亚清真食品集团、阿联酋主权投资基金在吴忠规划建设清真食品工业园项目；阿布扎比主权投资基金参股宁夏煤制油项目等重点合作项目……一系列合作正在有序推进。除此之外还将从建立中阿产业投资基金、引进阿拉伯国家的金融机构、建设中阿国际贸易结算中心、推动宁夏地方银行"走出去"、完善宁夏金融生态等多个方面入手，打造中阿金融合作试验区。

　　——构筑中阿博览会战略平台。宁夏已连续成功举办三届中阿经贸论坛和首届中阿博览会。李克强、俞正声等党和国家领导人出席会议并致辞，先后有24位中外政府首脑、265位部长级官员、5000多家企业参会。中阿博览会已成为中国与阿拉伯国家进行政治对话、经贸合作、文化交流的综合性平台，受到包括阿

拉伯国家在内的丝路经济带沿线国家的广泛认同。继续办好中阿博览会，充分发挥其战略平台作用，具有坚实的工作基础和优越的现实条件。

今后，宁夏将进一步完善中阿博览会办会体制机制，协调海合会秘书处担任大会共同主办单位，建立国内外合作项目对接和保障机制，全面提升市场化、国际化、专业化水平，形成推动中阿博览会经贸交流常态化的合力。

依托中阿博览会，宁夏将加强中阿沟通和合作，大力推进国际和区域合作，推动中阿合作重大项目落地，支持外商投资宁夏能源化工、清真食品、商贸旅游、金融服务等产业，支持区内企业联合国内大型企业到阿进行油气、矿产等资源开发和工程承包。

"紧紧抓住建设丝绸之路经济带的新机遇，以建设开放宁夏为统领，以产业转型升级为主线，以机制体制创新为动力，以特色园区为载体，着力推进改革创新，着力推进战略目标落实，着力完善工作机制，进一步优化发展环境，扩大交流合作，构筑开放平台，夯实发展基础，力促试验区建设取得新突破，在推进国家丝绸之路战略实施中发挥更大的作用！"自治区党委常委、政府副主席袁家军说。

构建丝绸之路经济带战略支点，宁夏大有可为！

原载 2014 年 3 月 5 日《人民日报》

"一带一路"规划亮相在即　四大资金池将启

王子约

一带一路规划将掀开面纱。中方制定的一带一路规划已基本成型，其中将江苏连云港确定为新亚欧大陆桥经济走廊节点城市。作为中长期战略，一带一路的重心是基建互通，其次是经贸合作，进而推动沿线国家发展。根据多个智库的研究报告，丝路基金、亚洲基础设施投资银行（下称"亚投行"）、金砖国家开发银行和上合组织开发银行四个平台有望在 2015 年为相应的项目提供资金支持。一带一路战略的重心是促进互联互通的基础设施建设。"中国—中亚—西亚经济走廊""新亚欧大陆桥经济走廊""中蒙俄经济走廊""孟中印缅经济走廊""中巴经济走廊"等一系列合作倡议已经落实。国内承接丝绸之路经济带建设的省份主要包括西北 5 省区（新疆、甘肃、宁夏、青海、陕西）、西南 4 省区市（广西、云南、重庆、四川）以及东部 5 省（江苏、浙江、广东、福建、海南）等 14 个省区市。

原载中共固原市委政策研究室《参阅信息》第三期［总第 66 期］

国家丝路战略

习近平在哈萨克斯坦纳扎尔巴耶夫
大学发表重要演讲

魏建华　周　良

弘扬人民友谊　共同建设"丝绸之路经济带"

本报阿斯塔纳 9 月 7 日电：国家主席习近平 7 日在哈萨克斯坦纳扎尔巴耶夫大学发表题为《弘扬人民友谊共创美好未来》的重要演讲，盛赞中哈传统友好，全面阐述中国对中亚国家睦邻友好合作政策，倡议用创新的合作模式，共同建设"丝绸之路经济带"，将其作为一项造福沿途各国人民的大事业。

当地时间上午 10 时 30 分许，习近平在哈萨克斯坦总统纳扎尔巴耶夫陪同下步入会场。

在热烈的掌声中，习近平发表了重要演讲。

习近平表示，2100 多年前，中国汉代的张骞两次出使中亚，开启了中国同中亚各国友好交往的大门，开辟出一条横贯东西、连接欧亚的丝绸之路。哈萨克斯坦是古丝绸之路经过的地方，曾经为促进不同民族、不同文化相互交流和合作做出过重要贡献。千百年来，在这条古老的丝绸之路上，各国人民共同谱写出千古传诵的友好篇章。

习近平指出，2000 多年的交往历史证明，只要坚持团结互信、平等互利、包容互鉴、合作共赢，不同种族、不同信仰、不同文化背景的国家完全可以共享和平，共同发展。

习近平强调，20 多年来，随着中国同欧亚国家关系快速发展，古老的丝绸之路日益焕发出新的生机活力。发展同中亚各国的友好合作关系是中国外交优先方向。我们希望同中亚国家一道，不断增进互信、巩固友好、加强合作，促进共同发展繁荣，为各国人民谋福祉。

习近平提出以下主张：要坚持世代友好，做和谐和睦的好邻居。中国尊重各国人民自主选择的发展道路和奉行的内外政策，决不干涉中亚国家内政，不谋求地区事务主导权，不经营势力范围。要坚定相互支持，做真诚互信的好朋友。在涉及国家主权、领土完整、安全稳定等重大核心利益问题上坚定相互支持，合力打击"三股势力"、贩毒、跨国有组织犯罪。要大力加强务实合作，做互利共赢的好伙伴。我们要将政治关系优势、地缘毗邻优势、经济互补优势转化为务实合作优势、持续增长优势，打造利益共同体。要以更宽的胸襟、更广的视野拓展区域合作，共创新的辉煌。通过加强上海合作组织同欧亚经济共同体合作，我们可以获得更大发展空间。

习近平提出，为了使欧亚各国经济联系更加紧密、相互合作更加深入、发展空间更加广阔，我们可以用创新的合作模式，共同建设"丝绸之路经济带"，以点带面，从线到片，逐步形成区域大合作。第一，加强政策沟通。各国就经济发展战略进行交流，协商制定区域合作规划和措施。第二，加强道路联通。打通从太平洋到波罗的海的运输大通道，逐步形成连接东亚、西亚、南亚的交通运输网络。第三，加强贸易畅通。各方应该就推动贸易和投资便利化问题进行探讨并作出适当安排。第四，加强货币流通。推动实现本币兑换和结算，增强抵御金融风险能力，提高本地区经济国际竞争力。第五，加强民心相通。加强人民友好往来，增进相互了解和传统友谊。

习近平最后表示，中哈两国是唇齿相依的友好邻邦。1700 多公里的共同边界、2000 多年的交往历史、广泛的共同利益，把我们紧密联系在一起，也为发展两国关系开辟了广阔前景。青年是民族的未来，是人民友谊的生力军。我相信，两国青年一定会成为中哈友谊的使者，为中哈全面战略伙伴关系发展贡献青春和力量。让我们携起手来，弘扬传统友谊，共创美好未来。

习近平还回答了学生们提出的问题。在回答关于环境保护的问题时，习近平强调，建设生态文明是关系人民福祉、关系民族未来的大计。中国要实现工业化、城镇化、信息化、农业现代化，必须要走出一条新的发展道路。中国明确把生态环境保护摆在更加突出的位置。我们既要绿水青山，也要金山银山。宁要绿水青山，不要金山银山，而且绿水青山就是金山银山。我们绝不能以牺牲生态环境为代价换取经济的一时发展。我们提出了建设生态文明、建设美丽中国的战略任务，给子孙留下天蓝、地绿、水净的美好家园。

纳扎尔巴耶夫在致辞中表示，哈中两国是好邻居、好朋友、好伙伴，两国关系取得长足进展。哈方感谢中方给予的支持和帮助，相信习近平主席这次访问必将有力促进两国互利合作，将哈中全面战略伙伴关系推向新高度。哈方完全赞同习近平主席提出的建设"丝绸之路经济带"的战略构想，愿同中方加强经济、交通、人文互联互通，共同构筑新的丝绸之路。

习近平还从纳扎尔巴耶夫手中接过大学授予的荣誉教授证书。

习近平还在纳扎尔巴耶夫陪同下参观了大学校区模型和工程实验室。

王沪宁、栗战书、杨洁篪等出席。哈方官员、外国驻哈使节也旁听了演讲。

原载 2013 年 9 月 8 日《人民日报》

习近平出席中阿合作论坛第六届
部长级会议开幕式并发表重要讲话

杜尚泽　焦　翔

强调弘扬丝路精神　深化中阿合作

中阿合作论坛第六届部长级会议 5 日在人民大会堂开幕。中国国家主席习近平出席开幕式并发表题为《弘扬丝路精神，深化中阿合作》的重要讲话。习近平表示，通过古老的丝绸之路，中阿人民的祖先走在了古代世界各民族友好交往的前列。当前，中阿都面临实现民族振兴的共同使命和挑战。希望双方弘扬丝绸之路精神，以共建丝绸之路经济带和 21 世纪海上丝绸之路为新机遇新起点，不断深化全面合作、共同发展的中阿战略合作关系。

习近平代表中国政府和人民向会议召开表示祝贺。

习近平表示，回顾中阿人民交往历史，我们就会想起陆上丝绸之路和海上香料之路。千百年来，丝绸之路承载的和平合作、开放包容、互学互鉴、互利共赢精神薪火相传，在文明交流互鉴史上写下了重要篇章。中阿人民在维护民族尊严、捍卫国家主权的斗争中相互支持，在探索发展道路、实现民族振兴的道路上相互帮助，在深化人文交流、繁荣民族文化的事业中相互借鉴。

习近平指出，未来 10 年，对中阿双方都是发展的关键时期。实现民族振兴的共同使命和挑战，需要我们弘扬丝绸之路精神，促进文明互鉴，尊重道路选择，坚持合作共赢，倡导对话和平。

习近平强调，"一带一路"是互利共赢之路。中国同阿拉伯国家因为丝绸之路相知相交，是共建"一带一路"的天然合作伙伴。中阿双方应该坚持共商、共建、共享原则，打造中阿利益共同体和命运共同体。既要登高望远，也要脚踏实地，构建"1＋2＋3"的合作格局，即以能源合作为主轴，以基础设施建设、贸易和投资便利化为两翼，以核能、航天卫星、新能源三大高新领域为新的突破口，未来 10 年，争取把中阿贸易额从去年的 2400 亿美元增至 6000 亿美元，把中国对阿非金融类投资存量从去年的 100 亿美元增至 600 亿美元以上，加快协商和推进中国—海湾阿拉伯国家合作委员会自由贸易区、阿拉伯国家参与亚洲基础设施投资银行，争取早期收获。双方应该依托并增进中阿传统友谊。中阿双方决定把 2014 年和 2015 年定为中阿友好年，将举办一系列友好交流活动。今后 3 年，我们将为阿拉伯国家再培训 6000 名各类人才。未来 10 年，我们将组织

10000 名中阿艺术家互访交流，推动并支持 200 家中阿文化机构开展对口合作。

习近平指出，成立中阿合作论坛，是我们着眼中阿关系长远发展做出的战略抉择。希望双方抓住共建"一带一路"的新机遇，加强政策沟通，深化务实合作，不断开拓创新，把论坛建设好。

习近平最后强调，中华民族和阿拉伯民族创造了灿烂辉煌的文明，近代以来又都在时代变迁中经历过曲折，实现民族复兴始终是我们双方的追求。让我们携起手来，弘扬丝路精神，深化中阿合作，为中国梦和阿拉伯振兴而努力！为人类和平与发展的崇高事业而奋斗！

科威特首相贾比尔，会议阿方主席、摩洛哥外交与合作大臣梅祖阿尔，阿拉伯国家联盟秘书长阿拉比分别致辞。他们盛赞阿中传统友谊，高度评价阿中合作论坛 10 年取得的成就，表示阿方赞同习近平主席提出的加强论坛建设、发展阿中战略合作关系的主张，支持中方提出的共建"一带一路"倡议，愿意同中方加强沟通和协调，推动阿拉伯有关问题的政治解决，共同致力于促进地区和平、稳定、发展。

国务委员杨洁篪等出席。外交部部长王毅主持开幕式。

中阿合作论坛第六届部长级会议 6 月 5 日在北京举行，会议主线是"建设现代丝绸之路，促进中阿共同发展"。中国和阿盟成员国外长或代表、阿盟秘书长以及中方相关部门负责人等 200 余人出席。

原载 2014 年 6 月 6 日《人民日报》

"丝绸之路经济带"解读

全面解读"丝绸之路经济带"

什么是"丝绸之路经济带"

丝绸之路经济带是在"古丝绸之路"概念基础上形成的一个新的经济发展区域。丝绸之路经济带,东边牵着亚太经济圈,西边系着欧洲经济圈,被认为是"世界上最长、最具有发展潜力的经济大走廊"。丝绸之路经济带首先是一个"经济带"概念,体现的是经济带上各城市集中协调发展的思路。

丝绸之路沿线大部分国家处在两个引擎之间的"塌陷地带",整个区域存在"两边高,中间低"的现象,发展经济与追求美好生活是本地区国家与民众的普遍诉求。这方面的需求与两大经济引擎通联的需求叠加在一起,共同构筑了丝绸之路。

一、当前中国推"丝绸之路经济带"的几个重要原因

1. 我国当前的发展需要兼顾地区平衡,并着力开拓新的经济增长点。复兴丝绸之路能带动经济实力较为薄弱的西部地区,有望形成新的开放前沿。

2. 通过建设"丝绸之路经济带"为中国营造良好的周边政治、国防、民族环境。

3. 可以推进区域之间包括基础设施在内的各种互联互通,有利于推进区域合作水平。

4. 有利于消化中国严重过剩的各种产能。

5. 有利于构筑以开放促中国西部大开发,促中国东部再改革的新的倒逼格局。

二、"丝绸之路经济带"的初步思路

中国科学院地理所提出,丝绸之路经济带可以有三条路线,即在空间走向上初步形成以欧亚大陆桥为主的北线、以石油天然气管道为主的中线、以跨国公路为主的南线三条线。目前,针对三条主线展开的经济带规划方案亦在制定中。国内区域范围目前包括西北五省、重庆、四川、内蒙古和新疆建设兵团,还将扩展到其他省区。

"丝绸之路经济带"战略构想的"五大支柱"与具体措施

"丝绸之路经济带"可以通过以下步骤逐步启动:第一,加强政策沟通。第二,加强道路联通。第三,加强贸易畅通。第四,加强货币流通。第五,加强民心相通,加强人民友好往来和社会交往。其中道路联通是基础,贸易畅通是本质内容。

与五大支柱相对应的五大具体措施包括:开辟交通和物流大通道;实现贸易和投资便利化,打破地区经济发展瓶颈;推进金融领域合作;成立能源俱乐部;建立粮食合作机制。

三、"丝绸经济带"在区域合作模式上的不同

"丝绸之路经济带"属于跨国经济带,远景目标是构建区域合作新模式。"丝绸之路经济带"与传统的区域合作模式的区别在于,传统的区域合作是通过建立互惠的贸易和投资安排,确立统一的关税政策,然后建立超国家的机构来实现深入的合作。"丝绸之路经济带"没有设立高端目标,近期主要是贸易、交通、投资领域的合作,未来不会设定关税同盟。"经济带"不是"紧密型一体化合作组织",不会打破现有的区域制度安排,更多的是一种务实灵活的经济合作安排。

四、建设"丝绸之路经济带"的意义

丝绸之路经济带总人口近30亿,市场规模和潜力独一无二。我国将在"新丝绸之路"上培育新的经济增长极,将会引进产业、聚集人口,这将使西部地区更快发展,并为我国中西部省区的机电产品、特色农产品、特色食品等货物向西出口创造了难得的机遇。

习近平主席提出建设"丝绸之路经济带"着眼点并不仅仅是中亚,而是更大的格局。"丝绸之路经济带"构想的最大价值在于什么?不是与中亚五国的贸易,不是来自中亚的油气资源供给,而是应对阿拉伯世界动荡趋势下,贸易路线转移的压力。

首先,制度化建设的水平能达到一个什么样的高度,值得关注。在制度建设上实际需要处理好两个平衡:一是主权让渡与不干涉内政原则的平衡。另一个平衡是缺乏主导国与推进制度建设之间的平衡关系。其次,道路等基础设施的建设规划考验决策者的智慧。新丝绸之路经济带路线的选择需要充分考虑地理环境、经济效益与政治协调。

与技术和规划因素相比,更大的挑战来自于政治协调,特别是大国之间的协调。另外,新丝绸之路经济带能否建成还取决于能否成功消解一些人为的障碍。边境管理和安全保障是两个突出的人为障碍。

需要注意的是，"丝绸之路经济带"沿线地区地缘政治形势复杂多变，存在各种各样的矛盾。这种情况下推进经济合作，就要尊重现实差异，创新合作理念，解决最现实的问题。

五、"丝绸之路经济带"在中国西部的最新进展

2013年12月14日，国家发改委和外交部举行的推进丝绸之路经济带和海上丝绸之路建设座谈会上，有西北5省、西南4省市以及东部5省参加。西北5省包括陕西、甘肃、青海、宁夏、新疆。西南四省市包括重庆、四川、云南、广西。东部5省为江苏、浙江、广东、福建、海南，这5省主要涉及海上丝绸之路。

目前西部各相关省份正在加紧布局，陕西、新疆、甘肃、宁夏等西部省份已开始着手研究新丝绸之路经济带规划。

陕西　西安将着力打造"一高地"，即丝绸之路经济带开发开放高地。"六中心"，即金融商贸物流中心、机械制造业中心、能源储运交易中心、文化旅游中心、科技研发中心、高端人才培养中心。

宁夏　以建设丝绸之路经济带的重要基地为目标，进一步借鉴上海自贸区等开放模式，在提高引进外资水平、推进中阿贸易自由、能源合作等方面进行有益探索，增强内陆开放新优势。

新疆提出要建设丝绸之路经济带"五大中心"，即重要的交通枢纽中心、商贸物流中心、金融中心、文化科技中心、医疗服务中心，成为丝绸之路经济带上的核心区。

甘肃　计划利用拥有古丝绸之路贯穿境内1600多公里的战略通道优势，打造丝绸之路经济带的黄金段，目前甘肃省政府正在与国务院发展研究中心联合拟订丝绸之路经济带甘肃段建设总体方案。

六、西部城市群雏形已现

随着丝绸之路经济带这一全新理念的提出，相对偏远的西部地区在升级版"西部大开发"战略的推动下，一批潜在城市群将加速升级。未来有产业特色支撑的城市群将在"两横三纵"城市化战略下提速发展。

西部十大城市群比较

城市群	主要城市	人口	2012 年经济总量	定位
成渝	以重庆、成都两市为中心	6700 万	24337.13 亿元	国家城乡统筹综合配套改革试验区
南北钦防	广西南宁、北海、钦州、防城港 4 市	1200 万	约为 4000 亿元	中国—东盟自由贸易区的海湾型城市群（北部湾）
关中－天水	关中平原及甘肃省天水地区,共六市一区	2940 万	6600 亿元	中国新亚欧大陆桥中段重要的节点城市群
天山北坡	包括乌鲁木齐市、昌吉市、石河子市等	458 万	约为 3500 亿元	中国面向中亚五国合作的陆桥型城市群
兰白西	兰州、白银、西宁	约 1200 万	约 3000 亿元	黄河上游多民族地区的核心城市群
滇中	昆明、曲靖、玉溪、楚雄	约 2400 万	近 6000 亿元	中国面向东南亚区域合作的重要城市群
黔中	贵阳、遵义、安顺、都匀、凯里等	约 1400 万	约 3500 亿元	中国西南地区重要的节点城市群
呼包鄂	包头市、呼和浩特市、鄂尔多斯市	700 多万	约为 9200 亿元	黄河流域极具成长潜力的节点城市群
银川平原	银川、石嘴山、吴忠等	约 500 万	约 2000 亿元	中国面向伊斯兰国家合作的特色城市群
酒嘉玉	酒泉、嘉峪关、玉门	约 200 万	约为 1000 亿元	国家航天基地建设的重要城市群

原载人民网

国家丝路政策

推动共建丝绸之路经济带和 21 世纪
海上丝绸之路的愿景与行动

2015 年 3 月 28 日，国家发改委、外交部、商务部联合发布了《推动共建丝绸之路经济带和 21 世纪海上丝绸之路的愿景与行动》。全文如下：

推动共建丝绸之路经济带和 21 世纪海上丝绸之路的愿景与行动
国家发展改革委外交部商务部
（经国务院授权发布）

2015 年 3 月

前言

2000 多年前，亚欧大陆上勤劳勇敢的人民，探索出多条连接亚欧非几大文明的贸易和人文交流通路，后人将其统称为"丝绸之路"。千百年来，"和平合作、开放包容、互学互鉴、互利共赢"的丝绸之路精神薪火相传，推进了人类文明进步，是促进沿线各国繁荣发展的重要纽带，是东西方交流合作的象征，是世界各国共有的历史文化遗产。

进入 21 世纪，在以和平、发展、合作、共赢为主题的新时代，面对复苏乏

力的全球经济形势，纷繁复杂的国际和地区局面，传承和弘扬丝绸之路精神更显重要和珍贵。

2013 年 9 月和 10 月，中国国家主席习近平在出访中亚和东南亚国家期间，先后提出共建"丝绸之路经济带"和"21 世纪海上丝绸之路"（以下简称"一带一路"）的重大倡议，得到国际社会高度关注。中国国务院总理李克强参加 2013 年中国—东盟博览会时强调，铺就面向东盟的海上丝绸之路，打造带动腹地发展的战略支点。加快"一带一路"建设，有利于促进沿线各国经济繁荣与区域经济合作，加强不同文明交流互鉴，促进世界和平发展，是一项造福世界各国人民的伟大事业。

"一带一路"建设是一项系统工程，要坚持共商、共建、共享原则，积极推进沿线国家发展战略的相互对接。为推进实施"一带一路"重大倡议，让古丝绸之路焕发新的生机活力，以新的形式使亚欧非各国联系更加紧密，互利合作迈向新的历史高度，中国政府特制定并发布《推动共建丝绸之路经济带和 21 世纪海上丝绸之路的愿景与行动》。

一、时代背景

当今世界正发生复杂深刻的变化，国际金融危机深层次影响继续显现，世界经济缓慢复苏、发展分化，国际投资贸易格局和多边投资贸易规则酝酿深刻调整，各国面临的发展问题依然严峻。共建"一带一路"顺应世界多极化、经济全球化、文化多样化、社会信息化的潮流，秉持开放的区域合作精神，致力于维护全球自由贸易体系和开放型世界经济。共建"一带一路"旨在促进经济要素有序自由流动、资源高效配置和市场深度融合，推动沿线各国实现经济政策协调，开展更大范围、更高水平、更深层次的区域合作，共同打造开放、包容、均衡、普惠的区域经济合作架构。共建"一带一路"符合国际社会的根本利益，彰显人类社会共同理想和美好追求，是国际合作以及全球治理新模式的积极探索，将为世界和平发展增添新的正能量。

共建"一带一路"致力于亚欧非大陆及附近海洋的互联互通，建立和加强沿线各国互联互通伙伴关系，构建全方位、多层次、复合型的互联互通网络，实现沿线各国多元、自主、平衡、可持续的发展。"一带一路"的互联互通项目将推动沿线各国发展战略的对接与耦合，发掘区域内市场的潜力，促进投资和消费，创造需求和就业，增进沿线各国人民的人文交流与文明互鉴，让各国人民相逢相知、互信互敬，共享和谐、安宁、富裕的生活。

当前，中国经济和世界经济高度关联。中国将一以贯之地坚持对外开放的基本国策，构建全方位开放新格局，深度融入世界经济体系。推进"一带一路"建设既是中国扩大和深化对外开放的需要，也是加强和亚欧非及世界各国互利合作的需要，中国愿意在力所能及的范围内承担更多责任义务，为人类和平发展做出更大的贡献。

二、共建原则

恪守联合国宪章的宗旨和原则。遵守和平共处五项原则，即尊重各国主权和领土完整、互不侵犯、互不干涉内政、和平共处、平等互利。

坚持开放合作。"一带一路"相关的国家基于但不限于古代丝绸之路的范围，各国和国际、地区组织均可参与，让共建成果惠及更广泛的区域。

坚持和谐包容。倡导文明宽容，尊重各国发展道路和模式的选择，加强不同文明之间的对话，求同存异、兼容并蓄、和平共处、共生共荣。

坚持市场运作。遵循市场规律和国际通行规则，充分发挥市场在资源配置中的决定性作用和各类企业的主体作用，同时发挥好政府的作用。

坚持互利共赢。兼顾各方利益和关切，寻求利益契合点和合作最大公约数，体现各方智慧和创意，各施所长，各尽所能，把各方优势和潜力充分发挥出来。

三、框架思路

"一带一路"是促进共同发展、实现共同繁荣的合作共赢之路，是增进理解信任、加强全方位交流的和平友谊之路。中国政府倡议、秉持和平合作、开放包容、互学互鉴、互利共赢的理念，全方位推进务实合作，打造政治互信、经济融合、文化包容的利益共同体、命运共同体和责任共同体。

"一带一路"贯穿亚欧非大陆，一头是活跃的东亚经济圈，一头是发达的欧洲经济圈，中间广大腹地国家经济发展潜力巨大。丝绸之路经济带重点畅通中国经中亚、俄罗斯至欧洲（波罗的海）；中国经中亚、西亚至波斯湾、地中海；中国至东南亚、南亚、印度洋。21世纪海上丝绸之路重点方向是从中国沿海港口过南海到印度洋，延伸至欧洲；从中国沿海港口过南海到南太平洋。

根据"一带一路"走向，陆上依托国际大通道，以沿线中心城市为支撑，以重点经贸产业园区为合作平台，共同打造新亚欧大陆桥、中蒙俄、中国—中亚—西亚、中国—中南半岛等国际经济合作走廊；海上以重点港口为节点，共同建设通畅安全高效的运输大通道。中巴、孟中印缅两个经济走廊与推进"一带一路"建设关联紧密，要进一步推动合作，取得更大进展。

"一带一路"建设是沿线各国开放合作的宏大经济愿景，需各国携手努力，朝着互利互惠、共同安全的目标相向而行。努力实现区域基础设施更加完善，安全高效的陆海空通道网络基本形成，互联互通达到新水平；投资贸易便利化水平进一步提升，高标准自由贸易区网络基本形成，经济联系更加紧密，政治互信更加深入；人文交流更加广泛深入，不同文明互鉴共荣，各国人民相知相交、和平

友好。

四、合作重点

沿线各国资源禀赋各异，经济互补性较强，彼此合作潜力和空间很大。以政策沟通、设施联通、贸易畅通、资金融通、民心相通为主要内容，重点在以下方面加强合作。

政策沟通。加强政策沟通是"一带一路"建设的重要保障。加强政府间合作，积极构建多层次政府间宏观政策沟通交流机制，深化利益融合，促进政治互信，达成合作新共识。沿线各国可以就经济发展战略和对策进行充分交流对接，共同制定推进区域合作的规划和措施，协商解决合作中的问题，共同为务实合作及大型项目实施提供政策支持。

设施联通。基础设施互联互通是"一带一路"建设的优先领域。在尊重相关国家主权和安全关切的基础上，沿线国家宜加强基础设施建设规划、技术标准体系的对接，共同推进国际骨干通道建设，逐步形成连接亚洲各次区域以及亚欧非之间的基础设施网络。强化基础设施绿色低碳化建设和运营管理，在建设中充分考虑气候变化影响。

抓住交通基础设施的关键通道、关键节点和重点工程，优先打通缺失路段，畅通瓶颈路段，配套完善道路安全防护设施和交通管理设施设备，提升道路通达水平。推进建立统一的全程运输协调机制，促进国际通关、换装、多式联运有机衔接，逐步形成兼容规范的运输规则，实现国际运输便利化。推动口岸基础设施建设，畅通陆水联运通道，推进港口合作建设，增加海上航线和班次，加强海上物流信息化合作。拓展建立民航全面合作的平台和机制，加快提升航空基础设施水平。

加强能源基础设施互联互通合作，共同维护输油、输气管道等运输通道安全，推进跨境电力与输电通道建设，积极开展区域电网升级改造合作。

共同推进跨境光缆等通信干线网络建设，提高国际通信互联互通水平，畅通信息丝绸之路。加快推进双边跨境光缆等建设，规划建设洲际海底光缆项目，完善空中（卫星）信息通道，扩大信息交流与合作。

贸易畅通。投资贸易合作是"一带一路"建设的重点内容。宜着力研究解决投资贸易便利化问题，消除投资和贸易壁垒，构建区域内和各国良好的营商环境，积极同沿线国家和地区共同商建自由贸易区，激发释放合作潜力，做大做好合作"蛋糕"。

沿线国家宜加强信息互换、监管互认、执法互助的海关合作，以及检验检疫、认证认可、标准计量、统计信息等方面的双多边合作，推动世界贸易组织《贸易便利化协定》生效和实施。改善边境口岸通关设施条件，加快边境口岸

"单一窗口"建设，降低通关成本，提升通关能力。加强供应链安全与便利化合作，推进跨境监管程序协调，推动检验检疫证书国际互联网核查，开展"经认证的经营者"（AEO）互认。降低非关税壁垒，共同提高技术性贸易措施透明度，提高贸易自由化便利化水平。

拓宽贸易领域，优化贸易结构，挖掘贸易新增长点，促进贸易平衡。创新贸易方式，发展跨境电子商务等新的商业业态。建立健全服务贸易促进体系，巩固和扩大传统贸易，大力发展现代服务贸易。把投资和贸易有机结合起来，以投资带动贸易发展。

加快投资便利化进程，消除投资壁垒。加强双边投资保护协定、避免双重征税协定磋商，保护投资者的合法权益。

拓展相互投资领域，开展农林牧渔业、农机及农产品生产加工等领域深度合作，积极推进海水养殖、远洋渔业、水产品加工、海水淡化、海洋生物制药、海洋工程技术、环保产业和海上旅游等领域合作。加大煤炭、油气、金属矿产等传统能源资源勘探开发合作，积极推动水电、核电、风电、太阳能等清洁、可再生能源合作，推进能源资源就地就近加工转化合作，形成能源资源合作上下游一体化产业链。加强能源资源深加工技术、装备与工程服务合作。

推动新兴产业合作，按照优势互补、互利共赢的原则，促进沿线国家加强在新一代信息技术、生物、新能源、新材料等新兴产业领域的深入合作，推动建立创业投资合作机制。

优化产业链分工布局，推动上下游产业链和关联产业协同发展，鼓励建立研发、生产和营销体系，提升区域产业配套能力和综合竞争力。扩大服务业相互开放，推动区域服务业加快发展。探索投资合作新模式，鼓励合作建设境外经贸合作区、跨境经济合作区等各类产业园区，促进产业集群发展。在投资贸易中突出生态文明理念，加强生态环境、生物多样性和应对气候变化合作，共建绿色丝绸之路。

中国欢迎各国企业来华投资。鼓励本国企业参与沿线国家基础设施建设和产业投资。促进企业按属地化原则经营管理，积极帮助当地发展经济、增加就业、改善民生，主动承担社会责任，严格保护生物多样性和生态环境。

资金融通。资金融通是"一带一路"建设的重要支撑。深化金融合作，推进亚洲货币稳定体系、投融资体系和信用体系建设。扩大沿线国家双边本币互换、结算的范围和规模。推动亚洲债券市场的开放和发展。共同推进亚洲基础设施投资银行、金砖国家开发银行筹建，有关各方就建立上海合作组织融资机构开展磋商。加快丝路基金组建运营。深化中国—东盟银行联合体、上合组织银行联合体务实合作，以银团贷款、银行授信等方式开展多边金融合作。支持沿线国家

政府和信用等级较高的企业以及金融机构在中国境内发行人民币债券。符合条件的中国境内金融机构和企业可以在境外发行人民币债券和外币债券，鼓励在沿线国家使用所筹资金。

加强金融监管合作，推动签署双边监管合作谅解备忘录，逐步在区域内建立高效监管协调机制。完善风险应对和危机处置制度安排，构建区域性金融风险预警系统，形成应对跨境风险和危机处置的交流合作机制。加强征信管理部门、征信机构和评级机构之间的跨境交流与合作。充分发挥丝路基金以及各国主权基金作用，引导商业性股权投资基金和社会资金共同参与"一带一路"重点项目建设。

民心相通。民心相通是"一带一路"建设的社会根基。传承和弘扬丝绸之路友好合作精神，广泛开展文化交流、学术往来、人才交流合作、媒体合作、青年和妇女交往、志愿者服务等，为深化双多边合作奠定坚实的民意基础。

扩大相互间留学生规模，开展合作办学，中国每年向沿线国家提供1万个政府奖学金名额。沿线国家间互办文化年、艺术节、电影节、电视周和图书展等活动，合作开展广播影视剧精品创作及翻译，联合申请世界文化遗产，共同开展世界遗产的联合保护工作。深化沿线国家间人才交流合作。

加强旅游合作，扩大旅游规模，互办旅游推广周、宣传月等活动，联合打造具有丝绸之路特色的国际精品旅游线路和旅游产品，提高沿线各国游客签证便利化水平。推动21世纪海上丝绸之路邮轮旅游合作。积极开展体育交流活动，支持沿线国家申办重大国际体育赛事。

强化与周边国家在传染病疫情信息沟通、防治技术交流、专业人才培养等方面的合作，提高合作处理突发公共卫生事件的能力。为有关国家提供医疗援助和应急医疗救助，在妇幼健康、残疾人康复以及艾滋病、结核、疟疾等主要传染病领域开展务实合作，扩大在传统医药领域的合作。

加强科技合作，共建联合实验室（研究中心）、国际技术转移中心、海上合作中心，促进科技人员交流，合作开展重大科技攻关，共同提升科技创新能力。

整合现有资源，积极开拓和推进与沿线国家在青年就业、创业培训、职业技能开发、社会保障管理服务、公共行政管理等共同关心领域的务实合作。

充分发挥政党、议会交往的桥梁作用，加强沿线国家之间立法机构、主要党派和政治组织的友好往来。开展城市交流合作，欢迎沿线国家重要城市之间互结友好城市，以人文交流为重点，突出务实合作，形成更多鲜活的合作范例。欢迎沿线国家智库之间开展联合研究、合作举办论坛等。

加强沿线国家民间组织的交流合作，重点面向基层民众，广泛开展教育医疗、减贫开发、生物多样性和生态环保等各类公益慈善活动，促进沿线贫困地区生产生活条件改善。加强文化传媒的国际交流合作，积极利用网络平台，运用新媒体工具，塑造和谐友好的文化生态和舆论环境。

五、合作机制

当前，世界经济融合加速发展，区域合作方兴未艾。积极利用现有双多边合作机制，推动"一带一路"建设，促进区域合作蓬勃发展。

加强双边合作，开展多层次、多渠道沟通磋商，推动双边关系全面发展。推动签署合作备忘录或合作规划，建设一批双边合作示范。建立完善双边联合工作机制，研究推进"一带一路"建设的实施方案、行动路线图。充分发挥现有联委会、混委会、协委会、指导委员会、管理委员会等双边机制作用，协调推动合作项目实施。

强化多边合作机制作用，发挥上海合作组织（SCO）、中国—东盟"10＋1"、亚太经合组织（APEC）、亚欧会议（ASEM）、亚洲合作对话（ACD）、亚信会议（CICA）、中阿合作论坛、中国—海合会战略对话、大湄公河次区域（GMS）经济合作、中亚区域经济合作（CAREC）等现有多边合作机制作用，相关国家加强沟通，让更多国家和地区参与"一带一路"建设。

继续发挥沿线各国区域、次区域相关国际论坛、展会以及博鳌亚洲论坛、中国—东盟博览会、中国—亚欧博览会、欧亚经济论坛、中国国际投资贸易洽谈会，以及中国—南亚博览会、中国—阿拉伯博览会、中国西部国际博览会、中国—俄罗斯博览会、前海合作论坛等平台的建设性作用。支持沿线国家地方、民间挖掘"一带一路"历史文化遗产，联合举办专项投资、贸易、文化交流活动，办好丝绸之路（敦煌）国际文化博览会、丝绸之路国际电影节和图书展。倡议建立"一带一路"国际高峰论坛。

六、中国各地方开放态势

推进"一带一路"建设，中国将充分发挥国内各地区比较优势，实行更加积极主动的开放战略，加强东中西互动合作，全面提升开放型经济水平。

西北、东北地区。发挥新疆独特的区位优势和向西开放重要窗口作用，深化与中亚、南亚、西亚等国家交流合作，形成丝绸之路经济带上重要的交通枢纽、商贸物流和文化科教中心，打造丝绸之路经济带核心区。发挥陕西、甘肃综合经济文化和宁夏、青海民族人文优势，打造西安内陆型改革开放新高地，加快兰州、西宁开发开放，推进宁夏内陆开放型经济试验区建设，形成面向中亚、南亚、西亚国家的通道、商贸物流枢纽、重要产业和人文交流基地。发挥内蒙古联通俄蒙的区位优势，完善黑龙江对俄铁路通道和区域铁路网，以及黑龙江、吉林、辽宁与俄远东地区陆海联运合作，推进构建北京—莫斯科欧亚高速运输走

廊，建设向北开放的重要窗口。

西南地区。发挥广西与东盟国家陆海相邻的独特优势，加快北部湾经济区和珠江—西江经济带开放发展，构建面向东盟区域的国际通道，打造西南、中南地区开放发展新的战略支点，形成 21 世纪海上丝绸之路与丝绸之路经济带有机衔接的重要门户。发挥云南区位优势，推进与周边国家的国际运输通道建设，打造大湄公河次区域经济合作新高地，建设成为面向南亚、东南亚的辐射中心。推进西藏与尼泊尔等国家边境贸易和旅游文化合作。

沿海和港澳台地区。利用长三角、珠三角、海峡西岸、环渤海等经济区开放程度高、经济实力强、辐射带动作用大的优势，加快推进中国（上海）自由贸易试验区建设，支持福建建设 21 世纪海上丝绸之路核心区。充分发挥深圳前海、广州南沙、珠海横琴、福建平潭等开放合作区作用，深化与港澳台合作，打造粤港澳大湾区。推进浙江海洋经济发展示范区、福建海峡蓝色经济试验区和舟山群岛新区建设，加大海南国际旅游岛开发开放力度。加强上海、天津、宁波—舟山、广州、深圳、湛江、汕头、青岛、烟台、大连、福州、厦门、泉州、海口、三亚等沿海城市港口建设，强化上海、广州等国际枢纽机场功能。以扩大开放倒逼深层次改革，创新开放型经济体制机制，加大科技创新力度，形成参与和引领国际合作竞争新优势，成为"一带一路"特别是 21 世纪海上丝绸之路建设的排头兵和主力军。发挥海外侨胞以及香港、澳门特别行政区独特优势作用，积极参与和助力"一带一路"建设。为台湾地区参与"一带一路"建设做出妥善安排。

内陆地区。利用内陆纵深广阔、人力资源丰富、产业基础较好优势，依托长江中游城市群、成渝城市群、中原城市群、呼包鄂榆城市群、哈长城市群等重点区域，推动区域互动合作和产业集聚发展，打造重庆西部开发开放重要支撑和成都、郑州、武汉、长沙、南昌、合肥等内陆开放型经济高地。加快推动长江中上游地区和俄罗斯伏尔加河沿岸联邦区的合作。建立中欧通道铁路运输、口岸通关协调机制，打造"中欧班列"品牌，建设沟通境内外、连接东中西的运输通道。支持郑州、西安等内陆城市建设航空港、国际陆港，加强内陆口岸与沿海、沿边口岸通关合作，开展跨境贸易电子商务服务试点。优化海关特殊监管区域布局，创新加工贸易模式，深化与沿线国家的产业合作。

七、中国积极行动

一年多来，中国政府积极推动"一带一路"建设，加强与沿线国家的沟通磋商，推动与沿线国家的务实合作，实施了一系列政策措施，努力收获早期成果。

高层引领推动。习近平主席、李克强总理等国家领导人先后出访 20 多个国家，出席加强互联互通伙伴关系对话会、中阿合作论坛第六届部长级会议，就双边关系和地区发展问题，多次与有关国家元首和政府首脑进行会晤，深入阐释"一带一路"的深刻内涵和积极意义，就共建"一带一路"达成广泛共识。

签署合作框架。与部分国家签署了共建"一带一路"合作备忘录，与一些毗邻国家签署了地区合作和边境合作的备忘录以及经贸合作中长期发展规划。研究编制与一些毗邻国家的地区合作规划纲要。

推动项目建设。加强与沿线有关国家的沟通磋商，在基础设施互联互通、产业投资、资源开发、经贸合作、金融合作、人文交流、生态保护、海上合作等领域，推进了一批条件成熟的重点合作项目。

完善政策措施。中国政府统筹国内各种资源，强化政策支持。推动亚洲基础设施投资银行筹建，发起设立丝路基金，强化中国—欧亚经济合作基金投资功能。推动银行卡清算机构开展跨境清算业务和支付机构开展跨境支付业务。积极推进投资贸易便利化，推进区域通关一体化改革。

发挥平台作用。各地成功举办了一系列以"一带一路"为主题的国际峰会、论坛、研讨会、博览会，对增进理解、凝聚共识、深化合作发挥了重要作用。

八、共创美好未来

共建"一带一路"是中国的倡议，也是中国与沿线国家的共同愿望。站在新的起点上，中国愿与沿线国家一道，以共建"一带一路"为契机，平等协商，兼顾各方利益，反映各方诉求，携手推动更大范围、更高水平、更深层次的大开放、大交流、大融合。"一带一路"建设是开放的、包容的，欢迎世界各国和国际、地区组织积极参与。

共建"一带一路"的途径是以目标协调、政策沟通为主，不刻意追求一致性，可高度灵活，富有弹性，是多元开放的合作进程。中国愿与沿线国家一道，不断充实完善"一带一路"的合作内容和方式，共同制定时间表、路线图，积极对接沿线国家发展和区域合作规划。

中国愿与沿线国家一道，在既有双多边和区域次区域合作机制框架下，通过合作研究、论坛展会、人员培训、交流访问等多种形式，促进沿线国家对共建"一带一路"内涵、目标、任务等方面的进一步理解和认同。

中国愿与沿线国家一道，稳步推进示范项目建设，共同确定一批能够照顾双多边利益的项目，对各方认可、条件成熟的项目抓紧启动实施，争取早日开花结果。

"一带一路"是一条互尊互信之路，一条合作共赢之路，一条文明互鉴之路。只要沿线各国和衷共济、相向而行，就一定能够谱写建设丝绸之路经济带和21世纪海上丝绸之路的新篇章，让沿线各国人民共享"一带一路"共建成果。

丝路建设政策解读

《推动共建丝绸之路经济带和 21 世纪海上丝绸之路的愿景与行动》要义
—— "一带一路" 的主张与内涵、方向与任务

为何提出 "一带一路"？
中国将构建全方位开放新格局

【区域合作】秉持开放的区域合作精神，致力于维护全球自由贸易体系和开放型世界经济，是国际合作以及全球治理新模式的积极探索，将为世界和平发展增添新的正能量。

【发展战略对接】互联互通项目将推动沿线各国发展战略的对接与耦合，发掘区域内市场的潜力，增进沿线各国人民的人文交流与文明互鉴。

【中国深度融入世界】当前，中国经济和世界经济高度关联。中国将构建全方位开放新格局，深度融入世界经济体系。

"一带一路" 是什么？
共建国际大通道和经济走廊

【"一带一路" 合作方向】丝绸之路经济带重点畅通中国经中亚、俄罗斯至欧洲（波罗的海）；中国经中亚、西亚至波斯湾、地中海；中国至东南亚、南亚、印度洋。21 世纪海上丝绸之路重点方向是从中国沿海港口过南海到印度洋，延伸至欧洲；从中国沿海港口过南海到南太平洋。

【共建国际大通道和经济走廊】陆上依托国际大通道，共同打造新亚欧大陆桥、中蒙俄、中国—中亚—西亚、中国—中南半岛等国际经济合作走廊；海上以重点港口为节点，共同建设通畅安全高效的运输大通道。中巴、孟中印缅两个经济走廊，要进一步推动合作，取得更大进展。

"一带一路" 怎么建？
沿线各国共同制定合作规划措施

【政策沟通】沿线各国可以就经济发展战略和对策进行充分交流对接，共同制订推进区域合作的规划和措施。

【设施联通】交通方面，优先打通缺失路段，畅通瓶颈路段；能源方面，推进跨境电力与输电通道建设，积极开展区域电网升级改造合作；通信方面，共同推进跨境光缆等通信干线网络建设，规划建设洲际海底光缆项目。

【贸易畅通】解决投资贸易便利化问题，消除投资和贸易壁垒；加快边境口岸"单一窗口"建设，降低通关成本，提升通关能力；挖掘贸易新增长点，促进贸易平衡；加快投资便利化进程，消除投资壁垒；拓展相互投资领域，推动新兴产业合作；中国欢迎各国企业来华投资，鼓励本国企业参与沿线国家基础设施建设和产业投资。

【资金融通】扩大沿线国家双边本币互换、结算的范围和规模；共同推进亚洲基础设施投资银行、金砖国家开发银行筹建，有关各方就建立上海合作组织融资机构开展磋商；加快丝路基金组建运营；支持沿线国家政府和信用等级较高的企业以及金融机构在中国境内发行人民币债券；符合条件的中国境内金融机构和企业可以在境外发行人民币债券和外币债券。

【民心相通】教育文化上，中国每年向沿线国家提供 1 万个政府奖学金名额，提高沿线各国游客签证便利化水平；医疗卫生上，提高合作处理突发公共卫生事件的能力等；科技合作上，共建联合实验室（研究中心）等。

中国各地方如何发挥优势？
将福建新疆打造成"海""陆"核心区

【西北和东北地区】发挥新疆独特的区位优势和向西开放重要窗口作用，打造丝绸之路经济带核心区；打造西安内陆型改革开放新高地，加快兰州、西宁开发开放，推进宁夏内陆开放型经济试验区建设；发挥内蒙古连通俄蒙的区位优势，完善黑龙江对俄铁路通道和区域铁路网，以及黑龙江、吉林、辽宁与俄远东地区陆海联运合作，建设向北开放的重要窗口。

【西南地区】发挥广西与东盟国家陆海相邻的独特优势，形成 21 世纪海上丝绸之路与丝绸之路经济带有机衔接的重要门户；发挥云南区位优势，建设成为面向南亚、东南亚的辐射中心；推进西藏与尼泊尔等国家边境贸易和旅游文化合作。

【沿海和港澳台地区】支持福建建设 21 世纪海上丝绸之路核心区；打造粤港澳大湾区；发挥海外侨胞以及香港、澳门特别行政区独特优势作用，积极参与和助力"一带一路"建设；为台湾地区参与"一带一路"建设做出妥善安排。

【内陆地区】打造重庆西部开发开放重要支撑和成都、郑州、武汉、长沙、南昌、合肥等内陆开放型经济高地；打造"中欧班列"品牌，建设沟通境内外、连接东中西的运输通道。

"一带一路" 取得哪些成果？

已与部分国家签署相关合作备忘录

【签署合作框架】中国与部分国家签署了共建"一带一路"合作备忘录，与一些毗邻国家签署了地区合作和边境合作的备忘录以及经贸合作中长期发展规划。

【推动项目建设】中国加强与沿线有关国家的沟通磋商，推进了一批条件成熟的重点合作项目。

【完善政策措施】中国政府推动亚洲基础设施投资银行筹建，发起设立丝路基金，强化中国—欧亚经济合作基金投资功能。推动银行卡清算机构开展跨境清算业务和支付机构开展跨境支付业务。

"一带一路" 如何进一步落实？

制定时间表路线图，推进示范项目建设

【制定时间表路线图】中国愿与沿线国家一道，不断充实完善"一带一路"的合作内容和方式，共同制定时间表、路线图，积极对接沿线国家发展和区域合作规划。

【促进理解和认同】通过合作研究、论坛展会、人员培训、交流访问等多种形式，促进沿线国家对共建"一带一路"内涵、目标、任务等方面的进一步理解和认同。

【推进示范项目建设】中国愿与沿线国家一道，稳步推进示范项目建设，共同确定一批能够照顾双多边利益的项目，对各方认可、条件成熟的项目抓紧启动实施，争取早日开花结果。

原载新华网

宁夏丝路建设使命

建设丝绸之路经济带战略支点

李建华

习近平总书记提出建设丝绸之路经济带战略构想，为宁夏对外开放带来新机遇。宁夏自古就是丝绸之路上的商埠重镇，在与丝路沿线地区的交流合作方面，有区位地缘、能源资源、内陆开放和人文等优势，这些年与阿拉伯国家和世界其他地区国家的交流合作已有很好的基础。我们将按照国家战略布局，抓住机遇，发挥优势，把宁夏建成丝绸之路经济带战略支点上的重要节点。

首先要有良好的投资发展环境。我们提出要把宁夏的投资发展环境打造得在西部最优、比东部更优，使宁夏成为投资发展洼地、企业发展福地、干事创业基地。在西部最优，就是要转变政府职能，深化行政审批制度改革，简政放权，提高效能。今年全区行政审批事项再减少50%，办结时限再压缩50%。比东部更优，就是发挥宁夏人包容、热情、质朴的特点，打造诚实守信的人文环境。

内陆开放型经济试验区、银川综合保税区是宁夏对外开放的重要平台。我们将坚持先行先试、创新机制，在财税、金融、土地等方面实行特殊政策，加快推进铁路、公路、机场、信息等基础设施建设，构建试验区框架，打造国家向西开放战略高地。探索银川综合保税区"一区多园"的模式，学习上海自贸区经验，培育产业配套能力，建立贸易投资便利化工作机制，在建设丝绸之路经济带战略支点中发挥重要作用。

中阿博览会是建设丝绸之路经济带战略支点的重要载体。我们将创新办会机制，在服务国家总体外交战略的同时，探索市场化运作模式，推动中阿合作从政府主导向政府搭台、企业唱戏转变，在能源、金融、旅游等领域深度合作。坚持走出去和请进来相结合，建立全方位、多层次、宽领域的对内对外开放格局，推动丝绸之路经济带战略支点建设取得成效。

原载 2014 年 3 月 11 日《人民日报》

关于融入"一带一路"
加快开放宁夏建设的意见

(2015 年 7 月 27 日中国共产党宁夏回族自治区
第十一届委员会第六次全体会议通过)

为深入贯彻落实党的十八大和十八届二中、三中、四中全会及自治区党委十一届三次、四次、五次全会精神，主动融入"一带一路"，加快实施开放带动战略，努力构建内陆开放型经济新体制，全面推进开放富裕和谐美丽宁夏建设，提出如下意见。

一、总体要求和目标任务

1. 总体要求。对外开放是我国的基本国策，扩大开放是加快发展、强区富民的战略选择。必须以更加开放的理念和胸襟，加快开放步伐，提升开放水平，以开放促改革、促发展、促创新，才能为宁夏与全国同步建成小康社会奠定坚实基础。加快开放宁夏建设，要全面贯彻党的十八大和十八届二中、三中、四中全会精神，以邓小平理论、"三个代表"重要思想、科学发展观为指导，深入贯彻习近平总书记系列重要讲话精神，主动融入"一带一路"建设，以打造丝绸之路经济带战略支点为主攻方向，坚持扩大开放与深化改革相结合、引进来与走出去相结合、全面开放与重点突破相结合，用好内陆开放型经济试验区和中阿博览会两个"金字品牌"，进一步解放思想、创新机制、搭建平台、优化环境，着力提升对外开放水平，推动开放宁夏建设取得新突破。

2. 目标任务。全面落实宁夏内陆开放型经济试验区规划，先行先试国家深化改革重大举措、先行先试扩大开放试点政策、先行先试国际通行规则标准、先行先试促进内陆开放体制机制、先行先试"一带一路"重大项目合作方式，着力提升开放型经济产业支撑能力，着力提升基础设施互联互通能力，着力提升开放平台辐射带动能力，着力提升市场主体国际竞争能力，着力提升人文经贸互融互动能力。到 2017 年，全区进出口总额、实际利用外资、引进区外实际到位资金、对外经济合作营业额比 2013 年翻一番，到 2020 年再翻一番，开放型经济主要指标增速明显高于全国和西部平均水平，把我区打造成辐射西部、面向全国、融入全球的中阿合作先行区、内陆开放示范区、丝绸之路经济带战略支点。

二、加快培育开放经济

3. 实施"双十"产业培育工程。发挥现有产业和资源禀赋优势，充分利用国内国外"两个市场"和"两种资源"，着力打造新型煤化工、先进装备制造、清真食品和穆斯林用品、新能源、新材料、石油化工、现代纺织、生物医药、葡萄、枸杞等优势产业，延长产业链条，壮大产业规模，形成产业集群，提升国内外市场竞争力；适应现代服务业发展趋势，挖掘潜力，补齐短板，创新业态，大力培育现代物流、现代金融、信息产业、电子商务、服务外包、文化旅游、会展经济、医疗保健、通用航空、检验检测认证等服务业，带动对外产业合作，拓宽交流合作领域，扩大服务贸易规模，提升服务产业比重，以服务带动发展。通过择优培育，重点突破，推动开放型经济转型升级，到2020年，基本形成结构优化、特色鲜明、竞争优势明显的现代经济发展格局。自治区对开放宁夏建设做出突出贡献的外向型企业给予表彰和重点支持。

4. 创新产业引导方式。建立稳定的财政资金保障机制，设立自治区政府对外开放产业引导基金，利用市场化机制吸引社会资本参与，重点投向外向型产业的市场开拓、技术引进、产品研发、服务体系建设和支持企业走出去。自治区政府设立的工业、农业、服务业、科技、文化、旅游等产业引导基金，用于支持本领域开放型经济发展的比重不低于30%。各市、县（区）人民政府建立本级开放型经济发展资金财政投入机制，与自治区政府对外开放产业引导基金配套使用，实现的收益及退出资金，原则上要继续用于补充该基金，实现滚动发展。积极争取国家丝路基金支持，力争在我区设立中阿合作基金，用于基础设施、资源勘察开发、产业合作等重大项目建设。

5. 打造产业园区升级版。坚持产业园区绿色、低碳、循环发展，按照《宁夏空间发展战略规划》，强化园区整合、特色培育、产业配套和防止同质化竞争的理念，加快国家级和自治区级高新区、开发区转型升级，创建国家级外贸转型示范基地和科技兴贸出口创新基地。市、县要科学定位、分类管理、改造提升工业园区、物流园区、慈善园区的承载功能，大力发展开放型经济。实施开放强园工程，培育千亿级、百亿级、十亿级产业园区，打造一批开放型经济重点园区，发挥好开放引领示范作用。加快建设内陆开放型经济核心区，推进宁东国家能源化工基地、银川滨河新区、银川综合保税区、银川空港物流园区、纺织产业园区等深度融合发展，争取成立国家级新区。积极申建中阿自由贸易区，打造西部对外开放新高地。加快中国（吴忠）清真产业园建设，创建国家级清真食品安全综合服务示范区，推动清真食品和穆斯林用品产业规模化、集群化、国际化发展。支持冷凉蔬菜、脱水蔬菜、道地中药材等农业特色产业发展，积极扩大出口规模。加快与兰州铁路局共建现代铁路物流园。创新产业园区管理体制机制，探索委托战略投资者和跨国公司成片开发等多元化开发机制，通过直管、托管、代管和共建等模式，开发建设产业园区。扩大对内对外开放，推进与中东地区及东亚、东南亚、欧美、中亚、西亚、北非等丝路沿线国家合作，加强与京津冀、长江经济带、珠三角、港澳台合作，深化与福建、浙江、上海、山东等合作，密切能源金三角、陕甘宁革命老区、六盘山集中连片特困地区、呼包银榆毗邻城市等合作，谋划建设在空间布局、产业特色及生活配套设施等方面符合投资者意愿的中阿产业园等国别和区域合作园区，承接国内外产业转移。鼓励园区实行企业化经营管理，开发工业地产。开放型经济比重达到50%以上的园区可享受自治区给予综合保税区相关优惠政策。

三、加快建设开放通道

6. 建设陆上丝绸之路。以打通交通基础设施关键通道和关键节点为重点，实施铁路提速联通工程、高速公路贯通工程和机场枢纽畅通工程。加快建设向西开放四条通道，西北通道以推动建设乌银高速、京呼银兰客运专线、银川（中卫）至乌力吉铁路为重点，经包兰铁路和京藏高速向北至内蒙古临河，对接新亚欧大陆桥通道北线和中蒙俄通道西线，再经新疆和内蒙古口岸出境；西向通道以推动建设中卫至武威客运专线为重点，沿干武铁路和定武高速至甘肃武威，对接新亚欧大陆桥通道中线；西南通道以加快建设中卫至兰州客专及乌玛高速、青兰高速为重点，经包兰铁路和京藏高速至甘肃兰州，再经西宁、格尔木、喀什，对接中国—中亚—西亚及中巴通道；南向通道以加快建设宝中铁路增建二线及银昆高速为重点，经宝中铁路和福银高速至陕西宝鸡，连通成渝地区后经云南、广西的沿边口岸，通往南亚、东南亚。加快建设陆海联运三条通道，东北通道以推动建设东乌铁路惠农联络线为重点，通过包兰铁路和京藏高速连接华北地区及京津冀沿海港口；东向通道以推动建设太中银铁路银川（中卫）至定边增建二线为重点，经太中银铁路及青银高速、定武高速，连接山东沿海港口；东南通道以建设银川至西安、西安至百色高速和推动银川至郑州客运专线建设为重点，经西安连接华东、华南地区及东南沿海港口。加快建设区内交通网络，推进既有铁路、高速公路繁忙路段的扩能改造，打通从固原等地出省的断头公路，加快建设吴忠至中卫、银川至宁东、银川至固原等城际铁路和固原至西吉、中卫至海原等地方高速公路，构建高效、便捷、通畅、低物流成本的交通运输网络。争取开通宁夏至中亚、西亚、欧洲的国际货运班列，推动设立铁路口岸，加强与长安号、渝新欧、郑新欧和蓉欧快铁等国际货运班列的协作。通过争取中央补助资金、发行债券、PPP等融资模式，筹措交通基础设施建设资金。投资我区交通基础设施建设的企业，可享有项目沿线地产开发、经营服务项目的优先权。

7. 搭建空中丝绸之路。加快银川河东国际机场三期和综合交通枢纽建设，建立银川与国内主要城市的空中快线，支持国内航线覆盖全国省会城市、经济发达城市及重要旅游客源地城市，增加直达航线、加密航班，优化国内航线网络布局。开通直达迪拜、新加坡和马来西亚等航线，逐步扩展直通海湾六国航线，推动银川至哈萨克斯坦货运包机常态化，逐步开通面向欧洲和中东国家的货运包机。支持国内外大型航空公司、快递物流企业来宁设立分公司或运营基地，加快建设宁夏国际航空物流园，大力发展通航产业等临空经济。启动银川河东国际机场四期总规修编，促进银川空港、临空经济区与综合保税区融合发展，实现空地联运无缝对接。把银川河东国际机场打造成面向阿拉伯国家和主要穆斯林地区的门户机场、区域航空枢纽和货运集散中心。支持固原六盘山机场、中卫沙坡头机场提升改造，加快石嘴山沙湖机场前期准备工作，组建宁夏地方航空公司，逐步理顺银川河东国际机场管理体制。成立宁夏航空产业投资公司，设立航空产业发展基金，支持新开通国际航班。用好第五航权资源，探索购买或参股阿拉伯国家大型国际航空公司股权。推动境外旅客购物离境退税和国际中转旅客 72 小时过境免签政策落地。

8. 打造网上丝绸之路。制定"互联网＋"行动计划，加强与国内外大型互联网企业战略合作，加快中卫西部云基地、银川大数据基地建设，推动建设国际电信出口局，打造国际网络通道和区域信息汇集中心。建设跨境电子商务中心，对接国家"信息丝路"计划，打造中阿网上丝绸之路，形成相互承认的电子认证和云服务体系。鼓励和引导区内外电商和云计算企业在宁开展面向丝路沿线国家的跨境电子商务、云服务等业务，带动货物贸易、服务贸易快速发展。建设网上交易结算中心，加快申请本地第三方支付牌照，争取外汇支付业务资格，推动跨境电子商务外汇支付业务试点，支持跨境电商在丝路沿线国家建设海外仓和物流分拨基地。建设中阿国际航空邮包和快件分拨转运中心，建成邮件快递集散枢纽。对跨境电子商务经营主体实行备案登记管理，简化报关、检验检疫、结算和退税等相关手续。鼓励和支持企业利用跨境电商平台开展跨境电商零售进出口业务。对企业在商务部推荐的知名电商平台开展电商业务的，由自治区财政给予年费补助。

四、加快构筑开放平台

9. 提升中阿博览会国际影响力。创新中阿博览会办会机制，探索政府引导、企业为主、民间互动、市场运作的办会方式，完善会议秘书处、主宾国、主题省办会制度，发挥中阿博览会顾问委员会作用，积极承接中阿合作论坛项下的会议和活动。提升中阿博览会永久性会址功能，推动阿拉伯国家在宁夏设立领事机构和商务代表处。以中阿博览会为龙头，带动会展经济发展，引导各地市在中阿合作中突出特色优势，明确功能定位，优化产业布局，提高对外经贸文化交流合作的专业化、市场化、国际化水平。积极与丝路沿线国家缔结友好城市，推动创办沿线国家节点城市市长圆桌会议，提升中国回商大会的国际影响力。深化能源化

工、信息产业、现代农业、清真食品和穆斯林用品、装备制造、工程承包领域的交流合作，打造中阿博览会核心板块，推动中阿商品贸易、服务贸易、金融投资、技术合作、文化旅游向纵深发展。加快建设中阿产业园、中阿文化园、中阿商贸园、中阿科技园、中阿信息港等，把中阿博览会办成中阿高层对话、政策沟通、经贸合作、人文交流的战略平台。

10. 提升银川综合保税区开放引领作用。完善银川综合保税区管理体制，扩展综合保税区功能，重点发展保税加工、保税物流、保税服务，鼓励开展研发、配送、采购、结算、融资租赁、境内外维修、跨境电商、转口贸易等业务，培育葡萄酒、现代纺织、清真食品和穆斯林用品、黄金珠宝、生物医药、保税物流等一批产业特色突出、出口规模较大、外向度较高的骨干企业。加快建设进境肉类指定口岸和进境水果/种苗口岸，提高进口牛羊肉保税加工和物流分拨能力，尽快建成国内最大的进口清真牛羊肉加工基地。完善海关、检验检疫监管场所配套设施，统筹规划建设综合保税区配套产业区。根据需要逐步在自治区内增设保税监管区域和场所，增强综合保税区辐射功能。

11. 提升口岸通关服务能力。在银川综合保税区、惠农陆路口岸、中宁陆路口岸等有条件的口岸率先建立宁夏电子口岸平台，实行海关申报、检验检疫、征税退税、外汇结算、物流管理等业务"一站式"办理。实施通关一体化改革，推动口岸管理相关部门各作业系统横向互联，实现口岸管理相关部门信息互换、监管互认、执法互助。加快海关特殊监管区域和场所整合优化，推动申请药品、水产品、粮食和整车进口等指定口岸，丰富银川综合保税区进出口商品类型，争取在固原六盘山机场、中卫沙坡头机场设立航空口岸。鼓励社会资本参与口岸基础设施、仓储物流、信息服务等项目投资和经营。引进航运公司、沿海港口、出口货物代理公司和物流公司与口岸开展协作，提高口岸通行效率，降低通关和航运成本。对区内各口岸作业的集装箱运输车辆免除自治区内过路过桥费。

五、加快引进来走出去

12. 加大招商引资力度。实施引进央企入宁、民企入宁、外企入宁行动计划，开展建链、补链、延链、强链集群式招商。对新落户区内的外向型科技企业，拥有自主知识产权、创新能力强、成长性好、符合自治区产业技术发展方向的，经认定后由自治区政府给予研发支持。对在宁投资新办且从事国家不限制或鼓励发展的产业，企业自用土地的城镇土地使用税和自用房产的房产税实行"三免三减半"优惠。符合西部大开发税收优惠政策的企业，除减按15%税率征收企业所得税外，从其取得第一笔生产经营收入所属纳税年度起，第1至第3年免征企业所得税地方分享部分，第4至第6年减半征收企业所得税地方分享部分。对自治区开放型经济重点项目建设用地指标，由自治区"点供"保障，使用自治区级年度计划指标，因季节原因有工期要求急需开工的控制性单体工程项目，按有关规定给予办理先行用地。土地审批时不再将地质灾害危险性评估作为前置条件。对进入产业园区项目的灾评、环评、安评、震评等共性评估，由园区统一组织实施，费用由园区所在地政府承担，不再对单个项目审核审批。在产业园区内，符合规划、不改变用途的原有低效工业用地改造提高容积率的，不再增收土地出让价款。国内外大型企业在我区设立总部，按照实际到位注册资本金情况适当给予开办费补助。鼓励企业按照国家有关政策建设热电机组，在发电计划等方面予以倾斜，优先支持符合产业政策和节能减排要求的企业参与电力直接交易，降低用电成本。推进电力体制改革，探索工业园区微电网自供模式，鼓励民营资本参与售电侧经营。加强和规范自备电厂监管，企业自备电厂不以企业总需电量收取电费，备用费标准按照合理补偿的原则确定。在全区城乡实行各类用电同网同价，执行同一电价标准、同一电价制度。

13. 加大企业走出去力度。发挥企业主体作用，创新对外投资合作方式，鼓励我区优势企业和产业园区通过企业自建、园区合建等方式，在哈萨克斯坦、沙特阿拉伯、巴基斯坦、毛里塔尼亚、约旦、阿曼、阿联酋等丝路沿线国家建设境外产业园区和经贸合作区，带动我区发电与输变电、水利工程建设、冶金化工、建筑建材、装备制造、农副产品加工、现代农业、防沙治沙等优势产业和先进技术走出去。支持区内国有大中型企业和有实力的民营企业率先走出去，与央企合作走出去，带动各类中小企业联合走出去，在全球范围内配置资源、开拓市场、拓展企业发展新空间。对企业在境外开展绿地投资、资源开发、跨境并购、营销网络等项目，按中方当年投资额给予补助，支持企业在境外新设宁夏名优产品、特色农产品销售窗口。对并购国外高新技术企业，以控股方式获取国外先进技术并将先进设备运回国内的企业，依据国家税收优惠政策减免进口设备关税。完善"走出去"服务体系，建立对外合作投资信息服务平台，为企业提供国外市场、项目、投资环境等信息咨询，对自治区确定的重点"走出去"项目前期商务咨询、资产评估、信用评级、法律服务等，采用政府购买服务方式给予支持。设立宁夏外经贸企业担保公司，引进中国进出口银行和中国出口信用保险公司来宁设立省级分支机构，为企业提供项目融资、并购贷款、内保外贷、出口信用保险等融资服务，鼓励并支持区内担保公司开展对进出口企业融资担保业务。鼓励并支持在宁夏注册的企业，在出口产品、境外投资、对外经济技术合作、工程承包和劳务输出等方面投保出口信用保险和人身意外伤害保险。

六、加快推进人文交流

14. 深化科技和人才交流合作。大力培育国家重点（工程）实验室、工程（技术）研究中心、企业技术中心等各类科技创新平台，建设产业化示范基地、

科技转化服务示范基地和科技创新改革试验区。积极争取国家有关部委支持，成立中国—阿拉伯国家科技合作与技术转移促进会，加快建设中国—阿拉伯国家技术转移中心和分中心，实施中阿科技伙伴计划，加快建设宁夏国际科教城。搭建国内科研机构、大专院校、企业与丝路沿线及阿拉伯国家开展科技合作、成果展示、技术转移、技术贸易、科技培训、人才交流的国家级平台，共建共享中阿研究院、重点研究实验室、工程（技术）研究中心、信息交流平台、科技示范园区等。对设立国家重点（工程）实验室、国家工程（技术）研究中心的企业，建立政府补助长效机制。坚持海外引才和国内引才并重，加大招才引智力度，健全科技、管理、贸易、法律、经济等各类人才引进机制，为各类人才提供"一站式"服务。完善外国人永久居留制度。落实自治区出台的促进人才发展有关政策，探索建立"柔性引进，刚性干事"的人才引进办法，加快引进一批熟悉外经外贸、精通国际规则、适应国际市场竞争的开放型人才，努力打造西部人才高地。根据产业升级需要，通过项目引进和培育科技创新团队。积极探索职业资格国际、地区间互认。实施"外语＋"复合型人才回乡创业"千百十"行动计划，比照小额担保贷款政策，自治区财政每年安排 1000 万元创业基金，通过贷款贴息支持 100 名"外语＋"复合型人才回乡创业，形成 10 个以上业绩突出、带动力强的外向型创新企业。实施"大众创业、万众创新"带头人行动，深化科技特派员、农村科技创新创业工作，支持事业单位、科技人员开展创新创业活动，对创办的科技合作实体，凡被认定为高新技术企业的，除减按 15% 税率征收所得税外，对所得税地方分享部分给予"三免三减半"优惠。被认定为自治区科技型中小企业，自治区科技计划给予重点支持。加快构建以众创空间为载体，适应大众创新创业需求和特点的新型创业服务平台，鼓励各类创新主体兴办线上与线下、孵化与投资相结合的新型孵化机构。对高校、科研院所等事业单位专业技术人员，自主离岗创业的，经原单位批准，可在 3 年内保留人事关系，与原单位其他在岗人员同等享有参加职称评定、岗位等级晋升和社会保险等方面的权利。在改革期间，对工作年限满 30 年，距国家规定退休年龄不足 5 年且工作年限满 20 年的，按国家和自治区有关规定，经本人提出申请，单位同意后，可以办理提前退休进行创业。

15. 深化教育和卫生交流合作。实施高等院校"国际化提升工程"，支持高等院校与国外大学开展科学技术交流合作研究、学术交流、合作办学和人才联合培养，扩大高校互派留学生的规模，加强与阿拉伯国家和世界穆斯林地区高校的合作，办好中阿大学校长论坛，建设中阿国际学院、中阿科技大学、宁夏大学亚马逊云计算学院等，办好宁夏大学、北方民族大学阿语学院，打造对外科教交流新基地。支持职业教育发展，完善职业教育园区功能，大力培养实用人才，加快服务贸易人才、高技能人才培养基地建设。加大阿语人才培养力度，开展阿语水平等级和对阿专业技能人才职业技能鉴定，打造国内一流的阿语复合型国际化人才培养基地。支持共青团、妇联、工会等群团组织扩大对外交流。加强大学生创新思维和开放式教育，组织区内中小学与国外学校开展双向夏令营活动。设立教育交流合作经费，纳入自治区高等教育专项统筹。力争把我区打造成人才培养优质资源集聚区和中阿人文交流合作示范区。加强中阿经贸合作战略研究，整合各类研究机构资源，开展与阿智库合作，打造国内外有重要影响力的对阿研究高端智库。建立中阿医疗健康合作发展联盟，鼓励中外医疗机构之间开展医学教育、人才交流、技术合作、远程医疗。引进国内外大型医疗机构和投资者来宁兴办医疗保健机构，支持自治区级医院和保健机构率先开展医疗卫生、健康养生、回医回药等领域的对外交流合作，加快宁夏国际医疗城建设。鼓励国内外医疗卫生、健康养生、养老服务等执业人员来宁开展相关业务。与"一带一路"沿线国家和阿盟国家加强医疗合作，力争把我区打造成主要面向阿拉伯国家的国际健康养生港湾。

16. 深化文化和旅游交流合作。发挥我区人文资源优势，积极参与"一带一路"国际文化交流合作，鼓励民间友好往来，推动中国文化和宁夏地域特色文化走出去。参与承接中阿友好年、文化年等系列活动，举办中阿文化艺术展示周，利用国际平台传递宁夏声音。实施"丝绸之路影视桥工程"和"丝路书香工程"，加强与丝路沿线国家和阿拉伯国家的广播电影电视、新闻通讯、报纸杂志、图书出版、互联网、电子竞技、体育赛事等领域合作，促进传统媒体与新媒体融合发展，支持文化产品走出去，深化沿线国家和阿拉伯国家与我区的相互了解和信任，促进双边、多边服务贸易发展。办好中阿旅行商大会，深化与重点境外旅游客源地合作，引进外资开发建设旅游资源，整合旅游资源和品牌，与沿线国家联合打造具有丝绸之路特色的国际精品旅游线路和旅游产品，把我区打造成独具特色的中阿旅游中转港和国际旅游目的地。

七、加快优化开放环境

17. 推动投资服务便利化。加快建立"三个清单"制度。坚持法无授权不可为，加快推行政府权力清单；坚持法定职责必须为，加快推行权力运行责任清单；坚持法无禁止即可为，加快建立行政审批负面清单。创新利用外资管理体制，最大限度放宽投资准入，建立外商投资企业网上联合年检、信息报告和信息公示制度，加强外商投资项目跟踪服务，扩大外商投资规模，提高外资引进质量。在涉外服务场所提供国际通信、外文报刊、电视国际频道等服务，优化外商服务环境。推进行政审批制度改革和标准化建设。凡属自治区主管部门核准或备案的企业投资项目和前置审批原则上一律下放到市、县（区），全面清理非行政

许可审批事项，自治区不再保留该类审批，除国家和自治区批准以外的政府性基金和行政事业性收费一律取消，收费标准有上下限的一律按下限收费。加快建设宁夏"政务云"等平台，推动审批服务事项网上办理，全面建设和应用行政权力电子监察系统，强化执纪监督问责，建立事中事后监管制度，确保权力规范运行。以建设项目"多规合一"、企业设立"三证合一""一照一码"为重点，优化并联审批流程，减少申报材料、精简审批环节、压缩办理时限、提高审批效率。加强法治建设，规范行政执法，规范服务管理，规范市场秩序，净化市场环境，依法保护投资者特别是区外境外来宁投资客商的合法权益，严厉打击破坏市场经济秩序的行为。加大环境保护执法力度，完善生态环境监管体系。大力培育法律、咨询、评估等涉外中介服务市场主体，对在我区开办 1 年以上，实际发挥作用的涉外中介机构给予奖励。充分运用民族自治地方的立法权，适时制定促进开放发展的地方性法规，加大知识产权保护力度。建立政府言而有信、企业有诺必信、个人诚实守信的社会诚信体系，营造统一开放、公平竞争、诚实守信、有效监管的法治化、国际化营商环境。

18. 推动贸易服务便利化。加快外贸出口基地建设，培育清真食品和穆斯林用品、葡萄酒、枸杞、生物医药、羊绒服装、供港蔬菜、碳基材料、装备制造、有色金属新材料等出口产品基地。对海关、检验检疫认定的 A 类以上外贸企业实施优先办理货物申报、查验和放行等便捷通关措施。对自治区重点建设项目、特殊进出口货物开辟"绿色通道"或专门窗口办理通关手续。对诚信度高、质量稳定、进出口低风险产品的企业，实施直通放行制度。积极建立国际认可的产品检测和认证体系，提高宁夏"清真认证"的国际化水平，加快推进与重点出口市场检验体系和证书互认，提升国际贸易规则中宁夏话语权。积极争取试点国际贸易"单一窗口"管理模式，加快贸易促进平台建设，推动银川综合保税区与迪拜杰贝·阿里自贸区跨境电子商务平台深度合作，争取迪拜杰贝·阿里自贸区在银川综合保税区设立前置检验检疫和标准化认证机构，打造中阿贸易通关最便利的商品集散中心。发挥国内外知名度高、影响力高、专业性强的会展、商业协会、行业协会作用。完善自治区质量奖励制度，建立自治区级品牌推广中心，培育拥有核心技术的区域性、行业性、国际性产品品牌。建立开放型经济综合服务体系，完善出口产品售后服务标准，鼓励企业培育研发服务、技术转移等服务业新业态，延伸产品售前售后增值服务。加强贸易摩擦预警信息公共服务，积极提供法律技术咨询和服务，指导相关行业和企业应对贸易摩擦和投资风险。

19. 推动金融服务便利化。进一步放开市场准入，支持境内外金融机构在我区设立分支机构，引进境内外战略投资者参股（合作）地方银行、股权（产业）投资基金、金融租赁、消费金融、期货等机构。鼓励我区金融机构积极开展对阿金融合作，力争建立中阿贸易人民币结算中心。扩大人民币跨境结算参与企业范围，简化跨境贸易和投资人民币结算业务流程。支持浦发银行等金融机构拓展离岸金融创新业务。鼓励发展互联网金融和第三方支付业务。探索宁夏与亚洲基础设施投资银行和丝路基金的对接机制。鼓励企业在境内外发行债券，对在境内外资本市场挂牌、上市的企业给予奖励。对从事符合国家产业结构调整指导目录中鼓励类列举的金融服务项目，实行一次性审核、一揽子申报、快捷办理兑现西部大开发税收优惠政策的制度。对未列入指导目录的金融服务项目，争取列入国家指导目录。激发金融业创新潜力和创新动力，对新设立的银行、证券、保险、信托、期货、财务、金融租赁、融资租赁、消费金融、资产管理、第三方支付、小额贷款、融资性担保以及股权投资类企业等现代金融服务企业，从取得第一笔收入纳税年度起，免征企业所得税地方分享部分5年。

20. 加强组织领导。各级党委、政府要从全局和战略高度，加强对开放宁夏建设工作的领导。自治区成立开放宁夏建设领导小组，统筹制定扩大开放政策措施，研究决定重大开放事项，完善管理体制，建立工作机制，强化督促检查，形成统一规划、统一推进开放宁夏建设的合力。加强党风廉政建设和干部教育培训力度，培养、选拔、使用一支视野开阔、勇于创新、适应开放型经济发展的"内外兼修"的干部队伍。开放宁夏建设工作作为自治区效能考核和各级领导班子考评的重要内容，对不作为乱作为加大问责力度。各地各部门要以改革创新的精神、开放包容的胸襟、求真务实的作风，坚定信心，主动作为，制定实施细则，落实工作责任，精心组织实施。加大宣传力度，在全社会营造支持开放、参与开放、投身开放的浓厚氛围，推动对外开放取得新突破，不断开创我区开放发展的新局面。

主动融入"一带一路" 加快开放宁夏建设

（在自治区党委十一届六次全体会议上的讲话）

李建华

开放是强国之策、发展之要、富民之路。习近平总书记指出，改革开放是当代中国发展进步的活力之源，是决定当代中国命运的关键一招。自治区党委十一届三次全会提出建设"四个宁夏"，把开放宁夏放在首位，目的是顺应国际国内大环境大趋势，结合宁夏实际，加快改革开放，在新的起点上谋求更大发展。我们这次全会的主要任务，就是要认真学习贯彻习近平总书记系列重要讲话精神，

认真贯彻落实中央"一带一路"战略部署，总结成绩，分析形势，明确任务，研究部署开放宁夏建设。

扩大开放是我国繁荣富强的一条重要经验，也是宁夏这些年蓬勃发展的强大动力。改革开放37年来，我国经济总量从3645亿元增长到63.6万亿元，跃居世界第二位，综合国力大幅提升，国际地位显著提高，城乡面貌发生了翻天覆地的变化。自治区历届党委、政府顺应开放发展的时代潮流，把宁夏的发展融入全国开放大格局，坚定不移实施开放带动战略，全区扩大开放取得了显著成绩。一是初步形成了开放格局。积极推进全方位对内对外开放，与130多个国家和地区开展经贸文化交流合作，特别是与阿拉伯国家和世界穆斯林地区的合作交流不断深化，与38个国家的51个地方政府建立国际友城关系；先后与30多个国家部委建立部区合作关系，与9个省区市建立区域合作关系，其中与7个省区市签订了合作框架协议，初步构建了多层次、宽领域的开放发展格局。二是提升了开放型经济水平。坚持引进来与走出去并重，内引外联，靠大做强，近5年全区外贸进出口总额年均增长35.2%，去年达到54.4亿美元。加大引资引企力度，与神华、中石化、港中旅、中民投、阿里巴巴等70家国内大型央企民企开展战略合作，近5年累计引进投资1200亿元；引进美国亚马逊、阿联酋皇家投资局、台湾旺旺集团等50个国家和地区的880家境外企业来宁，累计投资总额104亿美元。积极主动走出去，中银绒业、塞外香、宝塔石化等企业在30个国家和地区设立了74家境外企业，其中26家设在"一带一路"沿线国家，全区对外直接投资累计达到13.2亿美元，今年上半年达到7.9亿美元，超过前5年总和。三是建设了一批开放载体。成功举办3届中阿经贸论坛和首届中阿博览会，在国家向西开放中的平台作用日益凸显；争取国家批准设立内陆开放型经济试验区和银川综合保税区，试验区争取24个国家部委出台66项支持政策，综保区引进外向型企业108家，实现与京津沪深口岸便捷通关；宁东基地正在崛起，吸引79家区外企业投资发展；银川高新技术开发区等5个国家级园区、16个自治区级园区聚集了一批高端产业，创造了全区70%左右的产值；银川空港物流中心、惠农陆路口岸、中宁陆路口岸建成并逐步发挥作用。四是着力营造开放的环境。积极推进陆上、空中、网上丝绸之路建设，加强铁路、公路、航空、信息等基础设施建设，中卫云基地、银川大数据中心加快建设，城市文明程度和国际化水平不断提升，"两优"投资发展环境不断优化，行政审批制度改革不断深化，民族团结、环境优美"两张名片"的吸引力越来越强。这些成绩，是在中央开放政策引领下取得的，是在国家及各方面支持下取得的，也是全区上下一步一步艰苦努力取得的。实践证明，我区只要主动作为、持续努力，就能逐步走出一条开放发展的好路子。

扩大开放是落实"四个全面"战略布局的重大举措，也是我们宁夏走向全国面向世界的必然选择。我们要深刻认识到，以习近平同志为总书记的党中央提出"四个全面"战略布局，确立了新形势下党和国家各项工作的战略方向、重点领域、主攻目标，大力实施"一带一路"战略，并制定战略规划，这是中央统筹国际国内两个大局做出的重大战略决策，对于开创我国全方位对外开放新格局，具有划时代的重大意义。当代中国的快速发展，靠的是改革开放；未来中国的持续健康发展，需要继续推进改革开放。深化改革、扩大开放，是当代中国最鲜明的特点，是实现中华民族伟大复兴中国梦的必由之路，也是我们宁夏与全国同步进入全面小康社会的必然选择。面对改革开放的大潮，任何地区、任何人都不可能置身事外。能不能在新一轮对外开放中抓住机遇、迎头赶上，事关宁夏未来，事关群众福祉，事关全面小康目标的实现。我们要清醒地认识到，我区是西部地区、民族地区、欠发达省区，基础弱、条件差，水和交通等制约发展的瓶颈问题依然突出，发展中缺资金、缺项目、缺技术、缺人才，发展不足是我们最大的区情，当前我区正处于科学发展、转型发展爬坡过坎的关键时期，经济下行压力大，结构调整的矛盾突出。解决这些问题，必须扩大开放，加强对外交流合作，形成后发优势。我们更要认识到，中央提出"一带一路"战略，沿线国家积极响应，国内省区迅速行动，都在抢抓机遇。我区的改革开放虽然取得了一定的成效，但与发达地区甚至与西部地区比较，对外开放层次还比较低、面还比较窄，外向型经济规模小、龙头企业少、带动力不强，走出去的能力弱，去年全区进出口总额334亿元，仅占全国的0.13%，居全国各省区市第29位、西部12省区第10位；开放的体制机制不活，市场发育程度低，政策吸引力不强，简政放权还不到位，一些平台和园区的作用发挥还不够，一些交流合作花开得好、果结得不多；一些干部的思想观念与日益发展变化的新形势还不适应，有的领导干部面对发展、面对经济下行压力和各种问题，眼界不宽、办法不多，甚至瞻前顾后、故步自封。我们各级领导干部只有正视问题、正视差距，奋力追赶、奋力跨越，紧跟新一轮扩大开放的潮流，我们宁夏才有希望。

　　"一带一路"建设为内陆省区由开放腹地走向前沿提供了有利契机，当前和今后一个时期，加快开放宁夏建设的总体要求是：全面贯彻党的十八大和十八届二中、三中、四中全会精神，以邓小平理论、"三个代表"重要思想、科学发展观为指导，深入贯彻习近平总书记系列重要讲话精神，主动融入"一带一路"建设，以打造丝绸之路经济带战略支点为主攻方向，坚持扩大开放与深化改革相结合、引进来与走出去相结合、全面开放与重点突破相结合，用好内陆开放型经济试验区和中阿博览会两个"金字品牌"，进一步解放思想、创新机制、搭建平台、优化环境，着力提升开放发展水平，推动开放宁夏建设取得新突破。主要目

标是：开放型经济主要指标增速明显高于全国和西部平均水平；到2020年，全区进出口总额、实际利用外资、引进区外实际到位资金、对外经济合作营业额比2013年翻两番；通过5~10年的努力，把我区打造成中阿合作的先行区、内陆开放的示范区、丝绸之路经济带的战略支点。

围绕实现这一目标任务，下面，我代表自治区党委常委会，就加快开放宁夏建设讲几点意见：

一、进一步解放思想，开阔眼界开阔思路开阔胸襟

解放思想是扩大开放的总开关。解放思想的程度决定改革开放的程度，改革开放的程度决定经济社会发展的程度。我区与发达地区的差距，表面上看是经济发展水平的差距，实质上是思想观念和开放水平的差距。建设开放宁夏，关键在解放思想。

我们讲解放思想，必须有开阔的眼界。眼界开阔，才能站得高、看得远。现在，我们的干部工作很勤奋、干事很努力，但有的缺乏战略眼光、全球视野和长远考虑，思维模式固化，谋发展、搞开放跳不出自己的一亩三分地，跳不出已有的条条框框；有的认为我们内陆省区不沿边、不靠海，搞开放没有条件，没有好的路子和办法，对发展缺乏信心；有的喜欢自己跟自己比、跟过去比，小富即安、小成即满，取得一点成绩就沾沾自喜、自我陶醉、裹足不前。各级领导干部要加强学习，学习中央的方针政策，学习新的知识，还要多出去走一走看一看，学习先进的理念和先进的经验，进一步开阔眼界。开阔眼界的核心是要有开放的理念、全球的视野、长远的眼光。开放的理念，就是要打破惯性思维，破除以资源禀赋和区位条件论开放的思想，敢于走出去请进来，寻求市场、开拓市场。就是要追求卓越，向国内乃至世界最高水平看齐，朝着开放发展的前沿迈进，积极承接国际国内高水平、大规模的产业转移，提高我区的开放发展水平。全球的视野，就是要准确把握国际国内发展的形势，深入分析我们面临的发展环境和自身优势、劣势，跳出宁夏看宁夏，把宁夏的发展放在全球的发展中去定位，放在国家新一轮对外开放格局中去定位，放在"一带一路"战略中去定位，以中阿合作为突破口，以引进国内外先进技术为龙头，以优势产业走出去为引领，从而进一步明确我们扩大开放的方向和目标。长远的眼光，就是要增强预见性、前瞻性，跳出一时一地的局限，能够把握住未来发展的走势，深谋远虑。我们制定规划，包括"十三五"规划、推进丝绸之路经济带建设的规划，就要考虑今后5年乃至10年、20年的事情；推动发展，既要考虑当前的下行压力，但也不能牺牲资源环境，要为子孙后代留下生存和发展的空间；举办中阿博览会，要考虑长远的合作发展，既要面向阿拉伯国家和穆斯林地区，也要面向世界其他国家和地区，包括为国内各省区、港澳台地区及大企业搭建平台。

我们讲解放思想，必须有开阔的胸襟。海纳百川、有容乃大，胸怀有多广，舞台就有多宽，事业就有多大。比如，在招商引资上，我们有的干部又想让别人投资，又怕别人赚钱；有的干部一涉及本地本部门和自身的利益，就紧紧捂着口袋不松手，不讲大局，各自为政，表面上拥护改革、支持开放，实际上敷衍应付，甚至人为设置障碍。又比如，在推进国企改革重组过程中，有的干部对自己的资源看得很重，不敢合作、不愿合作、也不善于合作，怕别人进来抢了自己的饭碗，习惯于过自己的"小日子"，宁当鸡头不当凤尾，缺乏联合做大做强的魄力和胸襟。这些问题，各级领导干部和国有企业负责同志都要思考、反思。开阔胸襟最核心的就是要树立市场经济的理念，按照市场经济规律办事，市场规律就是价值规律，就是要让投资者得到回报，让合作者得到利益。因此，我们各级领导干部要敞开合作的胸怀，树立先予后取的观念，还要有放水养鱼的韬略。敞开合作的胸怀，就是要有互利共赢的意识，有开放开明的心态，克服"肥水不流外人田"的心理，树立你发财我发展的理念，舍得拿出我们的优质资源、优质项目、先进技术与人合作，既为自身的发展着想，也替客商的发展考虑，客商是来投资兴业、赚钱盈利的，这一点我们一定要有清醒的认识。对于高科技人才、技术人才，要允许技术、智力入股，鼓励创新创业，允许犯错，包容个性，给他们施展才华的舞台。先予后取的观念，就是要有培育市场、培育产业、培育园区、培育企业、培育人才的理念，培育需要一个过程，决不能急于求成、杀鸡取卵。培育期间要舍得投入，算大账、算长远账。我区建设空港物流中心，就要从加密航线、增加航班开始，坚持不懈、一步一步去做，用5～10年乃至20年的时间去培育，就能建成一个国际性的大机场，建成真正的空港物流中心。放水养鱼的韬略，就是要对企业放开搞活、积极支持。小河有水大河满，我们绝大多数的企业是有社会责任感的，只有千方百计替企业着想、为企业服务，帮助企业做大做强，税收自然就有了，政府的日子就好过了。因此，在国家大政策允许下，我们对在宁投资的企业可以考虑给予减税或先收后奖的优惠政策，对新落户区内的科技型企业要给予研发补助，对新设立的金融服务企业可以考虑免征5年企业所得税地方分享部分，对跨境电子商务经营主体要简化报关、检验检疫、结算和退税等相关手续。企业走出去面临的困难多、风险大，企业要努力，政府也要主动作为，多提供帮助和服务，给予补助、奖励、减免关税、贷款贴息等扶持政策，对走出去创业的个人也要给予扶持。现在我区有些企业困难比较大，要帮助解决融资等方面的问题，只要政府帮一把，过了这个坎，企业发展就会"柳暗花明又一村"。

　　我们讲解放思想，必须有开阔的思路。思路决定出路，有好的思路才有好的出路。现在，我们有的干部不主动去谋划发展的路子，找开放的突破口，习惯于靠转移支付、财政补贴过日子，习惯于用现成的项目和资金，不会用鼓励性、创新性的政策招商引资，推动经济发展。这次全会将要审议通过的《关于融入"一带一路"、加快开放宁夏建设的意见》共 20 条内容，有许多含金量高的政策，集中了我区党内外、上上下下、方方面面的意见建议，既有原则、目标，也提出了一系列新思路。贯彻落实好《意见》精神，就是要在《宁夏空间发展战略规划》的引领下，全面落实 1 个规划，即落实内陆开放型经济试验区规划，充分用好试验区这块"金字品牌"，选准突破口，探索创新，真正抓几件实事。要在 5 个方面先行先试，即先行先试国家深化改革重大举措、扩大开放试点政策、国际通行规则标准、促进内陆开放体制机制、"一带一路"重大项目合作方式。事业是干出来的，开放的路子是闯出来的，要坚持法无禁止即可为，对认准的事先干起来，大胆地闯、大胆地试。要在 6 个方面加快推进，坚持问题导向，研究制定推进开放发展的各项政策措施，加快培育开放经济，加快建设开放通道，加快构建开放平台，加快引进来走出去，加快推进人文交流，加快优化开放环境。要努力实现 5 个提升，通过全区上下、各条战线、各个领域的共同努力，一步一步做起、一件一件抓起，持续用力、久久为功，不断提升开放型产业支撑能力，提升基础设施互联互通能力，提升开放平台辐射带动能力，提升市场主体国际竞争能力，提升人文经贸互融互动能力，努力实现开放宁夏建设的各项目标任务。

二、坚持改革创新，着力构建开放型经济新机制

发展开放型经济，离不开科学的制度安排，离不开顺畅有序的体制机制保障。当前我国对外开放正处于政策性开放向体制性开放转变的新阶段，中央最近出台了《关于构建开放型经济新体制的若干意见》，我们要抓住这一机遇，深化改革，创新突破，着力构建适应开放型经济发展的体制机制。

要加快建立现代市场机制。党的十八届三中全会明确提出，要充分发挥市场在资源配置中的决定性作用，更好发挥政府作用。实践证明，凡是市场作用发挥比较好的领域，资源配置效率就高，经济发展就充满活力；市场作用受到限制的领域，对资源的吸引力明显偏低，经济发展就是一潭死水。

我区开放型经济发展层次低、水平不高，一个重要原因就是政府对微观经济干预过多，包打天下，管了许多不该管、管不了、也管不好的事情，过多地把时间和精力放在行政审批上，市场监管、社会管理、公共服务方面有的缺位、有的失位。同时，市场主体的作用远远没有发挥出来，大企业大集团少，企业与市场融合度不够，遇事找市长、不愿也不会找市场，有些企业长期依赖政府庇护，只想着要政策、要项目、要资金，不想闯市场，成了温室里的花朵，经不起风吹雨打，难以做大做强。有的干部有开放的愿望和热情，但就是缺乏好的思路，思维放不开，想不出好办法，凡事等着中央和自治区给政策、给说法，凡事都找惯例、找先例，循规蹈矩，亦步亦趋。开放的力量从根本上源于市场的力量，必须遵循市场规律，正确处理市场和政府的关系，注重用市场的手段推进发展。要加快培育现代市场体系，坚持小省区也要建大市场，破除地方保护主义，清除妨碍市场公平竞争的各种规定，让资源、资金、劳动力等生产要素自由流动，推动形成更加开放、更有效率、更富活力的开放型市场体系。要理清市场与政府的边界，凡是市场和企业能够解决的，都交给市场和企业，最大限度地给市场放权、给企业松绑。更好发挥政府的管理服务职能，把工作重点放在市场监管、政策引导、服务保障上，善于运用财税、金融杠杆，加强对经济的调节，提高驾驭市场经济的能力。要培育壮大市场主体，加快煤炭、电力、农垦、建筑等国有企业改革步伐，年内完成厅局所属企业脱钩改革，支持民营经济参与国企改革重组，鼓励企业在市场上找资金、找技术、找项目，不断发展壮大、强筋壮骨。无论是国企还是民企，既要在宁夏本土发展，也要大胆地到区外境外寻找市场、拓展空间，提升市场竞争力，实现更大发展。

要加快建立政策创新机制。扩大开放，要有含金量高的政策支持。中央在推进对外开放方面，出台了一系列政策措施，但有的我们并没有落实到位，有的还没有用足用活，有的没有根据国家宏观政策和形势发展变化及时调整，有的上下衔接不够、左右协同不够，缺乏配套措施。要加强政策储备，对中央支持宁夏经济社会发展、内陆开放型经济试验区建设和"一带一路"建设等一系列优惠政策，以及国家有关部委出台的配套政策，要继续对接，争取出台新的接续政策；对自治区出台的扩大开放、支持企业发展的政策，要根据形势变化，及时调整、清理和完善，有些政策要提前研究、提前储备、预留空间。自治区政策研究部门、综合经济部门要认真梳理中央及有关部委的支持政策，研究提出我区需要配套的政策，特别是对一些关联度高的政策要搞好配套衔接，打好"组合拳"。要推进政策创新，在制定好普惠性政策的同时，抓好重点领域、关键环节的政策创新，建立重大政策评估制度，特别是在中阿合作、"两区"建设方面，只要不违背上位法，都可以探索出台一些前瞻性、差异化的政策，增强政策的针对性。要抓好政策落实，无论是中央的政策还是自治区的政策，都要加强督查、跟踪问效，对那些搞选择性执行、落实政策缩水走样、甚至截留政策的，要严肃问责追究，该通报的通报，该处理的处理，打通政策落实的"最后一公里"。

要加快建立对外合作机制。扩大开放，就要建立常态化的合作机制。这些年，我区与国家有关部委、兄弟省区、知名企业，以及境外有关国家和地区建立了一些合作机制，有些机制坚持得好、效果也好。闽宁协作机制，创造了东西合作的成功经验；与科技部的部区合作，已签订了第二轮合作协议；与神华、中石化等企业的合作不断深化，效果明显；与天津、内蒙古、甘肃等省区的合作正在

558

推进。但有些机制只是初步的，有的只是签了合作协议，没有实质性的进展。要完善部区合作机制，主动加强与国家有关部委的对接，定期召开部区会商会议，落实好已经签订的合作协议，推动政策落实和项目落地，并争取与更多的部委建立合作机制，获得更大的支持。要创新区域合作机制，坚持优势互补、互利互惠，加强与兄弟省区的高层互访，加强与京津冀、长江经济带、珠三角的合作，密切能源金三角、陕甘宁边区、六盘山特困区、呼包银榆毗邻城市的合作，加强基础设施、产业和市场的对接，实现政策共享、资源共享、信息共享，促进区域协同开发开放。要拓展与知名企业的合作，已建立合作关系的要进一步巩固拓展，还没有合作关系的要积极牵线搭桥，争取有合作项目，特别是要紧盯世界500强、国内500强、民企500强，能合作的合作，能引进的引进，能借力走出去的借力走出去。要探索建立境外合作交流机制，抓住国家实施"一带一路"战略的重大机遇，运用好中阿博览会这个平台，加强与丝路沿线国家和地区的交流合作，进一步拓展与中东、东亚、东南亚、欧美、中亚、西亚、北非及港澳台的合作，积极参加亚欧博览会、东盟博览会，广泛参与国内外经贸交流合作，既要在经贸上开展合作，也要在教育、科技、文化、卫生等各个领域开展合作，力争取得实质性进展。

要加快建立多元投资机制。投资是开放发展的最强动力，招商引资仍然是扩大开放的落脚点和重要任务，要通过实施一系列开放政策和措施，最大限度激发各类投资主体的活力，把民间资本、外来资本、国有资本的作用发挥好。2014年，我区民间投资占全社会投资的55.9%，比全国低近10个百分点，实际利用外资规模仅占全社会投资的0.27%。要提高利用外资水平，重点是依托煤化工、装备制造、高新技术、现代农业、现代纺织和清真食品产业，吸引国外资本以兼并重组、参股控股、独资经营等方式来我区投资，特别是要把引进外资与引进先进技术、管理经验和境外智力结合起来，放大外资的溢出效应。要扩大民间投资规模，坚决消除各种隐性壁垒，鼓励区内外民间资本进入法律法规未明确禁止准入的领域，投向重大产业项目、企业技改项目，通过BOT、PPP等方式参与重大公共基础设施项目建设，不断提高民间投资比重。要发挥政府投资引导作用，通过产业基金引领、投资补助、担保补贴、贷款贴息等方式，引导和带动民间投资和外商投资，发挥政府投资"四两拨千斤"的作用。

三、建好开放载体，形成扩大开放的支撑体系

内陆省区不沿边、不靠海，在扩大开放上要有大突破，必须建好开放载体和承接平台。要切实把现有开放载体和平台的作用发挥好，同时探索开辟新的载体和平台，筑巢引凤、借船出海，切实增强开放发展的承载力、吸引力和竞争力。

要提升中阿博览会的影响力。我们已举办3届中阿经贸论坛和首届中阿博览会，既有力促进了我区对外开放，也为国家向西开放做出了积极贡献，中阿博览会已成为我区扩大开放的金字品牌。实事求是地讲，中阿博览会虽然有了一定的知名度和影响力，但在务实合作方面，特别是吸引投资和项目的效果还不够明显。我们要着眼融入国家"一带一路"战略，推进中阿博览会由务虚逐步向务实转变、由政府主导逐步向市场主导转变、由单方举办逐步向中阿共办转变，切实发挥中阿博览会的平台作用。要为中阿高层对话搭好平台，主动服务国家总体外交战略，积极承接中阿合作论坛项下的会议和活动，承载国家更多的中阿政治、外交使命，提升博览会的国际影响力。要为丝路沿线国家政策沟通搭好平台，将丝路沿线国家和地区及国内有关省区联起来、串起来，促进海关、检验检疫、投资保护、出入境管理等方面的磋商。要为中阿经贸合作搭好平台，更加注重商务合作、产业对接，重点在能源化工、信息技术、农业科技、清真食品和穆斯林用品、装备制造、工程承包等领域加强合作，实实在在引进一些企业、落实一批项目。第二届中阿博览会将于9月10~13日召开，只剩下40多天了，各项筹备工作都要抓紧，总的要求是既要开花、更要结果，办会质量和水平要有大幅度提升，几个活动板块争取都要有项目落地。要为兄弟省区向西开放搭好平台，立足中阿所需、宁夏所能，为兄弟省区与阿拉伯国家和世界穆斯林地区交流合作牵线搭桥、提供服务，建立"宁夏通道"。

要提升扩大开放的通道力。对外通道是扩大开放的重要前提和基础。只有建成互联互通、高效便捷的对外通道，人流、物流、资金流、信息流才能加快流动，实现真正意义的开放。通道不畅是我区开放发展的最大短板，铁路、公路、机场和信息化建设相对滞后，各种运输方式连接不畅，综合运输体系还不健全，物流成本偏高，比全国平均水平高7个百分点，也高于周边省区，国际联运便利化水平也需提升。我们要抓住国家加快推进丝绸之路沿线国家和省区基础设施互联互通的机遇，实施铁路提速连通工程、高速公路贯通工程和机场枢纽提升工程，对接国家"信息丝路"计划，加快建设陆上、空中、网上通道，构建内通外联、全方位、立体式的开放大通道。要畅通陆上大通道，加快区内便捷、周边畅通、全国联通三个通道圈建设。区内重点是加快城际铁路、高速公路建设，提升国省干道、县乡公路等级，形成连接5个地级市乃至各县区的快速通道；与周边省区重点是加快互联互通，打通与陕甘蒙毗邻省区的断头路，统筹规划、联合争取一批国家重点铁路、公路项目，共同推进跨省道路通畅；与全国重点是通过加快银西铁路建设、京呼银兰客运专线、太中银增建二线，融入全国"五纵五横"综合运输大通道。要拓展空中大通道，重点是建好银川河东机场，多增加航班、多开辟航线，把河东机场打造成面向阿拉伯国家和主要穆斯林地区的门户机场、区域航空枢纽和货运集散中心。要加快河东机场三期和综合交通枢纽建设，

谋划好机场四期，促进银川空港、临空经济区与滨河新区、综合保税区融合发展，实现空地联动、无缝对接；要加快建立银川与国内主要城市空中快线，争取向更多国家开放航权，开通一批国内外直飞航线和货运包机，更好发挥宁夏货运航空公司的作用，尽快组建宁夏客运航空公司，大力发展临空经济、通航产业。要加快建设网上大通道，电子商务是不受时间、地域限制的最便捷商业模式，也是宁夏加快发展新的增长点。

我们要以"智慧宁夏"建设为载体，以开放创新为引领，引入市场机制，通过企业投资、政府购买服务的方式，加快推进政务云、社保云、卫生云、教育云、商务云、民政云、旅游云、家庭云"八朵云"建设；加快建设西部云基地、银川大数据中心，加强与国内外大型互联网企业的合作，争取建设中阿信息港，打造国际网络通道和区域信息汇集中心；加快建设跨境电子商务中心，大力发展面向丝路沿线国家的跨境电子商务、云服务，使更多的宁夏产品、更多的"中国制造"通过我们的"网上丝绸之路"，走向阿拉伯国家及世界各地。要提升园区的承载力，园区是扩大开放、聚集产业的主要载体。这些年，我们区市县建设了一批产业园区，也吸引了一批产业和企业，但有些园区基础设施不完善，功能定位不清，产业层次不高、配套能力不强，高端产业、高新技术产业、高附加值产业比较少。要推动园区整合集聚，重点是加快宁东基地、银川综合保税区、滨河新区、现代纺织园、银川空港物流园区深度融合发展，争取成立国家新区，打造西部开放发展新高地。其他各类园区也要走集群化、规模化的路子，提高产业配套能力，在区市县形成一批千亿级、百亿级、十亿级重点产业园区。要推动园区错位发展，按照《宁夏空间发展战略规划》，明确各级各类园区的功能定位，发挥优势，突出特色，重点围绕煤化工、现代纺织、装备制造、信息技术、清真食品和通用航空产业，一个园区确定1~2个主导产业，培育和形成一批重点企业，避免同质化竞争。要推动园区转型升级，鼓励园区发展外向型产业，培育一批竞争力强的外向型企业，逐步形成结构优化、产业链完整、竞争力明显的产业体系；支持园区大力发展绿色、低碳、循环产业，发展高科技、高附加值产业，推进传统产业向产业链、价值链高端拓展，培育形成一批新的国家级、自治区级产业园区。要探索建设区域合作园区，更好地承接国内外产业转移；鼓励区内优势企业和产业园区通过自建、合建、互建等方式，在区外、境外建设产业园区。要加快建设中阿产业园、中阿文化园、中阿商贸园、中阿科技园，积极申请建设中阿自贸区，在空间布局、产业特色及生活配套设施等方面，积极创造条件，增强吸引力，吸引更多的客商和企业，使中阿合作落地生根、开花结果。

四、打造"两优"环境，切实增强我区开放发展吸引力

良好的环境是开放发展的生命线，哪里的投资环境好，客商和企业就会往哪里聚集。与沿海发达地区相比，我区在硬件方面没有多少优势，要想在新一轮开放发展中赢得主动，就必须在软环境上下功夫。这两年，我们打造"两优"投资发展环境，取得了明显成效，越来越多的客商看好宁夏、投资宁夏。但客观地讲，我们的投资发展环境与"两优"目标、与客商和群众的期望、与建设开放宁夏的要求还有很大差距。我们要把打造"两优"环境作为建设开放宁夏的着力点和突破口，把我区真正建成投资发展的洼地、企业发展的福地、干事创业的基地。

要着力优化政务环境。客商到一个地方投资，感受最直接的是政务环境。现在，我区行政审批事项减了不少，审批时限压了不少，有些审批权限也下放了，但实际效果不尽如人意，企业和群众还有意见。有的审批事项下放不同步、不彻底，你放我不放、明放暗不放，变相审批、红顶中介和玻璃门、弹簧门问题还比较突出；有的上下衔接不畅，左右互不配套，上面放下去下面接不住，自治区的情况好一些，市县一级、有些部门却出现了"中梗阻""处长经济""科长经济"甚至"股长经济"并没有消除；有的审批环节还是多，信息不透明，服务不到位，办事效率不高。要加快建立"三个清单"。坚持法无授权不可为，加快推行政府权力清单，对政府部门现有行政权力进行全面梳理、评估和确定，把该放的彻底放开、该减的彻底减掉、该清除的彻底清除；坚持法定职责必须为，加快推行权力运行责任清单，明确政府应该履行的职责，严肃查处失职、渎职行为；坚持法无禁止即可为，加快建立行政审批负面清单，学习借鉴上海自贸区经验，最大限度放宽投资准入，最大限度激发企业活力。今年10月底前，要按照政府承诺把自治区级"三个清单"向社会公布出去，市县也要加快进度、衔接跟进，明年上半年全部建立起"三个清单"制度。要切实提高服务水平。围绕建设服务型政府，提升行政效能，推进政务公开，优化办事流程，大力推行一站式、保姆式服务，推广银川市建立行政审批服务局和市民大厅的做法，对一些重点企业和项目特事特办、开辟绿色通道，从用电、用地、用水、道路、技术、市场等方面提供精细化、标准化服务，以我们的快捷服务、真诚服务、优质服务，为企业发展创造良好环境。要提高通关服务能力。按照建设"大通关"的要求，创新优化海关和检验检疫监管模式，完善银川、惠农、中宁陆路口岸功能，加快电子口岸"单一窗口"建设，实现"一口受理、并联审批"，不断提高贸易便利化水平。

要着力优化金融环境。金融是现代经济的血液，扩大开放必须大力培育资本市场，建立多层次金融市场体系。金融是制约我区扩大开放的一个重要因素，金融供给不足，资本市场发展滞后，融资难、融资贵的问题比较突出。要积极引进金融机构，在支持现有金融机构发展壮大的基础上，引进一批境内外金融机构，

引进一批境内外战略投资者发展金融产业；鼓励发展民营银行，积极发展小额贷款公司、村镇银行，消除金融服务"空白点"，实现金融服务全覆盖。要加快培育资本市场，加快培育证券、期货、保险、基金等各类金融市场主体，积极对接亚投行、丝路基金，充分发挥宁夏股权交易中心的融资功能，支持有条件的企业发行债券、上市融资，支持企业开展资本运作，营造良好的金融生态。要务实推进中阿金融合作，围绕建设中阿金融合作示范区，争取国家授权开展对阿金融合作，积极组建中阿合资银行、金融租赁公司，推动建立中阿产业投资基金，在中阿金融合作方面争取有大的突破。

要着力优化人才环境。人才是建设开放宁夏的第一资源。我区是经济欠发达地区，对外来人才的吸引力不强，本土人才相对比较匮乏，特别是从事外向型经济的高层次人才尤为匮乏，电子商务、外经贸、云计算、金融、法律、外语等专业人才尤为稀缺。要大力引进开放型人才，结合实施"国内引才312计划""海外引才百人计划"，创新人才引进的特许政策、特别机制、特优环境，探索建立"柔性引进、刚性干事"的人才引进办法，加快引进一批熟悉外经外贸、精通国际规则、适应国际市场竞争的开放型人才，吸引人才、留住人才、用好人才，努力打造西部人才高地。要多渠道培养本土人才，着眼发展外向型经济需要，有针对性地在区内高校、职业院校开设学科、专业，在科研院所设立国际合作研究中心，在重点企业建立人才培训中心，培养一批外向型企业经营管理人才、专业技术人才和实用人才。要提升领导干部推动开放的能力，采取短期培训、脱产学习、挂职交流等方式，组织各级干部深入学习研究中央的开放政策，学习掌握国际时事、宏观经济、国际金融、市场走势等，学习涉外谈判、应急处置和组织协调的技能，做"内外兼修"的复合型干部。

要着力优化社会环境。和谐稳定、开放包容、公平公正、诚信友好的社会环境，是扩大开放的重要保障，也是企业投资兴业很看重的一个重要方面。要加强法治建设，规范行政执法，规范服务管理，规范市场秩序，净化市场环境，依法保护投资者特别是区外境外来宁投资客商的合法权益，严厉打击破坏市场经济秩序行为；创新社会治理，深化平安建设，严密防范和打击境内外各种渗透破坏活动，让投资者放心投资、安心发展。要加强诚信体系建设，大力培育和践行社会主义核心价值观，教育引导广大干部群众按程序办事、按规则行事，健全公民和组织守法信用信息记录，对守法诚信者给予奖励，对违法失信者进行惩戒，做到政府言而有信、企业有诺必行、个人诚实守信。要加强民族团结，深入开展民族团结进步创建活动，坚持寓管理于服务做好宗教工作，把我区民族大团结、回汉一家亲的良好形象展示出来，用我们民族团结、宗教和顺的靓丽名片吸引更多客商。要大力培育开放文化，引导广大群众从我做起、从身边的事情做起，发扬包容、热情、真诚的优秀品质，争做最美宁夏人，形成人人支持开放、参与开放、争做开放宁夏建设者的良好氛围。

我们正处在一个大开放、大发展的时代，建设开放宁夏正当其时、大有可为。让我们更加紧密地团结在以习近平同志为总书记的党中央周围，高举中国特色社会主义伟大旗帜，深入贯彻落实党的十八大和十八届二中、三中、四中全会精神，深入贯彻落实习近平总书记系列重要讲话精神，以改革创新的精神、开放包容的胸襟、求真务实的作风，推动开放发展取得新突破，为建设开放富裕和谐美丽宁夏、实现与全国同步进入全面小康社会的目标而努力奋斗。

李建华同志在自治区党委十一届六次全会结束时的讲话

这次全会审议通过了《关于融入"一带一路"加快开放宁夏建设的意见》，对加快开放宁夏建设进行了全面部署，全会还审议通过了《关于确认开除周金柱党籍处分的决议》和《中国共产党宁夏回族自治区第十一届委员会第六次全体会议公报》，圆满完成了各项议程。

以党委全会的形式，专题研究部署开放宁夏建设，这在自治区的历史上还是第一次，意义十分重大。会议期间，与会同志围绕加快开放宁夏建设，着眼全局，立足实际，深入讨论，集思广益，提出了许多很好的意见建议。会议开得很好，达到了预期目的。一是提高了认识。通过学习讨论，进一步加深了对中央"四个全面"战略布局和"一带一路"战略部署的理解和认识，进一步认清了我区扩大开放面临的机遇和挑战，进一步增强了加快开放宁夏建设的责任感和紧迫感。二是理清了思路。与会同志一致认为，这次全会贯彻了习近平总书记系列重要讲话精神，体现了中央对外开放的要求，提出的加快开放宁夏建设的总体要求、目标任务、主要措施，符合宁夏实际，指导性、针对性、操作性都比较强，进一步明确了我区扩大开放的方向和路径。三是坚定了决心。与会同志纷纷表示，要按照这次全会的部署，主动融入"一带一路"，用好内陆开放型经济试验区和中阿博览会两个"金字品牌"，解放思想，开拓创新，积极投身开放宁夏建设，努力在新一轮扩大开放中争得主动、抢占先机，走出一条内陆省区开放发展的新路子。

当前的首要任务是要把全会精神学习好、宣传好、领会好。各地各部门要精心组织，周密安排，迅速掀起学习宣传贯彻热潮，切实把思想和行动统一到中央精神上来，统一到全会的部署要求上来。自治区党委办公厅要尽快下发《通知》，对学习贯彻全会精神提出要求。各地各部门要通过党委（党组）会、中心组学习会、干部大会等形式，及时传达学习；要结合"三严三实"专题教育，集中学习、系统学习，深刻领会全会精神。组织部门和各级党校、行政学院要把全会精神纳入干部培训内容。宣传部门要精心制定宣传计划，统筹各类新闻媒体，加大宣传力度，发挥好中央各大新闻媒体的作用，区内党报、电视、互联网等媒体要开辟专刊专栏专题，全方位、多角度、深层次宣传好全会精神，使全会精神家喻户晓、深入人心，推动形成人人支持开放、参与开放、投身开放的浓厚氛围。这次全会是对新形势下加快开放宁夏建设的总动员，全区上下都要行动起来，以严的要求、实的作风，把全会确定的各项任务落实好。

要加强组织领导。自治区要成立开放宁夏建设领导小组，统筹抓好全区扩大开放工作，包括制定重大战略和重要政策、研究协调重大问题，统一领导、统一规划、统一推进开放宁夏建设各项工作。各级党委、政府要把扩大开放摆在突出位置，纳入经济社会发展全局，结合编制"十三五"规划，精心组织实施，健全工作机制，加大工作力度，为开放宁夏建设提供坚强的组织保证。各级人大、政协，各人民团体、社会组织要履职尽责，凝心聚力，发挥作用，形成推动开放宁夏建设的强大合力。

要明确任务分工。对这次全会确定的任务，要逐级分工、逐项分解，列出清单、建立台账，明确时间表和路线图，把任务分解到领导同志、各地各部门，把责任落实到每个领导、每个单位、每个岗位。自治区党委办公厅、政府办公厅要尽快制定《意见》的分工方案，各地各部门要尽快制定贯彻《意见》的实施细则。对已经明确的事项，要尽快启动实施；对需要探索的事项，要开展试点、积累经验；对原则性的事项，要进一步细化为操作性细则、分解为具体执行方案，确保工作有人抓、有人管。经济工作部门要主动站到开放的前沿，认真履行职能，抓好政策落实、项目建设、机制创新、经贸合作等工作，切实把扩大开放的重任担起来，当好排头兵。非经济部门要积极做好营造环境、牵线搭桥、服务保障工作，为加快开放宁夏建设争做贡献、多做贡献。要加强督促检查，把开放宁夏建设工作纳入效能考核，通过领导督查、专项督查、联合督查、明察暗访等方式，及时发现问题，督促整改落实，树立正面典型，曝光负面案例，确保开放宁夏建设各项工作顺利推进。

要敢于担当、主动作为。各级领导干部要带头学习全会精神，带头落实全会提出的各项任务。要带头解放思想、更新观念，认真学习领会中央的新精神，主动学习新知识、新理念，积极借鉴新经验，做开放宁夏建设的引领者。要发扬敢于吃螃蟹的精神，敢闯敢试，敢于动真碰硬、攻坚克难。

要保持作风建设新常态，扎实开展"三严三实"专题教育，认真查找"不严不实"的问题，增强应对困难和挑战的信心和决心，激发推动开放发展的热情，干在实处、走在前列，雷厉风行抓落实，扑下身子抓落实，坚韧不拔抓落实，以改革开放的成果检验专题教育的成效。要鼓励和保护好敢于创新的干部，搞开放就要有探索、有创新、有试验，就有成功、也可能有失误甚至失败，要鼓励敢于担当、敢闯敢试的干部，包容探索试验中的失误、失败，让探索者更有信心，让失败者重拾信心，决不能让敢于作为的替不作为的买单。要严惩不作为、乱作为的干部，认真贯彻中央《推进领导干部能上能下若干规定》，对那些畏首畏尾、瞻前顾后、不思进取的干部要及时问责，对那些庸官、懒官、太平官要进行调整，对那些乱作为、滥作为，甚至违法违纪的要严肃处理。

加快开放宁夏建设，责任重大，使命光荣。让我们更加紧密地团结在以习近平同志为总书记的党中央周围，认真贯彻落实这次全会精神，进一步解放思想、改革创新、锐意进取，努力开创我区开放发展新局面，为建设"四个宁夏"、实现与全国同步进入全面小康社会的目标做出新的更大贡献。

刘慧同志《关于融入"一带一路"
加快开放宁夏建设的意见》的说明

受自治区党委常委会委托，我就《关于融入"一带一路"加快开放宁夏建设的意见》起草情况向全体会议做说明。

一、关于《意见》起草背景和过程

自治区党委十一届三次全体会议提出了全面建设开放富裕和谐美丽宁夏、实现与全国同步进入全面小康社会的奋斗目标。党委认为，与全国同步进入全面小康社会，建设好开放富裕和谐美丽宁夏，开放是第一位的，需要开放先行，大力实施开放带动战略。对外开放是我国的基本国策。当前，世界多极化、经济全球化进一步发展，创新引领发展的趋势更加明显，我国经济发展进入新常态。随着"一带一路"战略的实施，我国全方位开放新格局和开放型经济新体制正在构建。根据宁夏不沿边、不靠海、发展不足、开放度低的区情，如何抢抓国家新一轮对外开放机遇，突破地域、环境、条件的硬约束，进一步破除体制机制障碍，激发开放活力，闯出一条内陆开放的新路子，以扩大开放的主动赢得经济发展和国际竞争的主动，以开放促改革、促发展、促创新，建设好内陆开放型经济试验区，实现开放型经济强区，是摆在我们面前亟待破解的重大战略任务。

自治区党委、政府高度重视开放发展工作。近年来，我区发挥自身优势，积极推动中阿经贸合作，先后举办了三届中阿经贸论坛和首届中阿博览会，争取国

家批准设立全省域的内陆开放型经济试验区，建成运营银川综合保税区，中阿人文交流合作不断深化。但我区开放型经济发展总体上层次较低、水平不高，扩大开放还存在思想放不开、视野不开阔、产业支撑能力弱、开放通道不畅、平台建设滞后、引进来走出去步伐不大、环境有待进一步优化以及体制机制和政策措施创新不够等问题，这些问题已经成为制约我区经济社会快速发展的突出问题。

现在，全面建成小康社会进入决定性阶段，改革进入攻坚期和深水区。我区面对的改革发展任务之重前所未有，必须向改革要活力，向开放要空间，加快发展造福人民。这次全体会议，对加快开放宁夏建设做出总体部署，是必要的、及时的，必将有力推动全区经济社会各项事业快发展。

基于这样的考虑，今年2月，自治区党委常委会决定召开十一届六次全体会议，研究部署加快开放宁夏建设工作，常委会通过了《开放宁夏建设文件起草工作方案》，成立了文件起草组，在自治区党委常委会领导下开展文件起草工作。2月28日，文件起草组召开第一次全体会议，文件起草工作正式启动。2月底至3月中旬，文件起草组组成4个调研组分赴10个省区市进行调研，并形成专项调研报告，为文件起草奠定了基础。3月下旬开始，文件起草组广泛征求意见，开展专题论证，反复组织讨论，坚持问题导向，集中起草《意见》。4月初，《意见》初稿形成后，历时一个多月，在起草小组成员、专家学者、企业代表和有关部门等不同层次，反复征求意见，推敲完善。6月中旬，李建华同志、齐同生同志和我分别召开座谈会，征求区直有关部门、涉外企业和专家学者的意见。7月初，《意见》稿下发5市党委和31个部门党组（党委）征求意见，7月17日征求自治区党委委员、候补委员意见。7月24日，党委常委会还专门听取了各民主党派、自治区工商联负责人和无党派代表人士意见。在征求各方面意见的基础上，自治区政府常务会议对《意见》稿进行了专题研究，自治区党委常委会对《意见》稿进行了2次研究，决定提交本次全体会议讨论审议。

从征求意见反馈情况看，各方面一致认为，《意见》稿直面我区开放发展存在的突出问题，立足内陆开放型经济试验区建设实际，明确提出了加快开放宁夏建设的总体要求、目标任务、基本原则，提出了关于加快开放宁夏建设的一系列新思路、新举措，对加快培育开放经济、加快建设开放通道、加快构筑开放平台、加快引进来走出去、加快推进人文交流、加快优化开放环境，加强党对推进开放宁夏建设的领导做出了全面部署，有针对性地回应了人民群众呼声和社会关切。各方面一致认为，全体会议文件明确开放宁夏建设的重点、方向、抓手，必将在我区掀起新一轮开放热潮，有力推进开放富裕和谐美丽宁夏建设。在征求意见过程中，各方面提出了许多好的意见和建议。自治区党委责成文件起草组认真梳理和研究这些意见和建议。文件起草组对《意见》稿不断修改完善。

二、关于《意见》基本框架和主要内容

《意见》在导语中明确提出，深入贯彻落实党的十八大和十八届二中、三中、四中全会及自治区党委十一届三次、四次、五次全体会议精神，主动融入"一带一路"，加快实施开放带动战略，努力构建内陆开放型经济新体制，全面推进开放富裕和谐美丽宁夏建设。《意见》内容分两个板块共二十条，第一板块是导语和第一部分总体要求、目标任务，第二板块是第二部分至第七部分，用六个加快对开放宁夏建设具体任务进行部署。

第一部分是总体要求和目标任务。总体要求以邓小平理论、"三个代表"重要思想、科学发展观为指导，深入贯彻习近平总书记系列重要讲话精神，主动融入"一带一路"建设，以打造丝绸之路经济带战略支点为主攻方向，坚持扩大开放与深化改革相结合、引进来与走出去相结合、全面开放与重点突破相结合，进一步解放思想、创新机制、搭建平台、优化环境，着力提升开放发展水平，推动开放宁夏建设取得新突破。目标任务中明确，全面落实内陆开放型经济试验区规划，实行 5 个先行先试，着力提升 5 个能力，到 2017 年，全区进出口总额、实际利用外资、引进区外实际到位资金、对外经济合作营业额比 2013 年翻一番，到 2020 年再翻一番，开放型经济主要指标增速明显高于全国和西部水平。

第二部分着眼于解决我区开放型经济产业基础薄弱、竞争力不强的问题，提出加快培育开放经济，从实施"双十"产业培育工程、创新产业引导方式、打造产业园区升级版三个方面进行部署。第三部分着眼于解决我区开放通道不畅、基础设施薄弱的问题，提出加快建设开放通道，从建设陆上丝绸之路、搭建空中丝绸之路和打造网上丝绸之路三个方面进行部署。第四部分着眼于解决我区开放载体功能不强、品牌和影响力不够的问题，提出加快构筑开放平台，从提升中阿博览会国际影响力、提升银川综合保税区开放引领作用、提升口岸通关服务能力三个方面进行部署。第五部分着眼于解决我区开放主体规模不大、总体实力和竞争力不强的问题，提出加快引进来走出去，从加大招商引资力度和加大企业走出去力度两个方面进行部署。第六部分着眼于解决我区开放交流渠道少、层次低、范围小、不活跃的问题，提出加快推进人文交流，从深化科技和人才交流合作、深化教育和卫生交流合作、深化文化和旅游交流合作三个方面进行部署。第七部分着眼于解决我区扩大开放的体制机制约束和进一步改善环境的问题，提出加快优化开放环境，从推动投资服务便利化、推动贸易服务便利化和推动金融服务便利化三个方面进行部署。《意见》在这部分最后一条是加强组织领导，主要有成立自治区领导小组、落实任务分工细则、纳入效能考核和各级领导班子考评、营造浓厚氛围等内容。

三、需要说明的几个问题

第一，改革和开放的关系。改革是开放的前提和条件，改革要与开放相适应、相协调。开放就是改革，就是放开，放开投资领域、放开投资主体、放开投资渠道、放开不符合市场经济规律和国际规则的管理约束，这必然涉及现有的体制机制。因此，开放的过程就是深化改革的过程，必须加大改革力度，为扩大开放扫清障碍，创造条件和环境。要把开放作为一种方法论、一种生产力，倒逼改革、促进改革、加快改革。

第二，加快宁夏开放与服务全国战略的关系。按照国家对外开放战略总体布局，宁夏在实施全方位开放的框架下，有条件、有基础充分发挥人文优势，以加强与阿拉伯国家和穆斯林地区的交流合作为突破口，着力打造国家向西开放、向阿拉伯国家和穆斯林地区开放的战略平台。加快开放宁夏建设，我们一定要用好国家赋予宁夏的地位和作用，自觉融入"一带一路"建设，既要勇于担当，建设中阿合作先行区、内陆开放示范区，打造丝绸之路经济带战略支点，更要充分发挥服务国家战略的平台作用，办好中阿博览会，畅通中阿合作的宁夏通道，创新博览会项下、项外的一系列交流合作机制，为助推我国政府、企业、民间对阿合作交流搭好台、服好务。

第三，经贸合作与人文交流的关系。从国内外发展的经验看，人文交流与经贸合作同等重要，没有人文交流的基础，经贸合作不会长久平稳发展，同时没有经贸合作的支撑，人文交流最终会失去动力。举世闻名的"丝绸之路"，是一条世界贸易大通道，更是一条人类文明交流的大通道。经贸、人文相辅相成，互为前提，相互促进，我区在中阿合作交流上具有独特的人文优势，在推进对外开放过程中，不能厚此薄彼，更不能顾此失彼，要两手抓、两促进，步子才能迈得更稳更快。要以阿拉伯国家和穆斯林地区为重点，面向全世界，同步推进经贸和人文领域的交流与合作，为建设开放富裕和谐美丽宁夏开山辟道。

第四，解放思想与抓好落实的关系。我们出台文件，制定政策，需要解放思想、大胆创新突破，在文件落实上更要解放思想，勇于作为。《意见》提出了一系列促进开放的思路、方法和具体政策意见，这些措施的落地，需要各地各部门出台实施细则，进一步细化责任、明确分工，这同样需要解放思想，大胆突破，不断开拓创新，不折不扣地贯彻好文件精神。同时，也要处理好总体布局与因地制宜的关系、对内开放与对外开放的关系、全面推进与重点突破的关系、放开市场与监管服务的关系等等。总之，开放宁夏建设只有进行时，没有完成时。

需要强调的是，加快开放宁夏建设是一个系统工程，讨论、审议好这次全体会议文件，需要与会同志从我区发展全局出发，深刻领会开放宁夏建设的重大现实意义和深远历史意义，全面理解和正确对待全体会议文件提出的重大开放举措，自觉支持开放、拥护开放、参与开放。在讨论中,希望大家相互切磋、相互启发,既提出建设性的修改意见和建议,进一步完善全体会议文件提出的思路和方案,又加深理解,以利于会后传达贯彻。让我们共同努力,把这次全体会议开好。

定位"战略支点" 优化产业布局

记　者:宁夏在丝绸之路经济带建设中有什么设想?如何定位?

李建华:"一带一路"战略构想对我国进一步扩大对外开放、打造新的经济增长极具有十分重要的战略意义。特别是今年6月,习近平主席在中阿合作论坛第六届部长级会议上发表重要讲话,就深化中阿合作提出了许多新设想、新举措,具有很强的战略性和指导性。我们将抢抓机遇,按照"政策沟通、道路联通、贸易畅通、货币流通、民心相通"的要求,充分发挥宁夏与阿拉伯国家和穆斯林地区文化相通的优势,努力打造面向阿拉伯国家同时也包括其他国家和地区对外开放平台,建设丝绸之路经济带战略支点。

在中阿合作方面,我们提出了"123"重点任务。"1"是构筑中阿博览会战略平台,力争把中阿博览会办成我国与阿拉伯国家及世界穆斯林地区进行经贸合作、文化交流的综合性战略平台。"2"是建设两条纽带,即建设中阿空中丝绸之路,打造区域性国际航空物流中心;建设中阿网上丝绸之路,积极发展跨境电子商务,发展面向阿拉伯国家的服务外包业务。"3"是建设3个关键载体,即建设中阿人文交流合作示范区,吸引各类人才来宁交流,引进特色教育资源,联合创办中阿科技大学,与阿拉伯国家开展各领域技术合作;建设中阿贸易投资便利化示范区,加快国际贸易"单一窗口"试点,推动银川综合保税区向自由贸易园区转型升级;建设中阿金融合作示范区,开展中阿金融合作和产品创新,引进阿拉伯国家金融机构,建立中阿产业投资基金。

记　者:打造丝绸之路经济带战略支点,宁夏有哪些优势?目前做了哪些工作?

李建华:宁夏加强与丝绸之路沿线地区的交流合作,在区位地缘、能源资源、内陆开放、人文等方面具有优势。

宁夏是我国最大的回族聚居区,与阿拉伯国家的合作交流源远流长,经济互补性非常强。自2010年以来,我们已成功举办三届中阿经贸论坛和首届中阿博览会,先后有24位中外国家政要、265位部长级官员、5000多家企业参加会议。宁夏被国家确定为中阿博览会的永久承办地,中阿博览会已成为我国与阿拉伯国家及世界穆斯林地区进行政治对话、经贸合作、文化交流的综合性平台,也将成

为"一带一路"建设的重要合作平台。目前,我们与阿拉伯国家及世界穆斯林地区在经贸投资、文化旅游、科技教育等领域签约了一批项目、引进了一些企业,宁夏向阿拉伯国家开放的大门已经打开。

宁夏位于我国西北与华北交界地带、新欧亚大陆桥国内段的中间位置。2012年,国务院批准建设宁夏内陆开放型经济试验区和银川综合保税区,银川综合保税区去年12月封关运行。充分利用"两区"平台,我们正在全力打造"两条纽带"。一是打造空中丝绸之路。银川紧邻雅布赖国际航路,银川以东、以南地区飞往西亚、中东,乃至欧洲的航班都从银川上空经过。银川河东机场已获批向阿联酋开放第三、四、五航权和口岸签证政策。下一步,我们将大力发展临空经济。二是打造互联网上丝绸之路。宁夏的资源适合建设超大型数据中心,我们正与国内外互联网企业合作建设西部云计算存储中心,大力发展云计算、电子商务等新业态,搭建向西开放的互联网平台,在推动中阿务实合作中发挥桥梁纽带作用。

宁夏与阿拉伯国家文化习俗相近,这将会拉近我们与阿拉伯国家的关系,特别是以教育为支撑,推进与阿拉伯国家的交往,其影响比经济合作还要深远。我们成立宁夏大学阿拉伯语学院、迪拜孔子学院,与阿拉伯国家及世界穆斯林地区的文化交流不断拓展。正在建设中阿科技大学,让阿拉伯国家的留学生接触中国的文化、经济、政治,培养与阿拉伯国家合作的人才。

记　者:在丝绸之路经济带建设中,宁夏在产业布局上有哪些考虑?

李建华:宁夏虽然经济总量小,但产业特色非常鲜明,具有良好的发展基础。我们建设丝绸之路经济带战略支点,必须在产业上找到契合点和突破口。

我们编制了《宁夏空间发展战略规划》《产业转型升级和结构调整实施方案》,进一步明确了全区的产业布局,对全区产业转型升级做出了功能定位。

工业方面,我们要坚持走新型工业化道路,大力发展煤化工等优势产业,加快发展新能源、新材料等新兴产业,改造提升石化等传统产业,特别是要高水平地建设好宁东能源化工基地,实施好400万吨煤炭间接液化等项目,打造国家大型煤炭基地、煤化工产业基地和循环经济试验区。

农业方面,要坚持走特色优势农产品、高新技术、高端市场、高效益的"一特三高"路子,大力发展节水农业、设施农业,推进农产品精深加工,着力提升枸杞、酿酒葡萄、马铃薯、硒砂瓜等特色优势产业规模和效益,提升宁夏现代农业的发展水平。

服务业方面,要在扩大消费需求的同时,提升金融保险、商务会展、信息服务水平,加快发展节能环保、电子商务、现代物流等新兴业态。宁夏旅游资源丰富,黄河文明、西夏历史、回乡风情、大漠风光魅力无穷。我们正在努力把宁夏打造成为独具特色的西部国际旅游目的地。

记　者：来宁夏后会发现，这里环境非常好，真正是"塞上江南"。宁夏在丝绸之路经济带建设特别是对阿合作中先行一步，抢占了先机，下一步如何更好地发挥作用？

李建华：宁夏有两张亮丽的名片，一张是民族团结的名片，一张是生态环境的名片。我们提出，要把这两张名片打造得更亮丽。我们还提出要把宁夏的投资发展环境打造得"在西部最优、比东部更优"，使宁夏成为投资发展洼地、企业发展福地、干事创业基地。在西部最优，就是转变政府职能，进一步简政放权，提高效能。比东部更优，就是发挥宁夏人包容、热情、真诚、质朴的品质，打造诚实守信的人文环境。通过优美的自然环境、良好的人文环境和投资环境，吸引更多客商来投资。

在推进丝绸之路经济带建设特别是中阿合作中，宁夏扮演着重要的角色，一些思路已变成现实。我们将加快建设丝绸之路经济带战略支点，继续扩大包括航权、金融、旅游等各领域的开放，将融入"一带一路"的理念变成实实在在的经济合作支撑点，将国家战略变为建设开放、富裕、和谐、美丽宁夏的实际行动，争取在"一带一路"建设中开出花、结出果，为服务国家总体外交战略、为全国经济转型升级做出积极贡献。

原载 2014 年 9 月 3 日《经济日报》

加快建设向西开放战略高地

刘　慧

习近平同志今年 9 月出访中亚四国时，提出共同建设丝绸之路经济带的重要战略构想，得到了沿线国家的积极响应，也吹响了丝绸之路沿线各省区向西开放的号角。宁夏作为全国首个内陆开放型经济试验区，肩负着党中央国务院赋予的建设国家向西开放战略高地的历史使命，责任重大、机遇难得。我们一定认真学习贯彻习近平同志这一战略构想，深刻把握宁夏在建设丝绸之路经济带中的战略地位和作用，勇于担当，主动作为。

一、充分认识共建丝绸之路经济带战略构想的重大意义

丝绸之路是中华先民与亚欧先民艰辛探索出来的商贸通道，是中西文明相互激发、相互学习、相互滋润的文明之路，更是亚欧各国和中国友好往来、沟通东西方文化的友谊桥梁。习近平同志提出共建丝绸之路经济带的战略构想，顺应时

代潮流，符合和平发展主题，对促进沿线各国经济繁荣、造福人民，具有重要战略意义。

构筑全方位对外开放格局的战略需要。改革开放以来，我国沿海、沿江、沿边开放不断向纵深发展，对推动我国经济持续快速发展发挥了重要作用。但在对外开放格局中，内陆开放、向西开放仍很薄弱。共建丝绸之路经济带，符合中亚、中东地区"向东看"战略，也符合我国西向发展、向西开放的战略，同时对促进我国西部地区提高对外开放水平、拓展内陆开放深度与广度，在空间上形成沿海、沿边和内陆开放互为依托、相辅相成、东中西协调发展的全方位对外开放格局，具有重要战略意义。

推进西部大开发大开放的战略举措。实施西部大开发战略以来，西部地区基础设施、生态环境、人民生活、城乡面貌都发生了历史性变化，但受地理、自然条件等制约，西部广大地区仍然落后，一个原因在于开放水平低。建设丝绸之路经济带，以西部大开发促进西部大开放，以大开放带动大开发，在更高层次、更宽领域、更大范围促进资金、技术、人才等要素资源的合理配置和集聚，对于加快形成内生增长与外向发展互补的开放型经济体系、促进西部产业结构调整和经济转型升级具有重要意义。

维护社会稳定民族团结的战略要求。西部地区是我国最重要的战略稳定带。近年来，"三股势力"的渗透使我国边疆地区和谐稳定受到严重威胁。建设丝绸之路经济带，就是通过拓展发展空间、促进经济繁荣，以改革发展的成果惠及西部广大人民，推动西部地区社会稳定和谐、民族团结进步、边疆长治久安，为实现中华民族伟大复兴的中国梦创造良好的发展环境。

拓展我国发展空间的战略选择。丝绸之路沿线国家地缘相近、人文相通，在经济、贸易等方面具有很强的互补性。特别是中亚等国与我国经济结构、经济总量差异大，互补性明显，已成为我国向西开放最重要的贸易伙伴。习近平同志提出共建丝绸之路经济带的战略构想后，不仅使中国同中亚各国进入全面战略合作关系的新阶段，更引起上级组织观察员的积极响应。建设丝绸之路经济带，有助于我国与丝绸之路沿线国家在战略能源、经济贸易、科技创新、生态环境、人文交流等领域实现全方位联合协作，更有利于扩大有效需求，推进我国过剩产能优化利用，重构现代丝绸之路新优势。

二、深刻把握宁夏在建设丝绸之路经济带中的战略地位和作用

进一步发挥宁夏内陆开放型经济试验区的特殊优势，拓展中阿博览会平台空间，可在建设丝绸之路经济带中先行一步，为国家构筑全方位对外开放格局做出积极贡献。

向西开放的战略高地。近年来，宁夏肩负国家使命，加快建设国家级内陆开放型经济试验区，倾力打造我国内陆开放新高地。特别是成功举办的中阿博览会（原为中阿经贸论坛），引起国际社会广泛关注，已成为中国与阿拉伯国家及世界穆斯林地区进行政治对话、经贸合作、文化交流的综合性平台和国家外交舞台。中阿之间关注的核心主题越来越聚焦于金融、能源、农业、基础设施投资、贸易合作等热点领域。积极建设丝绸之路经济带，宁夏要更加突出内陆开放型经济试验区的战略支撑作用和中阿博览会的平台作用，充分发挥先行先试优势，拓展向西开放的深度广度，努力打造我国向西开放的战略高地。

人文交流的桥梁纽带。丝绸之路沿线国家山川相连，民众多信仰伊斯兰教，与宁夏穆斯林风俗习惯相近，交流合作源远流长，形成了深厚的传统友谊。近年来，宁夏与阿拉伯国家和穆斯林地区的文化、教育、旅游等方面的交流不断拓展，人员往来频繁。成功举办了中阿大学校长论坛等人文交流活动，组建宁夏大学阿拉伯语学院和宁夏医科大学"回医药协同创新中心"，打造了中华回乡文化园等支撑宁夏文化旅游国际化的重要载体。建设丝绸之路经济带，可以发挥宁夏作为回族自治区的特殊窗口作用，促进丝绸之路沿线国家人文交流，架起中国与沿线国家的友谊桥梁。

承东启西的交通枢纽。宁夏位于我国西北与华北交界地带，处于新欧亚大陆桥国内段的中间位置，是联系西北与华北、蒙西与西南的交通要道，已建成集铁路、高速公路、航空为一体的综合交通网络，形成了东部、中部地区进入河西走廊、新疆，进而通往中亚、欧洲等国的便捷通道，作为我国承东启西交通枢纽的地位进一步凸显。建设丝绸之路经济带，可以发挥宁夏特殊的陆空优势，加快建设区域性物流枢纽和我国向西开放的空中门户，密切国内国际的经贸往来。

能源合作的重要基地。近年来，中国与哈萨克斯坦天然气管道（西气东输二线起点）建成使用，中国与土库曼斯坦、乌兹别克斯坦、哈萨克斯坦的天然气管道（西气东输三线起点）正在建设之中。西气东输四、五线也正在规划之中。加快建设丝绸之路经济带，可以发挥宁夏地处国内资源富集区域和主要消费市场中间地带的区位优势和能源加工、储备、中转优势，布局承接中东、中亚油气加工转化和储备，为我国能源安全提供保障。

三、加强与国家战略对接，勇于担当，主动作为

作为丝绸之路经济带的重要组成部分，宁夏一定认真贯彻习近平同志共建丝绸之路经济带的战略构想，发挥宁夏内陆开放型经济试验区先行先试的政策优势，围绕加强政策沟通、道路联通、贸易畅通、货币流通、民心相通的要求，依托中阿博览会合作平台，加强与国家战略对接，勇于担当，主动作为。

建设对外大通道。铁路方面，加快建设银川至西安快速铁路、包兰线银川至兰州段扩能改造工程、甘武铁路增建二线工程、宝中铁路和太中银铁路复线，完

善丝绸之路经济带的铁路网，提升我国通向中亚、西亚、中东、俄罗斯及欧洲和北非的铁路通行能力。航空方面，加快实施银川河东国际机场三期扩建工程，尽快成立宁夏基地航空公司和货运航空公司，开辟银川至中亚、中东、南亚等重点国家和地区的国际客运、货运航线，开通银川至迪拜、多哈、阿拉木图、曼谷、吉隆坡等主要城市航班，推进国际航线常态化运行。

建设国家重要的能源加工转化和储备基地。发挥宁夏能源装备制造、技术研发等优势，积极推进与中亚、中东地区的合作，稳步开展能源易货贸易，探索建立国际能源长效合作机制。加快建设400万吨煤制油、煤制烯烃、煤制气等重大项目。推进外煤进宁，布局建设一批承接疆煤、蒙煤加工转化项目。加快西气东输四、五线建设，争取将中亚进口原油通道延伸至宁夏，布局建设石油炼化项目和石油储备项目，将宁夏建成我国重要的战略能源加工转化和储备基地。

建设人文交流中心。加强对丝绸之路经济带沿线国家政治、经济、文化研究，推进双边或多边交流，加深沿线国家对宁夏的认知理解。加强与沿线国家教育合作，提升高等院校办学水平，打造国内一流阿语人才培养基地。加强与中亚和中东国家在临床医疗教学科研、传统医药、食品药品检测等方面的交流合作，大力发展健康服务业，把银川建成面向丝绸之路经济带沿线国家的国际医疗和人才交流中心。积极推进丝绸之路联合申遗，加快固原、中卫旅游示范区建设，强化"神奇宁夏"旅游产品体系，打造特色鲜明的国际旅游目的地。

建设清真食品和穆斯林用品产业集聚区。加快中国（吴忠）清真食品和穆斯林用品产业园区建设，扩大园区规模，积极引进一批知名国际清真食品和穆斯林用品企业集团，带动做大清真食品和穆斯林用品产业。制定完善清真食品和穆斯林用品标准和体系，促进清真食品和穆斯林用品产业发展，打造我国清真食品和穆斯林用品认证、研发设计、生产加工、展示交易和集散中心，形成我国重要的清真食品和穆斯林用品产业集聚区。加强与中亚、中东国家在农业技术、农产品加工、防沙治沙技术等方面的交流合作。

建设承接产业转移示范区。充分利用国内国际两种资源、两个市场，以加快转变经济发展方式为主线，紧紧围绕产业结构调整和经济转型升级，进一步做大做强工业园区，培育壮大产业集群，推动产业上下游配套，承接国内外产业转移，全面构建现代产业体系。大力发展现代服务业，集中发展金融、信息、商贸、物流等新兴服务业态，鼓励区内有条件的企业积极承接中亚、中东等地区的服务外包。加快建设对外开放平台，加快生产要素有序流动和集聚，形成内陆开放新的经济增长极，提高区域产业综合竞争力。

建立联合工作机制。加强与国家战略对接，积极参与丝绸之路经济带沿线国家和国内地区联合工作机制建设。配合国家探索建立新型多边外交促进、互访商谈、经贸合作、人文交流等机制。加强丝绸之路经济带国内区域协作，倡导建立国内沿线省区联系协作机制。发挥中阿博览会重要平台优势，推进丝绸之路经济带沿线国家和地区的银行、保险、证券、期货、股权投资等领域的合作，为建设丝绸之路经济带贡献力量。

原载 2013 年 11 月 8 日《人民日报》

丝路建设固原行动

努力营造丝绸之路战略支点城市

王建保

2015年4月8日，自治区党委常委、市委书记李文章主持召开常委会议，传达国家推进丝绸之路经济带建设有关文件，研究了固原市贯彻意见。会议指出，要全面贯彻落实中央和自治区的重要决策部署，发挥固原的区位优势和比较优势，抢抓千载难逢的发展机遇。

会议强调，中央把"一带一路"建设作为深化对外开放、加快融入世界经济体系的重大举措，全市各级领导干部要进一步统一思想认识，以积极作为的姿态融入丝绸之路经济带建设中。

会议要求，一要充分认识加强"一带一路"建设，特别是丝绸之路经济带建设的重要性、紧迫性和危机感。"一带一路"建设对中国来讲非常重要，共建"一带一路"的主要目的是促进生产要素有序自由流动，特别是资源高效配置和市场深度融合，推动沿线各国包括沿线省区，实现经济结构调整，开展更大范围、更高水平、更深层次的区域合作，打造开放、包容、均衡、普惠的区域经济框架结构。推动"一带一路"建设，我国将发挥国内各地区的优势，实行更加积极主动的开放战略，全面提升开放型的经济水平。因此，推动"一带一路"建设，特别是丝绸之路经济带建设对西部地区，尤其对宁夏来讲意义特别重大。固原市自古以来就是古丝绸之路的重要节点城市，有条件、有实力作为丝绸之路的战略支点城市，市四套班子、各县区对此要高度重视，统一思想，主动争取话语权，以时不我待的紧迫感和危机感，抢抓发展机遇，推进全市经济社会发展。二要进一步明确固原市在"一带一路"建设，特别是丝绸之路经济带建设中的定位和平台。要利用好固原市作为丝绸之路经济带战略支点的优势，充分利用好中阿博览会、内陆开放型经济试验区建设等平台，找准定位，把握国家政策，积极争取项目。三要明确固原市在丝绸之路经济带建设中的政策重点和机制基础。基础设施建设互联互通、对外贸易、新兴产业投资合作、文化旅游等是"一带一路"建设的重点。固原要抢抓互联互通的政策，加强基础设施建设，打通一些断头路，在公路、铁路、民航等交通规划发展上要和国家大的交通布局相连接。同时，要利用申报世界文化遗产的优势，抓紧抓好申遗工作。要把申遗工作作为一个平台和抓手不松劲，尽快在申遗工作上取得新突破。要在文化旅游、中阿合作、经济区建设等方面，加强和自治区政府、发改委等部门的对接，明确下一步工作重点。四要启动制定固原市建设丝绸之路经济带的行动方案。要深刻领会国家建设丝绸之路经济带的方案和纲领，以及对西部地区的具体政策。市发改委牵头，抓紧研究，积极对接，尽快启动固原市丝绸之路经济带建设行动方案的编制工作。

原载 2015 年 4 月 10 日《固原日报》

姚爱兴调研固原市申遗工作

王　刚

6 月 2 日，自治区副主席姚爱兴带领自治区发改、教育、交通、文化、财政等有关部门负责人，调研固原市申遗工作。市长马汉成、副市长杨文陪同。

调研组一行深入原州区开城镇遗址北朝—隋唐墓地，对丝绸之路宁夏（固原）段申报世界文化遗产工作进行调研。2006 年，我国正式启动了丝绸之路跨国联合申报世界文化遗产工作。2007 年，中国世界文化遗产专家委员会派出专家组对国内丝绸之路各遗产点进行了现场评估，初步确定了包括固原北朝—隋唐墓地、须弥山石窟、固原古城、开城遗址在内的 48 处联合申遗遗产点推荐名单。2011 年，根据国际组织协调确定的技术路线、我国丝绸之路沿线遗迹和工作情况，专家重新推荐了中国、哈萨克斯坦、吉尔吉斯斯坦三国丝绸之路中国段首批跨国申遗遗产点 26 处，固原北朝—隋唐墓地也列入其中。申遗工作启动以来，固原市高度重视，全力做好各项前期工作，积极推进申遗工作进程，取得了一定成效。

姚爱兴指出，丝绸之路宁夏（固原）段申报世界文化遗产的项目特色鲜明，建成后将进一步带动固原旅游业发展，固原市政府要高度重视、明确责任、强化措施，积极主动推进申遗工作立项，争取国家和自治区支持；采取得力措施，做好文物保护工作；在建设中不等不靠，做好申遗工作，办好老百姓的事。同时，自治区相关部门要加大对固原申遗工作立项、征地拆迁、修路、绿化、资金等工作的扶持力度，全力推进固原申遗工作顺利开展。

原载 2015 年 6 月 3 日《固原日报》

丝绸之路固原段
申报世界文化遗产扩展项目的调研报告

李世贵　陈生明　刘　杰　任艾青　陈昌学　吴　瑾　杨　倩　杨桂兰

2014 年 6 月 22 日，第 38 届世界遗产大会上由中国、哈萨克斯坦、吉尔吉斯斯坦三国联合申报的"丝绸之路：起始段和天山廊道的路网"成功列入世界文化遗产名录。遗憾的是丝绸之路固原段遗产点没有进入名录，使固原失去了一次在国际平台上展示宣传自我的历史机遇。为了全面推进宁夏作为"丝绸之路经济带"重要战略支点的建设，积极争取丝绸之路固原段申报世界文化遗产扩展项目，我们就这个项目进行了专题调研。

一、丝绸之路跨国联合申报世界文化遗产概况

丝绸之路从中国长安出发，西经中亚，直达欧洲、北非，是中世纪举世闻名的国际商品贸易和文化交流之路。20 世纪 80 年代，这条不同文明、不同民族交流与融合的路线，受到了联合国教科文组织的重视，曾先后组织相关专家分别对丝绸之路上的沙漠、草原和海上线路进行考察。进入 21 世纪，又组织过两次专业考察，形成了专业考察报告，为申报世界文化遗产奠定了基础。丝绸之路跨国申遗大致经历了三个阶段：1998 年至 2005 年进入"酝酿"阶段，2006 年至 2011 年开始"启动与推进"阶段，2012 年至 2014 年进入"深入推进"阶段并申报成功。

从 2005 年开始，我国与哈萨克斯坦、吉尔吉斯斯坦、塔吉克斯坦、乌兹别克斯坦、土库曼斯坦五国联合启动丝绸之路跨国联合申报世界文化遗产工作，由于丝绸之路分沙漠、草原和海上线路，联合申遗的丝绸之路主要是沙漠绿洲之路。2006 年 8 月，联合国教科文组织世界遗产中心在中国新疆召开"丝绸之路跨国联合申报世界文化遗产国际协商会议"，标志着丝绸之路跨国申报世界文化遗产工作正式开始。2007 年 8 月，中国世界文化遗产专家委员会初步确定了丝绸之路沿线的河南、陕西、甘肃、宁夏、青海、新疆 6 省区 48 处遗产点作为初选推荐名单，其中宁夏须弥山石窟、固原古城、固原北朝隋唐墓地和开城遗址 4 处入选。同时，国家文物局要求被列入预备名单的 48 处遗产点进行环境整治和改善，准备初步申报文本工作，接受国际遗产专家的考察。2009 年，自治区文物局完成了 4 个遗产点初步文本的编写，并申报到国家文物局。

2011 年 12 月，国家文物局在乌鲁木齐召开丝绸之路跨国系列申遗协商会，

与哈萨克斯坦、吉尔吉斯斯坦两国草签了《丝绸之路跨国申遗工作备忘录》。根据国际组织协调确定的技术线路和我国丝绸之路遗迹保存与工作情况，重新推荐审定了中国丝绸之路首批申遗的23处遗产点名单。宁夏固原北朝隋唐墓地作为丝绸之路沿线唯一的粟特人大型墓地，为已经消亡的粟特民族和消失的粟特文明提供了独特见证，因其突出的普遍价值而名列其中。须弥山石窟、固原古城和开城遗址因同类或相似的古建筑、古遗址、石窟寺在丝绸之路沿线分布数量较多，所以没有进入推荐名单。2012年9月24日，国家文物局在北京召开地方政府申遗协调会，确定了中国境内22处遗产点（河南4处、陕西7处、甘肃5处、新疆6处）为首批推荐名单，因多种原因，固原北朝隋唐墓地最终也未能列入。

二、丝绸之路固原段申遗属于世界文化遗产扩展项目

目前，丝绸之路固原段申遗属于世界文化遗产扩展项目。世界文化遗产扩展项目是指遗产项目的主体已经申报成功列入遗产名录，与主体遗产密切相关的其他遗产还需要列入，采用分批形式再次申报。例如，2000年11月明清皇家陵寝：明显陵（湖北钟祥）、清东陵（河北遵化）、清西陵（河北易县）列入世界文化遗产名录。2003年7月北京十三陵和南京明孝陵作为明清皇家陵寝的一部分收入世界遗产名录。2004年7月位于辽宁的盛京三陵（永陵、昭陵、福陵）也称东北三陵，作为明清皇家陵寝扩展项目列入世界遗产名录。"丝绸之路：起始段和天山廊道的路网"22个遗产点已经成功列入世界文化遗产名录，沿线还有许多具有突出普遍价值的遗产点需要进入名录，诸如固原段上的固原北朝隋唐墓地、须弥山石窟、开城遗址等遗产点。因此，中国将适时启动丝绸之路申报世界文化遗产扩展项目，自治区文化厅和固原市正在加大力度，力争将固原段上的遗产点列入扩展项目。

三、固原在丝绸之路上的地位及4个遗产点的文化内涵

丝绸之路固原段在古代丝绸之路中占有重要地位，固原位于丝绸之路东段北道的交通要道上。从汉代开始，丝绸之路以长安为起点，沿泾河、渭河向西，经原州（今固原）通往河西走廊。北魏迁都洛阳以前，首都平城与高平（今固原）之间的联系，主要依赖鄂尔多斯南缘路。北魏设立高平、薄骨律（今吴忠）二镇拱卫道路畅通。北魏先后6次派使者经原州出使中亚。唐中叶之前的长安—凉州北道线路，由西安沿泾河经陕西的乾县、彬县，甘肃的泾川、平凉进入宁夏固原境内，过三关口，抵达瓦亭，由瓦亭经开城抵达固原城，出固原城途经石门关（今须弥山附近）到会宁关（今甘肃靖远）渡黄河到达凉州。途经原州的道路称为"萧关道"。唐代的一些著名诗人、赴任官员、求法高僧、中亚粟特人商团多由此路抵达西域。唐中叶吐蕃占据渭河流域中上游和宁夏六盘山区，原来使用的

长安—凉州南、北两道都完全中断，开始使用以灵州（今吴忠）为交会点的灵州西域道。到北宋初年，原来的丝路全线复为通途。元代兰州已逐渐成为西北的交通中心，丝绸之路走向完全同于唐代长安—凉州北道和明清的陕甘驿道，基本与现在的西（西安）兰（兰州）公路相同。固原就是这条道路上的咽喉重地，具有"中华襟带"的作用，见证了丝绸之路固原段上商业贸易、文化交流、民族徙居、军事防御的历史事实。

丝绸之路跨国联合申报世界文化遗产初选预备名单中，固原段上有 4 个遗产点即固原古城、固原北朝隋唐墓地、开城遗址和须弥山石窟入选，这 4 个遗产点均具有突出的历史文化价值。

（一）固原古城

固原古城是丝绸之路上著名的城市遗址，位于固原城内。城有内外两重城墙，平面呈"回"字形。内城墙周长九里三分，即 4650 米，高三丈五尺，顶宽二丈二尺，底宽三丈八尺。外城墙周长十三里七分，即 6850 米，高三丈六尺。内外城共开有 10 道城门：其中东城门三道，有名者二，曰安边、曰保宁；南城门四，有名者二，曰镇秦、曰兴德；西城门二，有名者一，曰威远；北城门一，曰靖朔。古城从西汉作为安定郡治时开始修筑，历经十六国、北魏、北周、唐、宋、元、明、清的扩建、维修和加固，最终形成了一座集政治、军事、文化于一体的历史名城。20 世纪 70 年代初开始拆除，如今在西湖公园内存有内城墙体西南角一段，太平巷与市医院之间的内城墙体西北角一段，外城墙体西北角一段，还有零散的残壁断垣。现存古建筑遗迹有文澜阁、城隍庙、财神楼等，还有遗留下的北宋靖康年间铁钟、铁抱铜的小狮子、石刻、碑志等文物。固原古城对确保丝绸之路畅通、贸易活动繁荣、中西文化交流、民族徙居、军事防御都发挥过不可替代的作用，是宁夏丝绸之路上城镇兴衰发展的见证。

（二）固原北朝隋唐墓地

固原北朝隋唐墓地是丝绸之路上著名的粟特人墓葬群，位于固原市原州区西南郊。墓地的造茔时间为 6 ~ 7 世纪，历经北朝至隋唐时期。墓地的考古发掘起始于 1982 年，到 2004 年共发掘北周与隋唐时期大、中、小型墓葬 50 余座，其中著名墓葬有北周柱国大将军、原州刺史李贤夫妇合葬墓（569）；原、盐、灵、会、交五州诸军事、原州刺史宇文猛墓（565）；柱国大将军田弘墓（575）；大隋正议大夫、右领军骠骑将军史射勿墓（609）；大唐故左亲卫史道洛墓（658）；大唐故朝请大夫、平凉郡都尉史索岩与夫人安娘合葬墓（664）；唐游击将军、虢州刺史、直中书省史河耽墓（669）；唐司驭寺右十七监史铁棒墓（670）；唐给事郎、兰池正监史道德墓（678）等。出土了大量蜚声中外的反映丝绸之路文化交流与民族迁徙的珍贵文物，有鎏金银壶、玻璃碗、金戒指、铁刀、东罗马金币、萨珊银币、宝石印章、瓷器、铜器、壁画等，以及能够体现墓主人身世的墓志和欧罗巴人即白种人的骨架。其文物内涵丰富，具有重要的历史、考古、民族与艺术研究价值，是宁夏丝绸之路上民族迁徙和中西文化交流的见证。

（三）开城遗址

开城遗址位于固原市原州区开城镇开城村，形制仿元大都皇宫模式而建，虽然面积较小，却不失雄伟壮观。蒙元政权早期，成吉思汗设立六盘山避暑行宫，病逝于此，蒙哥汗、忽必烈的驻跸经营，使之成为蒙元进军川蜀之地的大本营。元朝建立后，1272 年，忽必烈封三子忙哥剌为安西王，赐京兆为封地，驻兵六盘山。其府在长安者曰安西，在六盘者为开城，并立为宫邸。开城遗址是元代固原政治、经济、文化中心的载体，是元代丝绸之路翻越"六盘鸟道"的重要见证与保障。

（四）须弥山石窟

须弥山石窟位于固原市城区西北 55 公里处的须弥山东麓。石窟初创于北魏晚期，兴盛于北周和唐代，是中国石窟艺术的重要组成部分。石窟以鲜明的文化特色和丰富的历史遗存，多角度反映了随着丝绸之路传入中国的佛教艺术在不同历史时期的发展变化脉络，尤其是在佛教世俗化和民族化方面所取得的辉煌成就，是宁夏丝绸之路上宗教艺术传播的见证。作为丝绸之路沿线上的文化景观，"须弥松涛"成为清代固原八景之一。

四、丝绸之路固原段申报世界文化遗产扩展项目工作有序推进

"丝绸之路：起始段和天山廊道的路网"成功列入世界文化遗产名录，宁夏固原的遗产点没有进入名录。自治区党委、政府高度重视丝绸之路固原段申报世界文化遗产扩展项目工作，李建华书记、刘慧主席分别做出重要批示，要求在推进"四个宁夏"建设中，树立开放意识，勇于担当，敢于负责，以只争朝夕的精神，全力推进丝路遗产保护和申遗工作。刘慧主席主持召开了自治区政府常务会议，专题研究申遗工作，提出要从推进宁夏全方位开放和建设丝绸之路经济带战略支点的高度，切实统一思想，提高认识，抓紧制订工作方案，排出时间表、路线图，明确责任单位和责任人，确保固原遗产点列入丝路申遗扩展项目。姚爱兴副主席多次带领相关厅局负责人到固原调研并听取工作进展情况汇报，解决工作中存在的问题和困难。2015 年 4 月 17 日，姚爱兴副主席带领文化厅、银川市、固原市的负责人赴国家文物局拜会了文化部副部长、国家文物局局长励小捷同志，汇报了西夏陵、丝绸之路固原段申遗工作，征求了对我区申遗工作的指导意见。按照刘慧主席批示，自治区政府研究室也对申遗工作进行了全面调研，提交了调研报告，提出对策和建议。

按照自治区党委、政府的总体工作要求，自治区文化厅和固原市明确责任主

体，增强责任意识，确定工作目标，编制工作方案，积极开展工作。

一是向国家文物局请示汇报。2014 年 7 月 20 日全国文物局长座谈会在银川召开期间，李建华书记、刘慧主席分别会见了文化部、国家文物局主要领导，就丝路申遗下一阶段工作进行了沟通交流。7 月 23 日，国家文物局副局长童明康赴固原实地考察调研，指导丝路遗产点申遗和文物保护工作。文化厅、固原市政府领导赴国家文物局汇报申遗工作，争取国家文物局对申遗工作的支持。

二是加强与相关专业机构和专家沟通衔接。邀请中国社会科学院、北京大学、中国古迹遗址理事会专家赴固原举办讲座，召开专题论证会，听取专家对固原申报世界文化遗产情况的意见和建议。多次与规划编制设计单位——中国建筑设计研究院历史研究所对接，研究申遗保护管理规划编制等事宜。

三是完善申遗工作方案。按照《中华人民共和国文物保护法》《世界文化遗产保护管理办法》《世界文化遗产申报工作规程（试行）》规定，进一步明确了文化文物主管部门的协调、指导及监督责任和遗产地政府申遗工作的主体责任。固原市成立了以市长为组长，市委、市政府分管领导和原州区委主要领导为副组长，市直相关部门和原州区政府领导为成员的申遗工作领导小组，制订了《固原市"丝绸之路"申报世界文化遗产扩展项目实施方案》，明确了申遗指导思想、目标任务、组织机构、工作步骤和任务分工。

四是开展基础性研究。举办了丝绸之路国际学术研讨会，并组织与会专家学者赴固原遗产点考察。组织开展北朝隋唐墓地隋代早期墓葬发掘工作，出土一批珍贵文物，同时开展考古调查勘探工作，发现各类古代文化遗迹 43 处。为集中展示固原丝绸之路文化遗产研究成果，实施固原博物馆以丝绸之路为主题的展陈提升工程。自治区政府批准公布了包括北朝隋唐墓地、固原古城遗址在内的全国重点文物保护单位保护范围和建设控制地带，协调划定申报遗产核心区和缓冲区。

五是启动了申遗遗产点的文物保护工程和环境风貌整治。编制上报了固原北朝隋唐墓地、须弥山石窟抢救性加固保护与安防系统工程方案，申报监测系统工程、须弥山石窟壁画保护工程、固原北朝隋唐墓地保护规划等立项。固原市制订了遗产点环境风貌整治方案，开展了北朝隋唐墓地保护范围内征地、拆迁前期准备工作。完成李贤墓保护围栏等工程，部分在遗址区内的开工、在建项目已停建或迁出。

六是积极筹措申遗经费。自治区文化厅积极向国家文物局申报相关项目，已经申请文物本体保护、安防系统、监测系统、展示系统和考古发掘等近 10 个项目立项；自治区财政部门将申遗规划编制等经费列入财政预算，并安排前期工作经费 100 万元；居民搬迁、遗产区绿化等由建设部门在新农村建设、棚户区改造项目中予以支持；固原市财政安排资金 3000 万元，安排自治区转移支付资金近亿元用于遗产点的环境风貌整治和基础设施建设；原州区政府先期筹措资金 100万元，用于遗产地重要墓葬周围耕地的征用。

七是加强对申遗工作的宣传力度。固原市制订了申遗工作宣传方案，制作了《丝路重镇 文化遗存》宣传册，录制了《丝绸之路申遗》宣传片。采取举办专题讲座、新闻媒体报道等多种形式进行宣传。利用"四下乡"活动，广泛进行文物保护法、丝绸之路申遗宣传。

五、丝绸之路固原段申报世界文化遗产扩展项目下一步工作任务

一是编制和制定遗产点保护规划与地方法规。完成固原古城、北朝隋唐墓地保护规划；制定并公布实施《固原北朝隋唐墓地、须弥山石窟、开城遗址保护管理办法》等地方规章；编制《固原北朝隋唐墓地保护管理规划》《须弥山石窟保护管理规划》，按程序报国家文物局批准后施行。开展固原北朝隋唐墓地、开城遗址等遗产点考古调查勘探工作，实施开城遗址长虫梁城址一号基址发掘项目；开展遗产点的原址保护与展示，完成固原博物馆的展陈提升工程。

二是全面开展遗产点文物保护和环境风貌整治工作。完成固原古城加固保护工程，固原隋唐墓地、须弥山石窟抢救性加固保护和安防系统工程，须弥山石窟、北朝隋唐墓地监测系统等一系列文物保护工程项目。持续开展并完成遗产点的环境风貌整治和基础设施建设，包括保护性征地、核心保护区内建筑物的拆搬迁、民居拆迁、企业搬迁、道路调整、电线迁埋、服务设施建设等。

三是按照世界文化遗产公约和中国世界文化遗产申报规程，启动《丝绸之路固原段申报世界文化遗产扩展项目申报文本》的编写工作。

四是多方筹措经费，多渠道解决申遗资金。自治区财政保障申遗规划编制、申遗文本等所需经费列入财政预算；自治区发改、住建、交通等相关部门对申遗项目分类归口，进行经费支持；自治区文物局申请文物本体保护、安全防范和遗产监测等文物保护专项经费支持；固原市政府、原州区政府筹措环境整治等专项资金。

六、丝绸之路固原段申报世界文化遗产扩展项目存在的两个主要问题

（一）申遗协调

丝绸之路申报世界文化遗产是由中国和哈萨克斯坦、吉尔吉斯斯坦跨国联合申报项目，属吉尔吉斯斯坦申报名额。因此需要自治区党委、政府函请国家文物局从国家层面进行沟通协调，促成丝绸之路申报世界文化遗产扩展项目早日启动。

（二）项目资金

丝绸之路固原段主要遗产点处于城郊，地面上建筑物多，居民数量大，企业

拆迁、人口搬迁和环境整治工作不仅难度大，而且资金需求量大，当地政府面临着巨大的财政压力。涉及文物部门的文物本体保护、安防系统、监测系统、展示系统和考古发掘等项目申请国家文物局给予支持。涉及固原市政府的环境整治和拆搬迁的资金希望自治区政府列出专项资金予以支持。

丝 路 溯 源

世界丝路概况

胡建东

丝绸之路

古丝绸之路，指西汉时，由张骞出使西域开辟的以长安（今西安）和洛阳为东起点（一说以洛阳为起点），经甘肃、新疆，到达中亚、西亚，并联结地中海各国的陆上通道（这条道路也被称为"西北丝绸之路"，以区别日后另外两条冠以"丝绸之路"名称的交通路线）。因为由这条路西运的货物中以丝绸制品的影响最大，故得此名。其基本走向定于两汉时期，包括南道、中道、北道三条路线。

概　述

广义的丝绸之路指从上古开始陆续形成的，遍及欧亚大陆甚至包括北非和东非在内的长途商业贸易和文化交流线路的总称。除了上述路线之外，还包括在南北朝时期形成，在明末发挥巨大作用的海上丝绸之路以及与西北丝绸之路同时出现，在元末取代西北丝绸之路成为陆上交流通道的南方丝绸之路等。

丝绸之路（德语：dieSeidenstrasse）一词最早出自于德国地理学家费迪南·冯·李希霍芬1877年出版的《中国》，有时也简称为丝路。

虽然丝绸之路是沿线各国共同促进经贸发展的产物，但很多人认为，中国的张骞两次通西域，开辟了中外交流的新纪元，并成功将东西方之间最后的珠帘掀开。从此，这条路线被作为"国道"踩了出来，各国使者、商人沿着张骞开通的道路，来往络绎不绝。上至王公贵族，下至商旅使者，都在这条路上留下了自己的足迹。这条东西通路，将中原、西域与阿拉伯、波斯湾紧密联系在一起。经过几个世纪的不断努力，丝绸之路向西延伸至地中海。广义上丝路的东段已经到达了韩国、日本，西段至法国、荷兰。通过海路还可达意大利、埃及，成为亚洲和欧洲、非洲各国经济文化交流的友谊之路。

路　线

丝绸之路一般可分为三段，而每一段又都可分为北中南三条线路。

东段：从长安到玉门关、阳关。（汉代开辟）

中段：从玉门关、阳关以西至葱岭。

西段：从葱岭往西经过中亚、西亚直至欧洲。

东　段

东段各线路的选择，多考虑翻越六盘山以及渡黄河的安全性与便捷性。三线均从长安出发，到武威、张掖会合，再沿河西走廊至敦煌。

北线：从泾川、固原、靖远至武威，路线最短，但沿途缺水，补给不易。

公元前214年秦始皇在今吴忠境内设富平县，是秦朝西北边境最近的县治，修建了许多大车道，大车道成为军事、物资、商贸通道，连通北方诸郡县，直接连通西域等地。汉代，灵朔大道，南通关中，北达河朔。唐代，灵州是诸交通线的交会处，是西北最大的交通枢纽，向东有通往夏州的"灵夏道"（灵盐夏道），向南有通往原州、长安的"灵原道"和通往环州、长安的"灵环道""灵原道"又称"萧关道"。唐太宗灵州会盟和唐肃宗灵武登基走的都是"萧关道"。向西则是著名的"灵甘回纥道"，因为这条路经凉州、甘州可达西域，所以又称灵凉甘大道，这条路也是闻名遐迩的丝绸之路的重要组成部分，属于丝绸之路的北线。特别是灵州西域道成为丝绸之路的重要通道，西域各国的特产和中国内地出产的丝绸、茶叶等成为道路上的重要运送物品。这些道路交会于灵州，一方面为调运军力物资提供了有利条件，另一方面也推动和促进了灵州商贸中心地位的形成。唐宋时期，灵州一直是西北地区各族进行茶马贸易的"和市"中心之一。

宋夏时期，设有边境互市进行交易。元时，在宁夏有三条重要驿道，其中一条是长安经灵州去西域的驿道，其走向为由长安，经永寿、彬县向北，溯泾河、马莲河，经甘肃宁县、庆阳、环县，进入宁夏萌井驿（今盐池萌城），北行350里至灵州，折向西南行120里至鸣沙驿，渡黄河至应理州（今中卫），再西行180里到野马驿（今中卫甘塘西），由此西经甘肃永昌、甘州、肃州可达西域。明清时期吴忠商业进一步发展，吴忠是"水旱码头、天下大集"，名噪四方。自北魏开创大规模水运以来，吴忠黄河水运历代不衰。

南线：从凤翔、天水、陇西、临夏、乐都、西宁至张掖，但路途漫长。

中线：从泾川转往平凉、会宁、兰州至武威，距离和补给均属适中。

中　段

中段主要是西域境内的诸线路，它们随绿洲、沙漠的变化而时有变迁。三线在中途尤其是安西四镇（公元640年设立）多有分岔和支路。

南道（又称于阗道）：东起阳关，沿塔克拉玛干沙漠南缘，经若羌（鄯善）、和田（于阗）、莎车等至葱岭。

中道：起自玉门关，沿塔克拉玛干沙漠北缘，经罗布泊（楼兰）、吐鲁番（车师、高昌）、焉耆（尉犁）、库车（龟兹）、阿克苏（姑墨）、喀什（疏勒）到费尔干纳盆地（大宛）。

北道：起自安西（瓜州），经哈密（伊吾）、吉木萨尔（庭州）、伊宁（伊犁），直到碎叶。

西　段

自葱岭以西直到欧洲的都是丝绸之路的西段，它的北中南三线分别与中段的三线相接对应。其中经里海到君士坦丁堡的路线是在唐朝中期开辟。

北线：沿咸海、里海、黑海的北岸，经过碎叶、怛罗斯、阿斯特拉罕（伊蒂尔）等地到伊斯坦布尔（君士坦丁堡）。

中线：自喀什起，经费尔干纳盆地、撒马尔罕、布哈拉等到马什哈德（伊朗），与南线会合。

南线：起自帕米尔山，可由克什米尔进入巴基斯坦和印度，也可从白沙瓦、喀布尔、马什哈德、巴格达、大马士革等前往欧洲。

其　他

此外，还有多为游牧民族使用的草原丝绸之路、主要与南亚交流的南方丝绸之路以及沿海路行进的海上丝绸之路。

历　史

公元前 1 世纪以前

（一）上古时期

早在远古时期，虽然人类面对着难以想象的天然艰险的挑战，但是欧亚大陆东西之间并非像许多人想象中那样得隔绝。在尼罗河流域、两河流域、印度河流域和黄河流域之北的草原上，存在着一条由许多不连贯的小规模贸易路线大体衔接而成的草原之路。这一点已经被沿路诸多的考古发现所证实。这条路就是最早的丝绸之路的雏形。

早期的丝绸之路上并不是以丝绸为主要交易物资，在公元前 15 世纪左右，中国商人就已经出入塔克拉玛干沙漠边缘，购买产自现新疆地区的和田玉石，同时出售海贝等沿海特产，同中亚地区进行小规模贸易往来。而良种马及其他适合长距离运输的动物也开始不断被人们所使用，令大规模的贸易文化交流成为可能。比如阿拉伯地区经常使用的耐渴、耐旱、耐饿的单峰骆驼，在公元前 11 世纪便用于商旅运输。而分散在亚欧大陆的游牧民族据传在公元前 11 世纪左右即开始饲养马。双峰骆驼则在不久后也被运用在商贸旅行中。

另外，欧亚大陆腹地是广阔的草原和肥沃的土地，对于游牧民族和商队运输

的牲畜而言可以随时随地安定下来，就近补给水、食物和燃料。这样一来，一支商队、旅行队或军队可以在沿线各强国没有注意到他们的存在或激发敌意的情况下，进行长期、持久且路途遥远的旅行。

（二）最初的发展

在商代帝王武丁配偶坟茔的考古中人们发现了产自新疆的软玉。这说明至少在公元前13世纪，中国就已经开始和西域乃至更远的地区进行商贸往来。依照晋人郭璞在《穆天子传》中的记载，前963年周穆王曾携带丝绸、金银等贵重物品西行至里海沿岸，并将和田玉带回中国。虽然这种说法的真实性还有待商榷，但是目前在丝绸之路沿线的考古中，确实出土了部分这一时期的丝绸制品。

在战国时期，中原地区已经存在了相当规模的对外经济交流。《史记·赵世家》中记录了苏厉与赵惠文王的一段对话："马、胡犬不东下，昆山之玉不出，此三宝者非王有已。"苏厉用赵国通过对外贸易得到的财富威胁赵惠文王，从侧面说明了这一点。因为人们相信，"昆山之玉"即为昆仑山下出产的软玉，而胡犬则是产自中亚、西亚的一个狗的品种。

公元前5世纪左右河西走廊的开辟，带动了中国与西方的商贸交流，西域地区诸如鄯善、龟兹等在这一时期逐渐出现。而当时的欧洲国家已经出现了"赛里斯"（Seres，源自希腊语言"丝"，从汉语"丝"的音转化的"Ser"）——对中国的称呼。这些都说明，在汉朝以前东西方之间已有经过各种方式而持续长时间的贸易交流。

不仅仅是丝绸，同时丝绸之路上另一件著名的商品，产自今阿富汗巴达克山的青金石早在公元前31世纪就开始出现在中国、印度、埃及——这意味着中亚地区的商旅贸易开始的时间要比这一地区部分国家的诞生还要早些。约1000年后，青金石开始传入印度的哈拉帕，后来成为佛教七宝之一。

目前很多考古发现证明埃及人在很早以前就开始从事北非、地中海及西亚的贸易。人们相信，在前14世纪时期，埃及人已经造出了船。在埃及，人们发现了距今5000余年、产自阿富汗的青金石，说明埃及人已经开始沿着这条被称为丝绸之路的道路，展开了一定规模的贸易。一些人认为是前1070年左右丝绸残骸的碎片已经被发现，这意味着至少在前1070年埃及可能已经与中国有了间接的贸易往来。不过此后不久丝绸在埃及的地位一落千丈，并很长一段时间绝迹于史册。同时，这些前11世纪的丝绸究竟是中国养蚕技术所出现的丝绸，还是一个来自地中海沿岸或者中东的"荒野丝"，就是一个极有争议的话题了。

在一统巴比伦和波斯的阿契美尼德王朝帝王大流士一世（前521—前485）统治下，四处扩张的波斯建立了在中、西亚的地区强权。史料记载这位帝王喜爱爱琴海生产的鲜鱼和故乡帕提亚的水，为此他建立了安息帝国首都苏萨（位于底格里斯河下游流域）到小亚细亚以弗所和国土各地的"波斯御道"，这条仅由王室使用的皇道在沿线各段设立驿站，借助每个驿站的好马和驭手，皇室所需要的一切第一时间送至首都，并将帝王的指令传播到波斯全国。依照皇道的效率，一位向大流士进献快信的人只需 9 天即可到达首都，而同样的距离对于普通人而言需要 3 个月。一方面安息利用这样一条遍及各地的国道加强了中央政府对各地的统治，另一方面也直接带动了这一地区的商贸活动。

在亚历山大建立横跨欧亚非三洲的大帝国后，他的继承者托勒密一世在前323 年最终控制了埃及。希腊人开始积极促进小亚细亚、印度和东非之间通过希腊管辖的港口进行的贸易活动，在陆地上希腊人也一样在贸易领域非常活跃。这一时期欧亚之间繁荣的经贸并不仅是希腊人的成就，地处阿拉伯半岛及中亚的阿拉伯人——尤其是纳巴泰人（前 106 年为罗马帝国所灭）对中亚的贸易起到了不可忽视的作用。

希腊人的第一步就是利用帝国在中亚乃至更东方的扩张来打通并控制东西方之间的陆上丝绸之路，帝国东部边境也许已经到达了大宛国（今吉尔吉斯斯坦费尔干纳）——如今中国新疆维吾尔自治区的西部。如今人们在这一带的考古中发现了亚历山大大帝在前 329 年建立的城市——苦盏（希腊人命其为"极东亚历山大城"，即亚历山大东征的最远处）。接下来的 300 年间，希腊人保持了这个庞大帝国在亚洲的统治。塞琉古帝国的将领欧西德姆斯据大夏和粟特独立，他和他的儿子德米特里向四周塞族人地区、安息和大宛扩张领土，继续沿着亚历山大过去的道路向西拓展。在国王欧西德姆斯（前 230—前 200）执政时期大夏国土达到极致，大夏控制的土地不仅超越了复次忽毡，有证据显示他们的侦察队在前 200 年左右已经到达过喀什，这是有史以来最早的、有据可考的一次连接中国与西方的活动。古希腊历史学家斯特拉波曾这样评价这次行动："他们甚至将自己国家的国土拓展至赛里斯（中国）和弗林尼。"

但这种交流不完全等同于公元前 1 世纪繁荣的丝绸之路，也并没有持续下来。随着游牧民族的不断强盛，他们同定居民族之间发生了不断的争斗，之间也在不断地分裂、碰撞、融合，这使原始的文化贸易交流仅存于局部地区或某些地区之间。不过，随着各定居民族强国的不断反击和扩张，这些国家之间往往发生了直接接触，如西亚地区马其顿亚历山大的东征，安息王朝与罗马在中亚和地中海沿岸的扩张，大夏国对阿富汗北部、印度河流域的统治，以及促使张骞动身西域的大月氏西迁。这些都说明上述地区之间进行大规模交通的要素已经具备，出入中国的河西走廊与连通大陆上各国的道路业已被游牧民族所熟知。

同时，连通中国与欧洲之间的西域地区小国林立，中亚地区也是战火纷飞。西域西北侧与中国北方又有强大的匈奴在侧，控制西域诸国，与周边民族和中国

中原王朝争斗不止。经济文化的交流仅仅是一个相对安定的地区内才能做到的。所以当时的东西方之间并没有深刻的了解，对文化上的交流更是相互隔绝。就连上古曾经存在过的贸易往来，这时也往往变成了传说和神话，残留在东西方人民的心中。

公元前 1 世纪到 7 世纪

（一）张骞的西行

前 2 世纪，西汉王朝经过文景之治后国力日渐强盛。第四代皇帝汉武帝刘彻为打击匈奴，计划策动西域诸国与汉朝联合，于是派遣张骞联络此前被冒顿单于逐出故土的大月氏。建元二年（前 139），张骞带 100 多名随从从长安出发，日夜兼程西行。张骞一行在途中被匈奴俘虏，遭到长达 10 余年的软禁。他们逃脱后历尽艰辛又继续西行，先后到达大宛、大月氏、大夏。在大夏市场上，张骞看到了大月氏的毛毡、大秦国的海西布，尤其是汉朝四川的邛竹杖和蜀布。他由此推知从蜀地有路可通大夏。前 126 年张骞几经周折返回长安，出发时的 100 多人仅剩张骞和堂邑父了。史书上把张骞的首次西行誉为"凿空"，即空前的探险。这是历史上中国政府派往西域的第一个使团。前 119 年，张骞时任中郎将，又第二次出使西域，经 4 年时间他和他的副使先后到达乌孙国、大宛、康居、大月氏、大夏、安息等国。

自从张骞第一次出使西域各国，向汉武帝报告关于西域的详细形势后，汉朝对控制西域的目的由最早的制御匈奴，变成了"广地万里，重九译，威德遍于四海"的强烈愿望。为了促进西域与长安的交流，汉武帝招募了大量身份低微的商人，利用政府配给的货物，到西域各国经商。这些具有冒险精神的商人大部分成为富商巨贾，从而吸引了更多人从事丝绸之路上的贸易活动，极大地推动了中原与西域之间的物质文化交流，同时汉朝在收取关税方面取得了巨大利润。出于对匈奴不断骚扰与丝路上强盗横行的状况考虑，加强对西域的控制，汉宣帝神爵二年（前 60），设立了汉朝对西域的直接管辖机构——西域都护府。

以汉朝在西域设立官员为标志，丝绸之路这条东西方交流之路开始进入繁荣的时代。

（二）大规模的贸易

当罗马人在公元前 30 年征服埃及后，加之张骞第一次出使西域各国后远东中国倾国力向西拓展的机遇，通过丝路的交流与贸易在印度、东南亚、斯里兰卡、中国、中东、非洲和欧洲之间迅速发展。无数新奇的商品、技术与思想源源不断传递在欧亚非三洲的各个国家，大陆之间的贸易沟通变得规则、有序。

罗马人很快就加入到这条商道中，从 1 世纪起罗马人开始狂热地迷恋着从帕提亚人手中转手取得的中国丝绸——即便当时的罗马人相信丝绸是从树上摘下来的："赛里斯人们（中国人）以从他们的树林中获取这种毛织品而闻名于世。他们将从树上摘下的丝绸浸泡在水中，再将白色的树叶一一梳落。（丝绸的）生产需要如此多的劳役，而它们又来自于地球的彼方，这令罗马的少女们可以身着半透明的丝衣在大陆街上炫耀。"（老普林尼：《博物志》）

那时，丝绸成为罗马人狂热追求的对象。古罗马的市场上丝绸的价格曾上扬至每磅约 12 两黄金，造成罗马帝国黄金大量外流。这迫使元老院断然制定法令禁止人们穿着丝衣，而理由除了黄金外流以外则是丝织品被认为是不道德的："我所看到的丝绸衣服，如果它的材质不能遮掩人的躯体，也不能令人显得庄重，这也能叫作衣服……少女们没有注意到她们放浪的举止，以至于成年人们可以透过她身上轻薄的丝衣看到她的身躯，丈夫、亲朋好友们对女性身体的了解甚至不多于那些外国人所知道的。"（塞内卡：《雄辩集》第一卷）

不仅仅是罗马人对来自东方的神奇玩意儿感兴趣。埃及历史上著名的艳后克利奥帕特拉七世，也曾经被记载穿着丝绸外衣接见使节，并酷爱丝绸制品。公元 97 年，东汉将军班超在重新建立起汉朝在中亚地区的主导地位后，派甘英携带大量丝织品到达条支（今土耳其的安条克），而当时安条克以南正是埃及和安息争夺的国土。因而中国与埃及最早的官方沟通应当就是在这一时期。

而记载中的中国和其他大国的官方沟通似乎不止于此。《后汉书》有公元 166 年罗马使节通过丝绸之路来到中国，并在中国建立了大使馆的记载。

然而，当中国进入东汉以后，由于内患的不断增加，自汉哀帝以后的政府放弃了对西域的控制，令西域内部纷争不断，后期车师与匈奴连年不断的战争更令出入塔克拉玛干的商路难以通行，当时的中国政府为防止西域的动乱波及本国，经常关闭玉门关，这些因素最终导致丝路东段天山北路的交通陷入半通半停。

7 世纪到 12 世纪

（一）二度繁荣

随着中国进入繁荣的唐代，西北丝绸之路再度引起了中国统治者的关注。为了重新打通这条商路，中国政府借击破突厥的时机，一举控制西域各国，并设立安西四镇作为其控制西域的机构，新修了玉门关，再度开放沿途各关隘。并打通了天山北路的丝路分线，将西线打通至中亚。这样一来丝绸之路的东段再度开放，新的商路支线被不断开辟，人们在青海一带发现的波斯银币是目前中国境内最多的，这证明青海也随着丝路的发展成为与河西走廊同等重要的地区，加上这一时期东罗马帝国、波斯（7 世纪中叶后阿拉伯帝国取代了波斯的中亚霸权）保持了相对的稳定，令这条商路再度迎来了繁荣时期。

与汉朝时期的丝路不同，唐控制了丝路上的西域和中亚的一些地区，并建立了稳定而有效的统治秩序。西域小国林立的历史基本解除，这样一来丝绸之路显得更为畅通。不仅是阿拉伯的商人，印度也开始成为丝路东段上重要的一分子。往来于丝绸之路的人们也不再仅仅是商人和士兵，为寻求信仰理念和文化交流的人们也逐渐出现在这一时期。中国大量先进的技术通过各种方式传播到其他国家，并接纳相当数量的遣唐使及留学生，让他们学习中国文化。同时佛教、景教各自迎来了在中国广泛传播的机会，一时间唐朝人在文化方面得到了极大的满足。

丝路商贸活动的直接结果是大大激发了唐人的消费欲望，因为商贸往来首先带给人们的是物质（包括钱财等）上的富足，这些都是看得见、摸得着的。其次是不同的商品来源地域带给人们的精神差异的影响。丝路商贸活动可谓奇货多得令人眼花缭乱，从外奴、艺人、歌舞伎到家畜、野兽，从皮毛、植物、香料、颜料到金银珠宝矿石金属，从器具牙角到武器书籍乐器，几乎应有尽有。而外来工艺、宗教、风俗等随商进入更是不胜枚举。

这一切都成了唐人尤其是唐时高门大户的消费对象与消费时尚。相对而言，唐人的财力物力要比其他一些朝代强得多，因此他们本身就有足够的能力去追求超级消费，而丝路商贸活动的发达无非是为他们提供了更多的机遇而已。理所当然地就有许许多多的人竭力囤积居奇，有钱人不仅购置奇珍异宝而且还尽可能在家里蓄养宠物、奴伎。帝王皇族带头，豪绅阔户效之，庶民百姓也以把玩异域奇物为能。美国学者谢弗指出："7世纪（中国）是一个崇尚外来物品的时代，当时追求各种各样的外国奢侈品和奇珍异宝的风气开始从宫廷中传播开来，从而广泛地流行于一般的城市居民阶层之中。"

受到这条复兴了的贸易路线巨大影响的国家还有日本。8世纪日本遣唐使节将很多西域文物带到首都奈良。这些宝贵文物在奈良正仓院保存下来。所以，奈良正仓院被称为丝绸之路的终点。日本最大的宗教——佛教也是通过丝绸之路传来的。1988年，奈良县政府在奈良市举行大规模的丝绸之路博览会。日本最大的电视台NHK曾从中国到欧洲以实地拍摄方式制作丝绸之路节目。

（二）海上丝绸之路的兴起

经过"安史之乱"后的唐朝开始衰落，西藏吐蕃越过昆仑山北进，侵占了西域的大部；中国北方地区战火连年，丝绸、瓷器的产量不断下降，商人也唯求自保而不愿远行。唐以后中国经济中心逐渐南移，因而相对稳定的南方对外贸易明显增加，带动了南方丝绸之路和海上丝绸之路的繁荣，成都和泉州也因此逐渐成为南方经济大城。

当中国人开始将他们的指南针和其他先进的科技运用于航海时，海上丝绸之路迎来了它发展的绝佳机会。北宋南方高度发达的经济为海上丝绸之路的繁荣起到了无可替代的作用——当然这在某种程度上也可说是不得已而为之：经济最为发达的北宋没有控制以往丝路的河西走廊，这成为日后丝路上青海道繁荣的机遇。到了南宋时期，政府早已无法控制整个西北。因而西北丝路的衰落日益明显，而南方丝绸之路与海上丝路的开辟，逐渐有取代西北丝路的景象。

12 世纪以后

自唐末以来西北丝绸之路已经错失了它发展的大部分机遇——中亚和新疆荒漠地区的草原、绿洲被连年的战火所摧毁，这对于一个绿洲国家的农业生产而言毫无疑问是致命的，而以农业为主的自然经济，正是古代国家立国的根本。唐代"安史之乱"后中国各地战火纷飞，为丝路直接服务的北方地区经济备受打击，史料记载黄河流域的丝绸生产几乎陷于停顿。

当成吉思汗及他的子孙们孜孜不倦地开辟着广阔的疆土时，丝绸之路——不仅是西北丝绸之路，包括南方丝绸之路、海上丝绸之路——都已经在相当程度上成为蒙古帝国内部的交通路线。虽然蒙古帝国的统治者们并没有建立严格的、十分完善的中央集权体系（这也许与其游牧民族的特性有关），各地并没有统一的行政体系，但蒙古帝国也摧毁了以往丝绸之路上大量的关卡和腐朽的统治，令丝绸之路的通行比以往各个朝代都要方便一些。蒙古帝国和它在中国的权力继承者，对这些从西方前来的旅行者抱以非常欢迎的态度，元朝统治者甚至任命一些外国人——主要是基督教徒，担任地方的行政长官。不过沿着丝路前进的人们，大多是以宗教信仰及其他文化交流为使命的，而不再是以商人为主导了。诸如马可·波罗和长春真人的游记就体现了这一点。这从侧面反映了西北丝路的衰落。

此外，包括中国在内亚欧大陆进入了逐渐寒冷的阶段。当丝路的历史步入14 世纪——中国称其为"明清小冰期"的开端后，西域地区脊背上已不再适合当时的人类居住。西北丝绸之路的东端几乎已经荒废。而西域各古国大多已不复存在，成为流沙之中见证丝路辉煌的遗迹。

交 流

（一）商品交流

正如"丝绸之路"的名称，在这条逾 7000 公里的长路上，丝绸与同样原产中国的瓷器一样，成为当时东亚强盛文明的象征。丝绸不仅是丝路上重要的奢侈消费品，也是中国历朝政府一种有效的政治工具：中国的友好使节出使西域乃至更远的国家时，往往将丝绸作为表示两国友好的有效手段。并且丝绸的西传也稍许改变了西方各国对中国的印象，由于西传至君士坦丁堡的丝绸和瓷器价格奇高，令相当多的人认为中国乃至东亚是一个物产丰盈的富裕地区。各国元首及贵族曾一度以穿着用腓尼基红染过的中国丝绸、家中使用瓷器为富有荣耀的象征。

此外，阿富汗的青金石也随着商队的行进不断流入欧亚各地。这种远早于丝

绸的贸易品在欧亚大陆的广泛传播为带动欧亚贸易交流做出了贡献。这种珍贵的商品曾是两河流域各国财富的象征。青金石流传到印度后，被那里的佛教徒供奉为佛教七宝之一，令其增添了悠远的宗教色彩。而葡萄、核桃、胡萝卜、胡椒、胡豆、菠菜（又称为波斯菜）、黄瓜（汉时称胡瓜）、石榴等的传播为东亚人的日常饮食增添了更多的选择。西域特产的葡萄酒经过历史的发展融入中国的传统酒文化当中。商队从中国主要运出铁器、金器、银器、镜子和其他豪华制品。运往中国的是稀有动物和鸟类、植物、皮货、药材、香料、珠宝首饰。

（二）文化交流

中国古代技术西传

造纸术曾经为中国古代科技领先于世界做出了巨大的贡献，然而似乎只有东亚及南亚部分国家才有发达的造纸技术。随着丝绸之路的开辟，纸制品开始在西域以及更远的地方出现。人们已在楼兰遗迹的考古中发现了 2 世纪的古纸。而中亚地区虽然也是用纸，但没有发现造纸的证据。很多人认为造纸术的西传为欧洲及中亚带来了一次巨大的变革，而最初这场变革却是残酷的：唐朝与新兴的阿拔斯王朝在中亚的势力摩擦不断。在对中亚政治格局具有强大影响力的怛罗斯战役中，阿拉伯人将中国战俘沿着丝绸之路带回撒马尔罕，而这些战俘中就有长于造纸术的中国工匠。最终造纸术就这样传播到世界各地。

西域地区沙漠密布，各国的繁荣与水往往是脱不开关系的。天山与昆仑山融化的雪水是西域的主要补给水源之一。然而收集这些雪水并不是容易的事情，融化后积聚在山脚的水很短时间就会蒸发或渗入地下。汉朝派遣军队在西域发展农业时，流传于山区的坎儿井和井渠技术被同样需要水源的军人使用在西域，并逐步流传至更远的国家。早先西域地区坎儿井技术究竟是由中国还是波斯传入一直是件有争议的问题。不过井渠技术和穿井法被证实是由中国传向西方：《史记》中记载，将军李广利率兵攻打大宛，利用断绝水源的方式围困城市。然"宛城中新得汉人知穿井"，令大宛人坚持了很长时间。

中国古代印刷术也是沿着丝路逐渐西传的技术之一。在敦煌、吐鲁番等地，已经发现了用于雕版印刷的木刻板和部分纸制品。其中唐代的《金刚经》雕版残本如今仍保存于英国。这说明印刷术在唐代至少已传播至中亚。13 世纪，不少欧洲旅行者沿丝绸之路来到中国，并将这种技术带回欧洲。15 世纪时，欧洲人古腾堡利用印刷术印出了一部《圣经》。1466 年，第一个印刷厂在意大利出现，令这种便于文化传播的技术很快传遍了整个欧洲。

（三）宗教思想交流

东汉初期，佛教自塔克拉玛干大沙漠南北侧之丝绸之路子孔道，全面传到西域各国。关于佛教传入西域地区，目前尚有许多说法。但是国内外"学术界基本看法是：佛教早在公元前 2 世纪以后，晚在公元前 1 世纪末已传入西域了"。据此，佛教于公元前 87 年传入西域于阗以后，公元前 60 年至公元前 10 年自佛教圣地于阗向西或向北方传播到叶城、莎车、塔什库尔干、喀什、阿克苏、库车、焉耆，向东北方向传播到且末、若羌、米兰、楼兰等西域之丝绸之路南北路诸地是理所当然之事。

除了佛教，拜火教、摩尼教和景教也随着丝绸之路来到中国，成为很多人的信仰，并沿着丝绸之路的分支，传播到韩国、日本与其他亚洲国家。

拜火教（一名为祆教）是中国人对波斯琐罗亚斯德教的称呼，该教于公元前 5 世纪至前 1 世纪沿丝路向东方传播，被认为是最早传入西域的宗教。拜火教曾是波斯的国教，在阿拉伯帝国兴起后被迫东移。据记载，当时西域各国都信仰琐罗亚斯德教，在中国受到当时南北朝时期北方各国皇帝的支持，唐朝时也有许多祆祠以备"胡商祈福"，地方统治者为控制拜火教的发展，设立萨薄一职，试图将宗教纳入国家管理体系中，但宋朝以后该教基本消失，其宗教风俗则被维吾尔族、塔吉克族所保留，成为一种民族文化的风俗。

景教则是叙利亚基督教聂斯脱里教派的一个分支，史料记载景教在唐代初期博得皇帝好感，李世民曾批准景教教徒在长安兴建庙寺一所，初称"波斯寺"，后更名为"罗马寺""大秦寺"。到唐高宗年间，阿罗本被奉为镇国大法主，往后教堂亦挂上历代唐朝皇帝像。公元 755 年"安史之乱"爆发后，景教徒伊斯曾协助郭子仪平乱，后被赐紫衣袈裟。从 635 年开始，景教在中国顺利发展了 150 年，与祆教及摩尼教并称唐代"三夷教"。在会昌法难之后，景教慢慢走向衰弱，但一直延续到明朝天主教进入中国时仍未绝迹。

从西方到东方

丝路在元朝之后逐渐不受注意，间接刺激了欧洲海权兴起，马可·波罗的中国游记刊行后，中国及亚洲成为许多欧洲人向往的一片繁荣富裕的文明国度。西班牙、葡萄牙开始企图绕过被意大利和土耳其控制的地中海航线与旧有的丝绸之路，要经由海路接通中国，并希望能从中获得比丝路贸易更大的利润。一些国家也希望将本国所信仰的宗教传至东方。

1492 年，哥伦布远航的一个目标就是最终能到达中国，并开创另一条比丝路更好的贸易要道，但他却在巨大的失望中带领欧洲发现了美洲这一块新大陆。于是哥伦布之后的探险家在美洲开启了新世纪的殖民地时代，17 世纪之后，荷兰与英国也陆续在非洲、美洲、南太平洋扩展他们的势力。

19 世纪初期，尽管欧洲强权已在海上遍布，中国依然被西方认为是向往之地，是最兴旺与古老的文明，学者多认为这是丝路在中西交流史上所带来的精神性影响，也造成西方在近代 200 年期间，认为与中国交易能获得巨大利润的

印象。

申遗成功——丝绸之路：长安—天山廊道路网

2014 年 6 月 22 日，在卡塔尔多哈进行的第 38 届世界遗产大会宣布，中哈吉三国联合申报的丝绸之路"长安—天山廊道路网"成功申报世界文化遗产，成为首例跨国合作、成功申遗的项目。

在卡塔尔多哈召开的联合国教科文组织第 38 届世界遗产委员会会议审议通过中国大运河项目和中国、哈萨克斯坦、吉尔吉斯斯坦跨国联合申报的丝绸之路项目列入《世界遗产名录》，成为中国第 32 项和第 33 项世界文化遗产。其中"丝绸之路"是中国首次进行跨国联合申遗。至此，中国的世界遗产总数达到 47 项，继续稳居世界第二。

世界遗产委员会认为，丝绸之路是东西方之间融合、交流和对话之路，近两千年以来为人类的共同繁荣做出了重要的贡献。此次申报的丝绸之路段落在丝绸之路交通与交流体系中具有突出的特点，它形成于公元前 2 世纪，兴盛于公元 6—14 世纪，沿用至 16 世纪，分布于今中国、哈萨克斯坦和吉尔吉斯斯坦境内。丝绸之路见证了公元前 2 世纪至公元 16 世纪期间，亚欧大陆经济、文化、社会发展之间的交流，尤其是游牧与定居文明之间的交流；它在长途贸易推动大型城镇和城市发展、水利管理系统支撑交通贸易等方面是一个出色的范例；它与张骞出使西域等重大历史事件直接相关，深刻反映出佛教、摩尼教、拜火教等宗教和城市规划思想等在古代中国和中亚等地区的传播。同时世界遗产委员会建议将其命名为"丝绸之路：长安—天山廊道路网"。

首批丝绸之路申遗点（中国境内22处）

省　份	申　遗　点
陕西省	汉长安城未央宫遗址
	唐长安城大明宫遗址
	大雁塔
	小雁塔
	兴教寺塔
	张骞墓
	彬县大佛寺石窟
河南省	汉魏洛阳城遗址
	隋唐洛阳城定鼎门遗址
	新安汉函谷关遗址
	崤函古道石壕段遗址
甘肃省	玉门关遗址
	悬泉置遗址
	麦积山石窟
	烟灵寺石窟
	锁阳城遗址
新疆维吾尔自治区	高昌故城
	交河故城
	克孜尔尕哈峰燧
	克孜尔石窟
	苏巴什佛寺遗址
	北庭故城遗址

海上丝路申遗城市

1. 山东省烟台市蓬莱（县级）市
2. 江苏省扬州市
3. 江苏省南京市
4. 浙江省宁波市
5. 福建省福州市

6. 福建省泉州市

7. 福建省漳州市

8. 广东省广州市

9. 广西壮族自治区北海市

丝绸之路今古地名对照

西安（长安）

武威（凉州）

张掖（甘州）

酒泉（肃州）

敦煌（沙州）

尼雅（精绝）

和田（于阗）

若羌（楼兰）

吐鲁番（高昌）

焉耆（尉犁）

库车（龟兹）

阿克苏（姑墨）

喀什（疏勒）

伊宁（伊犁）

阿拉木图（在今哈萨克斯坦）

江布尔城（怛罗斯，今哈萨克斯坦境内）

托克玛克（碎叶，在今吉尔吉斯斯坦境内）

萨莱（在今俄罗斯）

伊斯坦布尔（君士坦丁堡，在今土耳其境内）

马什哈德（在今伊朗境内）

巴库拜（在今伊拉克境内）

阿列颇（在今叙利亚境内）

阿达纳（在今土耳其境内）

丝路建设探讨

"一带一路"建设十大错误认识

赵 磊

自 2013 年 11 月至今,笔者在参加"一带一路"相关学术会议以及在接受媒体采访时,常常感受到"一带一路"在很多人眼中已经成为一个大蛋糕,大家都忙着争抢,很多认知错误不断地发酵、传染⋯⋯这些认知错误如不纠正,必然会导致"一哄而上、一抢而光、一哄而散"的窘境。

1. 慎用"桥头堡":很多省份定位自己为一带一路的"桥头堡"(bridge-head),但是桥头堡是军事术语,他的本意是防御性的,即"说成什么,我也不能让你进来",这个词汇翻译成外文,不具开放性、包容性,而且容易让人产生误解。

2. 慎谈"过剩产能":常有媒体提到,"一带一路建设,可以把过剩产品销售出去。"这个词汇,让沿线国家听了很反感,你不要的、过剩的,别人会要吗?

3. "沿线有 65 国家"的表述不准确:千万别把丝路沿线国家限定在 65 个。全世界有 230 多个国家,只要致力于"一带一路"发展的,都是丝路国家,这样看既包括美国,也包括拉美,等等。

4. "丝绸之路主要由发展中国家构成"的表述不准确:丝绸之路经济带的核心区域是中国西北五省以及中亚五国,21 世纪海上丝绸之路的核心区域是中国东南、西南省份以及东盟十国,但她们的两端一头连着繁荣的东亚经济圈,另一头系着发达的欧洲经济圈。因此,发达经济体的资金、技术和经验,也是丝绸之路的宝贵财富。发达国家也是一带一路的重要成员。

5. "资源、能源合作"不是一带一路的唯一主题:有很多人认为,一带一路建设就是要保障中国的资源、能源供给,确保稀缺性资源的战略安全。的确,丝路沿线国家大都有丰富的资源和能源储备,如黑金(石油、煤炭)、蓝金(天然气)等,但是这些国家非常不喜欢"一谈生意就是资源、能源",他们不希望成为"骑士的马"。

6. 有为才有位,不用忙着定位:很多省份在忙着争抢历史上谁是丝绸之路的真正起点,有的叫丝绸之路的新起点、有的叫丝绸之路的黄金段、有的叫丝绸之路的节点……这在全球化、互联网经济时代的意义是有限的，关键不是叫什么，而是要有内容、有亮点、有突破，即在今天本省份有哪些"错位竞争、不可替代"的丝路优势。

7. 中国向丝路国家卖什么：有很多省份一想到丝绸之路，还在丝绸、茶业、陶瓷等"老三样"上做文章，但这是历史上中国的主打产品。今天，我们要卖什么？首先，需要了解合作伙伴需要什么，要超越"有什么卖什么的阶段"，对方需要什么我们就卖什么；要多卖必需品（如美国的三片：薯片为代表的餐饮、芯片为代表的科技、影片为代表的娱乐）、少卖奢侈品，既是卖产品，也是卖价值、卖文化，通过消费中国产品而上升到对中国的欣赏和认同（而不是与之相反）。有很多省份抱怨，有了宽马路，但车上没有产品，"通道经济"对区域经济的带动与辐射作用远远不够。所以，要在卖什么上做文章。

中国向丝路国家买什么：我们需要什么，就买什么。今天中国企业特别需要提升学习能力、适应能力、整合资源的能力，品牌价值是中国企业最需要购买的。中国城市特别需要好的创新与创业经验，中国省份需要找到真正治理现代化的路子，艺术气质、文化品位、坚持与坚守是中国城市最需要购买的。

8. 丝路战略既要顶层设计、更要基层创新：在调研过程中，很多地方干部最后的总结往往惊人的相似：希望中央重视我们，给予特殊的政策，在资金和政策上予以倾斜，我们有干劲，就等中央一声令下，让我们干什么，我们就干什么。这种现象概括为"寄希望于总书记怎么说"，但是，北京的专家再聪明，他们不一定比新疆的干部更了解新疆，中南海的领导再英明，也不一定比广西的干部更了解广西。所以不能等，要有基层创新，要先做起来。

9. 一带一路不能自娱自乐，要了解每一个丝路国家：中国人往往把22个阿拉伯国家看作一个整体、往往把5个中亚国家看作一个整体、往往把54个非洲国家看作一个整体……据此制定整齐划一的政策。但一带一路要真正具有生命力，我们就不能想当然地、自娱自乐地、简单片面地同丝路国家打交道，要真正去了解每一个国家、每一个群体对中国的期望、对我们的需求。战略的避讳是肤浅。

10. 一带一路不宜过快、过急，没有时间终点，但又有时间节点，要适时推动一带一路落地，特别是要在智力支持上下功夫。海南的发展离不开中国（海南）改革发展研究院，上海的发展离不开上海国际问题研究院……他们的淡定与远见是因为他们有源源不断的智力支持。建议整合全国人才资源在南方省份建立海上丝路研究院，在西北省份建立陆上丝路研究院，同时配套建立智库产业园区，提供中国企业走出去所急需的信息交互、对接服务、风控管理等平台。同时，要积极发挥企业特别是民营企业的积极性，"春江水暖鸭先知"，他们的作用不可低估。

　　总之，在丝路建设中，要时刻思考什么样的中国对丝路国家有吸引力，什么样的中国省份对丝路国家有吸引力。简单来说，第一是发展、稳定，第二是开放、便利。丝绸之路的魅力不仅是一条经贸通道，更是一条文明互鉴之路。今天，中国丝绸之路2.0版，对于全体中国人而言，不仅要产业升级、市场扩容，更要思路升级，有思路才有丝路。

　　（作者系中央党校国际政策研究室教授、亚太研究所所长，中央党校"一带一路与边疆稳定"课题组主持）